이 저서를 올해 101세이시나 "영원한 청년"이시며, 북한과 남한 교회의 산증인이시며,
평화통일의 지도자이시며 한국교회의 원로(元老)이시며, 겸손과 경건을 몸소 실천하시어,
후생(後生)들에게 참 목회자의 삶을 보여주시는 방지일 목사님(1911~)께
존경과 본받음의 마음으로 헌정(獻呈)합니다.

선진사회적 자유민주통일론

개혁주의 평화통일신학

김 영 한 지음

숭실대학교 출판국

선진사회적 자유민주통일론 개혁주의 평화통일신학

초판발행 2012년 4월 1일

지은이 김영한

펴낸이 김대근

펴낸곳 숭실대학교 출판부
서울 동작구 상도로 369

등 록 제14-2호(1982.1.25)
TEL.02-820-0771~2
FAX.02-817-5297
http://press.ssu.ac.kr

찍은곳 한컴인쇄정보
TEL.02-2274-3394~5
FAX.02-2274-3397

값 17,000원

ISBN 978-89-7450-283-6 03230

머리말

2011년 12월 17일 오전 8시 30분 북한 방송에서 지도자 김정일 국방위원장이 심장마비로 사망했다는 소식이 전해졌다. 그동안 그의 건강에 대한 이상(異常)설이 끊임없이 제기되었는데 최근에서 내년으로 다가온 강성대국 원년(元年)의 선포를 위하여 무리하게 현장 지도를 하다가 누적된 피로 때문에 열차 안에서 쓰러져서 급사(急死)했다고 한다. 그의 시신(屍身)이 김일성의 시신이 안치된 금수산 기념궁전에 안치된 모습이 TV의 영상으로 세계적으로 공개됨으로써 그의 죽음은 확인되었다.

김정일의 사망으로 통일의 길은 한 걸음 다가왔다고 볼 수 있다. 그는 등소평 이래(以來) 중국 지도자들이 택했던 개혁과 개방의 길을 거부하고 북한 사회를 국제적으로 고립시켰다. 그럼으로써 그는 대내적으로 경제 실패로 1990년대 중반의 200만 명이 넘는 아사자(餓死者)를 내었고, 2009년 11월 실패한 화폐 개혁과 배급 중단으로 북한 주민에게 엄청난 고통을 가져다 준 책임자이다. 김정일은 17년간 북한 사회를 통치하면서 대외적으로는 핵무기와 미사일 개발과 제조에 압장서고 핵을 흥정과 협박 수단으로 사용했으며, 선군(先軍) 정책을 통치구호로 삼고 군부인사들을 높은 정치서열에 기용하고, 남한에 대하여 천안함, 연평도 공격의 도발을 감행하여 한반도의 평화통일에 걸림돌이 되어왔던 자이다.

폐쇄적인 김정일이 사망함으로써 김정은 체제의 북한은 새로운 선택의 길에 직면해 있다. 김정일의 후계자로 지명되어 15개월의 견습 수업을 해 온 29세의 3남 김정은이 이끌게 될 북한은 내부적으로 리더십 공백(空白)에 빠진 위기를 어떻게 극복하느냐에 따라서 한반도 통일의 방향도 영향을 받게된다. 만일 김정은 체제의 북한이 중국식 개혁과 개방으로 나아가고 비핵화로 나아가게 된다면, 북한은 남한과의 경협(經協)을 통하여 국제사회의 일원이 되고 한반도의 평화정착에 이바지 할 수 잇을 것이다. 한국은 북한의 유동적인 사태를 주시하면서 북한이 개방을 두려워하지 않고 평화와 발전의 길을 갈 수 있도록 북한을 자극하지 않고 포용성을 가지고 유도하는 자세가 필요하다. 정부가 북한 주민에 대한 위로표시로 사실상 조의(弔意)를 표명하고, 제한적인 조문단의 방북을 허용하고 애기봉 크리스마스 트리점등 유보를 결정한 것은 "대북관계를 유연하게 할 여지"를 만드는 관계개선을 위한 좋은 조처로 불 수 있다.

이제 한반도 통일론의 방향은 북한주민들의 인권과 기초생존 보장 그리고 복지가 보장되는 방향으로 나아가야 할 것이다. 저자가 통일논의가 한창이었던 1980년대 발표한 논문들을 모아서 낸 것이 22년전 출판한 『평화통일과 한국 기독교: 복음주의적 통일신학을 향하여』(서울: 풍만출판사, 1990)였다. 이제 20년이 넘으면서 그 이후에 변화된 남북관계와 동북아 상황 속에서 그동안 발표하거나 틈틈이 썼던 논문들을 다시 정리하여 평화통일에 대한 새로운 견해를 내어야겠다고 생각하게 되었다. 이 저서의 기본적인 착상 – 통일신학은 정치신학이며, 십자가신학이어야 한다 – 은 예전과 다름이 없다. 단지 강조점은 한국정부와 교회의 통일노력과 정책이 북한의 주민들을 중심으로 행해져야 한다는 것과 탈북자들의 정착과 가치실현을 위한 것이어야 한다는 점에서 강조점이 달라졌다. 정부나 교회의 통일정책이 더 이상 당국자나 기구적인 차원의 대화나 교류에서만 끝나지 않고, 통일의 과정과 논의의 초점을 북한과 남한 두 주민들에 둔다는 것이다.

독일은 22년 전 1990년 통일을 이루었다. 서독은 통일을 가시적인 목표로 내세우지 않는 비통일정책이라는 동방정책으로 역설적으로 통일을 이루었다. 동유럽의 사회주의 정권의 붕괴의 맥락에서 당시에는 예기치 않게 역사적인 사건으로 다가온 동서베를린 장벽의 무너짐, 동독 정권이 국민투표를 통해서 서독에 정권을 인계함으로써 서독은 동독을 흡수통일하였고, 당시에는 여러가지 후유증이 많았다. 독일은 1990년 통독(統獨) 후 천문학적인 통일 비용 탓에 한동안 침체의 늪에 빠졌다. 하지만 독일 노 · 사 · 정은 '대재앙' 으로 불렸던 통일을 경쟁력 강화의 기회로 활용하는 지혜를 발휘했다. 근로자들은 임금 인상을 자제했고, 기업은 고용 보장으로 화답하며 숙련 근로자의 기술력과 노하우를 보존했다. 정부는 선제적인 연금 개혁, 고용 보조금 지원 등 시의적절한 정책 설계로 기업의 경제활동을 도왔다. 오늘날 통일 독일은 유럽연합에서 제조업을 바탕으로 가장 안정된 경제의 틀을 유지하고 있다. 통일 22년이 지난 요즘 독일 자동차업계는 초호황이다. 중국 · 인도 부자들의 고급차 주문이 폭주해 수익이 전년 대비 100% 이상 늘었고, 고용을 늘리며 생산 라인을 증설하고 있다. 따라서 2012년 통독 22년을 맞이한 독일은 갑작스럽게 이루어진 흡수통일 때문에 많은 후유증이 아직도 있는 것은 사실이나 역사적으로 다가온 사건으로서의 통일을 수용한 것은 성공한 것으로 자축하고 있다.

저자는 사회과학자가 아니기 때문에 평화통일을 사회과학적으로 접근하고자 하지 않았다. 22년 전과 마찬가지로 하나의 기독교 신자로서, 신학자로서, 교회의 목사로서, 기독교 철학자로서 한국의 시민의 한 사람으로서 분단된 조국의 통일을 염원하는 신앙적 지성으로써 평화통일로 나아가는 길을 신학적 성찰에서 모색하고자 하였다. 저자의 통일론을 개념적으로 표현하고자 한다면 '선진사회적 자유민주통일론' 이다. 저자가 이 저서에서 자주 독일의 동방정책과 독일교회의 통일정책을 거듭 인용하고 언급하는 것은 서독 정부의 서독교회의 통일론이 맥락은 다르지만 바로 오늘날 우리 남북관계 개선과 관계정립에 좋은 사례가 된다고 생각하기 때문이다. 저자는 독일 유학생활을 통하여 독일의 상황을 실제적으로 경험할 수 있었다. 서독은 분단체제를 인정하고 동독과 교류 협력을 증진하는 비통일정책으로서 동방정책을 추구하면서도 조속히 통일될 수 있었던 비결은 서독 사회가 선진자유 민주사회였기 때문이다. 서독은 체제적으로 경제적으로 동독 체제보다 월등할 수 있었기 때문에 동독정권이 동유럽의 민주화 물결 속에서 서독 정권으로 평화롭게 정권을 내주게 되었다고 생각된다.

2011년 통일 21년을 맞이한 독일 대통령은 한국 지도자와 만남에서 첫째, 한반도 통일은 반드시 온다. 둘째, 한반도 통일은 빨리 올 것이다. 셋째, 한반도 통일을 위하여 미리, 빨리, 많이 준비하는 것이 필요하다고 조언하였다. 오늘날 중국은 경제적으로 일본을 넘어서 세계 경제 2위의 자리에 올라서면서 동북아의 패권주의를 추구하고 있다. 그런데 북한은 그 폐쇄정책에 의하여 경제가 파탄하여 체제의 위기에 직면하고 있다. 이럴 때 북한은 중국의 동북공정의 대상으로 중국의 일부분이 될 위험성이 커지고 있다. 한국은 적극적으로 북한의 개방과 개혁을 요구하고, 북한 주민들의 마음을 얻는 정책을 펴야 한다. 그리하여 21세기에서의 역할을 적극적으로 해야 한다. 19세기가 대영제국의 시대, 20세기가 미국의 세기였다면, 21세기는 동북아의 세기라고 말할 수 있다. 일본, 중국, 한국의 경제력은 미국과 유럽의 경제력을 넘어서기 때문이다. 21세기의 동북아 시대에 한국은 통일을 쟁취함으로써 동북아의 주도국가가 되어야 한다. 그동안 2천 년 한반도의 역사는 중국 변방의 역사였다. 그리고 20세기 초반 36년간 한반도의 역사는 일제 식민지의 역사였다. 해방은 우리의 뜻과는 상관없이 예기치 않게 왔다. 이제 우리는 이러한 중국과 일본의 변방에서 벗어나야 한다. 그리고 동북아 주역의 나라를 만들어야 한다.

이를 위하여 먼저 한국사회가 정치적으로 경제적으로 사회적으로 문화적으로 선진사회를 이루어야 한다. 무엇보다도 부의 배분에 있어서 시장 자본주의가 낳은 부익부(富益富)와 빈익빈(貧益貧), 재벌 기업의 비대화와 중소기업의 왜소화, 많이 가진 자와 덜 가진 자 사이의 갈등이 해소되고 사회적 하부에 있는 약자와 소외자가 노력으로 상승할 수 있는 사다리와 기회가 주어지는 사회가 선진사회(先進社會)다. 정치에 있어서도 정부 여당과 야당 사이에 민생은 뒷전으로 하고 당리당략(黨利黨略)만을 위한 정쟁만이 난무하는 풍토를 쇄신하고 민생위주의 의회운영을 하고 나라의 발전을 위하여 서로 협력하는 것이다. 북한정권은 세습으로 권력을 이양하고, 주민의 인권을 전혀 고려하지 않고 폐쇄적이고 호전적이고, 군사정치 일변도로 핵개발로 나아가고 있는 상황 속에서 한국의 일변도적 통일노력에 한계가 있다. 그러나 한국사회만이라도 통일을 이룰 수 있는 선진사회의 여건을 이루는 것이 현명한 일이다. 이는 하나님이 원하시는 통일의 때를 기다리는 슬기로운 처사라고 생각한다. 선진사회를 이루면 한국의 자유민주주의는 보다 성숙하게 발전하여 무책임하고, 이기주의적이고, 선동적이거나 혼란적이지 않고, 북한의 어떠한 이념이라도 능히 흡수하고 소화시킬 수 있는 여건을 마련할 수 있다. 한국교회는 한국의 예루살렘인 평양을 기지로 삼아 그리스도의 복음을 북한 전 지역, 만주, 중국, 극동 러시아 등 동북 아시아에 증거하는 제사장의 사명을 감당해야 할 것이다. 본서의 출판과정에 심혈을 기울여주신 이병덕 출판국장과 실무적인 교정과 표제의 디자인을 위하여 노고를 아끼지 않으신 임경란 팀장께 감사를 드리고 싶다.

2012년 2월 저자

목차

제6장 평화통일의 신학적 근거

제7장 평화통일에 대한 신학적 성찰

제8장 평화에 대한 기독교적 이념: 아가페에 의한 평화

제11장 독일통일과정에서 독일정부와 교회의 역할이 한국정부와 교회에 주는 교훈

제12장 통일을 대비한 중국 정책과 한국교회의 역할

제13장 한반도 평화통일과 주변 4강대국과의 협력 과제 - 기독교적 관점 -

제1장

평화통일신학을 위한 착상

– 성격, 전제, 출발점, 방법, 주제, 과제 –

머리말

Ⅰ. 성격: 복음주의적 정치신학 - 십자가 신학으로서의 통일신학

Ⅱ. 전제: 한국의 역사적 현실과 하나님의 주권적 섭리

Ⅲ. 출발점: 민족의 분단 현실 성찰에서 출발, 이를 신학적 해석

Ⅳ. 방법: 사회경제적 분석방법이 아니라 민족 현실에 대한 해석학적 방법

Ⅴ. 주제: 남북의 평화, 정의, 협력, 연합, 통일 그리고 교회의 역할

Ⅵ. 과제: 한반도의 현실과 미래에 대한 성경적 유비 적용, 독일의 통일과정에서의 교훈을 한반도의 상황에 적용

맺음말

제1장

평화통일신학을 위한 착상

- 성격, 전제, 출발점, 방법, 주제, 과제 -

머리말

한국에서 통일신학은 1988년 한국기독교교회협의회(KNCC)가 발표한 "민족의 통일과 평화에 대한 한국기독교회 선언"이라는 역사적 이정표에 따라서 진보신학자들 중심으로 정치신학, 해방신학, 민중신학, 하나님의 선교신학의 맥락에서 형성되었다.[1] 당시 복음주의권에서는 통일신학을 제시한 학자들로는 필자[2]와 미국 코네티컷한인교회 담임목사 황현조[3]였다. 2006년 호남신대 교수 정기철이 통일신학에 대한 해석학적 접근으로 북한에 대한 좋은 용서와 화해의 착상을 철학적으로 제시하였다.[4] 2009년 장신대 교수 신옥수는 논문 "통일신학의 어제와 오늘"[5]에서 보수교회와 진보교회에서 통일신학의 전개과정을 잘 정리해주었

1) 서광선, "한국 기독교 통일신학 운동의 사회전기", 「기독교와 주체사상: 조국 통을위한 남북 해외 기독교인과 주체 사상가의 대화」, 서울: 신앙과 지성사, 1993, 89; 허호익, "민족 통일에 대한 신학적 이해", 「연세신학회지」 1, 1984.4, 14.

2) 김영한, "복음주의적 통일신학, 분단과 통일에 대한 신학적 접근", 『평화 통일과 기독교: 복음주의적 통일신학을 향하여』, 서울: 풍만, 1990.

3) 황현조, 「성육신적 북한선교」, 서울: 도서출판 영문, 1998.

4) 정기철, "한국의 통일신학을 위한 해석학적 단초", 「한국개혁신학」 제20집, 한국개혁신학회, 2006, 195-218.

5) 신옥수, "통일신학의 어제와 오늘", 『한국기독교신학논총』 제61권, 2009, 55~83.

다.[6] 저자는 이미 20년 전에 복음주의적 관점에서 평화통일신학을 제시하였다. 본 저서에서는 오늘날의 새로운 맥락에서 평화통일에 관한 성찰을 개혁신학적 관점에서 새롭게 제시하고자 한다. 오늘날 남북관계는 20년 전보다 남북의 체제와 경제, 사회적 구조의 관점에서 차이가 심해졌다. 과학기술에 있어서 한국의 비약적 발전[7]과 2011년 G20 정상회의, 2012년 핵안보 정상회의[8] 개최국으로서 지구촌의 중심권으로 자리매김, 2018년 동계올림픽 평창 유치, 이에 반해서 북한은 만성적 식량위기와 대량의 탈북자들, 그리고 장마당 형성과 이를 단속하기 위한 화폐개혁의 실패, 경제지표 하락,[9] 군부의 기강해이 등이 중요 현상으로 다가온다. 따라서 2010년대의 통일신학은 이처럼 달라진 한국의 정치적 사회적 안정과 경제적 발전[10]과 북한의 경제적 낙후와 위기, 핵무기 개발, 경제 대국 일본을 능가하는 세계 2위 초강대국(superpower)으로서 중국의 등장이라는 시대적 맥락에서 새롭게 제시되어야 한다.

---

6) 이승구, "통일문제에 대한 그리스도인의 태도와 기독교적 준비", 「성경과 신학」 37, 2005, 413~453; 조봉근, "하나님의 절대주권과 남북 통일", 「성경과 신학」 37, 2005, 157~174.

7) 호경업, [도약! Manufacture] "선두 뒤쫓기 바빴던 우리… 이젠 '기술 선두주자'", 조선일보, 2011. 6.30. C1면.

8) 이하원, [핵안보 정상회의] "한국, 2012 회의 유치한 배경은", 조선일보, 2010.4.14, A3면. 한국이 2차 핵안보정상회의를 개최하게된 배경은 ① 모범적인 원자력 發電 국가, ② 미국의 굳건한 글로벌 파트너, ③ 핵 확산하는 북한에 대한 경고 등이다.

9) 북한 경제가 김정일 국방위원장의 집권 첫 해이자 이른바 '고난의 행군' 시절이었던 지난 1995년보다도 14% 가량 축소됐다는 분석이 나왔다. 특히 남북관계에 따라 북한경제가 크게 흔들리는 것으로 조사됐다. 2011년 7월 6일 세종연구소 '정세와 정책' 7월호에 게재된 '경제지수 변화로 추정한 북한경제 현황' 보고서에 따르면, 북한의 경제성과는 1995년을 지수 100으로 정했을 때, 2009년말 현재 86.5에 불과한 것으로 분석됐다("김정일, 북한경제 14% 까먹었다", 헤럴드경제2011.7.6, 2면).

10) 조형래, [도약! Manufacture] "수출 5,000억 달러 시대 조선 · 중공업이 1등 공신", 조선일보, 2011. 6.30. 49면.

I. 성격: 복음주의적 정치신학 – 십자가 신학으로서의 통일신학

1. 민족이나 민중 아닌 시민이 중심된 신학

통일신학은 2천 년대 이후 시민의식과 운동이 활발해지는 상황 속에서는 민중신학 보다는 시민신학의 맥락에서 전개되어야 한다. 이미 한국사회는 민중신학이 어필했던 1970년대와 80년대 권위주의적 정부 형태가 지나갔다. 1990년대부터 더 이상 민중보다는 시민들이 사회적으로 영향을 주고 주도하는 시대적 상황 속에서 민중운동의 대안으로 나온 시민운동(civic campaign)의 시대가 도래하였다. 이러한 시민의 시대에서는 민중의 한을 푸는 것보다는 시민들의 다양한 목소리를 종합하고 사회를 보다 다양하고 통합적으로 이끌어 나가며, 투쟁적이기보다는 자발성을 유도하고, 정부의 정책적 방향을 유도하는 운동이 요청된다. 이것이 시민운동이다. 시민이란 개념은 중산층을 지칭하는 민주사회의 개념이다. 민주사회는 주로 짓눌리고 한이 많은 민중보다는 전문기술을 갖추고 자기의사를 표시를 하고 여가를 선용하는 시민들이 중심이 되는 사회이다. 시민들은 사회의 밑바닥이기보다는 중산층으로서 사회여론 형성에 주체적으로 참여하는 계층(階層)들이다.[11]

오늘날 남북 나눔운동에서도 어느 정도 자기 생계를 유지하는 중산층들이 나눔운동이나 북한의 인권운동에 관심을 보이고 자기 의사를 개진하고 참여하고 있다. 중산층은 서민(庶民)들의 의사와 요구를 잘 대변한다. 1987년 민주화를 블루 칼러(blue color) 및 화이트 컬러 중산층이 쟁취한 것 같이 서민들의 의사를 대표하는 자들은 오히려 블루 및 화이트 칼러(white color), 의협심있는 중산층이라는 것이다. 통일문제도 서민들을 포함한 지식을 지닌 중산층들이 오늘날 북한의 실정과 남한의 실정을 바로 알고 통일과정의 방향에 관하여 자신들의 견해를 개진한다는 것이다.

---

11) 산업시대에서 후기산업시대에 진입하고 있는 한국사회에서 서민들이나 민중들은 첨단 인터넷 미디어(트위터, 페이스북, 스마트폰) 등을 통해서, 더욱더 의식화되었다. 이들은 시민으로서 선거를 통하여 정부를 심판하여, 매 5년마다 새로운 집권층과 지도자를 선출한다. 이러한 중산층을 민중이나 서민이라기보다는 시민이라고 부르는 것이 더 적합하다.

진보신학자들은 통일신학을 민족신학으로 규정한다.[12)]민족을 신학적 반성의 주제로 삼는 신학은 민족을 우상화하거나 낭만화시켜 기독교를 민족주의와 결합하도록 한다. 이것은 자칫 1930년대 독일의 나치가 기독교 복음을 아리안 신화와 연결시켜 기독교를 나치의 어용종교로 만드는 민족지상주의에 빠지게 만들 수 있다. 성경은 민족애와 민족주의를 구별한다.

저자의 견해에 의하면 통일신학은 정치신학이나 시민신학[13)]으로서 그 성격을 자리매김한다.

이제 우리는 민족을 우상화하거나 또는 낭만화해서는 안된다. 오늘날은 지구촌의 시대이다. 민족이라는 것은 혈연을 중심한 개념의 성격이 강하다. 이제 우리는 백만에 이르는 이주민(移住民)들과 다민족 구성원들이 있다. 이들도 한국의 문화와 제도 속에 일원이 되면 동일한 시민이다. 시민신학이란 이런 의미에서 더 이상 한(恨)으로 짓눌린 서민들의 신학에만 머물지 않고 이들(도시 빈민층 등)의 어려움을 표출하는 의식을 지닌 시민의 통일염원을 대변하는 신학을 말한다.

2. 사고의 전환: 북한 정부가 아니라 북한 주민에 초점

통일신학은 정치적 통일보다는 북한주민의 인권을 우선시하고 먼저 남북한이 인간답게 잘 살 수 있는 관계로 발전시키는 것이다. 여태까지의 한국의 통일정책은 북한 정권의 생존을 유지시키면서 북한 주민의 민생문제나 인권문제는 도외시했고, 분단관리에만 치중했던 것이 사실이다. 통일은 남한 정권 대 북한정권의 문제가 아니라 우리 대한민국 국민과 북한주민의 삶의 문제이다. 통일은 북한주민들의 자유와 인권이 보장되고, 모든 주민들이 편안하게 자유를 누리고 경제적

12) 서광선, "한국 기독교 통일신학 운동의 사회전기", 「기독교와 주체사상: 조국 통을위한 남북 해외 기독교인과 주체 사상가의 대화」, 서울: 신앙과 지성사, 1993, 289; 박종화, "평화통일신학의 쟁점과 전망", 「목회와 신학」 43, 1993.1, 73; 허호익, "민족 통일에 대한 신학적 이해", 「연세신학회지」 1, 1984.4, 14.

13) 김영한, '민중신학의 위기와 한국신학의 새 방향: 변혁적 문화신학의 착상', 『21c 한국기독교문화와 개혁신앙』, 21세기 문화신학 제4권, 서울: 예영, 2008, 399~434.

으로 사회적으로 편안하게 살도록 하는 데 목표를 두어야 한다.[14] 사고의 전환이 필요하다. 북한 정부를 상대로 분단을 관리하는 차원에서 벗어나 북한 주민을 상대로 이들의 권익을 개선하는 방향으로 나아가는 것이다.[15] 그러나 납득하기 어렵고 이율배반적인 점은 과거 남한 사회에서 민주화 운동을 할 때는 가장 중요한 것이 인권이라고 외치던 인사들이 남북 관계에 있어서는 북한 정권의 눈치를 보면서 북한정권의 안위는 염려하면서도 박해받고 유린당하는 북한 주민의 인권 침해에 관하여는 침묵으로 일관하고 있다는 것이다. 강철환이 수용소군도의 노래에서 말하고 있는 북한수용소의 인권 유린의 실태는 너무나 참혹하다. 이렇게 지구상에서 가장 유린당하고 있는 북한 주민의 인권에 관하여 남한의 인권옹호자들이 모르는 척하는 것은 편파적이며 이기적이고 비겁한 것이며, 하나님이 창조하신 인간의 존엄성을 모독하는 것이라 볼 수 있다.

전 일본 대사이자 한양대 석좌교수 라종일은 통일을 정치적 과제가 아닌 인간적 과제로 추구하자는 참신한 제안을 하고 있다: "정치적 통일이 아닌 모든 사람에게 구체적 혜택이 되는 통일을 추구한다는 이야기다. 우선은 남북을 합쳐 더 크고 강력한 나라를 이룩한다는 정치적 목표를 일단 접고, 남북 주민에게 모두 더 높은 생활의 질, 더 나은 음식, 의료혜택, 교육의 기회 그리고 더 다양한 선택의 여지 같은, 작지만 구체적 필요들에 따르는 혜택을 제공하며, 조금이라도 덜 거짓말하고 조금이라도 더 좋은 일을 하고 살 수 있는, 좀 더 높은 도덕적 차원을 구현하려는 노력을 기울인다면 어느 시기에 사람들이 자연적으로 화합과 통일에 합의할 수 있지 않을까 하는 생각이다. 말하자면 통일을 정치적 과제가 아닌 인간적 과제로 추구하자는 생각이다."[16] 이제 우리는 통일을 북한주민의 인권을 향상시키고 이들의 삶과 직접 연관시켜 서로 간에 이해하고 인간답게 살 수 있도록 하는 방향으로 성찰할 필요가 있다. 독일 통일은 정부가 주도한 것이 아니라

---

14) 김석우 · 이정훈, " '원칙있는 대화' 가 남북관계의 해법이다", 「신앙세계」 통권 518호, 2011년 9월, 30~31.

15) 김석우 · 이정훈, 상게서, 35.

16) 라종일(한양대학교 석좌교수), [열린 광장] "통일은 정치에 앞선 인간적 과제다", 중앙일보, 2011.9.17, 29면.

양쪽 주민이 주도하였고, 양 정부는 이것을 정치적으로 수행한 것에 불과하였다고 말할 수 있다. 서독정부나 동독정부도 처음에는 통일을 원하지 않았다. 그러나 동독 라이프지히교회를 중심으로 일어난 시위에 고무되어 베를린 장벽이 무너지자 동독주민들은 "우리는 이 체제를 원치 않고 서독의 체제를 원한다"고 요구함으로써 동독 정부는 절차적으로 정권을 평화적으로 서독정부에 넘긴 것이다. 그러므로 진보좌파 진영에서 말하는 것처럼 서독이 동독을 강압적으로 흡수통일했다고 말하면서 통일독일에 많은 문제가 생겼다고 하는 것은 문제를 왜곡하는 것이다. 무력통일도 불가하며, 북한정권이 백기를 들고 투항하는 것도 실현 불가능한 현실에서 가능한 것은 북한 주민들이 "우린 더 이상 이 체제를 용납할 수 없다. 우리는 남한하고 통합되고 싶다"는 갈망의 물결이 북한 주민들로부터 스스로 나오게 될 때[17] 평화통일은 가능한 것이다. 통일의 주체는 정부당국이 아닌 북한의 주민들이다.

3. 복음주의적 정치신학 – 개혁신학적 성찰

통일신학은 정치신학의 성격을 갖는다. 정치신학이란 나치에 이용된 독일 기독교인들처럼 신학이나 교회가 정치적 이데올로기로서 어느 특정 정권이나 체제를 일변도로 찬양하거나 옹호하는 어용화(御用化) 시도를 말하는 것이 아니다. 정치신학이란 복음의 빛 속에서 국가나 사회집단이 시행하는 정책이나 프로그램의 공정성과 편파성, 타당성을 공공(公共)의 시각(public view)에서 비판적으로 조명하는 것이다.[18] 교회와 국가와의 관계는 서구 역사의 과정에 있어서 중요한 이슈로 논의되어 왔다. 교회와 신학이 성경의 관점에서 국가와 정치에 대한 균형잡힌 바른 이해를 제시하는 것이 정치신학이다. 그러므로 정치신학이란 설교의 어용화, 교회정책의 어용화를 비판하는 것이다. 정치신학의 성경적 근거는 구약 예언자

17) 김석우 · 이정훈, "'원칙있는 대화'가 남북관계의 해법이다", 「신앙세계」 통권 518호, 2011년 9월, 31.

18) 김영한, "복음주의적 통일신학, 분단과 통일에 대한 신학적 접근", 『평화 통일과 기독교: 복음주의적 통일신학을 향하여』, 서울: 풍만, 1990, 28~64.

들의 정치와 사회비판에서 찾을 수 있다. 구약의 예언자들은 단지 유대교의 제의(祭儀) 비판에 그치지 않고, 잘못된 정치와 관료들의 부패를 지적하고 있다. 나단 선지자(先知者)가 행한 다윗왕의 살인죄와 간음죄에 대한 책망(삼하 12:7-12)이 가장 대표적이다: "그러한데 어찌하여 네가 여호와의 말씀을 업신여기고 나 보기에 악을 행하였느냐. 네가 칼로 헷 사람 우리아를 치되 암몬 자손의 칼로 죽이고 그의 아내를 빼앗아 네 아내로 삼았도다. 이제 네가 나를 업신여기고 헷 사람 우리아의 아내를 빼앗아 네 아내로 삼았은즉 칼이 네 집에서 영원토록 떠나지 아니하리라 하셨고"(삼하 12:9-10). 이사야는 당시 유대교의 제의(祭儀) 비판과 아울러 유대사회의 정치비판을 한다: "신실하던 성읍이 어찌하여 창기가 되었는고. 정의가 거기에 충만하였고 공의가 그 가운데에 거하였더니 이제는 살인자들뿐이로다. 네 은은 찌꺼기가 되었고 네 포도주에는 물이 섞였도다. 네 고관들은 패역하여 도둑과 짝하며 다 뇌물을 사랑하며 예물을 구하며 고아를 위하여 신원하지 아니하며 과부의 송사를 수리하지 아니하는도다."(사 1:21-23). 정치신학은 정부의 정책에 대하여 반드시 비판만 하는 것이 아니다. 정책의 올바른 방향을 제시하고, 좋은 정책은 지지하고 그 실천의 방향과 도덕성의 과제를 제시하는 것이다.

4. 십자가 신학

통일신학은 영광의 신학(theologia gloriae)이 아니라 십자가 신학(theologia crucis)으로 전개된다. 영광의 신학이란 인간의 행위와 공로를 자랑하는 신학이다. 이에 반하여 십자가 신학이란 인간의 무능과 죄책이 철저히 긍정되고 그리스도의 십자가의 대속의 공로가 긍정되는 사고이다.[19] 영광의 신학이란 나치의 어용신학처럼 한 민족이나 지도자(히틀러, 단군, 박정희 등)를 절대화하고 이에 대한 맹목적 충성을 유도하는 신학이다. 1980년대 초 신(新)군부 시절 민의(民意)를 인위적으로 통일하기 위해 시도되었다 기독교의 반발로 포기된 단군신전 건립은 영광신

19) 김영한, "영광신학의 설교와 십자가 신학의 설교", 「한국개혁신학」 제26권, 2009년 한국개혁신학회, 8~38.

학의 일종이다. 그러나 영광의 신학은 1987년 대통령 선출 직선제 개헌이 수용되고 민주화가 이루어진 후 남한에서는 크게 약화되었다. 영광의 신학은 일인 숭배 왕조인 북한 일인에 적용된다. 북한에서는 주체 사상에 입각한 김일성의 신격화 사상, 김정일의 우상화 작업이 수행되고 있기 때문이다. 북한에서는 한편으로는 기독교의 하나님을 부정하나 다른 한편으로는 독재자를 신격화시키고 주체 사상을 유일한 교조(教條)로 삼고 있다. 이것은 주체사상 유형의 영광의 신학이다. 이러한 주체 사상은 무신론이지만 그 성격에 있어서 어용적 정치신학이다. 이는 개혁주의적 정치신학에 의하여 철저히 비신화화 되어야 한다. 그러나 여태까지 우리의 진보진영에서는 주체 사상의 신격화와 우상화 작업에 대하여 비판적인 글이 나오지 않았다. 오히려 북한의 체제에 대해서는 비판을 금기시하는 종북주의적 사고가 있어왔다. 김정은으로 이어지는 정권의 세습화 작업에 대해서도 침묵으로 일관하고 있다.

김현희는 2011년 8월 조선일보와의 인터뷰에서 그동안 지신이 10년 동안 DJ정부와 MH정부에 들어와 어려움을 당하여 9년째 단칸방에서 살해위협에서 살고 있다고 말하면서 천주교 정의사제단의 왜곡된 북한관을 알려주고 있다:

"국정원에서 정보를 흘려준 사실을 나는 알고 있다. 이는 보호해야 할 사건의 '증인' 을 말살하려는 것이다. 추운 겨울날 아이를 업고 나와 어디 가나. 허름한 단칸방에서 지금 9년째 그렇게 살고 있다." 김현희는 자신을 'KAL기 폭파 가짜 증언자' 로 몰아 세우려고 시도한 지난 두 정권과 KAL기 유가족 중 일부의 비난에 대하여 진실을 호도하는 것이라고 하면서 자신이 생명의 위협을 받고 지금까지 살아왔다고 토로하고 있다: "서민과 노동자의 정부라면서 중동 근로자들의 희생을, 그 유가족들의 슬픔을 정치적 목적으로 악용했다. 사제단이 앞장서 그런 여론을 조성했다. 난 이해할 수 없다. 북한에서는 성경책이 발견돼도 대역죄고 가족이 멸절된다. 하느님을 부정하는 그런 정권을 옹호하고, 김정일 정권이 저지른 사건을 남한이 했다고 뒤집어씌우니, 과연 그들은 사제복을 입고서 정말 하느님을 믿는 것인지 모르겠다."[20] 천주교정의사제단의 신학이란 전형적인 종북 어

20) 최보식, [최보식이 만난 사람], "KAL機 폭파범 김현희[上]", 조선일보, 2011.8.16, A3면.

용적인 성격을 지닌 정치신학이다. 복음주의적 정치신학은 이러한 이데올로기적으로 굴절된 신학의 정체를 밝히고 하나님 말씀이 지닌 이념초월성과 생명과 양심의 자유를 전파하는 것이다.

통일신학은 주체사상의 우상화에 대하여 철저히 비판적인 시각에서 출발하며, 남한의 정치권력의 관료주의적 경향에 대하여 비판적 태도를 갖는다. 통일신학은 민족 분단의 아픔과 고난과 고통의 현실을 받아들이며, 이에서 도피하지 않으며, 민족 분단의 현실을 한국교회가 짊어져야 할 십자가로 받아들인다. 그러나 이 분단의 극복노력이 우리들의 공로가 아니라 이미 그리스도의 십자가 공로에 근거하여 우리가 노력해야 할 제자직(discipleship)의 사명으로 본다. 북한에 대하여 물자를 나누는 것이 우리의 공로나 자랑으로 생각하는 것은 영광의 신학이다. 십자가 신학은 한반도의 분단 현실을 누구의 탓(강대국이나 어느 한편)으로 돌리지 않고 그리스도께서 주신 교회와 신자의 십자가로 알고 이를 극복하기 위하여 겸허히 노력하면서 주님의 뒤를 따르고자 하는 신학적 성찰이다.

5. 평화신학으로서의 통일신학

통일신학은 전쟁의 철학이 아니라 평화의 신학으로 전개되어야 한다. 전쟁의 철학이란 레비나스(Emmanuel Levinas)가 말한 바와 같이 인간의 주체가 중심이 되고 타자에 대하여 무관심한 사고다. 분단 초기에 일어난 6 · 25 남침 전쟁이란 북한의 공산주의자들이 자기 체제를 절대화하고 이를 무력으로 밀어부친 사고에서 비롯된 것이다. 이는 역설적이게도 제국주의적 사고에 의하여 밑받침되고 있다. 힘의 우위에 입각한 안보적 평화란 항상 전쟁을 전제로 하고 있다. 힘의 균형이 깨어지거나 힘의 우위가 무너질 때 저항과 반란이 일어나고 전쟁은 다시 일어나고 이에 대해 응징하여 진압하게 될 때 다시 힘에 입각한 소극적 평화(전쟁의 부재)가 성립한다.

지난 70년간 한반도의 남북 관계는 북의 도발과 남의 대응으로 점철되어 왔다. 1990년대 수차례 남북 당국자 회담과 2000년대 두 차례 정상회담이 있었으나 이는 남북 관계의 밑바닥에서 주도하는 주류적 냉전적 흐름을 표면적으로 완화하는 수식어에 불과하였다. 여태까지의 당국자 회담이나 적십자사 회담, 정상회담의 결과는 북한의 핵무장을 도와주는 성과를 낳았다. 그동안 남북한의 관계를 규정해온 것은 1963년 1월 23일 미(美)잠수함 푸에블로호(號) 납치사건, 1976년 판문점 도끼 만행(蠻行) 사건, 공비 침투사건, 2002년과 2009년의 서해교전, 2006년과 2009년 북의 두 차례 핵실험 성공 및 핵의 무기화, 2010년 천암함 피침과 연평도 포격사건 등이다. 이는 남북 간의 심각한 냉전적 관계를 말해주는 것이다. 전쟁철학이란 양체제의 집권자들이 상대방을 진정한 인격으로 대하지 않고 나의 정권유지에 대한 하나의 대상물(이용물)로 보도록 한다. 레비나스는 이러한 사고의 유형을 훗설이나 하이데거를 비롯한 서구의 형이상학의 전통적 사유방식이라고 보았다.[21] 서구 문화는 제1 · 2차 세계대전으로 얼룩졌고, 6백만 유대인들을 비롯한 수천만의 사람들이 스탈린의 전체주의 정치에 의하여 학살되었다. 여기서 상대방은 진정한 타자가 아니라 나의 의식 안의 표상물로서 이기주의적 아집(我執)에 포로되어 있다. 평화의 신학이란 이러한 전쟁의 철학적 사고에서 벗어나 약자와 소외자의 모습으로 다가오는 타자로서 상대방을 받아들이는 자세를 요구한다. 상대방을 타자로 받아들이는 것은 내가 그의 생명을 침해할 수 없는 인격의 대상으로 취급하는 것을 말한다. 이러한 요구는 제1 · 2차 세계대전으로 나타난 약육강식의 시대적 풍토 속에서 윤리적 당위성을 갖는다. 이것만이 한반도의 남북문제를 가장 슬기롭게 해결하는 길이다.

II. 전제: 한국의 역사적 현실과 하나님의 주권적 섭리

1. 한국의 역사적 현실

통일신학은 신학적 사고의 전제로서 한국의 역사적 현실을 진지하게 받아들

21) 김영한, "레비나스의 훗설 현상학 이해", 「해석학 연구」, 제24집, 한국해석학회, 2009, 106~109.

인다. 그것은 일제(日帝) 36년의 식민통치에서 벗어나 미소 강대국의 냉전구도 속에서 분단된 민족의 현실이다. 한국 민족은 역사적으로 수없이 강대국에 의하여 침략을 받아온 고난의 역사를 지녀왔고, 20세기 초 대원군의 쇄국 정책에 의하여 우물 안의 개구리 식(式)의 나라 운영으로 세계의 문물과 흐름에 등짐으로써 서양 신기술과 신무기로 무장한 일제에 의하여 나라를 빼았겼다.[22] 이것은 분명히 구한말 정치지도자의 무능에서 비롯된 것이었다. 일제 36년 식민통치는 태평양 전쟁에서 일제가 패배함으로써 종식되었다. 한국은 자력이 아니라 연합국의 승리에 의하여 타력으로 독립을 이루었다. 한반도는 바로 냉전구도에 의하여 미소 양국에 의한 남북분단으로 이어졌다. 소련에 의하여 사주된 북한의 공산정권은 무력통일시도에 의하여 남한의 자유사회를 기습 남침함으로써 6 · 25 한국전쟁을 유발시켰다. 3년간의 동족상쟁은 많은 피난민과 희생자를 남겼고, 상호간의 심리적인 증오와 적대감을 남겼다.

1989년에 일어난 동구권의 공산정권의 붕괴와 동서 베를린 장벽의 붕괴, 1990년 서독에 의한 동독의 흡수통일, 1991년 소련 연방의 해체, 1978년 중국의 개혁 · 개방 및 시장경제 도입 등은 한반도의 통일에 좋은 외부적 기회였다. 그러나 북한정권의 선군(先軍)정책과 주체사상적 통치방식 때문에 그 기회는 오지 않았다. 분단된지 근 70년 가까이 된 오늘날 남북 관계는 2000년 6 · 15 남북정상선언, 2007년 10 · 4 남북정상선언에도 불구하고 북한은 두차례 핵실험을 하였고, 여전히 핵무기 개발을 수단으로 하여 한반도와 동북아의 평화를 위협하고 있다. 그동안 백령도를 중심으로 하여 수차례 서해교전이 있었고, 2009년에는 금강산 관광 남한여성 피살사건, 2010년에는 천안함 피침 사건, 연평도 포격사건이 일어났다. 북한에서는 식량부족으로 인한 2백만 명의 기아로 인한 사망자들이 발생하였고, 2009년 11월 30일 화폐개혁 단행과 실패로 더욱더 경제는 어렵게 되어 더 많은 탈북자들이 생겨나고 있다. 이것은 통일신학이 인지해야 하는 한반도 남북관계의 구체적인 현실이다.

---

22) 허동현(경희대 교수), [시론] "교과서 문제점 해결 못한 고교 한국사 개정안", 조선일보, 2011.7.9, A31면.

2. 한반도를 향한 하나님의 주권적 섭리

민중신학적 접근은 주로 사회경제사적 접근으로 한국교회와 사회에 있는 반공 이데올로기를 한반도 분단의 중요 요인으로 보았다. 그리하여 분단을 원죄로 보고 분단을 고착적 구조로 만든 보수주의 정권과 한국교회의 반공 이데올로기를 비판하고 제거함으로써 분단을 극복하고자 하였다.[23] 이는 바른 접근방법이 아니다. 한반도 분단의 책임은 어느 일방에 있는 것이 아니라 쌍방에 있다. 그런데 북한정권의 남한 침략과 해방전략에 대해서는 침묵하고 한국교회와 사회, 특히 북한에서 공산당의 만행을 체험한 월남 지식인들에게 반공 이데올로기를 비난하고, 주한미군의 철수를 촉구하는 것은 올바른 남북 관계 현실 정립에 타당하다고 볼 수 없다.[24]

포용정책은 상대의 '좋은 행동'에 보상하고 '나쁜 행동'을 처벌하는 상호주의를 수단으로 해서 상대 행동을 변화시키는 것을 목표로 한다. 서독이 1963년부터 통일 전인 1989년까지 동독 반체제 인사 3만 3,755명을 풀어주도록 1인당 평균 9만 5,800마르크(약 5,000만원)씩을 동독에 지원한 것이 좋은 예다. 그러나 DJ정부와 MH정부가 했던 햇빛정책은 북한이 아무리 나쁜 짓을 해도 북한에 돈과 물품을 건네는 현금자동지급기나 산타클로스 할아버지 역할만 해왔다. 이런 사이비 포용 속에서 북은 10년 동안 햇볕을 타고 휴전선을 넘어 온 9억 5,000만 달러(약 1조원)의 현금을 챙겨가며 핵실험을 하고 미사일을 쏘아댄 것이다.[25] 지금 국민은 대북(對北) 포용정책 중단을 요구하는 것이 아니다. 북한 정권한테만 힘을 주고 북한 주민을 어렵게 해서 통일을 더 어렵게 만드는 가짜 포용정책을 집어치우고 북한 주민의 삶에 도움이 되도록 북한 정권을 유도하는 진짜 포용정책을 실

---

23) 서광선, "한국 기독교 통일신학 운동의 사회전기", 「기독교와 주체사상: 조국 통을위한 남북 해외 기독교인과 주체 사상가의 대화」, 서울: 신앙과 지성사, 1993, 292; 이삼열, "분단의 극복과 기독교", 「기독교 사상」 319, 1985.1, 80~99; 박종화, "민족 통일의 성취와 통일신학의 정립", 「한국기독교신학논총」 3, 1988.5, 113-154.

24) 김영한, "민족 통일과 평화에 대한 한국 기독교의 과제", 『평화 통일과 기독교: 복음주의적 통일신학을 향하여』, 서울: 풍만, 1990, 11.

25) [사설] '舊 東獨 총리가 '사이비 포용론자' 에게 주는 忠告', 조선일보, 2006.10.27. A35면.

시하라고 주문하는 것이다. 그런 의미에서 MB정부는 대북정책에서만은 원칙있는 포용주의 정책을 유지하려고 노력하였다.

DJ정부와 MH정부의 햇빛정책은 북의 옳은 행동에도, 잘못된 행동에도 똑같이 당근을 주면서 포용정책의 기본원칙을 지키지 못했다.[26] 탈북 언론인 강철환은 그의 체험수기 요덕수용소의 개정판 머리말에서 다음과 같이 피력하고 있다: "지난 수년간의 햇빛정책이 그 햇볕을 김정일에게만 비추고 절대다수의 인민은 여전히 동토 속에 갇혀 있다면 북한인민을 구하는 길이 과연 무엇인가를 다시 생각해야 합니다."[27] 정치신학은 이런 원칙없는 햇빛정책에 대하여 비판해야 한다. 북에 대한 분별있는 햇빛정책과 원칙없는 종북(從北) 진보는 구분되어야 한다. 2백만 명을 굶어죽게 한 정권에 대하여 침묵하고, 오늘날 아랍권의 국가들도 독재정권이 붕괴되는 상황에서 3대째 북한 정권의 세습에 대하여 침묵하고, 북한인권법 제정에 대하여 반대하는 종북주의 진보는 북한에서 억눌린 민중의 인권유린에 대하여 외면하는 중대한 역사적 과오를 범하고 있다.

복음주의적 정치신학은 역사과정에 대한 하나님의 절대주권적 섭리를 믿는 데서 출발하기 때문에 개혁주의적 통일신학으로 이해된다. 개혁주의적 통일신학은 역사를 섭리하시는 하나님의 절대주권을 믿는 신앙 안에서 한국 역사를 수평적 역사와 수직적 역사의 차원에서 해석한다. 일제에 의한 한일합방으로 인하여 기독교가 민족주의와 결합하면서 기독교는 외래종교이기는 하나 민족의 자유와 독립을 위해 도움이 되는 좋은 종교라는 깊은 인상을 각인시켜 주었다. 그리하여 기독교는 북한과 남한에서 성공하였다. 여기서 우리는 조선의 일본 합방에 숨어 있는 하나님의 뜻을 발견한다. 마찬가지로 해방과 더불어 강대국에 의한 한반도의 분단에도 하나님의 숨어 있는 뜻이 있다. 그것은 미리 알 수 있는 것이 아니라 나중에 점차 역사의 과정 속에서 드러나는 것이다. 이러한 하나님의 주권적 섭리에 대한 신앙은 통일이란 남북관계 및 한반도 주변의 정세가 어렵더라도

---

26) [사설] '민주당 일부 받드는 '햇볕' 은 '원칙 이탈한 햇볕'', 조선일보, 2011.7.4. A31면.

27) 강철환, 『수용소의 노래, 평양의 어항』, 북한 정치범 수용소 체험수기, 서울: 시대정신, 2005, 개정판, 6.

반드시 실현될 것이라는 확신을 가져다 준다. 5천 년의 역사를 지닌 한국민족은 중국과 몽고와 일본의 부단한 침략 속에서도 굴복하지 않고 그 정체성을 지켜왔고, 오늘날 한국은 정치적 안정과 경제발전, 과학기술 발전, 문화의 창달을 통하여 전 세계적으로 영향력을 끼치고 있다.

Ⅲ. 출발점: 민족의 분단 현실 성찰에서 출발, 이를 신학적 해석

1. 민족 분단의 현실 성찰

통일신학은 6 · 25전쟁에 의하여 동족이 서로 싸웠던 과거의 원인을 해명해야 한다. 6 · 25전쟁은 한민족이 치른 비극적인 대전이었다. 동시에 미군과 연합군, 그리고 중공군이 참여한 국제적인 전쟁이었다.[28] 이미 드러난 역사적 문서에 의하면 6 · 25 전쟁이란 북한 공산성권이 소련과 중국의 비호 하에 냉전구도 속에서 무질서한 남한을 공산화시키려는 무력 침략에 의한 것이라는 문서적 증언이 나왔다. 소련 붕괴 후 공개된 극비문서들을 통해 6 · 25는 김일성이 소련의 스탈린, 중국의 마오쩌둥(毛澤東)과 긴밀한 상의 끝에 소련 · 중국의 승인 아래 감행한 기습 남침이라는 사실이 확인됐다. 중국은 어쩔 수 없이 6 · 25 전쟁에 뛰어든 게 아니라 사전 모의 단계부터 깊숙이 관여했다. 마오쩌둥은 1949년 5월 베이징을 찾은 김일성의 측근 김일에게 "만주에 중국군이 있으니 걱정하지 말라"고 했다. 마오쩌둥은 1950년 5월 베이징을 찾아간 김일성에게 "미군이 전투에 참여하면 중국은 북조선에 군대를 보내겠다"고 다시 다짐했고, 김일성은 한 달여 뒤에 기습 남침을 실행했다.[29] 이러한 역사적 사실에 대하여 지식인들과 시민들은 편견을 버리고 접근해야 한다. 그리고 역사적 문서와 사실이 말하는 증언을 경청해야 한다. 그리고 과거의 비극적 사실에 대한 바른 해명을 해야 한다. 이것은 단지 누

28) 북한군에 맞서 나라 지킨 백선엽 장군, 기사 나도 한마디 (2), 중앙일보, 2010.1.2.

29) [사설] 中, 6 · 25 남침 때 '毛澤東의 역할' 에 뭐라 할 건가, 조선일보, 2010.10.30.

구에게 책임 전가를 위해서가 아니라 다가오는 후세를 위하여 진실과 화해를 위하여 해명되어야 한다.

2. 이에 대한 신학적 해석

이러한 민족 분단과 대결구도의 현실에 대하여 신학적 해석이 있어야 한다. 북한이 아직도 선군정치를 정책기조로 밀고 나간다는 것은 세계화라는 지구촌의 흐름에서 너무나 뒤떨어진 수구적 사고방식이다. 한반도의 남한과 북한의 체제에 대해서는 구약의 선지자의 메시지에서 그 유비를 가져 올 수 있다. 북한의 주민 압제적인 통치방식에 대하여 아모스 선지자 말처럼 "오직 정의를 물 같이 공의를 마르지 않는 강 같이 흐르게 할지어다"(암 5:24)라는 메시지를 한국교회는 남과 북 모두를 향하여 제시해야 한다. 한국이 완전히 정의로운 사회며, 공의로운 사회라는 것은 아니다. 한국에는 여전히 부가 편중되어 있고, 가난한 사회적 약자들이 소외되고 있으며, 도시빈민층(the working poor)이 있다. 이들은 가난을 되물림한다. 아모스의 메시지는 자본주의 사회의 그늘을 보여주는 한국사회를 향하여도 선포되는 것이다.

미국 자유아시아방송(RFA)은 북한에 투자한 중국 국적의 동포사업가들의 증언을 인용해 2011년 6월 30일 이같이 보도했다. 재중 사업가 오씨는 "날이 갈수록 살기 힘들어지면서 북한 주민들은 하루빨리 통일이 돼야 살기 좋아질 것이라고 말한다"며 "북한주민들이 원하는 통일은 조선 노동당이 지배하는 통일이 아닌 남한 주도의 통일, 더 나아가서 남한으로의 흡수통일을 의미한다"라고 말했다.[30] 통일의 주체는 양 체제의 시민들이다. 체제의 선택은 정치 지도자가 하는 것이 아니라 주민들이 한다. 동독이 서독에 흡수통일될 때도 동독의 총리는 국민투표를 통하여 동독 주민들에게 물어 보았다. 서독 정부도 선거를 통해서 서독 주민들에게 동독과의 흡수통일을 물어보았다. 동독과 서독 시민들은 압도적으

30) 김진희, "北 주민들, '한국' 에 흡수통일 원해", 중앙일보, 2011.5.31.

로 양 정부가 통합하는 것에 대하여 찬성하였다. 그리하여 독일은 물리적 충돌없이 평화통일을 이룩하게 된 것이다.

IV. 방법: 사회경제적 분석방법이 아니라 민족 현실에 대한 해석학적 방법

1. 사회과학적 분석 방법의 한계

사회과학적 방법은 남북 분단의 현실을 직시하고 현 남북의 정치, 경제, 사회 문화 현실에 대한 바른 자료를 제공하며 양자를 비교할 수 있도록 한다. 민중신학은 사회과학적 방법에만 머물렀다. 민중신학은 억눌린 민중들이 역사의 주체가 되라고 민중을 의식화시킨다. 그리하여 민중신학은 민중사회학에 머물렀다. 이러한 민중신학은 북한사회의 억눌린 체제 안에서 민중들이 역사의 주체라는 것을 일깨우는 데 도움이 된다. 그러나 이미 국민소득 2만불을 넘어서고 3만 불을 지향하는 한국사회에서는 민중신학보다는 시민신학이 요청된다. 시민신학에서는 공권력에 대하여 자율성과 비판정신을 지니는 시민들의 역할 그리고 기업의 사회적 책임을 강조한다.

2010년 기준으로 남한과 북한의 경제력의 차이는 20배(북한 천불, 남한 2만불)나 되고, 남한은 평화로운 정권 교체로 지도자가 매 5년마다 바뀌는 자유로운 사회이다. 같은 공산당의 이웃나라 중국이 개혁개방으로 국제사회의 일원이 되고, 공산당이긴 하나 다원적 지도체제로 지도자들이 주기적으로 바뀌며, 시장경제를 수용하여 세계 2위의 경제대국으로 부상하고 있다. 이에 반하여, 북한은 1994년 김일성이 심장마비로 별세한 후 그 아들 김정일이 세습으로 정권을 인수받았으며, 2009년 김정일이 뇌졸중으로 쓰러지자 급기야 삼남(三男)인 김정은을 후계자로 임명하고 3대 권력 세습을 준비하고 있다. 그런데 북한은 국제사회에서 고립 폐쇄된 나라로서 경제적으로 파탄상태에 이르고 있다.[31] 북한은 군사력으로는 군대는 많고 장비는 많으나 노후하여 남한에 비교하여 화력이 약하다. 이 때문에 북한은 오늘날 국제사회에서는 금기시되는 핵무기제조에 성공하여 핵무기를 체제의 안전보장으로 사용하고 있다. 이에 반해서 남한은 발전된 첨단 과학기술을 바탕으로 핵을 경수로로 사용하여 원자력 수출국이 되고 있다. 남한은 개방되고 열린 국제감각을 바탕으로, 1988년 서울 올림픽, 2002년 월드컵에 이어, 2011년 7월 6일 남아프리카 공화국 더반(Durban, South Africa)에서 열린 국제올림픽 위원회 총회에서 2018년 동계 올림픽 개최권을 따내었다.[32)]

한국은 2011년 8월 대구에서 세계육상선수권대회를 성공적으로 개최함으로써 독일, 프랑스, 이태리, 일본에 이어 빅 스포츠 개최 그랜드 슬럼(Grand Slam)을 달성한 나라가 되었다. 한국이 평창 유치의 명분으로 내건 유럽과 북미 중심의 동계올림픽 개최를 아시아와 제3세계로 확산시키는데 기여하고자 하는 "새 지평(The New Horizonce)" 개념은 IOC 위원들에게 감동을 주었다. 이 개념은 앞으로 올림픽의 새로운 흐름으로 자리잡을 것이다.[33)] 한국은 이제 아시아의 변방 국가가 아니라 세계무대에서 누구도 소홀히 볼 수 없는 나라가 됐다. 코리아 브랜드는 세계적

---

31) 1995년부터 지난 10년 동안 식량난으로 인해 300만 명이 아사하는 참혹한 일이 발생하였고, 이에 따라 전반적인 사회시스템이 붕괴되어 북한내부의 모순이 드러나게 되었다(좋은 벗들(엮음), 『오늘의 북한, 북한의 내일』, 정토출판, 2006; 강철환, 『수용소의 노래, 평야의 어항』, 북한 정치범 수용소 체험수기, 서울: 시대정신, 개정판 머리말, 2005). 공장이 문을 닫고, 식량난으로 아이들은 꽃제비로 돌아다니는데, 북한당국은 남한으로부터 벌어들인 외화로 이들을 먹이지 않고 핵무기를 만들고 있다.

32) 독일, 프랑스, 미국 등 해외언론들은 평창이 1차투표에서 63표를 얻어, 독일 뮌헨(München) 25표, 프랑스 안시(Annecy) 7표를 크게 압도하여 결정적인 승리를 하였다고 보도하였다. 물론 평창은 지난 2003년에는 캐나다의 밴쿠버(Vancouver), 2007년에는 소련의 소치(Socci)에게 2차투표에서 역전당한 아쉬운 패배에서 3번의 도전 속에서 이루어내었다. 이는 한국의 위상이 국제 IOC 위원들에게 얼마나 높아졌다는 것을 나타내는 것이다.(PyeongChang wins 2018 Winter Olympics bid, Koreaherald.com, 2011.7.7). 이때에 전 국민이 느낀 환호는 감히 눈물이 나오는 감동적인 순간이었다. 이는 북녁 동포들과도 같이 나누어야 하는 국가적인 보람이었다.(강호철 · 권대열, 평창, 위대한 승리더반, 조선일보, 2011.7.7, A1면, 2018 동계올림픽 유치, 세차례 도전 끝에 38표差 압승… 세계 다섯번째 '스포츠 그랜드슬램' 월드컵 · 육상선수권 · F1, 동 · 하계 올림픽 모두 유치). 동계올림픽 종목이 선진국형 고급 스포츠로 인식되고 있다는 점을 고려하면, 평창 동계올림픽은 스포츠 · 경제 · 문화 측면에서 모두 한국의 국가 브랜드 가치를 높이는 데 크게 이바지할 수 있다. 동계올림픽 개최는 선진국 진입의 지표가 되기도 한다. 인프라 · 투자 늘고 관광산업이 발전하면서 국민소득 3만달러의 기폭제 될 것으로 본다.(성진혁 · 홍준기, [Yes 평창] 서구 선진국 · 일본만 연 부자올림픽… 한국, 그 반열에 서다, chosun.com, 2011.7.7).

33) BBC Mobile -Sport, Page last updated at 15:19 GMT, Wednesday, 6 July 2011 16:19 UK, Pyeongchang will host the 2018 Winter Olympics.

프리미엄(premium)의 반열에 올라섰다.[34] 평창의 쾌거는 분단국에 대한 동정심으로 우발적으로 일어난 것이 아니다. 이미 한국의 K-POP, 아이돌 그룹의 노래와 춤이, 세계 문명의 중심으로 자처하는 프랑스와 독일 등 유럽 한복판에서 열풍을 일으키고 있다. 한국 영화와 TV는 아시아인의 마음을 사로잡은 데 이어 중동과 남미를 넘어 미국 · 유럽 시장의 문을 두드리고 있다. 김치를 비롯한 한국 음식은 세계인의 입맛을 자극하고 있다. 삼성 · 현대 · LG 등 우리 대기업 제품은 세계인들이 갖고 싶어하는 고급 브랜드 대접을 받고 있다. 이것들이 하나로 모여 한국을 세계와 어깨를 나란히 하는 나라로 끌어올렸고, 그 힘을 바탕으로 동계올림픽을 주도해온 유럽과 북미의 텃세를 뚫고 평창 올림픽을 유치할 수 있었다. 서울대 명예교수(경제학) 송병락이 피력하는 바와 같이 우리가 하기에 따라 "평창 올림픽은 한국의 '신(新) 21세기 전략' 의 돌파구가 될 수 있다."[35]

이러한 문화적 쾌거는 한반도의 평화통일에 간접적인 효과가 있다. 그만큼 한국은 이제 60년 전 세계의 변방의 미지지역에서 탈피히여 세계의 이목을 받으면서, 2018년 세계인의 축제인 동계올림픽이 개최되는 나라가 되기 때문이다. 물론 한국은 북한을 당연히 초청해서 북한도 이제 그 문호를 열고 남한처럼 국제사회의 일원이 되도록 해야 할 것이다. 그렇게 하여 한반도를 향한 세계의 이목이 집중되는 한 북한은 공산주의자들이 하는 비밀테러나 미사일 공격 등은 국제 이목때문에 시도하지 못하고, 협상 테이블로 나올 수밖에 없을 것이다.

그러나 이를 위하여는 한국의 사회적 시스템이 북한의 것보다 탁월하게 좋은 것으로 드러나야 한다. 한국사회는 계층 사이에 간격이 벌어지고 있는 빈부의 격차를 좁혀야 한다. 자본주의의 생존을 위협하는 최대의 적(敵)은 빈부(貧富)격차다. 마이크로소프트(MS) 창업주이자 세계 최고의 부자인 빌 게이츠(Gates)는 이 적에 대항하려면 시장 자본주의는 '창조적 자본주의(Creative Capitalism)' 로 진화해야 한다고 주장한다. 그는 기업이 정부 · 비영리단체와 힘을 합쳐 '사회적 인정

34) 권대열 · 김정훈, [평창, 위대한 승리] 코리아, 유럽과 견줄 세계적 브랜드 됐다, 조선일보, 22011.7.8, A1면.

35) 위의 글.

(recognition)'과 같은 시장 인센티브를 활용해 빈부격차 완화에 앞장서야 한다고 역설한다. 빌 게이츠는 세계 2위의 부자이자 투자의 귀재(鬼才)인 워런 버핏(Buffett)과 함께 1년 전부터 억만장자들을 대상으로 재산의 절반을 사회에 기부하자는 '기부 선언(giving pledge)' 운동을 펼쳐오고 있다. 버핏은 이미 2006년에 자기 재산의 99%를 기부하겠다고 선언했고 게이츠는 그 이상을 기부할 예정이다. 이들의 솔선수범에 감명받은 억만장자들이 이 운동에 속속 동참하고 있다. 재벌의 이러한 창조적 사회 자선의 사고 앞에서는 어떤 공산주의 이념도 발 붙일 수 없다. 이는 창조적 자본주의요, 공동체 정신이 담긴 선한 자본주의다. 공산주의가 말하는 자본가 착취의 자본주의가 아니라 선한 기업가의 창조적 자본주의다. 이러한 보다 발전된 자본주의 형식이 우리 사회에 형성되어야 한다.[36]

한국의 자본주의가 재벌의 자(自)그룹 확장만을 추구하면서 중소기업을 압박하고 도시 빈민층과 사회적 낙오자를 양산하게 될 때 우리 사회는 건전하지 못하게 되고 특히 공산주의를 대변하는 북한체제에 대하여 탁월성을 제시할 수 없게 되는 것이다. 따라서 삼성, 현대, LG를 비롯한 재벌회사 소유자(owner)들이 실천하는 최소한의 자선과 사회적 기업 마인드가 매우 중요하다. 재벌들이 관행으로 해온 편법적 상속의 중단[37]과 더불어 '기부 선언'과 같은 노블레스 오블리주(지도층의 도덕적 의무)로 국민을 감동시키고, 협력업체에 대한 불법·부당행위를 근절해 대·중소기업 동반성장을 도모하는 것이 요청된다.

---

36) 김인규, [아침논단] "재벌이 불러온 한나라당의 '左클릭'", 조선일보, 2011.7.10. A34면.

37) 자본주의 본산지인 미국의 게이츠나 버핏 같은 재벌들은 자본주의의 건전성을 위해 상속세 유지·강화를 주장하고 자식들에게 큰 재산을 물려주지 않겠다고 선언하고 '사회적 자본주의'를 실천하고 있다. 이와는 반대로 우리나라 30대 재벌들은 상속세를 회피하려고 '계열사 일감 몰아주기'라는 교묘한 편법을 사용해오고 있다. 경제개혁연구소의 조사에 따르면 현대·기아차 그룹의 정몽구 회장과 정의선 부회장 부자(父子)는 이 편법을 사용해 종자돈 547억원을 10년 만에 3조 6,763억원으로 불렸다. 최태원 SK 그룹 회장은 101억원을 투자해 2조 439억원의 수익을 올렸다. 삼성 그룹 역시 삼성SDS가 상장될 경우 이건희 회장 자녀들이 수조원의 시세차익을 얻을 것이라고 한다. 상속세 회피를 위한 재벌의 이런 행태와 날로 심해지는 빈부격차는 결국 한국자본주의의 위기를 불러왔다(상게서).

2. 신학적 해석학적 방법

신학적 해석학적 방법은 이러한 사회과학적 방법의 성과를 기초로 하면서 이에 성경적 유비에 입각한 한반도와 남북관계에 대한 신학적 해석을 더하는 것이다. 그것은 정치 · 사회 · 문화적 문제에 대한 기독교적 관점을 제시하는 것이다. 남북 사이에 물자와 인적 자원이 교류되는 사실은 정치 · 사회 · 문화적 사건이다. 이에 대한 신학적 해석이란 물자의 나눔과 인적 교류에 있어서 상대방에 대하여 가지는 기본태도에 대하여 해명하는 것이다. 평화, 정의, 협력, 연합, 통일에 대한 신학적 해석은 단지 정치적이고 사회학적 차원에서 그칠 수 없다. 여기에는 하나님과 관계하며, 인간 사이의 영적 차원과 관계하는 신학적 차원이 논구된다. 북한 사회의 종교의식, 그리고 종교화 되어버린 북한의 개인숭배, 주체사상에 대한 정치신학적 비판적 성찰이 있어야 하며, 북한의 지하교회와 가정교회의 실태, 그리고 기독교적 평화와, 정의, 연합, 통일에 대한 신학적 성찰이 제시되어야 한다.

3. 통일 담론의 새로운 패러다임: 분단 관리에서 통일 대비로

1989년 통일담론이 쏟아져 나올 때는 "한민족공동체 통일방안"이 주축을 이루었다.[38] 1989년 동구권 사회주의 정권의 몰락과 더불어 냉전 체제가 무너지면서 화해와 협력이 남북관계의 확고한 원칙으로 자리 잡았다. 여태까지 북한을 적대시하고 반복했던 태도를 고쳐서 화해와 협력을 통해 남북 간 사회공동체, 경제공동체를 이루면 궁극적으로 정치공동체를 만들 수 있다는 착상이 지배했다. 이러한 "한민족공동체 통일방안"은 유럽통합에서 빌려온 것이었다. 이 방안은 이전의 국가, 정치 중심에서 사회, 문화 중심의 통일 방안으로 담론의 틀을 전환하고 점진적으로 통일하겠다는 구상이었다. 이 방안은 국내적으로 민주화, 국제적

---

38) 최진욱, "통일담론의 새로운 패러다임: 분단관리에서 통일대비로", 「신앙세계」 통권 508호, 2011. 10, 155.

으로는 소련연방의 해체와 더불어 사회주의의 종언과 함께 탈냉전이라는 당시의 시대상황에 부합하는 통일방안이었다. 이러한 방안은 남북이 서로 인정하고 상호 공존하고 교류협력을 통하여 한민족 공동체를 이룸으로써 북한이 개방하고 변화되고 변화를 통해 "사실상의 통일"[39]을 이룬다는 긍정적 생각이었다. 그리고 이 정책은 DJ정부(1998년~2003년)와 MH정부(2003년~2008년)가 추진한 햇빛정책으로 실천되었다.

그러나 20년이 지난 오늘날 이러한 "한민족공동체 통일방안"[40]은 북한측의 의도와는 무관한 방안임이 드러나기 시작하였다. 첫째, 북한 체제의 폐쇄적 고립적 정책이다. 지난 20년 동안 북한체제는 남한의 기대와는 달리 주변국가 중국과 러시아처럼 개혁과 개방을 거부하고 수령일인체제로 세습과정이 이루어졌다. 김정일의 건강 악화 이후에 삼남인 김정은이 후계자로 내정되었다. 북한은 체제유지를 위하여 고립을 선호하며 외부의 지원이나 경제협력 역시 체제의 위협으로 간주하고 있기 때문이다. 둘째, 북한의 핵개발이다. 북한은 지난 20년 동안 남한의 인도적 물자지원을 핵개발에 전용하였다. 북한은 핵 실험에 성공하였고, 핵을 기정 사실화하고 핵 국가임을 인정받기를 원하며 이를 위하여 핵 능력을 더욱 증진시키고자 하고 있다. 셋째, 북한의 경제 상황은 갈수록 악화되고 있다. 북한 경제는 1995년부터는 더욱 피폐해져 300만 명이 기사(饑死)하는 사태가 일어나기도 하였다. 북한 체제의 성격상 경제 발전이나 주민들의 삶의 질 향상에 무관심하고, 이를 체제 유지, 발전에 부정적 요인으로 인식하고 있다.

그리하여 한민족공동체 통일방안은 세 가지의 도전을 받기에 이르렀다. 첫째,

---

39) 최진욱, 상게서, 156.

40) 노태우 대통령은 1989년 9월 국회에서 "한민족 공동체 통일방안"을 발표하여 "자주, 평화, 민주"의 통일 3원칙을 제시하고 통일국가의 미래상으로 "자유·인권, 행복"을 제시하였다. 김영삼 대통령은 이를 발전시킨 "민족 공동체 통일방안"을 제시하였고, 통일은 마땅히 민주적인 절차와 원칙에 따라 이루어져야 한다는 자유민주주의에 의한 통일원칙을 천명하였다. 김대중 대통령은 2000년 6월 평양에서 김정일 위원장과 자주적 통일(공동선언 제1항), 남측의 연합제안과 북측의 낮은 단계의 연방제안의 절충(공동선언 제2항)이 합의되었고, 노무현 대통령은 2007년 10월 다시 김정일 위원장과 "남과 북은 사상과 제도의 차이를 초월하여 상호존중과 신뢰관계로 확고히 전환시켜 나가기로 하였다"(남북공동선언 제2항)고 합의했다(김충남, "이념적 차원에서 본 통일", 『신앙세계』 통권 508호, 2011.10, 161).

남북간의 이념이 너무 다르고, 이 통일 방안은 남북한이 상호 조금씩 양보한다는 수렴론을 함축하는 통일론이다. 그리하여 이 방안은 통일비전이 불투명하고 통일과정에서 한국의 주도권이 약해지면서 통일에 대한 관심과 의지가 약화되도록 한다. 둘째, 북한의 급변 가능성과 더불어 제기되는 국가신인도 문제이다.[41] 여태까지는 '북한은 우리와 별개이기 때문에 우리가 지원만 해주면 큰 문제 없다' 고 생각해왔다. 그런데 S&P나 무디스 같은 국가신용등급평가회사에서 한국의 신용등급을 평가하는데 북한 변수를 중요하게 고려하기 시작하였다. 이들이 물어보는 북한 붕괴 경우에 대한 한국의 정치적, 재정적 대처에 대해, 북한의 자극과 반발, 국민적 합의 미비, 한국은 기존 통일담론의 한계 때문에 적극적으로 방안을 제시하지 못하고 있다. 셋째, 이 방안의 구체적인 실천정책이었던 햇빛정책은 북한의 변화를 목표로 했지만 폐쇄된 북한은 변화하지 않고 오히려 한국사회에서는 안보 불감증 만연, 대북정책을 둘러싼 남남 갈등(미군 용산기지 평택 이전 문세, 인천 맥아더 동상 철폐 문제, 제주 강정마을 해군기지 건립문제, 북핵 저지 문제) 등 심각한 부정적 변화가 나타났다.[42] 그 여파로 국가 안보의 최후 보루라고 하는 군대조차 방위 태세가 허술하게 되어 주적(主敵) 개념이 희미해지거나 뒤바뀌고 2010년 천암함 폭침 사태와 연평도 포격사건으로 그 약점이 결정적으로 노출되었다.

그리하여 2010년대로 들어오면서 통일담론의 새로운 패러다임이 나오기 시작하였다. 그것은 분단관리에서 통일대비의 담론이다. 이러한 새로운 패러다임은 세 가지 특징을 보여준다. 첫째, 한국이 통일을 주도하여야 한다. 이를 위하여 남한국민들은 통일에 대한 관심과 의지를 회복하여야 한다. 기존 패러다임은 통일은 막대한 비용을 수반하는 위협적인 것이라고 간주하고 훗날로 미루려 했으나 새 패러다임은 통일을 긍정적인 기회로 인식하고 적극적으로 준비하자는 것이다. 통일이란 독일처럼 어느날 갑자기 다가올 수도 있다. 우리가 피하고 싶어도 피할 수 없는 사건으로 다가온다. 그러므로 미리 적극적으로 예견하고 대비하는

41) 최진욱, "통일담론의 새로운 패러다임: 분단관리에서 통일대비로", 「신앙세계」 통권 508호, 2011. 10, 156~157.

42) 김충남, "이념적 차원에서 본 통일", 『신앙세계』 통권 508호, 2011.10, 162.

것이 지혜로운 것이다.

둘째, 수렴(收斂)이론 내지 일대일의 통일(정부)론은 현실적이지 못하다. 수렴이론이란 남한 자유민주이념과 북한의 일인수령체제를 수렴하자는 것으로 실현될 수 없는 허구이며, 남북 통일정부론은 역대 국공합작에서 보듯이 공산화되거나 예멘에서 보듯이 다시 정권이 깨어져 전쟁으로 번질 가능성이 큰 것이다. 시장경제와 선진사회가 결합한 선진사회적 자유민주통일론이 구체적인 방안으로 논의되고 실천되어야 할 것이다. 그동안 동구권에서 일어난 사회주의 붕괴와 지구상에서 사회주의 정권의 실패를 보고, 그 종주국인 소련과 중국의 예를 본다면 시장경제와 자유민주주의 체제가 우월한 제도임은 증명되었다. 더욱이 튀니지, 이집트, 리비아 등의 아랍권 독제체제가 시민혁명에 의하여 무너지는 상황 속에서 북한의 일인수령체제는 국제적인 비웃음을 받는 처지에 이르렀다.

셋째, 통일 비용의 문제는 통일이 가져다 주는 유익이 분단이 치르는 관리 비용보다 훨씬 크다는 사실을 상기하면서 통일 비용을 절감하는 노력과 통일세 신설을 통하여 해결될 수 있다. 통일 비용 절감의 방안으로 정치적 통일은 먼저 이루되 경제적 통일은 점진적으로 이루는 것을 고려해 볼 수 있다.

V. 주제: 남북의 평화, 정의, 협력, 연합, 통일 그리고 교회의 역할

1. 남북의 평화, 정의, 협력, 연합, 통일의 단계

통일의 이념이 되는 평화와 정의 개념이 규명되어야 한다. 통일신학이 제시하는 평화와 정의 개념은 정치사회적 차원을 넘어선다. 평화란 전쟁의 부재가 아닌 샬롬이요, 이는 부족함이 없는 온전한 상태를 말한다. 이것은 구약적인 개념에서 나왔다. 정의도 단지 분배적 정의나 절차적 정의나 공리적 정의나 공동체적 정의의 차원을 넘어선다. 정의는 평화를 가져와야 하고 사랑을 동반한 정의다. 그러므로 신학적 정의는 창조적 정의이며, 변혁적 정의이며, 지구촌적 정의다.

그리고 그 통일의 과정인 남북의 협력, 국가적 연합, 통일의 형태가 논구되어야 한다. 이러한 개념은 단지 정치 · 사회 · 문화적 현상만이 아니다. 이에 대한 신학적 규명이 있어야 한다. 북한을 도우는 정책은 실질적으로 주민들의 삶과 인권을 향상시키는 데 기여하는 성과있는 것이 되어야 한다. 정권의 유지를 도우는 것이 아니라 주민의 인권을 도우는 것이 되어야 한다. 이를 위해서는 지난 DJ정부, MH정부와는 달리 원칙있는 포용정책이 되어야 한다. 국제 구호 분야 전문가로 오랫동안 북한 식량 문제를 연구해온 미국 조지타운대학 교수 나치오스(Andrew Natsios)는 지원 식량이 북한 당국의 공공 체제를 통해 절대로 배급되지 않도록 해야 된다고 주장한다. 그는 또한 무제한으로 불시에 아무 곳에서나 실시하는 철저한 모니터링(monitoring)으로 가장 시급한 주민에게 식량이 가도록 해야 하고 한국말을 하는 식량 전문가가 포함되고 숫자도 제한 없이 감시되어야 한다고 주장한다.[43] 이러한 목표를 놓고 한 · 미뿐 아니라 중국까지 포함해서 북한 지원국들 간에 보조를 취할 것을 주장한다.[44] 인도주의적인 차원의 배려와 대화 국면 소성을 위해 대북 식량지원을 하는 것은 바람직하다. 그러나 핵심은 내북식량지원에 있어서 바로 이런 감시 요구를 얼마나 관철할 수 있을 것이냐이다. 만일 이것을 관철할 수 있다면 한국 정부의 대북 정책은 '원칙 있는 포용정책' 방향으로 한 단계 업그레이드된 것으로 볼 수 있을 것이다.[45]

2. 이에 대한 교회의 역할

통일의 과정에 있어서 정부와 민간이 협력을 하나, 교회는 보다 초월적 관점

---

43) 윤영관(서울대 교수 · 국제정치학), [아침논단] "식량 지원, 北 배급 체제 부활 이용 막아야", 조선일보, 2011.7.3. A30면.

44) 최근 대북식량 지원계획을 밝힌 유럽연합(EU) 집행위원회의 인도적지원사무국이 북한 주민에게 식량이 제대로 전달될 수 있도록 한국어가 가능한 감시요원 50명을 북한 지역에 배치할 예정이라고 미국 자유아시아방송이 2011년 7월 6일 보도했다. 미국의소리 방송은 이날 EU 집행위원회가 북한에 2만t 분량의 쌀과 옥수수, 콩, 건강기능식품을 전달할 것이라고 밝혔다고 보도했다. 식량 지원은 이르면 2주 안에 이뤄질 수 있다고 전했다. EU 집행위 관계자들은 식량을 직접 분배하지 않지만 분배실태 점검을 위해 정기적으로 북한을 방문할 계획이다. (최승진, EU, 식량분배 감시요원 50명 北에 배치키로, 노컷뉴스, 2011.7.6.

45) 윤영관(서울대 교수 · 국제정치학), [아침논단] "식량 지원, 北 배급 체제 부활 이용 막아야", 조선일보, 2011.7.3. A30면.

에서 예언자적 입장에서 참여해야 한다. 교회는 하나님의 초월적 관점을 제시해야 한다. 이것이 바로 신학적 관점이다. 어느 특정 집단의 이해관계를 대변하지 않고, 국가의 발전, 주민들의 유익을 먼저 생각해야 한다. 교회는 한국정부나 북한정권의 존속을 위하여 생각하고 도우는 것이 아니라 한반도에 남북한 주민의 평화와 사랑과 통일이 이루어질 수 있도록 하기 위하여 대북지원 프로그램을 실행해야 한다. 정권은 유한하나 주민들은 존속하며, 자유와 민주 이념, 선진 사회 이념은 보편적으로 지속하기 때문이다. 하나님 나라의 정의와 사랑과 평화는 모든 지상의 나라가 추구해야할 보편적 왕국이다. 그리스도는 말씀하셨다: "그런즉 너희는 먼저 그의 나라와 그의 의를 구하라 그리하면 이 모든 것을 너희에게 더하시리라"(마 6:33).

남한사회는 이미 국민소득 2만 불에 도달하여 북한과는 달리 자유 민주 시민 사회를 형성하고 있다. 따라서 한번도의 통일과 관련하여 시민들의 합리적이고 공동체적인 삶에 합당한 사고를 제시해야 한다. 이에 반해서 북한은 일단 국민소득 천달러이며, 정치사회적으로 자유와 인권이 억압당하는 민중들의 사회다. 이러한 북한 사회에는 민중들의 한을 풀어주는 민중신학의 발상이 적합할 수 있다. 그러나 무엇보다도 북한 사회가 자유민주화되어야 하고, 경제가 시장경제로 바뀌어야 한다. 북한은 최소한도 경제 발전을 위하여는 대외 개방으로 30년 만에 세계사의 변방에서 중심으로 자리잡고, 일본을 추월하고 미국과 겨누는 발전을 이룩한 중국의 모델을 따라야 한다. 중국처럼 사회주의 경제 모델을 버려야 한다. 그리하여 각 사람들이 자기의 노력여하에 따라서 인센티브를 받는 사회체제가 되도록 해야 한다.

VI. 과제: 한반도의 현실과 미래에 대한 성경적 유비 적용, 독일의 통일과정에서의 교훈을 한반도의 상황에 적용

1. 한반도 현실과 미래에 대한 성경적 유비

오늘날의 한반도의 남북 분단상황이 구약시대의 이스라엘과 유다의 분단상황과 같을 수 없다. 그러나 기독교인으로서 우리는 한반도의 분단현상을 신학적으로 해석할 때 성경의 교훈을 유비적으로 적용하지 않을 수 없다. 성경은 모든 시대에 타당하는 하나님의 말씀이기 때문이다. 북왕국과 남왕국, 이스라엘과 유다의 관계는 한반도의 북한과 남한 사이의 관계로 유비하여 생각할 수 있다. 우리는 에스겔 37장 15절-28절의 말씀, 특히 16절-17절, "인자야 너는 막대기 하나를 가져다가 그 위에 유다와 그 짝 이스라엘 자손이라 쓰고 또 다른 막대기 하나를 가지고 그 위에 에브라임의 막대기 곧 요셉과 그 짝 이스라엘 온 족속이라 쓰고, 그 막대기들을 서로 합하여 하나가 되게 하라. 네 손에서 둘이 하나가 되리라." 한 목자 아래 통일되는 이스라엘에 관한 에스겔의 예언을 오늘날 한반도의 현실에 유비하여 해석할 수 있다. 본래 이 구절들은 역사적인 북왕국 이스라엘과 남왕국 유다에 관한 하나님의 통일에 관한 약속으로 한반도의 상황과는 아무런 관계가 없다. 그럼에도 불구하고 우리는 그리스도인이기 때문에 믿음을 가지고 구약 성경을 해석하며, 성경은 믿음을 가진 자들에게 단순한 책이나 소설이 아니라 어떤 방식으로든 우리의 삶을 향하여 주시는 하나님의 말씀으로 받는다. 그러므로 이 성경 구절은 믿고 읽는 자들에게는 단지 지나간 시대의 역사적 의미를 넘어서서 믿음 안에서 하나의 새로운 의미와 약속을 드러낸다. 에스겔의 이 예언의 말씀은 역사적으로는 유다가 포로에서 되돌아와서 성전을 건축하게 됨으로써 초라한 모습이지만 이루어졌다. 이 예언 말씀의 한반도 상황에 대한 타당성은 독자인 우리들에게 달려 있다. 읽는 우리가 이 구절의 말씀을 오늘날 한반도에 대한 하나님의 약속의 말씀으로 받아들일 때 하나님은 이 말씀을 한반도의 상황에 타당하도록 섭리해주실 것이다. 북한의 지하성도들과 남한의 신자들이 이 구절의 말씀을 믿음으로 받아들이고 하나님의 구원을 전적으로 신뢰하게 될 때 하나님은 남북의 통일을 허락해주실 것이다. 신앙에 입각한 독자수용 해석의 원리는 모든 나라에도 타당하다고 볼 수 있다. 2011년 2월 9.0도 강진을 당해 사상 최대의 재해를 당한 일본에 대하여 이사야 45장 20절–23절, – "열방 중에서 피난한 자들아 너희는 모여 오라 함께 가까이 나아오라 나무 우상을 가지고 다니며 구원하지 못하는 신에게 기도하는 자들은 무지한 자들이니라. 너희는 알리며 진술하고 또 함께 의논하여 보라 이 일을 옛부터 듣게 한 자가 누구냐 이전부터 그것을 알게 한 자가 누구냐 나 여호와가 아니냐 나 외에 다른 신이 없나니 나는 공의를 행하며 구원을 베푸는 하나님이라 나 외에 다른 이가 없느니라. 땅의 모든 끝이여 내게로 돌이켜 구원을 받으라 나는 하나님이라 다른 이가 없느니라" – 말씀을 하나님이 주시는 약속의 말씀으로 일본 기독교인과 우상 숭배에 익숙한 일본사람들에게 위로의 말씀으로 들려줄 수 있다. 이러한 재해는 일본인들에게 천지를 창조하신 참 하나님에게로 돌아오는 민족적인 축복의 계기가 될 수 있다.

2. 평화신학으로서 통일신학

통일신학은 평화신학으로 전개되어야 한다.[46] 평화란 단지 전쟁의 부재라는 정치사회적 개념을 넘어서 '온누리에 부족함이 없음' 이라는 샬롬이라는 신학적 차원에서 논구되어야 한다. 샬롬은 정의로운 평화이다. 정의가 없는 평화는 거짓 평화요, 그것은 힘의 균형이 깨어지면 곧바로 깨어지는 평화다. 정의로운 평화는 지속적이며 공동체의 안정을 보장한다. 정의라는 구약 개념은 단지 각자의 몫을 해당자에게 돌리는 배분적 정의가 아니라 몫을 받을 처지가 되지 않는 자를 이끌어 올리는 변혁적 정의다. 남한은 북한에 대하여 체제의 우월성과 부의 풍요성에 대하여 자만하지 말고 겸허한 태도로써 형제를 도우고자 하는 마음을 보여주어

---

46) 김영한, "평화에 대한 기독교적 이념: 아가페에 의한 평화", 광주 김대중 평화센터, 제3차 평화학 국제학술대회 (2010년 11월5~6일) 강연; 박종화, "민족 통일의 성취와 통일신학의 정립", 「한국기독교신학논총」 3, 1988.5, 114-154.

야 한다. 예수 그리스도는 이러한 하나님의 정의를 실현하셨고, 그는 평화이신 그 자신을 우리에게 대속제물로 주셨다.

평화신학은 역사적으로 전쟁과 평화에 대한 개혁신학적 통찰을 전제하는 것으로 어떤 힘의 사용을 거부하는 평화주의(pacifism)와는 구별되어야 한다. 평화주의는 어떤 형태의 무력을 사용, 정당한 전쟁까지도 반대하는 것이다.[47] 이에 반하여 개혁신학의 전통은 정당한 전쟁(just war)을 인정한다. 여기에 정당한 전쟁을 주장한 미국의 대통령 레이건(Reagan)과 평화주의를 주장한 카터(Carter)의 차이에서 오늘날 동구권과 남북관계에 영향을 끼친 결과를 볼 수 있다. 레이건은 소련을 해체하고 탈냉전 시대를 연 인물이다. 레이건이 냉전체제를 끝내는 과정을 지켜본 영국 수상 대처(Tather)는 "그가 총 한 방 쏘지 않고 일을 해냈다"고 말한 적이 있다. 그런데 동서냉전 해소를 추진하는 과정에서 레이건은 평화를 입에 올리기보다 힘의 우위를 바탕으로 소련을 압박하는 정책을 썼다. 당시 소련과의 평화공존을 외지던 미국 내 진보진영은 그에게 '전쟁광(狂)', '대결주의자' 라는 비난을 퍼부었다. 하지만 오늘날 세상은 누가 옳았는지 다 알고 있다. 레이건이 소련과의 군비경쟁에 나선 것은 전쟁을 원했기 때문이 아니라 그것이 평화를 담보할 수 있다고 믿었기 때문이다. 당시 경제난에 몰린 소련으로 하여금 승산 없는 군비경쟁을 포기하게 하는 현명한 전략이었던 것이다.[48] 유럽에서는 요즘 레이건 추모 열기가 한창이다. 옛 동구권의 헝가리 · 폴란드 · 체코 등 동유럽 국가들이 레이건의 업적을 기리는 행사를 잇달아 열고 있다. 2011년 7월 4일 영국 런던 그로브너광장에서 열린 고(故) 로널드 레이건(1911~2004) 전 미국 대통령의 탄생 100주년을 기념하는 동상 제막식에서 영국 외무장관이 대신 읽은 수상 대처의 축사에 이런 구절이 있다. "다음 세대들이 이 동상을 보며 그가 우리에게 베푼 것을 되새기기를 바랍니다." 반면 '평화주의자' 카터에게 감사를 표했다는 소식은 어디서도 들리지 않는다. 이는 재임 시절 공산세력과의 공존만이 평화를 위한 길이

---

47) James F. Childress, "Pacifism", John Macquarrie & James Childress(ed.), *A New Dictionary of Christian Ethics*, London: SCMPress, 1997, 446~448.

48) 김태훈, [조선데스크] "레이건의 길, 카터의 길", 조선일보, 2011.7.11. A34.

라고 외치다 소련에 조롱당하며 실패만 거듭했던 카터의 외교와 극명하게 대비된다. 미국의 보수논객 스티븐 헤이워드는 '지미 카터의 진실(The Real Jimmy Carter)' 이라는 책에서 "인권과 평화를 내건 카터의 대외정책은 한마디로 패배주의"라고 지적했다. 카터는 헛된 평화 구호를 앞세워 한반도에도 좋지 않은 영향을 끼쳤다. 그는 북핵 위기를 평화롭게 해결한다며 1990년대 중반 북한에 들어갔다가 결과적으로 북한에 핵개발 시간만 더 벌어주고 말았다.[49] 사회봉사가로서의 카터는 훌륭하다. 그는 집없는 서민들에게 집을 지어주는 하비타트(Habitat)의 자선가로서 그의 위상은 대단하나 정치가로서의 그의 위상은 좋은 결실을 맺었다고 볼 수 없다. 오늘날 역사의 유산에 미친 지난 날 레이건과 카터의 외교정책은 오늘날 북한의 군사주의 정책 속에 직면한 우리 세대들에게 주는 교훈을 되새겨보아야 한다.

개혁신학의 전통은 전쟁광 나치나 군국주의 일본, 북한의 핵무기와 미사일 공격에 대하여 필요한 자기 방어를 허용한다. 오늘날 도발적인 북한과의 관계에 있어서 수차례의 서해교전, 북한의 핵(核) 무장, 천안함 피침, 연평도 포격 사건에 직면하여 이에 대해 방어할 수 있는 힘이 없다면, 역사적으로 문화적인 아테네가 무력적인 스파르타에게 점령당한 것 같이, 문화적이고 경제적으로 부유한 한국은 군사력의 뒷받침 없이는 경제력이 약하나 군사주의적 북한에 의하여 점령당할 수도 있다.

DJ정부나 MH정부의 원칙없는 포용주의가 아니라 서독이 동독에게 한 것 같이 원칙있는 포용주의가 되어야 한다. 독일 통일 당시 동독(東獨) 총리였던 메지에르씨는 2006년 10월 독일을 방문 중인 이명박 전(前) 서울시장을 만나 "북한에 대한 지원은 그에 상응하는 대가를 받아야 한다. 독일의 경우 경제적 협력이 생기면 동독의 인권이 증진되도록 구조를 만들어 놓았었다"고 말했다. 메지에르 전 총리는 "서독은 동독 내 양심수 4만 명의 석방처럼 확실한 대가가 있을 때만 현금 지원을 했다"고 말했다. 그는 "서독이 동독을 도울 때는 철저한 상호주의를

49) 위의 글

바탕으로 했다. 일방적으로 지원하는 김대중 정부, 노무현 정부의 햇빛정책은 서독의 포용정책과는 차이가 있다. 지난 10년간 한국정부의 햇빛정책은 통일을 앞당기는 게 아니라 북한 정권에 힘을 주고 북한 주민을 어렵게, 통일을 더욱 멀게 하는 것 같다"고 말했다.[50)]

3. 독일 통일과정에서의 교훈 연구

남북간의 통일과정 수행에 관해서 우리는 구체적으로 상응하는 사례인 동서독의 통일과정에서 많은 교훈을 얻을 수 있다. 독일분단도 한반도의 분단과 마찬가지로 강대국인 미소의 냉전이 빚어낸 산물이었다. 동서독은 분단 현실을 부정하지 않고 받아들이면서 민족 간에 물적 · 인적 교역을 꾸준히 지속하였고, 서로 간의 이해와 화해를 지향하였다.

서독 수상 헬무트 콜(Helmut Kohl)과 동독 총리였던 메지에르 등 독일 통일의 주역들은 일차적으로 자기들이 정치적 협상을 통해서 통일을 이루어낸 것이 아니라고 말한다. 동서독 지도자들은 사전에 정치적으로 통일협상을 해본 일이 없었다. 이들은 예기치 않게 주어진 역사의 기회를 놓치지 않고 통일의 기회로 살린 자들이었다. 역사적 기회는 바로 동구권 민주화 과정에서 일어난 베를린 장벽이 무너지면서 주어졌다. 이들은 독일 베를린 장벽이 정부의 개입 없이 시민들의 민주화 요구로 무너지고 동독시민들의 통일요구가 제시되었을 때 비로소 독일 통일이 왔다고 느꼈다. 사회적 혼란을 진정시키고 합리적인 공적 질서를 유지하면서 사회적 통합을 이루어 내는 것이 바로 정치지도자들의 역할이다. 독일 정치지도자들은 그때부터 통일의 협상에 들어갔고, 국민투표를 통하여 동서독 주민들의 승인을 받아 낸 것이다. 이들의 통일론은 당국자 간의 정치협상이 아니라 시민들의 절실한 요구를 대표하여 공적으로 수행한 주민 중심의 정책이었다. 독일 지도자들이 리더십을 가지고 행한 대처, 즉 국제적 이해(利害)연관 속에 얽혀 있는 강대국들(미국, 소련, 영국, 프랑스)에 대한 설득, 그리고 평화로운 대화와 협상

50) 舊 東獨 총리가 '사이비 포용론자' 에게 주는 忠告, 조선일보, 2006.10.27.

을 통한 서독에 의한 동독의 흡수통일, 그리고 이 과정에서 일어난 경제 사회적 문제 그리고 문화적 심리적 통합과정에서 일어난 문제 등은 통일과정을 준비하는 우리에게 좋은 교훈이 된다.

4. 동북아를 향한 통일한국의 비전 제시

한반도의 통일은 단지 분리된 한 국가와 민족의 연합에 그치는 것이 아니라 궁극적으로는 동북아의 평화와 번영적 발전에 기여하는 것이 되어야 한다. 한국은 우리의 이웃 나라인 일본, 소련, 특히 중국과의 관계를 보다 한 단계 높은 차원으로 발전시켜야 한다. 독일은 통일의 기회가 왔을 때 우방인 미국과의 긴밀한 관계 속에서 통일의 절대적 변수인 소련을 설득하고, 또 NATO의 회원국으로 남겠다고 선언함으로써 영국과 프랑스의 반대를 잠재웠다. 마찬가지로 한국도 평화통일과정에서 우방인 미국의 긴밀한 협력 아래서 북한에 직접적인 이해관계를 지닌 중국의 지지를 이끌어 내어야 한다. 소련과 일본의 동의와 협력을 받아야 한다. 이를 위해서는 동북아 강대국이요 세계적 강대국인 중국과 일본 중간에 놓여진 한국의 지정학적 요소를 단점보다는 장점으로 발전시키는 외교적 · 정치적 · 경제적 · 문화적 비전을 제시할 수 있어야 한다. 이미 일본과 중국, 동남아, 유럽, 그리고 중국을 통해서 북한으로 퍼지고 있는 K-POP을 비롯한 한류(韓流)는 한국이 할 수 있는 문화적 공헌을 가시화하고 있다.

1921년에 창당되어 2011년에 공산당 창당 90주년을 맞은 중국은 등소평의 개혁개방 정책의 착실한 수행을 통해서 시장경제를 헌법 속에 명시하여 이미 2010년 국민총생산(GDP)에서 일본을 앞질러 세계 2위의 경제 대국이 되었다. 그러나 중국은 군사적으로는 북한과 혈맹관계 속에 있다.[51] 중국에 대한 한국의 관계는

---

51) 김일성(당시 수상)과 저우언라이(周恩來) 중국 총리는 1961년 7월 11일 조 · 중 우호협력 조약에 서명했다. 북 · 중 동맹의 근간이 되는 이 조약의 2조는 '어느 한쪽이 침략을 받으면 다른 한쪽은 지체 없이 군사원조를 제공한다' 고 돼 있다. 중국이 언제든 한반도에 무력 개입할 수 있는 길을 열어놓은 '자동개입 조항' 이다(이용수, "北 침략받으면 中 자동개입 조약 50년… 김정일 '잔치 열자' ", 조선일보, 2011.7.9).

매우 중요하다. 중국은 2025~2030년에 미국을 추월해 세계 최대 경제국이 될 것이라는 예측이 나와 있다. 고려대 한승주 명예교수는 한국이 중국과 좋은 관계를 유지하면 중국의 경제적 부상은 남북관계 정립이나 통일에 있어서 한국에 유리할 수도 있다고 본다.[52] 세계 경제 대국의 신분을 유지하고자 하는 중국은 아직도 개발에 뒤쳐져 있는 내륙과 서부지역의 발전에 많은 노력을 들이고자 한다. 그러므로 중국은 한국의 태도 여하에 따라서 여태까지 미국과의 긴밀한 협력을 유지하는 가운데서 좋은 우방이 될 수도 있다.

맺음말

비핵화, 북한주민의 인권개선, 자유 민주주의에 의한 통일은 통일신학이 수행해야 할 기본원칙이다. 통일신학은 한편으로는 정치신학으로서 하나님 말씀과 기독교 신앙의 관점에서 오늘날 한반도의 분단현실에 대한 해석이며, 다른 편으로는 시민신학으로서 통일의 주체요 당사자인 남북 양체제 주민들의 의사가 반영되고, 이들의 참여 속에서 남북이 서로 소통하는 시민신학이다. 시민신학으로서 통일신학이 강조하는 중요한 운동 중 하나는 지금 남북나눔운동의 여러가지 형태로 진행되고 있는 NGO 활동이다. 통일신학은 한반도에 평화로운 통일을 가져다 주는 평화신학의 성격을 갖는다. 평화의 이념은 정치학이 가져다 줄 수 없는 성경의 메시지에서 찾아야 한다. 그것은 배분적 정의에 기초하기보다는 창조적이고 변혁적 정의에 기초한다. 평화는 불의의 구조 속에서 이루어질 수 없고 정의로운 사회구조 속에서만 이루어진다. 이러한 평화는 정의로운 평화다. 이러한 평화는 단지 한반도에만 국한되는 평화가 아니라 동북아의 평화에 이바지해야 한다. 한반도의 평화통일은 동북아의 평화와 더 나아가 세계의 평화에 이바지해야 한다.

52) 한승주(고려대 명예교수 · 전 외무부장관), [한승주 칼럼] "중국의 부상은 한국에 유리할 수 있다", 조선일보, 2011.7.4. A38면.

제2장

개혁주의적 평화통일신학

제2장

개혁주의적 평화통일신학

머리말

1938년 9월 체임벌린(Neville Chamberlain) 영국 총리는 독일로 건너가 체코슬로바키아의 운명을 놓고 히틀러와 담판을 벌였다. 런던으로 돌아온 체임벌린은 히틀러가 서명한 협정문을 보이며 "우리 시대의 평화를 성사시켰다"고 선언했다. 히틀러가 "체코의 수데텐 지방만 넘겨주면 더 이상 영토를 탐하지 않겠다"고 약속했다는 것이다. 그러나 히틀러는 "더 이상 욕심 안 부리겠다"고 약속한 지 6개월 만에 체코를 통째로 삼켰다. 체임벌린이 말한 '우리 시대의 평화'는 어디로 간 걸까. 수데텐(Sudetenland)은 체코를 방어할 수 있는 천연의 요새였다. 체임벌린은 유럽 안보의 현금 자산이나 다름없는 수데텐을 히틀러의 약속이라는 부도어음과 맞바꿨던 것이다. 이러한 영국 수상과 독일 독재자 사이의 관계는 오늘날 호전적인 북한 정권을 상대하는 한반도의 상황 속에서 항상 되새겨야할 역사적 교훈이라고 할 수 있다.

2000년 6월, 2006년 10월 DJ와 MH가 평양을 방문해서 김정일과 정상회담을 하였다. 그리고 이런 맥락에서 2005년 가을 1만 명 가까운 남쪽 주민이 평양 아리랑 공연을 관람했다. 아리랑은 북한 청소년 6만 명이 벌이는 매스게임이다. 물론 내용은 한반도 평화와 어떤 상관관계가 없는 북한체제 찬양이다. 1998년 초

북한의 핵 능력은 "핵무기를 1개 내지 2개 만들었다"는 수준이었으나 2006년 현재는 "핵무기를 12개 만들었다"는 말까지 나온다.1988년 금강산관광이 시작되어 남한에서는 백만 명을 넘어서는 사람들이 북한을 방문했으나 북한 일반주민들과는 접촉도 못했다. 2009년에는 금강산 관광객 남한 여성이 경비원에게 피살당하는 참사(慘事)가 있었고, 2010년에는 천안함이 폭침되고 연평도 민간인지역에 대한 북한의 미사일 포격이 있었다. 이것이 2000년 이후 10년 동안 북한에 대한 햇빛정책의 결산이다. 오늘날 남북한의 교류란 당사자인 북한 주민은 없고, 북한과 남한당국 그리고 이에 관심있는 소수 남한 지도자들의 통일논의가 전부이다. 북한주민의 인권과 이들과의 소통이 부재한 당국자 일변도의 통일논의가 남북논의의 전부다. 이제는 북한주민의 인권과 삶의 여건에 대한 개선없는 당국자 일변도 대화의 구조는 바뀌어야 한다.

그동안 한국정부의 북방정책은 동구권 구(舊)사회주의 국가와의 국교수립, 북한의 혈맹인 중국과의 국교수립, 그리고 한국기업의 중국진출, 북한의 후견인 구(舊)소련의 지위를 승계한 러시아 대통령 옐친의 방한에 이은 기본조약 체결, 미국과 일본과 소련, 중국 등 국제여론이 한국이 제안한 한반도의 비핵화를 위한 6자 회담 등의 결실을 가져왔다. 2012년에는 북한은 식량난 해소와 경제 운영을 위해 심각한 달러부족을 메우기 위하여 북의 비핵화를 위한 6자회담 지속, 개성공단의 지속적 운영, 금강산 및 개성관광 재개로 상호주의에 입각한 남북교류가 이루어질 것이다. 앞으로는 더 이상의 무분별한 햇빛정책이 아니라 철저한 남북간의 상호주의와 북한주민의 인권이 배려된 대북정책, 북한 정권이 아니라 북한주민에 정위된 대북정책이 펼쳐져야 할 것이다.

이를 위해 한국기독교는 평화통일을 위한 정신적 이념적 기초를 마련해야 한다. 한국기독교교회협의회(KNCC)는 1988년 이래 평화통일을 위해 민중신학의 관점에서 그리고 여성신학의 관점에서 통일신학에 관한 많은 연구서와 논문들을 발표하였다.[53] 통일이란 민족의 지상과제를 위해 진보와 보수가 지혜를 같이 짜

53) 박종화, "민족통일의 성취와 통일신학의 정립", 「전환기에 선 한국교회와 신학」, 양서각, 1988, 114~154; "평화통일신학의 향후 과제", 기독교사상 1991.8, 42~50, "통일신학의 평화신학적 틀로의

내어 한반도에서 새 구속의 역사를 이루시고자 하시는 하나님의 사역에 같이 참여해야 한다. 그러므로 복음주의 교회의 평화통일신학의 정립과 논의가 절실히 요청된다.[54] 통일신학은 이질화된 민족동질성의 회복, 분단된 한국민족의 재통합, 북한교회의 재건과 복구, 통일한국의 새로운 이념과 사회상을 제시할 과제를 지닌다.

I. 개혁주의적 정치신학

1. 정치신학의 정의

정치신학이란 교회나 신학이 정치나 권력기관의 시녀가 되는 것을 말하지 않는다. 그것은 교회가 정치화 되거나 신학이 어용화 되는 것이 아니다. 또한 그것은 기독교적 교리를 가지고 정치적 문제를 해결하자는 것도 아니다. 오히려 정치신학은 교회와 신자의 정치 의식을 일깨우는 신학이다. 정치신학은 기독자의 양심에 근거하여 사회에서 일어나고 있는 불의와 불행과 부조리의 상황에 직면하

발전적 전환", [기독교사상] 3월호 1992, 26~36; 박순경, 『민족통일과 기독교』, 서울: 한길사, 1986; "통일신학의 정초를 위하여", 『기독교사상』 1990.2, 102~125.

박순경은 역사의 주체란 민족, 민중, 여성이라는 것을 역설하고 있다. 그는 이 삼자가 통일되고 통일신학의 주제로 설정되어야 한다고 본다. "여성은 이제 역사의 주체로서 등장한 것이다.", "여성은 민족이요 민중이다. 그러나 남성 대 여성의 권리와 자유가 제창될 필요가 있고, 이러한 상황에서 여성은 민족, 민중과 별도로 고려되어야 하는 주제이다.", "한국여성은 민족, 민중의 어머니로서, 역사의 어머니로서 여성자신의 과제 이상으로 민족, 민중 해방과 사회변혁의 과제를 짊어질 수밖에 없다"("통일신학의 정초를 위하여", 103).

박종화는 통일신학을 "민족 분단의 아픔에 동참하는 죄책고백적 행동"에서 출발하고자 한다. 이 분단의 현실은 "냉전체제의 지배갈등이 빚어낸 구조악의 산물"로서 "힘없는 민족이 당한 억울함이요 굴욕적 한"이다. 그는 "굴욕적인 분단 강요에 저항치 못한 죄책과 반민족적인 적대관계를 용인하며 살아온 죄책"의 자각과 고백에서 출발하고자 한다. 그는 통일신학의 주제를 "정의로운 평화요 그 실천"으로 보고, "정의로운 평화를 정착시켜야 하는 민족공동체의 주체적 일원인 한국교회"는 "민중 우선의 민족 교회"이어야 한다고 본다("민족통일의 성취와 통일신학의 정립", 115~117).

54) "복음주의적 통일신학", "평화통일과 한국교회", "민족평화통일에 관한 개혁신학적 접근" 등 필자가 통일과 관련해서 발표한 14편의 논문들이 모여져 [평화통일과 한국기독교](풍만, 1990, 321)라는 책으로 출판되었다.

여 고통을 겪고 거기에 대항해 투쟁하는 기독자의 신학적 반성이다.[55)]

한국적 상황 속에서 지난 1980년대까지 보수교회 내지 복음주의 교회는 사회적 상황에 대하여 무관심했거나 정치적으로는 친정부적인 성향을 띤 것은 부인할 수 없다. 지난 27년 동안의 군부독재에 대하여 보수교회와 복음주의 교회는 일반적으로 이에 대해 묵시적으로 동조하거나 정치적 독재를 종교적으로 이용하기도 했던 것은 사실이다. 통일문제에 대하여서도 통일을 위하여 복음주의 교회가 기도했던 것은 사실이나 이에 대한 구체적인 대안마련을 위한 실제적인 일을 착수하지 않았다. 1988년 한국기독교교회협의회의 통일선언 이후 복음주의 교회 내지 보수교회의 통일문제에 대한 논의가 나오고 있다.

여기서 중요한 것은 복음주의 교회의 신학적 태도이다. 그것은 복음주의 교회의 신학적 의식이 진실로 정치적으로 각성하고 있는가 하는 것이다. 정치신학은 신앙을 정치에 해소시킨다거나 교회를 정치운동에 해소시키려고 하지 않는다. 오히려 그것은 종교나 신학의 어용화나 정치적 변질화를 비판하고, 기독자, 교회와 신학을 바른 처소에 가져다 놓는 것이다.[56)] 정치신학은 기독교가 지배자 이념이나 반공 이념과 동일시 되거나, 자본주의 이념이나 사회주의 이념과 동일시 되는 것을 비판하고 방지한다. 복음주의 신학은 정치신학을 통하여 교회와 신학이 가지고 있는 복음의 말씀을 정치적 영역을 향하여 해석하고 그 속에서 역사하시는 하나님의 정치적 사역을 예시하고 이를 세례요한처럼 예비하고 증언한다. 복음주의 신학은 정치신학의 과제를 수행하기 위하여 개혁신학적 전통에서 정치신학적 사고와 십자가신학적 사고 그리고 평화의 신학을 배운다.

2. 개혁주의적 정치신학적 사고

개혁신학은 하나님의 절대주권에 대한 사상에서 출발한다. 그것은 우리 삶의

55) Jürgen Moltmann, *Politische Theologie*, 정경연 역, 『정치신학』, 1974, 68.

56) 김영한, "복음주의적 통일신학, 분단과 통일에 대한 신학적 접근", 『평화 통일과 기독교: 복음주의적 통일신학을 향하여』, 서울: 풍만, 1990, 29~31.

총체적 영역 속에서 하나님이 절대적인 주권자요 왕으로서 통치하신다는 것을 믿는 신앙에서 출발한다. 그러므로 개혁신학의 반성의 영역은 단지 종교적 영역에 국한될 수 없다. 종교적 영역 뿐만 아니라 정치적 영역,사회적 · 문화적 영역도 그리스도가 왕으로 통치하시는 영역이다. 하나님은 교회에서만 통치하실 뿐만 아니라 국가의 영역에서도 지고의 통치자로서 다스리신다. 교회와 국가는 하나님이 다스리시는 두 통치의 영역이다. 교회에서는 신앙과 사랑으로써 국가에서는 법과 정의로써 다스리신다. 개혁신학은 교회나 국가의 영역에서 야기되는 제도나 기구의 절대화, 우상숭배에 대해 십자가 신학적 비판을 수행한다. 여기에 개혁신학적 정치신학적 사고가 있다. 그것은 종교가 시민들에게 종교적 아편을 주지나 않는가? 국가가 자기의 체제를 절대화하여 국가 내지 민족이나 특정계층을 우상화하지나 않는가? 비판적으로 반성하는 것이다. "기독교 신앙은 한 민족의 그때 그때의 정치적 종교의 신화와 상징과 개인숭배 같은 것을 뚫고 거듭 새롭게 정치적 우상파괴 행위가 되어야 한다."[57)]

그러므로 정치신학은 개혁신학의 부차적 기능이 아니라 본질적 기능이다. 하나님의 주권은 교회의 예배 행위와 교단적 행정 속에서만 선포되는 것이 아니라 교회와 신자가 위치하고 삶을 영위하는 구체적인 삶 속에서도 선포되어야 한다. 하나님은 영적인 주권자만이 아니라 우리 삶의 모든 영역에 대한 통전적 주권자이시기 때문이다. 개혁교회와 개혁신학은 종교적 우상(예컨대, 1992년 10월 28일 예수재림사상과 이를 유포하는 거짓목사들) 뿐만 아니라 정치적 우상숭배(예컨대, 1980년대의 군사정권시절 단군성전건립시도)를 파괴하며 종교적 인간소외 뿐만 아니라 정치적 · 사회적 · 경제적 인간소외에 대해 투쟁하고 하나님의 형상으로 지어진 인간의 진정한 자유의 창조를 위해 노력해야 한다. 정치신학적 사고는 신자와 교회와 신학을 정치적 종교의 우상숭배으로부터 해방시키고 이 땅 위에서 고난받고 고통받고 억눌린 자들을 위하여 대리하여 서도록 하고 그들과의 연대 속에 있도록 한다. 이러한 개혁신학적 사고는 국가와 사회 안에 있는 사람들의 마음을 일깨워 다가

57) Jürgen Moltmann, *Poltische Theologie*, 86.

오는 하나님의 나라와 그의 메시아 도래에 대한 선취의 경험을 갖도록 하며 기독교 신앙과 신학의 세계적이고 우주적인 보편적 지평을 열도록 한다.

3. 십자가적 신학의 착상 : 민족의 분단현실에서 출발

개혁신학적 정치신학의 사고는 우리의 종교적 삶과 정치적 행위가 바르게 일어나는 곳에 위치한다. "이 처소는 십자가에 달린 분에 의하여 단 한 번 그가 버림받은, 병든, 주린, 옥에 갇힌, 멸시받은, 고난받은 자들의 친구가 되심으로써 이름지어진 것이다."[58] 이 처소가 십자가이다. 여기서 개혁주의적 정치신학은 십자가 신학으로서 전개된다. 정치신학의 출발점은 정치권력의 장악이나 정치권력의 편에 서는 것이 아니라 예수 그리스도의 십자가의 편에 서는 것이다. 정치권력의 편에 서게 될 때 정치권력의 부조리와 불의와 폭력에 대해 투쟁할 수 없게 된다. 왜냐하면 이미 기존체제의 혜택과 특혜를 받고 있기 때문이다. 예수 그리스도의 십자가 처형은 당시 로마 황제의 신성을 거부하고 하나님만을 섬기라는 그의 반로마 황제적 선포 때문에 야기되었다. 예수 그리스도 자신은 스스로를 결단코 정치적 메시아로 이해하지 않았다. 그는 정치적 왕국이 아니라 하나님의 왕국을 선포했다. 그는 자신을 하나님의 아들이라고 증거했다. 그는 유대인 종교세력에 의해서는 하나님 모독자로 정죄되었으나 유대교의 종교법에 의해 투석형을 받지 않았다. 그리스도는 오히려 로마 총독 빌라도에 의해서 로마 제국에 대항해서 민중을 선동한 정치적 반란죄로 로마의 사형방법인 십자가의 형에 처해졌다.

여기에 십자가 신학 착상의 핵심이 있다. 십자가 신학은 정치적 왕국 건설자체를 목적으로 정치적 행동을 추구하는 것이 아니다. 그것은 정치적이고 사회적인 영역 속에서 하나님의 주권을 선포하고 하나님의 샬롬을 수립하기 위하여 정치적 행동에 참여하는 것이다. 참여의 방법은 정치권력의 쟁취가 아니라 십자가의 행동이다. 예수 그리스도의 십자가는 당시 정치적 우상숭배의 철폐요 가치평

58) Jürgen Moltmann, 상계서, 87.

가의 전복을 야기시켰다. 로마의 황제가 아닌 십자가에 못박히고 죽은 자가 주(Kyrios)요 하나님이 보내신 메시아라는 것이었다. 바울은 고린도전서에서 이 십자가의 놀라운 가치전복의 힘을 선포하고 있다. "유대인은 표적을 구하고 헬라인은 지혜를 찾으나 우리는 십자가에 못박힌 그리스도를 전하니 유대인에게는 거리끼는 것이요 이방인들에게는 미련한 것으로되 오직 부르심을 입은 자들에게는 유대인이나 헬라인이나 그리스도는 하나님의 능력이요 하나님의 지혜니라. 하나님의 미련한 것이 사람보다 지혜 있고 하나님의 약한 것이 사람보다 강하니라"(고전 1:22-25).

바울의 증언과 같이 당시 십자가는 유대인들에게는 거리끼는 것이었다. 십자가에 달린 메시아란 정치적인 왕권을 가지고 오는 메시아를 기대한 유대인들에게는 생소한 것이었다. 신이 인간이 되어 십자가에서 죽는다는 것은 로고스란 물질세계를 초월하여 영원한 예지계에만 있다고 생각하고 로고스의 명상을 추구한 헬라인들에게는 미련한 것이었다. 메시아로서 그리스도는 로마 황제의 궁중에서나 유대의 왕궁에서 태어나시지 않고 당시의 유대인 목수요 서민의 법적 아들로 태어나 작은 고을 나사렛에서 성장했다. 그리스도의 십자가는 당시의 정치적이고 사회적이고 종교적인 위와 아래, 강한 자와 약한 자, 권력자와 서민의 가치체계를 전복시켰다. 여기에 십자가의 전복시키고 해방하는 능력이 있다.

통일신학이 십자가신학적 사고를 한다는 것은 민족의 분단의 현실을 그리스도 십자가의 유비로서 받아들인다는 것이다. 민족의 분단은 한국민족, 특히 이산가족의 고통과 아픔이요 한국민족이 져야 하고 극복해야 할 십자가이기 때문이다. 십자가적 정치신학은 세상권력과의 야합이나 민중세력을 규합해서가 아니라 "십자가에 달려 죽으심으로써 불의를 멸하시고 하나님의 의로우심을 나타내신 하나님의 정치를 교회와 신학의 정치참여의 모델로 설정한다."[59]

---

59) 졸고, "민족평화통일에 관한 개혁신학적 접근", 상게서, 210~221.

4. 분단 현실 속에서의 신이해

통일신학은 분단의 현실에서 출발해서 이 분단 속에 계시는 하나님을 십자가 신학적으로 이해한다. 여기서 하나님은 한반도 분단의 고통에 동참하시는 분으로 파악된다. 하나님은 그의 아들의 십자가를 통하여 남북한의 분단 현실 가운데 현재하신다. 하나님은 분단의 아픔과 고통 속에서 현재하시고 우리 민족의 고통 가운데 계신다. 하나님은 그의 세키나(Schechinah)를 통하여 그의 백성의 고통과 수난에 같이 하셨다. 세키나란 하나님이 그의 선택하신 백성 속에 거주하시는 것을 말한다.

그리스도는 고통받고 병들고 가난한 자들 가운데 계신다고 말씀하셨다. "내가 주릴 때에 너희가 먹을 것을 주었고 목마를 때에 마시게 하였고 나그네 되었을 때 영접하였고 벗었을 때에 옷을 입혔고 병들었을 때에 돌아 보았고 옥에 갇혔을 때 와서 보았느니라"(마 25:35-36). 주님은 "내 형제 중 지극히 작은 자 하나에게 한 것이 곧 내게 한 것이니라"(마 25:40)고 말씀하신다. 주님은 분단된 형제의 고통, 이산 가족의 슬픔, 고향을 등진 실향민의 향수와 더불어 계신다. 이들의 고난은 곧 주님의 고난이요 이들의 눈물은 곧 주님의 눈물이다. 하나님은 그의 창조세계와 그의 백성의 고난동지(Leidensgenosse)이시다.[60] 그의 세계에 내재하시는 영을 통하여 하나님은 말할 수 없는 탄식으로 분단의 현실과 불행에 대해 탄식하신다. 하나님의 성령은 그의 성도를 향해 촉구하신다. 분단의 극복을 위해 기도하기를! 하나님은 그의 성도의 간구 없이는 그의 구속의 역사를 행하지 않으시기 때문이다. 고난받는 인간과 함께 고난 받으시는 하나님에 대한 신앙은 하나님의 세상 정의에 대해 회의하고 불신하는 자들을 하나님 연합(Gottesgemeinschaft)으로 오게 하고 그들에게 그들의 고난 속에서 위로를 준다. 분단현실 속에 같이 계시는 하나님에 대한 신앙은 분단극복과 통일에 대한 하나님의 사역에 대한 신앙과 희망을 불러 일으킨다.

---

60) E. Wiesel, "Der Mitleidende", in: R.Walter(Hg.), *Die hundert Namen Gottes. Tore zum letzten Geheimnis*, Freiburg 1985, 70~75.

하나님은 분단허용과 극복의 주체자이시요 분단해결의 절대주권을 가지고 계신다. 신자들은 이 하나님의 화해와 통일의 역사에 쓰임을 받는 그의 사역에 쓰임 받는 도구가 될 사명을 부여 받고 있다. 북한의 도발에 의한 한반도의 전쟁과 수백만의 무죄한 생명의 희생, 북한과 남한에 있어서 독재권력의 존립, 북한에서의 김일성 일인 신정체제는 신의 정의, 신의 역사간섭, 그리고 신이 함께 고난받으심에 대하여 의문을 갖도록 한다. 여기가 항의무신론의 처소이다. 그러나 신의 정의에 대한 향수와 신의 정의가 궁극적으로 승리하리라는 신앙은 항의무신론(Protestatheismus)에 대한 더 강한 항의이다. 하나님의 정의에 대한 향수와 신앙은 항의유신론(Protesttheismus)으로 귀결한다. 몰트만이 피력한 바 같이 항의무신론과 항의유신론은 서로 형제지간이다. 항의유신론은 동족상쟁으로 인해 수백만의 피를 흘리게 한 자와 민족분단을 인해 인간성을 말살하고 비인간화시킨 군사독재정권의 심판자로서 소망과 구원의 하나님을 기다린다.

II. 평화신학으로서의 통일신학

1. 성경적 개혁주의적 평화 이념:

1) 성경적 샬롬사상

평화를 뜻하는 구약성경의 개념은 샬롬(shalom)이다. 샬롬은 근본적으로 "완전함", "온전함"을 뜻한다.[61] 샬롬이란 어떠한 부분도 결여되거나 부족하거나 손상되지 않는 상태를 말한다. 모든 부분들이 완전한 조화와 질서, 통일을 이루고 있는 상태를 뜻한다. 그러므로 샬롬이 신체적 상태와 관련하여 쓰여질 때, 몸이 완전한 상태에 있다는 것을 의미한다. 샬롬이 물질적 상태와 관련하여 쓰여질

---

61) 세계개혁교회연맹 편, 『정의, 평화, 창조질서의 보전』, WARC서울대회보고서, 대한기독교서회, 1989, 51.

때, 번성, 풍요, 풍년을 의미한다.[62] 샬롬이 인간관계와 관련하여 쓰여질 때, 관계의 온전함, 말하자면, 우의와 화평한 관계를 의미한다. 샬롬이 공동체와 관련하여 쓰여질 때, 공동체의 온전성과 화합을 뜻한다. 그러므로 샬롬의 반대말은 전쟁이나 분쟁이 아니다. 전쟁이란 샬롬이 깨어졌을 때 발생하는 하나의 외적 징후에 불과하다. 샬롬의 반대말은 완전함의 파괴요 조화와 화합의 붕괴이다. 샬롬은 정의와 내적으로 연결되어 있다. 샬롬이란 인간이 하나님과 자신과 이웃과 자연과의 관계에 있어서 온전하고 화평한 삶을 이루는 상태이다. 샬롬은 소극적으로 대적의 부재나 바른 관계 속에 있다는 것만이 아니다. 샬롬은 이러한 바르고 온전한 관계를 향유(enjoyment)하는 것이다. 샬롬 속에 산다는 것은 하나님 앞에서 바른 삶을 향유하고 그 자신과의 바른 관계의 삶을 향유하고 그의 동료와의 삶을 온전히 조화롭게 향유하며 그의 자연환경과 바르고 온전한 관계를 향유하는 것이다.[63]

첫째, 샬롬은 하나님과의 바르고 조화스러운 관계를 나타낸다. 구약의 선지자들이 샬롬을 말할 때는 이스라엘이 하나님의 도에 거하고 하나님만을 섬기게 될 때를 언급하고 있다. "주께서 심지가 견고한 자를 평강에 평강으로 지키시리니 이는 그가 주를 의뢰함이니이다. 너희는 여호와를 영원히 의뢰하라. 주 여호와는 영원한 반석이심이라"(사 26:3-4). 하나님과의 바른 관계에서 하나님은 이스라엘에게 평강을 주신다. 이러한 하나님과의 바른 관계는 의로운 삶으로 나타난다. "의인의 길은 정직함이여 정직하신 주께서 의인의 첩경을 평탄케 하시도다"(사 26:7). 샬롬은 신앙 안의 공동체(community in faith)에서 구현된다. 하나님과의 바른 관계 속에서 이스라엘에게 샬롬은 하나님으로부터 선물로서 주어진다. 하나님과의 바른 관계는 자신과의 바른 관계, 이웃과의 바른 관계, 자연과의 조화로운 관계의 기반이다.

둘째, 샬롬은 다른 인간과의 조화롭고 화목스러운 관계를 나타낸다. 공동체의

62) 위의 글.

63) Nicholas Wolterstorff, *Until Justice and Peace Embrace*, Grand Rapids: Eerdmans, 1987, 70.

화목과 조화란 공동체 속에 정의가 지배할 때 이루어진다. 이사야는 예루살렘의 몰락과 관련하여 샬롬의 부재가 정의의 부재에서 오는 것으로 말하고 있다. "신실하던 성읍이 어찌하여 창기가 되었는고 공평이 거기 충만하였고 의리가 그 가운데 거하였더니 이제는 살인자들 뿐이었도다"(사 1:21). 이사야는 예루살렘의 회복과 구속을 정의의 회복과 관련시켜 말하고 있다. "그 때에 공평이 광야에 거하며 의가 아름다운 밭에 있으리니 의의 공효는 화평이요 의의 결과는 영원한 평안과 안전이라"(사 32:16-17). 샬롬은 윤리적 공동체(ethical community)에서 구현된다. 정의는 샬롬에 불가결하다. 만일 개인이 공동체 속에서 자기의 직분을 박탈당하여 누리지 못하게 된다면 그 공동체의 샬롬은 깨어지게 된다. 샬롬은 정의롭지 못한 공동체의 상황에서는 상처를 입게 된다. 샬롬은 그 공동체의 구성원 모두가 다 같이 자기의 몫을 누리게 될 때 보장된다. 이러한 공동체는 정의로운 공동체요 샬롬의 공동체이다.

셋째, 샬롬은 자연과의 조화스러운 관계를 나타낸다. 이사야는 메시아 통치에 의한 자연과의 샬롬을 다음과 같이 묘사하고 있다. "그 때에 이리가 어린 양과 함께 거하며 표범이 어린 염소와 함께 누우며 송아지와 어린 사자와 살찐 짐승이 함께 있어 어린 아이에게 끌리며 암소와 곰이 함께 먹으며 그것들의 새끼가 함께 엎드리며 사자가 소처럼 풀을 먹을 것이며 젖먹는 아이가 독사의 굴에서 장난하며 젖뗀 어린 아이가 독사의 굴에 손을 넣을 것이라. 나의 거룩한 산 모든 곳에서 해됨도 없고 상함도 없을 것이니"(사 11:6-9). 자연 속에 샬롬이 지배하게 될 때 자연세계에서 약육강식과 자연에 의한 인간의 해함이 없을 것을 말하고 있다. 샬롬은 책임적인 공동체(responsible community) 안에서 구현된다. 샬롬은 하나님과의 바른 관계에서 출발하여 이웃 인간과의 바른 관계로 나아가며 자연에 대한 책임있는 관리자가 되는 것이다. 자연에 대한 책임이란 인간이 자연의 주인이 아니라 자연의 관리자라는 사실을 아는 것이다. 자연을 착취하는 것이 아니라 자연이 스스로 지탱할 수 있도록 자연을 관리하는 것이다.

2) 예수 그리스도 – 우리의 평화

이러한 샬롬은 우리 인간의 원죄로 말미암아 깨어졌다. 인간의 원죄란 하나님의 말씀에 대한 불순종이요 "하나님과 같이 되려고 하는" 교만(hubris)이다. 이 교만은 인간과 하나님 사이의 창조본연의 조화스러운 관계를 소격시켰다. "아담과 그 아내가 여호와 하나님의 낯을 피하여 동산나무 사이에 숨은 지라"(창3:8). 인간은 하나님으로부터 소외되었다. 하나님과의 조화스러운 관계가 깨어졌다. 그리하여 인간은 자신과 소격되게 되었다. 인간은 선악과를 따먹은 후 자신의 벌거벗은 수치를 발견하게 되었다. "이에 그들의 눈이 밝아 자기들의 몸이 벗은 줄 알고 무화과 나무의 잎을 엮어 치마를 하였더라"(창 3:7). 눈이 밝아 자기 몸이 벗은 줄을 알게 되었다는 것은 양심의 자각이요 자기와의 갈등과 소격을 말한다.

그리하여 남편과 아내 사이에 존재했던 샬롬이 깨어지고 지배와 복종의 관계가 생겨나게 되었다. "너는 남편을 사모하고 남편은 너를 다스릴 것이라"(창 3:16). 더 나아가 인간 사이의 조화와 화합의 관계는 증오와 갈등과 폭력의 관계로 바뀌게 되었다. 가인과 아벨 형제 사이의 갈등과 증오와 살인사건이 이러한 인간 사이의 관계를 잘 나타내 준다. 더 나아가 인간의 원죄 때문에 자연계의 조화가 깨어지고 저주를 받기에 이른다. "땅은 너로 인하여 저주를 받고"(창 3:17). 인간과 자연의 조화스러운 관계도 깨어지기에 이른다. "너는 종신토록 수고하여야 그 소산을 먹으리라. 땅이 네게 가시덤불과 엉겅퀴를 낼 것이니"(창 3:18). 자연은 이제 인간의 평화스러운 삶의 거처라기보다는 인간의 노동과 땀에 재해를 가져다 주는 고되고 위험스런 거처가 된다. 그리고 인간은 자연의 조화스러운 경작자가 아니라 자연의 착취자요 약탈자가 되어버린다. 인간의 불순종과 교만 때문에 창조세계의 샬롬은 깨어지고 말았다. 인간은 하나님으로부터 소외되었다. 이 근원적 소외와 타락으로부터 창조세계의 각종 소외는 야기된다. 인간은 자신으로부터 소외되고 이웃 인간과의 갈등과 대립의 관계에 들어가게 되고 자연과의 갈등과 긴장관계에 들어가게 되었다. 인간의 죄로 말미암아 창조세계의 본래적인 조화와 온전성인 샬롬은 깨어지고 혼돈과 부조화와 대립과 갈등이 창조세계에 들어왔다.

그리스도는 이러한 창조세계의 깨뜨려진 샬롬을 회복하기 위해 오신 분이다. "때가 차매" 하나님이 당신의 독생자를 이 세상의 샬롬을 회복하기 위하여 이 세상에 보내시었다. 나사렛 예수는 인간의 몸을 입고 오신 하나님이시요 우리의 샬롬을 위한 속죄제물이 되셨다. 바울은 다음 같이 증거한다. "우리가 원수 되었을 때에 그 아들의 죽으심으로 말미암아 하나님으로 더불어 화목 되었은즉"(롬 5:10), "우리 주 예수 그리스도로 말미암아 하나님으로 더불어 화평을 누리자"(롬 5:1). 그리스도는 화해의 사역을 통하여 하늘과 땅에 샬롬을 회복하셨다. 골로새서에서 바울은 다음과 같이 증거하고 있다. "아버지께서는 모든 충만으로 예수 안에 거하게 하시고 그의 십자가의 피로 화평을 이루사 만물 곧 땅에 있는 죽은 것들이나 하늘에 있는 죽은 것들을 그로 말미암아 자기와 화목케 되기를 기뻐하심이라"(골 1:20). 예수 그리스도는 그의 십자가의 피로 하나님과 소격되고 원수 된 만물을 그와 화목하게 하시고 화평케 하셨다. 바울은 에베소서에서 그리스도를 하나님과 인간 사이의 막힌 담을 허신 우리의 화평이라고 증언하고 있다. "이제는 전에 멀리 있던 너희가 그리스도 예수 안에서 그리스도의 피로 가까워 졌느니라. 그는 우리의 화평이신지라. 둘로 하나를 만드사 중간에 막힌 담을 허시고"(엡 2:13-14). 이러한 그리스도의 구속에 의하여 인간이 하나님과 화평을 누리게 되었을 뿐만 아니라 인간 사이의 갈등과 대립의 담이 허물어지게 되었고 자연과의 소격과 부조화의 관계가 화평의 관계로 바뀌게 되었다. 로마서에서 바울은 이 사실을 증언하고 있다. "그 바라는 것은 피조물도 그 썩어짐의 종노릇 한데서 해방되어 하나님의 자녀의 영광의 자유에 이르는 것이라"(롬 8:21).

그리스도의 평화는 사랑의 평화(Friede der Liebe)이다. 그는 자기 자신을 희생으로 주심으로써 원수 되었던 것을 멸하시고 자기 몸에서 둘이 하나가 되게 하셨다. 이러한 그리스도의 평화(Pax Christi)는 로마의 평화(Pax Romana)라고 불리워지는 아우구스도의 평화(Pax Augusta)와 다르다. 로마의 평화는 적대세력을 힘으로 응징해서 물리적으로 굴종시키는 힘의 평화(Friede der Macht)이다. 힘의 평화는 상호 간에 불신하고 서로에 대해 불안해 하는 심리가 지배하나, 사랑의 평화는 상호간에 신뢰하며 서로에 대해 안심을 허용하는 심리가 지배한다. 그리스도는 이 사랑의 평화를 이 세상에 주시고자 하신다. "평안을 너희에게 끼치노니 곧 나의 평안을 너희에게 주노라. 내가 너희에게 주는 것은 세상이 주는 것 같지 아니하리라"(요 14:27). 통일신학의 평화이념은 힘의 평화가 아닌 사랑의 평화에 기초해야 한다.

2. 정의로운 평화

사랑의 평화는 정의로운 평화이다. 첫째, 사랑의 평화는 인간과 하나님 사이의 정의로운 관계를 수립한다. 그리스도께서 이 세상에 가져오신 사랑의 평화는 하나님의 정의를 만족시키는 평화였다. 바울은 그리스도가 그의 피로 인하여 하나님의 정의를 충족시키는 화목제물이 되셨다고 증언한다. "이 예수를 하나님이 그의 피로 인하여 믿음으로 말미암은 화목제물로 세우셨으니 이는 하나님께서 길이 참으시는 중에 전에 지은 죄를 간과하심으로 자기의 의로우심을 나타내려 하심이니 곧 이때에 자기의 의로움을 나타내사 자기의 의로우심을 나타내시며 또한 예수 믿는 자를 의롭다 하려 하심이니라"(롬 3:25-26). 그리스도가 가져오신 사랑의 평화는 인간의 불의와 죄를 용인하시는 것이 아니라 그것에 대한 심판이요 제거를 목적으로 하셨다. 그러므로 그리스도는 십자가에서 인간의 불의와 죄의 대속을 위한 화목제물이 되셨다. 그리하여 그는 하나님의 의로우심을 드러내시고 자기를 믿는 자들을 의롭다 하셨다. 하나님의 정의는 창조적이고 의롭게 하며 권리를 창출하는 정의이다. 하나님은 권리없는 자들에게 권리를 부여하시고 불의한 자들을 의롭게 만드시기 때문에 의로우시다. 하나님의 의는 구원하시는 의다. 그러므로 시편기자는 "주의 의로 나를 구원하소서"(시 31:2)라고 기도하며, "여호와께서 의로운 일을 행하시며 압박 당하는 모든 자를 위하여 판단하시는도다"(시 103:6)라고 고백하고 있다. 이러한 정의를 통하여 하나님은 지속적인 평화인 샬롬을 수립하신다.

둘째, 사랑의 평화는 이웃과의 정의로운 평화를 수립한다. 그리스도는 선한 사마리아인의 비유를 통하여 강도 만난 자를 돌보고 치료해주는 것이 강도 만난 자의 이웃이요 그에 대한 진정한 관계라고 말씀하신다(눅 10:30-37). 그리스도는 불의한 청지기의 비유를 통하여 이웃과의 정의로운 관계를 가르치신다. 이 비유에서 그리스도는 주인의 일을 잘못한 청지기가 주인에게 빚진 자들에게 빚을 탕감해줌으로써 주인의 칭찬을 받는다는 교훈을 통하여 사회적으로 억눌리고 힘 없는 자들에게 도움을 베풀면 하나님께서도 우리의 죄와 허물을 사해 주신다는 정의의 사랑을 가르치고 있다(눅 16:1-13). 평화는 사회적인 정의가 지배하는 곳에 수립된다. 불의와 폭력이 있는 곳에는 평화가 없다. 안정과 질서가 강요되는 곳에도 평화는 없다. "평화가 정의를 가져오지 않고 정의가 평화를 가져온다."[64] 불의는 항상 불평등을 만들고 평등과 정의를 파괴한다. 불의한 체제는 항상 불의와 폭력으로써만 유지될 수 있다. 폭력이 난무하는 곳에 죽음만이 있으며 생명이 없다. 불의와 폭력이 난무하는 곳에 평화가 없다.

이러한 성경적 정의 개념은 다음 세 가지로 특징시울 수 있다.

첫째, 창조적 정의(schöpferische Gerechtigkeit)이다. 창조적 정의는 정의의 수준에 미달하는 자를 끌어 올려 정의를 부과하는 복음적 정의이다. 이것은 분배적 정의(justitia distributiva)를 넘어선다. 분배적 정의란 각자가 자기의 몫을 갖는다(suum cuique)는 것을 말한다. 이러한 공식은 모든 자에 대한 법적 평등과 인간의 실재적 차이성 – 각자가 자기의 능력과 필요에 따라(마르크스) – 을 연결하는 것이다. 이러한 정의개념은 우선적으로 기능과 재화에 사실적으로 연관되어 있다. 모든 인간은 삶과 식물과 노동과 자유에 관한 권리를 가진다. 이에 반해서 창조적 정의는 불우한 자의 지위를 끌어 올려서 그에게 해당하는 몫을 증대시킨다. 이것은 기존의 분배적 비례체제를 깨뜨리고 새로운 보다 높은 분배적 체제를 창조하는 변혁적 정의이다.[65] 틸리히는 구약성경의 세다카(sedaqah)라는 개념을 빌려서 다음과 같이 표현한다. "sedaqah는 창조적 정의라고 부를 수 있다. 왜냐하면 그것

---

64) Jürgen Moltmann, *Gerechtigkeit schafft Zukunft.Friedenspolitik und Schoepfungsethik in einer bedrohten Welt*. München: Kaiser, 1989, 56.

65) 고범서, "기독교의 정의관", 『개인윤리와 사회윤리』, 한국신학연구소, 1978, 268.

은 다른 인격에게 어떤 일을 행한다. 다시 말하면 그의 여건을 변화시킨다. sedaqah는 그것이 부여되는 사람을 보다 높은 상태로 끌어 올린다. 그것은 그에게 해당되는 비율을 끌어 올리는 것이다."[66] 이러한 정의는 변혁적 정의(transforming justice)라고 말할 수 있다.

둘째, 인격적 차원이다. 정의의 인격적 차원을 통하여 인간공동체는 이루어진다. 인격적 차원은 상호간의 인정과 다른 사람들의 인정에 있다. 인권에 대한 상호간의 인정과 상호간의 수용은 인간다운 정의로운 공동체를 만든다. 이러한 인격적 차원은 "그리스도가 너희를 하나님의 찬송을 위하여 용납한 것처럼 서로 용납하라"(롬 15:7)고 한 바울의 권면과 일치한다. 정의의 이러한 인격적 차원은 민주사회의 현대적 계약 개념인 언약(covenant)과 헌법(constitution)에 깔려 있다.[67]

셋째, 긍휼의 정의이다. 긍휼의 정의는 권리 없는 자들에게 권리를 부여하는 정의이다. 이것은 나그네와 고아와 과부를 돌보시는 하나님의 정의다. 시편 기자는 약한 자의 권익을 돌보시는 하나님의 정의를 찬양하고 있다. "여호와께서 객을 보호하시며 고아와 과부를 붙드시고 악인의 길을 굽게 하시는도다"(시 146:9). 인간적 불의와 폭력이 날뛰는 세상에서 하나님의 정의는 가난한 자들과 억눌린 자들의 권익을 옹호하신다. 이러한 하나님의 정의는 은혜가 정의에 선행하는 것이 아니라 권리침해 받은 자들이 권리를 찾으며 불의한 자들이 불의에서 정의로 회개하도록 하는 것을 말한다.[68] 정의만이 지속적 평화를 수립한다. 정의로운 행동과 세계에 두루 미치는 정의 외에 평화에 이르는 다른 길은 없다. 하나님의 정의는 인간적 법질서 밖에 있는 것이 아니라 그 자체 지속적인 평화로 나아가는 모든 법질서를 위한 법창조의 원천이다. 다른 자들의 인권이 인정되어야 하는 것처럼 가난한 자들과 약한 자들과 병든 자들의 권리의 창조와 보장이 모든 지속적인 인간 법질서의 기반이다.

---

66) Paul Tillich, *My Search for Absolutes*, ed. by Ruth Nanda Anstlen, New York: Simon and Schuster, 1969, 107.

67) Jüergen Moltmann, *Gerechtigkeit schafft Zukunft*, 57.

68) Jüergen Moltmann, 상계서, 57.

3. 지속적인 평화의 길

이스라엘에서의 샬롬이란 하나님이 창조하신 전(全) 삶이 모든 관계에서 거룩함을 의미한다. 샬롬은 삶을 부여하는 하나님, 이웃 인간, 다른 창조물들과의 사귐 속에 있는 축복된 삶이다. 샬롬은 포괄적인 평화(umfassende Frieden)로서 하나님과의 평화, 인간과의 평화, 자연과의 평화이다. 샬롬은 추세에 있어 보편적이고 지속적이다. 이스라엘이 역사 속에서 경험한 것은 역시 모든 피조물을 영원한 삶으로 인도할 하나님의 평화의 시작이요 예기이다. 그러므로 몰트만이 피력하는 것처럼 "역사 속의 평화란 상태가 아니고 과정이며, 개별적 소유가 아니고 공동의 길이다. 평화는 폭력의 부재가 아니라 정의의 현재이다."[69]

샬롬은 전쟁이 아닌 상태, 군사적 폭력의 부재, 불안과 억압의 부재 등, 평화의 부정적 개념을 넘어선다. 평화의 이 부정적 개념이 지난 근(近) 70년 동안 평화를 지탱해온 것은 사실이다. 그러나 이것은 휴전상태와 혼동되고 핵장비 및 군비확충을 가져왔다. 그러므로 평화의 부정적 개념은 불충분하다. 평화의 적극적인 개념은 "모든 지속적인 발전에 있어서 사회적 정의, 민주적 갈등해결과 균형의 상태"이다.[70] 기독교적 평화신학은 평화의 이 적극적 개념에 우위를 부여한다. 왜냐하면 이 적극적 평화개념 없이는 부정적 평화개념이 기능할 수 없기 때문이다. 역사 속의 평화는 진보와 퇴보가 교차하는 공동의 길이다. 이 과정에서는 무장과 무력의 감축과 신뢰와 사귐의 구축이 중요하다. 역사 속에서 지속적 평화란 현재의 세대에만 존재하는 것이 아니다. 그것은 다가오는 세대 사이에서 정의에 대한 책임의식으로부터 야기된다. 역사 속의 한 세대가 다가오는 세대의 삶을 위해 책임을 질 때 지속적 평화는 실현된다. 이 책임은 정의의 기초 위에서 구현되어야 한다.

남북의 통일시대에 있어서 남북관계는 평화의 부정적 개념 아닌 적극적 개념

---

69) Jüergen Moltmann, *Gerechtigkeit schafft Zukunft*, 58.

70) Jüergen Moltmann, 상게서, 59.

으로 추구되어야 한다. 상대방에 대한 군사적 우위가 아니라 체제적 우위로 나아가서 동독이 서독을 선망해서 스스로 강요받은 체제를 버리고 서독에 합병한 것처럼 한국은 북한에 대하여 지난 근 70여년 간의 불신과 적대감을 씻고 신뢰와 정의에 기초한 평화의 태도를 보여주어야 한다.

여기서 한국 기독교는 예수의 산상수훈(die Bergpredigt Jesu)이 교훈한 비폭력적 행동과 악을 선으로 대하는 행위를 남북관계의 발전과 교류의 전진을 위한 지표로서 설정할 수 있어야 한다. 역사 속에서 폭력의 지배는 소돔과 고모라, 그리고 노아 시대에서처럼 폭력과 혼동과 무질서를 팽배시켰다. 예수의 메시아적 사역은 원수 사랑의 윤리를 제창함으로써 폭력과 보응의 사고에 종말을 가하고 의로써 불의를 이기고 선으로 악을 이기는 창조적 사랑의 윤리를 제시했다. "창조적 사랑에 기초하는 정의만이 지속적인 평화를 이 세상에 가져올 수 있다."[71]

III. 평화통일신학의 당면한 과제들

1. 주체 사상의 문제

평화통일을 위한 남북동질성 회복에 있어서 가장 커다란 장애란 북한의 김일성 주체사상이다. 북한은 기독교와 모든 종교를 말살하고 그 공터 위에 김일성 주체사상을 건립하였다. 주체사상이란 단적으로 말해 김일성 신격화 사상이다. 김일성이 불세출의 영웅이요 북한의 해방자이며 신이라는 것이다. 최근 북한을 방문하고 돌아온 인사는 북한주민들에게 이미 내재화 되고 있는 "주체사상의 종교화"를 심각하게 언급하고 있다. 주체사상의 사회생명론은 김일성 수령의 육체적 생명은 죽을지 모르나 그의 사회적 생명은 영생불멸하다고 가르치고 있다. 북한 주체사상 이론가들은 "주체사상이 종교화 돼야하고 종교는 주체사상화 돼야

71) Jüergen Moltmann, *Gerechtigkeit schafft Zukunft*, 60.

한다"고 역설하고 있다고 한다.[72] 그래서 주체사상은 김일성 종교이며 북한사회의 핵심이요 목표로서 절대적인 충성과 복종을 맹세시키고 강요하고 있다. 이러한 주체사상은 한국의 자유민주주의 사상과는 전혀 다르다.

이에 대해 통일신학은 정치신학으로서 이데올로기 비판을 수행해야 한다. 정치신학으로서 통일신학은 십자가의 말씀과 하나님의 사랑에 관한 말씀으로써 김일성 주체사상의 종교적 우상숭배와 김정일 개인 숭배를 파괴하고 신앙과 양심의 자유를 북한사회의 전 구석 구석에 이르기까지 전파해야 한다. 십자가 신학은 주체사상과 김일성 일인 신격화 사상에 대한 정치적 종교의 우상을 타파해야 한다. 그것은 십자가에 못박힌 그리스도를 증언하는 것이다. 주체사상을 극복하는 가장 효과적인 방법은 십자가의 선포이다. 초기 기독교는 로마에 들어가 초창기에는 극심한 박해를 받았다. 그 이유는 기독교 신자들은 로마 황제를 신으로 받아들이지 않았기 때문이다. 그 대신 기독교 신자들은 십자가에 못박힌 그리스도를 전했다. 그리하여 콘스탄틴 내제 이후 기독교는 로마의 국가종교의 우상숭배를 분쇄하는 데 성공했다. 기독교는 황제 예배를 폐기하고 그것을 교회의 중보기도로 대신하였고 황제의 권위를 하나님의 권위와 구별하였고 황제의 신성을 비신화화하였다. 마찬가지로 북한에서도 십자가의 복음이 선포되어야 한다. 그러면 주체사상은 그 허상에서 드러나고 비신화화 될 것이다. 독일의 튜빙겐의 신약학자였던 쉴라터(Adolf Schlatter)는 다음과 같이 피력하고 있다. "예수의 사명과 업적은 그가 우리의 우상을 파괴하는 데 있다. 그가 우리의 거짓된 신들을 진멸하는 데 쓰신 무기는 그의 십자가이다."[73]

2. 사회 이념의 문제

한국은 그동안 북방정책을 통하여 동구권의 구(舊)사회주의국가들과 수교했을 뿐만 아니라 러시아와 중국과도 수교를 하여 북한을 국제적인 사회로 나올 수

---

72) 도준호, "주체사상의 종교화", 조선일보, 1992.11.13, 27면.

73) Jüergen Moltmann, *Politische Theologie*, 82.

밖에 없도록 하는 데 좋은 대로를 닦았다. 북한을 대화로 나올 수 밖에 없도록 러시아와 중국을 통하여 국제적 여건과 압력을 가하는 것이 북한의 사회이념이 폐쇄주의와 혁명주의에서 개혁주의와 수정주의로 나올 수 밖에 없도록 하는 길이다. 북한의 사회주의 혈맹국인 중국 공산당은 1998년 당 대회에서 사회주의적 시장경제의 가시적인 성과를 가시화시켰다. 이러한 중국은 한국과 수교를 열었고 경제개혁에 박차를 가하기 위해 사회주의에 자본주의적 시장경제를 접목시키는 중국식 자본주의 실험에 열중하고 있다. 2011년 7월 한국 국방장관 김찬진은 중국을 방문해서 중국 국방장관과 전략적 협력을 맺었다. 이처럼 1989년 동구권 공산체제의 붕괴와 더불어 야기된 한반도 주변정세의 개방과 화해물결, 공산주의의 종주국 구(舊)소련의 해체, 그리고 구소련의 승계자인 러시아의 시장경제로의 급격한 개혁, 공산주의 대국 중국의 경제개혁에 따르는 개방정책이 주류가 되고 있는 현세계의 탈냉전적 국제질서의 정세 속에서 북한은 여전히 크게 달라진 것이 없다. 북한은 2006년 핵실험 성공과 핵무기 개발, 2009년 김정은 3대 세습, 2010년 천안함 폭침, 연평도 포격 등으로 지난 10년 동안 포용정책에 의해 닦아 놓은 남북관계의 구체적인 성과, 개성공단과 금강산 관광 등을 퇴행시키고 있다. 북한은 2010년 9월 28일 노동당 대표자회에서 30년 만에 노동당 규약(規約)을 고치면서 "(북한은) 김일성 조선"이라고 명기(明記)했다. 1980년 채택된 노동당 규약 서문은 "조선로동당은 위대한 수령 김일성 동지에 의해 창건된 주체형의 맑스-레닌주의 당(黨)이다"라고 돼 있다. 그러나 30년 만에 고친 노동당 규약은 서문 첫 문장부터 거추장스러운 '맑스-레닌주의' 라는 말을 빼 버리고 "조선로동당은 위대한 수령 김일성 동지의 당이다"라고 규정했다.[74] 북한은 2009년 4월 개정한 헌법 서문에서 "영생불멸의 주체 사상을 창시한 김일성이 조선의 창건자이고 조선의 시조(始祖)"라며 "수령(首領) 김일성을 공화국의 영원한 주석(主席)으로 모시고…"라고 명시했다. 이제 북한은 마르크스 · 레닌주의를 따르는 사회주의 · 공산주의 국가가 아니다. 북한은 영생불멸의 시조신(始祖神) 김일성을 숭배하는 사

74) [사설] '김일성教' 3대 교주 김정은의 할아버지 흉내 내기, chosun.com, 2010.10.1.

교(邪教) 집단이 건설한 왕국이다. 김정일은 김일성교(金日成教)의 2대 교주이고, 지금 할아버지 젊을 때 머리 모양까지 흉내 내며 권력의 계단을 올라가고 있는 김정은이 3대 교주다.[75] 3대 후계자인 김정은은 개방과 실용주의로 방향을 잡기보다는 그 반대로 탈북자들을 발견하는대로 사살하라는 명령을 내리는 등 더욱 더 선군정치의 방향으로 나아가고 있다. 이것은 평화통일의 심각한 장애물이다.

3. 사회문화의 교류문제

평화통일이란 민족동질성의 회복 위에서만 가능하다. 근 70년 간의 분단이라는 시간적 소격과 동족상쟁이라는 전쟁의 경험, 정치적 이념의 이질화 속에서 남과 북은 민족적 혈연성과 언어를 제외하곤 쌍방 간 서로 전혀 다른 사회가 되고 있다. 남북한 주민의 상호교류야말로 평화통일로 가는 확실한 길이다. 남북 사이에는 이미 근(近) 20년 전인 1992년 9월 17일 「남북 사이의 화해와 불가침 및 교류협력에 관한 합의서」가 그 부속합의서와 함께 채택 발효되었다. 그리고 이를 실천할 수 있는 남북공동위원회가 조직 운영됨으로써 이제 남북관계가 실질적인 화해와 교류 및 평화공존의 단계에 들어갈 수 있는 공동의 형식을 갖게 되었다.

남북합의서의 실천내용을 규정하기 위한 남북사회문화교류협력에 관한 부속합의서 조항을 보면 교육, 문학, 예술, 보건, 체육, 신문, 라디오, 텔레비젼 및 출판, 보도 등의 교류협력이 수록되어 있다. 이를 요약해 본다면 교육, 문학예술, 체육, 언론출판의 제(諸)분야이다. 이 합의내용은 평화통일을 실질적으로 실현하는 데 결정적인 역할을 하게 된다. 이러한 남북한의 합의내용은 핵의 상호사찰에 관한 이견, 북한의 핵실험 등으로 더 이상 구체적으로 실천되지 못하고 안타깝게 종이문서로만 남아 있다. 정치적 협상에 의한 통일과정이란 것이 얼마나 허황한가를 알려준다.

동서독은 긴장과 갈등과 대결의 양상이 남북한처럼 심각하지 않는 상황에서

75) 위의 글.

1972년 동서독 기본조약이 체결된 후 조약의 부속결의문 – “양독은 문화적 협력을 추진하기 위해 정부 간의 협약을 체결하도록 한다” – 에 따라서 14년 후인 1986년에 문화협정의 체결에 이르게 된다.[76] 그러나 문화협정이 없었다고 하더라도 제한적이었지만 여러 분야에서 동서독의 교류와 방문은 지속되어 왔다. 1956년의 멜버른 올림픽, 1960년의 로마 올림픽, 1964년의 동경 올림픽에 단일팀으로 출전하였다. 서독은 서적, 학술자료의 교환, 문학작품의 교류, 신문잡지의 교류, 텔레비젼, 라디오의 교류 등 개방정책을 폈다. 1961년까지 동독에서는 텔레비젼과 라디오의 시청이 금지되었으나 실효를 거두지 못해 사실적으로 자유롭게 청취하기에 이른다. 베를린 장벽이 1989년 11월에 무너졌으나 그것은 하루아침에 갑자기 된 것이 아니라 지난 20여년 동안 서서히 양적으로 증대된 교류와 왕래의 결과다. 베를린 장벽의 무너짐과 서독에 의한 동독의 흡수 통일은 1972년 기본조약 체결 이후 진전된 동서독 관계의 발전과 교류협력을 통한 민족동질성 회복이라는 토대 위에서 이루어진 것이다. 동서독 간의 인적 왕래와 교류는 1980년대에 와서 연간 2백만 명에서 3백만 명에 이르며 1986년경부터 베를린장벽이 무너지기 직전 까지는 6백만 명에서 1천만 명에 이르는 인적교류와 왕래가 있게 되었다.[77]

우리는 북한에 대하여 일방주의적 포용정책보다는 상호주의에 입각한 포용정책을 적용해야 한다.[78] 그것은 양독관계에서 서독이 동독을 일방적으로 도와 주면서 동독으로부터 신뢰를 부여받고 양독관계를 발전시켜 나간 방식이다. 서독이 동독을 향하여 모든 면에서 많은 양보를 하면서 경제관계에 있어서는 동독에 특별한 유익을 주면서 양독 관계를 발전시켜 나갈 수 있었던 힘의 원천은 서독체제의 정통성에 있었다. 한국체제도 북한체제와 1987년 대통령직선민주화 쟁취까지 크게 다를 것이 없었다. 단지 차이가 있다면 북한이 공산독재라면 남한은 민주

76) 이삼열, “남북한 사회문화교류방안”, 『통일의식재고 및 교류방안』, 숭실대학교통일문제연구소, 1992.11.5, 6.

77) 이삼열, “동서독의 교류와 이질성의 회복”, 『평화의 철학과 통일의 실천』, 햇빛, 1991, 407~417.

78) 김석우 · 이정훈, “‘원칙있는 대화’가 남북관계의 해법이다”, 「신앙세계」 통권 518호, 2011.9, 28~35.

독재라는 것뿐이었다. 1987년 이후 한국체제도 정치의 민주화를 통하여 체제의 정통성을 회복하여 가고 있다. 한국은 1993년 문민정부, 1998년 국민의 정부, 2003년 참여의 정부, 2008년 이명박 정부를 거치면서 민주체제의 정통성을 확립하고 정치적으로 안정을 가지게 되었다.[79)] 한국은 체제의 안정과 경제력을 바탕으로 북한에 대하여 더욱더 포용의 문을 먼저 활짝 열고 주변적인 것은 양보를 하면서 북한이 신뢰를 가지고 따라오도록 남북관계를 이끌어 나가야 할 것이다.

4. 대립적 양 이념을 초극하는 제3의 이념 제시 – 복음에 기초한 새 가치관

남북 사이의 대립적인 이념을 초극하는 제3의 이념을 제시하는 데 한국 기독교의 역할이 있다. 한국 기독교는 천만 명이 넘는 신자수를 확보했으나 그 동안 한국사회를 향하여 섬기고 봉사하는 기독교 성신을 제대로 보여주지 못하고 성장과 번영주의에 사로잡힌 나머지 교회 성장과 교권확장에만 몰입하여 사회로부터 비판을 받고 있는 것에 대해 깊이 반성해야 한다. 그동안 한국 복음주의 교회는 교회의 영적 성장에만 주력한 나머지 도시빈민층과 소외계층들이 경제발전의 그늘에서 소외되어 있고, OECD 국가 중 자살자 1위라는 오명을 가져온 우리사회의 구조와 문제에 대하여 관심을 덜 가져 왔다. 교회의 선교적 관심은 영혼의 구원에만 치중됨으로써 신자로서 살아야 할 사회적 구조와 풍토의 쇄신을 등한시 함으로써 전인적 구원을 등한시 하였다.

한국 기독교는 정치신학적 사고를 활성화해야 한다. 정부와 국가의 정책이 하나님의 창조의 질서, 즉 정의와 자유와 인간존엄성을 보장하고 있는가를 파수하는 예언자의 역할을 해야 한다. 정치신학적 사고를 각성함으로써 한국 기독교는

---

79) 이명박 정부(2008~2013)는 친서민 정책 및 실용주의와 경제 성장, 자원외교 등을 추구하고 있다. 하지만 집권 초기에는 한미 쇠고기 협상 논란 등에 휩싸이며 최저 7.4%의 지지율을 기록하였으나, 국정 기조 변화, 아랍 에미리트에서의 대규모 원자력 발전소 수주 성공, 2018년 평창 동계올림픽 유치 성공으로 지지율이 상승하였고, 2010년 서울 G20 정상회의 개최를 준비, 개최하는 동안 일부 여론 조사에서 지지율이 53%로 높아지기도 했다.

통일한국을 위한 제3의 이념을 창출해 내어야 한다. 그 이념의 원천은 예수 그리스도의 복음이다. 이 복음은 사회주의와 자본주의의 단점을 동시에 노정시킨다. 사회주의는 개인의 독특성을 당과 국가라는 추상적 집단 속에 매몰시키면서 인간의 천부적인 인권과 자유를 유린한다. 자본주의는 물량 제일주의를 가치척도로 하면서 인간의 질적인 가치를 물량으로 환원시키고 물신(物神)주의에 의해서 개인이 갖는 기회와 평등을 차단시켜 버린다. 사회주의와 자본주의는 제3의 관점에서는 양자택일이 아니라 상호보완될 수 있다. 2011년 들어와 우리 사회에서 논의되고 있는 재벌기업과 중소기업이 상생하는 자본주의 4.0[80]도 이러한 제3의 관점을 지시하는 사고방식이다. 따라서 이 복음은 사회주의의 장점인 사회 정의와 평등 그리고 자본주의의 장점인 개인의 창의성 존중과 자유의 가치를 종합시키는 초월적 이념을 제시하고 있다.[81] 이 복음은 북한의 김일성 주체사상에 대하여서는 인간의 신격화를 폭로하고 있으며 한국의 세속주의 사상에 대해서는 물질의 신격화를 폭로하고 있다. 복음은 인간의 신격화가 아니라 인간이 하나님 앞에 죄인됨을, 그리고 물질의 신격화가 아니라 물질이 인간과 그리스도에게 종속 되어야 할 것을 가르쳐 주고 있다. 그러므로 "하나님의 말씀은 대립하는 사회주의와 자본주의 이데올로기를 동시에 심판하고 지양시키는 제3의 길이다."[82] 에밀 브룬너(Emil Brunner)가 말하는 바 같이 자본주의적 자유주의가 주장하는 자유는 정의가 결핍되어 있으며, 마르크스적 사회주의가 주장하는 정의에는 자유가 결핍되어 있다.[83] 브룬너는 기독교적 형제애에 기초하는 사랑의 공동체에서만이 진정한 의미의 사회 민주주의가 성립할 수 있다고 본다.[84]

---

80) 이선민, "'한국자본주의 4.0', 본격논쟁이 필요하다", 조선일보, 2011.9.20. A39.

81) 김영한, "복음주의적 통일신학, 분단과 통일에 대한 신학적 접근", 『평화 통일과 기독교: 복음주의적 통일신학을 향하여』, 서울: 풍만, 1990, 33~35.

82) 김영한, "복음주의적 통일신학", 34.

83) Brunner, Emil, 『정의와 자유』, 전택부 역, 서울: 대한기독교서회, 2007; Brunner, Emil, 『정의와 사회질서』, 전택부 역, 서울: 대한 기독교서회, 2003; 김철영, 『기독교 관점에서 본 정의와 공동체 생활』, 서울: 장로회신학대학교출판부, 2000.

84) 김막미, "에밀 브룬너의 정의론에 나타나는 사회민주주의", 「한국개혁신학」, 2011, 9월호.

5. 사회통합의 문제

통일이란 분단된 남과 북이 물리적인 하나됨을 넘어서서 정치적, 사회적, 경제적, 문화적, 이념적으로 남과 북의 시민들이 통합되는 것이다. 우리는 통일 이후 독일이 겪고 있는 후유증 연구를 통하여 남북통일 이후 야기할 사회통합의 문제를 예견하고 준비할 수 있어야 한다. 통일 후 독일이 겪였던 후유증은 5가지로 정리될 수 있다.

첫째, 2백 80만 명으로 추정되는 구동독의 실업자들이다.

둘째, 재산권을 옛 소유자에게 반환키로 한 데 따라 1백만 명의 구동독인들이 겪고 있는 불안감이다.

셋째, 구동독 비밀경찰이었던 슈타지의 문서공개에 따른 불신감과 적대감이다.

넷째, 예상 외로 많이 소모되는 통일비용의 확보를 위한 세금 등의 인상이다. 독일정부는 매년 1천 4백억 마르크를 동독 쪽에 지원하고 있다.[85)]

다섯째, 비록 베를린장벽은 붕괴됐으나 동서독인 사이에 마음의 장벽이 아직도 남아 있다.

독일은 정치적 통일을 이룩했으나 아직도 경제적, 사회적, 정신적 통일은 달성하지 못한 것이다. 독일 통일 20주년을 맞이하여 2010년 9월 28일 서울신문 베를린 특파원과의 인터뷰에서 20년 이상 구동독 공산당 서기장 에리히 호네커(Erich Honecker)의 한국어 통역을 맡아 한반도 정세에 능통한 훔볼트대 전 교수 헬가 피히트(Helga Ficht)는 "현재 독일 사회가 안고 있는 많은 문제들의 근본 원인은 사전준비나 충분한 연구 없이 경제적 힘에 의해 이뤄진 흡수통일"이라며 "동독 지도자들은 자신들이 40년간 일군 것들이 한순간에 왜곡되거나 사라지도록 방치한 역사적 책임을 면치 못할 것"이라고 말했다.[86)] 문화적 차이 그리고 태어나고 자란 배경의 차이 등을 고려하지 않고 구서독의 체제를 동독 지역에 일방적으

---

85) "양독인 사이 '정신장벽' 해소가 새 과제", 조선일보, 1992.10.5, 4면,

86) [독일통일 20년-박건형 순회특파원 베를린 르포] (3 · 끝) 獨 학자들이 말하는 '한반도 통일', 서울신문, 2010.10.2.

로 적용하다 보니 내적 통합에 많은 시간이 걸리고 있다는 얘기다. 특히 전면적인 사회주의 정책의 폐기는 독일인의 가치관에 상당한 혼란을 줬다는 것이 그의 분석이다. 그럼에도 불구하고 통일 20년이 지난 오늘날 독일은 유럽연합에서 가장 정치적으로 경제적으로도 안정된 사회를 이룩하고 있다.

따라서 남북한의 통일이란 독일통일의 과정을 유심히 들여다 볼 때 단번에 끝나는 단순한 흡수나 합병을 넘어서는 장기간에 걸쳐 완성되는 총체적인 사회통합의 과정이다. 남북한의 경우 전쟁으로 인해 상호 적대감의 수준이 심각하고, 집권층의 체제 수호 의지도 북한이 동독보다 월등히 높다. "북한의 경우 6 · 25전쟁, 대남 도발 및 주민 탄압의 죄과를 가진 세력들과 만경대학원 출신자 등 김일성 · 김정일 체제를 맹목적으로 추종하는 사람이 많고, 주민들이 공산주의 선전에 세뇌되어 있어 북한 공산정권이 붕괴하는 데는 훨씬 오랜 기간의 진통을 겪게 될 것으로 예상된다."[87] 사회통합에 있어서 가장 큰 과제는 남북 간의 경제 격차를 줄이기 위해 북한 경제를 지원하는 것이다. 이것은 절실히 요청된다. 북한경제의 지원은 통일 후 경제적 후유증을 극소화하는 데 크나큰 역할을 하게 될 것이다. 또한 현재 독일이 당면하고 있는 통일비용의 엄청난 소모를 보면서 한국도 통일비용을 슬기롭게 비축하는 일을 해나가야 한다. 2011년 7월 15일 MB정부는 앞으로 10~15년에 걸쳐 북한 급변사태 시 필요한 통일 비용 50조원을 조성키로 하고 구체적인 재원 대책을 준비 중이며, 특수목적세인 '통일세(稅)' 를 신설할 방침으로 준비하고 있다고 발표[88]한 것은 바람직하다. 50조원은 현재 우리 1년 예산(300조원)의 6분의 1 규모다. 북한 노동신문은 논평에서 "그 누구의 급변사태를 전제로 미리 통일비용을 마련한다는 통일세 제안은 철두철미한 대결세 · 전쟁세"라고 주장했다. 여기서 우리는 북한문제 전문가 서대숙의 말을 유념할 필요가 있다. " '통일을 어떻게 한다' 는 생각보다 '남북간 화합의 분위기를 어떻게 하면 극대화 할 수 있겠느냐' 에 심혈을 기울여야 한다."[89] 헤센평화연구소장 겸 프

---

87) 염돈재, 『독일 통일의 과정과 교훈』, 평화문제연구소, 2010, 412.

88) 이용수, "북(北)급변 대비, 10년간 통일비용 50조(兆) 쌓는다", 조선일보, 2011.7.18, A1면.

89) 서대숙, "북, 핵포기 안할것…붕괴임박 판단은 착각", 조선일보, 1992.11.12, 23면.

랑크푸르트 괴테대학 교수 하랄트 뮐러(Harald Müller)는 독일 통일 20주년을 맞이하여 2010년 9월 28일 서울신문 베를린 특파원과의 인터뷰에서 한반도 통일에 주는 조언으로 남북한이 통일될 경우 사회 통합의 관건은 얼마나 빠른 시간 안에 경제 균형을 잡느냐에 달려 있다고 말했다.[90] 경제적 만족도가 높아지면 자연스럽게 심리적 갈등이 치유될 수 있는 만큼 남북간의 빈부격차를 줄이는 것이 중요하다는 것이다. 전 동독 총리 로타 드 메지어(Lothar De Mezier)의 말 – "분단은 분담을 통해서만 극복할 수 있다." – 은 우리에게 교훈이 된다.[91] 고통을 분담하려는 국민적 의지가 그만큼 중요하다는 뜻이다. 우리는 준비하면서 인내를 가지고 기다려야 한다. 하나님이 섭리하시는 역사의 과정을 통하여 주시는 절호의 기회를 기다려야 한다.

6. 북한인권법 제정: 북한 인권기록소 설치

오늘날 알려진 북한주민의 상황은 너무나 심각하다. 『수용소의 노래』 저자 탈북 언론인 강철환에 의하면 북한에서는 "주체사상의 광기가 세상을 지배하고 독재자의 우상화가 절정에 달하여 지성은 말살되고 인민은 노예가 되고 있다." "정치범 수용소는 생긴지 40년이 넘었고, 수감자가 20만 명에서 30만 명으로 증가했다고 한다."[92] 북한의 상황을 그대로 둔다는 것은 북한 주민들을 죽음의 골짜기에 내버려 두는 것이며, 그들의 인간성을 말살시키는 것이다. 이를 위하여는 북한인권법을 통과시켜 인권유린자들에 대하여 국제사법의 재판을 받도록 하는 장치가 필요하다. 에밀리오 카스트로(Emilio Castro)가 말하듯이 고문은 "고문하는 사람의 인간성을 말살하고, 고문당하는 사람의 인격을 짓밟는다."[93] 인권은 세

---

90) [독일통일 20년-박건형 순회특파원 베를린 르포] (3 · 끝) 獨 학자들이 말하는 '한반도 통일,' 서울신문, 2010.10.2.

91) 이한우, "독일 통일의 원동력은 '햇빛정책' 이 아니라 '힘의 우위' 정책이었다", chosun.com, 2010.12.11.

92) 강철환, 『수용소의 노래, 평야의 어항』, 북한 정치범 수용소 체험수기, 서울: 시대정신, 2005, 개정판 머리말, 3~5.

93) Emilio Castro, An editorial article, July 1977, in: *International Review of Mission*, vol. LXVI, no.

가지 측면에서 논의되어야 한다. 하나님과의 관계(예배 드릴 권리와 책임), 인간 상호간의 권리(교제를 나눌 권리와 책임), 인간과 땅의 관계(청지기직의 권리와 책임)이다.[94] 북한주민의 인권은 이 세 가지 차원에서 전적으로 유린당하고 있는 실정이다. 한국사회와 국제 사회는 이 북한의 인권 상황을 국제사회에 알려야 하고, 인권 유린을 한 사례와 그 행위자들에 대한 기록을 남겨야 한다.

서독은 1961년 동 · 서독 국경지역인 잘츠기터(Salzgitter)에 동독의 악행과 인권탄압 사례를 수집 · 보존하기 위해 중앙기록보존소를 설치해 통일될 때까지 30여 년간 약 8만 명에 관한 기록을 확보했다. 그 중 1만 명은 통일 후 형사소추가 가능한 피의자들이었고 나머지 7만 명은 증인 및 피해자들이었다. 중앙기록보존소는 정보기관은 물론이고 석방된 동독 정치범, 탈출한 동독 군인(장벽 설치 후 2,600명), 동독의 각종 간행물, 동독 방문 서독인 등을 광범위하게 접촉하고 증언을 청취해 기록화했다.[95] 이 기구를 설립한 이유에 대해 첫째, 동독 주민의 인권보호, 둘째, 통일 후 법치국가적 질서 확립을 위해 정치적 목적으로 악행을 저지른 사람들을 처벌할 수 있는 근거 마련, 셋째 미래의 처벌 가능성을 경고함으로써 정치적 폭력행위를 완화할 수 있다는 것이다.

7. 북한교회재건과 북한선교전략수립

이러한 민족의 통일에 있어서 주한 독일대사 디터 지메스(Dieter Siemes)는 통독 2주년의 인터뷰에서 통일완성의 가장 중요한 과제는 "양독인 사이에 정신장벽 해소"라고 한 말은 주목할 만하다.[96] 통독 20주년 기념 인터뷰에서 뮐러(Herald Müller)는 지금 세대가 겪고 있는 문제보다는 미래세대의 관점에서 통일 독일을 봐야 한다고 말했다. 그는 "수십년간 분단된 상황을 감안하면 독일의 경제와 사회는 빠른 속도로 하나가 되고 있다"면서 "통일 이후에 등장한 세대에서는 기성

인의 책임』, 2011, 229.

95) 이한우, "독일 통일의 원동력은 '햇빛정책' 이 아니라 '힘의 우위' 정책이었다", chosun.com, 2010.12.11.

96) "양독인 사이 '정신장벽' 해소가 새 과제", 조선일보, 1992.10.5, 4면.

세대의 갈등 문제가 크게 부각되지 않고 있다."[97]고 설명했다. 베를린 자유대학 교수 이은정 역시 "현재 통일둥이인 대학 신입생들은 아예 동독과 서독이라는 개념 자체가 없다."면서 "시간이 흐르면서 자연스럽게 '하나의 독일'이라는 개념이 심어진 것은 사실"[98]이라고 분석했다.

여기에 한국기독교의 역할이 있다. 정신장벽 해소를 위해서는 정치 군사의 통합을 넘어서 이념, 경제, 문화, 사회구조의 통합 그리고 더 나아가 복음의 전파가 결정적인 역할을 할 것이다. 이를 위해 한국기독교는 북한교회재건과 북한선교 전략의 수립을 해서 다가오는 미래세대를 향하여 이를 차분히 실천에 옮겨야 한다.[99] 이것은 주민통합작업, 북한사회개혁작업, 의식개조작업의 기초가 될 것이다. 북한복음화를 위하여 지금 한국교회가 무분별적으로 단기로 선교사를 보내고 교회를 세우고 서로 세력다툼을 해야 하는 과오를 다시 범하지 않도록 깊이 성찰해야 한다. 무질서한 교회난립과 경쟁적인 선교를 피하기 위하여 북한에 하나의 기독교연합교단을 세우든지 아니면 몇 개의 교파(장로교, 감리교, 성결교, 구세군, 하나님의 성회 등)를 형성하고 분파를 지양하는 방안을 깊이 숙고해 보아야 할 것이다.[100]

---

97) [독일통일 20년-박건형 순회특파원 베를린 르포] (3 · 끝) 獨 학자들이 말하는 '한반도 통일,' 서울신문, 2010.10.2.

98) 위의 글.

99) 북한교회재건사무총장 김중석은 북한교회 재건 3원칙을 말한다. 첫째, 연합의 원칙, 둘째, 단일의 원칙, 셋째, 독립의 원칙이다. 연합의 원칙이란 북한에 전도하고, 교회를 설립하는 데 창구를 일원화한다는 것이다. 단일의 원칙이란 북한에는 교파 교회를 지양하고 단일기독교단을 세운다는 것이다. 독립의 원칙이란 북한교회는 자립적이고 독립적인 교회로 세운다는 것이다(김중석, 북한교회 재건론, 서울: 진리와 자유, 1998, 59~71).

100) 이에 관하여 미국 휘튼 대학에서 북세연사무총장 김중석이 깊이 연구하였다. 김중석, 『북한교회 재건방안』, 1992; 『한국교회의 통일방안』, 1992.

맺음말

개혁주의적 평화통일신학은 다음과 같이 그 성격이 규정될 수 있다.

첫째, 개혁신학은 종교개혁자 루터와 칼빈의 정신에 기초하여 하나님 말씀을 신학의 인식 원리로 삼고자 한다. 복음주의는 성경에 근거하기 때문에 하나님 말씀에 기초하고 있는 개혁신학적 전통을 긍정적으로 수용한다. 때문에 개혁신학은 통일신학의 착상에서 복음주의와 공통적 기반을 가지고 있다. 단지 복음주의는 교회정치의 측면에 있어서 개혁주의보다는 더 포괄적이다. 개혁주의가 종교개혁의 전통에 정위하면서 좁게는 칼빈의 전통(장로교, 개혁교회)에, 넓게는 루터의 전통(루터교)에 정위되나, 복음주의는 성경을 신인식과 현실인식의 원리로 삼는다는 점에서 감리교와 성결교, 구세군, 건전한 오순절 전통까지 포괄한다. 그러나 개혁신학은 오랜 신학적 전통을 통하여 풍부한 신학적 보고를 가지고 있기 때문에 복음주의 신학은 통일신학을 정립하는 데 있어서 개혁주의적 착상에서 풍부한 착상과 자료를 얻을 수 있다.

둘째, 개혁주의 통일신학은 십자가신학의 착상을 진지하게 받아들여야 한다. 십자가는 민족의 분단과 통일을 바라보는 인식 원리이다. 십자가신학의 착상에서 비로소 한반도의 분단의 현실에서 아픔과 고통을 당하시고 고난받으시는 하나님의 모습을 발견할 수 있다.

셋째, 통일신학은 십자가신학으로서 영광신학을 비판한다. 민중신학이나 해방신학은 하나님의 정의실현이라는 좋은 동기를 가졌음에도 불구하고 이것을 민중과 무산자계급의 의식화와 봉기와 혁명을 통하여 실현하고자 한다. 이는 민중의 힘과 무산자 계급을 미화시키고 이들에 의하여 수립되는 이상사회를 건설하고자 한다. 그리하여 종말론적인 차원을 역사 주체로서의 민중의 힘으로 앞당기고자 한다. 그러므로 민중신학이나 해방신학은 영광의 신학이다.

넷째, 통일신학은 십자가적 정치신학으로 전개된다. 그것은 먼저는 교회의 정치화 그리고 신학의 이데올로기화를 비판한다. 그리고 군사독재와 김일성 주체사상 등의 정치적 허위의식을 비판한다. 여기서 통일신학은 하나님의 절대주권과 인간의 유한성과 죄성과 부패성을 선포한다.

다섯째, 통일신학은 평화신학으로 전개되어야 한다. 십자가 신학의 지향성은 냉전의 논리가 아니라 샬롬의 논리이다. 냉전의 논리는 무력을 통하여 상대방을 굴복시키는 영광의 신학이요 샬롬의 논리는 사랑과 신뢰를 통하여 상대방을 감화 · 감동시키는 십자가의 신학이다

여섯째, 통일신학은 구체적인 통일의 과제들, 다시 말하면, 주체사상의 문제, 사회이념의 문제, 사회문화교류의 문제, 제3의 이념 제시, 사회문화의 통합의 문제, 북한교회의 재건과 선교기획 등을 이러한 샬롬의 사고에서 구체적으로 연구하고 실천한다.

제3장

평화통일의 이념적 방향

제3장

평화통일의 이념적 방향

머리말

오늘날 우리 한국사회는 북한의 핵 보유선언에도 불구하고 안보불감증 속에 있다. 세계에서 가장 폐쇄적인 북한체제가 핵무기를 갖추고 있음에도 불구하고 그것은 미국과의 적대관계일뿐이지 한국의 안보를 위협하지는 않는다는 것이다. 북한의 핵은 통일되면 우리의 것이 된다는 망상을 하는 젊은이들이 있다는 사실이다. 헨리 키신저가 그의 특별기고에서 한국은 사실상 북한 핵무기에 가장 위협을 받는 나라이지만 오늘날 한국전쟁 이후에 태어난 한국사회의 젊은 세대들은 안보불감증에 걸려 있다고 지적하고 있다. 특히 1960년대 유럽의 급진주의와 한국의 민족주의 세례를 받은 젊은 세대들은 고아들과 한국전쟁, 경제성장 과정에서 미국의 역할을 기억하지 못하는 세대들이다.[101] 이들 젊은 세대들은 전통적인 미국과의 동맹관계를 수정하기를 바란다. 이들은 휴전선 비무장지대에는 수도 서울까지 1만 문의 장거리포가 배치되어 있음에도 불구하고, 북한과의 정치적 관계에서 한국을 미국과의 중재자(仲裁者)로 여기고 있다. 적지 않은 젊은 한국인들은 핵시설을 발전시키고자 하는 북한에 대하여 선제공격과 무력사용을

101) 헨리 키신저, "북한, 개혁 안하면 붕괴된다. 6자 회담은 변화시간 주는 것", 조선일보, 2003.8.18, A19면.

고려하는 미국의 적극적 외교[102]를 지지하기를 꺼리고 있다. 과거 DJ정부 및 MH정부가 이러한 입장을 지녔다.[103] 2006년 5월에 들어와 평택미군기지 이전 반대 때문에 당시 심한 국론의 분렬과 사회적 갈등이 표출하였다. 한국은 300만 평을 미군에게 제공하는 대신 전국에 산재한 5,200만 평의 미군기지 땅을 돌려받게 된다.[104] 반대투쟁을 하는 사람들 중에는 용산 미군기지를 옮겨야 한다고 주장했던 사람들도 많다. 그런데 막상 옮기려 하니까 안된다고 하는 억지를 부린 것이다. 민주당 의원 가운데는 "미군은 지주, 한국정부는 마름, 평택주민은 소작인"이라는 구호를 외쳐 갈등을 부채질하고 있다.

2014년까지 9,770억 원을 들여 완공 예정이었던 제주도 해군기지가 2011년 6월부터 공사가 중단되었다. 뭍에서 원정 온 해군기지 건설 반대를 표방하는 종북좌파 30여 명이 공사 차량 밑에 드러누우며 육탄저지에 나섰기 때문이다. 무역으로 먹고사는 우리나라는 수출입 물량의 대부분이 해상교통로, 그중에서도 제주 남방 해역 항로를 이용한다. 이 해상교통로 보호를 위해 대형함정이 주둔할 수 있는 해군기지 건설은 국가안보를 위한 필수요소[105]이며, 통일을 위해서도 필요하다.

한반도의 통일은 이념적으로 자유와 인권과 인간존엄이 보장되는 전제 아래서만 논의되고 실천되어야 한다. 그렇지 않는 통일이란 정치적 협상에 불과하며 우리 한반도에 진정한 자유민주와 인간존엄의 나라를 이룩할 수 없을 것이다. 필자는 한반도 통일을 위한 한국 정부와 한국교회가 가져야 할 이념적 방향에 대해서 몇 가지 견해를 피력하고자 한다.

---

102) 마이클 오헨론과 마이크 모치주키는 2003년 8월 나온 공저 [한반도 위기]에서 북한 해법의 대협상(Grand Bargain)을 제시하고 있다. 이번 기회에 핵문제 뿐 아니라 남북한 군비축소, 북한의 인권상황 및 경제구조 개혁 등 모든 문제를 한꺼번에 타결하자는 것이다. 북한이 대협상에 응하지 않을 경우 북한에 대한 경제제재를 강화하고 선제공격의 정책만이 북한을 압박하는 유일한 수단이라고 본다(Michael O'hanlon & Mike Mochizuki, Crisis on the Korean Peninsula. How to Deal with A Nuclear North Korea, 2003, 해외서평, 이상돈, "북한 해법 '대협상'을 제시한다", 조선일보, 2003.8.30, D5면).

103) 김동길은 다음과 같이 말한다: "근자에 와서 적색분자들의 폭행이 잦은 것은 사실이다. 인공기를 태우는 것은 우리가 아는 대한민국에서는 얼마든지 있을 수 있는 일이고 권장해야 할 일이다. 그런데 현재 대한민국의 정권을 담당한 자들은 인민공화국의 깃발을 매우 존중하고 있다는 것이 확실하다. 그건 크게 잘못된 일이다"(김동길 교수의 직설 21탄, 월간조선 2003.10, 107~108).

104) [사설] "반미, 좌파세력의 '평택 속셈' 국민은 바로 봐야", 조선일보, 2006.5.15. A31면.

105) [사설] '少數의 드러눕기'에 多數가 골탕먹는 대한민국, chosun.com, 2011.7.20.

I. 정치적 협상통일 아닌 주민들의 선택에 의한 자유민주의 통일: 이념의 명확성 필요

1. 정치적 협상 통일의 위험성

한국은 통일정책에 있어서 이념적으로는 양심과 신앙의 자유와 인간존엄이 구현되는 체제를 지향하여야 한다. 통일을 위한 통일은 아무런 의미도 없다. 베트남 식의 공산화 통일이나 예멘 식의 정치적 협상통일이란 그동안 번영을 이룩한 한국 시민들과는 아무런 상관이 없는 정권담당자의 탁상공론에 불과할 것이다.

예컨대, DJ정부는 6 · 15 공동선언 합의에 대하여 북측이 "연방제 통일안"을 포기하고 남측의 "국가연합안"을 받아들인 것으로 해석하였다. 그러나 통일 조항에 대해 국내에서 심각한 비판이 제기되었다.[106] 낮은 단계의 연방제란 높은 단계의 연방제를 전제로 한 것이다. 높은 단계의 연방제란 1민족 2국가 2제도를 말한다. 이는 남북한 체제를 그대로 둔 채로 모자를 하나로 씌우는 통일형식이다. 이는 북한의 대남 적화전략의 연장이 될 위험이 있다.

전 미국국무부장관 콘드리자 라이스는 2011년 11월 1일 출간된 그녀의 "최고의 영예(No Higher Honor), 워싱턴 시절의 회고"라는 회고록에서 DJ를 북한과의 마찰을 내지 않고 북한의 변화를 추구한 이상주의자, MH는 이해하기 어려운 분이라고 회고하였다. 라이스는 "햇빛정책은 북한으로부터의 특별한 대가를 원하지 않는 대규모 대북 지원을 바탕으로 한 정책"이라며 "일부는 김 전 대통령이 어떤 대가를 치르더라도 김정일과의 갈등을 피하려 한다고 느꼈다"고 말했다. 그녀는 당시 부시 대통령과의 정상회담 분위기를 전하면서 "회담은 정중했지만 우리는 북한을 다루는 방법에 대해서는 다른 견해를 갖고 있음을 분명히 했다"며 "그러나 김 전 대통령은 어떤 방식으로든 북한에 도전하지 않으려는 태도를 보였다." 그녀는 "부드러운 태도의 노정객인 김 전 대통령은 햇빛정책이라고 부른 대북관여정책을 통해서 궁극적으로 북한체제를 바꿀 수 있을 것이라고 믿은 이상주의

106) 김충남, "이념적 차원에서 본 통일", 『신앙세계』 통권 508호, 2011.10, 161~162.

자이기도 했다"고 평했다.[107] 이같은 포용정책에 대해 '미국은 공개적으로 비판을 하지 않는 대신 (한국과는) 다른 정책을 추구하고 있다는 점을 분명히 했다' 고 밝혔다. 라이스는 "김 전 대통령과의 기본합의가 북한 핵무기를 다루는데 별 도움이 되지 않는데다 한국의 대북지원이 북한 정권을 떠받치고 있다는 점을 확신했다"고 전했다.[108] 라이스는 노무현 전 대통령에 대해서는 "한국은 미국과 중국 사이의 균형자 역할을 해야 한다고 강의하는 등 때때로 반미적 성향처럼 보이는 말을 했다"며 "이해하기 어려운(hard to read) 사람"이라고 주장했다.[109]

북한이 생각하는 통일개념은 남한이 생각하는 것과 다르다.[110] 북한은 통일을 민족 해방과 인민민주주의 혁명의 두 과업으로 나눈다. 민족 해방이란 반미투쟁과 주한 미군 철수를 통해 남한 주민들을 해방시킨다는 것을 뜻한다. 인민민주주의란 남한에서 "독재 파쇼정권(자유민주정권)을 타도하고 노동자와 농민 등 무산자 계급이 주도하는 민족 자주정권 또는 인민정권을 수립하는 것을 말한다. 북한이 제안하는 연방제 통일안은 남과 북이 동등하게 참가하는 통일정권을 세우자는 것이다. 그러면서 이를 위하여 전제조건은 반공법, 국가보안법 폐지, 모든 정당과 사회단체, 다시 말하면 친북정당과 단체의 합법화, 민주 애국인사, 즉 반체제 친북 인사의 석방, 군사 파쇼정권의 민주주의적 정권, 말하자면, 친북적 정권으로 교체 등을 주장한다. 미국에 대해서는 정전협정을 평화협정으로 바꾸고, 주한미군의 철수를 주장한다. 이러한 방안은 중국이나 월맹 등 과거에 분단된 공산국가들이 적화수단의 일환으로 상투적으로 사용해왔던 "통일전선 전술"을 위장한 것이다.[111]

수렴이론도 위험하다. 남한 체제와 북한 체제를 절충하는 것은 두 체제가 근본적으로 다르고 모순되므로 불가능하다. 일인수령체제와 자유민주체제는 근본적으로 다르고 서로 모순되기 때문이다. 예멘의 경우 좌우합작에 의한 연방국가

107) "라이스, 김대중 · 노무현 전 대통령 평가", 연합뉴스, 2011.11.2.

108) 이기범, "라이스 'DJ는 이상주의자, 노 전 대통령은 예측 불가능'", 2011.11.2.

109) 위의 글.

110) 김충남, "이념적 차원에서 본 통일", 『신앙세계』 통권 508호, 2011.10, 162.

111) 위의 글.

로 통일되었지만 몇 달 못가 내전으로 확산되어 결국 민주적 북 예멘이 공산세력을 무력으로 진압해서 통일하는 것으로 일단락되었다. 여하튼 통일을 이루어야 한다는 통일지상주의는 전쟁을 부를 수 있으니 위험하다. 통일은 반드시 이루는 것보다 어떻게 이루느냐가 중요하다. 우리는 자유롭고 안전되고 번영되고 인간의 존엄성이 존중받고, 미래가 보장된 통일을 이루어야 한다. 이러한 통일국가는 자유민주국가로 귀착될 수밖에 없다. 통일된 한반도의 모델이란 현재 세계에서 가장 폐쇄된 통제사회인 북한의 모델이 아니라 개인의 양심과 신앙의 자유가 보장되고 인권이 보장되고 인간이 존엄하게 대우받는 사회체제를 기반으로 하여야 한다. 독일통일은 서독 체제에 의하여 이루어졌기 때문에 20년 동안 경제적인 어려움의 후유증을 거치면서 오늘날 다시 휴유증을 극복하고 경제적으로도 안정된 사회를 이루고 있다.

2. 북한 주민들이 요구하는 통일

최근 "왕래 탈북자"들은 북한사회 변화에 상당한 영향을 주고 있다는 것으로 보도되고 있다. 이들은 한국행 대신 중국에서 돈과 식량을 구해 북한으로 들어가려고 국경을 넘나드는 탈북자들로서 상당수가 된다고 한다. 이들의 숫자는 아무도 모르지만 한 중국학자는 "2~3년 전까지도 중국 동북 3성의 조선족 인구는 국제결혼과 해외 노무출국 등으로 175만 명까지 줄었으나" 2001년말 인구조사에서 "갑자기 204만 명으로 늘어났다."[112] 이러한 사실은 탈북자들의 신분변화와 관계가 있는데 조선족 총각과 결혼을 하거나 호구(戶口)를 취득하는 탈북자들 때문에 조선족 인구가 갑자기 늘었다는 해석이다. 중국의 동북 3성(省)이 탈북자들의 거대한 저수지로 변하고 있다고 한다. 이들이 중국에서 시장경제를 체험하고 KBS 위성방송으로 한국사정에도 밝아져서 북한 주민들에게 보고 느낀 무형의 정보들을 쏟아놓을 것이다. 이들은 그리하여 북한 사회가 서서히 "밑으로부터의

112) "북한 변화 이끄는 탈북자들", 조선일보, 2002.8.6, 6면.

변화"를 형성하게 될 것이라고 보았다.[113)]

동독정권이 무너진 것은 하루아침에 난민들의 봉기에 의한 것이 아니었다. 통일 당시 동유럽의 공산정권은 도처에서 겨우 명맥만 유지하고 있었을 뿐이다. 게다가 당시 소련의 고르바초프는 동독 호네커에게 "뒤쳐지면 살아 남을 수 없다"고 말함으로써 호네커 정권의 기반을 잠식했다.[114)] 처음에는 동독에서 소수의 사람들이 공산정권에 항의하는 시위를 벌였다. 시위 참여군중은 날로 늘어나 급기야 수십만, 수백만명이 거리로 뛰쳐나왔고 동독 공산정권은 마비상태에 봉착하게 된 것이다.

독일 빌리 브란트(Billy Brandt) 수상의 동방정책(Ostpolitik)은 국토분단의 극복보다는 민족분리의 극복을 위해 예측 가능한 미래의 통일을 단념하면서 추진되었다. 그럼에도 불구하고 이러한 비통일정책은 독일 통일을 앞당겼다. 이와는 대조적으로 한반도에서는 통일정책이 비(非)통일을 조장하고 있다. 소위 진보 지식인들이 통일지상주의를 고조시키고 최근에는 한미 간의 동맹보다는 남북간의 민족공조를 우선시하는 '신민족주의'에 불을 붙이고 있다.[115)] 이들은 세속적 원죄론을 신봉하면서 '이 시대의 모든 비리와 부조리는 남북한 분단이라는 원죄에 기인한다'고 주장한다. 이들 담론의 핵심은 "분단시대" 내지 "분단체제"이다. 그런데 같은 분단국가인 독일에서는 이러한 말은 없었다. 이들 소위 진보 지식인들은 "분단은 악이고 통일은 선이다"는 단순화된 이분법적 도식으로 통일만 되면 미래의 정토가 약속되어 있다는 맹목적 신앙을 가지고 있다. 그러나 통일독일에서 보는 바 같이 경제가 우리보다 훨씬 강했던 서독도 엄청난 통일경비를 부담하면서 통일의 후유증에 시달리고 있다.

2003년 10월 미국의회에서 다루어지는 대북해법은 거시적인 관점, 즉 "민주

---

113) 위의 글.

114) Theo Sommer, "탈북 수용과 대화의 병행", 조선일보, 2002.7.10, 6면.

115) 최정호, "통일 앞당긴 독일의 비(非)통일정책, 비(非)통일 조장하는 한국의 통일정책", 신동아, 동아일보사, 2006.6, 470~475.

주의의 부재"에 기인한 북한의 경제, 정치, 사회적 파탄이다.[116] 지난 반세기 동안 한국은 세계12위의 경제 대국으로 북한보다 40배나 부강한 나라로 성장한 반면, 북한은 경제파탄의 국가로 전락하고 말았다. 북한은 한국과 비교하면 언어, 민족, 자연환경, 역사까지 동일하며, 양자의 차이점이라면 지난 60여 년 동안 제각기 유지해온 정치체제뿐이다. 현재 북한에서는 기아, 탈북자, 인권탄압이 만연하고 체제유지를 위하여 핵을 개발하고 있다.

3. 김현희의 증언: "자유에 대한 향수"

2011년 8월 「조선일보」와 인터뷰한 1987년 미얀마 근해 상공(上空)에서 폭파된 KAL기 폭파범 김현희의 증언 가운데 그녀의 전향의 기본적 동기는 자유에 대한 향수에 있다는 대목은 다시 한번 우리의 자유가 얼마나 소중하다는 것을 느끼게 해준다. 그녀는 실제 겪어본 남한에서 가장 인상적인 섬을 나음과 같이 말한다: "자유롭게 말하고 표현하고 생각하는 그런 자유다. 삶에 대한 생기가 느껴졌다. 역사에 대해서도 다시 알게 됐다. 한글을 누가 창제했는지도 몰랐으니, 북한에서는 김일성이 가장 위대하다는 것밖에 몰랐다…" 그러면서 그녀는 북한 사람들은 정보의 차단과 억압으로 "역사 지식 부족" 속에 갇힌 채 허위현실 속에서 살고 있다고 증언한다: "전반적으로 그렇다. 북한 사람들은 역사를 모른다. '삼국이 있었다. 고려가 통일했다' 는 건 안다. 하지만 역사적 인물에 대해 가르치지 않는다. 김일성만 가르치고 그걸로 시험친다. 거짓 교육이었다."[117]

---

116) 2003년 들어 미국의회에서는 "북한 민주주의 법안"(North Korea Democracy Act of 2003), "한미관계 정상화 법안"(US-Korea Normalization Resolution of 2003), "한반도 안보와 자유법안"(Korea Peninsula Security and Freedom Act of 2003)과 같은 의미심장한 법률안들이 입안되거나 결의되고 있다(김정원, "변하는 워싱턴의 대북(對北)기류", 조선일보, 2003.10, A31면).

117) 최보식, [최보식이 만난 사람] "사형 선고 순간 눈물이 핑 돌아… 北의 부모님 생각이 났다.", KAL機 폭파범 김현희 〈下〉, 조선일보, 2011.8.18, A8면.

4. 6 · 25 한국전쟁 등 역사적 진실과 제주 강정 해군기지 건설 등 국가적 사업에 대한 바른 인식이 중요

우리는 역사적 진실을 제대로 직시해야 한다. 1946년 미군정이 실시한 두 차례의 정당지지도 조사에서 우파정당은 43.40%였던 데 반해서, 좌파정당은 33.31%에 그쳤다. 정치지도자 지지도를 묻는 조사에서는 이승만 32%, 김구 22%, 김규식 9% 등 우파 쪽이 72%인 반면, 여운형 13%, 박헌영 10%, 김일성 3% 등 좌파쪽은 28%에 그쳤다. 1946년 "미국인이 소련인보다 더 심한가"란 질문에는 "아니다"가 68%로, "그렇다"가 16%로 압도했다. 통계층 자료에 따르면 1944년 한반도 인구는 2,592만 명 정도였다. 이중 북쪽인구는 1,000만 명 정도였으나 그중 140만명 가량이 북한 공산화과정에서 고향의 집과 땅을 모두 버리고 남으로 내려왔다.[118] 오늘날 자유한국을 일구는 데 이들의 피와 땀이 보탬이 된 것이다.

2005년 동국대 교수 장정구는 "6 · 25는 통일을 위한 내전", "미군정 때 77%가 공산 · 사회주의를 지지"했다고 역사적 사실을 왜곡하면서 한국전쟁의 은인이요 영웅인 맥아더 장군에 대하여 "한국을 미국식민지로 만든 장본인"이라고 평가절하하였다. "해방 이후의 한국역사는 미제국주의의 식민지 역사"라고 대한민국의 정체성을 부인하는 헌법에 반하는 그의 발언은 크게 사회적 물의를 일으켰다. 이러한 발언은 한국사회의 정체성을 흔드는 심각한 역사왜곡이다.

서울자유교원조합이 2010년 12월에 출간한 '전교조에게 빼앗긴 학창시절' 에서 학생들이 '전교조 교사가 수업 시간에 했던 말' 이라고 증언한 내용 중에서 다음 내용은 충격적이다:

"6 · 25는 미국의 도발 때문에 북한이 어쩔 수 없이 침입한 것입니다." "나는 시위할 때 '김일성 좋아, 김일성 좋아' 를 부르고 싶었습니다. 그러나 이거 부르면 국가보안법으로 잡혀가지요." "비전향 장기수 분들은 대단하신 분들이에

---

118) 전상인, "고개숙인 수정주의", 그리고 홍준호, "강정구와 주사파", 조선일보, 2005.10.5, A30면.

요…."(말하는 도중 목이 메고 눈이 빨개짐)[119] 초 · 중 · 고 학생들의 '뻥 뚫린' 안보의식에는 일부 전교조 교사들의 편향된 시각이 큰 영향을 미친 것이다. 전문가의 분석에 의하면 특히 1999년 전교조가 합법화된 이후 전교조 교사들이 학교에서 수시로 실시한 '계기 수업'을 통해 '친북(親北) · 반미(反美)' 시각이 그대로 학생들에게 전달됐다는 것이다. 전체 초 · 중 · 고 교원(41만 명)의 15%(6만여 명) 정도인 전교조가 이렇듯 큰 영향력을 행사할 수 있었던 것은, 운동권 출신들이 핵심 지도부에 포진해 있으면서 치밀한 내부 조직망과 다른 좌파 단체와의 네트워크를 통해 사회적 이슈가 있을 때마다 조직적인 행동에 나섰기 때문이라는 분석이다.[120] 극렬 전교조 교사들은 첫째, 남북 분단의 책임은 미국과 남한에 있고, 둘째, 북한은 '적'이 아니며, 셋째, 통일은 '우리 민족끼리' '자주적으로' 해야 한다는 시각을 그대로 학생들에게 교육해 왔다. 반공 일변도 교육에 대한 반성이 일고 교육의 민주화 · 다양화로 옮아가는 과정에서 친북적인 시각에 대한 거부감이 많이 사라진 결과였다. 이는 공산주의의 속성을 모르고 있는 전교조 교사들의 무지나 북한의 사주를 받는 자들에 의하여 비롯된 것이다. 강철환의 수용소의 체험수기를 보면 1960년대 재일(在日)교포 북송가족들이 북한에 가서 수용소 생활을 하다가 속은 것을 후회하다가 죽게되는 참담한 현실을 알게 된다.[121]

2011년 7월 18일 제주특별자치도 서귀포시 강정마을, 제주 해군기지 부지가 시작되는 강정천 다리 난간에 '해군기지 결사반대' 등 내용의 현수막들이 바람에 나부꼈다. 제주 해군기지는 1993년 해군본부 합동참모회의에서 처음 필요성이 제기된 뒤 후보지 선정을 둘러싼 찬반 논란이 거듭됐다. 2007년 주민 총회를 통해 뜻을 모은 강정마을의 유치 신청과 제주도 여론조사(제주도민 54.3% 강정마을 주민 56.0% 찬성)를 거치면서 건설이 본궤도에 오르게 됐다. 항만 공사가 한창이어야 할 중덕해안은 3월부터 타 지역에서 원정온 반대 단체들의 해방구가 됐다. 올

---

119) 유석재, [戰線 지켜야 平和 지킨다] 전교조 일부는 "6 · 25, 美 도발 때문에 北이 침입", 가르쳐, chosun.com, 2010.12.6.

120) 위의 글.

121) 강철환, 『수용소의 노래, 평야의 어항』, 북한 정치범 수용소 체험수기, 서울: 시대정신, 2005, 개정판.

레길로 이어지는 길목엔 해군기지 건설을 풍자하는 설치물이 만들어졌다. 이 부지는 작년 토지 매입이 끝나 국방부 소유지만, 반대 단체 인사 30여 명이 점령해 주인 행세를 하고 있다.[122] 외부 단체들은 '평화의 섬' 제주에 해군기지가 건설되면 환경이 파괴될 뿐 아니라 미군 핵 추진 항공모함의 기항지가 돼 위험하다며 반대하고 있다. 미국과 중국 사이에 실제 군사적 충돌이 발생해 제주 해군기지가 공격받는 상황도 벌어질 수 있다고 이들은 주장한다. 그러나 이들은 우리의 동맹국 미국의 항공모함을 우리 안보의 위협 요인으로 꼽으면서도, 60년 전 우리와 총구를 맞댔던 북한의 동맹국 중국이 소련제를 개조한 첫 항공모함을 2012년 쯤 배치하고 2021년 경에는 핵추진 항모까지 서해에 띄울 것이라는 사실은 전혀 걱정거리로 여기지 않는다.[123] 무역으로 먹고사는 한국은 수출입 물량의 대부분이 해상교통로, 그중에서도 제주 남방해역 항로를 이용한다. 해군은 이 해상교통로 보호를 위해 대형함정이 주둔할 수 있는 해군기지 건설을 필요로 한다. 이 사업을 추진했던 대통령 노무현은 2007년 6월 제주에서 열린 평화포럼에 참석해 "제주 해군기지는 국가 안보를 위한 필수 요소"라며 중립국 스위스를 예로 들며 "무장 없는 평화는 존재하지 않는다"고 말했다. 이러한 법적 · 행정적 절차가 끝난 국가적 사업에 대한 지극히 적은 수의 종북좌파들의 반대투쟁은 국가 경쟁력을 약화시키고 평화통일의 저해요인이다. 우리 사회의 합리적 진보들은 그 비판의 화살을 주민들의 인권을 말살하는 북한의 정권에게로 돌리고 이들이 세계의 비판적 여론 앞에 굴복하도록 해서 북한주민들의 기본적 인권을 존중하도록 해야 한다.

---

122) 오재용, "해군기지 부지가 좌파단체 해방구로… 30명 때문에 공사 중단", [표류하는 국가 사업] 〈4〉 제주 해군기지, 조선일보, 2011.7.20, A5면.

123) [사설] '少數의 드러눕기' 에 多數가 골탕먹는 대한민국, 조선일보, 2011.7.20, A5면.

II. 포용정책의 방향

1. 통일보다는 북한 주민의 인권이 더 중요

통일연구원의 "2003년 북한 인권보고서"에 따르면 함남 요덕 등 10여 곳에 설치된 정치범 수용소에 20만 명이 갇혀 기아선상에서 강제노역을 하고 있다. 수용소 밖 북한 주민들의 생활도 크게 다를 바 없다. 상당수 어린이의 영양실조, 각종 질병의 만연, 탈북자의 비인도적 처리 등 인권 침해 상황이 체계적으로 광범위하게 자행되고 있다. 2003년 10월 미국의 비영리 민간단체인 북한인권 위원회(U. S. Committee for Human Right in North Korea)를 통해 "감춰진 수용소(The Hidden Gulag)"라는 북한 정치범수용소 내 인권 상황 보고서를 발표했던 데이비드 호크(David Hawk)가 기자회견을 가졌다. 그는 이 회견에서 "북한은 별다른 사법적 절차도 없이 정치범을 가두거나 가족 3대에 걸친 '연좌제' 식 숙청, 탈북 임신부들의 강제 낙태나 영아살해 등을 자행하고 있다." 이는 "구(舊)소련이나 동구권, 심지어 중국 등에서도 존재하지 않았던 것으로 도저히 이해할 수 없는 일"이라고 말했다.[124)]

북한 주민에 대한 실상과 인권 상황은 독일인 의사출신인 북한 인권 운동가 폴러첸(Norbert Vollertsen)과 프랑스의 인권단체에 의하여 외부세계에 알려지고 있다. 미국, 프랑스, 일본 단체들은 최근에 "북한 주민에게 외부정보를 제공하자"는 캠페인[125)]을 벌이고 있다. 미국의 상하 양원은 2002년 6월 탈북자들의 안전한 망명허용과 북한 소환 중단을 중국정부에 촉구 북내용의 결의안을 만장일치로 채택했다. 미국의 상하 양원은 북한 전문가를 초청해 북한 청문회를 개최하고 중국 정부에 UN난민 담당관실의 연변지역 탈북자 조사활동 허용 등을 촉구하는 서한을 보내기도 하였다. 탈북자의 인권이 미(美)의회에서 문제시되었다. 부시행정부, 북아지스(AEGIS) 등 단체, 워싱턴포스트, 뉴욕타임스 등이 탈북자문제를 본

124) "북 인권상황, 더 이상 참혹할 수 없어요", 북한 수용소 인권상황보고서 발간, 미 데이비드 호크 방한, 조선일보, 2004.1.20, A20면.

125) "미, 불, 일 단체들, '북한 주민에게 외부정보를 제공하자'", 조선일보, 2002.7.23, 9면.

격적으로 제기하였다.

프랑스는 유럽에서 북한 난민돕기운동의 중심지이다. 노벨평화상을 수상한 국제 인도주의 운동단체인 "국경없는 의사회(RSF)"와 1990년대 말부터 지식인 사회에서 북한 인권에 대해 관심을 일으켜온 피에르 리굴로(Rigoulot) 사회 평론편집장을 중심으로 "북한주민돕기위원회"는 북한을 주제로 한 지식인들의 토론회를 개최하고 있다. 이 위원회의 회장인 리굴로는 "우리는 식량 못지 않게 정보에도 굶주린 북한주민이 외부정보를 얻을 수 있도록 하는 최선의 방법을 모색할 것"이라고 향후 운동의 목표를 밝혔다.[126] 일본 마이니치, 아사히, 요미우리 등 3대 중앙일간지가 "탈북자 실상"에 대해 대대적 고발을 하고 있다.

이러한 가운데 2002년 5월 UN인권위원회가 북한의 인권상황을 규탄하는 결의안을 채택하였다. 2003년, 2004년, 2005년에도 UN인권위원회는 결의안을 채택하였다. 그런데 이에 당사자로 중요한 역할을 담당해야 할 한국은 4년째 표결에 불참하였다. 유럽연합(EU)이 마련한 결의안은 고문, 공개처형, 정치범수용소 운영, 외국인 납치, 여성 인신매매, 강제유산, 영아(嬰兒)살해 등 북한에서 자행되고 있는 잔인한 인권탄압 사례들을 폭넓게 지적하였다. 그리고 "북한의 모든 인권과 기본적인 자유를 철저히 존중하고 UN인권위의 결의안 내용을 이행할 것을 촉구한다"고 밝히고 있다.[127] 한국정부는 표결불참 이유로 핵 위기가 고조되어 있는 현상황에서 전체 안보와 관련된 전술전략 때문이라고 말했다. 그러나 한국정부는 북한을 자극하지 않기 위하여 UN인권위원회의 결의안 채택에 불참함으로써 양식있는 국제 지식인들 가운데 넌센스가 되었으며 도덕성에 상처를 받았다. DJ정부는 5년 동안 북한인권에 대하여 아무런 거론을 하지 않았다. 이것은 국제사회에서 도덕성 있는 정부의 태도가 아니다. MH정부도 마찬가지로 북한의 집권 세력을 감싸며 5년 동안 북한 주민 인권에 대하여 전혀 거론하지 않았다. 현 MB정부는 대북정책의 사고를 바꾸고 있다. 진정한 안보는 국제공조 가운데

126) 위의 글.

127) "UN총회로 가는 북인권에도 눈감겠다는 정부", 조선일보, 2005.10.28, A31면.

인권상황을 지적하는 용기와 빈틈없는 국방과 국내 사회의 안정성이 있을 때 이루어지는 것이다.

한국정부의 미온적인 대북 인권정책 때문에 2006년 5월에 들어와 미국이 탈북난민을 대량수용하는 대북인권정책을 폈다. 이것은 바로 미국이 과거 구소련에 대해 시행했던 인권과 지원을 교환하는 "헬싱키 프로세스(Helssinki Process)"와 유사한 것이다. 미국은 과거 구 소련에 대한 경제지원 대가로 동구권의 정치범(주로 유태인) 100만 명을 난민 자격으로 미국에 받아들였듯이, 북한에 대해서도 국제사회의 경제적 지원을 조건으로 인권문제를 제기할 것이란 뜻이다.[128)]

한국정부는 다시 한 번 지난 서독정부로부터 동방정책(Ostpolitik)만이 아니라 이 정책을 수행하는 도덕성을 배워야 한다. 인권은 인간의 천부적 권리요 인류의 보편적 가치이다.[129)] 서독정부는 동독정부를 지원하거나 관계개선에 있어서 동독주민의 인권을 배제하지 않고 오히려 인권을 우선으로 하여 동방정책을 수행하였다. 서독이 동독에 거대한 경제적 지원을 할 때도 그 대가로서 항상 동독의 반제체 인사를 데려오거나 동독주민의 서독으로의 자유방문 실현 같은 인도주의 열매를 따내었다. 서독정부는 동방정책의 우선권을 통일보다는 서독주민의 인권개선에 두었다. 이것이 바로 동독 주민들에게 서독은 '나의 생명을 맡길 수 있는 나라'라는 깊은 신뢰감을 심어주었다. 그래서 헝가리 국경이 개방되자 그곳에 휴가차 온 동독인들은 타고온 자가용을 그대로 두고 헝가리 국경을 통하여 가족들과 몸만 가지고 자유의 서독으로 탈출하였다. 그래서 동독은 어느날 밤에 순식간에 무너지게 된 것이다. 독일통일의 기반이란 양독 정치 지도자들이나 정상들의 밀실 흥정이 아니라 서독 정권의 도덕성과 사회적 안정이었다.

---

128) "미(美), 탈북난민 대량 수용으로 '북(北)흔들기'", 조선일보, 2006.5.12, A4면.
미국, 영국, 독일 등 북대서양조약기구(NATO) 회원국들과 소련·동구권 등 35개국은 1975년 핀란드 헬싱키에 모여 평화체제 구축과 인권존중, 내정불간섭, 국경존중 등에 대해 합의했다. 이를 "헬싱키 협약"이라고 한다, 이후 이 협약을 이행하면서 진행된 동구권 공산국가들의 해체과정 등을 "헬싱키 프로세스"라고 부른다, 미국 등 서방국가들은 헬싱키 협약 이후 동구권 국가들에 대해 경제 원조를 제공하는 대가로 정치범 100만 명을 서방으로 탈출시키고 이는 결국 동구권 민주화와 소련붕괴로 이어졌다.

129) 박종화, "통일을 향한 우리의 비전", 「통일을 향한 우리의 비전」, 한국복음주의협의회, 발표회자료집, 2006.1, 19.

서독은 동독의 인권에 대한 각별한 관심을 가지고 경협지원에는 항상 반체제 인사의 석방과 연계시키거나 동독의 연금생활자들을 서독으로 받는 적극적인 인권정책을 펼쳤다. 한국은 이러한 독일의 경우를 교훈 삼으면서 북한에 대한 맹목적이고 종북적인 햇빛정책이 아니라 북한 주민의 인권향상과 결부되는 냉정한 대북협상을 수행해야 할 것이다. 지난 DJ정부 및 MH정부는 북한의 반발을 염두에 두어서 UN 등 국제기구는 물론 중국과의 협의에서조차 탈북자 문제를 진지한 의제로 다루려고 하지도 않았다. MH정부는 비전향장기수는 시신까지 돌려보내면서 북한의 탄광과 강제수용소에서 인간 이하의 삶을 이어가고 있는 생존 국군포로문제에 대해서도 적극적인 송환의지를 표명하지 못했다.

2006년 5월 노르웨이 베르겐에서 열린 "제7회 북한 인권난민문제 국제대회"에 한국인권대사 박경서가 참석하여 처음으로 북한 인권에 대해 한국정부의 우려를 공식표명했다. 그는 "북한 인권 상황에 진전이 없다는 것은 명백하고 국제사회의 우려는 높아지고 있다." 그러나 그는 "북한 인권도 중요하지만 한반도의 평화와 안정지속이 더 중요하다 … 우리 정부가 직접 북한에 목소리를 높이게 되면 언제라도 이 잠정적 평화가 깨질 수 있는 특수한 상황"이라고 말했다.[130] 북한인권법안이 국회 외교통상통일위원회를 통과하고 법제사법위원회에 제출된지 6년이 넘었다. 2011년 6월에도 국회에서 북한 인권법 제정을 제지하고 있는 민주당의원들은 이러한 수구적 논리에 사로잡혀 있다.[131] 그러나 이러한 태도는 대범하지 못한 소극적인 태도이다. 동서독의 경우는 서독은 인권문제를 항상 제기하였고 이것 때문에 동독과의 협상은 깨어지지 않았다. 국민정부에서부터 참여정부에 이르기까지 처음부터 인권과 안보관계에 대한 분리정책을 가지고 임했다면 이러한 우려는 생기지 않을 것이다.

이 북한 인권 국제대회에서 한반도 문제를 담당해온 글린포드 유럽의원은 "여러차례 북한을 방문하면서 그 사회가 점점 변화하고 있다는 것을 느끼고 있

130) "'북(北)인권 진전없어' 우리정부 첫 공식 표명", 조선일보, 2006.5.12. A4면.

131) 이효원(서울대 법학전문대학원 교수 · 헌법학), 〈포럼〉 "북한인권법, 정치적 흥정 대상 아니다", 문화일보, 2011.6.7.

다. 대북지원의 효과라고 생각한다. 북한정권이 다른 자세를 가지도록 대화노력과 함께 인도적 지원이 계속되는 것이 옳다"고 말했다. 이에 대해 "미국 북한 인권위원회" 단체를 이끌어온 인권운동가 잭 랜들러는 "북한정권이 선호하는 계층에게만 지원물자가 배분되는 한, 대북 인도적 지원이 과연 무슨 도움이 될까, 수년간 우리는 북한정부에 대해 인권개선을 제안해 왔지만, 별로 실행가능성이 없는 것으로 판명됐다. 북한이 국제협약을 지킬 것으로 기대하는 것도 물 건너갔다. 이제는 평양에 대해 목소리를 보내고 구체적인 액션이 필요하지 않은가"라고 표명하였다.

'국경 없는 의사회' 소속으로 북한에서 활동해온 한 여성도 "인도적 지원은 그것을 필요로 하는 주민들에게 직접 제공돼야 한다. 그렇지 않으면 오히려 이런 체제를 영속시켜줄 뿐이다. 북한에 머물면서 우리는 그런 좌절을 맛봤다. 임산부, 어린이, 노인 등 가장 취약한 계층에게는 우리의 손길이 가지 못했다"고 표명했다.[132)]

억압받는 주민들의 인권을 무시하고 두 나라 정상들이 양 국민들 앞에서 정치적 수사를 사용하는 통일이란 허황된 것이며 국민들과는 아무런 관계가 없는 것이다. 북한 주민의 인권과 자유, 그리고 남한국민들의 인간 존엄과 삶의 질이 보장되지 않는 통일이란 아무런 의미가 없다. 두 정권 사이에 있는 정치적 흥정으로는 한반도에 진정한 평화와 민주적 사회가 건설될 수 없다. 북한 포용정책의 진정한 의미는 북한의 현 억압적이고 인권 유린 체제를 그대로 인정한다는 것이 아니라 북한으로 하여금 개방적이도록 하여 국제사회에 나오도록 하는 것이다. 그리하여 북한정권이 인류가 누리는 보편적인 가치인 인간의 존엄스런 가치를 알게 하고 신앙과 양심의 자유를 누리는지 지켜보는 국제사회의 눈길을 의식하도록 하는 것이다. 그럴 때 북한은 중국이 지금 개방체제로 나아가는 것처럼 체제의 잘못된 부분을 수정하게 되고 보다 인간의 얼굴을 가지는 열린 체제로 변모될 것이다.

---

132) "'북(北)인권 진전없어' 우리정부 첫 공식 표명", 조선일보, 2006.5.12. A4면.

2006년 5월 통일부장관 이종석은 "한미(韓美) 간에 많은 부분에서 정책적으로 일치하지만 북한을 어떻게 대할 것인지에 대해 차이가 있을 수 있다"며, "다만 현재 상황에서 북한에 대한 체제를 변동시켜려고 한다면 초래될 수 있는 불행을 알기에 우리는 (체제변동 시도를) 받을 수 없다"면서 "남북정상회담 개최가 바람직하다"[133]고 말하고 있다. 그러나 체제는 그 나라 백성들이 결정하는 것이지 정부나 정치인이 결정하는 것은 아니다. 정부나 정치인이 그 나라의 체제를 자기의 뜻대로 관철할 수 없다. 나라는 특정인의 소유물이 아니라 국민의 것이기 때문이다. 외부로부터 체제를 무너뜨려는 것은 외부적 강압이다. 그러나 내부적으로 체제를 강압적으로 유지하는 것도 내부적 강압이다. 모든 것은 순리대로 흘러가야 한다. 하나님의 뜻대로 나가야 한다. 북한 주민의 인권을 보장해주는 것은 순리요 주민의 뜻이다.

2006년 5월에 들어와서 미국이 탈북자를 받아들이기로 직접 나섬으로써 탈북자 문제에 돌파구가 생겼다. 이것은 미국이 "한국국민과 북한주민을 구분할 수 있는 별도 코드를 만든" 2004년 제정된 북한인권법을 실행에 옮긴 것이다. 그리하여 미국의 대북정책이 핵 협상중심에서 인권문제 쪽으로 옮겨가고 있을 보여준다.[134] 이러한 미국의 적극적인 탈북자 수용정책은 장기적으로 북한의 체제변화에 영향을 주게 될 것으로 보인다. 2011년 6월 한국 국회에 상정되어 있는 북한인권법은 인류 최악의 폭압정권 하에서 신음하고 있는 북한주민을 살리기 위한 최소한의 요구이자, 희망의 메시지이다.[135] 미국 의회와 일본 의회가 자기 나라 일이 아닌 북한인권법을 만장일치로 통일하여 집행하고 있는 상황에서 한국국회에서는 북한인권법을 6년 이상이나 계류시키고 있는 것이 부끄러운 일이다. 북한인권법은 북한주민들에 대한 한국국민의 의지를 확실히 보여준다는 의미에서 심리적으로 북한 주민들의 마음에 위로와 소망을 주는 중요한 사항이다.

---

133) "남북정상회담 연내(年內)개최 바람직", 조선일보, 2006.5.15. A1면.

134) "미(美), 탈북난민 대량 수용으로 '북(北)흔들기'", 조선일보, 2006.5.12, A4면.

135) 김성곤, "황우여, '北주민 2,400만 명 노예상태… 北인권법 여야 만장일치 통과돼야'", 아시아경제, 2011.6.7.

2. 북한의 중국식 체제변화와 개방을 유도하는 것은 통일의 지름길

중국은 사회주의 체제 안에 사유재산 제도를 허용하는 헌법을 만든 데 이어 2002년 근대사에서 가장 전면적이고 평화로운 지도부 교체를 단행하였다. 성공적으로 치른 2008년 베이징 올림픽과 2010년 상하이 엑스포 개최 등은 중국의 민족적 통합과 개혁을 상징하는 프로젝트들이다. 한국은 이러한 중국의 개방정책이 북한에 영향을 끼치도록 중국과의 보다 전략적이고 외교적인 노력을 해야 할 것이다.

한국은 보다 현실적인 대북정책을 폄으로써 북한과의 교류 협력을 확대하고 북한체제의 붕괴보다는 체제변혁, 즉 개방으로 유도하는 것은 바람직한 길이다. 북한은 지난번 헌법 개정시 경제 관련 조항에 가격 원가 등 시장경제적 요소를 도입했고, 경제관료 등을 대상으로 자본주의 경제, 경영교육을 실시하고 있다. 최근 북한은 식량난으로 인하여 중단된 배급제를 일정부분 폐지하고 월급제를 도입하여 시장경제체제로의 전환을 위한 시도를 하고 있는 것으로 보도되고 있다.

북한에는 1974년 공식 폐지한 세금제도가 부활한 것으로 전해지고 있다.[136)] 중국무역상들이 북한에 들어갈 때에는 물건의 종류와 관계없이 최소 북한 돈 10만 원을 관세(關稅)조로 내야하며 자동차를 몰고 들어오면 도로세 명목으로 요금을 내야 한다. 주(主)가전제품(家電製品)에도 5~50원의 세금이 부가되기 시작했다고 한다. 전국의 식량보급소가 "쌀 판매소"로 간판을 바꾸고 있다고 방북자가 전하고 있다. 기존 배급제와는 달리 직장에 출근하는 사람에 한하여 쌀 판매가 허용되고 무직자는 구입할 수가 없다. 쌀이 부족하기 때문에 고위 공무원과 군인과 공로자들이 우선순위로 살 수 있게 했다고 한다.

지금은 아직도 북한으로 하여금 변화와 개방을 위한 시간을 주는 것이다. 북한은 러시아나 중국처럼 개혁하지 않으면 붕괴로 이어질 수밖에 없다는 사실을

136) "북, 세금제 28년만에 부활", 조선일보, 2002.7.25, 3면.

알아야 한다.[137] 2006년 5월 베르겐의 '북한인권난민 문제 국제회의' 에서 2001년부터 2005년까지 평양에서 근무했던 폴 베이어 전 북한 주재 스웨덴 대사는 다음과 같이 피력하였다: "북한은 이미 50년 동안 전시상태였다. 항상 전쟁을 준비하고 있는 나라에서 군사적 위협은 위협이 될 수가 없다. '사스' 가 강타했을 때, 북한은 3개월이나 국경을 폐쇄했다. 또 경제적 제재에도 불구하고 북한의 현상유지가 탁월하다는 것을 과소평가해서는 안된다. 그러나 북한은 정보통제로 지탱하고 있기 때문에 어느 날 그 변수가 사라지면 금방 무너질지도 모른다."[138]

2011년 6월 8일 북 · 중 간 첫 경협 프로젝트인 압록강 하구 황금평(黃金坪)섬 경제구가 중국 단둥(丹東) 현지에서 착공식을 갖고 첫 삽을 떴다. 9일에는 두만강 변의 나선(羅先 · 나진과 선봉) 특구에서도 훈춘(琿春)~나선을 잇는 포장도로를 비롯한 나선특구 공동개발 착공식이 열렸다.[139] 북한 국방위원장 김정일이 5월 20~27일 7박8일 일정으로 중국을 방문해 후진타오(胡錦濤) 주석, 원자바오(溫家寶) 총리와 정상회담을 갖고 돌아간 지 12일 만이다. 황금평과 나선 특구 개발은 2010년 5월과 8월 김정일 북한 국방위원장의 두 차례에 걸친 방중 직후 양국 간 추진이 합의됐지만, 그동안 개발 방식과 재원 마련 등을 둘러싸고 이견과 갈등이 적잖았다. 시장 원리에 따라 지방정부와 민간 주도로 이뤄져야 한다는 중국측과 중앙정부의 과감한 정책적 투자를 기대한 북한측 입장이 엇갈렸다. 김정일이 직접 담판에 나선 이번 방중에서도 원자바오는 "지방정부와 기업의 적극성을 끌어내야 한다"며 입장을 굽히지 않았다.[140]

북한의 경제 특구는 북한의 정치적 지원국인 사회주의 국가인 중국의 경제개방에 영향을 받은 것이라 볼 수 있다. 대북정책의 보다 신축적이고 현실적인 실천이 현 남북관계에서 필요시 된다. 정부는 민간차원의 교류와 당국자 간의 회담

137) 헨리 키신저, "북한, 개혁 안하면 붕괴된다. 6자 회담은 변화시간 주는 것", 조선일보, 2003.8.18, A19면.

138) "'북(北)인권 진전없어' 우리정부 첫 공식 표명", 조선일보, 2006.5.12. A4면.

139) 최유식, "황금평에 나타난 왕치산(中 부총리 · 경제 사령탑), 중국의 북한 달래기", 조선일보, 2011.6.9. A8면.

140) 위의 글.

을 구분하여 북한에 대하여 보다 현실주의적 접근을 해야 할 것이다. 여태까지의 한국의 대북정책은 북한에 항상 끌려 다녀 지난번 천안함 사건과 연평도 포격처럼 아군이 막대한 피해를 입고 원칙 없이 북한의 일방적 주장에 압도당하는 지경이 되어 버린다. 우리 정부는 한시적이 아니라 종합적이고 장기적인 안목에서 정책의 정교성과 실천성과 완급조절에 촛점을 모아야 할 것이다.

3. 6자 회담의 틀과 상호주의적 포용정책 속에서 북한의 비핵화와 국제적 대화 및 경제적 지원이 요청

통일정책에 있어서 체제논의는 필수 불가결한 것이다. 지난 70여 년 간의 남북 체제경쟁은 1970년대 이후 역전되어 지금은 남한의 절대 우위로 나타나고 있다. 그러나 남한의 민주화와 경제력이 자유로운 통일체제를 보장해주는 것은 아니다. 북한은 여태까지 전쟁준비만 해왔고 경제는 파탄이 나 버렸다.[141] 그러나 재래식 전쟁에서 한미 양국을 이길 수 있는 물적 토대가 무너지자 북한은 체제유지를 위하여 핵무기를 개발하기에 나선 것이다.[142] 북한은 핵 개발을 해서 남한을 순식간에 잿더미로 만들려는 책략을 가지고 있다. 그러므로 우리는 북한 핵무기의 폐기를 시도해야 한다. 북한은 수차례 있었던 서해교전에서 남한에 대하여 절대열세에 몰리자, 2010년 3월 26일 천안함 폭침과 6월 24일 연평도 포격 등으로 심리적인 만회를 시도하고 있다.[143]

---

141) 탈북 군인 진용규(陳龍規)가 2003년 10월[월간 조선]에서 행한 독점 인터뷰에 의하면 북한의 경제적 파탄을 다음과 같이 말하고 있다: "북한군의 식량난은 북한 주민들이 고난의 해방군(1994~1996)을 마무리할 무렵에 본격화되었읍니다", "1996년까지 우리 사령부 후방창고에는 전쟁에 대비한 식량이 쌓여 있었습니다. 1997년을 지나면서 그 쌀이 바닥났습니다. 1996년 무렵에는 식량은 말할 것도 없고, 천으로 만든 신발을 제대로 공급하지 못했습니다. 지휘부에서 내려가서 한 개 여단을 비상소집시키면, 30%가 군화를 못신고 있었습니다. 하족(여름신발)이 없으니까, 사회운동화를 신고 있는 병사도 있었어요"(월간조선, 2003년 10월호, 168~181).

142) 진용규는 다음과 같이 증언한다: "재래식 전쟁에서 북한이 한미양국과 싸워 이길 수 있는 물적 토대가 완전히 무너져 내린 것이다. 핵무기를 포기하는 순간 북한은 군사적 균형을 유지할 힘을 완전 상실하게 된다. 김정일은 핵무기를 껴안고 죽을 수밖에 없는 딜레마에 직면해 있는 것이다"(월간조선, 탈북군인 진용규 독점 인터뷰, 2003년 10월, 177).

143) 해군 초계함 서해서 침수… 인명구조 진행중(2보), 연합뉴스, 2010.3.26.

우리는 아테네와 스파르타 간의 체제경쟁이 주는 역사적 교훈을 잊어서는 안 된다. 기원전 5세기경 아테네는 민주정치를 꽃피운 세계의 중심이었다. 무역을 바탕으로 한 경제도 융성했다. 그 전성기에 군국주의 스파르타와 전쟁이 벌어졌다. 경제, 정치, 문화적 능력에서 압도적이었고 인구도 더 많았던 아테네는 그러나 인간을 전쟁기계로 양성했던 병영국가 스타르타에 패망하고 말았다. 아테네의 민주정은 스파르타식 과두정으로 바뀌고, 희랍반도 전체의 영화도 쇠망의 길을 걸었다. 민주주의와 인권과 경제가 아테네를 지켜주지 못한 역사적 사실에서 우리는 깊은 교훈을 받아야 한다.[144]

북한에는 연료가 부족해 군사훈련도 제대로 못하고 수십만 명이 굶어 죽고[145] 탈북자가 줄을 잇는다. 그러나 이러한 북한을 더 이상 위협으로 보지 않는 남한의 운동권이나 젊은이들의 생각은 망상인 것이다. 북한에는 핵과 미사일이라는 가공스러운 무기가 있기 때문에 이것들은 남한을 불바다로 만들기에 충분한 위협적인 무기들이다. 2010년 3월 26일 백령도 근처 해상에서 일어난 천안함 폭침사건과 같은 해 11월 23일에 일어난 연평도 포격사건이 이를 입증해주는 것이다. 전시(戰時)에도 민간지역에 포격을 하는 것은 국제법에 어긋나는 만행을 북한은 평상시에 자행한 것이다. 북한의 대남 정책이 바뀌기 전에는 북한의 군사적 위협에 대한 안이한 태도는 우리의 자유를 상실하는 결과를 초래할 것이다.

현 북핵과 관련하여 우리는 1938년 영국과 나치 독일과의 관계에서 교훈을 받을 수 있다. 1938년 9월 독일 히틀러가 체코슬로바키아를 향해 데텔란트 주(州)를 내 놓으라고 요구했을 때 당시 영국 총리 체임벌린은 "전쟁을 막기 위해" 뮌헨협정을 통해 그의 요구를 들어 주었다. 국민적 영웅이 되어 돌아온 체임벌린은 "영

---

144) 양상훈, "체제 경쟁은 끝나지 않았다", 조선일보, 2003.8.27, A26면.

145) 구호단체 [월드비전]의 부회장을 지낸 적이 있는 앤두류 S. 나치오스(Andrew S. Natsios)는 그의 저서 [북한의 대기근](The Great North Korean Famine)에서 김정일 정권의 계급차별이 힘 약한 사람들을 집단적 기사(饑死)로 몰아갔다고 쓰고 있다: "우선 김정일은 핵심계층만이 사는 평양주민들과 당 간부 및 군인들에게는 식량을 공급했고 농민을 제외한 나머지 주민들에게는 식량공급을 해주지 않았다. 식량 공급이 끊겨버린 사람들은 정치적 영향력이 약한 백성들이었다… 집안에서도 힘 약한 어린이와 노인들이 주로 굶어 죽었다"(Andrew S. Natsios, The Great North Korean Famine: Famine, Politics, and Foreign Policy, 2001, United States Institute of Peace Press, 월간조선, "왜 적대계층이 집중적으로 굶어 죽었나", 2003년 10월호, 174~175).

광스러운 평화"를 역설했지만 1939년 9월 독일의 폴란드 침공으로 유럽 전역은 제2차 세계대전에 빠져 들어가고 만다. 체임벌린의 오판이 초래한 엄청난 재난을 수습한 것은 뮌헨협정에 반대했던 후임 총리 처칠이었다. 평화란 유화정책으로 이룩되지 않고 "뜨거운 가슴과 냉철한 사고로 이루어진다"는 것을 보여주는 역사적 교훈이다.[146)]

미국은 북한이 요구하는 양자 회담은 함정이며, 불가침협정 요구는 그릇된 주장이라고 본다. 세계에서 가장 스탈린주의적인 정권이 "자본주의 깡패"라고 욕하는 미국으로부터 체제의 안전을 받아내겠다는 것은 어불성설이라는 것이다.[147)] 그래서 미국은 북한 당사자와 일본과 중국과 소련이 참여하는 6자 회담에서 북한 핵문제에 대한 3단계 해법을 마련하고 있다. 그것은 북 핵폐기 용의표명(standstill) → 원상회복(rollback) → 포괄적 해결(cruise)이다.[148)]

첫 단계로 북한이 핵처리 불추진, 미사일 시험발사 유예, 모든 핵계획 폐기 용의를 밝히면 한국과 미국과 일본이 대북 불침공 의사를 확인한다, 둘째 단계는 북한이 고농축 우라늄 핵계획 폐기 개시, 핵확산금지조약(NPT)복귀, 2002년 10월 이후 추출된 플루토늄 폐기를 시작하면 3국이 공동명의로 북한의 안전보장을 선언하고, 중국과 러시아가 연대보증국으로 참여한다. 마지막 단계는 북한 핵시설 폐기와 검증, 국제 군비통제 체제 가입, 인권 개선, 반 테러협약 가입 등의 조치를 취하면 미국은 의회 결의로 대북 안전보장을 "선언"하고, 테러지원국 명단 삭제와 대규모 경제 및 에너지를 지원하는 방안이다.

그런데 2006년 5월 9일 몽골 동포간담회에서 MH대통령은 조건없이 남북정상회담을 갖고 북한에 대한 대폭적 지원과 양보를 시사하는 발언을 하여 파장을 일으켰다. "언제 어디서든 무슨 내용을 얘기해도 좋으니 (김정일 위원장과) 만나서 얘기를 하자고 수십 번 말했다. (북한에 대하여) 많은 양보를 하려한다. 제도적, 물질

146) 이선민, "진정한 '한반도 평화' 를 외치는 사람들", 조선일보, 2003.8.19, A30면.

147) 헨리 키신저, "북한, 개혁 안하면 붕괴된다. 6자 회담은 변화시간 주는 것", 조선일보, 2003.8.18, A19면.

148) "한, 미, 일, 3단계 해법 마련", 조선일보, 2003.8.18, 1면.

적 지원 이런 것은 조건없이 하려한다."

이러한 발언은 한국의 "묻지마" 퍼주기 대북정책이 김정일 정권의 유지를 도와줄뿐이다. 현재 북한의 인권과 위조달러에 초점을 맞춘 미국 주도의 북한 숨통 조이기에 들어가고 있는 미국의 대북조처에 엇박자가 되는 "민족끼리"의 공조정책은 남한도 북한을 좇아 국제사회에서 외톨이가 되는 고립을 자초하는 전략이다.[149] MB정부에 들어와 2008년 이래 대북정책은 엄격한 상호주의로 전환하고 있으며 2011년 현재 그렇게 실행되고 있는 것은 바람직하다. "과거 구 동구권의 인권개선을 위해 인권문제를 부각시켰던 '헬싱키 프로세스'와 같은 방향으로 미국의 대북정책이 기울고 있는"[150] 국제적 상황에 한국정부는 순리적으로 따르는 것이 바른 해법이라고 본다. '비핵 · 개방 · 3000'이라든가 '선(先)천안함 · 연평도 사태 해결' 같은 대북정책의 원칙을 버리고 대화 위주로 남북관계의 흐름을 바꾸려 한다는 것은 '도발 → 협상 → 보상 → 새로운 도발'로 이어져 온 남북관계의 사이클로 되돌아가는 것일 것이다.

6자회담은 물론 남북 정상회담을 해도 결과는 마찬가지일 것이다. 그것이 북한 체제 나름의 생존방식이기 때문이다. 북한이 해온 속임수의 또 하나 승리로 자리매김할 가능성이 크다.[151] 원칙있는 포용정책으로 선군정치로 나가는 북한에 대하여 긴장 상태를 보여주는 것은 북한의 추가도발의 억제와 소극적 평화보장에 효과가 있고, 북한의 침략적 대남정책에 대한 최소한의 압력이 될 수 있다. 그러다 보면 머지않아 북한도 어쩔 수 없이 진지한 대화의 길을 찾게 될 때가 올 것이다.

4. 대북 관계 사업은 정경유착 아닌 투명한 공적 자금을 통해서 추진

DJ정부는 현대기업을 대북관계의 창구로 하여 현대를 통해서 4억불 정상회담

149) [사설] "남도 북을 좇아 외톨이가 되겠다는 건가", 조선일보, 2006.5.11. A35면.

150) [사설] "해외 순방 대통령이 국민을 이렇게 놀라게 하나", 조선일보, 2006.5.12. A35면.

151) 김희상(예비역 육군 중장 · 한국안보문제연구소 이사장), [기고] "대북정책, 원칙을 버리는 위험이 너무 크다", 조선일보, 2011.8.1, A35면.

을 위한 비밀송금을 하면서 2000년 남북정상회담의 역사적 전기를 마련하였다. 그러나 정권이 바뀌면서 대북송금이 특검 수사의 대상이 되면서 2003년 8월 4일 현대아산의 회장 정몽헌이 심리적 압박을 이기지 못해 돌연히 12층 회장 집무실에서 투신 자살하는 우발사건이 발생하였다. 이것을 제임스 루니 서울 파이넨스 회장은 "정경유착에 의한 좌절"로 해석했으며, 뉴욕타임스, 헤롤드 트리뷴 한국 특파원 도날드 커크(Donald Kerk) 기자도 기업이 정권이 해야 할 일을 대리하는 데서 발생한 심리적 좌절로 해석하였다.[152)]

현대라는 대기업이 정부가 하지 못하는 경협을 맡아서 대리인 역할을 하였다. 이 역할은 한국경제 건설에 신화를 이룬 현대라는 기업의 해체를 초래하였다. 천문학적 자금을 북한에 건네줌으로써 현대건설과 현대상선이 부실해져서 채권단에게 넘어가는 일이 일어난 것이다. 국가적 사업을 재벌기업으로 맡게 하는 것은 정경유착을 유발하는 것이다. 그래서 2000년 6월의 남북 정상회담으로 인해 김대중 대통령은 노벨평화상을 받았다. 그러나 그것이 북한에 뇌물을 주는 대가로 이루어진 것이 밝혀져 국민정부의 도덕성에 큰 상처를 주었다. 북한과의 경협은 모든 기업이 투명하게 참여하는 가운데 이루어지고 국민의 세금이라는 공적 자금이 투입되어서 이것으로 인해 특정 기업이 부실하게 되는 것을 막아야 한다.

MB정부에 와서는 북한에 대한 매파적인 입장을 견지하면서 북경에서 세차례 정상회담을 위한 비밀접촉을 하는 가운데서 회담의 성사가 불발되었다. 2011년 6월 1일 북한은 돈봉투로 남한이 정상회담을 구걸했다고 폭로하였다.[153)] 이런 일을 폭로한 북한도 외교적 결례를 범하고 있지만 한국이 정상회담을 구걸하고 북한과의 접촉하는 데 매사에 돈을 앞 세우는 것 같은 오해를 받을 여지가 있다. 보다 조심스럽고 신중하게 일을 처리해야 할 것이다.

정부는 동서독 관계에서 보는 바 같이 서독 정부가 동독 정부를 지원하는 선

---

152) "정몽헌 사후, 남북 경험은 어디로", KBS 일요스페셜, 2003. 8.10일.

153) 김범수 · 김성환, [北, 南의 정상회담 제의 폭로] 5월 베이징서 남북 비밀접촉 전모는, 정부 "베를린 제안 설명", 北 "돈봉투로 정상회담 구걸", 엇갈려, "사실과 다르다", 아닌 "진의 왜곡", 묘한 여운, 北 "천안함 · 연평도 해결위한 절충안 모색", 정부, 돈봉투 주장엔 "황당한 얘기", 일축도, 인터넷 한국일보, 2011.6.2.

례에서 보는 바 윤리성이 뒷받침되는 정책을 집행하여야 한다. 2003년 8월 대구 유니버스아드(Universiad) 대회에서 독일인 의사요 북한인권운동가 노르베르트 폴러첸(Norbert Vollertsen)은 북한에 돈과 라디오를 넣은 대형풍선을 띄어 보내려다 경찰에 의해 저지받았다. 그는 이 대회 미디어센터에서 북한의 인권상황을 고발하는 피켓시위를 하다가 북한 기자단에 폭행을 당했다. 그는 북한의 인권을 고려하지 않는 햇빛정책은 올바르지 않으며 비밀 송금은 불법이라고 말하고 있다: "김대중 정권이 북한과 비밀자금을 거래한 것은 하나의 범죄이다. 나는 북한주민의 인권을 먼저 고려하지 않는 정책이라면 그게 햇빛정책이 됐건 뭐가 됐건 절대 인정하지 않고 '올바르다' 고 하지 않겠다."[154] 그의 비판은 옳은 것이다. 투명성 있는 대북관계가 요구되는 것이다.

2006년 4월 27일 미국 하원 국제관계 위원회의 "탈북자 및 납북자 문제 청문회가 열렸다. 미국의 레프코위츠 북한 인권 특사는 이 청문회에서 "개성공단사업이 북한에 수억달러를 퍼주었고, 앞으로도 더 많이 들어갈 것"이라고 밝혔고, 다음날인 4월 28일자 월스트리트 저널에 기고한 글에서 "개성공단은 김정일 정권을 지탱시켜 주는 퍼주기의 전형"이라고 밝힌 것은 주목할 만하다.[155] 이 청문회에서 일본 납북자 연합 부회장 시마다 요이치는 "북한이 한국전쟁 이후 지금까지 최소한 523명을 납치해 갔다"고 주장하였다.[156] 이러한 납북자 문제에 관하여 한국정부는 북한 눈치나 볼 뿐 아무런 언급을 하지 않는 것은 우리의 대북자세가 얼마나 저자세인가를 보여주는 단면이다. 국정원은 더욱이 1977년에 납북되었던 김영남씨 등 고교생 5명이 북한에서 남파간첩 교관으로 활동하고 있다는 사실을 1997년 검거 간첩과 2000년 이후 탈북자들의 증언을 통해서 확인하였다.[157] 그런데 우리 정부는 1997년에 확인된 사실에 관하여 지난 10년 동안 북한에 대고 입도 뻥끗하지 않았고 가족에겐 숨겼다는 것은 MH정권이 누구를 위한

154) 폴러첸씨 단독 인터뷰, "우리 행사는 북한 정부 '도발' 목적, 비밀송금은 범죄, 인권 고려 않는 정책 반대", 조선일보, 2003.8.27, A7면.

155) "北, 외국인 523명 납치… 美가 나서라", 조선일보, 2006.4.29, A6면.

156) 위의 글.

157) "납북자 문제, 북엔 못 따지고 가족엔 숨기고", 2006.2.29. A35면.

정부인지 이해가 가지 않는다. 특히 김영남씨가 일본의 납치 여학생 메구미씨 남편이라는 사실을 일본 정부가 DNA 조사를 통하여 밝혀내었다. 우리 시민에게 일어난 납치사건에 대하여 정부가 아무런 언급이 없다는 것은 너무나 무책임한 태도라 아니할 수 없다.

5. 북한 포용정책은 한국사회의 사회적 이념의 안정 속에서 수행

지난 DJ정부 및 MH정부는 북한을 지나치게 의식해 북한의 의중만을 살핌으로써 한국사회 내의 갈등과 불안정을 유발시키는 경향이 있었다. MH정부에 들어와 과거사 진상조사, 국가보안법 철폐, 교사와 공무원의 노동조합운동 허용 등으로 인하여 우리 사회는 보수와 진보 사이에 심각한 갈등 양상을 벌였다. 그 구체적인 예가 2005년 인천 자유공원의 맥아더 동상 철폐와 존속 여부를 둘러싸고 심각하게 야기된 보수와 진보의 갈등이다. 사립학교에 외부 이사를 1/4이상 의무적으로 영입하는 독소조항 삽입을 골자로 한 사학법 개정 파동은 개신교를 비롯한 종교계와 각종 사학(私學)들의 집단 반발과 한나라당의 장외 투쟁으로 국론을 분열시키고 국력을 소모시켰다.

2006년 5월 초에는 미군철수를 주장하는 시위대가 미군기지 이전 예정지 평택 대추리에서 "반대축제"를 벌이고 이 일대를 무법천지로 만들었다. 미군기지 이전은 정부가 미국과 합의하고 국회가 비준한 국가사업이다. 국법절차에 따라 정해진 군사 시설들을 무단으로 점거하고 시설물을 파괴하고 군인과 경찰에게 매 타작을 퍼붓는 행위는 민주사회에서 넘어선 안될 선을 넘는 범법행위이다.[158] 이런 범법행위를 제대로 다스리지 못하면 나라가 제대로 설 수 없고 통일의 기반이 무너지게 된다. 공권력이 뒷받침되지 않는 한 인권은 보장되기 힘들다. "인권과 공권력은 서로 대립되는 개념이 아니다."[159] 영국이나 미국 등 오랜 민주주의 역사를 가진 선진국에서는 정당한 공권력에 대항하는 것에 대해 가차없는 제재와 처

---

158) [사설] "'평택 반미(反美) 축제' 넘어선 안 될 선(線) 넘었다", 조선일보, 2006.5.8. A35면.

159) 홍두승, "평택에서 부정당한 국가정당성", 조선일보, 2006.5.10. A35면.

벌이 가해지고 있다.

"다양성 속의 일치"를 추구해야 한다.[160] 진보와 보수가 자유 민주주의라는 기본적인 틀 아래서 행동하면서 서로의 방법의 차이를 인정해야 한다. 어느 단체도 자유 민주주의의 틀을 깨뜨려서는 안 된다. 이 틀 안에서 보수는 열려야 하며 진보는 합리성을 추구해야 한다. 보수가 닫힐 때 수구주의가 되고, 진보가 합리성을 잃을 때 극단주의가 된다. 국가는 개방성(열림)과 합리성(절도)의 지혜를 가지고 보수와 진보 논쟁이 우리 사회를 다양성 있게 건강하게 키워나가도록 장려해야 한다.

2006년 3월 23일 북한 금강산에서 열린 제13차 이산가족 상봉행사에서 북한의 취재를 제한하는 데 항의해 한국 기자단이 철수한 일이 있었다.[161] 북한당국은 방송기자들이 쓴 "납북자"와 "나포"라는 표현을 트집잡아 화면송출을 막았으며, 기자들의 취재를 제한했다. 이에 대해 기자단은 "언론 자유 침해이며, 인도주의 정신에 반한다"고 항의했고 결국 중도 철수를 결정한 것이다. 이번 사건은 그동안 남한 언론 길들이기에 익숙해진 북한 당국에 대하여 단호한 태도를 보인 사례로서 앞으로 한국정부가 북한 당국과의 협상에 있어서 취해야 할 태도를 보여주는 귀감이라고 할 수 있다.

현재 북한의 핵에 대한 실질적인 문제는 천안함 사건과 연평도 포격 책임문제로 인하여 교착상태에 빠지고 있다. 북한이 당분간 남한과 냉각기를 유지하면서 미국과의 대화를 모색하는 '통미봉남(通美封南)' 전략을 구사할 것이라는 전망도 나온다. 로버트 킹 미국 북한인권특사의 방북, 한국계 미국인 전용수씨 석방 등 대미 유화 제스처가 이어지는 가운데 남북정상회담 거부의사를 밝힌 것은 이런 전망을 뒷받침한다.[162] 한국은 모든 외교역량을 총동원하여 단호하게 북한이 핵을 포기하도록 하는 전략적 결단을 촉구하도록 해야 한다.

---

160) 박종화, "통일을 향한 우리의 비전", 「통일을 향한 우리의 비전」, 한국복음주의협의회, 발표회자료집, 2006.1, 20.

161) 손태규, "금강산 기자단 철수 잘했다", 조선일보, 2006.3.24, A 35; [사설] "정부 이번에도 북에 무릎 꿇었나", 2006.3.25, A31면.

162) 北 폭로 배경과 향후 남북관계 전망, [北, 南의 정상회담 제의 폭로], "MB정부와는 대화 없다", 벼랑끝 전술, 대북정책 전환 압박… 남남갈등 유발 속셈도, 인터넷한국일보, 2011.6.2.

III. 탈북자 인권 옹호와 재(在)중국 선교사들에 대한 지원

1. 탈북자에 대한 적극적 수용과 중국에 대한 탈북자 인권외교가 필요

서독은 제2차 세계대전 후 소련군을 피해온 폴란드와 체코슬로바키아에서 쫓겨난 1,200만 명의 난민을 받아들였다. 1949년 독일이 분할된 이후에는 동독 공산정권의 질곡에서 빠져 나온 400만 명의 동독인들에게 피난처를 제공했다. 독일 통일의 돌파구는 동독을 탈출한 엄청난 탈출자들의 행렬이었다. 독일의 경우 동독 정권의 붕괴를 가져온 것은 바로 동독의 서독 대사관 앞으로 몰려든 동독 난민들의 물결이었다.[163)]

한반도의 경우 수십만 명의 탈북자들이 압록강과 두만강 유역의 중국 땅에 은신해있다. 그런데 중국은 이들을 정치적 난민으로 보지 않고 북한 땅의 기근과 가난을 피해나온 경제적 유민(流民), 무해한 월경(越境)자로 간주하고 있다. 중국은 탈북자 문제로 인하여 김정일 정권과의 관계가 악화되기를 원치 않고 있다. 중국은 외국 공관 주변에 철조망을 치고 곳곳에 검문소를 설치했다. 중국은 외국 공관에 탈북자들이 진입하면 즉각 그들을 중국 당국에 넘겨 달라고 요청하는 공문을 보냈다.

이런 상황에서 한국정부는 어떤 경로로 오던 탈북자들을 모두 받아들이고 이와는 별개로 북한 정권과의 관계를 개선하도록 해야 할 것이다. 탈북자들을 받아들이는 것은 한국의 민족적 의무요 인권적 차원이다. 여기에 결코 비용을 생각해서는 안 된다. 한국정부는 중국에 대해 탈북자들과 관련하여 북한으로 강제 소환하는 북한당국의 정책에 따르지 않도록 외교적 노력과 국제 인권단체의 힘을 빌려야 할 것이다. 그리고 이들이 한국으로 올 수 있도록 외교적 노력을 기울이는 것이 필요하다. 2006년 5월 미국이 김한나 양의 가족을 비롯한 탈북자 6명의 망명을 허용한 것은 탈북자에 대한 미국의 강한 인권정책이라고 할 수 있다. 한국정부는 인도주의적 상황에서 내정간섭이라고 비난할 것이 아니라 미국과 긴밀

163) Theo Sommer, “탈북 수용과 대화의 병행”, 조선일보, 2002.7.10, 6면.

한 공조 속에서 중국에 있는 많은 탈북자들을 데려와야 한다.

요즈음 탈북자들이 많아지는 것은 단순히 배고픔의 차원이 아니라 동독난민처럼 삶의 질의 문제로 발전하고 있다. 그 증거로는 신분이나 생활 향상자들까지 탈북의 대열에 끼었음을 보게 된다. 이들은 자녀문제를 생각해서 앞날의 문제를 생각하여 탈북했다고 증언하고 있다. 2011년 6월 현재 탈북자들이 2만 3천 명이나 되기에 이르렀다. 탈북자들이 증가함에 따라 초기 정착금 600만원 · 취업장려금, 3년간 1,600만원 · 주택보증금, 1,300만원 · 임대주택을 제공하고 있다. 탈북자들이 남한사회에서 잘 정착하여 탈북의 보람을 느끼게 하고 이들의 사회적 지위를 안정되게 하는 것은 북한 주민들의 마음을 얻을 수 있는 정책이다.[164)]

그리고 북한의 느슨해진 단속이다. 지금까지 알려진 바에 의하면 탈북자가 북송되면 처형되는 것으로 알려졌으나 최근 와서는 사형을 받지 않는다는 사실이 공공연하게 유포되고 있다. 그리하여 북송되었던 사람들이 다시 탈북하여 남한으로 돌아온 경우가 많다. 또한 탈북자들을 막는 경비병들까지 적당히 손을 쓰거나 금품을 제공하면 무사히 방면되고 있다고 한다.

미국이 탈북자들에 대한 선별적인 망명을 허용하고 있는 즈음 한국정부는 보다 적극적인 북한 탈북자와 북한주민의 인권에 대한 관심을 표명하는 대북정책을 펴나가야 한다. 한국교회는 "탈북동포 돕기운동"을 지속적으로 펼쳐나가야 한다. 중국이나 제3국 혹은 국내에 있는 탈북 동포들의 생존과 정착에 대한 관심과 지원을 해야 한다. 남한에 별다른 인척이 없는 이들에게는 정부의 지원만으로 이들이 성공적으로 사회에 정착하는 것은 어려운 일이다. 민간차원에서 교회는 이들과 자매결연을 맺고 심리와 정서의 안정에 영향을 끼쳐야 한다. 그리고 이들의 취업 등 이들의 생계를 지원해야 한다. 김일성대 교수였던 대외경제정책연구원 선임연구위원 조명철이 2011년 6월 신임 통일교육원장으로 임명된 것은 국내에 와 있는 2만 명의 탈북자와 2,400만 북한 주민들에게 희망을 주는 메시지다.[165)]

---

164) [사설] 탈북자 조명철씨의 통일교육원장 임명을 환영한다, 조선일보, 2011.6.8, A35면.

165) 이용수, [오늘의 세상] "김일성大 교수였던 내가 탈북자 첫 고위공무원… 탈북자 성공 보며 北주민

그러나 대다수 탈북자들은 남한 사회에서 번듯한 일자리를 못 잡고 사회 밑바닥에서 힘겨운 생활을 연명해가고 있다. 탈북자의 월평균 근로소득은 127만 원으로 복지부가 정한 '3인가구 최저생계비(117만 3,000원)'를 간신히 넘는다. 경제활동 참가율은 48.6%밖에 안 되고, 일자리를 가진 사람 중에서도 31.5%가 단순노무직, 23.2%가 장치 · 기계조작 일에 종사하고 있다. NK지식인연대 김흥광 대표는 "북에서 연구사로 일하던 여성 과학자가 노인 도우미로, 대학교수였던 사람이 주유소 주유원으로 일하는 걸 봤다"고 했다.[166]

저자의 견해에 의하면 한국정부는 전향적으로 생각하여 남한으로 탈출한 모든 탈북민들이 기초생활을 하도록 보장해 주어야 한다.[167] 서독은 탈출한 모든 동독민들에게 서독에서 정착할 수 있도록 보장해 주었다. 그러므로 동독민들은 서독을 신뢰하여 어떻게 하든지 동독을 탈출하려고 했다. 이것이 바로 동서베를린 장벽 개방의 동력으로 이어진 것을 알아야 한다.

2. 중국에서 활동하는 선교사들의 신변안전과 국제 인권기구를 위한 노력

2001년 12월 중국 몽골 국경지대에서 두리하나 선교회 소속 전도사 천기원은 12명의 탈북자들을 돌보다가 중국 공안당국에 의하여 체포 구금되었다가 2002년 8월에 풀려났다. 그는 탈북자 인신매매를 차마 볼 수 없어서 이들의 인권을 위하여 일하게 되었다. 그는 "1999년 우연히 중국에 선교여행을 와 북한에서 나온 많은 애들이 굶주리고, 여자들이 중국 돈 600위안(한화 9만 3,000원)에 팔려가는 것을 보고 이들을 돕기 위해서 일하게 되었고 중국에서 안되면 제3국에서도 이

들도 희망… 그게 통일", 조선일보, 2011.6.8, A2. 고위공무원단 가급(1급)인 통일교육원장으로 선임된 조명철 외 2만 명이 넘는 탈북자 가운데 공직자는 15명이고, 고위공무원은 김씨가 처음이다. 1997년 국내에 들어온 탈북자 이애란씨는 호텔 청소원 · 보험설계사 일을 하다가 식품학 박사 학위를 따고 지난해 경인여대 교수가 돼 화제가 됐고, 같은 탈북자 석영환씨는 세 번째 도전 만에 한의사 시험에 합격해 한의원을 열었다([사설] 탈북자 조명철씨의 통일교육원장 임명을 환영한다, 조선일보, 2011.6.8, A35면).

166) [사설] 탈북자 조명철씨의 통일교육원장 임명을 환영한다, 조선일보, 2011.6.8, A35면.

167) 양창석, "우리가 하나 되는 통일을 선택하려면", June 2011, *Christianity Today*, 25.

들을 도울 것"이라고 석방 소감을 말하였다.[168)]

2002년 6월에는 미국 ABC방송이 중국내 탈북자들의 비참한 생활을 고발한 "나이트라인" 3부작 특집 프로그램 '숨겨진 삶(Hidden Lives)'이 1시간 30분 방영되었다.[169)] 이 방송은 "앉아서 가족 모두 굶어죽느니" 10대 어린이들이 중국 월경(越境)을 감행하고 있으며, 가족들은 자식을 고아원에 맡기고 토굴생활을 하고 있으며, 여성아이들은 인신매매꾼들의 표적이 되고 있다고 방영하고 있다. 이 방송은 탈북자들은 "악의 축 아닌 희생양"이라고 미국민들에게 탈북자 관심을 촉구하고 있다.

2003년 이래 중국에서는 탈북자들의 연이은 외국공관진입으로 국제사회의 이목이 집중되면서, 북한과 중국정부는 "체제위협"이라며 강력하게 대처하고 있다. 그리하여 중국정부가 선교금지 등 국내법 위반을 근거로 한국 목회자와 선교단체 4명을 체포구금하는 사태가 발생하였다. 현재 중국에서 사역하고 있는 1~3천명 정도로 추산되는 한국 선교사 대부분이 중국의 지하에서 활동하는 선교단체에 소속되어 있다. 이들은 미션홈이라는 형태로 탈북자 보호와 제3국을 통한 한국입국을 도와주고 있다. 이들 선교단체들(두리하나선교회, 예랑선교회, 한기총, 북한선교회 등)[170)]은 탈북자들에게 쌀과 의복, 의약품을 지원하면서 동포애를 실천하며 심양, 장춘, 길림 등 대도시의 아파트를 임대하여 미션홈을 꾸며 탈북자들을 보살펴 왔다. 그리고 이들 가운데 선택받은 자들을 지도자로 양성하여 4년 정도 기본적인 신학공부를 시켜 다시 북한으로 보내는 사역을 해왔다.

현재 중국의 강력한 반발과 단속으로 한국의 선교단체들이 가장 심한 타격을 받고 있다. 2003년 한기총의 보고서에 의하면 중국정부는 자국내 강제송환 구류소 4곳으로부터 평균 100여 명의 탈북난민을 북한으로 강제 송환하고 있다고 밝혔다.[171)] 이에 대하여 한국정부는 아무런 대응을 못하고 있다. 한국교회는 이들

---

168) "탈북자 인신매매 두고 볼 수 없어", 국민일보, 2002.8.7, 2면.

169) 미 ABC 방송 '옌볜의 탈북자들' 3부작 방영, 조선일보, 2002.6.14, 12면.

170) "탈북망명 국제 여론화, '대북 선교 위축' 야기", 기독교연합신문, 2002.7.7, 11면.

171) "중(中), 탈북자 매주 100여 명 북송", "한기총 보고서, 4개 구류소 860여명 억류, 탈북지원 목사 등 한국인 16명 감금상태", 국민일보, 2003.12.6, 1면.

을 위하여 국제인권단체와 기독교단체와의 연대를 통하여 중국 안에서 선교의 자유를 확보하는 노력이 필요하다. 더욱이 중국이 세계무역기구의 회원국이 되고 2008년 올림픽을 성공리에 개최했고 2010년 G2의 지위에 오른 지금 우리 한국은 국제외교채널을 통하여 중국내의 인도주의적 활동에 대하여 중국의 묵인 내지는 허용을 받는 외교적 노력이 필요하다.

2004년 1월 초 미국에서 보수파로 분류되는 인사들이 집필한 한반도 관련서적 2권이 출간되었다. 미국 국방정책위원인 리처드 펄(Richrad Perle)과 부시 전(前) 대통령 특별보좌관 데이비드 프럼(David Frum)은 그들의 공저서 『악의 종식(An End to Evil)』이라는 저서에서 남한은 북한을 달래는데 미국과 일본을 이용하고 있으며, 북한의 "김정일은 서명한 뒤에 속이고 또 속이는" 신뢰할 수 없는 정권이기 때문에 단호한 대북조치를 제안하고 있다. 이들은 북한과의 새로운 협정의 가치를 잴 수 있는 4가지 점검항목을 제시한다. 첫째, 북한이 소유하고 있는 것으로 알려진 모든 핵물질에 대한 즉삭적이고 완진한 포기, 둘째, 북한 미사일 기지의 폐쇄, 셋째, 북한의 국제원자력기구(IAEA) 사찰팀 상주 허용, 넷째, 이 사찰팀의 활동강화 등이다. 하지만 이들은 북한이 이 같은 조건을 받아들일 것 같지 않다고 본다. 결국 미국은 북한의 핵추구를 용인하거나 아니면 그것을 막기 위해 단호한 행동을 하든지 선택해야 한다. 이들은 이에 3가지 단호한 대북조치를 제안한다. 첫째, 북한에 대한 포괄적인 공중 해상봉쇄이다. 1962년 쿠바 위기 때와 마찬가지로 봉쇄가 전쟁에 대한 최선의 대안이라고 본다. 둘째, 주한 미국을 북 대포와 단거리 미사일에 노출된 사정거리에서 벗어나도록 재배치를 가속화한다. 셋째, 북한 핵시설 선제공습에 대한 구체적인 계획을 발전시킨다. 미국이 선제공격을 상당히 준비하면 "중국이 끝내 자신들이 하기로 한 일, 북한을 굴복시키는 일을 하도록 설득한다. 중국은 반대급부로 북한과의 국경지대의 평화와 자신들에게 우호적인 새 북한정권을 얻을 수 있다."[172] 이들은 중국이 수십 년 간 지속된 한반도 위기를 극복하는 유일한 길은 김정일 정권을 무너뜨리고 중국에 더 의

172) David Frum & Richard Perle, *An End to Evil. How to Win the War on Terror*, 2004, 이에 대한 요약: 리처드 펄의 "악의 종식"; "김정일은 서명한 뒤 속이고 또 속인다", 조선일보, 2004.1.14, A17면.

존적인 공산주의자에 의한 대체정권이 들어서도록 하는 일이라고 본다. 이러한 펄과 프럼의 제안은 북핵폐기와 관련하여 진지하게 논의해야 할 가치가 있다.

그리고 미국 국제경제연구소 선임연구원 마커스 놀랜드(Markus Noland)는 『김정일 이후의 한국(Korea after Kim Jongil)』에서 북한은 2002년 7월 시행된 경제, 군사 개혁으로 급진적인 인플레와 도시 빈민의 증가를 가져왔다고 본다. 그는 미국정부의 전망과는 달리 경제자율화 정책이 북한정권의 핵무기 프로그램를 포기하지 않을 것으로 본다. 그는 북한의 변화 가능성을 현상유지, 점진적 변화, 혁명적 동란이라는 세 가지 시나리오로 보고 있다. 북한의 정권교체 가능성은 외부국가들의 선택에 따라 이 세 가지 시나리오로 영향을 받는다.[173] 첫째, 현상유지는 외부국가들이 북한에 대해 협력적 포용을 하는 경우이다. 이 경우 북한의 정권교체 가능성은 상당히 줄어든다. 둘째, 외부경제지원이 중단되는 경우 정권교체 가능성은 15% 수준으로 높아진다. 셋째, 국제사회 무역금지가 실현되면 정권교체 가능성은 50%로 높아진다. 이 극단의 경우는 북한의 핵무기나 대량살상 무기수출 의혹이 불거져 국제사회의 비난이 가중될 때이다, 북한 정권이 붕괴하여 남한에 의한 흡수 통일이 이루어지는 경우, 남한은 향후 "10년간 6,000억 달러 규모의 통일비용을 지출"해야 한다. 이를 대비하기 위하여 남한은 첫째, 대북 포용을 효율적이고 투명하게 진행하고, 둘째, 대북 포용과정에서 북한 정권의 붕괴 가능성에 대비하여 경제기반을 강화하고 자원의 동원, 분배 관리를 강화하고, 셋째, 국고를 늘려야 한다고 제안하고 있다.[174] 이러한 놀랜드의 제안에 대하여 폭넓은 논의가 필요하다.

---

173) Markus Noland, Policy Analysis in International Economics. Korea after Kim Jongil. 2004, 마커스 놀랜드의 『김정일 이후의 한반도』, "북 대외교역 봉쇄 땐 정권교체 가능해져", 시대정신, 2004.1.14.

174) Markus Noland, Policy Analysis in International Economics. Korea after Kim Jongil. A17면.

IV. 한국교회의 과제

1. 북한 기독교 지도자들과 대화뿐만 아니라 정치적이 아니라 선교적으로 지하교회의 신자들에 대한 관심과 돌봄이 요청

1989년 이래 매년 지속적으로 동경에서 한국 기독교교회협의회는 북한 조선 그리스도교 연맹과 기독자 대회를 개최하고 8월 둘째 주일을 남북 공동기도주일로 지키기로 합의하고 평화통일 남북 공동기도문을 채택했다. "통일의 희망 속에 살게 하시는 하나님! 평화통일 공동주일에 우리 그리스도인들이 다시 한 번 분단의 아픈 현실을 돌아보고 기꺼이 민족의 고난에 동참하도록 결단하게 하옵소서. 외세가 우리 한반도의 평화와 공존을 훼방하지 않도록 두 눈 부릅뜨고 감시하게 하옵소서. 나누어진 우리를 하나로 이끌어 주시며, 차별과 갈등으로 갈라져 찢어진 심성들을 온전히 치유케 하시며, 무엇보다 나 자신의 아집과 독선을 털어 내고 헤어진 형제자매와 손잡고, 한반도의 통일과 아시아의 평화, 세계의 평화에 헌신하는 그리스도인들이 되게 인도하옵소서."[175)]

2002년 동경모임에서 북한 대표인 목사 강영섭은 북한 기독교인이 총 1만 3,043명이고 511개 교회가 있다고 공식적으로 밝히고 있다.[176)] 가정예배소에서는 매 주일 10시에 예배를 드린 후 음식을 나누어 먹고 교제한다고 한다. 이들은 남한의 한경직 목사나 곽선희 목사의 성경공부 테이프나 설교비디오를 통해서 성경을 배운다고 한다.[177)] 이러한 공식발표에 대해 북한 선교전문가들은 "지하교회의 신자 수는 이보다 20배 이상이나 될 것"으로 보고 있다.

최근 서방 정보기관 및 선교전문단체의 비공식 조사에 따르면 "북한 내에는 현재 30만 명에서 50만 명에 이르는 지하교회 신자가 있으며, 약 10만 명의 크리스천이 수용소에서 억압받고 있는 것으로 알려졌다." 미국 국무부는 2003년 12

---

175) "남북 '공동기도문' 합의", 기독교 연합신문, 2002.8.4, 1면.

176) "북한 기독교인 총 1만 3,043명", 국민일보, 2002.7.31, 25면.

177) "가정예배 처소서 '눈물의 합심기도'", 기독교연합신문, 2002.7.14, 4면.

월 18일에 발표한 "2003년 세계종교자유 실태 연례보고서"에서 북한을 비롯해서 중국, 미얀마, 라오스, 베트남 등 아시아 5개국을 "종교자유가 없는 특별관심대상국"으로 규정하였다. 미 국무부는 "북한에는 진정한 종교의 자유가 존재하지 않는다"면서 북한 정부가 종교인에 대한 처형과 고문, 수감 등을 자행하고 있다고 밝혔다.[178)]

북한에서 비밀 지하교회를 운영하던 기독교인 수십 명이 체포돼 주동자 3명이 처형당한 사실이 뒤늦게 알려졌다고 2010년 10월 4일 탈북자 학술단체 NK지식인연대가 보도했다.[179)] 북한 내부 통신원을 인용한 이 단체에 따르면, 2010년 5월 중순 평안남도 평성시 구월동에서 비밀 지하교회를 운영하던 북한주민 23여 명이 북한보위부에 적발, 체포됐다. 조사과정에서 주동자로 판명된 3명은 사형에 처해지고 나머지 20명은 요덕정치범 수용소로 보내졌다. 북한 당국은 형식적으로는 헌법상 종교의 자유를 인정하고 있지만, 실상은 기독교인들을 극심히 탄압하고 있다. 미국 국무부는 지난해까지 9년 연속으로 북한을 종교자유탄압 특별관심국(CPC)으로 지정한 바 있다.

예장 합동 총회 남북교회교류협력위원회(위원장 김춘환)가 주관하는 북한교회 현실진단과 지원 정책 세미나가 23일 오후 7시 인천 계산교회당에서 수요예배와 함께 드려졌다. 강의를 전한 L전도사(합동측 ㅇ교회)는 한국교회의 대북 지원식의 선교 방법에 대해 강하게 질타했다. 그는 한국교회가 조선그리스도교연맹을 창구로 한 지원 방식에 대해서도 반대의 목소리를 높였다. 그는 "합법적 신앙이란 용납할 수 없는 정권이 체제유지와 달러를 얻기 위해 한국교회를 이용하는 것일 뿐"이라며 "(북한 교회가) 1만 명 성도, 500개 가정교회로 발전했다는 말은 새빨간 거짓말"이라고 밝혔다.[180)] 그는 "문민 정부 시절에 진행된 북한 선교 방식에 대해선 탈북자들의 97%가 반대"라며 "북한의 하층, 고위층의 사정을 아는 (탈북자)

---

178) "북(北)은 종교자유 없는 특별국", 국민일보, 2003.12.20,2면; "2003년 각국 종교자유 신장 안 됐다", 국민일보, 2003.12.20, 21면.

179) "北, '비밀교회' 운영해온 기독교인 3명 처형", 조선닷컴 chosun.com, 2010.8.4.

180) 김근영, "탈북 전도사의 증언 '조그련 지원, 탈북민 97%가 반대' '퍼주기식 북한 선교, 정권 수명만 연장한다' 경고", 2008.1.24.

분들은 대북 지원식 북한 선교는 정권의 수명만 연장한다는 사실을 잘 안다"고 강조했다. 그는 또 "한민족복지재단이 전하는 약품과 우유가루는 대부분 인민군대로 보급되거나 전쟁 물자로 비축되고 있을 것"이라고 지적했다. 그는 최근 탈북한 고위층의 말을 인용해 "(그의 말에 따르면) 한국교회의 퍼다주기식 대북 지원의 결과에 대해선 듣기가 거북할 정도였다"며 "앞문 열기식 대북 지원선교는 한국교회가 기도하며 심사숙고해야만 하는 문제"라며 재고해 줄 것을 요청했다.[181] 그는 북한 정부 단체를 창구로 한 '눈 먼' 지원 사업보다, 탈북자들과 지하교회들을 위한 현실적인 선교에 대한 한국 교회의 관심을 요청했다. 그는 "탈북자는 하나님이 출애굽시킨 북한 선교를 위한 사명자가 될 사람들"이라며 "복음을 전할 영적 지도자가 준비되야 한다"고 주장했다. 한국교회는 선교를 위하여 열린 문과 지하문을 같이 사용하되, 특히 후자에 대하여 보다 큰 비중을 가지고 지하교회를 지원하고 돕는 선교방향을 세우고 실천해 나가야 한다.

독일교회는 동서독이 장벽에 의하여 분리되고 베를린이 동서로 나누어졌으나 하나의 교구로 존속하면서 동독과 서독을 이어가는 연결고리의 역할을 하였다. 한국교회는 조선기독교연맹(조기연)과의 꾸준한 접촉을 통하여 많은 인도적 도움을 통하여 조기연의 입지를 높이고 북한과의 연결고리 역할을 하는 것은 한국교회가 해야 할 중요한 역할이다. 비판가들은 주체사상을 찬양하는 저들이 과연 진정한 그리스도인인가 하는 의문도 있으나 그것은 하나님께 맡기고 우리는 우리의 사랑을 지속적으로 보여줌으로써 이들을 감화 감동시키는 사랑의 실천을 다해야 할 것이다. 그리고 지하교회와 교인들을 위한 지속적인 선교지원을 지원해야 할 것이다.

---

181) 위의 글.

2. 한국교회는 선한 사마리아인의 정신을 실천하면서 북한 동포와 나눔운동을 적극 전개: 이것이야 말로 선교의 밭을 기경

한국교회는 북한 인권을 지키는 데 특별한 관심을 가지고 기도하고 인도주의적 차원에서 물자적 지원을 해야 한다. 그뿐만 아니라 북한 주민인권이 인간존엄의 차원에서 양심과 신앙의 자유를 누릴 수 있는 방향으로 조금씩 개선되도록 국제기구와의 유대를 통하여 노력해야 한다. 또한 한국교회는 정부의 통일정책이 진정으로 남북한 국민들의 신앙과 양심과 자유를 보장하는 방향으로 나아가도록 하는 감시자와 조언자의 역할을 다해야 한다.

예수님은 최후의 심판날 하나님의 판단 기준을 다음과 같이 말하고 있다: "내가 주릴 때에 너희가 먹을 것을 주었고, 목마를 때에 마시게 하였고, 나그네 되었을 때에 영접하였고, 헐벗었을 때에 옷을 입혔고, 병들었을 때에 돌보았고, 옥에 갇혔을 때에 와서 보았느니라"(마25:35-36). 주님은 "내 형제 중에 지극히 작은 자 하나에게 한 것이 곧 내게 한 것이니라"(마25:40), 이것은 지금 굶주리고 헐벗고 있는 북한 동포들을 입히고 저들의 갇힘을 찾아가 주고 병듦에 문병하는 것은 바로 주님을 문안드리는 것이라고 말하고 있다. 주님은 자신을 오늘날 북한 동포와 일치화시키고 있다.

현재 북한에서는 외부에서 지원되는 물품들의 상당부분이 군대용으로 전용되거나 아니면 장마당으로 빼돌려져 군인, 당간부, 보위부원 등 북한 체제의 기득권층이 치부하는 수단이 되고 있다고 한다.[182] 쌀도 그렇고 의약품도 마찬가지며, 원유도 마찬가지라고 한다. 그럼에도 불구하고 북한의 주님들에게 구호물품 보내는 것은 그칠 수 없다. 이제는 쌀이나 밀가루 등 체제 유지용이나 군사용으로 사용될 수 있는 물품 대신에 라면, 과자, 비료, 의약품, 장비 등 주민들에게 전달될 수 있는 생필품을 위주로 보내는 방안을 고려해 보아야 한다. 나눔운동을 통해서 저들의 결핍에 우리의 물자를 보내면서 남한 사람의 동포애를 보내는 것

182) 탈북군인 진용규 독점인터뷰, "김정일 군대는 대북지원 식량을 전부 군량미로 빼돌린다", "군대가 장마당에 내다 파는 쌀을 주민이 사먹을 뿐이다", 「월간 조선」, 2003년 10월, 168~181.

은 통일을 앞당기는 것이며 남북한 사람의 심리적 장벽을 허무는 일에 공헌하게 되는 것이다.

한국교회는 화해와 평화의 사도로서, 선한 사마리아인으로서 북한 동포의 마음에 각인될 "평신도 사역자 행동수칙", "기독교 관련 대화소재집" 개발, 방북시 평신도가 활용할 수 있는 "기도회 지침서" 개발 보급 등 실제적인 선교프로그램을 개발하는 것이 요청된다.[183)]

맺음말

정치적 협상통일이란 공중누각의 경우가 대부분이다. 주민들의 교류와 선택이 통일의 실질적인 길이다. 포용정책이란 주민의 교류와 선택의 활성화를 위하여 펼쳐져야 한다. 이때 이념적 명료성이 요청된다. 자유민주주의와 수령1인 독재체제 사이의 이념적 구분이 필요하다.

포용정책이란 남북한 사이에 대립과 갈등을 최소화하는 것으로 전쟁과 파괴를 피하고 북한의 개방을 유도하는 햇빛정책으로 독일 언론인 테어 좀머(Theo Sommer)의 말처럼 상식에 속한 정책이다. 이것은 독일의 빌리 브란트(Billy Brandt) 수상이 추진한 독일통일을 위한 동방정책의 한국적 수식어일 것이다. 대립과 갈등의 빙하를 녹일 수 있는 것은 따뜻한 햇볕이며, 냉전의 찬 바람은 갈등과 긴장과 전쟁을 가져올 뿐이다. 그러나 포용정책이 북한에 끌려 다니는 것이 되어서는 아무런 성과가 없다. 보다 북한의 현실에 대한 냉정한 분석에 입각한 현실적인 감각으로 포용정책을 추진해야 할 것이다. 현 MB정부가 지난 10년 동안 추진한 원칙없는 포용주의를 수정하여 상호주의 정책을 펴고 있는 것은 바람직한 방향이다.

그동안 한국의 포용정책 때문에 한국 정부로부터 외면을 당해왔던 탈북자들

183) 양영식 · 허문영, 제6회 기독교북한선교회 학술세미나(학술진흥기금 제6기 연구자 논문발표), 2003.12.9, 기독교북한선교회 북한선교연구소, 14, 20, 25.

이 역설적으로 북한의 변화에 동인으로 작용하고 있다. 탈북자를 보는 시각과 정책도 달라져야 할 것이다. 2000년 6 · 15 선언 이후에 나타난 서해교전 사태, 그리고 2007년 10월 남북정상회담 이후 일어난 천안함 폭침과 연평도 포격사건은 북한정권에 대한 환상적 민족주의 정책이 환상이라는 것을 우리에게 일깨워 주었다. 한국정부는 이상적 포용정책에서 현실주의적 포용정책으로 방향을 수정해야 할 것이다. 정부도 날로 증가하는 탈북자들의 정착금에 대한 준비를 본격적으로 해야 할 것이다. 한국교회도 탈북자들을 위한 정착금 모금 및 북한 교회재건 및 선교자금을 본격적으로 비축해야 할 것이다.

독일통일의 교훈에서 보는 것처럼 통일이란 정상회담이나 정치회담으로 이루어지는 것이 아니라 당사자 국민들의 끊임없는 교류와 신뢰 속에서 이루어지는 것이다. 정치나 정부의 역할이란 이러한 쌍방 교류의 활성화를 위한 계기를 만드는 것 이외 다른 특별한 역할이 없다. 통일이란 정치인의 회담이 아니라 민간교류가 그 기반을 이루는 것이다. 독일 통일의 초석이란 정치적 상황과는 별도로 끊임없는 양체제 사이에 물자와 사람의 교류에 있었다. 서독교회는 동독교회와 사회에 대하여 열린 마음으로 대화하였고 이들을 물질적으로 도왔다. 그리하여 독일교회는 이러한 양 체제의 교류에 촉매제 역할을 하였다. 마찬가지로 남북교류와 통일을 위하여 한국교회가 해야 할 중대한 역할이 있다.

한국교회는 민간차원에서 물자가 부족한 북한의 각 영역에 사랑의 물자를 가지고 대가를 바람 없이 전달하면서 이들에게 사랑과 관심을 보여주면서 동포애를 심어주어야 한다. 이것이야 말로 통일, 단순히 정치적 통일을 넘어서 심리적이고 정서적인 통일의 여건을 형성하는 데 가장 중요한 기초를 닦아 놓는 일이다. 정치적 통일이 위험하다는 것은 북남예멘의 경우에서 실험적으로 증명되었다. 북남예멘은 통일 이후 전쟁이 일어나 북예멘에 의해 무력으로 통일되었다. 이것은 바람직한 모델이 될 수 없다. 독일의 평화통일은 하나의 모델이 될 수 있다. 독일의 통일이 동독탈출자들의 대규모 행렬에서 시작되었다면 한국교회도 탈북자들에 대한 수용의 정책을 통일차원에서 그리고 선교차원에서 해야 할 것이다. 이를 위한 한국교회의 보다 구체적인 정책입안과 실천이 있어야 할 것이다.

제4장

남북한의 사회문화적 통일과 첨단 매체의 역할

제4장

남북한의 사회문화적 통일과 첨단 매체의 역할

머리말

2010년 3월 천안함 폭침사건과 11월 연평도 포격 사건으로 인하여 남북관계가 얼어붙고 있다. 천암함 폭침에 대한 물증을 들이대는 데도 북한은 소행임을 완강히 부인하고 있으며, 한국의 날조극으로 몰아가고 있다. 북한은 여전히 선군정치를 내세우고 남한을 무력으로 적화통일하고자 하는 시대착오적인 망상을 아직도 버리지 못하고 있다. 극심한 식량난으로 수많은 아사자(餓死者)가 속출하는데도 체제 안보를 위하여 핵무기를 개발하였고, 이를 남한과의 평화회담의 전략으로 삼고 있다.

지난 10년 동안 DJ정부와 MH정부가 이룩한 북한에 대한 일방적인 퍼주기 식의 대북관계는 결국 핵개발이라는 결과로 나타났다. MB정부는 지난 두 정부의 일방적인 햇빛정책을 수정하여 북한과의 상호주의에 입각한 대북 정책을 폈다. 북한은 철저히 미국과의 관계만 개선하여 미국과 평화협정을 체결한 후 미군을 한반도에서 철수하도록 요구하고 있다.

이것이 2012년 남북관계의 현주소다. 대북정책은 MB정부 들어와 여태까지 일방적으로 퍼주기 및 북한 눈치보기에서 철저한 상호주의로 나아가고 있다. 이러한 정부의 입장은 불가피하다. 그러나 필자가 제언하고 싶은 것은 정부가 북한에 대하여 감정적으로 접근하지 말고 가장 현실적이고 실질적인 접근을 하며 북한 주민의 인권 신장에 역점을 두라는 것이다.

서독은 동방정책을 쓰면서 통일이라는 말은 입 밖에 내지도 않았다. 그런데 독일은 뜻밖의 통일을 이루었다. 이에 반해서 한반도는 남이나 북이나 통일을 자나깨나 외쳤지만 통일의 기본적인 조건마저 성숙하지 않고 있는 형편이다. 여태까지의 정부의 통일론이 남북관계의 현실을 떠난 미사여구식의 수사학적 통일론이었고 통일지상주의 그리고 통일로 가는 중간단계의 고려가 없는 '지금 당장 통일론'에 머물렀기 때문이다. 남북 사이에는 통일이란 논의의 잎사귀는 무성하나 남북관계 진전에는 아무런 열매가 없는 실정이다. 남과 북은 현재 벌써 분단 70년에 가까이 다가가고 있다. 남과 북 사이의 경제적인 격차는 더욱더 벌어지고 있으며, 이산가족의 선별적인 관제(官制)적인 상봉 이외 자유스러운 교류는 이루어지고 있지 않다. 개성공단의 물자 생산은 이루어지고 있으며, 개성 유적지 및 금강산 관광지에 대한 여행은 있었다. 그러나 이도 철저히 제한된 관광코스에 라인이 그어져 그 밖으로는 일체 나갈 수 없는 통제 관광이었고, 그마저도 금강산 관광객 피격사건으로 중단되었다.

필자는 여기서 미래지향적으로 남북사회문화의 통합을 위한 방안을 제시하고 그것을 위한 첨단 매체의 역할에 관하여 몇 가지 의견을 개진하고자 한다.

I. 북한사회의 실상

1. 북한의 선군정치(先軍政治)

북한은 남한과의 체제 경쟁에서 뒤지자 핵을 개발하고 무기화하여 핵과 미사일을 수단으로 하여 생존을 유지하려고 하고 있다. 그리고 그동안 2000년, 2007년 두 차례 남한 정상과 회담을 하였으나 전혀 개혁과 개방을 하고 있지 않다. 북한은 2010년 북령도 해역에서 남한의 천안함을 수중 폭파하였고, 연평도 민간인 지역에 포격을 하였다. 북한은 남한과의 관계에 있어서 이처럼 군사적 도발을 하고 있으며, 서울을 불바다로 만들겠다는 등 위협스러운 언사를 사용하여 남한 국민들을 불안하게 하고 있다.

그리고 북한 내부사정에 정통한 대북소식통에 의하면 김정은은 후계자로 책봉된 지난 1년간 경험과 역량부족을 만회하기 위해 공포정치와 우상화 정책을 밀어붙이고 있다고 한다. 김정은은 북한사회에 만연한 '남조선풍' 등 이른바 비(非)사회주의 현상을 타파하기 위해 무자비한 단속을 지시하고 있다고 한다. 그리하여 공개처형이 60여 회로 3배로 늘어나고 있다고 한다.[184] 이러한 북한 내의 공포정치 및 선군정치는 튀니지, 이집트, 리비아 등지에서 이미 아랍권 장기집권 독재자를 무너뜨린 시민의 민주화 열기를 전혀 염두에 두지 않는 시대착오에 있는 것이다.

2011년 12월 17일 김정일이 갑자기 심장마비로 사망하고, 후계수업 1년만에 북한의 통치자가 된 김정은은 현재까지는 선군정치의 고삐를 늦추지 않고 있다. 김정일 사후 김정은이 후계자로 지정은 되었으나 그가 김정일처럼 도전받지 않는 강력한 권력자로 부상하는 것은 상상하기 어렵다. 군부가 득세할지, 당 · 정의 지도자들이 부상할지 모르지만 김정은을 명색뿐인 수령(首領)으로 하는 집단지도체제가 등장할 가능성이 가장 크다.[185] 북한의 2012 공동사설은 '강성(强性)국가 건설'을 목표로 경제분야의 발전구상을 '새 세기 산업혁명'과 '함남의 불길'을 동시에 강조함으로써 결국 북한식 세계화를 통한 개방의 방향과 주체산업을 토대로 자력갱생을 도모하려는 방식 간의 노선투쟁 가능성을 읽을 수 있다.

2. 북한의 정치범 수용소 증가

국제앰네스티(AI)발표에 의하면 북한의 정치범 수용소 규모가 10년 전보다 증가했으며, 현재 약 20만 명이 수용돼 있다고 한다. 북한의 정치범 수용소인 요덕

184) "김정은 후계자 지명 1년… 북 공개처형 3배로 늘어", 조선일보, 2011.9.22. A6면.

185) 한승주(고려대 명예교수 · 전 외무부장관), "리더십 空白에 빠진 북한", 조선일보, 2011.12.20, A34 ; 권대열, "'김정일 사람 = 北붕괴' 정말 그렇게 될까", 조선일보, 2011.12.20, A6면.

수용소의 규모가 10년 전보다 훨씬 커진 것으로 확인됐다고 국제 인권단체인 엠네스티 인터내셔널(AI)이 2011년 5월 5일 밝혔다. AI는 "북한 지역 6개 정치범 수용소의 위성사진을 10년 전의 사진과 비교한 결과 4개 수용소의 규모가 상당히 늘어난 것으로 나타났다"고 밝혔다. 이 단체의 아시아 · 태평양 지국장 샘 자리피(Sam Zarifi)는 "김정은 체제로 전환하며 정치적 불안정을 겪고 있는 북한에서 수용소 규모가 커지는 것은 매우 걱정스러운 일"이라고 우려했다.[186] 정말 북한이라는 체제는 전혀 상식과 윤리가 통하지 않는 집단이라는 것이다.

3. 북한 어린이의 모습

미국의 소리(VOA) 방송이 2011년 7월 독일 구호단체 '캅 아나무르' 로부터 제공받은 북한 주민들의 생활 사진을 공개했다.[187] 탁아소에서 잠을 자고 있는 영아의 턱뼈가 앙상하게 드러나 있다. 뾰족하게 드러난 턱선은 과연 실제 어린이가 맞는지 의구심이 들 정도다. 유치원생들은 별다른 반찬 없이 곡물과 채소가 섞인 밥을 숟가락으로 떠먹고 있다. 초라한 점심 밥상이다. 북한 주민들이 먹는다는 '강냉이밥' 사진도 있다. 병원에서 진료받는 어린이들의 갈비뼈는 앙상하다. 병원의 침대 등은 상당히 낡아있다. '무상의료' 라며 대내외에 선전하는 북한의 의료사정이 실제는 심각한 상황임을 짐작케한다. 북한 어린이들의 건강 상태는 처참하다. 2010년 11월 UN세계식량계획(WFP) 사무총장 조셋 시런은 북한을 방문해 탁아소, 병원 등의 시설을 둘러봤다. 시런은 "많은 북한 어린이들이 영양실조 때문에 숨지거나 제대로 성장하지 못하고 있다"며 "영양이 강화된 식품을 집중적으로 공급할 필요가 있다"고 전했다.[188]

그동안 남한은 북한에 여러 NGO(천주교 개신교 각 교단, 한민족 복지재단, 젖염소 보내기 운동, 기아대책, 국제 옥수수재단, 월드비전, 등대 복지회, 유진벨 등)를 통해서 쌀, 밀가루, 옥수

---

186) 북한 정치범 수용소 규모, 10년 전보다 커져, chosun.com, 2011.5.5.

187) "北 어린이, 앙상한 턱선 충격… '볼살 실종'", 온라인 중앙일보, 2011.7.21.

188) 위의 글.

수, 비료, 사료, 젖소, 의약품 등을 제공하여 왔고, 국수공장을 가동 운영하고 있다.[189] 따라서 북한으로 가는 물자의 전달체계에 대하여 점검해야 할 필요가 있다. 물자의 나눔을 중단할 수는 없다. 우리는 이것이 인도주의이며 우리의 사랑을 전달하는 유일한 메시지이기 때문에 북한주민들의 생존을 위하여 사랑의 물자를 보내야 한다.

4. 평양과 지방, 지배계층과 피지배계층의 괴리

북한사회자체가 거대한 수용소 군도라는 보고와 더불어 최근에는 북한, 특히 평양에서 부분적이나마 "서구화 바람"이 일고 있는 현상에 관하여 보도되고 있다. 지방의 유아원에서는 먹지 못해 뼈만 나오고, 정상적으로 자라지 못한 유아들의 사진들이 보도되는가 하면 이와는 대조적으로 평양에서의 유아원에서는 잘 먹어 포동포동한 아이들의 사진 모습이 보도되고 있다.

AP통신은 2011년 7월 24일 평양발 북한 특집기사를 게재했다. AP통신이 최근 평양에 종합지국을 개설하기로 한 것을 계기로 평양의 실상을 전하는 기사이며 이 기사를 쓴 AP통신 서울지부장 진 H. 리는 평양에 근무하기도 했다.[190] 이 기사는 사진기자 데이빗 구텐필더의 사진도 함께 공개됐다. 지부장 리는 "우리는 남한 관광객 저격 사건으로 남북관계 긴장이 고조되던 최근 3년간 북한에서 일했던 서방의 기자들이었다"고 소개했다. 이밖에 AP통신에는 고려항공 여직원이 신기한 듯 정신 없이 카메라 플래시를 눌러대는 유럽인, 김일성 종합대학 내에 있는 고급 실내 수영장 사진도 공개됐다. 이 기사에 의하면 북한에 부는 서구화 바람이 심상찮다. 김일성 종합대에는 놀이공원 같은 수영장이 있으며, 어린이들은 미국 유명 애니메이션 캐릭터가 그려진 티셔츠와 가방을 메고 다니고, 평양의 놀이공원에서는 소시지 빵과 치킨, 에그 머핀 등 서양 메뉴를 판다. 북한 군인들

189) 조은식, "통일을 향한 남북한 기독교인의 교류", 『삶에서 찾는 문화선교』, 서울: 숭실대 출판부, 2009, 148.

190) [J분석] AP통신 "'푸우' '미키마우스' 美 캐릭터 도처에 깔려"…北, 서구화 바람 뜨겁다, 온라인 중앙일보, 2011.7.26.

은 주체탑 근처의 독일식 펍 앞에서 즐겁게 담소를 나눈다. 이들이 전한 북한 주민들의 생활상에 따르면 놀이공원엔 이탈리아에서 들여온 놀이기구가 있고, 아케이드에는 일본 전자오락기가 가득하다. 어린이들은 라이언 킹이나 터미네이터 등 미국 유명 영화들을 알고 있다고 지부장 리는 전했다. 상영도 되지 않은 미국 영화를 알 정도로 서구 소식이 들어가고 있다는 얘기다.

지부장 리는 “북한은 서서히 변하고 있다. 거리를 보면 알 수 있다”고도 했다.[191] 미키마우스와 푸우 등 미국 유명 애니메이션 캐릭터가 그려진 티셔츠와 가방을 멘 어린이들이 도처에 눈에 띄고, 거리에는 자동차들이 많아졌다는 것이다. 세단과 SUV, 평화자동차가 생산한 차량 ‘뻐꾸기’도 자주 출현한다. 버스와 승용차 운전자들은 거리에서 성질을 내며 언쟁을 벌이기도 한다.[192] 이러한 현상은 식량난으로 굶어 죽어가는 북한 지방주민들의 실상과는 너무나 괴리(乖離)가 있는데 실제는 외부선전용 또는 가진 자만의 문화인 것으로 간주된다

5. 북한 지도자의 윤리적 모습

주민 200만 명 이상이 굶어 죽어 나가던 ‘고난의 행군’ 때, 1994년 김정일은 김일성 시신을 처리하고 보관하는 데 8억 9,100만 달러를 탕진했다. 이 돈은 당시 곡물 시세로 600만t의 옥수수를 살 수 있는 거액으로, 북한 주민 전체가 3년간 버틸 수 있었을 것이다. 김일성 시신 1구가 산 사람 200만 명 이상을 죽인 것이다. 3대 세습에서 김정은의 추종세력들은 김정일을 최측근에서 보좌했던 고위간부들의 자녀로 일류 대학을 나오고 고위직에서 일하는 일명 ‘봉화조’ 멤버들이다. 봉화조는 ‘혁명의 봉화’를 든다는 뜻도 있고, 김일성의 부친 김형직이 태어난 평양시 강동군 봉화리를 따서 부른다는 의미도 있다. 봉화조는 김정일이 세습을 시작할 때 친위대로 만들었던 ‘3대 혁명 소조’와 유사하다. 당시 김정일은 장성택을 3대 혁명 소조 운동의 책임자로 임명하여 세습을 정착했다. 지금은 봉

191) 위의 글.

192) 위의 글.

화조가 김정은의 사조직으로 김정은 세습 체제를 떠받들고 있다. 북한에서 지하자원 · 마약 · 위폐 · 무기 등 외화(外貨)가 될 만한 것들의 뒤에는 봉화조가 자리잡고 있다. 이들은 이렇게 번 돈으로 평양에 김정은의 호화주택을 짓고 있다. 영국 텔레그라프지는 이 호화주택을 짓는 데 1,700여 억 원이 들어갔다고 폭로했다. 이 돈이면 옥수수 75만t을 사서 북한 주민 1인당 식량 30여kg을 배급할 수 있다. 김정일은 아버지 시신을 보관하는 데 9,000억 원을 썼고, 그의 아들 김정은은 자기가 살 호화주택을 짓는 데 1,700억 원을 사용했다.[193] 이것이 오늘날 경제가 파탄한 북한의 적나라한 모습이요, 그렇게 나라를 파탄의 지경으로 이끈 정치 지도자의 윤리적 모습이다.

II. 사회문화적 교류와 물자 나눔

1. 남북 겨레의 교류

북한 당국자들은 남북한 주민들의 상호방문으로 인하여 저들의 체제가 붕괴할 것을 두려워하여 자유스러운 이산가족의 상봉이나 남북겨레의 상호교류에 아직도 응해오고 있지 않다. 남한의 당국자들은 북한의 당국자들이 남북주민의 상호방문이 실현되도록 서독정부가 동독정부에 제공한 것처럼 경제적 지원과 이들에게 명분과 실익을 주는 방향에서 이것을 실천에 옮겨야 한다. 동서독의 경우는 그리하여 연간 6백만 명의 서독인이 동독을 방문하였고, 4백만 명의 동독인이 서독을 방문하여 그곳의 사정을 알려주었다.

서독은 우리 남한처럼 통일에 대한 탁상공론식의 논의를 하지 않고 실제적으로 동독에 물자를 지원하고 동서독간의 물자교역과 민간교류가 증진하도록 하는 동방정책을 실천해 나갔다. 그리하여 동서독 사이 민족의 동질성을 유지하는

193) 고영환(국가안보전략연구소 전략정보실장 · 전 북한외교관), [기고] “1,700억 들여 호화 주택 짓는 김정은”, 조선일보, 2011.7.12, A39면.

데 성공하였다. '1민족 2국가체제'라는 현실을 상호인정하고 우편교류, 상호방문, 학문교류, 학생교류, 동서독간을 연결하는 고속도로 건설, 서독의 동독에 대한 경제적 지원, 상호 텔레비전 청취 허용, 스포츠 교류 등으로 동서독은 민족공동체 형성의 기틀을 마련했다.

2. 물자 나눔을 통해 동포애 전달

통일은 남북겨레의 나눔에서 이루어진다. 나눔은 물자의 나눔에서 시작된다. 현재 북한은 심각한 경제난에서 연유되어 물자난에 허덕이고 있다. 경제적으로 풍부한 남한은 물자의 결핍 속에 있는 북한 동포와 물자를 나누어 가질 수 있어야 한다. 물자의 나눔은 남북 동질성 회복의 전제이다. 물질은 주는 자의 따뜻한 마음을 전달하는 전령사의 역할을 한다. 초대교회에서도 예루살렘 교회의 궁핍함을 도우기 위하여 소아시아에 있는 기독교 신자들이 헌금을 보내어 그리스도 안에서 한 형제 된 도리와 사랑을 표시하였다.

남북 사이에 놓여 있는 물자 나눔의 어려운 문제는 이곳에서 물자를 실어 북한으로 보내면 북한으로 들어가자마자 이 물자가 남한과 자유세계의 동포가 보내는 사랑 손길의 표시 품에서 둔갑한다는 데 있다. 그것은 김일성 김정일 동지의 하사품으로 변하여 전달되며, 전달되는 과정에서도 공산주의 관료들에 의하여 착복된다는 데 있다. 그뿐 아니라 한국의 많은 교회와 자선단체 그리고 정부에서 북한의 굶주리는 동포들을 위하여 이미 상당량의 쌀을 조건 없는 무상으로 지원해 준 북한당국의 응답은 예전에는 강릉 앞바다에 무장공비를 침투시키는 행동, 핵실험을 통한 핵무장, 최근에는 서해도발(몇 차례 서해교전, 특히 2010년에는 백령도 해역에서 천암함 피격침몰 사건, 그리고 연평도 포격사건 등)로 응답하고 있다. 북한은 개성공단에 한국의 기업인들을 초청하여 공장을 돌리고 있다. 그러면서 다른 한쪽으로는 남쪽이 자기들의 뜻대로 움직이지 않으면 '불바다'를 만들겠다는 미사일 공격의 위협을 가하는 등 이율배반적인 모습을 보여주고 있다. 여기서 우리는 동포애의 딜레마를 느끼게 된다. 이것이 바로 기독교 NGO가 지금까지 해왔던

것에 대해 느끼는 사마리아인의 딜레마(Samaritan's Dilemma)다.[194]

3. 정책의 일관성을 유지하고 기다리는 상호주의 정책

정책의 일관성을 유지하기 위해 정부의 대북정책이 북한이 응하지 않는다고 해서 중단하거나 감상적으로 흘러서는 안 된다. 집권 4년차에 접어든 MB정부의 일관성 있는 정책으로 평가받고 있는 것이 한 가지 있다. 그것은 그의 상호주의 대북(對北)정책이다.[195] 공식적으로는 북한이 핵을 포기하고 개혁 · 개방으로 나가면 적극 협력 · 지원하겠다는 기본을 지키면서 북한이 가하는 여러 안보적 협박과 위협에 굴복하지 않고 북한 태도의 개선을 요구하고 있는 것이 대북자세의 현주소다. 이것은 지난 두 차례 정부의 10년 햇빛정책의 결실이 핵무기 생산과 천암함 폭침과 연평도 포격으로 되돌아온 현 상황에서는 북한의 태도 변경을 위해서 바람직한 태도다. "천안함 · 연평도 사과 없이 남북관계 개선 없다"는 원칙을 지키는 것은 북한에의 차후 도발을 방지하는 일관된 태도다. 따라서 재임시 북한의 태도를 고치기 위해서 일관된 상호주의로 나가고 핵포기와 군사도발에 대한 사과 없는 정상회담을 하지 않는다는 것은 역설적으로 MB정부의 업적이라고 할 수 있다.[196] 북한과는 "적대적인 일만 하지 말고 기다리는 것이 상책(上策)"이라는 어느 미래학자의 말은 탁견이다. 이는 현재 진행되고 있는 한국과 미국 정부의 '전략적 인내 또는 무시' 전략이다. 이는 북한이 위기조성 후 협상, 도발 후 사과 거부, 협박 후 유화 등의 파행의 악순환을 끊는 데 목적이 있다. 하지만 MB정부는 천안함과 연평도의 무력도발에 반격을 가하지 못해 도발 반복의 나쁜 학습효과를 남겼다. 그리고 이 방법은 북한의 핵개발을 저지하지 못하는 한계가 있다. 북한이 MB정부와의 모든 사전 준비회담까지도 폭로하며 소용없다고 모든

194) 박형준, "지속가능한 개발을 위한 남북경제협력 사업의 방향", 『남북경제협력과 북한의 지속가능한 개발』(평화재단 제26차 전문가 포럼, 2008, 10. 15), 21-23.

195) 김대중, [김대중 칼럼] "MB의 '對北', 일관되게 가야", chosun.com, 2011.5.30.

196) 박두식, [박두식 칼럼] "남 · 북 정상회담 하지 않는 것도 '업적'", chosun.com, 2011.6.7.

대화를 거부하는 현 상황에서는 인내와 봉쇄로 북한의 붕괴나 핵포기를 기다리는 것은 '희망적 사고'가 될 수 있다.[197)]

그러면서 2011년 9월 19일 남한 통일부 수장이 현인택에서 류우익으로 바뀌면서 남북관계에 국민전환을 맞고 있다. 2011년 9월 21일 남한의 7대 종단 대표가 평양을 방문하여 남북종교인들의 대화가 개최되고 있는 것은 하나의 돌파구요, 러시아, 북한, 남한을 연결하는 가스관공동사업을 위한 회담이 진행되고 있으며, 6자회담을 위한 남북실무대표 비핵화 회담이 베이징에서 개최되고 있는 것[198)]도 하나의 새로운 돌파구가 될 수 있다.

4. 민간 차원의 교류센터를 설치. 대북 지원 패러다임의 변화: 보건의료 분야 지원 등 인력개발 중심의 지원

중국과 대만은 1987년부터 대민의 계엄령이 헤제되고 대륙탐친(探親)과 본토인의 대만 방문이 이뤄지면서 정치 군사를 제외한 교류가 꾸준히 이어져 왔다. 그리하여 양자 간에는 꾸준하고 은밀한 협상외교가 이어져 왔다. 이것은 「탄성실무(彈性務實) 외교」라고 알려져 왔다. 그리하여 지난 7년 동안 무려 4백 550만 명의 대만인이 대륙을 찾았고 5만 명의 본토인이 대만을 방문했다. 이러한 교류러시 속에서도 실정법상 현직 고위 관리의 대륙방문은 아직도 금지되어 있었다. 그런데 1994년 11월 18일 장개석(蔣介石) 초대 총통의 손자요 장경국(蔣經國) 2대 총통의 아들인 대만의 현직 각료인 장효엄(章孝嚴)이 정치적 장벽을 뛰어넘어 본토에서 병문안과 성묘를 할 수 있었다. 이러한 사실은 아직도 꽁꽁 얼어붙은 남북관계에 많은 교훈을 주고 있다. 현재 중국 측에서 대만을 연결하는 민간 창구는 "해협양안(海峽兩岸)관계협회"이다. 이번에도 이 기구가 장씨의 개인자격 대륙행을 주선하였다.

---

197) 장철균, [기고] "북한 핵을 이기는 방책", 전 주스위스대사 · 서희외교포럼 대표, 조선일보, 2011.6.12, A35.

198) "7대 종단 대표 평양도착", 조선일보, 2011.9.22, A6; 김진명, "평행선 달린 2차 남북비핵화 회담", 조선일보, 2011.9.22, A8.

서독이 통일을 이루기까지 엄청난 물적 인적 교류를 하였으나, 서독 정부가 모든 재원을 지원하면서도 모든 것을 교회와 민간기구를 통하여 실행하였다. 이 근저에는 독일의 유일한 정부는 서독이라는 것이다. 그러나 서독은 이것을 절대 표면적으로 내세워 양독 관계를 어렵게 하지 않았다.[199] 동서독은 분단 초창기부터 내부교역과 서독의 동방정책에 의하여 중단없는 인적 물적 교류를 하였다. 제2차 세계대전을 일으켰던 독일은 패전국이 되면서 베를린이 미국, 영국, 프랑스, 소련이 관할하는 4개 지역으로 분할되었다. 그러나 특이한 것은 독일의 수도인 베를린이 동독지역에 위치해 있기 때문에 매일 왕래가 활발하게 이루어졌다. 서독은 꾸준하게 동독과의 교류를 통해서 육상 및 공중 교통, 라디오, 텔레비전 송수신, 동독인권 개선, 정치범 인도 등을 시행함으로써 동독주민의 시민정신을 향상시켰다.[200]

이명박 정부의 통일부 장관 류우익은 2011년 10월 21일 "통일은 현실적으로 갈등과 대립이 상존하는 상황에서 가보지 않은 길을 열어야 한다는 점에서 모순을 조화시키는 것"이라고 밝혔다. 그는 대북 정책과 관련, "비군사적인 부분에서 교류와 협력의 물꼬를 열어가면서 대화의 통로를 마련할 것"이라며 "(북한과) 대화채널을 확보하는 것이 당장 긴장을 완화하고 앞으로 남북관계를 해결해 나가는 데 중요한 수단"이라고 말했다.[201] 민간부문의 교류와 협력은 정치적인 협상과는 달리 항상 열어 놓는 것이 남북과의 교류와 화해와 협력과 통일을 위하여 요긴하다. 남북관계도 정부 간에 공식채널 외에 비공식 민간창구를 둘 필요가 있다. 남북의 사업가나 제3국의 인물이 밀사로 활용될 수도 있다. 성숙한 외교에는 전문성, 비밀성, 미래성이 있어야 한다. 정상적인 남북관계를 유지하기 위해서는 때로는 상대방의 체면도 세워 주어야 한다. 어느 일방이 이기고 다른 한쪽이 지는 게임이 아니라 양쪽이 다 이기는 게임을 할 수 있어야 한다. 체제의 열등성

---

199) 양창석, "우리가 하나 되는 통일을 선택하려면", June 2011, *Christianity Today*, 25; 박성조, 『독일 통일의 과정과 교훈』, 통일연수원, 1992.

200) 이범성, "독일통일과정에서 교회의 역할", 「카타콤소식」, 통권 234호, 2010.2, 4~5; 양창석, "우리가 하나 되는 통일을 선택하려면", June 2011, *Christianity Today*, 22~26.

201) 장진복, [종합] 류우익 "통일은 모순을 조화시키는 것", 공감언론 뉴신시 통신사, 2011.10.23.

을 가지고 있는 북한과의 원만한 관계를 유지하기 위하여 민간 창구를 통한 비밀 회담 중재채널과 밀사를 활용해보는 것이 바람직하다.[202]

앞으로의 대북지원은 단순한 물자지원 방식이 아닌 인력개발중심의 지원으로 패러다임이 전환되어야 한다.[203] 부정적 의존을 심화시키는 물자 중심의 지원이 아니라 긍정적 의존을 발전시키는 인력개발 중심으로 전환할 필요가 있다. 여태까지는 북한에 대한 지원이 북한의 식량 위기 등 위기상황에 대한 현상관리차원에서 추진되었다면, 이제는 남북한 통일시대를 만들어가는 적극적 대북지원이 추진되어야 한다.[204] 보건의료 분야 지원은 정치적 사안과 연계되지 않기 때문에 인력개발이라는 긍정적 의존의 영역이다. 남북공동진료, 기술교육, 의료기자재 기술이전 등을 통해서 남북 주민 간 접촉면이 확대될 수 있다. 단순히 밀가루나 쌀이나 옥수수 등 물자 공급은 인간적인 접촉이 이루어질 수 없어도 가능하나, 보건 의료진료 등은 기술이전이기 때문에 주민 간의 인격적인 접촉이 있어야 한다. 그리고 의료기자재의 유지보수를 위하여 정기적으로 방북하여 지속적인 관계를 유지할 수 있으며, 남북한 의료진들의 공동진료를 통해서 상호접촉면을 확대할 수 있다.[205]

202) MB정부들어 MB가 2011년 5월 독일 베를린에서 '북이 핵포기를 국제사회와 합의하면 내년 핵안보정상회의에 김정일 국방위원장을 초대하겠다'는 제안을 하였다. 2012년 한반도 핵안보 정상회담에 김정일을 초대하겠다는 것이다. 베를린 제안을 성사시키기 위하여 양쪽은 베이징에서 몇 차례 비밀리에 실무회의를 가졌다(정부 '베를린제안' 남북채널 가동하나, 연합뉴스, 2011.5.13, chosun.com). 그런데 한국의 강한 천안함 폭침과 연평도 포격사건에 대한 시인 및 사과를 요구하는데서 회담은 결렬되었다.

203) 박정란 · 강동완, "한반도 정세변화와 북한선교", 「한국기독교신학논총」 제61권, 한국기독교학회, 2009, 24~25.

204) 강동완, "대북지원 보건의료협회의 현안과 과제" 「한반도 평화와 통일미래」, 민화협, 북민협 공동주최 국제학술회의 발표문, 2008.10.22, 285.

205) 박정란 · 강동완, "한반도 정세변화와 북한선교", 「한국기독교신학논총」 제61권, 한국기독교학회, 2009, 25.

5. 인도주의 정신: 인권이 존중되고 표현의 자유가 보장되는 통일

1) 북한 주민의 인권을 우선하는 통일정책

통일은 인도주의 정신에 근거해야 한다. 이데올로기는 남북겨레를 생이별하게 하고 갈라 놓았다.

통일은 이데올로기의 강조보다는 인도주의에 근거해야 한다. 우리는 인도주의를 배격하는 어떠한 형태의 이데올로기도 배격해야 한다. 교조주의적 주체사상이나 우익적 파시즘이나 광신적 민족주의를 배격해야 한다. 이데올로기는 인간과 민족을 위하여 존재한다. 인간의 존엄성을 짓밟는 어떠한 형태의 이데올로기도 우선시 될 수 없다. 안보나 통일자체가 목적이 될 수 없다.

서독에 비하여 남한은 27년간 군사독재체제라는 정권의 정당성 문제를 스스로 지녀왔기 때문에 자기 정당화와 변명에 급급하여 북한의 인권에 관한 관심을 표명할 처지에 있지 못했다. 그리하여 1992년 채택된 「남북 기본 합의서」에는 북한의 인권개선에 대한 문구는 한 귀절도 없었다. 한국은 문민정부의 출범 이후 비로소 정권의 정당성을 가져왔다. 그리고 남한 사회의 인권의 질이 높이지는 가운데 북한의 인권 사항을 개선하는 노력을 경주하게 된 것이다. 그러나 아직도 국회에서는 북한인권법이 국회법사위원회에 아직도 계류되어 있다. 미국에서는 2004년 통과되었고, 일본과 유럽에서도 2006년 통과되었다. 외국에서 통과되는 북한인권법안이 한국국회에서 오랫동안 계류되어 있는 것은 부끄러운 일이다. 이는 국회의원들 가운데 종북주의 사고를 지닌 인사들이 결사적으로 반대하기 때문이다.

2) 북한의 정치범 수용소 실태를 국제사회에 알림

북한은 1950년대부터 정치적인 의견을 달리하는 자들을 "반혁명분자"로 몰아 투옥–처형하거나 산간오지로 추방하다가, 1960년대 중반부터는 이들을 특징지역에 집단 수용했다. 이들 가운데는 과거의 "반혁명분자"뿐만 아니라, 노동당의 간부로 있다가 세습체제 구축과정에서 숙청된 사람들까지 대거 수용하고 있다고 한다. 문제의 심각성은 이들의 열악한 수용상태이다. 일단 수용소에 들어가면 매일 12시간 이상 강제노동을 해야 하며 밤에는 2시간 이상 자아비판을 위주로 한 사상개조 학습을 받아야 한다.[206] 수용소 안의 의식주가 열악한 것은 말할 것도 없다.

북한 주민들의 생활상을 보면 북한 자체가 하나의 거대한 수용소이다. 1995년 5월초 국제사면위원회(AI)의 보고에 의하면 북한에는 3개 수용소에 약 1천 명의 양심수들이 수용되어 있다고 한다. 그러나 실재로는 12개 수용소에 15만 명 이상이 수용되어 있는 것으로 추정되었다.[207] 16년 지난 후 2011년 5월 초 국제사면위(AI)의 보고에 의하면 북한이 평안남도와 함경남북도에 위치한 6개의 정치범 수용소에 약 20만 명을 수감하고 있으며 이들은 노예 상태에서 강제로 작업에 동원되고 종종 고문을 당하기도 한다. 수감자들이 노예와 같은 상태에서 강제로 작업에 동원되며 종종 고문을 당하며 그 밖에도 잔인하고 비인간적이며 부당한 대우를 받는다. 또 요덕 수용소의 모든 수감자들은 공개처형을 목격했다고 AI는 이전 수감자의 말을 인용해 덧붙였다. 수용소에는 식량이 턱없이 부족해 수감자들이 살아남기 위해 쥐를 잡아 먹거나 동물 배설물 속의 곡식 낟알을 먹는 경우도 있다는 얘기를 들었다고 말했다.[208] 강철환의 저서 『수용소의 노래』에는 요덕 수용소에서 굶주림을 면하고 살아남기 위하여 그가 개구리, 지렁이, 들쥐, 뱀들

---

206) 2011년 초부터 그의 고향 경남 통영시민들이 "통영의 딸, 신숙자 모녀 구출운동" 에 나서면서 국내외 언론 보도가 나간 후 오길남 씨의 부인 신숙자 씨와 두 딸이 요덕 수용소를 나와 현재 평양 순안공항부근의 통제구역에 거주하고 있다는 것이 2011년 9월 19일 알려졌다.("통영의 딸, 살아 있다", 조선일보, 2011. 9.20. A1면). 오길남이 1985년 독일유학 중 북한측 공작으로 가족과 북한으로 넘어 갔다가 이듬해 혼자서 탈출하였다. 신숙자와 두 딸은 "배신자의 가족" 으로 요덕수용소에 강제 수용되어 모진 고생을 겪었다. 북한이 다시 신씨를 원화리로 이주시킨 것에 대해 납북자 가족대표 최성용은 "올해 초부터 국내 언론 매체가 신씨 문제를 집중 거론하면서 국제 인권 문제로 비화할 조짐을 보이는 것과 무관치 않은 것으로 보인다"며 "북한이 신씨 문제를 대남(對南) 협상카드로 이용할 수도 있다" 고 했다.("북, 통영의 딸 국제문제 되자 평양근교로 옮긴 듯", 조선일보, 2011.9.20. A3면).2011.9.20. A3면).

207) 조선일보 사설, 1995.5.27, 3면.

208) "북한 정치범 수용소 확대…20만 노예상태서 강제노역", chosun.com, 2011.5.4.

을 먹고 연명했다는 내용이 나온다.[209] 2011년 7월 16일 북한여성들의 성적(性的) 착취와 인권 유린에 관한 증언이 나왔다.[210] 한국교회와 북한관계 NGO는 이러한 북한의 정치범 수용소의 실태를 국제사회에 알리고 북한이 이러한 정치범 수용소를 철폐하도록 노력을 경주해야 한다.

1998년 노벨경제학상을 수상한 아마티야 센(Amarthia Sen)교수는 북한 식량문제를 인권문제와 연결시키고 있다. 그는 독재국가에서만 식량부족 현상이 일어난다는 것이다: "식량부족으로 인한 대량 아사상태는 독재국가에서만 일어난다. 그 국가에서 정부를 비판할 수 있는 표현의 자유가 인정된다면 그 정부는 식량문제를 해결하지 않을 수 없다."[211] 북한인권법에 반대하는 자들은 먼저 먹는 문제를 해결하고 인권문제를 해결하라고 하지만 지난 DJ-MH정권 10년 동안 북한에 식량을 갖다 주었으나 식량문제가 해결되지 않는 이유는 북한의 인권문제가 해결되지 않은 것과 관련이 있다는 것이다. 독재국가에서 그 국민들이 정부를 비판할 수 있는 자유, 인권, 표현의 자유가 보장이 되면 굶어죽는 문제는 해결이 된다는 게 아마티아 센의 해법이다. 이는 상당히 타당한 견해다.

3) 재중(在中) 탈북자 인권들에 대한 적극적 관심

'탈북여성인권연대' 가 2009년부터 탈북여성 89명의 증언을 토대로 만든 보고서에서는 성고문 · 강제낙태 · 성폭행 · 영아살해 · 성고문 등 참담한 인권유린 실태가 구체적으로 드러났다. 조선닷컴이 입수한 보고서 '생존을 위한 여정' 에 따르면 북한여성들은 극심한 경제난을 이기다 못해 탈북을 감행했다가 중국 공안당국에 붙잡혀 북송되는 경우가 많았다. 이들은 북중 국경지대의 보위부에서

209) 강철환, 『수용소의 노래, 평야의 어항』, 북한 정치범 수용소 체험수기, 서울: 시대정신, 2005, 개정판, 139~160.

210) 김형원, "北여성의 참담한 性착취와 인격유린… '가슴하고 자궁만 때렸다' ", 조선일보, 2011. 7.16.

211) 김석우 · 이정훈, " '원칙있는 대화' 가 남북관계의 해법이다", 「신앙세계」 통권 518호, 2011년 9월, 33.

'한국의 영상물을 본 적이 있느냐', '한국의 목사나 선교사를 만난 적이 있느냐' 등의 심문을 받게 된다. 이런 과정에서 정치범으로 분류되면 노동교화소나 정치범 수용소로 이송된다. 탈북여성들은 보위부나 교화소 등에서 본격적인 수준의 노동과 폭행, 고문 등에 시달린다. 이곳을 거치면 멀쩡했던 사람도 폐인이 된다고 탈북자들은 증언했다.[212)]

한국정부와 교회는 중국 내 동북 3성 지역 이곳저곳에서 은신 중이거나 유랑생활을 하고 있는 대략 2만~3만 명 정도로 추산되는 탈북자들에 대하여 관심을 가지고 이들을 데려오도록 최선의 노력을 기울여야 한다. 재중 탈북자들은 중국 법률상 범죄인으로 처리되는 것이 현실이다. 1998년 중국 공안부와 북한 국가안전보위부는 '국경지역 업무협정'을 체결하여 탈북자들을 '불법입국자'로 규정하고 강제북송하기로 합의한 바 있다. 중국 정부는 1982년 UN 난민협약에 가입했다. 협약에 따르면 본국으로 송환되어 박해를 당할 것으로 판단되는 사람들에게는 '정치적 난민' 지위를 부여하도록 되어 있다. 재중 탈북자들이 북한으로 강제송환 당하면 박해만 받는 것이 아니라 비참하게 처형을 당한다. 그런데도 중국 정부는 탈북자들에게 '난민' 지위를 부여하지 않으려고, 이들의 법적 지위를 '경제적 동기에 의한 불법입국자'로 규정하여 계속 북송하고 있다. 이는 국제사회의 책임있는 국가로서의 품위를 깨뜨리는 야만적인 행동이다. 한국 정부는 인도주의적 견지에서 호소하는 것만이 아니라 보다 적극적인 방법으로 해결책을 모색할 필요가 있다. 첫째, 한국 정부만이라도 우선 재중 탈북자들을 '북한이탈 국민'으로 인정해야 한다.[213)] 우리 헌법 제3조는 대한민국의 영토를 '한반도와 그 부속도서로 한다'고 규정하고 있다. 다만, 북한 지역은 대한민국 영토의 일부를 불법 점령한 반도(叛徒)단체에 의해 주권이 미치지 못하고 있을 뿐이다. 우리 스스로, 북한 정권의 통치영역을 벗어난 재중 탈북자들에게 '북한이탈 국민'의 지위를 부여하는 노력이 필요하다. 둘째, 재중 북한이탈 주민 가운데 탈북 여성과

---

212) 김형원, 상게서.

213) 임경묵(국가안보전략연구소 이사장), [편집자에게] "탈북 여성이 낳은 무국적 아동, 한·중 함께 보살펴야", 조선일보, 2011.11.3, A37면.

중국인 남성 사이에서 태어난 많은 무국적 아동에 대해 인권보호를 해주어야 한다.[214] 무국적 아동은 국적을 취득할 수 없어 교육과 의료 등 사회보장조치의 사각(死角)지대에 있다. 이들은 범죄의 길로 빠질 우려가 커 중국 사회의 골칫거리가 될 가능성이 크다. 중국 정부는 미래의 사회문제를 사전에 해결하고, 한국 정부는 북한이탈 국민의 인권을 향상시키기 위해 함께 협력할 여지가 있는 것이다. 무국적 아동의 인권보호 장치는 한국 정부의 적극적인 외교노력이 필요한 대목이다. 재중 북한이탈 국민의 인권문제 해결에 한국 정부가 적극 나설 때, 국제사회는 이들을 한국 국민으로 인정할 것이고, 이들도 대한민국을 자신들의 조국으로 인정할 것이다. 북한 주민의 인권을 개선한다는 것은 북한 겨레의 짐을 들어주는 것이 되며 이들의 마음을 얻는 심리적 통일의 기초이며 인도주의 정신의 실현이다.

4) 정착(定着) 탈북자들에 대한 배려와 자본주의 사회에서 적응훈련

북한을 탈출해 2009년 미국에 정착했던 한 가족에게 벌어진 끔찍한 사건에 관한 내용은 탈북자와 그 가족들에 대하여 보다 깊은 관심과 배려를 해야 한다는 것을 보여준다. 서원경은 올해 53세였다. 처음에는 식량을 구하러 중국에 왔다가 장기 체류하게 된 그는 기회를 틈타 20대 초반의 두 아들과 아내 김연화(47)를 중국으로 밀입국시키는 데 성공했다. 이후 한 선교단체의 도움으로 동남아 국가로 탈출해 현지 미국대사관에 망명을 신청했다. 1년여 조사를 받는 동안 그는 한국과 미국 대사관 관계자들에게 한국행을 권유받았지만, '아메리칸 드림' 을 포기하지 않았다. 결국 서원경 가족은 2004년 미 의회가 '북한인권법' 을 제정한 이래 100명 남짓을 헤아리던 북한 출신 미국 망명자 대열에 합류했다. 2009년 여름 서원경 가족은 미국 뉴욕 주 로체스터(Rochester)에 있는 임대주택에 정착하였다. 아메리칸 드림이 실현될 수 있는 탈북자 정착의 모범으로 여겨졌다. 그러나 '기

214) 위의 글.

회의 땅' 이라는 미국에 정착한 지 2년 남짓 만에 남편이 아내를 칼로 찔러 살해하고 자신은 밧줄에 목을 매 자살했다는 것이다.[215] 그 이유는 아메리칸 드림이라는 이상과 이를 재빨리 실현할 수 없는 현실(영어 부족, 전문지식 및 기술 부족) 사이의 좌절 속에서 극단적인 선택을 한 것이다. 너무나 안타까운 일이다.

서원경 부부에 대하여 교회와 주위 사람들의 보다 세심한 돌봄과 배려가 있었다면 이런 극단한 일은 막을 수 있었다고 본다. 이런 부부 사이의 대립과 갈등, 견해 차이는 단지 탈북자의 가정에만 일어나는 것이 아니라 한국의 이민자 가정에서도 일어날 수 있으며, 심지어는 유학생 가정 부부에게도 일어 날 수 있다. 필자의 경험에 의하면 미국에 이민 간 한국인 방송 프로듀서 부부가 미국가서 정착했는데도 불구하고 헤어지는 것을 보았고, 유럽에서 박사학위를 받고 미국 명문대에 박사후과정 연구원으로 간 학자 부부도 부부간의 싸움 때문에 미국 경찰이 충돌하여 예일대 연구원 기숙사회에서 큰 체면 손상을 당한 경우를 보았다.

북한 주민이 대부분 서원경 부부처럼 자유주의 사회에서 살기 위한 어떤 준비도 돼 있지 않다는 점이다. 사실 서원경 부부 사례는 미국이나 한국 같은 자본주의 사회와 처음 맞닥뜨리는 과정에서 대부분의 탈북자가 겪는 갈등과 크게 다르지 않다. 한국에 온 탈북자 역시 온전히 남한 사회에 정착했다고 판단할 수 있는 경우는 생각보다 적다. 2010년까지 2만 명 이상의 탈북자가 남한에 왔지만, 그중 3,000명 가까이가 다시 한국을 떠나 외국으로 '재탈출' 했거나 이를 계획하고 있다. 여전히 절반 이상의 탈북자가 정부 생활보조금을 받고 있기도 하다. "만일 처벌이 없다면 북한으로 돌아가겠느냐"는 질문에 많은 탈북자가 "그렇다"고 응답했다는 조사결과도 있다.[216] 한국사회에서는 한국인들조차도 전문기술이 없으면 제대로 살기가 쉽지 않다.

그러므로 탈북자들에 대하여는 섣부른 환상에서 깨어 나도록 하고 현실에 한걸음 한걸음 냉정하게 대면하도록 안내를 하는 것이 필요하다. 정부와 교회는 이미 한국에 들어온 탈북자들이 완전히 우리 사회에 정착하기까지 최소 3년에서 5

---

215) 김형덕(한반도문제 평론가), "美 망명 탈북자 부부 '비극의 드라마'", 주간동아, 2011.7.11.

216) 위의 글.

년까지는 이들을 전적으로 지원하는 센터를 가동하는 것이 요청된다. 당장 탈북자들에게 한국의 기준을 들이대기보다 장기적 관점에서 인내하고 기다릴 필요가 있다는 것을 가르쳐주어야 한다. 그리고 그 과정에서 꾸준한 교류와 협력을 통해 북한 주민이 자본주의를 '선행학습' 할 수 있도록 만드는 일이다. 경쟁을 통한 생존, 능력에 비례한 욕구 조절 같은 전제를 북한 주민도 인정할 수 있도록 마음의 준비를 돕는 것이다. 남한에 온 탈북자들이 이곳에서 장착하여 자리를 잡고 성공해야만 바로 북한 주민들에게 남한 사회가 열심히 노력하면 정착하고 자기의 꿈을 실현할 수 있는 사회라는 것을 보여줄 수 있다. 북한 주민들이 남한 사회에서 정착하여 성공함으로써 그 성공스토리가 다시 북한으로 전해져서 북한 주민들을 자극하여, 수천, 수만, 수백만 명이 남한의 자유 민주체제를 선호하여 폐쇄된 주체사상에서 깨어 나도록 해야 한다.[217] 말하자면, 유럽 이민자들이 아메리칸 드림을 지니고 미국으로 이민하여 오늘날 미국사회를 이룬 것 처럼 남조선 드림(South Korean dream)을 북한주민들에게 심어주는 것이다. 이것이야말로 평화통일의 바른 길이 된다.

6. 통일을 이룬 서독의 동방정책에서 배워야

동서독의 통일, 더욱이 서독에 의한 동독의 흡수 통일은 결코 하루 아침에 온 것이 아니다. 독일 통일은 서독이 꾸준히 시행해온 동방정책이 맺은 결실이다. 동서독간 경제교류는 양독간 교류의 촉매역할을 하였다. 동서독은 교역에 관한 베를린협정(1951)을 맺었다. 그리하여 서 베를린을 포함하여 양독간의 교역을 "지역 간의 교역"으로 취급하여 서로 관세를 부과하지 않았다. 이리하여 양독의 무역은 비교적 수지균형을 이루면서 발전되었다. 그러나 동독의 서독에 대한 무역의존도는 현저히 높았다. 양독의 교역은 1951년 첫 교역이 시작될 때부터 환율을 1:4의 비율로 유지하여 왔다. 첫 교역에 서독은 1천2백만 마르크 상품을 포함하여 1천5백만 마르크 동독제품을 사들였다. 이 수치는 그 후 점점 늘어나 1988

217) 김석우 · 이정훈, "'원칙있는 대화' 가 남북관계의 해법이다", 「신앙세계」 통권 518호, 2011년 9월, 35.

년에는 수출 75억 마르크, 수입 71억 마르크 수준까지 되었다. 점차적으로 동독 경제의 피폐와 구조적 취약점이 나타남에 따라 서독은 동독을 경제협력, 저리차관, 합작투자 등으로 지원하여 주었다. 그럼으로써 동독의 대외상환능력을 유지케 하는 등 직간접적인 도움을 주었다.

서독은 매년 8억 마르크 규모를 스윙(swing)형식으로 빌어 동독 중앙은행에 넘겨 동독이 자칫 빚을지도 모르는 지불 불능상태를 사전에 예방해 주는 성의를 보여주었다. 이러한 서독의 도움으로 동독은 동구권 제1의 경제 수준을 유지할 수 있었다.[218] 1970년 초 서독의 동방정책은 양독관계를 "1민족 2국가 관계"로 규정짓고 양독간 교류증진에 큰 역점을 두었다. "1민족 2국가 체제"의 수용은 현실적으로 통일에 대한 보류요 양독간 평화공존을 예상케 했다. 1970년 초 서독의 브란트 총리와 동독의 슈프트 총리는 두 차례 회담을 통해 상호간에 입장을 확인하게 된다. 1972년 동서독간 기본조약이 조인되고 1973년 UN 동시 가입, 1974년 상주대표부를 설치하게 된다. 이로써 양독은 공존체제의 법적 장치를 통한 상호협력과 교류증진의 기틀을 마련하였다.

동방정책 시행 후 4대국 베를린 협정(1971년 4월)과 동시에 동서독간의 베를린 통행협정이 체결됨에 따라 동독 통과 서베를린 여행이 원칙적으로 자유화 되었다(방문과 여행 제외). 1971년 조약은 친족방문에 제한이 있었으나 1972년 「양독간 교통조약」에서 그 방문범위가 많이 확대되었다. 동서독의 인적 교류는 한차례 위기를 겪기도 했다. 동독측이 인적 교류를 제한하고 나온 것이다. 자유롭게 왕래하던 서독 시민의 동독방문 조건과 머리수를 까다롭게 제한하고 1:4의 공정환율을 1:1로 동등하게 해줄 것을 요구해온 것이다. 그러나 서독은 그 요청을 수락하여 1980년부터는 서독 돈 1마르크를 동독 돈 1마르크로 바꿔주는 아량을 보여주었다. 1987년에는 150만의 서독인이 동독을 방문하게 된다.

4대국 베를린 협정은 우편의정서(1971년 9월), 방문합의서(1971년 12월)에 의해 보완된다. 그 후 우편통신 협정(1976년), 우편교류 개선협정(1983년)은 양독간 교통통

218) "자유로운 TV 시청", (동서독 교류현장을 가다), 동아일보, 1989년 3월 1일.

신을 획기적으로 증가시켰다. 1985년에는 1600만 전화통신에 이르게 된다. 1987년의 경우 서독과 서베를린에서 동독과 동베를린으로 보내는 편지는 7천 5백만 통, 소포는 2천 4백만 건이나 되었다. 또 동독과 동베를린에서 서독과 서베르린으로 전달된 편지는 9천 5백만 통, 소포는 9백만 건에 이르고 있다. 서독은 서독–서베를린간 도로 및 철도통행에 관한 협정으로 서독은 동독의 교통증진에 많은 투자와 원조를 했다.

스포츠 분야에서도 양독은 동서독 정부가 분리수립된 1949년부터 5년 6개월 동안 2백여 차례의 회담을 거쳐 1955년 초 마침내 올림픽 단일 팀 구성 합의에 성공한다. 1956년 멜버른, 1960년 로마, 1964년 동경 등의 세 차례 올림픽에 단일 팀을 구성하여 참가하였다. 분단 당시부터 베를린장벽이 설치되던 1961년까지 동서독은 매년 3백 내지 7백여 회에 걸쳐 교환경기를 주고 받았다. 양독은 「스포츠 의정서」에 조인하여(1974년 5월 9일) 스포츠 교류를 활발히 하였다. 문화부문에서도 1970년에 들어서 문화축제와 예술공연이 상호교류되었다.

1971년 3월 서독정부는 불온서적 수집, 배포 금지와 처벌 조치를 철폐함에 따라 동독의 신문, 도서 등 출판물이 서독에서 자유로이 판매, 배포되었다. 매스 미디어 교류에서도 기본조약체결(1973년)로 양독 간에 특파원 상주가 허용되었다. 동독은 당초 서독의 TV, 라디오의 시청을 금지하였으나 실효를 거둘 수가 없었다. 1961년 이미 70% 이상의 동독시민이 서독 TV를 시청하고 있음이 밝혀졌다. 그리하여 그 금지조치를 완화할 수밖에 없게 되었다. 이것은 동서독의 공감대 형성과 민족의 동질성 유지 그리고 서독의 실상을 알리는 데 가장 큰 몫을 했다. 양독은 기본조약 체결 후 1972년부터 과학기술 협력에 관한 협정체결을 위하여 약 15년간 34차례의 협상을 하였다. 1987년 과학기술 협력에 관한 협정체결로서 많은 공동연구가 대학과 연구기관 간에 이루어졌다. 이외에 원자력, 환경 등 구체적인 과학, 기술정보, 문화협력, 환경협력 협정이 많이 이루어졌다.[219)]

서독은 1972년 12월에 서명된 동서독 기본조약 제2조에 UN헌장의 정신과 원

219) "전후 '꾸준한 교류' 가 통일 밑거름", 동아일보, 1990.3.24, 5면.

칙을 존중하는 형식으로 인권 보호를 존중한다는 내용을 명시적으로 규정했다. 서독은 동독의 인권을 국제 사면위을 통하여 공개적으로 거론하기도 하고 동독과의 비밀협상을 통하여 거론하기도 했다. 그리고 정치범을 한 사람당 4만 마르크에서 9만 5천 8백 마르크씩을 주고 샀다. 그리하여 26년 동안 3만 3천 명을 인수했다. 그리함으로써 서독은 정치적으로 도덕적으로 동독에 앞지르게 되었고 이것은 서독 정권이 동독정권에 대한 우월성을 입증하는 것이 되었다. 이것이 흡수 통일을 가능케 한 동독인들의 대거 헝거리 국경탈출의 계기를 마련해 주었던 것이다.

1980년대에 들어와 호네커-슈미트 총리회담(1981년 12월) 및 호네커-콜 총리회담(1983년 9월)이 이루어져 교류증진을 위한 여러 협정을 맺음으로써 더욱 교류를 증진시켰다. 1984년 4월 서독의회 대표단이 동독을 방문함으로써 국회, 정당 간의 교류도 이루어졌다. 이러한 서독의 동방정책-"통일"이라는 용어조차 사용하지 않았던 "1국가 2체제정책"-은 양독의 교류를 줄기차게 증대함으로써 동독사회 내에 엄청난 변화를 일으키고 민족동질성 형성에 기여했다.[220)]

한국정부는 역대 정부들이 해왔던 것처럼 마치 정상회담을 정치적인 쇼로 보여주기 위하여 매달리는 사고방식 때문에 그동안 두 차례의 평양 정상회담이 있었으나 그 결과는 북한의 핵무장이었고, 2010년 일어난 천안함 피침과 연평도 포격 사건이었다. 한국 정부는 양독 관계의 역사적 발전과 이를 촉진한 동방정책을 자세히 연구하여 우리 실정에 접목시켜야 할 것이다.

7. 공존공영하는 민족공동체 형성

남북의 사회문화의 공동체 형성을 위해서는 종교단체, 특히 교회의 역할이 중요하다. 동서독 교회가 서로 교류하고 지원함으로써 동서독 민족 공동체의 동질화 형성에 기여한 것처럼 남북교회가 함께 해야 할 가장 중요한 과제는 그동안

---

220) 윤하정, "독일통일의 궤적", 「계간 외교」 제19호, 1992; 김영한, "동서독의 통일과정과 한반도 평화통일", 『평화통일과 한국기독교』, 풍만, 1990, 279~304.

반세기 동안 대립적 이데올로기와 사회체제 속에서 그리고 동족상쟁으로 이질화된 남과 북을 동질화시켜 민족공동체로 다시 묶는 것이다. 이를 위한 시급한 과제는 물적 · 인적 교류이다. 남북간 상호방문, 교통 통신교류, 경제교류, 문화, 예술, 종교, 학술, 체육교류는 민족공동체 형성에 불가결한 것들이다. 남북당국자들은 공존공영하는 민족공동체 형성을 위하여 동서독간의 교류의 역사에서 겸허하게 배우고 이를 단계적으로 실천해 나갈 수 있어야 하겠다.

1990년 경제적으로 파산된 동독을 기업합병식으로 흡수한 서독에 의한 독일통일이란 분단 후 45년간 줄기찬 경제교류와 상호방문과 교류의 결실이라는 사실을 명심해야 하겠다. 한국교회는 정의와 박애와 복지정신의 구현으로 남북격차를 극복하는 데 이바지해야 한다. 통일한국은 결단코 이상향이 아니다. 그것은 오히려 엄청난 사회적 갈등과 진통을 통과해야 하는 사회이다. 이런 가운데 동구권이나 구동독의 붕괴 같은 사태가 돌발하여 합병식 통일이 된다면 엄청난 진통이 야기될 것이고 점진적 통일이 된다 하더라도 남북사회와 주민들 사이의 격차는 심히 클 것으로 사료 된다.

통독 후 서독은 경제적 격차를 극복하기 위해 매년 1천 5백억(약 75조)마르크가량 동독에 투자하고 있다. 이 막대한 경제투자 때문에 독일은 유전공학, 핵 발전 등 첨단 산업의 연구에 지장을 초래하고 있다. 그리고 통일 후 서독자체의 경쟁력 약화가 야기되었다. 그것은 임금수준은 높고 노동시간은 짧아져서 신상품에 대한 사이클이 길어진 데 있다. 그리하여 독일은 이러한 산업분야에 경쟁력 강화를 위하여 국가개조 작업을 하고 있다. 그러나 이보다 동서독인들이 정신적 · 심리적 차이를 극복하는 것이 중요하다고 독일 기민당 총무 쇼이블레는 경험담을 말하고 있다.[221] 여기에 기독교의 중대한 역할이 있다. 한국기독교는 이 민족적 전환기와 진통기를 통과하면서 진통에서 터져나오는 상호간의 적대감과 괴리감을 치유하는 데 정신적 상담자의 역할을 다해야 한다.

갈등과 분열의 조정자의 역할을 하는 한국기독교의 유일한 힘은 사랑과 화해

---

221) "[분단고통]이 [통일]보다 비용이 더 든다", 조선일보, 1994.9.28, 6면.

의 복음의 말씀의 선포요 사랑과 복음 정신의 선구적인 실천이다. 이를 위한 첫 단계는 북한겨레에게 물자를 제공하든 기술을 가르쳐 주든 어떤 형식으로든지 우리의 사랑과 관심을 전달해야 한다. 이 사명을 감당하기 위해서는 한국교회는 이 세상에서의 인정과 영예에 집착하는 영광의 신앙이 아닌 이 세상의 특권과 영광을 포기하는 십자가의 신앙으로 무장되고 이를 매일의 삶 속에서 생활화해야 한다.

III. 방송매체 및 인터넷의 역할

1. 남북통일을 위한 방송의 역할: 신뢰를 바탕으로 하는 통일방송

동서독의 방송교류와 비교하면 남북의 방송교류는 아직도 지극히 초보적 단계에 머물고 있다.

남북 공식회담과 함께 있었던 몇 번의 간헐적인 상대지역 취재나 일회성 방송 관련 이벤트 외에는 공식적인 인적 교류나 프로그램 교류도 없는 현실이다. 이러한 방송교류의 열악성은 정부가 시행하는 대북 및 방송정책의 제한성과 규제성에서 비롯되고 있다. 이것은 정치 엘리트의 수준과도 관련이 있다. 서독의 경우 여야를 막론하고 국가통합형의 엘리트로 성장해온 반면, 남한 정치엘리트는 분단형 엘리트의 모습을 벗어나지 못하고 있다.[222] 남한의 역대 지도자들은 남북통일을 정권유지의 수단으로 악용하였다. 남한에서도 문민정부 이전에는 북한의 독재정권과 유사한 정치체제가 지배했다. 이러한 남한 사회에서 독일사회 같은 통합형 정치지도자나 다양성을 허용하는 열린 방송교류정책을 기대할 수 없는 것이다.

그렇다고 우리는 통일을 위한 방송의 역할을 포기할 수 없다. 서독의 방송이 동독주민들에게 편파성이나 불신(不信)이 아닌, 신뢰성을 얻었던 것은 독일 통일

222) 이용필 외, "남북한 통합론 - 이론적 및 경험적 연구", 서울:인간사랑, 1992, 114.

에 결정적인 공헌을 하였다. 그것 역시 서독 방송이 가졌던 진실성과 공공성과 자율성을 바탕으로 한다.

한국방송도 스스로 변화해야 한다. 그것은 "통일방송"이 되는 일이다.[223] 통일방송이란 남북한에 상호이해를 증진시키며 사회 및 문화 통합을 수행하는 방송이다. 이를 위하여서는 지금까지의 이데올로기의 도구 역할에서 벗어나 개방화와 민주화, 다원성을 추구하는 커뮤니케이션의 도구로 변화되는 일이다.[224] 통일방송의 기능을 위해서는 대내적 기능과 대외적 기능이 있다. 대내적 기능은 남한 사회에서 북한에 대한 사실적 정보를 제공하며 통일에 대한 미래지향적 정보를 확산시키는 것이다. 방송은 북한 수용소에서 무슨 일이 벌어지고 있는지, 탈북자 중에는 수많은 어려움을 겪은 일들이 많은 데 이들의 증언을 통해서 북한의 실태를 있는 그대로 다큐멘터리로 방영해야 한다.[225] 그럴 때 종북세력이 옹호하는 북한 체제의 그 실상이 밝혀진다면 남한 사회 내에 활동하는 종북세력들은 와해할 수밖에 없을 것이며, 북한체제는 더 이상 지탱의 힘을 상실하게 될 것이다. 대외적 기능은 남북 간의 분단의 장벽을 뛰어 넘어 다양한 방송제작물을 교류함으로써 상호이해를 증진시키며 남북한 사회통합의 기능을 문화적으로 수행하는 일이다.

2. 국제언론(IPI)의 심층보도: 북한의 인권유린 실태

2011년 9월 25일 제60회 국제언론인협회(IPI) 총회가 대만 타이베이 샹그릴라 파이스턴 플라자 호텔에서 마잉주(馬英九) 대만 총통과 칼 오이겐 에베를레 IPI 회장, 왕원산(王文杉) IPI 대만 대표(연합보 회장) 등 전 세계 언론인 400여 명이 참석한 가운데 개막됐다. IPI 총회에서는 IT와 소셜네트워크서비스(SNS) 혁명이 몰고 온 민주화와 언론 자유의 진보에도 불구하고, 여전히 인권 사각지대로 남은 지역에

---

223) 유재천, "남북한의 통일언론정책", 서강대학교 언론문화연구소, 1990, 33.

224) 유동희, "남국방송교류의 전망과 통일방송의 기능", 문화방송, 1996.1, 13~14.

225) 김석우 · 이정훈, "'원칙있는 대화'가 남북관계의 해법이다",「신앙세계」 통권 518호, 2011년 9월, 32.

대한 관심이 집중됐다. 특히 북한 취재를 어떻게 할 것인가에 대한 세션도 마련됐다.[226] 이번 총회에서 CNN 짐 클랜시 앵커의 사회로 진행된 '북한 취재하기(Covering North Korea)' 세션에서 조선일보가 제작한 탈북 다큐멘터리 '천국의 국경을 넘다' 시사회가 열렸다. 세계 각국에서 온 300여 명의 언론인들은 다큐멘터리 첫 장면부터 정적 속으로 빠져들었다. 공개총살과 수용소, 국경의 마약밀매 현장 등이 잇달아 나타나자 IPI 회원들은 화면에서 눈을 떼지 못했다. 23분 간의 상영이 끝나자 그랜드볼룸에는 긴 박수가 이어졌다. 핀란드 헬싱키 사노마트지(紙)의 얀 베르쿠넨 전 주필은 "북한 인권 문제는 전 인류의 문제임을 다시 일깨워줬다"고 말했다. 러시아 탐사보도재단의 갈리나 시도로바 회장은 "목숨을 걸고 촬영한 다큐멘터리를 보고 저널리즘이란 무엇인지 다시금 생각하게 됐다"고 말했다.[227] 북한의 인권은 국제 언론에 노출됨으로써 그 잔혹상이 밝혀지게 된다. 북한은 국제적인 안목을 두려워하여 인권박해와 유린을 완화하는 방향으로 나아갈 수밖에 없다. 국제적인 언론방송의 지속인 감시와 심층보도는 북한 인권신장의 길이다.

3. 독일 통일을 위한 TV 방송의 역할

독일통일이 그처럼 전광석화 같이 온 것은 결코 우연이 아니다. 그것은 서독의 빌리 브란트 총리의 "접근을 통한 변화"를 추구하는 "작은 보폭(kleine Schritte)" 정책의 결실이었다. 그것은 바로 방송교류를 무제한적으로 허용하고 지속적으로 추진한 서독정부의 방송정책의 결실이라고 말할 수 있다. 동독 방송인은 언제라도 서독을 오가며 방송할 권리가 있고 서독 방송인도 아무 법적 제한 없이 동독에서 방송할 권리가 있었다. 이에 대하여 동독은 폐쇄적 방송정책을 채택했으나 결국에는 실패로 끝났다. 방송정책의 승리는 서독의 동독흡수 통일로 결실화

226) 유마디, [오늘의 세상] "IPI 총회(국제언론인협회) 개막… 北인권에 주목하다", 조선일보, 2011. 9.26, A2면.

227) 이길성, 유마디, [오늘의 세상] "총회장서 '천국의 국경을 넘다' 시사회", 조선일보, 2011.9.26, A2

되었다.

동독 공산당은 처음에는 서독전파의 수신을 방해하였다. 1950년 서독 바이에른주 방송국의 전파를 수신하기 위해 설치한 모든 동독 내 안테나를 철거했다.[228] 그러나 이 방식은 실효를 거두지 못했다. 동독 주민은 서독 방송을 칼라로는 수신 할 수 없었으나 흑백으로는 수신할 수 있었다. 동독 공산당은 전파방해를 단념하고 방해공작을 포기하게 된다. 그리하여 결국 서독의 전파가 닿지 않았던 드레스덴의 아파트 단지까지도 당국의 묵인 아래 위성방송 수신용 안테나와 이에 연결된 케이블을 통하여 서독방송을 수신하게 된 것이다.[229]

통일 이전 서독과 동독은 1987년 5월 6일 'TV분야 협력을 위한 서독 ARD와 동독 DDR 간의 협정' 을 체결했다.[230] 이 협정은 12조로 되어 있다. 이 협정내용은 다음과 같다.

제1조는 서로 TV 프로그램을 구입한다는 것이다. 여기에는 TV극과 TV영화, 연극 녹화물, 음악프로그램, 오락프로그램, 기록물, 스포츠 프로그램, 어린이 및 청소년 프로그램, 문화프로그램, 그리고 교육프로그램이 포함된다. 그리고 정기적으로 TV프로그램에 관한 제공내용, 카탈로그 또는 적절한 정보수단을 교환한다.

제2조는 서로간의 특파원과 리포트 지원이다: "상주 특파원 및 비상주특파원과 리포터 그리고 이들의 카메라팀을 지원한다." 상주특파원, 비상주특파원과 이들의 카메라팀의 지원은 양독의 사회문화적 상황을 중개하고 보도하여 상호 공동적인 이해를 나누는 데 결정적인 공헌을 한다. 동독정부는 특파원의 활동에 많이 간섭하고 보도활동에 제한을 가하였으나 서독 특파원들은 자유민주주의의 시각에서 동독의 상황을 알리게 됨으로써 서독인들의 동독이해에 기여하였다.

제4조에는 공동제작을 할 수 있는 조항이다. 제7조는 상호정보와 프로그램에 관한 간행물을 제공한다. 제8조는 정보수집에 관항 조항이다: "정보수집을 위한

---

228) Andrea Brunnen, "동구라파 민주화와 언론의 역할", [독일 통일과 언론], 128.

229) NHK, 이혜복 역, [이리하여 혁명은 국경을 넘었다], (서울:청계연구소, 1991), 54~55.

230) "TV 분야 협력을 위한 서독 ARD와 동독 DDR-TV 간의 협정", 「남북 방송교류의 전망과 통일방송의 기능」, 통일방송연구 1, 1996년 1월, 문화방송, 188~191.

방문, 박람회, 전시회 그리고 기타 다른 기회 등에 대표자를 파견할 수 있다." 제 10조는 지속적 협력에 관한 조항이다: "지속협력을 위한 기본적인 논의와 조정을 위한 회합을 갖는다".

이처럼 서독과 동독은 통일 이전에 이미 서로가 상대방을 이해할 수 있는 방송교류를 함으로써 사회문화통합의 기본적인 조건을 이루었다. 이러한 독일방송교류의 발전은 통일 직전에 급조된 것이 아니라 70년대 초반부터 누적된 동서독 간의 상호교류협력의 결과이다.

통일 후 독일의 공영방송은 다음 몇 가지 기본지침을 설정하고 있다.

1) 동독지역 문화의 동질성을 보존한다.

동서독의 통합과 동독지역의 문화의 보존은 서로 모순되는 것이 아니다. 동독문화를 포기함으로써 동서독의 통일문화를 창출하고자 하지 않는다. 오히려 상호귀속을 강조한다. 과거 공산정권이 추진하였던 중앙집중화, 지역특성 말살정책 등의 악조건에도 불구하고 생동적으로 숨쉬고 있는 동독지역의 고유한 문화적 동질성을 보존하는 프로그램을 제작하여 방영할 때 동서독 주민의 이해증진에 기여한다는 것이다.[231] 여기서 기준은 동독이란 국가에 느끼는 향수나 유대감을 조장하거나 강조하는 보도 태도를 지양하며 통일 이후에 일부 동독인이 가지는 피해의식을 과장하거나 일반화시키는 보도태도를 지양하는 것이다.

2) 국민통합에 기여하는 프로그램을 제작한다[232]

국가란 제도나 기관을 의미하는 것이 아니라 국민일반과 그 총체를 뜻한다. 그러므로 국가통합이란 단지 제도나 기관의 합병에 머물러서는 안되며 국민의 결합으로 나아가야 한다. 국가통합이란 국민들이 서로 만나고 하나의 국가를 경

231) 「통일전후 독일방송 자료집」, 문화방송, 1996년 1월, 79.

232) 상게서, 80~85.

험하고 이러한 국가를 끊임없이 혁신시켜 나가는 것이다.[233)]

이를 위하여서는 방송의 역할은 다음과 같다.

첫째, 동서독 주민이 서로 의존하면서 한 국가의 국민이라는 소속감을 갖도록 도움을 주어야 한다. 이것은 통합의 어려움과 장애물에 대해 침묵하거나 보도를 억제하는 방법으로 이루어져서는 안된다.

둘째, 양측 국민이 상대방에 대하여 갖는 선입견을 없애는 데 주력하며 상호 이해를 증진시킨다. 상대방의 거부감이나 태도를 분석하여 이를 해소시키는 데 노력하고 인위적인 화합을 강요하거나 진실을 왜곡시켜 미화시키는 보도태도를 삼간다.

셋째, 동서독 지역의 문화와 역사를 이해시켜 하나의 민족이라는 의식을 심어 주고 다른 양상을 보이고 있는 언어의 통합을 위하여 노력한다.

3) 상호이해에 기초한 프로그램을 제작한다

첫째, 지역문화를 프로그램에 더욱 많이 반영한다. 여기에는 오락적인 프로그램 반영도 고려될 수 있다. 둘째, 민영방송과 구별되는 높은 질적 수준, 독창성, 흥미 등의 요소가 충족된 공영방송은 국민들의 지역의식과 유대감을 강화시키는 데 이바지 한다. 셋째, 프로그램을 구성하는 장르가 다양해야 한다. 그래야만 상이한 성향의 시청자들을 만족시킬 수 있다. 특정 프로그램에만 치우친 편성으로 대중성을 무시해서도 안 되고 대중성이 강조되어 소수의 견해가 무시된 방영이 되어서도 안 된다.

---

233) 우리 사회에 있었던 2008년 미국산 쇠고기 수입 촛불집회를 야기한 일부 방송과 신문의 편파적이고 선동적이고 조작적인 보도태도는 우리 방송인들의 윤리적 비성숙성을 그대로 드러낸 것이라 할 수 있다.

4. 인터넷의 혁명: 튀니지, 이집트, 리비아, 시리아, 예멘 등 중동 아랍 민주화에 영향을 끼친 트위터, 유튜브, 스마트폰

2011년 2월 11일 퇴진한 무라바크 정권의 붕괴에는 트위터, 스마트폰, 페이스북, 유튜브(동영상 공유)를 비롯한 최첨단 인터넷을 통한 현장 민주화 소식이 결정적이었다고 한다. 그래서 인터넷 혁명이라고도 부른다. 국영TV나 관용언론이 민주화 시위에 관하여 일체 보도를 하지 않았으나 시민들이 가지고 있던 첨단 인터넷 매체를 사용하여 예전에는 일과성으로 끝날 수 있는 사건들이 여러 시민들이 다른 각도에서 찍은 동영상과 함께 다른 동료시민들에게 생생한 장면과 함께 전달되었을 때 이것은 엄청난 효과를 나타내게 한다. 유튜브는 현재 전 세계적으로 하루 동영상 조회 수가 30억 회에 달하며 분당 48시간 분량의 동영상이 업로드되고 있다. 6개월 전 대비 분당 업로드되는 동영상 분량은 37% 이상, 일일 조회 수는 지난해 대비 50% 이상 늘어났다. 현재 유튜브는 31개 국가에서 43개의 언어로 서비스를 제공하고 있다.[234)]

첨단 인터넷을 통한 시위 현장의 소식이 시시각각으로 세계 각국으로 전해짐으로 튀니지와 이집트 정권이 더 이상 국제사회의 압력을 이기지 못하고 굴복한 것은 첨단 매체의 힘이 작용했던 것이다.[235)] 높은 실업률, 부패, 억압, 빈곤 등이 튀니지와 이집트 시민봉기의 원인이었다면, 이것은 오늘날 북한사회에 그대로 적용되고 있다. 오늘날 북한에 휴대폰이 30만개 정도 있다고 추정되고 있으며, 시장에 정보가 유통되고 있으며, TV, DVD 등에서 한국 드라마가 유행하고 있다고 한다.[236)] 북한 전문가들은 휴대전화를 통해 반(反)김정일 움직임을 모색하기는 어려울 것으로 본다. 철저한 감시체제 속에 살아온 당 간부와 주민들이 도청될 게 뻔한 통화를 하기 쉽지 않다는 점에서다. 북한에서는 인터넷 사용이 제한적으로

---

234) [연합] 유튜브 창립 6주년… 하루 조회 수 30억 회, joinusmsn, 2011.5.26.

235) KBS 스페셜, 이집트 시민혁명, 카이로의 봄은 오는가?, 조선일보, 2011.2.13; 김홍수, [무바라크 하야] "이겼다, 뉴 이집트 만세" 軍도 시위대도 뜨거운 환호, chosun.com, 2011.2.12.

236) 안용현, [70세 김정일] "북한 급변사태 '발등의 불' 로 다가오고 있다", chosun.com, 2011.2.14.

허용되고 e-메일은 검열이 심하다. 트위터나 페이스북 같은 '소셜네트워크 서비스(SNS)'는 아직 상상하기 어렵다.[237] 그렇지만 북 · 중 국경지역에 밀반입된 중국 휴대전화 등을 통해 중동의 시민혁명 소식이 전해지는 것은 시간문제라고 전문가들은 말한다.

북한 동포들에게 인터넷을 통한 외부의 소식을 전하고 한국의 번영을 제대로 알리는 것이 필요하다. 북한 동포들이 북한의 수령1인체제와 억압정치에 대하여 비판적 정신을 갖도록 외부 소식이 들어가도록 해야 한다. 아프리카의 튀니지(Tunisia)의 재스민 민주혁명에 자극받아 이집트의 무라바크 독재에 대하여, 리비아의 카다피 독재, 예맨의 살라 독재에 대한 시민들의 항쟁이 일어나 결국 하야(下野)하였듯이[238] 오늘날 지구촌은 민주화로 나아가는 것이 필연적인 과정이다. 이것은 역사를 향한 하나님의 섭리이기도 하다. 기독교 단체는 북한 주민들에게 가는 위로의 방송과 북한 자유방송(열린북한방송 등)을 보다 체계적으로 시행해야 할 것이 요청되며, 북한 주민들에게 보내는 구호품과 위로문을 여러 경로(풍선 날리기, 중국경로 등)로 북한 주민들에게 전달하는 것이 요청된다.

5. 북한에 김정은의 주도하에 IT혁명 파급 중

AP통신 서울지부장 진 H. 리는 2011년 7월 24일 평양발 북한 특집기사를 게재하면서 "북한에 조용한 디지털 혁명이 시작됐다"고 전했다.[239] 과거 김정일 국방위원장은 컴퓨터의 중요성을 다음과 같은 말로 강조했다고 한다. "21세기에 3가지 유형의 바보가 있다. 담배를 피우는 사람, 음악을 듣지 않는 사람, 컴퓨터를 사용하지 않는 사람"이라는 것이다. "김일성종합대학의 학생들은 리눅스 등 고난위 프로그램을 사용해 수업을 했다", "북한 기자들은 최신 컴팩 노트북과 소

237) 평양 긴장시킨 M혁명의 역설, 중앙일보, 2011.2.14, 북한 모바일 망 깐 건 이집트 통신사 오라스콤.

238) 김홍수, "이집트 '18일 시민혁명'의 승리" 무바라크 下野, 30년 독재 끝나… 모든 권력은 군사최고委에 넘겨, '홍해 휴양지로 떠나', chosun.com, 2011.2.12.

239) [J분석] AP통신 "'푸우' '미키마우스' 美 캐릭터 도처에 깔려"…北, 서구화 바람 뜨겁다, 온라인 중앙일보, 2011.7.26.

니 비디오카메라로 촬영을 했다"는 내용도 기사에 담겼다.[240] 엘리트 계층을 중심으로 디지털 바람이 불고 있다는 것이다.

휴대전화 사용자들도 점점 늘고 있다. 기사에 따르면 북한에서는 53만 5,000여 명의 주민들이 휴대전화를 사용하고 있으며, 이는 2007년에 7만여 명이었던 것에 비하면 현격히 늘어난 수치다.[241] 3G 네트워크는 북한에 2008년 개통됐나. AP통신에 따르면 당 중앙군사위원회 부위원장 김정은이 디지털혁명을 주도하고 있다. 김일성과 김정일이 군사적으로 북한을 장악했다면 후계자인 김정은 IT로 새로운 혁명을 일으켜 권력을 장악하겠다는 의도를 가지고 있다는 분석이다.[242]

그러나 AP통신이 전한 '디지털혁명' 이 실제로 일고 있는지는 의문이다. AP가 전한 사진은 예전에도 관광객이나 북한을 방문하는 외국기자 등에 공개된 북한의 대외선전용 시설과 비슷하다. 또 식량난에 허덕이며 목숨을 걸고 국경을 넘는 주민들이 고가에 달하는 컴퓨터와 휴대전화를 마음대로 살리 만무하다. 디지털혁명도 아직까진 결국 평양의 어항[243]에 거주하는 가진 자들에게만 허용되는 그들만의 문화인 셈이다. 그러나 요즈음 탈북자들 그리고 최근 나무배를 타고 북한을 탈출하여 청진에서 5일간 750킬로를 항해하여 일본 이시카와(石川)현의 노토(能登)반도 나나쓰(七ッ)섬 앞바다에 도착한 탈북자 9명의 증언[244]으로 미루어 보아 폐쇄된 북한 사회도 인터넷으로 가는 국제사회에서 고립될 수 없으며, 통제하더라도 이러한 영향을 피할 수 없다. 인간사를 향한 하나님의 연자맷돌은 천천히 돌아가나 반드시 돌아서 그 분의 섭리를 이룬다.

---

240) 위의 글.

241) 위의 글.

242) 위의 글.

243) 강철환, 『수용소의 노래, 평야의 어항』, 북한 정치범 수용소 체험수기, 서울: 시대정신, 2005, 개정판.

244) 아사히신문은 2011년 9월 20일 지난 13일 일본에 도착한 탈북자 9명 중 남성 1명이 일본 당국의 조사에서 "한국의 TV 드라마와 영화를 보고 한국의 삶을 동경했다"고 말했다고 보도했다. 이 남성은 "한국의 거리와 시민의 생활을 알 수 있는 영상"이 한국행을 결심한 직접적 계기가 됐다고 설명했다. 그는 "북한군에 소속돼 오징어잡이를 했으며 생활은 어려웠지만 먹고 살기 곤란한 정도는 아니었다"고 말했다.(서의동, "일반나무배 탈북 남성 '한국 드라마 보고 탈출 결심'", kyunghyang.com, 2011.9.20).

6. 파리에 상륙한 K-POP 이라는 한류(韓流)가 한반도 통일에 미칠 엄청난 잠재력

'케이 팝 인베이전(K-POP Invasion)' 앞에 유럽이 문을 활짝 열었다. 1960년대 영국의 비틀스(Beatles)가 팝의 본고장 미국을 공략, 세계 팝 역사의 흐름을 바꿔놓았던 '브리티시 인베이전(British invasion)'이 50년 만에 한국 대중가수들에 의해 세계의 '문화수도'를 자부하는 프랑스 파리 한복판에서 재현됐다.[245] 프랑스 파리에서 열린 'SM타운 월드 투어'가 이틀 동안 1만 4,000여 명의 관객을 모으며 성공적으로 끝났다. '케이 팝 유럽 인베이전'의 개막이 성황을 이루었다

동방신기 · 슈퍼주니어 · 샤이니 · 소녀시대 · f(x) 등 K팝을 대표하는 가수들은 혼신을 다한 최고의 노래와 춤으로 첫 유럽진출 무대를 장식했다. 파리 제니트 공연장을 가득 메운 프랑스 · 영국 · 독일 · 이탈리아 · 스웨덴 · 폴란드 등 유럽 각지의 한류(韓流) 팬들은 SM엔터테인먼트 아이돌그룹들이 펼친 'SM타운 월드투어' 공연에 눈물 흘리고 환호성을 지르며 열광했다. 이날 공연의 성공은 40여 년 전 텅스텐, 오징어, 실을 수출하며 국제 사회에 허름한 명함을 내놓았던 대한민국이 경제적 부흥을 이룬 데 이어 문화적으로도 서구(西歐) 선진국과 어깨를 나란히 하게 됐음을 보여주는 상징적 사건이었다.

한국은 유럽인들 사이에서 1960년대는 아예 존재감이 없거나, 있어봤자 '남의 나라 상표로 옷과 신발을 만들어 팔고, 필자가 유학시절 1970년대만 해도 라디오를 만들어 팔고 간호원과 광부를 보내고 중동에 중장비와 건설인력을 보내는 나라' 정도로 인식됐다. 그 뒤 점차 발전하여 반도체, 선박, 자동차 수출에서 세계 선두권을 다투는 산업국으로서 경제적 성과를 이뤄냈지만 여전히 문화적 측면에서는 '동아시아의 변방 국가'에 머물렀을 뿐이다. 그러나 이번 K-POP 콘서트는 유럽인들의 그런 인식을 바꾸는 중대 전환점이 됐다. 프랑스 유력지 르몽드의 보도처럼 "일본과 중국 사이에 끼어 있고, 자동차 · 전자제품의 수출로만

245) 최승현, [오늘의 세상] "K-POP 인베이전(invasion · 침공)", 조선일보, 2011.6.13, A2면.

알려졌던 나라가 이제 문화를 알리게 된 것"이다. 50년 전 값싼 생필품 팔던 한국이 이제 문화(文化)로 서구 선진국을 사로 잡기 시작한 것이다. 한국무역협회실장 장호근은 "유럽은 고부가가치 제품을 선호하는 곳이라 늘 뚫기 어려운 시장이었다"며 "이번 SM 콘서트를 기점으로 한국이라는 나라 자체의 브랜드 가치가 급상승할 것"이라고 했다.

보다 긍정적인 사실은 "케이 팝(K-POP)" 한류의 성장과 확대 가능성에 아직도 끝이 보이지 않는다는 점이다. 한류의 세계 진출에 한국의 발 빠른 정보화의 힘이 작용하고 있다는 게 결정적인 이유다. SM엔터테인먼트 이수만 대표 프로듀서가 본지 인터뷰에서 밝힌 것처럼 K-POP은 라디오 · TV 등 전통적 매체보다 인터넷 · 유튜브 · SNS 등을 통해 전 세계 젊은이들에게 전해지고 있고, 그런 수단에서 한국은 세계 초일류를 달리고 있다. 여기에 더해 한국 고유의 영재(英才) 엔터테이너 조기 발굴 · 교육 시스템, 각국 팬들의 입맛을 고려한 '맞춤형 글로벌 멜로디 · 리듬 · 댄스 개발' 도 K-POP 한류의 경쟁력을 키우는 요소들이다. 서구(西歐)에 대한 '케이 팝 인베이전' 은 이제 첫 장(章)을 열었을 뿐이다.[246)]

SM엔터테인먼트 대표 김영민은 "해외공연을 많이 해봤지만, 파리 공연처럼 관객 거의 100%가 서양인(유럽인)인 경우는 없었다"며 유럽 공연 대성공에 상기된 표정을 지었다. 유럽 젊은이들은 태극마크가 박힌 머리띠를 두르고, 한글이 새겨진 셔츠를 입고, 한국인도 읊조리기 힘든 랩 가사를 줄줄이 따라 불렀다. 르몽드는 '유럽을 덮친 한류' 라는 기사에서 "일본과 중국에 끼인 것으로만 알려졌던 나라, 자동차와 전자제품 수출로만 알려졌던 나라가 이제 문화를 통해 자신을 알리고 있다"고 썼다. 노래 실력에 더해 뛰어난 춤 솜씨와 외모가 유럽 젊은이를 홀린 힘이라고 한다.[247)] 전문가들의 호평도 쏟아졌다. 테드 라일리는 "K-POP은 단순한 음악 장르가 아니라 일종의 무브먼트(movement)로 자리잡고 있다"고 평가했다. 영국 음반제작자 윌리 모리슨은 "10일 공연을 보면서 영국에서 비틀스 공

---

246) 최승현, [오늘의 세상] "K-POP 인베이전(invasion · 침공)", 조선일보, 2011.6.13, A2면.

247) 김태익(논설위원), [만물상] "유럽의 K팝", 조선일보, 2011.6.12, A34면.

연을 보며 열광하던 팬들이 연상됐다"고 말했다.[248] 공연을 지켜본 프랑스 주재 한국문화원장 최준호도 "관객의 절반 이상은 아시아계 이민 가정 출신이 아니라 말 그대로 프랑스 현지 젊은이들"이라면서 "오늘은 프랑스에서 한국 대중문화 붐이 시작되는 밤"이라며 기쁨을 감추지 못했다.[249]

이러한 K-POP의 유럽에서의 성공적인 개막과 새로운 한류는 한국의 위상을 문화적으로 크게 향상시킬 뿐 아니라 간접적으로 중국을 통해서 북한사회의 젊은 이들에게 전달되거나 또는 유튜브나 트위터를 통해서 북한의 상류 계층의 젊은 층들의 사고와 정서와 가치관을 흔들어 놓을 것이다. 이것은 노동자의 지상천국이라는 북한사회에 대한 환상에서 깨어 나오도록 할 것이다. 이 K-POP의 유럽 상륙은 간접적으로 통일을 위한 나비의 행동[250]일 것이다. 나중에 폐쇄된 북한 사회에 엄청난 폭풍을 일으킬 것이다. AP 통신의 보도처럼[251] 북한에 2007년

---

248) 김홍수, [오늘의 세상] "美 음반제작자 '비틀스 공연처럼 팬들 열광'", 조선일보, 2011.6.13, A2.

249) ['세계 문화의 수도' 佛 점령한 K팝] 佛의 눈물… 3시간 감동무대 '파리 녹인 K팝', 서울신문, 2011.6.13.

250) 나비의 행동이란 "샬롬나비 운동"에서 빌려왔다. "샬롬나비 운동"은 2010년 6월 21일 필자를 중심으로 김성봉, 강경림, 장현승, 송길원, 김장대, 소기천, 김은수, 서충원, 최윤식, 김종걸, 조종건 등 젊은 개혁주의 신학자와 목회자들에 의하여 창립된 '개혁주의이론실천학회'의 별칭이다. 시민운동으로 "샬롬나비운동(Shalom Nabi Action)"이라고 부른다. 샬롬나비!(Shalom Nabi) '샬롬을 꿈꾸는 나비행동'은 문제 원인을 타인의 탓으로 돌리기보다는 '모든 문제는 나에게서 비롯된다'는 사고와 행동윤리를 가지고 이 세상에 하나님의 평화를 실현하는 이상을 꿈꾸고 자기부터 개혁하는 나비의 행동함을 뜻한다. 이러한 나비의 행동은 효과로 나타나며 이를 우리는 나비효과로 칭한다. 나비효과는 카오스 이론에서처럼 숲 속의 나비의 펄럭임이 대양에 거대한 허리케인을 가져온다는 은유적인 표현단어이다. 지구상에서 작은 나라 한국, 거기에서도 작은 도시 평택에서 이제 작은 샬롬나비 하나가 날개 짓을 시작한다. 그러나 이 날개 짓은 곧 거대한 태풍을 일으켜 이 평택을, 이 나라를, 나아가 온 세상을 바꾸는 거대한 변화운동의 시작이 될 것이다. 샬롬나비 운동은 한국교회를 향한 10대 과제(1. 세상을 섬기자, 2. 가난한 자를 돌보자, 3. 소외자의 안식처가 되자. 4. 성화를 생활화하자. 5. 정의의 보루가 되자. 6. 사랑 공동체가 되자. 7. 말씀공동체가 되자. 8. 성령공동체가 되자 9. 샬롬공동체가 되자. 10. 세계복음화하자) 를 실천함으로 한국교회를 화평공동체로 만들자. 한국사회를 향한 10대 과제(1. 나누고 돌보자, 2. 약자를 세워주자, 3. 상생공영하자, 4. 자유민주 이루자. 5. 선진도덕 세우자, 6. 생명존중하자, 7. 생태보존하자. 8, 세계평화이루자, 9. 경천박애하자, 10. 사회정의 실천하자)를 실천한다. 샬롬나비운동은 한국사회를 신뢰공동체로 만들고자 하며, 이를 위한 구체적인 시민운동 실천강령(감사하고, 나누고, 섬기자)을 실천하고자 한다.(김진영, "공정한 사회 만들기 위해 '성경적 정의관' 필요", 크리스천투데이; 전병선, "세상에서 실천하자", 기독 리더들 뭉쳤다… '샬롬을 꿈꾸는 나비행동'의 새로운 도전, 쿠키뉴스, 2011.8.11, 국민일보, 2011.8.22.)

251) [J분석] AP통신 "'푸우' '미키마우스' 美 캐릭터 도처에 깔려"…北, 서구화 바람 뜨겁다, 온라인 중앙일보, 2011.7.26.

7만여 명이었던 휴대전화사용자가 2011년에는 53만 5,000여 명으로 현격히 늘어났고, 3G 네트워크가 2008년 개통되고 디지털 혁명이 일어나고 있다면 디지털을 통한 새로운 한류는 가까운 시일 내에 북한 내에 넓게 파급될 것이다.

2011년 8월 북한에서 밤에 인터넷 서핑을 통해 남북관계, 북미관계, 북한주민 생활 등에 대한 내용물을 검색하는 사례가 늘고 있어 이들 '서퍼(Surfer)'의 정체에 관심이 쏠린다. 최근 미국 자유아시아방송(RFA)에 따르면 올해 초부터 북한지역의 IP(Internet Protocol) 6개가 검색사이트인 구글을 통해 이 방송의 홈페이지에 접속하기 시작했고 접속횟수가 점차 늘어 지난 6월에는 24번이나 방문했다.[252] 이들 인터넷 방문자는 대부분 오후 9시 이후에 접속해 북한이 자체 개발해 배포한 운영체제 '붉은별' 대신 윈도우XP를 활용해 북한 주민과 관련된 내용, 이산가족 상봉, 남북 · 북미관계와 관련된 소식을 검색했다. 또 이 IP 주소 중 2개는 이전에 발견되지 않았던 것으로, 북한이 주로 사용하는 'net.kp'가 아니라 학교나 교육기관이 사용하는 'edu.kp'가 사용됐다.[253] AP통신에 의하면 이러한 북한의 변화에 대해 전 세계에서 가장 고립된 북한이 만성적인 식량과 에너지 부족에 시달리면서도 이처럼 자체적으로 '조용한 디지털 혁명'을 겪고 있다고 평가하고 있다.

그러나 한국의 대중음악이 유럽의 팬들에게 지속적으로 어필하기 위해서는 외국 언론들이 지적하고 있는 어두운 면을 제대로 성찰하고 그것을 시정하는 작업을 해야 할 것이다. 프랑스 신문 〈르몽드〉(Le Monde)는 2011년 6월 11일 파리에서 열린 콘서트에 맞춰 'K-POP, 유럽을 정복하다'라는 제목의 기획기사를 통해 K-POP의 성공 비결을 자세히 설명하며 "K-POP을 한국의 역동적인 국가 이미지를 알릴 수단으로 인식하는 한국 정부의 지원을 등에 업고, 한국의 연예기획사들이 길러낸 소년소녀들"이라고 표현하기도 했다.[254] 영국 〈BBC〉 방송은 2011

252) [연합] 北서 인터넷으로 바깥세상 탐색…누리꾼?, 사용금지 윈도XP 사용…밤에 남북 · 북미관계 등 검색, 연합신문, 2011.8.2.

253) 위의 글.

254) 이형섭, 외신들 'K-POP의 그늘' 에도 눈길, 한겨레, 2011.6.15; BBC, 노예계약 문제 등 지적, 인디즈타임스는 성상납 거론.

년 6월 14일 '한국 대중음악의 어두운 면'이라는 제목의 특집기사에서 미국과 유럽 진출을 목표로 하는 한국 대중음악계의 가장 큰 문제로 이른바 '노예계약'을 지적하며 동방신기와 에스엠(SM)엔터테인먼트의 법정 다툼, 7인조 여성그룹 레인보우 등을 주요 사례로 들었다. 터무니없이 장기간의 전속계약에 매여 있는 가수들이 하루 종일 일하면서도 돈도 제대로 받지 못한다는 것이다. 〈BBC〉는 한국내 음반시장에서는 돈을 거의 벌지 못하는 점을 또 하나의 문제로 짚었다. 음반시장은 침체돼 있고, 온라인 음악 판매로는 노래 한 곡에 겨우 몇 센트 정도밖에 받지 못하는 국내 상황이 한국 대중음악의 해외진출에 열을 올리게 만들고 있다는 것이다.[255)]

맺음말

반세기 이상 서로 이질적이고 적대적인 정치 · 경제 · 사회 이데올로기에 바탕을 두고 살아온 남북 주민들의 이해를 촉진하고 융합시키는 역할을 방송과 매체가 가장 효과적으로 수행할 수 있다. 방송은 프로그램 제작에 있어서 두 가지 문제점을 경계해야 한다.

첫째, 통합을 단순 획일화로 간주해서는 않된다. 둘째, 다양성이 지나쳐서 사회가 분산되어서도 안 된다. 방송은 정부의 정책을 일방적으로 선전하는 기관이 되어서는 안 되며 의사소통을 가능케하는 커뮤니케이션 장의 역할을 해야 한다. 이러한 역할은 방송이 다양한 사회의 구성세력들을 포괄하는 보도자세를 보이고 균형잡힌 여론 조성을 위하여 노력할 때 이루어진다. 셋째, 동남아, 일본, 특히 중국에 불고 있는 한류 그리고 유럽에서 일기 시작한 K-POP 한류 등 한국의 국제화는 북한 주민들에게도 한국의 발전된 사회상을 알리는데 크게 기여할 것이다. 중국, 일본, 동남아 등지에서 열광적인 애호를 받는 한류의 열풍은 북한 주민들에게 침투하게 될 것이다. 이는 남북주민들 사이의 문화적 동질감을 갖는데

255) 위의 글.

도 기여할 것이다. 전혀 말과 사고가 다른 프랑스 젊은 이들도 감동하는데 북한 젊은 층은 더 공감할 것이다. 사회주의 이데올로기를 제외하곤 정서나 음악성 등 문화적 배경은 남북의 젊은 층은 같기 때문이다.

방송은 특정세력의 의견을 무비판적으로 소개하지 않고 모든 경향의 견해나 주장을 수렴해서 사회 각 부분을 결합시키고 통합시키는 합의점을 찾아야 한다. 반세기 동안의 이데올로기적 분단으로 양쪽 주민들의 마음 속에 내재된 이질감을 극복함으로써 진정한 국민통합을 이룰 수 있다. 여기에 공영방송의 역할이 있다. 정부당국은 서독처럼 공영방송이 통일방송의 역할을 하도록 정책적인 뒷받침을 해야 한다. 한국 사회체제는 서독체제처럼 보다 더 민주적으로 견고하고 개방된 체질이 되어야 한다. 그래서 방송사가 자율성과 개방성과 다양성에 기반하여 폐쇄된 북한사회를 향하여 남한사회의 개방되고 자유로운 정신과 정보를 다양하게 내보낼 수 있어야 한다. 그럴때 언론방송은 제 역할을 하게 될 것이다. 언론방송사는 보다 열리고 개방되고 민주화된 사회를 만드는 데 앞장서서 비판적 커뮤니케이션의 역할을 해야 한다. 그런데 오늘날 인터넷 시대에 있어서, 폐쇄된 사회인 북한을 개방하는 길은 정규방송이 아니라 오히려 오늘날 튀니지, 이집트 등에서 일어난 첨단매체를 통해 북한 안방이나 지식인 층 그리고 주민들의 의식 변화를 유도하는 것이다. 이들 아랍국가들은 처음에는 관제 방송을 통제함으로써 시민들의 민주화 요구와 시위를 전혀 보도하지 않도록 했으나 시민들이 가졌던 첨단 매체(유튜브, 트위터, 페이스북, 스마트폰 등)는 이러한 장벽을 꿰뚫고 민주화 시위를 실시간으로 시민들에게 알렸고, 이것이 바로 시민들의 민주화 혁명으로 나타난 것이다.

제5장

한반도 통일을 위한 사회적 영성

머리말

Ⅰ. 독일 통일의 심리적 여건

Ⅱ. 한반도 통일의 심리적 여건

Ⅲ. 무너지는 계획경제의 북한사회: 배급제 붕괴와 사설(私設) 시장 출현

Ⅳ. 리비아 사태의 교훈을 외면하는 북한 선군정치

Ⅴ. 북한 체제의 변화 유도

Ⅵ. 한반도 통일에 대한 성숙한 자세

맺음말

제5장

한반도 통일을 위한 사회적 영성

머리말

이명박 대통령은 2010년 8월 15일 광복절 65주년 기념사에서 "통일은 반드시 온다. 이제 통일세(稅) 등 현실적 방안도 준비해야 할 때가 됐다"며 "우리 사회 각계에서 이 문제를 폭넓게 논의해 줄 것을 제안한다"고 말했다. 대통령은 "남북관계는 주어진 분단상황의 관리를 넘어 평화통일을 목표로 삼아야 한다"면서 '평화공동체 → 경제공동체 → 민족공동체'로 이어지는 3단계 통일방안을 내놓았다. 북한체제가 무너지는 급변사태는 결코 가상(假想)의 미래가 아니라 당장 오늘이라도 우리가 맞닥뜨릴 수 있는 현실 문제다. 북한은 1990년대 중반 이후 내부적으로는 정상적 국가기능이 마비된 상태라고 한다.

통일을 위한 영성이란 남과 북이 심리적으로 상호신뢰적으로 만날 수 있는 여건을 만드는 것이라고 할 수 있다. 여기서 우리는 "영성"이라는 말을 보다 넓게 사용할 것이다. 영성이란 좁은 의미에서는 신앙적으로 하나님과 인격적으로 교통하는 전인적 태도이다.[256] 여기서는 통일을 준비하고 수행하는 심적 태도와 정신적 자세라는 의미에서 사용할 것이다. 이러한 통일에 대한 신학적 성찰을 위한

256) 김영한, "기독교 영성이란 무엇인가?", 『안토니우스에서 베네딕트까지』, 정통기독교영성가 제1권, 서울: 기독교학술원출판부, 2011, 19-77.

영성이란 통일에 대한 통전적 접근을 시도하는 것이다.[257)]

I. 독일 통일의 심리적 여건

서독 수상 브란트(Billy Brandt)의 동방정책의 전제는 아데나워(Adenauer)로부터 시작된 서독의 '서방 포용정책' 이었다. 프랑스와의 화해, NATO 가입, EU통합의 견인차 역할, 이스라엘과의 화해 등을 통해 서독은 서구 민주주의와 시장경제에 뿌리를 둔 서방과 미국의 신뢰국이 되었다. 브란트의 동방정책은 서방, 특히 미국과 소프트웨어, 하드웨어 측면에서의 협조에서만 그 발상이 가능했을 것이다. 그리고 브란트의 동방정책의 목적은 '단계적 (연방제) 통일' 이 아니라 동구와 서구의 중간에 위치하는 동서독이 대화와 협력을 통해 유럽의 긴장을 점차적으로 해소하겠다는 데에 있었다. 실제로 1989년에 동구권 사회주의 정권의 붕괴와 더불어 역사적인 숙명으로 들이닥친 갑작스런 통일, 흡수통일을 의미하지 않았다. 독일의 동방정책은 현실적일 뿐 아니라 절대적 가치관을 공유하는 민주주의-시장경제 체제를 가진 우방 국가들의 지지와 제도적 틀 속에서 착상되고 추진된 것이다.[258)]

서독의 동방정책은 동독인들의 인권개선 및 신장에 기반하여 추진되었다. 1961년 동독이 베를린 장벽을 쌓고 서독으로 탈출하는 동독 주민에 총격을 가하자, 서독은 동독 주민에게 직접 총을 쐈거나 그런 명령을 내린 사람들을 법정에 세울 때를 대비해 중앙기록보존소를 설치했다. 동독 정권 관계자들은 자신들의 주민 학대가 낱낱이 기록되고 있다는 사실을 부담스러워했고, 동독 주민들은 서독 정부가 자신들의 고통에 귀 기울이고 있다는 연대감을 느꼈다. 친(親)동독 정치인들과 지식인들은 보존소가 동독 정부를 자극해서 동서독 관계를 해친다면

257) 조은식, "평화통일 선교에 대한 통전적 접근", 『통일선교, 화해와 평화의 길』, 선교신학연구 제6권, 서울: 미션아카데미, 2007, 184~223.

258) 박성조(독일 베를린자유대 교수 · 울산대 초빙교수), "한반도 '햇볕' 과 독일 '햇볕' 의 차이", chosun.com, 2006.10.15.

서 줄기차게 폐지를 주장했다. 그러나 서독정부는 1990년 통일 때까지 보존소를 유지하면서 4만 1,390건의 인권침해 상황을 기록했고, 이 기록을 바탕으로 에리히 호네커 전 동독 공산당 서기장을 비롯한 반(反)인권사범들을 기소했다. 이러한 서독의 인권에 기반한 동방정책은 동독민들에게 신뢰감을 심어주었다. 이것은 헝가리의 국경이 열리자 동독주민들이 단숨에 모든 것을 버려두고 오스트리아로 망명하면서 동서독의 장벽을 허무는 계기를 마련한 것이다. 서독의 동방정책은 인권을 기조로 한 동방정책이었다. 한국의 지난 김대중, 노무현 정권의 대북정책은 북한에다 인권 개선 요구 없이 일방적으로 퍼주는 북한 주민부재의 정책이었다. 그러므로 한국의 대북정책도 실질적인 북한 주민의 인권을 중요시하는 방향으로 실행되어야 한다. 그럴 때 북한 주민들의 마음을 얻게되고 저들의 마음 속에 신뢰감을 심어주게되는 것이다.

이에 반해서 한국의 햇빛정책은 서방국가들과의 돈독한 신뢰관계보다도 '동족(同族)'이라는 감성적인 틀 속에서 시작됐다. 한국의 생각은 '피(민족)'가 이념을 자동적으로 극복할 것이라는 순진한 생각에 빠져 있었다. 경협(經協)을 충실히 하여 남북한이 경제공동체를 형성하고 또 그것을 넘어 연방제를 구축하면 통일을 이룰 수 있다고 보았다. 그러나 어떤 정부형태, 경제체제로 가야 한다는 데는 함구했다.[259] 저자의 견해에 의하면 통일된 한국의 정치형태는 자유와 평등과 인권이 보장되는 체제이며, 경제 형태와 관련하여 북한 지역은 경제적 특구로 20년간 특별관리하고 남한 지역은 여태까지의 자유시장 경제 형태로 나아가야 할 것이다. 정치적 · 경제적 통일은 사회적 · 심리적 · 문화적 통일로 나아가야 온전한 통일이 된다.[260]

259) 위의 글.

260) 이장호, "남북 통일의 문화심리적 장애요인", 『남북의 장벽을 넘어서-통일과 심리적 화합』, 서울: 한국심리학회, 1993, 125.

II. 한반도 통일의 심리적 여건

1. 북한인권재단 설치는 심리적 통일에 깊은 효과

2011년 1월 25일 제1회 행복한 통일 포럼이 사단법인 행복한통일로(대표 도희윤) 주최로 "북한주민 인권증진을 위한 북한인권재단의 역할!"을 주제로 개최됐다. 행복한통일로는 북한주민 인권 개선을 위해 탄원이나 호소를 넘어 제도적인 방식으로 체계적이며 종합적으로 접근, 지원이 이뤄지는 것이 바람직하다는 판단, '북한인권재단' 설립 종합안으로 내세운 바 있다. 이는 북한인권법안 제10조에서 규정하고 있다. 북한인권재단은 또 산하, 북한인권기록보존소를 두고 인권 실태를 조사 · 기록하도록 한다. 북한인권재단은 북한주민의 인권 개선을 위해 한국 국민과 북한인권단체를 하나로 모으는 구심점으로서 북한인권재단의 인도적 지원은 북한 당국을 주민들의 생존권 문제와 같은 인도적 사안에 있어서 대화 주체로 인정하도록 이끄는 데 결정적 역할을 할 것이다.

국회의원 황우여는 기조강연에서 북한인권법의 의미를 다음과 같이 설명한다.[261)]

1. 북한인권재단을 통해 북한 주민에 대한 인도적 지원을 제도화함으로써 북한주민의 기본적 생존권을 지원할 수 있다.
2. 북한인권재단이 직접 교류협력 방식으로 북한 당국을 통해 북한 주민과 접촉하고 인도적 방식으로 접근, 북한 정권을 압박해 한국에 대한 비정상적 도발 행위를 막아준다.
3. 북한인권재단을 통해 북한인권 실상이 체계적으로 조사 연구되고 홍보됨으로써 국민들 사이에 북한주민 인권보호를 위한 인도적 지원 여론을 형성시킨다.
4. 북한인권기록보존소 설치 및 운영을 통해 북한의 인권유린 책임을 묻고 용

261) 황우여, "북한 주민들 인권 · 지원 위한 '북한인권재단' 필요성 제기", 크리스천투데이, 2011.1.26, 제1회 행복한 통일 포럼 기조강연.

서와 화해를 위한 토대를 제공한다.

북한인권법은 북한인권재단의 역할을 제도화함으로써 장기적인 남북관계 발전에 전략적 역할을 담당하고 통일의 중요한 토대가 될 수 있다. 북한인권재단이 중점적으로 관리해야 할 역할에 대해서는 세 가지이다.[262)]

첫째, 인권에 대한 직접 지원이다. 인도적 방식으로 북한 주민에 대한 직접 지원을 추진하는 데 역량을 집중한다. 이를 위해 재단은 남북접촉 및 교류협력 확대를 위해 북한이 협력할 수 있도록 설득하고, 북한주민에 대한 접촉이 비정치적이며 인도적 사안임을 충분히 알리고 재단과 북한정권이 공동으로 물자를 전달하는 것이 북한주민의 생존 여건을 만들어주는 것임을 인식시킨다.

둘째, 인권 실태 조사이다. 북한인권 실태에 대한 정확한 조사를 통해 남북이 북한인권 상황을 같은 눈으로 바라볼 수 있는 계기를 마련한다. 지금까지 서로 다른 상황과 시각에서 북한인권에 접근했지만, 재단이 객관적 조사를 통해 기록하고 이후 객관적 상황에 보편적 인권기준을 적용하는 방식을 채택해야 한다는 것이다.

셋째, 국제 교류와 연대이다. 국제기구와 협력 및 연대를 통해 북한주민에 대한 인권유린 책임자에게 도덕적 · 법적 책임을 지우는 방법 마련을 위한 교류를 활발히 진행한다. 북한주민에 대한 인권유린은 국제사회에서 매우 중대한 인권범죄로 인식되고 있는데, 북한정권은 이에 대한 책임을 마땅히 져야 한다. 이는 단순히 과거를 들추는 행위가 아닌, 미래로 나아가기 위한 필연적 과정이다.

북한인권재단은 이미 확인된 사실에 대해서는 국제기구와의 협력으로 용서할 것은 용서하고 책임을 물을 것은 묻고 넘어가는 활동을 놓치지 말아야 한다. 그리하여 북한정권이 이러한 도덕적 · 법적 책임이라는 과정을 통과하도록 만들어가야 한다.

262) 위의 글.

1) 북한인권법 제정은 북한 주민의 인권 보존을 위한 제도적 장치

북한인권법은 지난 2005년 당시 한나라당 국회의원 김문수에 의해 처음 발의됐으며, 임기만료로 폐기된 이후 2008년 7월 다시 발의됐으나 또 다시 국회 계류 중이다. 이에 2010년 2월 여러 의원들이 발의한 내용을 하나로 묶은 북한인권법안이 외교통상통일위원회 상임위를 통과했으나 민주당 등의 반대로 법제사법위원회에서 계류 중이다. 북한인권단체들은 북한인권법 통과를 위해 국민운동본부를 출범하고, 한나라당과 자유선진당, 미래희망연대 국회의원들을 중심으로 서명작업에 돌입해 총 190여 명이 서명을 마쳤다.[263)]

북한인권법은 북한인권재단 설립 · 운영을 비롯해 북한인권 기본계획 및 집행계획 수립, 북한인권 직명대사 신설 등을 주요 내용으로 하고 있다. 북한인권법 제정은 북한 주민들의 인권을 보호하기 위한 제도적 장치이다. 이 법을 설치함으로써 우리는 북한 주민에 대한 우리의 동포애적인 관심을 보여주게 된다.

2) 북한 인권 기록관 운영은 북한 인권 개선 계기

한국의 대북정책은 지난 10년 DJ정부나 MH정부 시에는 햇빛정책으로 인하여 북한 주민의 인권을 전혀 거론하지 않았다. MB정부에 들어와 상호주의가 강조되면서 비로소 북한 인권을 배려하기 시작하였다. 한국의 국가인권위원회는 2011년 3월 15일부터 북한 인권침해 신고센터와 '북한인권기록관'을 신설해 운영에 들어간다.[264)] 이는 북한 주민, 국군포로, 납북자들이 북한 내에서 혹은 북한에서 탈출하는 과정에서 살해, 공개처형되거나 정치범 수용소에 수감돼 인도주의에 반하는 과도한 형벌, 고문(拷問)당한 사실을 신고받아 기록 · 보존해 놓기 위한 것이다. '북한인권기록관'은 50년 전인 1960년대 독일의 중앙기록보존소의 역할을 하게 된다. 탈북자 단체들은 "국내외에서 북한 인권 문제가 쟁점이 된 이

263) '북한주민 인권 증진을 위한 북한인권재단의 역할!'을 주제로 제1회 행복한 통일 포럼이 사단법인 행복한통일로(대표 도희윤) 주최로 2011년 1월 25일 오후 서울 광화문 일민미술관 5층에서 개최됐다.

후 탈북했다가 북으로 다시 끌려간 사람들이 받는 처벌이 훨씬 가벼워졌다"고 말한다. 북한은 1990년대 중반만 해도 송환된 탈북자 발에 족쇄를 채우거나 코에 쇠줄을 꿰는 등 짐승 취급을 했고, 정치범수용소에 보내고 심지어 총살에 처하기도 했는데, 요즘은 단순 노역장에서 몇 개월 일을 시키고 내보낸다는 것이다.

북한 주민은 우리와 똑같이 대한민국 헌법에 따라 기본적 권리를 누려야 하는 대한민국 국민이다. 삼호 주얼리호를 납치해 석해균 선장에게 총을 쏘고 선원들을 구타했던 소말리아 해적들을 한국이 처벌하는 것과 마찬가지로, 휴전선 북쪽에 2,400만 주민을 인질로 잡아 놓고 있는 집단의 인권 유린 범죄도 언젠가 한국 법정에 세워야 한다. 김정일 정권이 북한 주민에게 함부로 손찌검을 하고 발길질을 할 때마다 자신들의 기소장(起訴狀) 두께가 불어난다는 사실을 깨닫게 해줘야 한다. 나라와 국민을 개인 물건 취급했던 독재 정권들이 무너져내리는 이 시점에서 '북한인권기록관' 이 문을 열게 된 역사적 의미를 새겨 읽어야 한다.[265)]

3) 한국 국회의 북한인권법 방치: 민주당의 북한주민인권 포기

한국의 국가 이념은 자유민주주의이고 자유민주주의의 최고 가치는 인간의 존엄과 자유 그리고 기본적 인권이다. 따라서 대한민국의 국회와 정당은 국민의 자유와 인권 신장에 최고의 가치를 두고 노력해야 한다. 그런데 실제로 우리 국회와 정당은 이에 상응하고 있지 않다.

헌법 제3조가 명시하고 있듯이 북한 지역은 분명 대한민국의 영토이다. 그리고 1996년 대법원 판례와 2000년 헌법재판소 결정이 확인하듯 북한 주민은 엄연한 대한민국 국민이다. 그렇다면 우리 국회와 정당은 우리 국민인 북한 주민의 자유와 인권을 위해 최선을 다해야 한다. 그런데 오늘날 이러한 헌법적 의무가 철저히 방기되고 있다. 헌법 제10조는 '국가는 (국민의) 기본적 인권을 보장할 의무를 진다' 고 천명하고 있지만 북한 주민에 관한 한 이 조문은 사문(死文)화되어 있다.

---

264) [사설] "북한 인권기록관 설치의 역사적 의미", 조선일보, 2011.3.15, A35면.

265) 위의 글.

UN은 인권의 특성을 천부적(inherent), 불가양도적(inalienable), 보편적(universal)으로 규정하고 있으며, 인권이란 인간답게 사는 권리이다. 1948년 12월 10일 UN이 선언한 세계인권선언(Universal Declaration of Human Rights)은 전문과 30개 조항을 선포하였다. 인권선언 2-21조는 시민적, 정치적 권리를 선언하고 있으며, 22조부터 29조까지는 문화적, 사회적, 경제적 권리를 선언하고 있다. 전자는 자유권, 후자를 사회권이라 일컫는다. 최근에는 UN은 자유권, 사회권 이외에 평화권, 환경권, 발전권 등을 새로운 인권 분야로 명시하고 있다.[266) 북한은 인권 가운데 가장 기초적인 자유권조차도 보장이 되지 않는 인권 사각지역이다. 이러한 북한에 대하여 인권개선을 위하여는 외부의 감시와 처벌이 있게 될 때 인권사항은 개선될 여지가 있다.

북한 주민의 인권 개선을 위한 '북한인권법' 은 지난 2005년 8월 야당인 한나라당의 김문수 의원이 발의했으나 다수 여당인 열린우리당이 "북한 정권을 자극한다"고 반대하여 논의조차 못 하다가 자동 폐기되었다. 그 이후 북한인권법은 2008년 12월 여당이 된 한나라당의 황우여 · 황진하 · 홍일표 의원안을 통합, 윤상현 의원이 대표 발의했다. 그리고 1년 이상 끌다가 2010년 2월에 민주당 의원들의 반대와 퇴장 속에서 외통위를 가까스로 통과하고 법사위로 이송되었다. 그러나 법사위는 아직 법안 상정도 안 하고 또 허송하고 있다. 법사위 위원장이 민주당 의원인 데다 민주당이 반발하고 한나라당 지도부도 지극히 소극적이기 때문이다. 그러는 동안에 세월은 가고 북한 동포들의 고통은 한없이 깊어지고 있다.[267)]

한국이 여러 해 동안 북한인권법안을 방치하고 있는 사이 미국은 2004년 북한인권법을 상 · 하원 만장일치로 통과시켰다. 일본도 2006년 북한인권법을 공포했다. 2011년 7월에는 영국 상 · 하원 의원 20명이 북한인권법 제정을 촉구하는 서한을 여야 4당 대표 앞으로 보냈었다. EU(유럽연합)의 입법부인 유럽의회 소속

266) 박경서, "동북아 평화정착과 북한 인권문제", 『기독교와 통일』, 기독교통일학회, 제1권, 창간호, 2007, 132.

267) 박세일(한반도선진화재단 이사장), [박세일 칼럼] "대한민국에서 버려진 북한인권법", 조선일보, 2011.3.19, A38면.

의원 4명이 10월 11일 우리 여야(與野) 4당 대표와 박희태 국회의장 앞으로 같은 내용의 서한을 발송한 것으로 16일 확인됐다.[268] 2005년 처음 발의됐지만 민주당 등 야당의 반대에 막혀 아직도 국회에 계류 중인 북한인권법에 대해 국내보다 해외에서 더 관심을 갖고 압박하는 모습이다. 북한 주민의 처참한 인권 상황을 보고 외국에서도 이렇게 나서는데, 막상 당사자인 대한민국은 자국민의 인권문제를 스스로 외면하고 있다. 참으로 부끄러운 일이다. 민주당의 '양심 세력'과 한나라당의 '가치 세력'이 함께 힘을 합치면 북한인권법은 충분히 제정될 수 있다. 이 두 세력이 힘을 합쳐 국회에서 이 법을 반드시 통과시켜야 한다. 그래야 자유 대한의 국회의원으로 최소한의 역사적 · 헌법적 의무를 다하는 것이 된다. 그리고 앞으로 설 '역사의 법정'에서도 크게 부끄럽지 않을 것이다.[269]

2. 대북 전단 보내기 및 풍선 날리기에서 보다 고차원적 심리전 수행

1) 대북전단 풍선 날리기

자유북한운동연합 회원 300여 명은 대북전단을 날리기에 좋은 남동풍이 부는 2011년 3월 12일 오전 10시 임진각 망배단에 모여 리비아 사태 등을 알리는 전단 20만장, 북한의 연평도 포격 도발을 비난하는 내용의 전단과 동영상 CD, 미화 1

---

268) 이용수, "英 이어 유럽의회 의원들도 '북한인권법 제정하라' 촉구", 조선일보, 2011.10.17, A6면.

북한인권일지

2004.10 미국, 북한인권법 제정
2005. 8 국회, 북한인권법안 발의 → 열린우리당 반대로 상정 실패
2006. 6 일본, 북한인권법 제정
2008. 5 17대 국회 임기 만료로 법안 폐기
2008. 7 국회, 북한인권법안 재발의
2009.11 외통위 법안심사소위, 법안 의결
2010. 2 외통위, 법안 의결
2011. 4 법사위, 민주당 반대로 상정 실패
2011. 7 영국의회, 북인권법 제정 촉구
2011.10 유럽의회, 북인권법 제정촉구
2011.10 법안, 1년 6개월째 법사위 표류중

269) 박세일(한반도선진화재단 이사장), [박세일 칼럼] "대한민국에서 버려진 북한인권법", 조선일보, 2011.3.19, A38면.

달러짜리 지폐를 넣은 대형풍선을 띄었다.[270] 풍선 하나에 전단 6만장이 들어간다. 그 전단의 내용은 다음과 같다: "'남녘은 반도체 · 조선 · 컴퓨터 세계 1위, 자동차 · 철강 세계 4위 등 세계 10대 경제력/ 1인당 국민소득 2만 딸라, 한달 월급 2,300딸라 수준/ 믿기 힘들면 북을 방문하는 해외동포에게, 아니면 분계선 인민군과 개성공업단지 시민들에게 조용히 물어보세요.' '강냉배급도 안 주어 절로 피타게 사는 인민에게 화폐개혁으로 답하는 수령/ 신천초대소를 비롯하여 방방곡곡 별장과 사냥터들, 수령 입은 하나인데 왜 이렇게 많이 필요해/ 쇄국과 거짓에 기초한 강성대국은 개방과 진실 앞에 한순간 무너져/ 한번밖에 없는 인생, 더는 이대로 살 순 없어, 수령과 당국의 말은 꼭 반대로 들어야 진리.' '뚜니지, 에짚트, 리비아, 전세계를 휩쓸고 있는 독재 타도 바람! 다음은 세계 최악의 김정일 차례.'"[271]

북한은 이에 대하여 극도로 예민하게 반응하고 남북 장성급군사회담 북측 단장은 서해지구 군 통신선을 통해 국방부로 전화통지문을 보내 임진각 지역을 지목해 '조준격파사격' 이라는 높은 수위의 으름장을 놨다: "심리전 행위가 계속된다면 임진각을 비롯한 반공화국 심리모략행위의 발원지에 대한 우리 군대의 직접조준 격파사격이 자위권 수호의 원칙에서 단행될 것이라는 것을 정식 통고한다."

남북은 1972년 남북공동성명에서 상대방을 중상비방하지 않기로 합의한 데 이어 2004년 6·15 공동선언을 계기로 상호 심리전을 전면 중단했다. 하지만 2008년 이명박 정부 출범 이후 탈북자단체 등 민간단체를 중심으로 대북전단 살포가 다시 본격화됐다. 지난해 3월 천안함 폭침을 계기로 정부 입장도 달라졌다. 정부는 천안함 사건에 대처하는 5·24 대북제재 조치를 발표하면서 군의 대북심리전

270) 지난 2011년 2월 16일 오후 경기도 파주시 임진각에서 자유북한운동연합 등 20여개 탈북자단체가 북한 김정일 국방위원장의 70번째 생일을 맞아 북한 체제를 비판하는 대북전단을 북으로 날려보내고 있다. /오종찬 기자 좌파단체 '평화와 통일을 여는 사람들(이하 평통사)' 이 파주 임진각 대북전단 날리기 행사를 규탄하는 집회를 10일 연 가운데 탈북자단체인 자유북한운동연합은 예정대로 오는 12일 전단을 날렸다. 안준용, "자유북한운동연합, 야당 등 반대 불구 대북전단 살포 강행", chosun.com, 2011.3.10.

271) 최보식, [최보식 칼럼] "북쪽 상공으로 '풍선' 을 날려라", chosun.com, 2011.3.31.

재개를 공식화했다.

현재 대북전단 살포는 탈북자단체인 자유북한운동연합이 주도하면서 20여개 보수단체들이 동참하고 있다. 박상학 자유북한운동연합 대표는 "전단은 '삐라'가 아닌 '사실과 진실을 알리는 편지'"라고 주장했다. "모든 통로가 차단된 북한 주민들에게 유일하게 열린 통로인 하늘을 통해 진실을 알리는 것은 탈북자들의 의무이자 책임"이라는 것이다.

전단 내용과 형식도 다양해졌다. 김정일 · 김정은 부자와 북한 체제를 비난하는 내용 일색에서 1, 2달러짜리 미화 지폐, 조금씩 틈새를 보이는 북한 사회의 변화와 식량부족 상황에 발맞춰 DVD, 단파수신 라디오, 햇반 · 과자 등으로 폭이 넓어졌다. 최근에는 중동 민주화혁명 관련 소식도 포함됐고, 국방부는 생필품을 함께 보낸 것으로 최근 국회에 제출한 자료에서 확인됐다.

그런데 2011년 3월 26일 국민행동본부 관계자 100여 명이 천안함 폭침 1주기에 맞춰 강원 철원에서 가지려던 대북전단 날리기 행사가 주민들의 저지로 무산됐다. 국민운동본부측은 풍향이 좋은 백마고지에 올라 600만 장의 대북전단을 날리려 했으나 주민들이 그럴 경우 북한의 보복 공격으로 생계에 위협을 받을 수 있다며 마을 입구에서부터 이들의 진입을 가로막았다. 3월 초에는 임진각이 있는 경기 파주 동네 이장들이 "전단을 날리려면 다른 동네로 가라"는 공동 발표문을 냈었다.

북한은 그동안 우리 쪽에서 대북심리전을 거론할 때마다 보복하겠다는 협박을 해오다 얼마 전부터는 보다 구체적으로 "심리전 본거지에 대한 조준격파 사격 태세를 갖추고 있다"고 으름장을 놨다. 느닷없이 대낮에 연평도를 향해 포격을 퍼붓는 북한의 예측 불가능한 무도(無道)한 행태를 봐왔던 주민들에게 "왜 김정일의 공갈에 겁을 먹느냐"고 해본들 쉽게 먹혀들 일이 아니다. 북한과 접(接)한 휴전선 일대에선 실제로 북한의 공갈을 현실적 위협으로 받아들이고 있다. 이 상황을 바꾸지 못한 상태에서 북한을 상대로 심리전을 하겠다고 나섰다 오히려 우리끼리 치고받는 꼴이 되고 만 셈이다.

2) 북 체제에 결정적 충격… 북 격렬히 반발

북한은 이에 거세게 반발하고 있다. 외부 정보가 철저히 차단된 북한 주민들에게, 하늘에서 떨어지는 전단지는 일종의 정보폭탄이기 때문이다. 특히 금기시된 지도자 김정일 관련 내용은 북한 체제에 결정적인 타격을 줄 수 있다. 서강대 교수 김영수는 "전단과 함께 보내는 미화 1, 2달러는 노동당 당원의 한 달 월급에 이르는 큰 돈"이라며 "북한 체제의 성역을 깨는 충격이 될 수 있는 만큼, 북한 당국에서는 체제 붕괴 음모라고 볼 것"이라고 말했다. 이를 반영하듯 북한 군부는 대남 통지문과 남북 군사실무회담 자리에서 대북전단에 대해 강하게 항의했고, 급기야 임진각 조준격파 사격 위협까지 이르렀다. 전단을 살포하는 민간단체 관계자들은 북한으로부터 테러위협을 받는다고 호소하고 있다. 한 관계자는 "사무실, 집, 휴대전화로 끊임없이 협박을 받고 있다"며 "경찰 보호를 받는 상태"라고 말했다. 최근 대북전단 살포에 동참한 단체 관계자의 모친이 살해된 사건을 놓고 북한에 의한 테러 가능성이 제기되기도 했다.

북한은 우리를 향해 보복 협박을 떠들면서 내부적으론 남쪽의 보수단체들이 반(反)공화국 삐라와 동영상을 1달러 지폐와 함께 날려보내고 있다는 사실을 알리며 주민단속에 나서고 있다. 북한정권이 대북전단에 이토록 민감하게 반응하는 것 자체가 대북삐라를 통해 전해지는 폭압 정권을 몰아낸 중동 민주화운동의 흐름이 북한주민들에게 알려지는 것을 두려워하는 김정일 부자의 심리상태를 잘 보여준다.[272)]

3) 전단 효과에 대한 평가 분분, 보다 고차원적 방법 고안

하지만 지금과 같은 방식의 전단살포가 북한 사회의 변화를 추동할 만한 실효성이 있는지에 대해서는 의문이 제기된다. 북한 주민을 변화시키려면 우선 주민들의 마음을 얻는 것이 중요하다. 대북전단은 북한 당국을 자극해 주민들에 대한

---

272) [사설] 민간단체 對北 전단 살포에도 지혜가 필요하다, chosun.com, 2011.3.27.

통제를 오히려 강화시키는 역효과를 낳을 수 있다.

보다 세련된 전략이 필요하다. 특히 국방부가 생필품 등을 담은 대북 전단을 발송하는 등, 공직자들이 공개적으로 대북전단을 살포하는 것은 북한에 도발 빌미만 제공할 수 있다. 북한의 대남위협과 이로 인한 남남갈등에는 대북전단을 정치적 수단으로 활용한 사람들의 책임도 있다. "언제 어디서 어떤 내용을 보내는지 공개적으로 떠벌리는 것은 심리전이 아닌 체제 비방일 뿐"이며 북한 민주화를 앞당기려면 보다 세련된 방식으로 전단을 보내야 할 것이다.

대북전단 보내기를 가로막은 일부 지역 주민들 역시 대북전단의 진정한 목적이 바로 북한동포들에게 진실을 알려 그들이 노예상태를 벗어나도록 돕는 데 있다는 사실을 모르지 않을 것이다. 전단 보내기에 앞장 서온 단체나 회원들은 이제 자신들의 순수한 인도적 취지를 살리면서도 북한의 협박을 그냥 흘려들을 수 없는 현지 주민들의 처지를 감안해 새로운 방안을 찾아야 한다. 그러려면 무엇보다도 미리 보도자료를 내 전단을 날려보내러 간다는 사실을 요란하게 알리고, 행사 현장의 사진과 동영상을 대문짝만 하게 찍어 홍보하는 풍토부터 개선해나가야 한다.[273)]

그동안 북한은 UN 등 국제사회가 공조한 '경제제재'와 남한 측에서 수십조원의 공을 들인 대대적인 '햇빛정책'에도 끄떡없었다. 그러나 중국을 오가는 소상인들이 조금씩 보따리에 숨겨 들여오기 시작한 남한의 소식과 일상용품들은 조금씩 북한 인민들의 마음을 흔들어 놓기 시작했다. 이미 한국의 가전제품들은 북한사회에서 부유층의 혼수용품으로 또는 뇌물 품목으로 최고의 인기를 끌고 있으며, 심지어 김정일의 홍보용 시찰 사진 배경에도 버젓이 등장하는 형편이다.[274)]

또 최근 탈북자들의 증언에 따르면 북한 젊은 여성들이 애인을 지칭하던 '동지'라는 호칭 대신에 남한 드라마에서 일상적으로 등장하는 '오빠'라는 표현을

---

273) [사설] 민간단체 對北 전단 살포에도 지혜가 필요하다, chosun.com, 2011.3.27.

274) 유영옥, "미사일보다 강력한 종이폭탄 대북전단", 2011.3.15, written by., http://kookbang.dema.mil.kr/

자주 사용한다고 한다. 이러한 정황을 미뤄볼 때, 북한의 김정일이 그토록 경계하는 '인민들의 사고방식 변화'는 이미 어느 정도 진행된 상태로 봐야 할 것이다.

상황이 이렇다 보니 남측에서 풍선에 매달아 보내는 탈북자들의 편지와 소형 라디오 및 생필품들은 중국과 국경을 접하고 있는 변방(邊方)에서 조금씩 불안하게 그어대는 성냥불에 기름을 붓는 역할을 할 수 있다. 특히 거주이전의 자유가 없고 교통수단의 부재로 사람들의 입소문이 퍼지기 어려운 구조를 지닌 북한사회에 시시때때로 목적지를 가늠할 수 없이 바람을 타고 날아드는 대북전단은 김정일 독재체제에 미사일 공격보다 더 위협적인 존재다. 이것이 임진각을 비롯해 대북전단 발원지를 조준 사격하겠다고 엄포를 놓으며 과민 반응을 일으키는 북한의 속내다.[275)]

2011년 들어와서 튀니지의 장기정권의 종언, 이집트의 30년 무라바크 독재정권, 리비아의 카다피 독재정권, 예멘의 33년 살레 독재정권의 종언과 시리아의 독재정권에 대한 시민들의 반란 등에서 보는 바 같이 북한의 김정일 부자와 그들을 옹호하는 집권 세력은 아무리 교묘한 방법으로도 대를 이은 독재정치는 더 이상 존재할 수 없음을 깨달아야 한다. 현재 전 세계인의 이목을 집중시키고 있는 '중동지역의 민주화 바람'이 그것을 증명하고 있다. 이제 인류의 '자유'를 향한 '민주화'는 거스를 수 없는 거대한 역사의 흐름이 됐다. 북한의 김정일은 언제까지 손바닥으로 하늘을 가리고 살 수 있을지 현실적인 성찰을 해야 한다. 조선일보 선임기자 최보식이 칼럼에서 쓴 다음 문장은 의미심장하다: "여전히 내가 이해할 수 없는 대상은 기를 쓰며 풍선을 막으려는 좌파단체와 민주노동당이다. 진정한 좌파는 인권과 민주화를 입에 달고 다닌다. 독재자를 경멸할 줄도 안다. 동포애로써 고통받는 민중의 편에 늘 선다고도 했다. 그런 이들이 설마 북한주민들이 바깥세상을 알게 돼 세습독재와 우상화가 무너질까 두려워할 리는 없지 않은가. 감춰진 정체가 북쪽 독재자의 추종세력이 아니라면. 이들이야말로 가장 부지런하게 북쪽 상공으로 풍선을 날려야 옳다. 김씨 세습독재의 지속 여부는 '풍선'

275) 위의 글.

에 달려 있다. 다른 지배세력으로 교체되면 그래도 한 걸음 앞으로 전진한 것이 된다. 북한 주민들의 의식이 각성되면 어떠한 권력도 결코 함부로 하진 못할 것이다. 나는 12만 원을 '풍선 계좌'로 보냈다. 풍선 하나에 전단 6만 장을 달아 날리는 비용이다."[276)]

III. 무너지는 계획경제의 북한사회: 배급제 붕괴와 사설(私設) 시장 출현

1. 북한의 장마당과 개방

중동(中東) 시위에 놀란 김정일 정권은 소문을 차단키 위해 장마당 단속에 나섰다. 그러나 北 권력은 10년에 걸친 장마당과의 전쟁에서 번번이 패했다. 북한 소식통들에 따르면 요즘 평안북도 신의주 일대는 전시(戰時)를 방불케하는 살벌한 분위기라고 한다. 최근 벌어진 두 사건 때문이다. 첫 번째 사건은 2011년 2월 15일 일어났다. 국경경비대 소속 군인들이 구리(銅)를 빼돌려 압록강을 건너려다 보위부원들에게 적발되자 총격을 가하고 달아났다. 신의주는 북한과 중국 국경에 위치한 관문도시다. 중국을 오가는 사람과 물류가 이곳을 거친다. 바로 이곳 국경의 감시 · 경비 임무를 맡은 군인들이 밀수(密輸)를 하다 적발돼 총격이 오갔다는 게 이 사건의 요지다.

두 번째 사건은 2월 18일쯤 벌어졌다. 북한 경찰(보안원)이 시장(市場)을 단속하다 한 상인을 때리자 주변 상인들이 한꺼번에 달려들면서 시위가 벌어졌다(조선일보 2월 24일자 A1면). 이 두 사건 직후 신의주엔 특별 경계령이 내려졌다. 국가안전보위부와 군인들이 곳곳에 배치돼 주민들의 일거수일투족을 감시하면서 일상생활까지 힘들어졌다고 한다.

이 두 사건을 관통하는 키워드(keyword)는 '돈'과 '시장'이다. 군인들이 '돈'

---

276) 최보식, [최보식 칼럼] "북쪽 상공으로 '풍선'을 날려라", chosun.com, 2011.3.31.

때문에 구리를 빼돌려 시장에 내다 팔려다 들통났고, 신의주 시위는 돈과 시장을 통제하려는 당국에 대한 항의에서 비롯됐다. 이런 일은 신의주 한 곳에만 국한된 현상이 아니다. 지금 북한 전역에는 '장마당' 이라 부르는 시장이 자리잡고 있다. 이 장(場)마당 없이는 북한 경제가 몇 달도 버티기 힘들다. 1990년대 중 · 후반의 대(大)기근을 거치면서 주민 전체를 대상으로 하는 배급제가 무너졌고, 북한 주민들이 그 대안으로 스스로 만들어낸 것이 장마당이다.

장마당은 2000년대 들면서 북한 경제의 축으로 등장했다. 통일연구원의 탈북자 심층면접 조사를 보면 "북한에는 공식 · 비공식 시장을 통한 비(非)사회주의적 행동이 만연한 상태" 다. 평양 주민과 특권층을 대상으로 한 특별 배급과 일반 주민들이 먹고사는 문제를 해결하는 장마당으로 나뉘어 있는 경제구조라는 것이다.

김정일 정권은 이런 장마당의 역할을 못 본 척하고 있다. 따지고 보면 북한 권력은 장마당을 뒤엎을 힘도 없다. 오히려 약삭빠른 당과 정부 · 군 · 국영기업의 고위간부들은 장마당을 통해 재산을 불리는 데 몰두하고 있다고 한다. 그러나 김정일 정권은 종종 장마당을 단속하고자 한다. 2009년 말의 화폐개혁이 대표적인 예다. 장마당을 통해 쌓인 북한 중산층 이상의 돈을 강제로 거둬들이겠다는 발상에서 꾸몄던 일이 바로 이 화폐개혁이다. 그러나 이 조치는 대재앙으로 끝났고, 노동당 계획재정부장 박남기에게 책임을 뒤집어씌워 작년 3월 공개총살했다. 장마당이 북한 권력과의 싸움에서 또 한번 완승(完勝)을 거둔 셈이다.

김정일 정권은 최근 다시 장마당 단속에 나섰다. 중동 민주화 시위 소식이 시장을 통해 퍼져 나가는 것을 막기 위해서다. 한 북한 소식통은 북한 당국이 장마당 매대(좌판)의 칸막이를 없애라는 주문까지 하고 있다고 전했다. 상인들이 모여서 수군거리는 것조차 두려워하고 있다는 것이다. 북한 전문가들은 2011년 2월부터 북한 곳곳에서 '생계형 시위' 가 빈발하는 까닭이 장마당 단속 때문인 것으로 보고 있다.[277] 이런 북한의 내부적 붕괴는 이미 황장엽이 1997년에 미리 내다보았다. 그러므로 그는 많은 희생을 각오하고 남한으로 망명한 것이다.[278] 전(前)

277) 박두식, [박두식 칼럼] "김정일 對 '장마당' 의 10년 전쟁", chosun.com, 2011.3.1.

278) 황장엽의 망명은 소련공산당의 이론당담 비서가 미국으로 망명한 것과 같은 비중있는 중대한 사

북한외교관 고영환은 1997년 2월 베이징 주재 한국총영사관으로 망명한 황장엽 선생이 DJ정부와 MH정부의 무시와 외면과 억압 속에서 표출한 남한 정부의 햇빛정책에 대한 절규와 같은 아쉬움을 다음과 같이 전하고 있다: "어둠의 편이 된 햇볕은 어둠을 밝힐 수 없다.", "북한 일반경제와 군수경제가 다 무너져 로켓포 생산도 중단했던 그 시절, 한국 정부가 조금만 더 기다렸더라면 훨씬 더 좋은 조건에서 남북관계를 정립할 수 있었고, 핵개발도 저지시킬 수 있었다."[279)]

튀니지에서 시작돼 이집트를 거쳐 리비아를 휩쓸고 있는 중동 시위는 2010년 12월 한 청년 노점상의 분신(焚身)에서 시작됐다. 그는 경찰 단속으로 그날 팔아야 할 청과물을 모두 빼앗기자 자신의 몸을 불사르는 것으로 맞섰다. 이것이 계기가 돼 모두 합쳐 95년간 권좌를 지켜온 세 나라의 독재자들이 쫓겨났거나 축출될 위기에 내몰렸다. 북한 상황은 이들 북(北) 아프리카 3국보다 훨씬 열악하다. 경제 사정은 물론이고 민주화 시위를 이끌 만한 핵심 계층이나 사회적 구조조차 갖춰져 있지 않다.

2010년 8월 조선일보는 신의주 장마당을 담은 동영상을 보도했다. 이 동영상에는 억척스러운 40~50대 북한 여성들이 좌판에서 물건을 팔기 위해 손을 휘젓고 소리 지르는 모습이 담겨 있다. 그들 모두 최근 시작된 북한 당국의 탄압 때문에 힘든 시간을 보내고 있을 것이다. 그러나 지금 다시 이 동영상을 보면서 이 아줌마들이 북한 권력에 쉽게 무릎을 꿇을 것 같지 않다고 보여진다. 장(場)마당으로 상징되는 북한 체제 균열의 싹은 우리가 생각하는 것보다 훨씬 더 크고 깊게

건이었다. 그는 모스크바 종합대 철학과를 졸업하고, 김일성의 이론담당 서기로, 김일성 종합대학 총장으로 노동당 과학담당 비서와 국제담당 비서로 최고인민회의의장으로 수십년간 김일성과 김정일 부자를 최측근에서 보좌한 북한의 최고의 엘리트였다. 북한이 마르크스 레닌주의를 능가한다고 자랑하는 주체사상도 황장엽이 창안한 것이다. 북한의 최고위 간부가 최대적국인 남한으로 망명한 사건은 북한정권에 유례없는 타격을 주었다. 그리하여 황장엽의 가족과 친척과 벗과 선후배 등 무려 2,000여 명이 형장의 이슬로 사라졌다. 그러나 그를 더욱더 슬픔으로 몰아넣은 것은 DJ 정부와 MH정부에 의하여 철저히 무시당하고 외면시 당한 것이었다. MH정부는 그를 통일정책연구소 이사장에서 쫓아냈고, 국정원까지 그를 외면하였다. (고영환, "황장엽 선생이 본 '역사의 진실'", 조선일보, 2011.10.12, A39면).

279) 고영환에 의하면 황장엽의 망명 당시 한국 정부(DJ정부와 MH정부)가 흉중에서 피로 뿜어내는 대북 정책에 대한 조언과 절규를 무시하지 않았더라면 오늘날 남북관계는 북한의 핵을 저지하고 훨씬 좋은 여건 속에 있었다는 것을 언급하고 있다. (고영환, "황장엽 선생이 본 '역사의 진실'", 조선일보, 2011.10.12, A39면).

자라고 있을지 모른다.[280] 그것은 하나님만 아신다. 하나님만이 그분의 때에 튀니지의 노점상 분신 사건에서 보듯이 자그만 나비행동을 통해서 거대한 민주혁명의 폭풍을 일으키시는 것이다.

2. 지하경제가 계획경제를 압도하는 준(準) 자본주의 사설 시장

2011년 9월 21일 한국정부의 고위소식통을 인용한 조선일보의 단독 보도에 의하면 "북한에 노동자 고용해 월급주는 사업가가 등장"[281]했다고 한다. 북한주민들은 북한당국의 통제에도 불구하고 자본주의에 중독되어 있다고 한다. 북한에서 사회주의 계획경제의 근간인 배급제는 거의 붕괴한 상태다. 배급제로 살아가는 인구는 평양시민 260만 명과 북한군 120만 명 등 약 400만 명인 것으로 알려졌다. 한국정부 고위 소식통에 의하면 "북한 주민 2,000만 명은 장마당을 중심으로 한 지하경제에 절대적으로 의존한다"고 한다. "주민 1세대당 생계비가 북한돈으로 월 9만~10만 원인데 국영공장 · 기업소의 임금은 월 2,000~8,000원 선"이라며 "부족분을 메우기 위해 전 주민이 장사꾼, 수공업자, 운수업자가 될 수밖에 없다"[282]고 한다.

이미 북한 내 상점 · 식당 · 미용실의 상당수는 개인이 운영하고 있으며 음악과 외국어를 가르치는 사설 과외행위도 성행하고 있다. 가내 수공업은 분업 형태로 주문을 받아 가구 등을 대규모 생산하는 유사(類似) 제조업 수준으로 진화하고 있다. 이들은 월 8만~9만 원의 수입을 올린다. 역 앞이나 시장 인근에서 리어카로 여행객이나 상인들의 화물을 운반해주는 일로 생계를 이어가는 사람들은 북한 어디서나 볼 수 있다. 택시처럼 '기본요금'이 있고 거리에 따라 요금이 차등부과된다. 농촌 주민들은 100~160㎡(30~50평)의 텃밭이나 산을 개간한 600~1만㎡(200~3,000평)의 뙈기밭에서 재배한 옥수수 · 콩을 장마당에 판매해 수입을 얻는

280) 박두식, [박두식 칼럼] "김정일 對 '장마당'의 10년 전쟁", chosun.com, 2011.3.1.

281) 이용수, [단독] "북한에 노동자 고용해 월급주는 사업가 등장", 조선일보, 2011.9.21, A6면.

282) 위의 글.

다. "북한 일반 주민들은 생필품의 80~90%, 식량의 60~70%를 시장에서 조달할 정도로 사경제 의존도가 높아졌다"[283] 고 말했다. 배급제도가 붕괴되면서 개인 경제력은 갈수록 커지고 있다고 한다.

북한의 사(私)경제 확대는 계획경제 영역 내의 자원들을 시장으로 유출시키고 있다. 이로 인해 북한 당국의 재정운용 능력이 약해지는 반면 개인들의 경제력은 갈수록 커지고 있다. 정부고위 소식통에 의하면 "외부로부터 대규모 식량 또는 생필품이 지원되면 꺼져가던 북한 계획경제와 배급제를 회생시켜 북한 당국의 시장통제 능력만 키워주게 된다"며 "인도적 지원 효과보다는 주민억압에 악용될 가능성이 큰 퍼주기식 지원엔 신중해야 한다"고 한다.[284]

Ⅳ. 리비아 사태의 교훈을 외면하는 북한 선군정치

1. 핵개발의 위험성

북한 외무성 대변인은 2011년 3월 22일 "리비아 핵포기 방식이란 바로 안전담보와 관계 개선이라는 사탕발림으로 상대를 얼러 넘겨 무장해제를 성사시킨 다음 군사적으로 덮치는 침략 방식이라는 것이 드러났다"며 "우리가 선택한 선군(先軍)의 길은 천만번 정당하고 그 길에서 마련된 자위(自衛)적 국방력은 조선반도에서 전쟁을 막고 평화와 안정을 수호하는 더없이 소중한 억제력으로 되고 있다"고 말했다.[285] 리비아 사태의 발단(發端)은 카다피와 그 가족과 그네들 부족(部族)들이 40년째 나라를 주무르는 것을 참다못한 주민들이 들고 일어나자, 카다피가 봉기(蜂起)한 제 나라 시민들을 향해 전투기와 대포로 폭격하는 야만(野蠻)적인 진압에 나선 데서 비롯된 것이다. 미국, 영국, 프랑스 등은 리비아 군대가 리비아 국민을 공중 폭격하는 참상(慘狀)을 방치하다시피 하다 분노한 전 세계 여론에 밀

283) 위의 글.

284) 위의 글.

285) [사설] 리비아에서 '人權존중' 대신 '核무장 강화' 배웠다니, chosun.com, 2011.3.23.

려 마지못해 리비아 군대의 시민학살을 저지하려고 나섰다. 그런데 북한은 다국적군이 핵(核)을 벗어던진 리비아를 만만하게 여겨 공격한 것을 보더라도 핵무장을 기본 뼈대로 하는 선군 정치가 옳다는 점이 증명됐다는 것이다. 제2차 바티칸 공의회에서 로마 가톨릭 주교들이 이미 핵전쟁의 가공성을 언급한 바와 같이[286] 핵의 사용 시에는 사상자가 수억 명이 될 것이며, 군대만이 아니라 민간인들이 희생자가 될 것이라는 것을 알아야 한다.[287]

김일성 · 김정일로 이어진 김씨 왕조체제는 70년에 이르러 3대째 세습을 준비하면서 북한을 세계에서 단 하나뿐인 수용소 국가로 만들고 있다. 대한민국 국민은 물론이고 세계도 김정일 부자(父子)는 만일 주민들이 반(反)정부 시위를 벌인다면 전투기뿐 아니라 탱크까지 동원한 살육(殺戮)에 나설 사람들이라며 북한의 앞날을 걱정하고 있다.

독재자가 자기 국민을 향해 반(反)인권적인 범죄를 저지를 경우 국제사회가 국가를 대신해 국민 보호에 나선다는 원칙은 2005년 UN 세계정상회의에서 채택됐고, 이번 리비아에 처음 적용됐다. 한 나라의 인권 탄압을 '내정(內政) 문제' 라는 핑계로 방치할 수 없게 된 것이다.[288] 리비아 사태를 계기로 북한은 인권(人權)의 중요성을 새기기는커녕 핵(核)을 포기해서 리비아가 저 꼴이 됐다는 교훈을 얻었다니 북한 주민의 앞날과 한반도의 평화통일의 앞길이 더 암담하기만 하다.

2. 북한의 원자핵 재앙에 관한 대비

북한이 2011년 3월 열흘 넘게 남쪽을 향해 위성위치정보시스템(GPS) 교란 전파를 발사했다. 금강산 쪽에서 쏜 전파는 150km 떨어진 곳까지 영향을 미쳤다. 북한의 교란 전파 발사는 한(韓) · 미(美) 키리졸브 · 독수리 연합 훈련을 겨냥한 것이다. 북한은 2010년 8월 한 · 미 훈련 때도 사정권이 330여km에 이르는 교란

286) Pastoral Constitution, para. 80.

287) John Stott, *New Issues Facing Christian Tdoay*, London: HarperCollins, 1999, 정옥배 역, 『현대사회 문제와 그리스도인의 책임』, 서울: IVP, 2005, 150.

288) [사설] 리비아에서 '人權존중' 대신 '核무장 강화' 배웠다니, chosun.com, 2011.3.23.

전파를 쐈었다. 요즘 군(軍)의 첨단 장비 대부분에 GPS 장치가 달려 있다. 예를 들어 전투기에서 투하하는 합동직격탄(JDAM)은 GPS 정보에 따라 목표물을 찾아가게 돼 있다. 북한이 한 · 미 훈련에 맞춰 교란 전파를 쐈다는 것은 이 훈련에 동원된 비행기나 미사일 등 첨단 무기가 지정된 사격 지점이 아닌 엉뚱한 곳을 폭격하는 것 같은 대형 참사를 노렸다는 이야기가 된다.

그러나 북이 기대했던 일은 벌어지지 않았다. 북한의 교란 전파는 수도권 서북부 지역 일부에서 휴대전화 시계가 맞지 않거나 통화가 잘 되지 않는 정도의 불편을 가져온 정도라는 게 정부의 설명이다. 아직은 전자전(電子戰)에서 우리의 대응 능력이 북에 비해 우위를 점하고 있기 때문이다. 피해 여부와 관계없이 전시(戰時)가 아닌 평시에, 훈련 중인 군부대를 겨냥해 GPS 교란 전파를 발사한 것은 사실상 테러 행위다.[289)]

대한민국은 지진이나 쓰나미 같은 대형 자연재해로부터 상대적으로 안전한 지역으로 평가된다. 기상 관측 이래 가장 규모가 컸던 지진은 2004년 5월 발생한 경북 울진의 리히터 규모 5.2의 지진이었다. 지금껏 지진으로 인한 인명 피해나 재산 손실도 거의 없다. 그렇다고 해서 우리가 대(大)재앙에서 자유롭다고 하기는 어렵다. 바로 북한 때문이다. 작년에 발간된 국방백서에 따르면 북한의 특수전 병력은 20만 명에 이른다. 북한은 지난 4년간 대략 매년 2만 명씩 특수부대를 늘려온 셈이다. 이 부대는 한국을 향해 테러를 저지르고, 국가 기간시설 파괴 같은 특수 임무를 수행하기 위해 만든 조직이다. 게다가 최근 들어 사이버 테러 요원을 집중 양성하고 있다. 북한의 특수부대와 사이버 전력(戰力)은 우리의 원전(原電)과 항공망, 가스 · 수도망 등 기간 시설을 정조준하고 있을 가능성이 크다.

북한의 위협은 의도적인 도발이 아닌데서도 올 수 있다. 북한의 영변 핵시설은 2008년 8월 이후 사실상 가동이 중단된 상태다. 그런데 북한은 작년부터 바로 이곳에 경수로 원자로를 짓겠다고 나섰다. 지금은 땅을 파고 있는 단계이지만 얼마 안 있어 북한식 경수로 원전의 모습이 드러날 것이다. 원자력 전문가들은 "북

289) 박두식, [박두식 칼럼] "대지진 일본을 보며 천안함을 생각한다", chosun.com, 2011.3.15.

한의 기술 수준으로 안전성이 보장된 경수로 원전은 불가능하다"고 입을 모은다. 그런 북한이 경수로 원전을 짓는 것은 바로 우리 머리 위에서 핵 재앙의 시한폭탄이 돌아가는 것이나 다름없는 일이다.[290]

2011년 3월에 일어난 일본 지진 쓰나미로 인해 일어난 일본 역사상 최대의 재난인 후쿠시마 원전의 방사능 누출 사고가 우리에게 주는 교훈은 북핵의 가공할 위력과 위험성[291]을 깨닫고 우리도 이에 대비해야 한다는 사실이다. 우리도 방사능의 공포에서 결코 자유로울 수 없으며 따라서 북핵에 대한 경각심을 가져야 한다는 것이다. 이것은 '강 건너 불'이 아니고 '내 손톱 밑의 가시'라는 인식을 가져야 한다. 북한의 핵무기와 생화학무기를 그대로 방치하고서는 한국을 지킬 수 없다.[292] 원전의 사고와 핵무기의 폭발이 반드시 동일시되는 것은 아니다. 하지만 그것이 사고에 의해서든 무기로 사용되든 방사능으로 사람과 생물을 오염시키고 죽이는 치명적 존재임에는 틀림이 없다. 일본의 원전은 세계가 알아주는 '안전성'을 자랑해왔고 또 실제로 IAEA(국제원자력기구)의 가이드라인에 충실해온 것이 사실이다. 그에 비해 북한에 있는 것은 그것이 원자력발전이든 핵무기든 IAEA의 가시권 밖에서 '자기들끼리'의 수준으로 운용되고 있다. 심지어 감시기구 쪽 사람들을 추방했을 정도로 베일에 가려 있다. 그래서 우리와 세계는 북한의 핵 관리에 대해 아는 것이 거의 없다. 북핵이 그 어떤 정치적 · 권력적 변동으로 북한 군부 또는 미숙한 김정일 후계체제의 손으로 넘어간다면 북핵의 안전성은 누구도 장담할 수 없는 일이다.[293]

MB정부 들어와 제2차 남북비핵화회담이 2011년 9월 21일 중국 베이징 장안구락부에서 개최되었다. 2011년 7월 인도네시아 발리에서 개최된 제1차 남북비핵

---

290) 위의 글.

291) 핵 무기의 공격을 받게될 경우 열, 폭발, 바람, 열 폭풍, 직접적 방사능 등이 직접 사인이 된다. 일본의 지진에 의한 후쿠시마 핵원전이 폭파된 경우에서 보는 바 같이 방사능 피해에 의하여 유전학적 결과와 생태학적 활폐화가 야기된다. 핵폭발의 무시무시한 결과들은 다음 저서들이 잘 묘사하고 있다.(Donald B. Kraybill, Facing *Nuclear War*, Herald Press, 1982, *Common Security*, The Palme Commission Report, 1982, 49~70).

292) 김대중, [김대중 칼럼] "후쿠시마 原電에서 北核을 본다", 조선일보, 2011.3.21.

293) 위의 글.

화회담 이후 2개월여 만의 회담이다. 주요의제는 UEP(우라늄 농축 프로그램), 미사용 연료봉, 그랜드바겐, 천안함 · 연평도, 남북관계 문제 등이었다.[294] 그랜드바겐에 대해, 남측은 비핵화와 경제지원 뿐만 아니라 관계정상화 등 9 · 19 공동성명의 핵심요소를 하나의 테이블에 올려놓고 일괄 타결안이라는 점을 강조했고, 북측은 경수로 문제와 함께 그랜드바겐도 6자회담 내에서 논의할 수 있음을 밝힌 듯하다. 제2차 남북비핵화회담에서 세 가지의 의미 있는 발견을 할 수 있다. 첫째, 북측이 1만 4,800개의 미사용 연료봉을 남측이 구매할 수 있는지에 대한 타진이다. 영변 원자로를 가동하지 않고 연료봉을 그대로 보관하고 있음을 보여준다. 둘째, 비핵화에 대한 남북간의 대화 모멘텀이다. 북한은 그 동안 핵문제를 미국하고만 이야기하려고 하였으나 북미대화 이전에 남북비핵화 대화가 열렸다는 것은 의미있는 변화이다. 셋째, 북핵문제와 남북문제 선순환관계의 복원 가능성이다. 남북비핵화회담이 6자회담의 틀 내에서 이루어졌지만 남북관계 문제도 논의되었다는 점에서 앞으로 6자회담이 재개된다년 남북관계의 전면복원에도 긍정적인 기여를 할 것임을 예고한다.[295] MB정부는 비핵 · 개방 3000을 내걸고 북핵 폐기를 공약한 만큼, 임기 중 대결을 통한 북핵 관리보다는 대화와 협력을 통한 북핵 폐기의 단초를 마련하는데 총력을 기울여야 한다. 한국과 미국은 북한의 비핵화를 통한 한반도의 평화체제 구축도 중요하지만, 평화체제구축을 통한 비핵화라는 역발상도 검토할 필요가 있다. 북한이 동북아 균형자로서 주한미군의 주둔을 용인한다면 비핵화와 평화체제 구축은 급물살을 탈 수도 있다.[296] 남북관계 해결의 가장 현명한 방법은 평화체제 구축과 더불어 북한이 비핵화하고 개방을 하도록 하여 국제사회의 일원이 되도록 하는 것이다. 북한 김정일은 수차례 중국 방문을 통하여 중국식의 개방과 경제성장의 길을 체험한 바 있다. 그러면 한국도 국제신용평가에 있어서 북한의 핵도발과 급변 변수에서 벗어나게 되어 보다 안

---

294) 양무진, [경남대 극동문제연구소 '한반도포커스']"제2차 남북 비핵화 회담 이후 북핵 문제 어디로 가나", Pressian, 2011.11.2, 경남대 극동문제연구소(소장 이수훈)가 발행하는 〈한반도포커스〉 2011년 11 · 12월호(제16호)에 실린 글* 원제 : "제2차 남북 비핵화 회담 이후 북핵문제".

295) 위의 글.

296) 위의 글.

정된 경제 발전을 도모할 수 있다. 그러면 한반도의 남북관계는 순풍의 돛을 단 것 처럼 일취월장할 것이고 평화통일의 길은 확실히 보장될 수 있을 것이다. 아랍권 국가 튀니지, 이집트 독재자들의 몰락, 더욱이 42년 집권한 리비아의 독재자 카다피의 비참한 최후는 북한의 독재자에게 북한 주민들이 인간존엄으로 살 수 있는 개방의 길을 가라고 하는 마지막 교훈이라고 할 수 있다.

V. 북한 체제의 변화 유도

1. 비효율성의 체제 변화

오늘날 북한의 경제난은 집단주의 비효율 병영 체제가 만들어낸 결과다. 북한은 2010년 후계자 김정은의 업적쌓기용 이벤트에만 4억 6,000만 달러 이상을 탕진했다. 김정은 주도로 진행된 7차례 불꽃놀이에 3,100만 달러를 쏟아부었고, 김씨 일가의 별장 등을 리모델링하는 데 3억 달러를 투입했다. 김정일 우상화용 모자이크 벽화 제작에 70만 달러를 탕진하였다. 전력 부족으로 동사(凍死)자가 발생하고 있지만 전국 도처의 김일성 동상은 눈부신 조명을 받고 있다. 김정은에게 군사지도자 이미지를 색칠하기 위해 27발의 미사일 발사와 2차 핵실험을 하는 데는 8,300만 달러를 사용했다. 김정은을 포병 천재로 만들기 위한 대규모 포 사격 훈련 등에 3,900만 달러를 지출했다.[297] 이런 돈으로 주민들을 먹여 살릴 식량을 샀다면 t당 500달러 수준인 태국산 쌀 87만t을 수입했을 것이다. 북한의 연간 식량 부족분을 모두 메울 수 있는 분량이다. 2,400만 북한 전 주민의 3개월치 식량이자 취약계층 600만 명의 1년치 식량이다. 따라서 북한 체제의 근본성격을 변화시키지 않고서는 과거와 오늘의 불행이 미래에도 연장될 수밖에 없다. 북한 체제의 성격을 바꿔야만 북한 주민을 살리고 한반도에 항구적인 평화를 일궈낼 수 있다.

297) 조명철(대외경제정책연구원 국제협력개발센터 소장), "북한 경제난이 한국과 국제사회 탓이라고?", 조선일보, 2011.3.17, A35면.

2. 화해와 평화 선교를 통한 변화 유도

이를 위하여는 통일환경연구원장 조동진이 지난 1978년부터 30년 가까이 시도한 화해선교와 평화선교의 정신은 한국교회가 귀담아 들어볼 필요가 있다.[298] 조동진은 1979년 미국 윌리엄 케리 대학교수로 고려연구소를 설립하고 10년 동안 김일성 종합대학을 통해서 2천권이 넘는 북한도서를 구입하였다. 그 대가로 그는 1988년 말 김일성 종합대학 총장 박관오 박사의 초청으로 북한을 방문하였다. 조동진은 윤기복 국제담당 비서에게 "이 지구상에 단 하나의 교회도 없는 곳은 북한 밖에 없다"고 말했다. 북한은 조동진의 제의를 받아들여 1989년 평양에 봉수교회를 건축하고 1991년에는 김일성이 어린시절 부모와 함께 다녔던 칠골교회를 재건축했다. 뿐만 아니라 1990년에는 김일성대학에 "종교학과"가 설치되었다.[299] 조동진은 그 답례로 8명의 북한 고위층 지도자들을 미국으로 초청하였고, 이들은 조지아 주 플레인즈에 있는 지미 카터를 방문하여 김일성의 평양초청을 전달했고, 빌리 그래함 전도회의 본부를 찾아가서 빌리 그래함을 평양으로 초청하였다. 그 결과 1992년 북한 노동당은 조선말 사전에 교회, 개신교, 장로 등의 항목을 대대적으로 수정발표하였다. 그리고 1995년 김정일시대에 들어서서 그해 12월에 간행된『조선대백과사전』에는 교회 항목이 서구에서 나오는 일반적인 대백과사전의 내용으로 대대적으로 수정되었다.[300]

조동진은 북한 노동당 출판국이 윌리암 케리대학에 2천권의 도서를 기증하여 준데 대한 답례로 남한의 기독교 도서 2천권을 김일성 종합대학 도서관에 기증할터니 승인해 달라고 하였다. 북한은 조동진의 제의를 두말없이 받아 들였다. 조동진은 1992년 3월 남한의 기독교 서적 2,514권을 윌리암 케리대학교 고려연구소 이름으로 김일성 종합대학에 보냈다. 김일성 주석은 이 도서들에 일일이 자

298) 조동진, "화해와 평화선교를 통한 통일환경 조성", 한국복음주의 협의회 평화통일세미나 자료집, 『주여! 한반도의 평화통일을 주시옵소서!』, 강변교회개최, 2011.3.11, 15~19.

299) 상게서, 16.

300) 상게서, 17~18.

신의 도장을 찍어 승인케 하였다. 그 도장에는 '위대한 수령 김일성 주석께서 배려하신 도서' 하고 써 있었다. 김일성 종합대학교는 이 도서들을 위한 특별서가를 마련하여 비치했을 뿐 아니라 특별강연회를 열어 150여 명의 김일성 종합대학 교수들을 모아 조동진에게 "민족과 기독교"라는 강연을 하도록 하였다.[301) 이러한 조동진의 화해선교와 평화선교의 비전은 효과가 있는 것은 사실이나 이것이 북한 체제의 변화로 이어지는 것은 또 다른 차원이다.

3. 개혁과 개방을 위한 국제사회의 압력과 자극

체제 변화는 단지 기독교적으로만 생각할 수 없고, 정치적 사회적 차원의 개방과 개혁으로 생각해야 한다. 중동의 민주화 시위를 보라. 억압과 궁핍이 있는 곳에 투쟁이 일어난다는 진리를 다시 일깨워주고 있다. 현재 김정일 세습체제는 중동 독재권력보다 몇 배 더 억압과 가난을 강요하고 있다. 탈북자들에 의하면 "북한에는 인권이 없다. 인권이 없는 북한은 지옥과 같다." "북한 그 자체가 거대한 감옥과 같다."[302) 거주의 자유, 여행의 자유, 직업선택의 자유, 집회결사의 자유가 없다. 그저 당이 명하는 대로 지시하는 대로 살아야 하는 것이 북한 주민의 삶이다. 요덕을 비롯한 6곳의 정치범 수용소에 20만 명의 사람들이 수용되어 있고 이 가운데 8만 명이 기독교인이라고 한다. 그리고 그 체제가 스스로 변화할 가능성은 전혀 없다. 한국은 북한 주민의 인권 · 통일 · 평화 등 거창한 구호가 아니더라도 통행의 자유, 거주의 자유 등 작은 가치를 먼저 강조하며 당당하게 북한 체제의 성격 변화를 추구해야 한다. 세계의 흐름과 북한 주민이 우리를 부르는데 무엇을 주저할 것인가.[303) 한국정부는 앞으로의 북한과의 경협은 반드시 북한 주민의 인권 신장과 연결하도록 해야 한다. 그렇지 아니한 물자공급은 북한

301) 상게서, 18.

302) 김규호, "북한 인권을 외면한 평화, 진정한 우리의 기쁨이 될까?", 「신앙세계」 통권 517호, 2011.8, 52.

303) 조명철(대외경제정책연구원 국제협력개발센터 소장), "북한 경제난이 한국과 국제사회 탓이라고?", 조선일보, 2011.3.17, A35면.

주민의 마음을 얻지 못할 것이며, 진정한 심리적 통일에 도움이 되지 않는다. 한국 정부가 정치범수용소 문제를 정면으로 거론한다면 김정일 정권은 인민의 압력으로 버틸 수 없게 될 것이다.[304] 한국의 각종 비정부 시민단체들은 북한의 인권유린을 계속 비판하고 국제인권 단체 기구와 제휴하여 "북한정치범수용소해체"를 목표로 지속적인 캠페인을 벌려야 할 것이다.[305]

북한 특권계층은 노동당 간부, 치안기관 요원, 일부 군대이다. 숫자로 따지면 100만 명에 불과하지만 그들에게는 무기와 돈, 조직능력과 경험이 있다. 북한의 기득권 계층이 민중봉기를 힘으로 누르려는 이유는 체제가 붕괴될 경우 특권을 유지할 수 없을 뿐 아니라 감옥에 가거나 숙청당할 수밖에 없기 때문이다. 북한 체제가 흔들리기 시작할 때, 남한 정부가 통일에 대한 지원과 함께 대사면(大赦免)을 베풀겠다는 약속을 분명히 한다면 큰 도움이 될 것이다. 북한 독재정권 시절에 저지른 인권침해 등은 일반사면의 대상으로 한다는 약속을 해야 한다. 그러면 북한 엘리트는 이집트 엘리트처럼 새로운 사회에 적응할 희망을 갖고 저항하지 않을 것이다.[306]

---

304) 강철환, [조선데스크] "북한 민주화의 3대 조건", 조선일보, 2011.10.24, A34면, 강철환은 북한 민주화를 위한 3대조건을 말한다: "북한에서 민주화운동이 가능하자면 첫 번째로 폭압체제를 완화하기 위해 강제수용소가 철폐돼야 하고, 두 번째로 북한 내부에 더 많은 정보가 유입돼야 한다. 세 번째로 가장 중요한 것은 민주화 세력이 폭압정권을 반대해 싸우다 실패할 경우 퇴로를 열어주는 것이다. 바로 중국 정부가 인정하지 않는 탈북난민 문제를 풀지 않으면 북한 내 민주화운동은 아주 어렵다." (조선일보, 2011.10.25, A34면)

305) 손봉호, "종교개혁과 정치, 사회, 문화, 통일", 〈종교개혁 Refo 500 Asia 211 국제학술 컨퍼런스〉, 2011.10.31. 주최: Refoe500 Asia(Coordinator: 총신대학교), 118.

306) 안드레이 란코프(국민대 교수 · 역사학), "북한 기득권층의 저항을 누그러뜨리려면", chosun.com, 2011.3.22.

VI. 한반도 통일에 대한 성숙한 자세

1. 지진 피해에 나타난 일본인들의 사회적 인내심

일본 역사상 최대의 피해를 낸 지진, 쓰나미, 원전사고에 있어서 일본인들은 일반 후진국 국민들에게 나타날 수 있는 약탈이나, 난동이나, 사재기가 없이 질서 정연하게 이에 집단적으로 대처하였다. 재난 지역에서는 생수 한 통을 사려고 수퍼마켓에 줄이 길게 이어졌다. 주유소에 약간의 기름을 넣는데 1~2시간씩 기다렸다. 참을 수 없을 것 같은데 '폭발' 하지 않는다. 이에 대하여 해외언론들이 성숙한 국민이라고 연이어 평가하고 있다.

조선일보 기자와 만나 인터뷰한 NHK 출신 후지모토 도시카즈 경희대 초빙교수는 이러한 일본인의 기질에 대하여 다음과 같이 피력하고 있다: "슬프지만, 할 수 없어"라는 말을 잘 쓴다. 이번 모습은 과거부터 쭉 계속 내려온 것이다. 일본 사람만큼 자연재해를 많이 받은 민족도 없다. 그 앞에서는 어떻게 할 수 없다는 걸 안다. 이번이 처음도 아니다. 우리 DNA 속에는 어찌할 수 없는 운명에 대한 순응과 체념이 있는 것이다. "일본에는 '세켄(世間)' 이란 말이 있다. 사회의 시선이라고 할까, 늘 이를 의식하며 살고 있다. 자신의 욕망과 행동을 제약한다. 한국식으로는 눈치를 본다고 할까. 항상 주변의 공기를 읽는다. 슬픈 일이 닥쳐도 너무 과도하게 울지 않는다. 남의 시선을 의식하는 것이다." "본능적으로 하면 창피하지 않은가. 인간이 본능으로만 살 수 없는 것이 아닌가. 저마다 그렇게 살겠다면 서로 갈등이 일어나게 마련이다. 일본인들이 가장 좋아하는 말이 '화(和)' 다."[307]

집단을 중요시하는 일본에서 폭발한 후쿠시마 원전의 방사능 누출을 막기 위하여 자원한 수백명의 자원결사대도 일본사회의 응집력을 나타내주었다. 이들은 가족들과 이별하고 그의 부인들도 남편이 전체를 위하여 개인 목숨을 내걸고

307) 최보식(경희대 초빙교수), [최보식이 만난 사람] "NHK 출신 후지모토 도시카즈 경희대 초빙교수, '순응은 몸에 전해온 DNA… 일본인이 갑자기 진화한 것 아니다' ", chosun.com, 2011.3.21.

방사능의 피폭을 감수하고 사고현장에서 방사능 누출을 방지하는 자기의 임무를 수행하도록 격려해주는 것은 일본사회를 선진국으로 만든 성숙성이다.

2. 분단의 고통을 인내로 수용하고 통일을 향하는 사회적 응집력

1) 탈북민 수용

북한 같은 통제사회에서 갑자기 자유사회로 오면 탈북자들은 모든 것을 자기 마음대로 해도 된다는 착각에 빠지기 쉽다. 탈북자들이 "책임지는 자유"라는 것을 인식하기까지는 꽤 많은 시간이 걸렸다. 무법천지 사회에서 온 탈북자들이 법과 질서를 배워야 하는 것은 너무나 당연하다. 하나원 교육에 대해선 많은 도움이 됐다는 탈북자도 있고 그 반대의 이야기를 하는 사람도 있다. 기본적인 사회교육과 컴퓨터, 영어, 운전면허 같은 교육은 사실 탈북자 생존을 위해 절실한 것이다. 하나원 교육이 도움이 됐다는 사람들을 보면 대부분 한국 사회에 빨리 적응한 편이었다.[308)]

하나원이 도움이 안 됐다는 사람들 일부가 하나원을 '감옥'이라 표현했다고 해서 물의가 일고 있다. 가족 간의 면회나 외출 등이 자유롭지 못하다는 이유였다. 그렇다 해도 감옥이란 것은 지나친 말이라고 하지 않을 수 없다.[309)] 하나원에 문제가 없지는 않다. 탈북자 출신의 하나원 보조교사들이 한꺼번에 쫓겨났다. 남한 사람에게 말 못할 사연도 같은 동향 사람을 만나면 쉽게 터놓게 되는 장점 때문에 하나원 내 탈북자 보조교사들은 꼭 필요한 사람들이었지만 보안상의 이유로 해고됐다.

---

307) 최보식(경희대 초빙교수), [최보식이 만난 사람] "NHK 출신 후지모토 도시카즈 경희대 초빙교수, '순응은 몸에 전해온 DNA… 일본인이 갑자기 진화한 것 아니다'", chosun.com, 2011.3.21.

308) 새터민들의 한국생활은 3개월의 하나원 생활(2개월 포함) 적응과정을 끝내면 정착을 위해서 기본급 천만원, 장려금으로 최대 1,540만원 부양자 1인당 3백만원~4백만원 외에 거주지 보호를 5년간 보장해준다. 그리고 의료급여, 고용지원금, 교육 지원금 등을 지급하고 사회안전망에 편입되어 자립자활할 수 있도록 최선을 다하고 있다 (박경서, "동북아 평화정착과 북한 인권문제", 『기독교와 통일』, 기독교통일학회, 제1권, 창간호, 2007, 134).

지금 탈북자들이 하나원 교육을 지루하게 생각하는 것은 장기간 외국에서의 도피 생활과 북한에서의 통제 때문에 하루빨리 자유를 누리고 싶은 욕망이 앞서기 때문이다. 그러나 자유를 얻기 앞서서 한국 사회를 하나라도 배우려고 하지 않는다면 이 사회 정착은 어려워질 수 있다. 하나원 교육은 탈북자 개인의 취향이나 요구보다 공공의 이익이 더 우선될 수밖에 없고 어느 정도 제약은 불가피하다고 생각한다. 탈북자 2만 3천 명 시대를 맞아 하나원 교육 내용도 한 번쯤 점검해보는 것이 필요하다.[310)]

탈북민과 아울러 탈북 고아들에 대한 관심과 돌봄도 중요하다. 북한민주화네트워크 사무총장 김윤태는 "정확한 조사가 어려워 단체마다 추정(推定)치가 다르지만 1만~2만여 명의 아이들이 중국 등 외국에 떠돌거나 일부 남한에서 살고 있다"고 말했다. 남북 분단의 비극 중 비극이 탈북 고아다. 그들 한명 한명엔 분단 모순이 응어리져 있다. 인신매매에 노출된 탈북여성들이 외국인과 결혼하여 낳은 아이들은 버림받기 일쑤이다. 탈북 고아는 크게 세 부류로 나뉜다. 탈북 과정이나 한국에 와서 부모와 떨어진 아이들, 북한에서 부모를 잃고 혼자 떠난 아이들, 탈북 여성이 중국 등 제3국에서 현지 남성과 사이에서 낳은 뒤 돌보지 못하는 아이들이다. 하지만 이들을 향한 따뜻한 손길은 거의 없다. 지난 2월 말 멀리 태평양 건너 미국에서 공화당 리처드 버 상원 의원(노스캐롤라이나주)이 '2011년 탈북 고아(孤兒) 입양 법안'을 발의했다.[311)]

현재 한국에 와 있는 50만 중국 교포 그리고 입국한 2만 3천명 탈북민들의 정착과 이곳에서의 삶의 질이 만족하도록 적극적으로 지원해서 이들이 북한에 있는 친지들에게 한국의 사정을 알리는 것이 매우 중요하다.[312)] 변호사 노인수가 제시하는 "탈북자의 효과적인 교회정착 지원 메뉴얼"은 우리들이 이들을 효과적

---

309) 강철환(동북아연구소 연구위원), "탈북자 2만 시대", '하나원', chosun.com, 2010.11.16.

310) 위의 글.

311) 김진명, "탈북 고아 2만여 명 세계 떠돈다", chosun.com, 2011.3.10.

312) KBS 통일 대토론회, 통일, 어떻게 준비할 것인가? 2011년 8월 3일~6일, 마지막 날 토론, 저녁 10시 40분~12시 20분(참가자들: 박세일, 윤영관, 조동호, 옥호열, 김근식, 김영수).

으로 돌보는 데 도움을 준다.[313)]

첫째, 북한사회와 주민에 대한 이해가 필요하다.

둘째, 다르다고 출발하여 같은 것을 찾아라

셋째, 함께 배우고 공동체로 나아가야 한다.

넷째, 교역자와 헌신자를 잘 세워야 한다.

다섯째, 반복적인 질문을 하지말라.

여섯째, 조급한 성과를 기대하지 말라

일곱째, 교회모임에 억지로 나오게 하지마라

여덟째, 어느날 갑자기 연락이 안될 수 있다.

아홉째, 거짓말 때문에 배신감을 느낄 수 있다.

열째, 어린 아이와 같게 느껴지는 경우가 있다.

통일 이전 서독에서는 동독에서 넘어온 탈동독인을 가치중립적 명칭을 사용하여 "이주민(Zuwanderer)"이라고 불렀는데, 우리도 탈북민을 "이주민"이라고 부르는 것을 고려해 볼만하다. 이들은 통일 후 자기들의 고향으로 되돌아가서 남한사람과 그 문화에 대하여 북한사회에 알려줄 중재의 역할을 할 사람이다.

2) 북한 주민의 고통에 동참, 동포애 보여줌

독일 일간지 '쥐트도이체 신문(Süddeutsche Zeitung)'에 평양발(發) 르포기사가 실렸다. 핵실험 사태 이후 서방 언론으로는 처음이다. 이달 초 방북 취재가 성사된 경위는 알려져 있지 않다. 이 신문이 중도좌파(左派) 성향임에도, 한때 주독 북한대사가 "공화국에 대한 비판이 심하다"며 신문사를 직접 찾아갔을 정도로 썩 좋은 관계는 아니었다. 르포는 이렇게 전개된다. "평양 시내의 '인민문화궁전'에는 북한을 핵 보유국으로 만든 김정일 찬양 문구가 휘날리고 있다. 그러나 지금 북한 인민들의 최대 관심은 어떡하면 이번 겨울을 날 수 있느냐다. 1990년대보다

313) 노인수, "탈북자의 효과적인 교회정착 지원 메뉴얼", 「북한선교」 2011.5~10, 기독교북한선교회, 8~12.

좀 나아졌어도 식량 부족은 여전하다."[314] 시사주간지 이코노미스트지(誌)의 표현으로는, 북쪽 사람들은 '쪼그라든 배(Pinched bellies)'가 될 수밖에 없다. 북한의 핵무기는 혹 그 '체제'를 지켜줄 지는 모르나, 그 주민들을 삶의 경계 밖으로 짐승처럼 내몰고 있는 것이다. 이런 정권에 대해 우리는 얼마나 더 참아야 할까. 그 술수와 협박에 더 이상 끌려갈 수도, 현혹될 수도 없다. 그런데 저 굶주린 아이들은 '정치'를 모른다. 이들에 대하여 한국은 식량을 보내 주어야만 한다.[315] 가능하면 국제기관을 통하여 사랑의 쌀이 이들에게 바로 전달되는지 확인하는 검증의 길도 여는 것이 필요하다. 그럴 때 우리는 북한 동포의 마음을 얻게 되는 것이며, 이들에게 심리적으로 연결되어 있다는 유대를 얻기에 이른다. 이것은 앞으로 제도적인 통일 이후에도 진정한 남북한 주민들의 교통과 상호관계를 위하여 필요하다. 탈북민들, 탈북 고아들을 돌보고, 저들에게 따뜻한 마음과 안식을 줄 수 있는 것은 정부에게만 맡길 것만이 아니라 민간의 차원, 교회를 중심으로 한 종교단체와 민간 기구들의 상호협력과 상호관리를 통하여 더 잘 이루어질 수도 있다. 여기에 민간적 기구의 관리(governance)체계가 잘 이루어져야 한다.[316]

남한이 북한에 인도주의적 지원을 적극 제공하더라도 북한의 대남정책이나 핵무기 정책, 대외적 행태 자체를 바꾸게 할 수는 없다. 그러나 다음 몇 가지의 중요한 효과를 기대할 수는 있다. 첫째, 우리의 동포인 북한주민의 기아 극복, 의료 환경 향상 등 실생활에 도움을 줄 수 있다. 둘째, 이산가족의 만남, 교신 및 교류를 가능케 하는 등 분단의 아픔을 조금이라도 해소하는 데 도움이 될 수 있다. 셋째, 북한주민에게 남한사회의 발전상과 남한동포의 성의를 알림으로써 남북한 주민 간의 동족의식을 고취하고 미래에 대한 희망을 줄 수 있다. 넷째, 북한이 중국 · 러시아 등에 전적으로 의존하는 것을 어느 정도 방지하는 효과가 있을 수 있다. 결국 이 모든 것이 북한 사회의 변화와 개방을 가져오는 데 기여하고 궁극

314) 최보식, "北아이들의 '쪼그라든 배(腹)'", chosun.com, 2006.11.21.

315) 손봉호, "종교개혁과 정치, 사회, 문화, 통일", 〈종교개혁 Refo 500 Asia 211 국제학술 컨퍼런스〉, 2011.10.31. 주최: Refoe500 Asia(Coordinator: 총신대학교), 118.

316) 박종화, "교회의 통일", 『기독교와 통일』, 기독교통일학회, 제1권, 창간호, 2007, 134.

적으로 통일을 앞당기는 데도 도움을 줄 수 있을 것이다.[317)]

3) 북한 개발 기금 비축: 통일세 시행

2010년 8월 15일 경축사에서 이명박 대통령이 통일세 신설을 제안한 것은 한반도 통일을 위한 사회적 · 경제적 · 심리적 환경을 만들어가는 중요한 첫걸음이 된다. 더 타임스는 또 한국이 통일세를 준비할 정도로 김정일 정권의 붕괴를 확신하고 있다는 점에서 이번 통일 방안은 김정일을 조롱한 것이라고 풀이했다. 한편 영국 경제 일간지 파이낸셜 타임스는 이 날자 기사에서 "이번 제안은 지금까지 통일을 지극히 요원하고 이론적인 것으로 생각해온 이 대통령의 기조에 큰 변화가 있음을 의미한다"고 평가했다.[318)] 2011년 통일연구원 소장 박종철이 2031년 통일시 초반 1년간 통일비용 年 55조 정도 들 테지만, 그 후 10년간 국방비 감축 효과가 500조 가량 될 것이라고 전망했다. 한국 최저 생계비 수준으로 북(北)에 맞춰주면 년(年) 249조(兆)로 늘어, 통일했을 때 얻을 이익은 국방비 25년간 633조(兆) 절감한다.[319)] 그러나 "지금 일부 정치인들이 눈앞의 표를 의식해 공짜 복지정책을 남발하면 통일이 됐을 때 우리가 북한의 사회보장을 위해 부담해야 할 돈이 감당 못할 수준으로 늘어날 것"이라고 말했다. "지금처럼 여야(與野)를 막론하고 정치권에서 복지 포퓰리즘이 난무하면 통일 비용이 크게 증가한다"고 내다보았다.[320)] 통일은 한반도를 위한 기회이자 위기인 것이다. 기회라고 하는 것은 나누어진 둘이 하나가 되어 새롭게 건설이 시작되는 것이니 미래의 청사진을 가져다 주기 때문이다. 위기라고 하는 것은 경제적으로 파탄된 북한 사회주민들을 먹여 살리고 저들의 생계를 책임지고 저들 사회의 기간 산업을 세우기 위하여 투자해야 하며 통일세를 내어야 하기 때문이다. 이것은 각 한국인에게 경제적

---

317) 한승주(고려대 명예교수 · 전 외무부 장관), [한승주 칼럼] "대북 지원의 대상은 북한 주민이다", 조선일보, 2011.8.30, A38면.

318) "통일세 제안에 메시지 숨어 있어"[英신문] "격동 대비, 대북 자신감..실패할 운명 청사진".

319) 이용수, "통일비용 年 55조(2031년 통일시 초반 1년간)… 포퓰리즘 남발 땐 감당못해", 조선일보, 2011.8.12, A6면.

320) 위의 글.

인 측면에서는 고통분담이기 때문에 위기다. 이런 의미에서 통일준비는 경제적인 위기관리를 생활화하는 것이다.[321)]

2011년 9월 23일 한반도선진화재단과 조선일보가 공동 주최한 '통일능력과 통일비용'을 주제로 제4차 통일포럼에서는 기존의 통일비용 논의들이 오히려 통일에 대한 부정적 인식과 공포심만 증폭시켰다는 공통된 문제의식을 바탕으로 통일비용의 실체를 제대로 들여다보는 논의가 이루어졌다. 이화여대 교수 조동호는 "순비용(net cost)으로 정의돼야 할 통일비용을 총비용(total cost)으로 정의함으로써 실제 비용을 크게 부풀리는 결과를 낳았다"고 지적했다. 통일에 필요한 비용을 모두 합산한 총비용에서 통일로 인해 발생할 편익(이익)을 빼지 않아 비용이 과대 계산됐다는 것이다.[322)] 조동호는 "통일 편익은 통일 한국이 존속하는 한 영원히 발생하기 때문에 그 크기는 논리적으로 무한대"라며 "(유한한 통일비용에서 무한한 통일편익을 뺀) 순비용은 마이너스"라고 말했다. 통일은 '남는 장사'란 얘기다. 서울대 교수 임현진은 "통일비용보다 통일편익이 많다면 그 차이를 통일혜택이라 할 수 있다"며 '통일혜택=통일편익–통일비용'의 등식이 성립한다고 했다.[323)] 평화통일의 편익(便益)이란 국제 신용평가회사가 한국 신용평가의 중요한 변수로 보고 있는 군사적 위험성이 없어져서 외국의 자본이 장기적으로 들어오게 되는 것이다.[324)] 거기다 통일은 해양과 대륙을 연결하는 한반도의 지정학적 이점(利點)을 누릴 수 있게 해서 여태까지 3면이 바다로 북쪽으로는 북한에 막혀서 섬이었던 남한이 북한 땅을 통해서 대륙으로 뻗어 나가는 대륙국가가 된다는 것이다.[325)] 차를 몰고 유럽까지 갈 수 있고 기차를 타고 세계여행을 할 수 있게 된다. 이것은 통일비용을 충분히 상쇄할 수 있는 큰 기회를 가져다 주는 것이다. 통일에 드는 비용만 생각하면 천문학적 수치로 엄두를 낼 수 없으나 한국이 대륙국가로서 북동 아시아의 평화

---

321) 동용승, "경제적 측면에서 본 통일", 특집: 2010 기독교 한반도 통일포럼, 「신앙세계」 통권 508호, 2010.11, 166.

322) 이용수, "통일 비용이 이익보다 큰 '전환의 계곡' 기간 단축해야", 조선일보, 2011.9.26, A14면.

323) 위의 글.

324) 동용승, 상게서, 166.

325) 동용승, 상게서, 167.

와 번영에 이바지하는 중심국가가 되는 국가적인 위상과 보람을 생각해야 한다.[326] 이것은 통일독일이 유럽 통합의 중심국가가 되어 그 통일비용대가를 넉넉히 상쇄할 수 있는 것과 같을 수 있다.

독일 통일에 든 천문학적 비용을 보며 과연 우리가 그 엄청난 비용을 감당할 수 있을까 걱정하는 국민도 많다. 그러나 독일 통일은 외교 면에선 성공한 통일이지만 경제정책 면에선 실패한 통일이다. 천문학적 통일비용이 든 주된 이유는 통일 과정을 잘못 관리했기 때문이다.[327] 예컨대 동독 노동자의 노동생산성은 서독의 30% 수준인데 임금은 70~100%를 주었다. 동독 화폐의 시장 구매력은 서독의 1/4 수준인데 교환비율을 1대 1로 정했다. 그래서 임금 인상으로 생산비는 오르고 구매력이 높아진 소비자는 동독 생산물을 외면했다. 동독 공장들이 줄줄이 파산하여 통일 2년 내 주민의 3분의 1이 실직했다.

독일 정부는 이들 실직자들에게 서독 수준의 실업수당 등을 주기로 결정했다. 동독 주민의 40%가 사회보장비로 생활을 했고, 그 결과 통일비용은 천문학적으로 늘어났다. 사실 통일비용의 50%가 사회보장비용이었고, 이를 포함한 80%가 소비적 지출이었다. 동독의 경제 발전을 위한 인프라 건설 등 '투자적 지출'은 총통일비용의 20% 수준도 안 됐다.[328]

아무리 통일비용이 많이 든다고 하더라도 우리는 다가오는 우리 후세를 위하여 어려움을 감내해야 한다. "돈 많이 드는 통일"을 꼭 해야하는 네 가지 이유는 다음과 같다.[329]

첫째, 통일 비용을 과장하지 말라는 것이다. 통일 비용은 "북한 주민의 생활수준이 남한과 같아지기까지 들어가는 돈"일 수도 있고, "북한 주민이 심리적 안정을 느끼게 하는 데 필요한 돈"일 수도 있다. 그래서 3,000조원이 되기도 하고,

---

326) 동용승, 상게서, 167.

327) 박세일(한반도선진화재단 이사장), "막대한 독일 통일비용 포퓰리즘 산물", chosun.com, 2011.1.27.

328) 상게서.

329) 김태우(통일연구원장), [기고] "'돈 많이 드는 통일'을 해야 하는 이유", 조선일보, 2011.9.22, A39면. 필자는 김태우가 제시한 세 가지 이유에 동북아 평화의 진정한 기여자로서 한국이라는 한가지를 덧붙였다.

1,000조원이 되기도 한다. 사랑하는 남녀가 아파트를 살 돈이 부족해도 전세방에서 결혼 생활을 시작할 수 있듯, 강한 통일 열정만 있다면 통일 비용은 부차적인 문제가 된다.둘째, 통일 비용은 일정 기간 투입되지만 통일이 가져다주는 편익은 후손 만대로 계승된다. 국토가 넓어지고 시장 규모가 커지며, 남한의 자본력과 기술력이 북한의 자원 · 노동력과 결합하여 더 높은 경쟁력을 발휘하게 된다. 이산가족이 형제를 만나고, 실향민이 망향(望鄕)의 한(恨)을 달래며, 남한 학생들이 금강산과 묘향산에 수학여행을 갈 수 있게 되는 것은 수치로 나타나지 않는 편익들이다.셋째, 통일의 가치를 비용과 편익이라는 셈법을 통해 평가할 수 없다. 한국이 통일을 통해 세계사 속에서 더욱 의미 있는 존재로 발돋움할 수 있다면 이는 분명 비용 차원을 넘는 문제다. 북한에 수령(首領)독재 체제가 등장하여 70년 동안 분단을 강요하고 있지만, 1,000년에 걸친 통일 한반도의 역사에 비추어 보면 현재의 분단은 부자연스러운 일시적 현상일 뿐이다. 이 부자연스러움을 벗고 원래 상태를 회복하는 데 금전적 잣대는 필요하지 않다. 넷째, 통일을 통하여 우리는 비로소 동북아의 진정한 평화에 기여할 수 있다. 한국은 오늘날 동북아에서 중국, 일본, 러시아, 미국이라는 4대강국이 만나는 지정학적 요충지에 위치했다. 이러한 지정학적 요충지이기 때문에 6 · 25전쟁도 일어났다. 이제 60년이 지난 오늘날 한국은 산업화와 민주화에 성공한 나라로서 이제는 이들 한반도 주변의 4대강국에게 번영과 평화를 심어주는 나라가 되어야 한다. 이것이 남북통일의 가장 아름다운 결실이 되는 것이다.

4) 3단계를 거치는 남북한 통일과정(북한을 특별행정기구로 지정, 기반구축 → 경제통합 → 정치통합)

경제 전문가들의 반대에도 불구하고 왜 독일 정부는 이런 잘못된 결정들을 했을까? 정치인들의 '통일 포퓰리즘(unification populism)' 때문이었다.[330] 독일 정부

330) 박세일(한반도선진화재단 이사장), "막대한 독일 통일비용 포퓰리즘 산물", chosun.com, 2011.1.27.

는 다가오는 선거에서 동독 주민의 표를 얻기 위해 잘못된 인기 영합정책을 밀어붙였기 때문이다. 그래서 통일 과정의 관리가 결정적으로 중요하다. 우리는 독일의 실패를 반복하지 말아야 한다. 대외경제정책연구원의 선임연구위원 윤덕룡은 "명목임금을 올려주는 것은 화폐 통합만으로도 어느 정도 달성되지만 노동생산성도 같이 끌어올리는 것은 어려운 문제"라고 했다. 통일 직후 서독 노조들은 동독 노동자들이 높은 임금을 찾아 서독으로 밀려드는 것을 우려해 대거 동독으로 진출해 노조 결성을 돕고 기업들과 전투적인 임금 협상에 나섰다. 그 결과 기업들은 동독 대신 주변 동유럽 국가로 진출하고 말았다. 윤덕룡의 주장에 의하면 "이 일로 동독지역에 대량 실업사태가 벌어졌고 독일 정부는 큰 복지비용을 치렀다." 그래서 "우리는 통일을 하더라도 북한지역의 노동생산성이 어느 궤도에 오를 때까지 사회 통합을 최대한 늦출 필요가 있다."[331] 한반도의 성공적 통일을 위해선 북한의 구(舊)체제가 실패한 뒤 일정 기간의 혼란 후 가능한 한 빨리 북의 '개혁 · 개방 세력'과 남의 '통일 준비 세력'이 공치(共治)하는 '특별행정기구'를 북에 세워야 한다. 그리고 북 전체를 '경제 · 행정특구'로 지정하여 당분간 남쪽과는 별도 관리하며[332] 다음의 3단계를 거쳐야 한다.[333]

제1단계는 '체제 전환과 자생적 발전 기반 구축' 단계이다, 지금까지의 계획경제를 시장경제로 바꾸기 위한 토지와 공장의 사유화(私有化), 기업과 가격의 자유화 등을 추진해야 한다. 이 시기에는 남북 간의 노동 및 자본 이동은 허가를 통해 관리된다. 토지 · 공장의 사유화는 '북한 거주'를 조건으로 해야 한다. 성급한 대규모 노동 이동이나 투자는 바람직하지 않다. 통일 후에도 北 협동농장 일정기간 유지는 필요하다. 산업연구원의 연구위원 김석진은 "독일식의 급속한 완전 통일보다는 부분적 · 단계적 통합이 북한지역 산업화에 더 유리한 환경을 제공

331) 이용수, [북한도 동독처럼 될 수 있나] "남북 경제규모 차이 커 獨보다 시간 더 걸릴 듯… 일부선 급속성장 가능", 조선일보, 2011.11.3, A10면.

332) 제4차 통일포럼에서 서울대교수 임현진도 "북한을 '특별경제지역'으로 설정해 노동력 이동을 어느 정도 제한하는 방식의 관리방법도 고민해야 한다"고 말했다.(이용수, "통일 후에도 北 협동농장 일정기간 유지 필요", 조선일보, 2011.9.26, A14면).

333) 박세일(한반도선진화재단 이사장), "막대한 독일 통일비용 포퓰리즘 산물", chosun.com, 2011.1.27.

해 재정 지출을 줄일 수 있다"고 말했다.[334] 독일처럼 노동시장 통합(이동의 자유), 화폐 통합, 사회보장제도 통합을 모두 실시하는 완전 통일방식을 택할 경우 북한 지역의 임금은 급등할 수밖에 없고, 이는 북한지역에 대한 투자 · 고용의 위축은 물론 대규모 실업마저 야기할 수 있다는 것이다. 김석진에 의하면 그 경우 북한 지역의 산업 발전 지체로 이어져 오히려 통일비용 부담이 커진다는 것이다.[335] 이 기간 중 핵심 정책은 북한의 저임금 구조를 유지, 북한 경제의 국제경쟁력을 확보하고 자생적 수출 주도형 발전 기반을 만드는 것이다.

제2단계는 '대규모 대북 투자와 남북 경제 통합' 단계이다. 대북 투자는 산업 인프라, 에너지, 교육 투자 등에 집중되어야 한다. 체제 전환과 대규모 대북 투자에 성공하면 그것만으로도 북한 경제의 성장률이 연평균 25% 내지 40%가 될 것이다. 북녘 동포들이 삶의 희망을 되찾게 된다. 다음은 본격적 남북 경제 통합이다. 상품 서비스시장 통합부터 시작해 자본시장, 노동시장 통합의 순서를 밟아야 한다. 시장 통합에 상응하는 금융 · 재정 · 교육 · 노동 등의 법률과 제도 통합도 순차적으로 추진해야 한다. 서울대 교수 이효원은 "남북한 법률의 적용문제에 있어 과도적으로 북한 법률의 적용을 인정하거나 북한지역에 특별행정기관을 설치하는 것도 고려해야 한다"고 말한다.

제3단계는 '정치 통합' 단계이다. 자유선거를 통한 통일헌법의 채택 등 단일 정부 수립을 위한 제도 개혁의 단계이다. 정치 통합을 경제 통합 뒤에 하는 이유는 통일 과정에 등장할지 모르는 '통일 포퓰리즘'을 막기 위해서이다.

통일 과정이 시작되면 최소한 5년 내지 10년이 걸릴 위의 3단계를 잘 관리해야 한다.[336] 그러면 우리 민족에게 새로운 국운(國運) 융성의 지평이 활짝 열린다. 북한의 풍부한 천연자원, 고학력의 저임금 인력, 산업구조의 보완성, 잠재적 내수시장 등이 남한의 자본과 기술, 해외 경험과 결합하면, 그리고 그동안 남북 분단

334) 이용수, "통일 후에도 北 협동농장 일정기간 유지 필요", 조선일보, 2011.9.26, A14면.

335) 위의 글.

336) 박세일(한반도선진화재단 이사장), "막대한 독일 통일비용 포퓰리즘 산물", chosun.com, 2011.1.27.

으로 지급한 막대한 국방비와 갈등 비용 등을 절약하게 된다면 한반도 경제는 아시아에서 유일승천하는 용(龍)이 될 것이다. 중국의 발전이 부럽지 않을 것이다. 북한은 통일 전 동독보다 훨씬 더 낙후돼 있어 한국이 통일 후 치러야 할 '통일비용' 부담이 과거 서독에 비해 클 것이라는 독일 경제학자의 전망이 나왔다.

울리히 블룸 독일 할레(Halle)대학 경제연구소장은 2010년 6월 23일 한국 평화재단과 독일 아데나워재단이 서울 조계사에서 주최한 '분단국 통일에서 무엇을 배울 것인가' 심포지엄 발표에서 "통일을 하면 남북간 경제력 격차 문제가 반드시 생기게 되므로 북한에 대한 투자로 완충 작용이 이뤄지게 해야 한다"고 말했다.[337)]

블룸 소장은 이어 "독일은 매년 GDP의 5~8%를 동독 지역에 이전시킴으로써 동독 주민들이 서쪽으로 이주하는 것을 적절한 수준으로 막을 수 있었다"고 말한다. 그는 "'석기시대 공산주의' 라 할 수 있는 북한은 동독보다 더 극단적 상황에 처해 있어 한국은 매년 GDP의 25% 정도씩을 북한 지역에 투자해야 할지도 모른다"고 내다봤다.[338)] 한국정부는 보다 합리적으로 통일비용을 추산하고 이에 대비해야 한다. 현재 남한의 경제력은 통일 당시 서독의 경제력에 못 미치는 반면 북한의 경제사정은 동독보다 훨씬 열악하기 때문이다. 2008년 북한의 1인당 국내총생산(GDP)은 1,000달러로 한국의 5.5%에 불과하다. 통독 당시 동독의 1인당 GDP가 서독의 3분의1 수준에 달했다는 점과 비교하면 상당한 격차가 아닐 수 없다.[339)] 독일 통일이 '비용' 에 대한 공포를 가져왔으나 통일과정을 적정수준에서 관리하면 비용도 크지 않고 통일이익이 훨씬 크다는 주장이 제기됐다. 고려대 교수 조영기는 "현재 북한은 부실기업이지만 값싼 토지와 풍부한 노동력이란 잠재력을 갖고 있다"며 "통일을 '북한 재개발' 을 위한 투자 개념으로 접근할

---

337) 울리히 블룸(獨학자), "한국 통일비용 부담, 독일보다 클 것", 연합뉴스, 2010.6.23.

338) 위의 글.

339) 뼈아픈 교훈을 얻은 독일 정부 관계자들은 우리 정부 당국자들을 만날 때 마다 "통일은 갑작스럽게 닥친다. 준비를 단단히 해야 한다."는 충고를 입버릇처럼 던진다고 한다. 남북한 통일시 남한이 짊어질 부담은 상대적으로 서독보다 클 것으로 전망된다. ([통일세 후폭풍] 北 GDP 한국의 5.5% 불과… 통일후유증 獨보다 더 심각, 서울신문, 2010.8.17).

필요가 있다"고 말했다. 연세대 교수 윤건영은 "한반도를 넘어서 주변국과 통일 편익을 논해야 한다"고 주장한다.[340)]

러시아에서 최고 권위를 가진 국책 연구기관 세계경제 · 국제관계연구소 IMEMO 보고서가 낸 '2030년 통일한국' 전망에 의하면 2010년 1조 달러였던 한국의 GDP는 2020년 1조 7,000억 달러, 2030년 2조 3,000억 달러로 급증, 2030년 1인당 GDP가 3만 달러에 달할 것으로 보고서는 전망했다. 이때 통일 한국의 인구는 7,600만~7,700만 명으로 추산됐다. IMEMO 보고서는 이어 "통일 한국의 경제 발전이 중 · 일과의 '3각 체제' 구축과 크게 연관될 것"이라며 "이를 통해 대외 무역이 증가할 것"으로 예상했다.[341)] IMEMO 보고서에 따르면 2020년대 초반에는 북한 경제발전에 따른 수입 증가로 무역 적자가 예상되지만 2020년대 후반이 되면 통일한국은 무역흑자국으로 전환한다.

3. 북한 세습 정권의 최후임박의 국제적인 징후

1) 42년 장기 독재자 카다피의 몰락

아프리카의 아랍국가에서 부는 시민 민주화의 바람은 튀니지의 독재자, 이집트의 독재자 무라바크에 이어 리비아의 독재자까지 무너뜨렸다. 리비아 전 국가원수 무아마르 카다피(Muammar Qaddafi, 69)가 2011년 10월 21일 고향이자 최후의 거점이었던 시르테(Sirte)에서 시위대의 총에 맞아 숨졌다. 일본 TV아사히는 이날 "시민군 소속의 19세 병사가 현지 언론과의 인터뷰에서 '카다피를 본 순간 분노가 치밀어 나도 모르게 방아쇠를 당겼다. 충동적으로 쐈다' 고 증언했다"고 보도했다.[342)] 1969년 9월 쿠데타로 집권한 후 42년 동안 이어져온 카다피의 철권통치 시대가 비참하게 막을 내렸다. 2011년 11월 예멘의 독재자 살레도 권력이양서명

---

340) 안용현, [제1회 통일포럼] "통일되면 난민 쏟아진다? 이동허가제 하면 해결", chosun.com, 2011.3.28, [통일에 관한 10가지 오해와 진실].

341) 이용수, [오늘의 세상] 러 보고서 "北 이미 붕괴 중… 2020년대엔 南에 흡수통일 될 것", 조선일보, 2011.11.4, A2면.

342) 최익재, "분노한 19세 시민군, 카다피 쐈다", 중앙일보, 2011.10.22.

을 하고 퇴진하였다. 독재자 카다피 사망 소식에 고무된 시리아 등 이웃 아랍국가 반정부 시위대는 하나같이 "다음은 우리 차례"라며 독재 정권 타도의 목소리를 높이고 있다.[343] 카다피의 참혹한 최후는 루마니아의 독재자 차우셰스쿠의 마지막 순간을 연상시킨다. 차우세수쿠는 김일성의 둘도 없는 친구로서 북한을 몇 차례 방문했고 평양의 인민궁전을 본떠 부쿠레슈티에 거대한 대통령궁을 짓기도 했다. 1989년 가을 동유럽 곳곳에 민주화 바람이 휘몰아치기 시작했을 때도 차우셰스쿠의 무자비함을 아는 사람들은 이 정권만은 결코 무너지지 않으리라고 생각했다. 1989년 12월 루마니아에서 퇴진을 요구하는 시위가 시작되자 차우셰스쿠는 군대에 발포 명령을 내렸다. 그러나 맨주먹의 시민 시위대는 대통령궁을 함락시켰고, 헬기를 타고 탈출한 차우셰스쿠 부부는 경찰에 붙잡혀 하얀 눈을 벌건 피로 물들이며 공개 총살됐다. 2011년 2월 카다피가 반(反)정부 시위에 전투기 폭격을 퍼붓자 다들 카다피 출신 부족(部族) 세력이 강력히 저항해 반정부 시위대가 결국 꺾이고 말 것이라고 했다. 그러나 카다피가 끌어안고 있던 최신 전투기와 미사일도 그를 지켜주지 못했다. 안보리는 리비아 사태가 발생하자 결의 1973호를 통해 2005년 UN 정상회의가 채택한 '국민보호책임(Responsibility to Protect · R2P)'을 적용했다.[344] 나토군의 리비아 공습이 한창이던 2011년 3월 22일 북한 외무성 대변인은 "리비아 공습은 그 나라 인민의 존엄과 생존권을 무참히 짓밟는 최대의 반인륜 범죄"라고 비난했다.

많은 전문가가 1945년부터 66년째 주민들을 짓밟고 있는 김일성 · 김정일 · 김정은 3대 세습 왕조만은 쉽게 무너지지 않을 것이라고 말하고 있다. 북한은 남쪽이 휴전선으로 막혀 있고 북쪽은 형제 나라 중국이 든든한 버팀목 구실을 해주고 있어 세계의 민주화 소식이 스며들기 어렵기 때문이라는 것이다. 그러나 전문가들이 다수설(多數說)이라고 믿는 것도 어느 날 허물어지고 나서 들여다보면 속 빈 강정처럼 허무하기 짝이 없는 경우가 숱하다.[345] '혁명 가족'이라는 가짜 족보

---

343) "카다피 사망…시리아 · 예멘 시위 '탄력'", 동아일보, 2011.10.21.

344) 이영종, "북한 '침묵' … 외부정보 차단 안간힘", 중앙일보, 2011.10.22.

345) [사설] 김정일 정권 최후의 날이 언제 닥칠지 누가 알겠는가, 조선일보, 2011.10.21, A35면.

로 주민을 속이는 것도 이제 한계에 도달했고 물샐틈없이 막고 있다지만 세계의 변화 소식은 북한의 중간층 이상에겐 더 이상 낯선 이야기가 아니다.[346] 김정일의 아들들과 손자들이 북한 밖에서 보여주는 행태와 탈북자들의 행렬은 북한이 맨 위쪽과 맨 아래쪽에서 동시에 허물어지고 있는 상황을 말해주고 있다.

예상보다는 빠르게 북한의 지도자 김정일이 갑자기 사망하고 김정은 체제가 들어섰다. 3남 김정은으로의 권력이양이 안정적이고 신속하게 이루어지고 있다. 김정은 시대는 개막되었으나 많은 것들이 아직 공개되지 않고 있다. 현재 북한 내부가 심각한 "정중동(靜中動)"의 모습을 보이고 있는 만큼 우리 정부는 북한 상황 변화를 면밀히 살펴봐야 한다.[347] 미(美) 캠벨 차관보는 "김정은 체제는 오래 못 갈 전망"을 하고 있다. 후계수업 불과 1년 된 김정은은 국정운영 경험이 거의 없어, "빈털터리 된 북(北) 정권을 갑자기 떠안은 모양새"가 되었다. 김(金)씨 왕조 권력은 세자 김정은보다 인척 장성택(김정은 고모부)에 쏠릴 것으로 본다.[348] 김정일 건강 이상 이후 비상정국 수습 핵심 역할을 해 온 장성택이 김정은의 후견인이 되거나 수양대군의 역할을 하게 될 것이라는 추측이 나오고 있다. 경제난이 심화되거나 김정은 리더십이 문제가 될 때는 무슨 일이 일어날지 모른다. 최근 중국 언론에서는 북한의 중국식 개방과 경제개발에 대한 관심이 보도되고 있다. 만일 젊은 김정은이 실용주의자들의 조언을 수용하여 군사 모험주의를 버리고 문호를 개방하고 중국식 경제개발의 길로 나간다면 이는 한반도 남북관계와 평화통일을 위하여 바람직한 일이다. 이럴 경우 남한은 북한의 개방을 지원하여 핵무기를 폐기하도록 하고 낙후된 경제를 재건하는 지원을 할 수 있을 것이다. 그렇다면 동토(凍土)의 땅 북한에 봄이 오고 한반도에 평화로운 화해와 통일의 길이 열릴 수 있을 것이다.

---

346) 위의 글.

347) 유호열(고려대 북한학과 교수), [아침논단] "북한의 심상치 않은 '정중동(靜中動)', 조선일보, 2012.1.16, A34면.

348) 안용현, [김정일 사망] "김(金)씨 왕조 권력. 세자 김정은보다 인척 장성택(김정은 고모부)에 쏠릴 듯", 조선일보, 2011.12.20, A4면.

2) 러시아 '세계경제 · 국제관계연구소(IMEMO)'의 북한 붕괴 전망 보고서 : 2020년대 남한에 의한 북한의 흡수통일

러시아 최고 권위의 국책 연구기관인 '세계경제 · 국제관계연구소(IMEMO)'는 최근 펴낸 특별 보고서 '2030년 전략적 세계 전망'에서 북한의 붕괴를 기정사실화하며 2020년대에는 북한은 더 이상 존재하지 않는다고 전망하면서 한국 주도의 한반도 통일이 러시아의 국익에 부합한다는 결론을 내렸다.[349] 보고서는 북한 상황에 대해 "붕괴 추세가 가속화하고 있다"며 "본 보고서가 전망하는 시기(2011~2030년)의 후반에는 한반도가 통일에 이르지는 못해도 통일 과정의 실질적 단계에 접어들 것이며, 결국 북한은 현재와 같은 형태로 존재하지 않게 될 것"으로 내다봤다. 2020년대에 사실상의 통일이 이뤄진다는 얘기다.[350] IMEMO 보고서는 2012~2020년에 일어날 김정일의 권력 이양이 북한의 붕괴를 촉진할 것으로 분석했다. 김정일 퇴진 이후 방향성 상실 위기에 봉착한 권부 실세들이 해외에 정치 · 경제적 연줄이 있는 '관료집단'과 그렇지 못한 '군 · 보안부서 인사들'로 쪼개져 주도권 다툼을 벌이게 될 것으로 내다봤다. IMEMO 보고서는 혼란이 가중되는 가운데 2020년대가 되면 북한이 한국의 통제에 들어갈 수 있도록 국제사회의 감시하에 북한 임시정부가 세워지고 북한군의 무장해제와 경제 현대화 작업이 본격화될 것으로 전망했다.[351] IMEMO 보고서는 이 과정에서 "북한 경제가 점차 한국 경제에 흡수될 것"이라며 "북한 내 구(舊)체제 지지자 100만여 명은 중국 · 러시아로 탈출할 것"으로 예상했다.[352]

---

349) 이용수, [오늘의 세상] 러 보고서 "北 이미 붕괴 중… 2020년대엔 南에 흡수통일 될 것", 조선일보, 2011.11.4, A2면.

350) 위의 글.

351) 위의 글.

352) 외교 소식통에 의하면 러시아 등 한반도 주변 강국들은 한반도 통일보다는 현상 유지를 내심 선호한다는 게 정설이었는데 러시아에서 최고 권위를 가진 국책연구기관(IMEMO)이 한국 주도의 통일을 반긴다는 입장을 공개적으로 밝혔다는 것은 의미가 크다. 1925년 설립된 IMEMO는 러시아 정부의 대외정책을 조언하는 국책연구소로 1991년 러시아가 한국과의 수교 결정을 내리는 데도 결정적 역할을 한 것으로 알려져 있다.

이 보고서는 지금 북한에서 진행되고 있는 사건들과 관련하여 타당성 있는 분석이라고 조심스럽게 사려될 수 있다. 여태까지 북한 붕괴 예상 시나리오는 그동안에도 많았으나 대부분 서방의 시각에서 바라본 전망이었다. 이번 IMEMO 보고서는 한때 북한의 종주국으로 북한의 속 사정을 꿰고 있던 러시아의 권위있는 국책연구소가 낸 전망이기에 무게감이 다르다.[353] 김정일 체제의 최후는 5년 후 또는 10년 후에 올 수도, 그보다 훨씬 빨리 올 수도 있다. 북한 체제가 자연적으로 무너지길 기다리자면 북 주민들의 지옥 같은 삶이 그만큼 장기화될 것이고, 어설프게 북 체제 붕괴를 촉진하려다간 카다피식 최후의 발악을 불러 비극을 몰고 올 수도 있다. 한국 정부 그리고 여야 정당과 정치인들은 한반도에 다가오게 될 북한의 최후를 어떻게 맞아야 할지에 대한 각 사태에 대비한 메뉴얼을 만들고 사전의 준비를 갖추고 있어야 한다.

성경의 이스라엘 역사를 읽는 학자들 중에는 유대인들이 바벨론 포로된지 70년 만에 되돌아 왔듯이 남북이 분단된지 70년이 되는 2015년 경에는 한반도에 어떠한 급격한 변화가 있을 것이며 우리가 준비를 잘 했을 경우에는 자유민주통일의 날이 올 것이라 예측하는 자들이 적지 않다. 인간사를 운행하시는 하나님의 날은 인간편에서 보면 지체되는 것 같아도 하나님의 때가 되면 도적과 같이 순식간에 올 수 있기 때문이다.

맺음말

통일의 사회 · 문화 · 경제적 영성이란 북한 주민들의 인권을 향상시키는 정책개발, 탈북민 및 탈북고아들에 대한 배려와 지원, 외부와 차단된 폐쇄된 북한사회에 바른 정보를 제공하는 고차원의 심리전, 통일비용에 대한 준비와 아울러 통일세 신설과 실시, 통일 후의 경제적으로 폐허한 북한사회의 특별지구 지정 및 개발계획 등을 사전에 준비하는 자세이다. 이러한 프로그램은 한국교회가 기도

353) [사설] " '20년 내 한국 주도 통일' 러(露) 보고서와 중국 외교", 조선일보, 2011.11.5, A35면.

와 재정으로 지원하면서 각종 캠페인과 세미나를 통하여 남북한 시민들에게 주지시키면서 인식시킴으로써 함양해야 할 사항이다. 하나님은 준비되지 않는 백성들에게 통일을 주시지 않는다. 독일은 비록 경제적인 측면에서는 통일비용을 마련하는데 실패하였다. 그러나 독일의 총리 콜과 국민들은 역사적 사건을 통하여 다가오는 통일을 쟁취하여 통일 이후 20년이 지난 오늘날 통일이 가져다 준 경제적 후유증을 극복하고 성공적으로 통일을 마무리하고 있다. 동서로 분단된 독일이 한국의 남북전쟁에서 교훈을 받아 동서독간의 긴장 완화를 위하여 서독이 동방정책을 시작한 것 처럼, 한국은 독일 통일의 과정을 연구하면서 저들의 실패와 어려움을 우리의 성공과 발전의 계기로 삼아야 할 것이다. 통일의 영성이란 분단 현실 65년의 뼈 아픈 고통을 해소하기 위한 심리적, 사회적, 문화적, 경제적 통합을 이룰 수 있는 정신적 자질을 형성하는 것이다.

제6장

평화통일의 신학적 근거

제6장

평화통일의 신학적 근거

머리말

한반도의 통일이란 세상사의 관점에서 보면 분단된 남한과 북한이 하나가 되는 정치적 · 경제적 · 사회적 사건이긴 하나, 개혁신앙의 관점에서 보면 이것은 하나님의 주권에 속한 일이요, 하나의 신학적 사건이다. 이것은 이스라엘의 출애굽 사건이 당시 중동의 강대국인 이집트로부터 탈출한 히브리 민족의 노예 해방 사건이었으나 모세 5경은 이것이 하나님의 구속사건이라고 묘사하고 있는 것과 같다.[354] 하나님이 명하여 이스라엘이 오늘날에도 지키는 유월절은 우리의 광복절 같이 민족해방의 절기이다. 모세는 다음과 같이 기록하고 있다: "이스라엘 자손이 애굽에 거주한 지 사백삼십 년이라. 사백삼십 년이 끝나는 그 날에 여호와의 군대가 다 애굽 땅에서 나왔은즉, 이 밤은 그들을 애굽 땅에서 인도하여 내심으로 말미암아 여호와 앞에 지킬 것이니 이는 여호와의 밤이라 이스라엘 자손이 다 대대로 지킬 것이니라"(출 12:40-42).

평화통일을 위한 신학적 논리는 다음 세 가지(하나님의 섭리-남북한-한국교회)의 역동적 관계에서 설명되어진다. 예수님은 하나님 나라가 다가왔다고 말씀하시면서도 노력하는 자가 그것을 얻는다고 말씀하셨다: "세례 요한의 때부터 지금까

354) George A. F. Knight, *Theology as Narration. A Commentary on the Book of Exodus*, Grand Rapids: Eerdmanns, 1976, 155, 199.

지 천국은 침노를 당하나니 침노하는 자는 빼앗느니라"(마 11:12). 예수님은 천국의 약속이라는 하나님의 구속의 섭리란 그것을 수용하는 개인의 믿음과 행위에 달려 있다고 말씀하신 것이다.[355] 통일의 신학적 논리도 하나님의 섭리와 우리의 믿음과 실천과의 역동적 관계에서 설명되어 진다.[356] 신학적 유일한 근거는 한반도를 향한 하나님의 선하신 섭리다. 이 하나님의 섭리는 우리의 믿음과 노력과 쟁취를 통해서 실현된다. 하나님의 섭리는 통일을 위하여 애쓰는 민족의 간구와 열망을 이루시기 때문이다. 남한과 북한은 통일을 위하여 정치적 · 사회적 · 문화적 심리적 교류를 통한 통일과정의 논의를 해야한다. 교류를 통해서 민족애는 분단 가운데서도 연결되고 깊어지는 것이다. 한국교회는 평화로운 통일을 위하여 제사장적 직무를 가지고 기도하고 화해와 평화의 연결고리로써의 역할을 다해야 한다.

I. 한반도의 통일은 하나님의 뜻이시다

나누어진 민족이 합하는 것은 하나님의 뜻이다. 반만년 역사를 가지고 함께 살아온 한국 민족이 분단된지 벌써 67년이 되어 이산가족들이 헤어진 부모와 형제자녀와 친척과 친지를 그리워하다 한(恨)을 남기고 별세하고 있다. 이것은 민족적 비극이다. 이제 한반도는 지구상에서 유일한 분단국가로 남아있다. 2011년에도 적십자사의 주선을 통한 며칠간의 이산가족 상봉이 있었다. 그러나 만나자 다시 헤어져야 하는 혈육의 이별은 당사자들을 더욱 슬프게 한다. 우리에게는 분단의 아픔이 극복될 명료한 징후가 나타나지 않고 있다.

하나님의 말씀 안에 나타난 이스라엘 역사와 세계 역사에 대한 하나님의 주권

355) 권호덕, "세분화한 구원의 서정에 대한 비판적 고찰", 「한국개혁신학」 제20권, 서울 불과 구름, 2006, 275~310.

356) 김영한, "개혁주의적 평화통일신학", 『21세기와 개혁신학』, 제3권, 한국장로교 출판사, 1998, 449~479.

적 섭리[357]는 명료하다. 구약의 예언자 이사야는 포로상태에 있는 이스라엘 민족의 되돌아 옴과 나라의 회복에 관하여 다음과 같이 하나님의 말씀을 대언한다: "너희는 옛적 일을 기억하라 나는 하나님이라 나 외에 다른 이가 없느니라 나는 하나님이라 나 같은 이가 없느니라. 내가 시초부터 종말을 알리며 아직 이루지 아니한 일을 옛적부터 보이고 이르기를 나의 뜻이 설 것이니 내가 나의 모든 기뻐하는 것을 이루리라 하였노라. 내가 동쪽에서 사나운 날짐승을 부르며 먼 나라에서 나의 뜻을 이룰 사람을 부를 것이라 내가 말하였은즉 반드시 이룰 것이요 계획하였은즉 반드시 시행하리라"(사 46:9-11). 이 예언은 바벨론을 멸망시키고 포로된 이스라엘을 고토로 돌아가도록 민족 화합정책을 시행한 페르시아의 초대왕 고레스에 의하여 이루어졌다: "여호와께서 그의 기름 부음을 받은 고레스에게 이같이 말씀하시되 내가 그의 오른손을 붙들고 그 앞에 열국을 항복하게 하며 내가 왕들의 허리를 풀어 그 앞에 문들을 열고 성문들이 닫히지 못하게 하리라. 내가 너보다 앞서 가서 험한 곳을 평탄하게 하며 놋문을 쳐서 부수며 쇠빗장을 꺾고, 네게 흑암 중의 보화와 은밀한 곳에 숨은 재물을 주어 네 이름을 부르는 자가 나 여호와 이스라엘의 하나님인 줄을 네가 알게 하리라. 내가 나의 종 야곱, 내가 택한 자 이스라엘 곧 너를 위하여 네 이름을 불러 너는 나를 알지 못하였을지라도 네게 칭호를 주었노라"(사 45:1-4).

1989년 동구권의 민주화와 사회주의 국가의 몰락 그리고 베를린 장벽의 철폐는 소련의 서기장 고르바초프의 등장과 그의 페레스토이카 대외정책에 의하여 이루어졌다. 하나님께서도 한반도의 통일을 위하여 그 분의 뜻을 이룰 사람을 보내주실 것이다. 우리는 이를 위하여 기도해야 할 것이다. 독일통일의 또 다른 주역은 베를린 장벽 철폐사건을 통일의 절호의 기회로 사용한 헬무트 콜(Helmut Kohl) 독일 수상이다. 그는 대외적으로는 소련에게는 동독에 주둔해 있는 소련군을 철수하도록 재정부담과 재정지원, 그리고 미국 레이건 대통령으로부터의 전적인 지원, 영국 대처 수상과 프랑스의 미테랑 대통령으로부터의 비반대의 협력

357) John Bright, *The Kingdom of God*. Abingdon Press, 1953, 김철손 역, 『하나님의 나라』, 컨콜디아사, 1981, 17~54; 정규남, 『구약신학의 맥』, 서울: 두라노, 1996, 99~112.

을 받아내고, 내부적으로 서독 마르크와 동독 마르크를 1:1로 교환하게 함으로써 경제적 통합을 이루어내었다.

1. 분단은 우리 민족의 죄에 대한 하나님의 징벌이다

성경은 약속의 땅 가나안 복지를 유업으로 받은 이스라엘 민족의 멸망이란 단지 강대국의 힘에 의한 것이 아니라 이스라엘 민족의 죄과 때문이라는 것을 말하고 있다. 앗시리아에 의한 북왕국의 멸망, 바벨론에 의한 남왕국의 멸망은 단지 군사력이 약해서 멸망한 정치군사적 사건만이 아니라 이에는 역사를 그분의 뜻대로 경영하는 하나님의 섭리가 배후에 있는 것을 말하고 있다. 포로기 예언자 에스겔은 이스라엘의 포로됨에 대하여 하나님의 징벌이라고 다음과 같이 예언하고 있다: “여러 민족은 이스라엘 족속이 그 죄악으로 말미암아 사로잡혀 갔던 줄을 알지라. 그들이 내게 범죄하였으므로 내 얼굴을 그들에게 가리고 그들을 그 원수의 손에 넘겨 다 칼에 엎드러지게 하였으되, 내가 그들의 더러움과 그들의 범죄한 대로 행하여 그들에게 내 얼굴을 가리었었느니라”(겔 39:23-4). 예레미아는 유대가 바벨론에 포로되어 가서 70년 바벨론 왕을 섬길 것을 예언한다: “보라 내가 북쪽 모든 종족과 내 종 바벨론의 왕 느부갓네살을 불러다가 이 땅과 그 주민과 사방 모든 나라를 쳐서 진멸하여 그들을 놀램과 비웃음 거리가 되게 하며 땅으로 영원한 폐허가 되게 할 것이라 여호와의 말씀이니라”(렘 25:9). “이 모든 땅이 폐허가 되어 놀랄 일이 될 것이며 이 민족들은 칠십년 동안 바벨론의 왕을 섬기리라”(렘 25:11).

한반도의 분단은 한국민족과 상관없이 강대국에 의하여 이루어졌다. 미소의 냉전 체제가 만들어낸 역사적 산물이다. 이러한 역사적 배경 뒤에는 역사를 움직이는 하나님의 역사 섭리가 있다.[358] 조선조의 멸망과 일제에 의한 식민지화, 그리고 일본의 패전과 더불어 찾아온 해방과 더불어 남북의 분단, 그것은 신학적으

358) 길성남, “그리스도 안에서 실현되는 만물의 통일과 민족의 통일”, 「한국개혁신학」, 제20권, 서울: 불과 구름, 2006, 133~169.

로 한반도에 대한 하나님의 심판이다. 조선조 이래로 우리 민족 사이에 있어온 당파 싸움과 각종 정치적 숙청과 보복에 대한 심판으로 이해되어 진다. 하나님은 죄악을 심판하실뿐 아니라 돌이킬 때에는 더 큰 축복을 준비하고 계신다.[359] 이사야는 그의 백성을 위로하시는 하나님의 말씀을 대언한다: "너희는 이전 일을 기억하지 말며 옛날 일을 생각하지 말라. 보라 내가 새 일을 행하리니 이제 나타낼 것이라 너희가 그것을 알지 못하겠느냐 반드시 내가 광야에 길을 사막에 강을 내리니"(사 43:18-19). 우리 하나님은 은혜와 자비가 풍성한 하나님이시기 때문이다.

2. 통일은 우리의 회개에 대한 하나님의 축복으로 주어진다

예언자들은 하나님의 법도를 떠나 범죄한 이스라엘 민족에게 다가온 민족적 멸망과 바벨론 포로를 선포하면서 죄와 악행을 회개하고 하나님에게로 되돌아오라고 예인하고 있다. 이스라엘의 민족적 시련과 귀양은 그의 백성을 사랑하시는 하나님의 채찍이라고 선포하고 있다. 하나님은 그의 종 예언자들을 통해서 이스라엘 백성이 하나님의 법도에서 떠난 죄과를 회개하고 하나님에게로 되돌아오면 하나님은 용서해주실 것이고, 70년 후에는 이스라엘을 바벨론 포로에서 되돌아오게 해주실 것이라는 약속의 말씀을 주신다. 에스겔은 다음과 같이 이스라엘의 회복에 관하여 예언하고 있다: "전에는 내가 그들이 사로잡혀 여러 나라에 이르게 하였거니와 후에는 내가 그들을 모아 고국 땅으로 돌아오게 하고 그 한 사람도 이방에 남기지 아니하리니 그들이 내가 여호와 자기들의 하나님인 줄을 알리라"(겔 39:28). 마찬가지로 오늘날 우리 한국 민족이 서로의 질시와 다툼에서 벗어나 우리의 허물과 적대행위를 뉘우치고 하나님에게로 되돌아 오면 하나님은 통일의 날을 앞당겨 주실 것이다. 한국교회는 우리 민족이 하나님에게로 돌아오도록 대리적 기도를 해야하며, 이런 의미에서 민족을 위한 제사장 사명을 감당해야 한다.

---

359) 김영한, 『하이데거에서 리꾀르까지』, 서울: 박영사, 2003, 전정판, 506~510.

3. 하나님은 우리 북한과 남한 민족이 회개하고 하나님께로 돌아오기를 기대하신다

하나님이 그의 백성 이스라엘에게 징계의 매를 드시고 징계하신 것은 그의 백성을 심판하고 버리시는 것이 아니라 복을 주시고 평안을 주시려는 선한 뜻에서 비롯된 것이다. 하나님은 북한과 한국 민족이 하나님 앞에서 서로 미워하고 증오하고 동족상쟁을 한 죄를 회개하고 하나님에게로 되돌아오기를 한결같이 기다리신다. 집 나간 탕자가 아버지 품이 그리워 귀향하듯이 하나님은 북한과 한국민족이 하나님에게로 되돌아 오기를 기다리신다. 하나님은 에스겔의 예언을 통해서 분열된 남왕국 유다와 북왕국 이스라엘이 하나님이 작정하시는 미래에 하나가 되게 하실 것을 약속하신다: "그들에게 이르기를 주 여호와께서 이같이 말씀하시기를 내가 이스라엘 자손을 잡혀 간 여러 나라에서 인도하며 그 사방에서 모아서 그 고국 땅으로 돌아가게 하고, 그 땅 이스라엘 모든 산에서 그들이 한 나라를 이루어서 한 임금이 모두 다스리게 하리니 그들이 다시는 두 민족이 되지 아니하며 두 나라로 나누이지 아니할지라"(겔 37:21-22). 오늘날 남북한이 바로 이스라엘의 남북왕국과 일치되는 것은 아니다. 그러나 성경을 읽는 신자들은 신앙의 유비를 가지고 이스라엘의 남북왕국과 한반도의 남북왕국이 유비를 가졌다고 보고, 이스라엘 남북왕국에 대한 예언자들의 말씀을 오늘날 우리 한반도의 현실에 신앙적인 유비 속에서 연결시키는 것이다.

II. 한반도의 평화는 하나님의 뜻이다

통일은 평화로운 통일이어야 한다. 1950년 북한 공산주의의 무력에 의한 통일 시도는 북한이 기습적인 선제 공격을 함으로써 한국전쟁을 일으켰다.[360] 그 결

---

360) A.V 토르쿠노프(에디터), 『한국전쟁의 진실과 수수께끼』, 구종서 옮김, 2003.6.20.
이 저서는 김일성, 스탈린, 모택동 사이의 기밀문서를 자료로 하여 스탈린과 모택동을 한국전쟁 발발자로 보고 있다. 실제로 스탈린은 김일성의 요청에 따라 남한에 대한 북한의 선제공격을 승인하

과는 북과 남 두 지역 모두 황폐화 되었고, 양측 민족의 가슴에 동족상쟁의 상처만 남겼다. 과거의 잘못과 비극을 교훈 삼아 이제는 평화로운 통일이 이루어져야 한다. 평화통일이란 자유와 인권과 평등이 보장되는 통일이다. 평화는 사랑과 정의 두 바퀴를 지닌 수레다. 이 둘 중 어느 하나가 없으면 이 수레는 가지를 않는다. 평화를 위해서는 사랑과 정의가 동반되어야 한다. 성경의 개념 평화라는 샬롬에는 사랑과 정의의 개념이 함께 내포되어 있다.

1. 정의로운 평화

평화통일이란 정의로운 평화(just peace)가 기초되는 통일을 말한다. "각자에게 필요한 그의 몫을 돌리는" 아리스토텔레스의 분배적 정의는 원리적인 것이다. 성경적 정의(justice)는 "각자에게 그의 몫"을 주장하는 아리스토텔레스적 분배적 정의를 기초로 한다. 공평과 평등을 원리로 한다. 진정하게 분배적 정의가 이루어지는 사회에서는 사회적 약자와 수탈자가 없을 것이다. 그러나 지상에서 그러한 사회는 없다. 서구나 미국 같은 사회복지제도가 잘 되어 있는 사회는 신분 차별이 상대적으로 적다. 오히려 분배적 정의를 내걸고 시작한 공산주의 사회에는 서구 자유주의 사회보다도 더욱더 사회적 차별이 많다. 오늘날 북한에는 400만 평양주민과 2천만 비(非)평양인들 사이에는 신분적 차별이 있다고 한다. 평양주민들은 아직도 식량 배급을 받을 수 있으나 그 외 지역 주민들은 전혀 식량 배급을 받을 수 없다고 한다.[361] 3대째 세습되고 있는 왕조 체제의 북한처럼 안정과 질서가 강요된다 하더라도 불의와 폭력이 지배하는 곳에서는 평화가 없다. 굶주림이 즐비하게 야기되고 인권이 유린되고 생명이 경시되는 곳에서는 평화가 없

하면서 최종적으로는 모택동과 협의하여 남침을 결정하고 중국의 지원을 받아 개전하도록 지시했다. 기밀문서에는 6 · 25 직전에는 스탈린이 모택동을 모스코바로 불러 밀회한 기록이 있고, 개전 후에는 모택동에게 직접 전쟁지원과 휴전 회담을 지휘하도록 일임한 증거들이 있다. 그리고 국내 우파성향의 학자들의 대표적인 다음 책들이 있다.
이영훈(경제사) · 박지향(서양사) · 김철(국문학), 『해방전후사의 재인식』 전2권, 책세상, 2006; 한국국제정치학회(편), 『청소년을 위한 우리 역사 바로 보기』, 성신여대 출판부, 2006.

361) 이하원, "北 주민 2,000만 명 지하경제로 연명" "평양외엔 배급망 붕괴" 정부 고위관계자 밝혀, chosun.com, 2011.2.8.

다. 2011년 튀니지, 이집트, 리비아 등 아랍국의 민주혁명을 유발한 요인들은 정치적 억압, 특권층에 의한 부정부패, 사회적 빈곤과 실업이었다. 정의가 없는 평화는 겉표면의 평화요 내면과 밑바닥에서는 항상 불만이 표출하는 불안이 지배한다. 튀니지, 이집트, 리비아의 장기 독재정권이 무너지고, 시리아 등 이웃 아랍나라로 시민의 민주화 항쟁이 불길처럼 번지고 있다. 하나님은 정의(justice)를 통해서 지속적인 평화인 샬롬(shalom)을 창조하신다.

2. 사랑의 평화

평화통일의 이념이란 사랑에 기초한 통일이다. 여기서 사랑이란 이기심을 배제하고 남을 배려하는 것이다. 이웃에 대한 배려는 자기애의 배제를 말하는 것이다. 자기보다는 남을 더 생각하는 태도를 말한다. 경제적으로 풍족해진 남한사람들은 물자가 심히 결핍한 북한 동포와 물자를 나누고, 억압체제 아래서 심리적으로 어려운 북한동포의 형편을 이해하고 이들의 고통에 동참하는 공감(compassion)의 태도가 요청된다.

성경적 정의(justice)는 "각자에게 그의 몫"을 주장하는 아리스토텔레스의 분배적 정의를 넘어서는 긍휼과 사랑을 요청하고 있다. 분배적 정의 개념에는 약자와 수탈자에 대한 관심과 권한인정이 부재한다. 그러나 복음이 가르치는 긍휼의 정의(正義) 개념에는 가난하고 약한 자에 대한 고려와 저들의 인권이 고려되어 있다. 긍휼의 정의(justice)에는 공동체 안에서 가난하고 약한 자들에 대한 배려가 있으며, 이들에 대한 권익 옹호가 있으며, 이들의 삶에 있어서 결핍되고 억압된 부분에 대한 도움과 배려가 있다. 이러한 하나님의 정의는 긍휼의 법(das Recht des Erbarmens)이 지배하는 정의로서 정의의 지고한 형태이다. 이것은 과부와 고아를 긍휼히 여기시는 하나님의 정의이다. 사회적 소외자와 극빈자를 인간다운 삶의 차원으로 끌어 올려주는 정의이다. 이것은 변혁의 정의이다. 탈북자와 북한 주민에게 필요한 것은 이러한 변혁적 정의이다. 이것은 사랑의 정의(die Gerechtigkeit der Liebe)이다. 한국교회는 대북관계에 있어서 이러한 사랑의 정의를 제시해야 한다.

III. 한국교회는 평화통일을 위한 화해자의 역할을 해야 한다

1. 북한 동포에 위로와 소망 전달

한국교회는 북한 동포의 마음을 위로하고 소망을 주어야 한다. 통일은 쌍방이 하는 것이니만큼 서로 간의 교류와 합의가 있어야 한다. 2010년 천암함 폭침과 연평도 무차별 포격은 다시 한번 북한당국의 비윤리성과 테러적 성격을 드러내었다. 그런데 북한의 식량 사정은 2010년 들어와서 다시 어려워지고 있다고 한다. 이러한 어려운 시기에 한국교회는 북한 당국과 북한 주민을 분리하여 굶주리고 억압당하는 북한 동포들에게 우리의 사랑을 전달하고 우리의 기도와 연대감을 전달해야 한다. 한국정부의 통일정책은 북한 당국자 보다는 북한 주민을 위한 것이어야 한다. 북한 주민의 인권을 향상하고 굶주리는 저들과 식량을 나누고 탈북자를 보호하고 받아들이는 정책이 되어야 한다.

북한 주민들은 저항(抵抗)의 깃발을 올릴 힘마저 없을 정도로 굶주렸으며, 북한에는 주민들끼리 분노를 주고받을 통신 인프라도 없다. 북한 정권은 주민 소요에 대포, 박격포, 항공기 폭격으로 대응하고 있는 리비아 카다피와 동류(同類)다. 북한 동포의 신음이 귓전에 울리는 듯하지만, DJ 정권 및 MH 정권 10년처럼 무턱대고 쌀을 몇십만 톤씩 보내준들 김씨 생일상 준비나 군량미로 빼돌려질 것이다. 그래서 북한에 보내는 전단과 함께 다만 몇백 그램씩의 식량이라도 매달아 풍선을 띄워 보내는 것도 하나의 방법이다.[362] 그리고 북한에 외부정보를 보내는 "자유나눔운동"이 요청된다.[363]

2. 인터넷 이용 – 북한 실태를 국제사회에 알려야

오늘날 북한정권은 경제파탄에 의한 대량 기아사태 속에서도 3대 세습에 의

362) [사설] "불을 달라" "쌀을 달라"는 北 주민들 외침, 조선일보, 2011.2.24, A39면.

363) 강현진, "북에 외부정보를 보내는 자유나눔운동을", 조선일보, 2011.2.24, A37면.

한 선군정치를 밀고 나가 핵무기를 대량생산하여 군사적으로 통일을 하려고 한다. 이에 대하여 한국은 북한을 자극하지 않으면서 북한의 행동을 세부적으로 모니터링하면서 북한의 인권과 탈북자의 실태를 첨단 인터넷으로 북한 내부와 국제사회에 알려야 한다. 북한 내에서 유린당하는 북한주민의 인권과 중국 등지에서 유린당하는 탈북자들의 실태를 다양한 인터넷 매체를 이용하여 보다 자세히 신속하게 북한 주민들과 국제인권단체에 알려야 한다. KAL기 폭파범 김현희의 증언에 의하면 자신을 비롯한 북한주민들은 철저히 허위정보에 속아 살아왔다는 것이다.[364]

그럼으로써 북한정권이 국제사회의 감시의 눈을 의식하여 주민들의 인권을 함부로 유린하지 못하도록 해야 한다. 대북(對北) 소식통에 따르면, 북한의 대학가나 종합시장에 이집트와 튀니지 등 아프리카의 민중봉기 정보가 나돌면서 국가안전보위부가 북한 주민들, 특히 대학생들이 3명 이상 모이는 것을 금지했다. 이 소식통은 전국의 식당 칸막이까지 모두 철거하고, 시장에서도 주민들이 모여서 수군거리는 기미만 보이면 곧바로 보위(保衛)부원들이 달려들고 있는 실정이라고 전했다. 국경을 넘은 한 탈북자는 "북한에 살면서 식당 칸막이까지 뜯어내는 광경은 처음 봤다"며 심각한 내부 통제 분위기를 전했다.[365]

2011년 2월 11일 야기된 무바라크 정권의 붕괴에는 트위터, 모바일, 페이스북, 유튜브(동영상 공유)를 비롯한 최첨단 인터넷을 통한 시위 현장의 소식이 시시각각으로 세계각국으로 전해진 첨단 매체의 힘이 작용하고 있다.[366] 시시각각

364) 최보식, "생명 위협 느껴 한밤 아이 업고 집 떠나… 9년째 피신생활" KAL機 폭파범 김현희, 조선일보, 2011.8.16, A1면.

365) 이집트의 민중봉기로 사임한 이집트 무바라크 전 대통령은 북한 왕조와도 친밀한 관계여서 북한 내부 충격이 크다는 지적이다. 무바라크가 자신의 아들 가말(Gamal)을 후계자로 생각하기 시작한 것도 김일성이 김정일에게 권력을 넘겨주는 것을 지켜보면서부터라고 알려졌다. 또 북한은 이집트 통신회사인 오라스콤의 통신기술과 자본을 들여와 북한 전역에 휴대전화 서비스 사업을 하고 있다. 이같이 친밀했던 이집트의 무바라크 정권이 무너지자, 가뜩이나 화폐개혁 후유증과 식량난, 강추위로 막다른 골목에 내몰린 북한이 아프리카 민중봉기가 체제변화의 촉매제가 되지는 않을까 전전긍긍한다는 것이다(강철환, "이집트 다음? 북한 초비상 '식당 칸막이까지 모두 뜯어라'", chosun.com, 2011.2.14).

366) KBS 스페셜, 이집트 시민혁명, 카이로의 봄은 오는가?, 조선일보, 2011.2.13; 김홍수, [무바라크 하야] "이겼다, 뉴 이집트 만세" 軍도 시위대도 뜨거운 환호, chosun.com, 2011.2.12.

일어나는 사실의 보도 때문에 튀니지와 이집트 정권이 더 이상 궐기한 시민들과 국제사회의 압력을 이기지 못하고 굴복한 것이다. 성인 50%가 문맹, 국민 40%가 빈곤선 이하에서 사는 이집트 사회에서 인터넷은 폐쇄사회를 여는데 결정적인 역할을 하였다. 시민혁명의 성공은 첨단매체가 생생한 동영상을 여과없이 전달함으로서 시민들의 힘을 집결시켰던 것이다. 높은 실업률, 부패, 억압, 빈곤 등이 튀니지와 이집트 시민봉기의 원인이었다면, 시민혁명의 성공은 이러한 시민의 궐기가 온 천하에 공개된 데 있었다. 첨단매체는 동영상을 생화면으로 전달함으로써 허위선전과 정보조작과 유언비어를 무효화하기 때문이다. 이것은 오늘날 북한사회에 그대로 적용될 수 있다.

오늘날 북한에서는 휴대폰이 30만개 정도 있다고 추정되고 있으며, 시장에 정보가 유통되고 있으며, TV, DVD 등에서 한국 드라마가 유행하고 있다고 한다.[367] 북한 전문가들은 휴대전화를 통해 반(反)김정일 움직임을 모색하기는 어려울 것으로 본다. 철저한 감시체제 속에 살아온 낭 간부와 주민들이 도청될 게 뻔한 통화를 하기 쉽지 않다는 점에서다. 북한에서는 인터넷 사용이 제한적으로 허용되고 e-메일은 검열이 심하다. 트위터나 페이스북 같은 소셜네트워크서비스(SNS)는 아직 상상하기 어렵다.[368] 그렇지만 북 · 중 국경지역에 밀반입된 중국 휴대전화 등을 통해 중동의 시민 혁명 소식이 전해지는 것은 시간문제라고 전문가들은 말한다.

2011년 4월 12일에 열린 '북한이동통신 시장 투자기회 및 전략' 첫 국제포럼에서 최근 북한에서 인터넷을 막고 휴대전화를 확산키는 것은 "北에서 휴대전화는 체제선전 · 외화벌이 수단"이라는 해석이 나왔다. 북한은 1인당 소득 1,000달러 국가지만 휴대전화 요금은 1,000달러가 넘는다고 한다. 북한이 열악한 재정을 극복하기 위해 통신 요금을 외화로 받고 있다는 것이다. NK지식인연대 대표 김흥광에 의하면 "북한 휴대전화 요금은 기기 및 가입비를 합하면 1,000달러가 넘는다." "당 간부들은 무료로 휴대전화를 쓰고 이 이용요금을 일반 사용자에게 떠

367) 안용현, [70세 김정일] "북한 급변사태 '발등의 불' 로 다가오고 있다", chosun.com, 2011.2.14.

368) 평양 긴장시킨 M혁명의 역설, 중앙일보, 2011.2.14, 북한 모바일 망 깐 건 이집트 통신사 오라스

넘기기 때문에 통화료가 비싸다."[369] 독점권을 가진 오라스콤은 순이익 62%, 2011년 말까지 가입자 100만 명을 목표로 한다고 하나 "주민들 감시가 심해 100만 명 가입목표 달성은 불가능"하다는 전망이 나오고 있다.

3. 탈북자(脫北者)에 대한 관심, 지원, 환영과 영접

이학준은 저서 『천국의 국경을 넘다』(2011)에서 전 세계 25개국에서 방영된 크로스미디어 다큐멘터리 '천국의 국경을 넘다' 의 취재 기록을 하고 있다.[370] 300쪽 넘게 보지 않으면 믿을 수 없는 북한 주민들과 탈북자들의 참상을 생생한 현장 사진들과 함께 알리고 있다. 우적도(于赤島)에 사는 굶주린 북한 동포들은 중국관광객들에게 '인간 사파리' 구경거리가 되고 있다. 인공기를 단 북한군 경비정 두 대가 모른 척 '사파리 관광선' 을 흘려보낸다. 북한 영토인 우적도 2m 앞. 준비해간 담배와 소시지를 던진다. 순간 수풀 속에 숨어 있던 남자들이 튀어나와 던진 물건들을 주워 사라진다. "왜 인간 사파리라고 한 줄 아시겠죠?" 안내원(guide)으로 따라나선 탈북 여성이 말한다. 굶주린 북한 주민들은 중국인들이 던져주는 음식물을 짐승처럼 주워 먹고 있다.[371] 북한의 여성들 가운데 '밤꽃녀' 는 한밤중에 압록강을 넘어와 한족들에게 몸을 판다. 강을 건너 탈북하다 실족해 숨진 여성은 미라처럼 겨울 압록강 위에 얼어붙어 있다. 탈북자들은 국경을 넘고, 엔진이 꺼진 밀항선을 탄 채 망망대해를 떠돌며, 외국 대사관으로 쳐들어간다. 사람을 파는 장사꾼, 마약을 파는 북한 군인, 한족에게 팔려가 아이를 낳고 매일 밤 매를 맞으며 짐승처럼 일하는 여성, 시베리아의 숨겨진 벌목소에서 노예처럼 일하는 남자들이 탈북자들의 현장 모습이다. 탈북자들은 중국과 동남아에서 공안(公安)에게 붙잡혀 여러번 옥살이 직전까지 가고, 밀림 속에서는 탈진해 죽음과 마주하기도 하며, 죽을 고생을 하고 국경을 넘어 도달한 방콕 한국대사관

---

369) 류현정, 이종현, [북한경제포럼] " '북한이동통신 시장 투자기회 및 전략' 첫 국제포럼", 조선경제i, 2011.4.13.

370) 이학준, 『천국의 국경을 넘다』, 청년정신 , 2011, 302.

371) 이태훈, "脫北, 그 숨막히는 취재 현장을 담다", 조선일보, 2011.7.29, A17.

에서 "토요일에는 쉬니까 월요일에 다시 오라"며 돌려세우는 냉정한 대접을 받는다.[372] 이것이 바로 오늘날의 탈북자들의 현실이다. 한국교회는 중국 동남아 등지에서 생존권과 인권을 박탈당하고 있는 탈북동포들에 대한 관심과 지원을 아끼지 않아야 한다.

한국사회는 이처럼 사선을 넘어 한국에 들어온 2만여 명의 탈북자들에게 마음을 열고 이들을 영접해주어야 한다. 탈북동포들을 마음으로 만나주는 것이다. 탈북동포는 하나님께서 통일 예행연습을 위해 우리에게 보내주신 천사들이다. 그들과의 소통은 통일 이후의 북한 동포들과 교제하는 중요한 가늠쇠가 될 것이고, 통일 이후 양측의 통합을 위한 훌륭한 리더십을 준비하는 계기가 될 것이다.[373] 이들은 앞으로 통일 이후에는 북한주민들과의 심리적으로 연결되는 접촉자의 역할을 하게 될 것이다.

4. 정의의 윤리: 북한의 선군정치에 대하여 급진적 평화주의는 나이브한 발상

우리는 남북관계에 있어서 나이브한 평화주의를 경계해야 한다. 이것은 지난 20년간 북한 핵전술에서 발견될 수 있다. 1991년 11월 8일 당시 한국의 대통령 노태우는 핵무기를 제조 · 보유 · 저장 · 배비(配備) · 사용하지 않겠다는 한반도 비핵(非核) 5원칙을 발표했다. 그리고 같은 해 12월 18일 노태우는 "지금 이 순간 대한민국에는 단 하나의 핵무기도 존재하지 않는다"는 핵 부재(不在) 선언을 했다. 노태우는 미국의 해외 전술 핵무기 철수 방침을 적극 수용해 주한미군에 배치돼 있던 전술 핵무기(核武器) 200여 발을 철수시키기로 하였다. 그가 그렇게 한 것은 당시 핵무기 개발 의혹을 사고 있던 북한(北韓)을 겨냥해 "우리가 먼저 핵무장을 벗어던질 테니, 너희도 포기하라"고 압박하기 위해서였다. 남한과 북한은 1991년 12월 31일 판문점에서 한반도 비핵화 공동선언에 합의했다.

---

372) 위의 글.

373) 홍정길(목사 · 평통기연 상임공동대표), [칼럼] "지금은 통일을 실제적으로 준비해야 할 때", 크리스천투데이, 2011.2.14.

그로부터 20년이 흐른 지금 한국은 이 약속을 지켰으나 북한은 지키지 않았다. 오늘날 북한은 10개의 핵(核)무기를 개발해 놓았고, 두 차례 핵실험까지 마쳤으며, 매년 핵무기를 1개씩 만들어낼 수 있는 우라늄 농축용 원심분리기 2,000기를 버젓이 공개했다. 또 핵은 대미(對美) 방어용이라던 말을 뒤집고 남쪽을 향해 "핵 억제력을 바탕으로 보복 성전(聖戰)을 벌이겠다"는 협박을 서슴지 않고 있다. 북한은 천안함을 비밀리에 폭침시키고, 대낮에 연평도 민간인들 거주지역에 무차별 포격을 하였고, 정기적인 한미연합훈련에 대하여 "서울을 불바다로 만들어 버린다"고 협박하고 있는 설정이다. 이런 사실로 미루어 볼 때 국가와 국가 간의 관계는 급진적 평화주의[374]로 되지 않는 것을 우리는 쉽사리 알 수 있다. "기독교 현실주의(christian realism)"[375]를 제시한 미국의 윤리학자 라인홀드 니버(Reinhold Niebuhr)가 말하는 바와 같이 "힘은 힘에 의해서만 견제되어 질 수 있다." 그는 다음과 같이 피력한다: "힘의 균형을 기초로서 가지고 있지 않는 정의 설계는 역사 속에 존재한 일이 없었다."[376] 이러한 때에 한국 정부는 미국의 핵전함을 한국에 배치하여 미핵항공모함의 보호를 받는 것이 한반도의 평화를 유지하기 위하여 필요하다. 이것이 의로운 전쟁론(the righteous war theory)[377]이다.

북한이 남한 전역을 불바다로 만들 수 있는 핵무기를 차곡차곡 쌓아가고 있는 판에 우리가 휴지조각이 돼버린 비핵화 합의문 한 장 들고 "이것을 왜 지키지 않는가" 라고 항의해야 쓸모 없는 일이다. 이제는 한국 정부도 북한에 "몇 년 몇 월 며칠까지 비핵화 약속을 이행하라. 그렇지 않으면 미국 전술 핵무기를 재배치하겠다"는 입장을 통보하는 방안을 검토할 때가 됐다. 시한(時限) 전에 북이 비핵화와 관련된 진전된 자세를 보인다면 그 순간 재배치 방침을 철회할 것이고, 전술핵을 재배치한 이후라도 북이 태도를 바꾼다면 언제라도 철수하면 될 일이

374) Ronald J. Sider, *Christ and Violence*. Herald Press, Canada, 1979; Ronald J. Sider and Richard K. Taylor, *Nuclear Holocaust and Christian Hope*, InterVarsity Press, US, 1982.

375) 고범서, 『사회윤리학』, 서울: 나남, 1993, 245~91.

376) Reinhold Nienuhr, *Christianity and Power Politics*, New York: Charles Scriber' s Sons, 1940, 104.

377) Paul Ramsey, *War and the Christian Conscience*, Duke University Press, 1961; Paul Ramsey, *The Just War*, Scriber' s 1968.

다.[378] 이런 점에서 북한 핵과의 대처하는데 있어서 라인홀드 니버의 기독교 현실주의 윤리가 요청된다고 본다.

5. 산상설교의 윤리: 사랑의 윤리는 정의의 윤리의 약점을 보완

산상설교의 윤리는 하나님 나라의 윤리요 종말론적 윤리로서 현실성이 없는 것 같이 보이나 신자 개인과 교회의 윤리로는 현실적으로 적용될 수 있다. 라인홀드 니버(Reinhold Niebuhr)는 산상설교의 윤리를 "불가능적 가능성의 윤리(ethics of impossible possibility)"[379]라고 하였다. 인간적으로는 불가능하나 하나님으로는 가능한 윤리이다. 교회는 인간적 차원의 윤리가 아니라 하나님의 관점에서 윤리를 가져야 한다. 이것은 인간의 생각을 뛰어 넘는 고차원의 윤리다. 이러한 고차원의 윤리가 경색된 남북관계를 한 단계 높이는 변혁의 윤리가 될 수 있다. 정부는 사회정의를 실현하기 위하여 국가 간의 정의를 실현하기 위하여 탈리오의 법에 입각한 인과응보의 윤리를 실행해야 한다. 그러나 이것은 남북관계에 심각한 도발-보복, 재도발-재보복이라는 악순환을 가져 올 수 있다. 이에 교회는 한단계 높은 차원에서 화해의 중재자가 되어야 한다. 교회는 정부가 보복의 윤리를 고차원적인 관용의 윤리의 차원에서 실천하도록 권면할 책임을 지니고 있다. 교회의 권면과 중재의 노력에 의하여 정부의 보복의 윤리는 보다 사랑의 정신을 가지며, 부드러워 질 수 있다. 사랑이란 법이 요구하는 정의가 지니는 인간미를 말하는 것이다. 한국은 북한 유사시(有事時)에 북한이 중국으로 기울지 않도록 북한과 좋은 관계를 유지할 필요가 있고, 또 가져야 한다.

최근 정부가 대북 방송과 풍선 전단을 보내는 데 정부나 군이 직접하지 않고 민간이 하도록 한 것은 세련된 대북정책이라고 말할 수 있다. 2011년 2월 28일

---

378) 미국 백악관 게리 새모어 대량살상무기 정책조정관은 "미국의 동맹국인 한국이 북한의 핵개발로 안보 위협을 느껴 전술핵 재배치를 공식 요구한다면 미국이 응하는 것은 당연하다"고 말했다. ([사설] 北, "기어이 한반도에 美 전술핵 다시 불러들일 건가", 조선일보, 2011.3.1, A31면).

379) Reinhold Niebhur, *An Interpretation of Christian Ethics*, New York: Meridian Books, 1956; 박봉배, "Reinhold Niebuhr' s Understanding of Man an Its Relation to His Ethical Theory", 『기독교윤리와 한국문화』, 서울: 성광문화사, 1988, 171~198.

정부 고위관계자는 군 일부에서 대북 심리전 내용을 정치권에 알려주고 이런 내용이 공개된 데 대해 군 당국을 질책한 것으로 전해졌다. 그는 "세상에 심리전을 한다고 공개하고 하는 군대가 어디 있느냐"며 "어떻게 이런 일이 벌어졌는지 그 경위를 알아보고 있다"고 했다.[380] 정부 관계자는 "전단 살포는 기본적으로 민간단체가 앞장서고 정부는 뒤로 빠지는 방식이어야 하는데, 거꾸로 우리 군이 앞장서 있다는 사실이 공개된 점은 잘못"이라고 했다. 동국대 교수 김용현이 말하는 바와 같이 "중장기적으로 남북관계를 풀어가야 하는 정부 입장에서 대북 전단을 직접 살포하면 북한이 걸고넘어질 빌미를 줄 수 있다." 따라서 "정부 당국이 나서는 것보다 민간이 우회적으로 하는 편이 낫다."[381] 굳이 정부가 북한의 민감한 부분을 건드려 부담을 안을 필요가 없다. 그리하여 가급적이면 북한 도발의 빌미를 주지 않는 방향으로 나가야 할 필요가 있다. 선군정치를 표방하며 호전적이며 이성을 상실한 북한 정권에 대하여 동일한 평면에서 대하지 않고 보다 높은 차원에서 긴장을 촉발시키지 않는 차원으로 슬기롭게 남북관계를 풀어나가야 한다.

6. 교회의 윤리(사랑에 근거)와 정부의 윤리(정의에 근거)의 차이

기독교의 대북활동은 세습정권 타도를 외치는 "십자군 선교"가 아니라, 무너진 교회를 세우는 "교회 재건의 선교", 냉혹하고 메마른 북한사회에 사랑과 이해를 가져다 주는 평화의 선교, 남북한 주민에게 상호이해와 용서를 가져다주는 "화해의 선교", 심리적 벽을 허무는 "상호이해의 선교"로 바뀌어야만 한다.[382] 예수의 산상설교는 화해자로서의 교회의 역할에 있어서 오늘날 인과응보의 남북관계가 아니라 보다 높은 차원의 사랑 윤리를 제시한다. 예수는 당시의 세속적으

380) 권대열, "軍 대북전단 살포, 지금 방식은 곤란", chosun.com, 2011.3.1.

381) 권대열 · 유용원, "[대북 전단 논란] 전문가들 '전단 살포, 민간단체가 앞장서야'", chosun.com, 2011.3.1.

382) 조동진, "화해와 평화선교를 통한 통일환경 조성", 한국복음주의 협의회 평화통일세미나 자료집, 『주여! 한반도의 평화통일을 주시옵소서!』, 강변교회개최, 2011.3.11, 조선일보, 2011.7.8, A1.

로 통용되는 탈리오의 보복의 윤리, "또 눈은 눈으로, 이는 이로 갚으라 하였다"(마 5:38)를 거부하시고 사랑의 윤리를 제시하였다: "악한 자를 대적하지 말라"(마 5:39), "네게 구하는 자에게 주며 네게 꾸고자 하는 자에게 거절하지 말라"(마 5:42). "또 네 이웃을 사랑하고 네 원수를 미워하라 하였다는 것을 너희가 들었으나, 나는 너희에게 이르노니 너희 원수를 사랑하며 너희를 박해하는 자를 위하여 기도하라"(마 5:43-44). 예수님의 윤리는 그의 생애를 통하여 보여 주신 사랑의 윤리로서 종말론적 윤리다. 이 윤리는 역사 속에서 보통 인간의 세상에서는 실현될 수 없으며, 그를 닮은 삶을 모방하고자 노력한 프랜시스, 손양원 등 성자들의 삶 등에서 파편적으로 실현되기도 한다.

국가는 타락한 세상에서 사회의 질서 유지를 위하여 정의를 실행해야 하기 때문에 예수의 사랑 윤리를 그대로 집행할 수 없다. 이 세상은 산상설교가 말하는 하나님 나라가 아니고 권모술수가 난무하고 불의가 득세한 타락의 영역이기 때문이다.[383] 한 지역이 적의 침공을 받을 때(왼 뺨을 때릴 때), 다른 곳도 내어주는(오른 뺨도 내어 줄 수 있다) 나라의 지도자는 어리석은 자라고 비난받을 것이다. 이런 의미에서 교회가 제시하는 윤리와 국가가 실천해야 할 윤리는 다르다. 국가의 윤리는 정의 윤리차원에 근거하는 데 반해서 교회의 윤리는 사랑의 윤리에 근거한다.

바울은 예수의 가르침을 다음과 같이 평화주의적으로 해석한다: "아무에게도 악을 악으로 갚지 말고 모든 사람 앞에서 선한 일을 도모하라"(롬 12:17). "네 원수가 주리거든 먹이고 목마르거든 마시게 하라 그리함으로 네가 숯불을 그 머리에 쌓아 놓으리라. 악에게 지지 말고 선으로 악을 이기라"(롬 12:20-21). 북한이 천안함을 폭침하고 연평도에 포격하였으나 이에 대응하는 정부의 윤리와 교회의 윤리는 달라야 한다. 정부의 윤리는 정의에 근거해야 하고, 교회의 윤리는 사랑에 근거해야 한다. 정부는 국가를 방어하기 위하여 군사적으로 강력하게 대응하고 응징해야 한다. 그러나 교회가 이러한 정부의 응징에 동조하는 것은 독일 황제의 빌헬름 2세의 제1차 세계대전 선전포고에 서명한 당시 『93 독일 지성인

383) 김영한, "헬무트 신학사상의 특성", 『한국개혁신학』 제30권, 2011, 5~37.

의 성명서(das Manifest der 93 Deutschen Intellektuellen)』에 참가한 독일의 자유주의 신학자들의 처지에 서게 되는 것이다.[384] 교회는 한 단계 높은 산상설교의 윤리로서 양쪽에 화해자의 역할을 해야 한다. 사랑의 윤리는 이 세상에서는 기독교인 개인의 차원에서는 손양원 목사의 원수 사랑의 행위처럼 가능하나, 타락한 국가나 사회집단의 차원에서는 불가능하다. 그러나 교회는 하나님 나라의 증언자로서 국가나 사회에 대하여 보복의 윤리가 아니라 사랑의 윤리를 선언해야 한다. 이것이 세상의 소금이요 빛으로서 교회의 역할이다. 연평도를 포격하고 2011년 3월 리졸브 훈련에 대하여 "서울을 불바다로 만들겠다"고 위협하는[385] 북한에 대해서도 동일하게 "네 칼을 도로 칼집에 꽂으라 칼을 가지는 자는 다 칼로 망하느니라"(마 26:52)라고 선언해야 한다. 교회는 대립되는 양 체제를 넘어서서 하나님의 관점에 서려고 항상 노력해야 한다. 사랑의 윤리도 정의의 윤리와 대립되는 것이 아니라 사랑의 윤리가 정의의 윤리의 약점을 보완해 줄 수 있다는 것이다.

조동진은 북한 붕괴가 곧 바로 통일로 이어 질 수 있다는 속단과 무지를 경계하고 있다. 그는 다음과 같이 피력한다: 북한 김정일 정권의 붕괴가 곧 통일로 이루어진다는 속단의 무지와 오판에 대해 경악을 금치 못한다. "1950년 10월, 국군은 압록강변 초산까지 진군하였고 김일성은 압록강을 건너 중국의 송화까지 후퇴하면서 북한 정권은 다 무너진 것 같았다. 우리나라 이승만 대통령은 평양에 가서 북한 군중 앞에서 통일 완성을 자랑하는 민중대회를 가졌다.

그러나 그 후 열흘이 못 되어 50만이 넘는 중국 인민군이 압록강을 건너 남으로 밀고 내려왔다. 평양과 해주를 지난 중공군은 12월 말에 3·8선을 넘어 남한의 개성을 점령했다. 이승만 정권은 새해 들어 넷째 날인 1월 4일 서울을 중공군에게 내어주고 부산까지 도망치는 부끄러운 신세가 되었다. 전쟁은 1953년 7월까지 계속되었고 개성을 빼앗긴 미군은 남한 땅인 판문점에서 김일성과 중공군

384) 김영한, 『바르트에서 몰트만까지』, 대한기독교서회, 개정증보판, 2003, 26~27, 특히, 16~20.

385) 안용현·유용원, "北 "심리전 계속하면, 임진각 조준 타격"… 정부內 대북전단 異見", chosun.com, 2011.2.28.

사령관 팽덕회와 미군 사령관이 서명한 휴전협정을 체결했지만 한국군은 휴정 협정 주체가 아니었다."[386]

조동진은 한국전의 상황을 되새긴다: "북한 정권 붕괴가 곧 통일로 이루어질 것으로 보는 이명박 정권의 국제감각은 이승만이 평양에서 통일을 축하하다 중공군에 쫓겨 부산까지 도망갔던 역사를 떠오르게 한다. 그러면서 또 다시 그런 사태가 오지 않나 싶어 소름이 끼친다. 중국은 휴전협정 주체국이어서 언제든지 휴전선 앞까지 자국 군대를 내려 보내는데 아무 국제법적 거리낌이 없다."[387]

한반도의 통일은 역사적으로 신라가 고구려를 정복한 뒤에도 당의 군사가 고구려 지역에 남아 있었다. 한국전쟁 시에도 UN군이 압록강에 도달했을 때에 중공군이 개입하여 승리를 목전에 둔 한국전은 다시 반전(反轉)되었다. 한국은 중국과의 원만한 관계를 유지해야 한다. 중국이 북한정권의 붕괴 시에 한국이 사회적 소요를 맡아도 자기들에게 무방하다고 생각하도록 중국과의 관계를 좋게 하고 신뢰성과 친밀성을 쌓아나가야 한다. 그럴 때 북한의 유사시에 한국은 북한을 평화롭게 접수하고 사회적 안정을 조속히 회복할 수 있을 것이다. 이런 맥락에서 한국 정부는 대응과 보복의 태도에만 집착하지 않고 포용과 관용의 정신을 가지고 북한을 대하는 것이 필요하다.

Ⅳ. 한국교회는 평화통일을 위하여 기도해야 한다

1. 한반도의 통일에 대한 하나님의 주권을 믿어야 한다

주전 701년 앗시리아 왕 산헤립이 유대의 예루살렘을 위협했을 때 유대 사람들은 당시 강대국이었던 이집트로 도피하고 이집트의 군사력에 의존하고자 하였다 이에 대하여 이사야는 다음과 같이 선포한다: "도움을 구하러 애굽으로 내려

386) 조동진, "화해와 평화선교를 통한 통일환경 조성", 한국복음주의 협의회 평화통일세미나 자료집, 『주여! 한반도의 평화통일을 주시옵소서!』, 강변교회개최, 2011.3.11.

387) 위의 글.

가는 자들은 화 있을진저 그들은 말을 의지하며 병거의 많음과 마병의 심히 강함을 의지하고 이스라엘의 거룩하신 이를 앙모하지 아니하며 여호와를 구하지 아니하나니"(사 31:1). 이사야는 이집트는 하나님이 아닌 상하고 썩을 육체를 지닌 인간의 나라에 불과한 것을 지적하고 있다: "애굽은 사람이요 신이 아니며 그들의 말들은 육체요 영이 아니라 여호와께서 그의 손을 펴시면 돕는 자도 넘어지며 도움을 받는 자도 엎드러져서 다 함께 멸망하리라"(사 31:3).

오늘날 한국은 북한의 우방인 중국을 두려워하거나 우리의 우방인 미국을 하나님 보다 더 믿어서는 안 된다. 중국이나 소련은 통일의 장애물이 될 수 있으며, 미국이나 일본은 통일을 도와 줄 수 있을 것이다. 그러나 이들의 역할은 하나님의 절대주권 안에서만 가능하다는 그 한계를 지니고 있다. 성경에 의하면 구약시대의 앗시리아나 바벨론은 중동지역의 대제국이었으나 이들은 한갓 하나님이 사용하시는 그의 진노의 막대기요 부지갱이에 불과했다. 예언자 이사야는 북왕국을 멸망시킨 강대국 앗수르를 향하여 심판을 예언하면서 세계를 경영하시는 하나님의 역사 운행과 주권에 관하여 다음과 같이 선포하고 있다: "만군의 여호와께서 맹세하여 이르시되 내가 생각한 것이 반드시 되며 내가 경영한 것을 반드시 이루리라. 내가 앗수르를 나의 땅에서 파하며 나의 산에서 그것을 짓밟으리니 그 때에 그의 멍에가 이스라엘에게서 떠나고 그의 짐이 그들의 어깨에서 벗어질 것이라. 이것이 온 세계를 향하여 정한 경영이며 이것이 열방을 향하여 편 손이라 하셨나니, 만군의 여호와께서 경영하셨은즉 누가 능히 그것을 폐하며 그의 손을 펴셨은즉 누가 능히 그것을 돌이키랴"(사 14:24-27).

2. 북한사회의 억압체제가 철통 같을지라도 하나님은 깨뜨릴 수 있다

중동에서 시작된 민주화가 중국에도 알려지자 中 베이징서도 시위가 발생하여 北 당국이 바짝 긴장하고 있다. 북한 전문매체인 데일리NK는 2011년 2월 18일 함북 온성군의 내부소식통을 인용해 "애굽(이집트) 시민들의 반독재 투쟁 소식이 중국 TV채널이나 (탈북자) 가족과의 통화를 통해 주민들에게 알려져 화제가 되고 있으며, 간부들은 소문 확산을 막기 위해 애를 쓰고 있다"[388]고 전했다. 일본 교도통신은 21일 북한이 외부 정보 유입을 차단하기 위해 1월부터 외국인 방문객에 대한 휴대전화 대여를 중단했다고 보도했고, 노동신문은 같은 날 1면 사설에서 "일심단결의 정신"을 강조했다. 탈북자는 "민주화 요구가 중국까지 도달한 만큼 북한 당국은 공안기관을 동원해 내부 단속에 나설 것"[389]이라고 말했다.

2011년 들어 중동을 휩쓰는 '반정부 시위'가 당장 북한에 옮아붙을 가능성은 작은 것으로 본다. 북한은 중동과 달리 인터넷 접근이 불가능하고 주민들이 조직적 시위를 해 본 경험도 없다는 것이 가장 큰 이유다. 대북 소식통은 22일 "북한 주민들은 조선 왕조와 일제 식민지, 김씨 왕조만 경험했으며 민주화나 정권 교체에 대한 인식이 별로 없다"고 했다. 김정일 체제에 대한 북한 군부의 충성도는 여전히 견고하다. 이집트 무바라크 정권은 군부가 등을 돌리면서 무너졌지만 북한 군부는 다르다. 경제적으로도 산유국인 리비아의 1인당 국민소득은 1만 8,400달러(2009년 기준)이지만 북한은 960달러에 불과해 체제 불안의 모태가 될 수 있는 중산층도 없다.[390]

이러한 북한의 억압현실에서 오늘날 북한의 민주화를 바란다는 것은 인간적인 차원에서는 거의 불가능하다.[391] 그러므로 우리는 하나님의 간섭을 바랄 수밖에 없다. 하나님은 인간이 불가능하다고 포기할 때 그분의 영광을 위하여 직접적으로 간섭하신다. 우리가 이것을 신앙으로 확고히 믿을 때 한반도의 통일은 신학적인 근거를 가지는 것이다.

---

388) 안용현, "北 '시위 상륙 막아라' … 외국인 휴대폰 대여 중단", chosun.com, 2011.2.23.

389) 위의 글.

390) 위의 글.

391) 동국대 북한학과 교수 김용현도 호스니 무바라크 전 이집트 대통령의 퇴진을 불러온 이집트 민주화 시위가 북한에 미칠 영향이 거의 없다고 분석하고 있다. "이집트 사태는 무바라크 대통령이 자신의 아들에게 권력을 넘기는 부분이 영향을 줬기 때문에 북한 권력 엘리트들이 부담을 가질 가능성이 분명히 있다" "그러나 (정보통제로) 북한 주민들이 알지 못하기 때문에 이집트 민주화 바람이 많은 영향을 주지는 않을 것"이라고 보고 있다. 그는 이어 "북한은 정보 유통이 원활한 체제가 아닌 까닭에 주민들은 여전히 김정일 체제에 순응하고 있다"면서 "현재로서는 김정은이 권력을 물려받는 과정에 큰 어려움이 없을 것으로 보인다"고 분석하고 있다.(김형원, "北, 이집트 사태에 큰 영향 받지 않을 것", 2011.2.16).

독일 베를린 장벽이 무너짐에 있어서 역사의 우연성이 작용하는 것을 볼 수 있다. 1989년 동유럽 민주화 바람이 불자 동독 공산당은 '해외로 나간 동독인은 귀국하지 못한다'는 조항을 달아 해외여행 자유화를 검토했다. 민심을 달래는 척하면서 '불만분자'들을 내쫓으려 했다. 공산당 대변인이 11월 9일 기자회견을 열어 여행자유화를 발표하자 놀란 외국 기자들이 "언제부터냐"고 질문을 퍼부었다. 실행 시기가 확정되지 않았지만 새 법안을 제대로 파악하지 못한 대변인은 얼떨결에 "지금, 당장"이라고 말실수를 했다.[392] 그날 대변인 발언 뉴스를 본 동베를린 주민들이 장벽으로 몰려오자 국경수비대는 여권에 출국 도장을 찍어줬다. 이미 수비대는 비밀경찰로부터 "나중에 귀국은 막으라"는 지시를 받았다. 그러나 서베를린에 갔다 돌아온 군중이 거세게 항의하자 수비대도 움찔했다. 한 병사가 장교에게 "집에 아이들만 두고 나왔다고 애원하는 부부가 있는데 어떡하죠"라고 물었다. 장교는 잠시 생각하더니 "통과시켜"라고 했다. 그렇게 모두가 돌아오면서 결국 장벽이 무너졌다.[393] 인간의 순간적인 실수로 일어나는 역사적 사건의 우연성에는 보이지 않는 하나님의 섭리와 경륜이 숨어 있다.

3. 한반도를 향한 하나님의 선하신 뜻을 믿어야 한다

그의 백성 이스라엘에게 진노를 쏟으시고 그와의 언약을 버린 그의 백성을 재앙으로 멸망시킨 하나님은 나중에는 그의 백성에게 회개와 평안을 주시고자 하시는 용서와 사랑의 하나님이시다. 하나님은 그의 백성 이스라엘은 칠십 년 후에는 다시 그의 고토로 돌아 오게 하신다. "여호와께서 이와 같이 말씀하시니라 바벨론에서 칠십 년이 차면 내가 너희를 돌보고 나의 선한 말을 너희에게 성취하여 너희를 이 곳으로 돌아오게 하리라. 여호와의 말씀이니라. 너희를 향한 나의 생각을 내가 아나니 평안이요 재앙이 아니니라 너희에게 미래와 희망을 주는 것이니라"(렘 29:10-11).

---

392) 박해현(논설위원), [만물상] "베를린 장벽 50년", 조선일보, 2011.8.14, A30면.

393) 위의 글.

우리는 선하신 하나님을 믿고 한반도 통일을 간구해야 한다. 그러면 하나님은 남북 사이에 있는 분단의 벽을 허물고 통일의 은혜와 축복을 주실 것이다. 에스겔은 무너진 예루살렘 성읍의 건축을 염원하는 이스라엘을 향하여 앞으로 예루살렘 성벽이 건축되며 성읍이 회복될 것이라는 하나님의 약속 말씀을 전한다. 그러나 하나님은 이스라엘 백성이 이를 위하여 간구하여야 한다고 말씀하시고 있다: "너희 사방에 남은 이방 사람이 나 여호와가 무너진 곳을 건축하며 황폐한 자리에 심은 줄을 알리라 나 여호와가 말하였으니 이루리라. 주 여호와께서 이같이 말씀하셨느니라 그래도 이스라엘 족속이 이같이 자기들에게 이루어 주기를 내게 구하여야 할지라"(겔 36:36-37상). 우리 한국교회와 신자들은 이 백성을 대리하여 하나님의 선하신 뜻을 믿고 제사장적인 기도를 올려야 한다.

4. 통일은 급작스레 올 수도 있다: 한국사회와 한국교회는 항상 준비되어야 한다

통일은 갑작스럽게 온다. 독일 통일이 그러했다. 독일 통일의 주역 헬무트 콜 서독 총리는 훗날 회고록에서 "그때까지만 해도 1989년 11월 9일이 독일 역사에 한 획을 긋는 날이 될 것이라고는 짐작조차 하지 못했다"고 말했다.

1985년 집권한 고르바초프 소련 공산당 서기장이 들고 나온 개혁 · 개방의 물결은 동유럽의 구(舊)체제를 뒤흔들었다. 경제난에 허덕이던 소련은 동유럽의 후견인 역할을 사실상 포기했다. 그러나 서독 지도층에는 이 변화의 물결이 독일 통일로 이어질 것이라고 믿는 사람은 없었다. 콜 총리만이 유일한 예외로서 이 변화를 독일 통일로 연결시키고자 노력하였다. 야당인 사민당과 녹색당은 콜에게 "현실성 없는 통일 레토릭(수사 · 修辭)을 중단하라"고 요구하기까지 했다.

40년간 국가 정보원에서 대북정보를 맡아온 염돈재의 저서 『독일 통일의 과정과 교훈』에서 "독일 통일의 원동력은 '햇빛정책' 이 아니라 '힘의 우위' 정책이었다"고 증언한다. 그에 의하면 독일 통일의 원동력은 사민당 브란트 총리의 '신동방정책' 보다는 그 이전 기민당 아데나워 총리가 추진한 '힘의 우위' 정책이었다고 본다. 흔히 햇빛정책의 원조처럼 여겨지는 브란트의 정책은 통일정책이라기보다 통일을 포기한 '분단의 평화적 관리정책'에 불과했다는 것이다.[394)]

1989년 7월 17일 헝가리가 서방국가인 오스트리아와의 국경을 열자 동독인들은 이 통로를 통해 서독으로 망명하려고 몰려들었다. 여기에 밀려 18년간 집권했던 동독의 독재자 호네커 서기장이 그해 10월 실각했다. 새로 등장한 동독의 크렌츠 정권이 11월 9일 동독인의 서독 자유 통행을 허용하자 베를린 장벽이 군중의 손에 의해 무너져 내렸다. 이어 동·서독은 통일을 향한 협상을 시작해 이듬해인 1990년 10월 3일 기어코 통일을 이뤄냈다.

제2차 세계대전 패전(敗戰) 국가인 독일은 전승국인 미국·소련·영국·프랑스 등의 승인 없이는 통일을 추진할 수 없는 상태였다. 4대국 지도자 중 독일 통일에 우호적이었던 인물은 부시 당시 미국 대통령뿐이었다. 대처 영국 총리와 미테랑 프랑스 대통령은 소련의 고르바초프 서기장을 찾아가 독일 통일을 막아줄 것을 은근히 요구했다. 콜 총리와 겐셔 외무장관은 부시를 통하거나 또는 직접적으로 집요하게 이들을 설득했다. 콜 총리는 베를린 장벽 붕괴 넉 달을 앞둔 1989년 6월 고르바초프를 독일로 초청해 대규모 경제원조를 약속하면서 "독일과 소련은 유럽 분단 극복에 이바지한다"는 성명을 끌어내는 데 성공했다. 콜 총리는 미국을 적극적 후원자로 붙들고 소련을 소극적 반대자로 변화시키고, 영국과 프랑스를 반대에서 찬성으로 돌려 놓았다. 독일의 외교적 역량이 베를린 장벽 붕괴를 만들어내고 영국·프랑스 등의 반대를 넘어 통일의 길을 뚫었다.[395)] 1990년 10월 3일 소련의 고르바초프 수상과 프랑스의 미테랑 대통령, 영국의 마가렛 대처 수상, 미국의 부시 대통령의 환호를 받으면서 서독 수상 헬무트 콜은 동독 수상 로타르 드메지에르와 〈독일통일조약〉에 서명한다.

북한이 급변사태를 맞게된다면 한반도 통일 역시 주변 강대국들의 동의와 지지가 필수적이다. 콜 총리에 의해 주도된 서독의 외교 역량이 미국을 적극적 통일

394) 이한우, "독일 통일의 원동력은 '햇빛정책'이 아니라 '힘의 우위' 정책이었다", chosun.com, 2010.12.11.

395) [사설] 20년 전 베를린 장벽 무너지듯 지금 휴전선이 열린다면, 조선일보, 2009.11.3.

후원자로, 소련을 소극적 통일 반대자로 만들었던 것처럼[396] 한국 외교가 통일 지지 국가를 더 든든한 후원자로 묶어두고 통일 반대 국가의 태도를 통일 지지 혹은 묵인(默認)하는 쪽으로 변화시킬 수 있느냐에 대한민국과 7,400만 민족의 장래가 걸리게 된다. 이러한 정치사회적 변화와 관계 배후에는 한반도를 향한 하나님의 섭리라는 신학적 요인이 작용하는 것이다.[397]

한국 정부 당국자와 교회 지도자는 독일 통일처럼 언제 닥쳐올 지 모르는 한반도의 돌발사태를 통일과 연결시킬 수 있는 메뉴얼(manual)과 이를 상황 속에서 수정하며 적용시켜나가는 지혜와 기도와 결단력이 필요하다. 여기에 한국교회는 기도를 통해서 하나님의 거룩한 뜻이 한반도의 평화통일로 이루어지도록 노력해야 하는 것이다.

5. 오늘날 우리의 허물을 회개하고 통일을 간구해야 한다

한국교회 지도자들과 신자들은 2011년 새해 벽두부터 교회 안에서 일어나고 있는 폭력사태, 돈 선거(한기총), 감투 싸움(감리교 감독직), 명예욕을 회개하고, 교단 사이에 있는 장벽을 허물고 가난한 마음을 가지고 하나님에게 자복해야 한다. 우리 사회 안에 있는 지역, 교단 사이에 있는 분단의 장벽을 허물어야 한다. 이사야는 이스라엘 나라의 회복에 대한 하나님의 약속 말씀을 전하면서 이들이 회개하고 하나님께로 돌아 올 것을 촉구하고 있다: "너희는 여호와를 만날 만한 때에 찾으라 가까이 계실 때에 그를 부르라. 악인은 그의 길을, 불의한 자는 그의 생각을 버리고 여호와께로 돌아오라 그리하면 그가 긍휼히 여기시리라 우리 하나님께로 돌아오라 그가 너그럽게 용서하시리라"(사 55:6-7).

2011년 10월 29일자 불광동 소재 팀 수양관에서 개최된 기도회는 한반도 통일의 귀중한 모퉁이돌의 역할을 한다고 생각된다. 모퉁이돌선교회의 전단지의 제

396) 이한우, "독일 통일의 원동력은 '햇빛정책' 이 아니라 '힘의 우위' 정책이었다", chosun.com, 2010.12.11.

397) 김영한, "한반도의 걸음을 인도하시는 하나님", 2011.11.11, 한국복음주의 협의회 월례기도회 및 발표회 자료실, 화평교회당.

목은 "모퉁이돌선교회는 10월 29일 기도회에 초청합니다"다. 초청의 글은 다음과 같다; "기도하는 자 300명이면 북한을 무너뜨릴 수 있습니다. 동역자님께! 지금 한국에서는 북한이 무너지지 않을 것이라 생각하는 이들이 많습니다. 전문가들도 북한이 무너지지 않을 것이라는 분석을 내 놓고 있습니다. 그러나 북한은 지금 무너지고 있습니다. 그의 백성을 자유케 하시려는 하나님의 시간표가 다가오고 있습니다. 하나님이 북한의 주권자이심을 믿고, 그의 능력을 선포하며, 기도로 전쟁에 나갈 용사 300명을 찾습니다. 하나님이 싸우시는 자리에 나아감을 주저하지 마십시오. 전쟁은 하나님께 속한 것입니다. 하나님의 능력을 인정하며, 하나님 앞에 나아가기로 결단하는 당신이 바로 하나님이 찾으시는 기도의 용사 300명일 수 있습니다."[398] 북한주민 인권과 교회 재건을 위하여 기도하고 노력하는 단체들은 모퉁이돌 선교회를 비롯하여 "북한교회세우기연합", "기독교북한선교회", "기독교통일학회" 등을 비롯하여 많이 있다. 남한교회는 서로 협력하면서 북한 주민의 인권개선과 무너진 제단의 수축과 교회의 재건과 북한 주민의 신앙의 자유를 위하여 지속적으로 기도해야 한다.

맺음말

한반도 통일을 위한 신학적 근거는 역사 주권을 지니신 하나님의 통일 섭리를 믿고 이에 상응하여 하나님의 뜻을 분별하여 이에 순종하고 하나님의 카이로스(kairos)를 기다리는 것이다. 여기에는 미국이나 중국, 일본이나 러시아 등 주변의 강대국에 의지하지 않고 민족적으로 우리 사이에 있는 모든 분단의 벽(사회적 빈부의 격차, 정치적 사회적 부정부패, 문화적 장벽 등)을 허물고 하나님 앞에 겸허하게 나아가는 행동이 동반되어야 한다. 그런데 아직도 우리 남북한사회가 그러하지 못하기 때문에 기독교 신자인 교회와 신자들이 불신하는 남북 민족을 대리하여 제사

398) 모퉁이돌선교회 2011년 10월 29일 기도회 전단지, "모퉁이돌선교회 10월 29일 기도회에 초청합니다".

장적 기도와 삶을 살아야 한다. 한국교회가 이러한 제사장적 대리기도와 행위를 하기 위해서는 먼저 한국교회가 저지른 각종 허물과 죄(돈 봉투 선거, 감투싸움, 교회 내 폭력, 교단 분리와 각종 파벌, 비도덕적 삶 등)를 회개하고 하나님 앞으로 되돌아오고 새로운 삶을 살아야 한다.

그리고 한국교회는 오늘날 김일성 부자의 우상이 서 있고 이에 대한 우상숭배가 강요되는 조선의 예루살렘이었던 평양에서 교회재건과 진정한 예배의 회복에 대한 새로운 비전을 가져야 할 것이다. 통일 이후에 평양은 열국을 구원하시는 하나님의 선교사역의 새로운 처소가 될 것이다. 이러한 약속은 에스겔을 통하여 포로와 귀양 속에 있는 이스라엘 백성들에게 하나님의 약속의 말씀으로 선포되었다: "내가 그들과 화평의 언약을 세워서 영원한 언약이 되게 하고 또 그들을 견고하고 번성하게 하며 내 성소를 그 가운데에 세워서 영원히 이르게 하리니, 내 처소가 그들 가운데에 있을 것이며 나는 그들의 하나님이 되고 그들은 내 백성이 되리라"(겔 37:26-27). 오늘날 이방인의 신분에서 하나님의 백성으로 부르심을 받은 한국교회가 이 말씀을 오늘날 우리에게 주시는 하나님의 약속의 말씀으로 믿고 북한에 교회를 재건하기를 기도하고 실천한다면 이 말씀은 곧 우리 민족에게 주시는 축복의 말씀이 될 것이다.

제7장

평화통일에 대한 신학적 성찰

머리말

Ⅰ. 힘의 사용 아닌 정의로운 사랑에 근거한 평화통일

Ⅱ. 자기 절대화 아닌 국제법(인도주의)에 기준한 자기 상대화와 공존 이념

Ⅲ. 북한주민의 인권과 탈북자의 난민 지위부여를 위한 국제적인 공조(network)를 강조하는 통일정책

Ⅳ. 깨어나는 주민들의 의식으로 내부적으로 무너지고 있는 북한 사회

Ⅴ. 북한의 지하교회를 위하여 기도하고 지원해야 한다

Ⅵ. 북한 유사시에 대비한 통일외교가 있어야 한다: 한반도의 통일이 동북아시아의 발전에 기여한다는 정책을 제시

Ⅶ. 통일의 날은 정치인에게 있지 않고 하나님의 작정에 있다

맺음말

제7장

평화통일에 대한 신학적 성찰

머리말

2010년은 그동안 남북한 관계가 가장 긴장을 이루었던 해였다. 북한에서는 김정은 3대 세습이 이루어졌고, 그의 성권 장악을 위한 업적용으로 천암함 폭침과 더불어 연평도의 민간인 주거지역 포격이 가해지면서 오늘날 한반도는 유례없는 긴장 상태에 들어 서 있다. 지난 10년간의 햇빛정책은 북한에 거액을 퍼주고 '핵위협 증대' 와 '개성공단 인질화' 를 돌려받았다.

그럼에도 불구하고 지구상에 유일한 분단 국가로 남아 있는 한국은 지구촌의 평화를 위하여서도 민주적 평화통일을 이루어야 한다. 더욱이 우리는 공산주의자들의 남침에 의한 한국전쟁의 쓰라린 전쟁의 상처를 지닌 민족이므로 반드시 평화로운 통일을 이루어야 한다. 한반도의 통일은 베트남이나 예멘처럼 힘에 의한 것이 아니라 독일처럼 평화로운 것이어야 한다. 이를 위하여는 정의로운 사랑에 근거한 평화가 추구되어야 한다. 쌍방이 자기 절대화 아닌 자기 상대화요 공존의 태도를 지녀야 한다. 남북 당국자 끼리의 협상이 아니라 주민의 자유와 인권이 보장되는 태도를 지녀야 한다. 더욱이 기독교적 관점에서는 통일은 정치하는 사람들이 하는 것 같으나 그 배후에 보이지 않는 하나님의 주권적 섭리가 있다는 사실을 알고 기도해야 한다.

I. 힘의 사용 아닌 정의로운 사랑에 근거한 평화통일

성경과 기독교적 신앙고백은 안보가 아니라 정의만이 지속적인 평화(샬롬)를 가져온다는 것을 명료히 말하고 있다. 평화의 길이란 정의로운 행위와 세계적인 정의에 대한 관심이다. 성경에 의하면 정의란 하나님의 정의에서 출발한다. 그것은 창조적인 정의, 의롭게 하는 정의, 법을 산출하는 정의로서 경험된다. 하나님은 억압당하는 자의 권리를 옹호하시며, 불의한 자를 의롭게 만드시기 때문에 의로우신 분이시다(시31:2, 시146:7). 하나님은 정의를 통해서 지속적인 평화인 샬롬을 창조하신다. 안정과 질서가 강요된다 하더라도 불의와 폭력이 지배하는 곳에서는 평화가 없다. 이러한 하나님의 정의는 긍휼의 법(das Recht des Erbarmens)이 지배하는 정의로서 정의의 지고한 형태이다. 이것은 과부와 고아를 긍휼히 여기시는 하나님의 정의이다. 이것은 사랑의 정의(die Gerechtigkeit der Liebe)이다. 굶주림이 즐비하고 인권이 유린되고 생명이 경시되는 곳에서는 평화가 없다.

성경이 말하는 사랑의 정의는 헬라사상이 말하는 분배적 정의(justitia distributiva)와 다른 인격적 정의(personale Gerechtigkeit)이다. 분배적 정의는 각자에게 각자의 몫을 배당하는 것이다(suum cuique). 마르크스에 의하면 각자에게 자기의 능력과 필요에 따라서 분배하는 정의이다. 분배적 정의는 우선적으로 능력과 재화에 사실적으로 연관되어 있다. 인격적 정의는 공동체 지향적인 개념이다. 그것은 상호적인 인정과 다른 사람들에 대한 받아들임에 있다. 인간 존엄에 대한 상호적인 인정과 수용은 인간적이고 바른 사귐을 창조한다. 분배적 정의 개념에는 약자와 수탈자에 대한 관심과 권한인정이 부재하고 있다. 그러나 긍휼의 정의는 가난하고 약한 자에 대한 고려와 저들의 인권이 고려되어 있다. 긍휼의 정의는 공동체 안에서 가난하고 약한 자들에 대한 배려가 있으며, 이들에 대한 권익 옹호가 있으며, 이들의 결핍되고 억압된 부분에 대한 도움과 배려가 있다.

북한정권은 평화를 말하지만 저들의 행동에는 정의가 없다. 북한정권은 주민의 자유와 존엄성을 인정하지 않는다. 분배적 정의조차 없다. 지배특권층 수만 명을 위하여 나머지 북한의 주민들은 빈곤의 평등 속에 살고 있다. 북한은 주민들

몇백만 명이 굶어 죽어 가는데 정권의 안보를 위하여 핵폭탄 제조에 모든 물자를 소모하는 것 자체가 정의롭지 못하다. 공산주의 국가에서 정권을 3대에 세습하는 것 자체도 정의롭지 못하다. 여태까지 한국은 북한과의 관계에 있어서 북한의 일방주의에 끌려다니고 북한주민들의 입장을 제대로 고려하였다고 볼 수 없다. 더욱이 김정은 3대 세습 이후 체제 정당화와 안정을 위하여 남측에 대한 군사도발을 하고 있다.[399] 이러한 정의롭지 못한 일에 대하여 남한의 교회 지도자들조차도 북한정권의 비위를 건드릴까 하여 침묵하여 온 것이 여태까지의 남북관계였다. 이러한 북한정권 비위 맞추기 정책은 북한으로 하여금 핵폭탄 제조에 이르기까지 하였다. 미의회조사국에 의하면 북한은 4~7개 핵무기 분량의 플라토늄을 보유하고 있다고 한다.[400]

II. 자기 절대화 아닌 국제법(인도주의)에 기준한 자기 상대화와 공존 이념

기독교적 관점에서는 오늘날 현실정치도 원수 사랑의 정책을 펴나갈 수 있다. 원수 사랑의 정책에서 무력지배에 대한 비폭력의 정책이 나온다. "비폭력(Gewaltfreiheit)"이란 비정치화나 권력을 포기하는 것이 아니다. 우리는 권력(Macht, power)과 폭력(Gewalt, violence)을 구분한다. 권력이란 법의 정의로운 사용이며, 폭력이란 권력의 불의한 행사이다.[401] 현대국가는 법과 권력을 독점하여 이집트나 북한처럼 남용할 수 있다. 이에 대하여 기독교는 사회단체로서 권력의 문화를 없앨 수는 없으나 국가의 권력 집행을 인도주의에 입각한 기준에서 "적법의무적으로(rechtfertigungpflichtig)" 만드는데 기여할 수 있다. 법은 국가적인 권력독점에 한계를 가한다. 법은 시민에 대하여는 국내정치적으로만이 아니라 다른 국가에 대

---

399) "김정은 체제, 할 수 있는 것은 전쟁뿐", YTN, digital, 2010.12.7.

400) 고승일, "北 4~7개 핵무기 분량 플루토늄 보유", 연합뉴스, 2011.2.1.

401) Jürgen Moltmann, *Gerechtigkeit schafft Zukunft. Friedenspolitik und Schöphungsethik in einer bedrohten Welt*, Forum Politische Theologie, Kaiser, 1989, 62.

하여 국외적으로 제한을 가한다.

북한이 천안함을 폭침하고 연평도에 무차별 포격을 했을 때 이에 대하여 자기 방어를 하는 것이 기독교적 정당한 전쟁이다. 상대방이 더 이상 도발을 하지 못하도록 응징하는 것은 국제법적으로 정당한 자기 방어 개념이다. 우리는 그 예를 구약에서, 압살롬의 폭력적 모반에 대하여 다윗이 무력적으로 대응하여 승리하고 이스라엘 국가체제를 안정시킨 것에서 찾아 볼 수 있다. 그러하다고 자기 방어를 넘어서 상대방을 폭력으로 응징하고자 하는 것은 성경적이고 평화로운 태도라고 볼 수 없다. 폭력을 응징하는 더 큰 평화로운 힘은 국민의 연대 그리고 국제사회의 연대를 형성하는 것이다.

핵무기에 의해 "남한을 불바다로 만드겠다"는 북한의 위협은 인도주의적으로 결단코 정당화 될 수 없는 무자비한 폭력행위이다. 핵무기와 다른 대량살상무기의 위협과 사용이란 폭력의 사용으로 국제적 법 질서를 넘어서는 것이다. 폭력 극복의 길은 "모든 권력사용을 법에 구속(拘束)시키는 것(die Bindung jeder Machtausübung an das Recht)"이다.[402] 여기서 그것이 합법적이든지 불법적이든지 모든 불의한 권력사용에 대한 저항의 의무가 나온다. 비폭력의 원리란 "권력사용이 법에 구속됨"이 문제시 되는 경우, 이에 대한 시민적 투쟁을 인정한다는 것이다. 공적인 권력지배에 대하여 저항하는 자는 단지 그가 법의 회복 내지 압박당한 자의 권리의 회복을 위할 때에만 정당성을 갖는다. 2011년 11월 23일 오후 2시 30분 서해의 대연평도 민간 지역을 향하여 170여 발의 무차별한 미사일 포격은 오늘날 북한정권의 야만성과 호전성을 드러낸 사건이다. 침해된 법질서의 회복으로서 저항은 정당성을 갖는다. 그 예가 지구촌 운동으로 널리 일어난 바로 핵무기 경쟁의 금지 내지 온실가스 과다 방출억제를 위한 시민적 캠페인이다.

폭력의 지배에서 고통당하는 시민들의 힘은 테러에서 나오지 않고 시민적 연대성(Solidarität)에서 나온다. 북한의 무력도발은 해방의 목표를 평가절하하며 단지 폭력의 지배를 정당화한다. 시민과 국제시민들의 대규모 연대성은 폭력지배

---

402) Moltmann, op. cit., 63.

로부터 법의 외양을 빼앗고 모든 공포의 위협을 제거한다. 그러나 폭력의 지배가 국내정치적으로 백성에 의하여 거부당하거나 동시에 국제적으로 다른 나라 시민들에 의하여 국제적으로 고립될 때 폭력의 지배는 더 이상 지탱하기 힘들게 된다. 비폭력적인 폭력의 극복은 가능하다. 그것은 순교를 요구할 수도 있다. 예수의 십자가가 그 전형적 예다. 여기서 우리는 그리스도를 모범으로 생각한다. 그리스도의 십자가 행동의 경우 그의 구속(救贖)적인 행위는 해방하는 힘을 소유할 뿐 아니라 성공했으며 고난 역시 그 자체 해방하는 힘을 가지고 있다는 사실을 알 수 있다.

III. 북한주민의 인권과 탈북자의 난민 지위부여를 위한 국제적인 공조(network)를 강조하는 통일정책

여태까지 정부와 기독교 민간단체는 대북정책에 있어서 북한정권에 초점을 맞추고 실제로 통일의 당사자인 북한주민의 인권과 지위향상에 대하여는 무관심한 것을 인정해야 한다. 기독교 통일단체들은 북한에 의한 천안함 폭침이나 연평도의 민간인 주거 지역에 무차별 포격과 인명살상에 대하여 단호하게 비판을 가하지 못했다. 그동안 기독교 통일단체는 수백만 북한주민이 굶주려 죽음에도 불구하고 제대로 이러한 북한 체제에 대하여 비판을 가하지 못했고, 북한은 드디어 플라토늄 핵과 우라늄 농축 시설까지 가동하여 한국과 자유진영을 위협하고 있다. 이제 이러한 태도에서 전향하는 것이 필요하다.

1. 북한주민들에게 외부의 소식을 알려야

북한동포들에게 인터넷을 통한 외부의 소식을 전하고 한국의 번영을 제대로 알리는 것이 필요하다. 북한동포들이 북한의 일인체제와 억압정치에 대하여 비판적 정신을 갖도록 외부 소식이 들어가도록 해야 한다. 아프리카의 튀니지(Tunisia)의 민주혁명에 자극받아 이집트의 무라바크 독재에 대하여 시민들의 항쟁이 일어나 결국 하야(下野)하였듯이[403] 오늘날 지구촌은 민주화로 나아가는 것이 필연적인 과정이다. 이런 맥락에서 역사란 자유의식의 진보라는 헤겔의 명제는 타당성을 가지고 있다. 동구 사회주의 정권의 민주화, 그 종주국인 소련연방의 해체 그리고 중국의 시장경제체제 등은 이러한 역사과정에서 자유의식의 진보라는 그 추세를 막을 수 없다. 이것은 역사를 향한 하나님의 섭리이기도 하다. 기독교 단체는 북한주민들에게 가는 위로의 방송과 북한 자유방송(열린북한방송 등)을 보다 체계적으로 시행해야 할 것이 요청되며, 북한주민들에게 보내는 구호품과 위로문을 여러 경로(풍선 날리기, 중국경로 등)를 통해서 북한주민들에게 전달하는 것이 요청된다.

2. 북한의 억압상황 홍보

북한의 억압 사정과 폭정은 한국사회 시민들에게도 그 진상을 알려야 한다. 한동대학교 북한인권학회가 서울 관훈동 가나아트스페이스에서 열었던 '북한 정치범 수용소 전시회'에 20대(代) 청년층이 몰렸다. 2011년 설연휴 기간(2월 2일~4일) 중 찾아온 관람객 1만 5,000여 명 중 80%가 20대 전후 젊은이들이었다. 젊은 관람객들은 쥐를 잡아먹을 정도로 굶주린 수용자들의 모습과 온갖 고문에 시달리는 북한의 수용소 실태를 담은 펜화와 포스터 앞에서 한동안 발걸음을 옮기지 못한다고 한다.

2010년 11월 23일 북한의 연평도 포격 도발 이후 실시된 한 여론조사에서 '강력한 대북 제재를 통해 북한의 근본적 변화를 이끌어야 한다'는 20대 응답이 61.2%였다. 지난 2001년 '현 정부의 햇빛정책을 지지한다'는 입장이 당시 20대에서 61.8%였던 것과 비교하면 연평도 사태 이후 청년층의 북한관에 큰 변화가 일고 있는 것이다.[404] 인터넷에선 김정일 · 김정은 부자의 권력상속과 이들의 폭

403) 김홍수, "이집트 '18일 시민혁명'의 승리" 무바라크 下野, 30년 독재 끝나… 모든 권력은 군사최고委에 넘겨, '홍해 휴양지로 떠나', chosun.com, 2011.2.12.

404) [사설], "대한민국 20대의 새로운 북한觀", 조선일보, 2011.2.9.

정(暴政)을 비판하는 글과 그림이 새 트렌드로 자리 잡았다. 젊은 네티즌들이 많이 참여하는 커뮤니티 사이트 '디시인사이드(www.dcinside.com)'가 북한의 연평도 공격 이후 만든 북한문제 토론공간에는 '평화를 구걸하지 말고 북한의 버릇을 고쳐야 한다'는 주장이 큰 흐름을 이루고 있다. 네티즌들은 북한 대남기구 조국평화통일위원회가 중국에서 운영하는 '우리민족끼리' 홈페이지에 김정일 부자를 비방하는 풍자시(詩)를 올리기도 했다. 1980년 이후 출생한 20대는 '단군 이래 가장 똑똑하고 가장 코스모폴리탄적인 우리 세대'이다. 이런 세대에게 정권의 전근대적인 3대 세습으로 국제사회에서 조롱거리가 된 북한이 정상으로 받아들여질 리 없다. 이 같은 순수한 분노가 북한동포의 고통을 자신의 고통으로 떠안는 공감(共感)의 능력과 결합할 때 통일을 향한 에너지도 솟아나게 될 것이다.

3. 북한인권법 제정

북한 인권단체연합회를 중심으로 140여개 단체는 2010년 9월부터 북한인권법 제정을 위한 노력을 기울여 왔다. 북한인권법 제정 목적이 북한주민의 인권침해를 막고 북한인권 개선을 위해서라는 것이다. 지난 2월에는 국회 기자회견장에서 북한인권법 제정에 찬성하는 의원 190여명의 서명을 받아 발표했고, 4월 북한자유주간에는 서울역 집회에서 삭발식을 감행하면서 소리를 높였다. 이는 모두 북한인권법을 제정하여 북한주민 인권침해의 대표 시설인 정치범수용소를 해체하고 북한주민을 살려내자는 것이었다.

북한인권법이 제정되면 북한인권재단이 세워지게 된다. 북한인권재단은 다음 네 가지를 중점적으로 관리한다. 1. 북한인권재단을 통해 북한주민에 대한 인도적 지원을 제도화함으로써 북한주민의 기본적 생존권을 지원할 수 있다. 2. 북한인권재단이 직접 교류협력 방식으로 북한 당국을 통해 북한주민과 접촉하고, 인도적 방식으로 접근하여, 북한정권을 압박해 한국에 대한 비정상적 도발 행위를 막아준다. 3. 북한인권재단을 통해 북한인권 실상이 체계적으로 조사 연구되고 홍보됨으로써 국민들 사이에 북한주민 인권보호를 위한 인도적 지원 여론을 형성시킨다. 4. 북한인권기록보존소 설치 및 운영을 통해 북한의 인권유린 책임을 묻고 용서와 화해를 위한 토대를 제공한다.[405)]

과거 국가기관인 통일부나 인권위 등이 북한인권에 정치적 중립성을 지키지 못하거나 인권의 보편적 가치를 몰각하고 편향된 소극적 자세를 보여 불신을 초래한 점이 있다. 이에 비춰 북한인권재단은 정권 향배에 따라 입장이 달라지는 국가기관이나 정치권의 영향을 받지 않는 별도 민간기구로서 설립되어야 한다.

북한인권법안은 북한인권에 대한 정부의 구체적 노력을 주문하고 있다. 통일부를 주무부처로 북한인권 증진을 위한 기본계획의 수립과 집행, '북한인권재단'을 통한 인권단체 활동에 대한 지원 등이 주 내용이다. 특히 눈에 띄는 것은 '북한인권기록보존소'의 설치 · 운영이다. 과거 서독은 잘츠기터(Salzgitter) 인권침해기록보존소를 통해 동독의 납치 · 구금 · 살인 등 4만 1,390건의 인권탄압 사례를 수집 · 보존했다. 이것이 동독의 인권침해자들에 대한 경고 메시지가 됨으로써 간접적으로 인권침해를 제어했던 사례를 차용한 것이다. 2010년 2월 한나라당 의원들이 다시 발의한 내용을 하나로 묶은 북한인권법안이 외교통상통일위원회 상임위를 통과했으나 민주당 등의 반대로 국회 법제사법위원회에서 아직까지 계류중이다.

민주당 등 일부 야당은 이 법안이 김정일 정권의 반발로 북한 인권 개선에는 실질적 역할을 못하고 남북관계만 악화시킨다며 반대하고 있다. 김정일 정권이 반발할 가능성이 크다는 것은 이 법안이 북한에 영향을 미쳐 인권침해를 억제할 가능성이 높음을 자인하는 것으로 법안의 효력이 의심된다는 주장과 모순된다.[406)] 국회는 조속히 인권법을 통과시킴으로써, 북한 인권향상에 진지한 태도

---

405) 이대웅, "황우여, 북한주민들 인권 · 지원 위한 '북한인권재단' 필요성 제기", 제1회 행복한 통일포럼 기조강연, 크리스천투데이, 2011.1.26.

406) [시론] '북한인권법' 남쪽 동포들의 최소한 책무, 한기총 북한민주화네트워크 대표, Chosun.com 2011.3.9.

407) 우리 국회에 16개월 동안이나 계류 중인 북한인권법을 여 · 야 원내대표가 '북한민생인권법' 이란 이름으로 2011년 6월 법사위에 상정하기로 합의했다. 그동안 한나라당과 북한인권단체들이 주장해 온 '북한인권법'을 민주당이 실효성이 없고 남북관계를 경색케 한다는 구실로 반대해 오다가

를 보여주어야 한다.[407] 북한인권법의 기본 내용은 통일부 내에 북한인권재단을 설치하고 북한인권자문위원회를 두어서 북한인권기본계획과 집행계획을 수립하는 것이다. 그리고 통일부장관이 정기적으로 북한인권침해 실태를 국회에 보고하고, 북한인권기록보존소를 설치해서 북한주민에게 인권침해를 가하는 자들은 통일 후에도 형사소추를 하겠다는 취지이다. 또한 외교통상부에 북한인권대사를 설치하여 북한인권 문제를 국제사회 및 국제기구와 함께 해결하기 위해 노력한다는 것이다. 아울러 북한주민의 인권 실태를 조사하고 활동하는 단체를 지원하는 데 있어 제3국에 방치된 탈북동포들의 안전을 고려하는 내용도 함축적으로 들어 있다.

북으로 향하는 라디오와 전단 등 정보자유화를 위한 운동도 이를 촉진할 것이다. 훗날 북한동포들이 폭정에서 해방되어 "왜 끔찍한 인권유린에 아무런 관심도 없었느냐"고 묻는다면 국회는 어떻게 답할 것인가. 더 늦기 전에 북한인권법을 제정하는 것이 대한민국이 북한 형제들을 위해 할 수 있는 최소한의 책무이다.

4. 탈북고아법 제정해야

탈북고아법도 당사자인 한국보다도 미국이 먼저 만들고 있다. 아무도 관심을 쏟지 않고 있는 탈북 고아들에게 그나마 관심을 가져주는 나라가 미국이다. 공화당 리처드 버 상원의원(노스캐롤라이나주)이 2011년 2월 말 발의한 '2011년 탈북 고아(孤兒) 입양법안'의 주요 내용은 제3국에서 난민으로 사는 탈북 청소년 보호 대책과 함께 이들이 미국에 입양될 수 있도록 종합적인 전략을 만들라는 것이다. 버

'북한 민생(民生)에 대한 실효성 있는 지원'이란 조건을 넣어 동의한 것이다. 북한인권법이 외교통상통일위원회를 통과하고도 야당이 위원장인 법사위로 넘겨져 묶여 있었던 것은 그 취지가 북한주민의 인권침해에 초점을 맞추었기 때문이었다. 하지만 미국과 일본에서 북한인권법이 만장일치로 통과된 배경은 탈북자들의 증언과 구체적 자료를 바탕으로 북한인권 문제가 국제사회에 알려진 뒤 북한주민의 인권침해를 개선하고 북한주민의 자유권을 보호하자는 목적이 분명했기 때문이었다. 이제 와서 당사국인 한국이 북한인권법에 북한주민의 생존권과 민생 지원까지 포함해 '북한민생인권법'으로 만들겠다는 것은 원래의 북한인권법 취지에 부합되지 않는다. 북한인권법은 제정 취지에 맞게 '북한인권법'으로 가야 하며 대북지원 정책을 추진할 근거를 만들겠다면 북한인권법과는 별도로 추진하는 것이 바람직하다.(정 베드로(목사 · 북한정의연대 대표), [기고] "'북한민생인권법'은 제정 취지에 안 맞아", 조선일보, 2011.6.2, A35면)

의원은 "탈북 어린이들을 미국 내의 사랑하는 가족과 연결해주자는 것에 상하 양원의 의원들이 모두 동의할 것"이라고 했다. 이 법안에는 공화당 의원들뿐만 아니라 민주당 의원들까지 서명했다.[408)]

2010년 초에는 공화당 에드 로이스 하원의원(캘리포니아)이 유사한 내용의 법안을 발의했었다. 2년 연속으로 미국 의회에 탈북 아동 대책을 촉구하는 법안이 제출된 것이다. 로이스 의원은 각종 북한인권 모임 등에서 탈북 고아 문제를 집중 제기하고 있다.

미국에선 민주주의 확산과 전 세계적인 인권보호 차원에서 탈북자들에게 관심을 쏟아왔으며, 최근엔 탈북자 중에서도 가장 보호를 받지 못하는 탈북 고아들에게도 손을 내밀려 하고 있는 것이다. 국내에선 2010년 5월 한나라당 의원 황우여 주도로 제3국 국적의 아버지 사이에서 태어난 탈북 아동도 지원 혜택을 받도록 하는 '북한이탈주민 보호 및 정착지원법' 개정안이 발의됐다. 그러나 이 법안은 국회 상임위에 상정조차 되지 못하고 있다.[409)]

미국은 2004년 북한인권법을 제정했는데, 정작 우리 국회에선 북한인권법이 국회의 문턱을 넘지 못하고 있는 것과 비슷한 상황이 탈북 고아 문제에서 벌어지고 있는 것이다. 황우여는 "민주당이 북한 인권과 관련된 사안만 나오면 꼼짝을 하지 않고 있어 북한인권법 제정과 탈북자 법 개정 모두 아무런 진전이 없다"고 했다. 한나라당도 이 문제에선 당력(黨力)을 집중하지 않는다는 비판을 받고 있다. 국회만 탓할 일도 아니다. 한국 정부는 중국 등 제3국을 떠도는 탈북 고아의 실태나 통계조차 제대로 파악하지 못하고 있다. 민간단체의 추산을 바탕으로 북한 이외의 지역을 떠도는 탈북 청소년을 약 1만 5,000명으로 추산하고 있는 정도다.[410)]

---

408) 이하원. 탈북고아법, 미국이 먼저 만든다, chosun.com, 2011.3.10, "탈북 어린이에 가족을"… 美의회 2년 연속 발의, 우리국회는 소극적 태도… 北인권법 발의 후 '낮잠'.

409) 각계 인사 130여 명이 2011년 3월 8일 서울 프레스센터에서 '시민사회 · 지식인선언 기자회견'을 열고 국회에서 계속 '잠자고 있는' 북한인권법안의 상황을 풍자하는 퍼포먼스를 하며 조속한 처리를 촉구하고 있다. /이명원 , chosun.com, 2011.3.10.

410) 이하원, 탈북고아법, 미국이 먼저 만든다, chosun.com, 2011.3.10, "탈북 어린이에 가족을"… 美의회 2년 연속 발의, 우리국회는 소극적 태도… 北인권법 발의 후 '낮잠'.

탈북고아는 크게 세 부류로 나뉜다. 탈북 과정이나 한국에 와서 부모와 떨어진 아이들, 북한에서 부모를 잃고 혼자 떠난 아이들, 탈북 여성이 중국 등 제3국에서 현지 남성과 사이에서 낳은 뒤 돌보지 못하는 아이들이다. 북한민주화네트워크 사무총장 김윤태는 “정확한 조사가 어려워 단체마다 추정치가 다르지만 1만~2만여 명의 아이들이 중국 등 외국에 떠돌거나 일부 남한에서 살고 있다”고 말했다.[411] 탈북자 70%가 여성이고, 그들 중 상당수가 인신매매에 노출돼 있기 때문에 탈북고아가 중국에 최소한 1만 명쯤 될 것으로 민간 단체들은 추정한다. 남북 분단의 비극 중 비극이 탈북고아다. 그들 한명 한명엔 분단 모순이 응어리져 있다. 하지만 이들을 향한 따뜻한 손길은 거의 없다. 외국인 아빠 둔 아이는 버림받기 일쑤다. 아이들은 말한다: “어머니는 기억나지 않고 아버지 소식은 몰라요. 한국에 오기 전에 많이 굶었어요.” ‘탈북고아 입양법안’ 등 미국은 적극적인데 한국은 사실상 방치상태다.

5. 북한인권침해신고센터와 북한인권기록관의 역할: 북한 실태 기록 및 국제사회에 알림으로써 북한주민들의 인권에 대한 실제적인 보호

국가인권위원회 산하 기구로 2011년 3월 15일 북한인권침해신고센터와 북한인권기록관이 설치된 것은 북한 인권에 대한 MB정부의 하나의 실질적인 접근이다. 이 두 기관은 독일 분단 당시 서독(西獨)이 동독(東獨)의 인권 탄압 사례를 수집하고 보존하기 위해 설치한 ‘중앙기록보존소’와 유사한 성격을 갖고 있다.

서독은 1961년 동 · 서독 국경지역인 잘츠기터(Salzgitter)에 중앙기록보존소를 설치하고 1990년 통일 때까지 30년간 동독의 인권 탄압 사례 등 8만여건을 기록했다.[412] 당시 동독 정부와 서독의 사민당은 이 기록보존소 폐지를 강력히 요구했다. 그러나 서독 정부는 통일 이후 ‘정치적 목적으로 악행(惡行)을 저지른 사

411) 김진명, 탈북 고아 2만여 명 세계 떠돈다. chosun.com, 2011.3.10.

412) 이석우, “서독, 30년간 동독 인권탄압 모아 과거청산에 활용, 인권위가 본보기로 삼은 獨중앙기록보존소”, chosun.com, 2011.4.1.

람' 을 처벌할 근거를 남겨야 하고, 언젠가 통일이 되면 분단 시 인권침해 행위도 처벌받는다는 사실을 동독 공직자에게 알리기 위해 이 기록보존소를 통일 때까지 유지했다. 기록보존소에서는 국경 탈출자에 대해 총을 쏘는 등의 행위, 수사기관의 고문 등 가혹행위, 비밀경찰 등에 밀고하는 행위 등을 수집해 기록했다. 서독으로 탈출한 동독 군인이나 민간인, 동독 감옥에서 풀려나 서독으로 넘어온 정치범, 동독신문과 잡지 등 각종 간행물 등을 통해 자료를 수집했다. 이 기관을 설립할 때는 상징적 의미가 강했으나 통일 후에는 '과거청산' 의 강력한 자료로 활용됐다. 중앙기록보존소 자료는 반인륜적 범죄 행위 가담자에 대한 형사처벌 근거, 동독 판 · 검사 및 공무원 재임용, 동독 국민에 대한 보상과 복권 심사 자료로 사용됐다.[413)]

북한인권침해신고센터는 북한에서 자행된 각종 인권침해 사례들에 대한 신고를 받는 기구이다. 헌법에도 북한은 대한민국 영토로 돼 있다. 인권위가 북한 인권에 대해 조사할 권한이 있고, 기록을 남기는 일에 반대할 근거는 없다. 그런데 지금까지 우리 정부는 북한 내 정치범수용소 등에서 자행되고 있는 처형 · 고문 등 인권침해 사실에 대해 어떠한 자료도 국제기구에 제출한 적이 없다. 이것은 부끄러운 일이다. 그러나 이제라도 북한의 인권침해 사실을 기록해 UN 인권고등판무관실 산하 고문방지위원회 · 실종위원회 · 사형방지위원회 등에 제출하는 방안을 추진하는 것은 바람직하다. 예를 들어 탈북자가 자신의 가족이 북한 정치범수용소에 감금돼 고문을 받고 있다고 UN 인권기구에 진정하려 하면 인권침해센터가 이를 돕는 방안도 검토하는 것이다. 남북한 이산가족이 서로 생사를 확인할 수 없고, 편지 왕래가 되지 않는 것도 심각한 인권침해 사례다. 이 내용을 인권위가 조사해 UN에 조사를 요청할 수도 있다. 북한도 UN에 가입돼 있기 때문에 UN이 조사에 나서면 응해야 할 의무가 있다. 북한인권침해센터는 탈북자가 북한에서 한국으로 입국하면 1차적으로 국정원 등에서 조사를 받게 되는데 이 조사가 끝나면 인권위 전문조사관을 파견하는 방안을 관계 기관과 협의 중이다.

413) 위의 글.

이때 북한인권기록관은 전문조사관을 파견해 탈북자들의 입국 초기에 조사해서 이들이 북한에서 당한 인권침해 사례를 생생하게 기록으로 남긴다. 한국에 입국하는 모든 탈북자를 대상으로 북한의 인권침해 행위를 전수 조사하고 기록으로 남기는 것이 요청된다

아무리 폐쇄된 북한정권일지라도 국제적인 안목을 두려워하지 않을 수 없다. 한국교회는 국제적인 기독교와 연관된 국제 인권과 친선기관들과의 북한 인권억압실태에 대해 모니터하면서 북한의 인권실태와 주민들의 실상이 국제 사회에 노출되도록 힘써야 한다. 그리하여 이들이 공개처형이나 반체제 인사 구금 등을 함부로 하지 못하도록 하는 장치를 개발해야 할 것이다. 그런데 미국에서는 공화당과 민주당이 합의하여 제정되고 통과된 북한인권법이 당사자인 한국의 국회에서는 제정노력도 하지 않고 있는 현실이다. 이러한 맥락에서 보면 통일의 장애물은 우리 자체에 있다. 그동안 '세이브 엔케이(Save North Korea)'가 해온 바같이 중국 등지에 있는 탈북자들에게 난민의 지위를 부여하여[414] 이들을 한국으로 입국시키는 일을 보다 강화해야 한다. 그리고 2012년 2월 현재 이미 2만 3천명을 돌파하고 있는 한국에 입국한 탈북민들의 생활안정과 사회적응에 큰 관심을 기울여야 한다.

그리고 고사(枯死)해가는 북한정권을 연명시키는 것은 중국이다. 중국은 천안함 폭침이나 연평도 포격에서 일방적으로 북한을 옹호한 것 같이 북한 핵개발을 지지하고 있으며, 탈북난민의 80%에 이르는 탈북여성이 성적인 도구로 이용되는 것을 방관하고 있다.[415] 중국은 한반도 통일의 장애물이 되고 있다. 이에 대하여 우리 기독교 기관은 국제네트워크를 통하여 대응해나가야 한다.

6. 남북대화의 기반 위에서 북한의 급변사태에 대한 지혜로운 대처

414) 세이브엔케이(SaveNK)는 2002년 이후 중국내 탈북민들을 제3국을 거쳐 한국으로 구출하는 일을 하면서 약 1,500여 명의 탈북민들을 직간접적으로 한국으로 입국시켰다(계간, 북한 구원, Save North Korea, 2011년 1월 제8호, 4~7).

415) 수잔 숄티, "중국은 인권억압 방관 말아야." 계간, 북한 구원, Save North Korea 제8호, 2011.1, 35.

2010년에 김정은이 후계자로 책봉된 후, 천안함 기습 폭침, 연평도 포격 사건이 일어났다. 앞으로 북의 특수부대가 은밀하고 기습적으로 서해5도에 침투해 올 수 있다. 북의 정세가 혼란에 빠진다면 핵무기가 극렬분자들 손에 흘러 들어갈 가능성도 배제할 수 없게 되었다. 그리하여 2011년 2월 한미 양국은 그간 북한과의 전면전에 대비해 실시해 온 '키리졸브(Key Resolve) 및 독수리 연습'을 북한 급변사태 및 국지(局地) 도발에 맞춘 훈련으로 기본 개념을 바꾸어 실시하고 있다. 이러한 새로운 방식의 한미연합군사훈련에는 북한의 후계체제에 문제가 생겼을 때 예상되는 북측 내전(內戰) 상태, 또는 천안함 폭침 및 연평도 포격과 같은 북측의 국지 도발 등을 염두에 둔 훈련이 포함된다.[416] 이러한 급변사태에 미리 대비하는 것은 지혜로운 일이다. 이러한 대비책[417] 가운데 한국정부가 신경을 써야할 일은 북한이 이에 반발하여 더욱더 중국 쪽으로 기울어 가는 연쇄 반작용을 염두에 두어야 한다. 물론 이것은 쉬운 일이 아니나 이것이 우리의 현실이다. 북한을 자극하지 않겠다는 이유만으로 북한 기습남침이나 핵무기 개발에 대비하는 자세를 소홀히 할 수 없다. 그리고 북한의 군사적 위협만을 겨냥한 대책으로 남북의 기본관계와 대화 기반 자체를 와해시키는 일도 피해야 한다.[418] 여기에 오늘날 남북관계를 다루는데 있어서 고도의 능숙한 외교력과 군사력이 남한 정부에게는 요청되고 있다.

416) 최경운, 올해 韓美훈련(키리졸브:옛 팀스피리트), '김정일 유고' 본격 대비, 예전: 북한군 전면 남침 대비 반격작전, 올해: 北 급변사태와 국지적 도발 대비, chosun.com, 2011.2.15.

417) 기존 키리졸브(Key Resolve) 및 독수리 연습은 북한군 전면 남침 시 대규모 미군 증원(增援) 병력과 장비를 한반도에 긴급 투입해 평양 이북까지 반격 작전을 펴고 북한정권을 무너뜨리는 '작전계획 5027'을 적용하는 것이었다. 반면 이번 훈련은 북한 급변사태 대응 계획인 '개념계획 5029 (CONPLAN 5029)'에 따른 것으로 김정일 위원장 유고에 따른 내전 등 6가지 유형의 시나리오를 포함하고 있다. 미측은 기존(旣存)의 전면전 대비 작전계획 5027 외에 급변사태 대비 작전계획 5029의 필요성을 김대중 정부에 제안했고, 개념계획 5029가 만들어졌다. 미측은 이를 병력 동원 및 부대 배치 등 구체적 계획까지 담은 작전 계획으로 발전시키려 했지만, 노무현 정부는 북한을 자극할 수 있다는 이유로 미국 제의를 거부했다. 북한에 우호적인 김대중과 노무현 정부가 유보한 이 작전계획을 친미적인 이명박 정부는 수용한 것이다.

418) [사설] "새 방식 韓 · 美 연합훈련에서 염두에 둘 일", 조선일보, 2011.2.15.

IV. 깨어나는 주민들의 의식으로 내부적으로 무너지고 있는 북한사회

정부 고위관계자의 최근 북한 관련 정보에 의하면 최근 북한의 배급체제가 급속히 무너지면서 전체 인구의 약 83%인 2,000만 명이 지하시장 경제에 의존하고 있다고 한다. "북한 인구 2,400만 명 중에서 평양 주민 등 약 400만 명은 중앙 정부의 배급으로 살지만 그렇지 않은 2,000만 명은 대부분 지하시장 경제에 의존해 살고 있는 것으로 추정된다."[419] "배급을 제대로 받지 못하는 북한주민들은 음성적으로 이뤄지는 지하시장을 통해서 생존하고 있다"며 "북한 정부의 장악력이 약해지면서 폭동을 우려, 지하시장 경제를 내버려 둘 수밖에 없다". "이전에는 북한에 공식적으로 매년 식량 50만t, 비료 30만t을 줬지만, 이명박 정부는 북한이 화해를 거부하고 도발을 계속하자 더 이상 지원하지 않았다"며 "이런 것들이 북한의 배급 시스템 와해에 영향을 미쳤으며 북한의 중간계층이 무너지고 있다"고 했다. 자유북한방송 대표 김성민은 보고한다: "정부가 북한군 약 140만 명과 평양 시민 약 260만 명이 중앙정부의 배급에 의존할 뿐, 다른 지역에서는 정상적인 배급망이 끊겼다고 분석한 것으로 보인다."[420] 이에 의하면 김정일 체재는 식량배급을 주는 평양지역 400만 명만 장악 할뿐 나머지 지역의 2천만 명의 주민들에 대하여는 장악을 하지 못하고 있다는 것이다.

1. 용천, 정주 주민들 집단 시위

김정일의 생일을 이틀 앞둔 지난 2011년 2월 14일쯤 평안북도 정주 · 용천 · 선천 등에서 주민 수십 명이 동시 다발적으로 "불(전기)과 쌀을 달라"고 외치는 집단시위를 벌였던 것으로 알려졌다. 북한 내부소식통에 따르면 일부 주민들이

419) 이하원, "北 주민 2,000만 명 지하경제로 연명" "평양외엔 배급망 붕괴" 정부 고위관계자 밝혀, chosun.com, 2011.2.8.

420) 위의 글.

저녁 8~9시쯤 신문지를 말아 메가폰처럼 만든 뒤 "×새끼들아, 못살겠다. 불(전기)을 달라, 쌀을 달라"고 소리치기 시작했다고 한다. 이 소식통은 "처음에는 한두 명이었는데 갈수록 많은 사람들이 집 밖으로 나와 소리를 질렀다"고 말했다. 국가안전보위부(남한의 국정원)가 이 사건을 조사했지만 주민들이 한결같이 '무서워서 집에 있었다. 누가 소리쳤는지 모른다'고 잡아떼는 바람에 주모자 색출에 실패했다고 한다.[421] 소식통은 "예전에는 보위부가 조사하면 이웃끼리 고발했지만 지금은 서로 감싸주는 분위기"라고 전했다. 이번 집단 시위의 원인은 북한 당국이 김정일 생일(16일)을 맞아 평양시 야경을 밝히기 위해 정주 · 용천 등에 공급되던 전기를 끌어갔기 때문인 것으로 알려졌다. 소식통은 "최근 쌀값이 올라 먹고 살기도 힘든데 그나마 하루 몇 시간씩 주던 전기마저 끊어버리자 주민 불만이 폭발한 것"이라고 말했다. 한 탈북자는 "정주 · 용천 일대는 옛날부터 '반골' 기질이 강해 북한 당국이 골치 아파하는 지역"이라고 말했다.[422]

2. 北 신의주 상인 수백 명 시위… 진압軍 투입

중동발(發) 반정부 시위가 중국에도 영향을 미치는 가운데 북 · 중 접경도시인 평북 신의주에서 2011년 2월 18일쯤 주민 수백 명과 북한 당국이 충돌하는 사태가 발생했던 것으로 알려졌다. 이에 김정일은 이 같은 시위의 확산을 막기 위해 폭동진압용 특수기동대를 조직하라는 지시를 내렸다고 대북전문매체 데일리NK가 이날 보도했다.[423]

김정일의 생일 연휴(2월 16~17일)가 끝난 18일 신의주 시장을 단속하던 보안원(경찰)들이 한 상인을 때려 혼수상태에 빠뜨렸다. 피해자 가족들은 거칠게 항의했고 주변 상인들이 대거 동조하면서 시위로 번졌다는 것이다. 북한정권은 시장 단

421) 안용현, "北 정주 · 용천 주민 '불(전기)과 쌀 달라' 시위", chosun.com, 2011.2.23.

422) 위의 글.

423) 강철환, "北 신의주 상인 수백명 시위… 진압軍 투입, 김정일 '폭동진압 특수기동대 만들라' 지시", chosun.com, 2011.2.24, "위험인물 색출작업 진행".

속으로 촉발된 시위에 일반 주민들이 합세할 조짐을 보이자 국가안전보위부(남한의 국정원)와 군부대까지 긴급 투입해 시위대를 가혹하게 진압했다고 한다. 데일리NK는 중동에서 반정부 시위가 확산되는 상황에서 북한에서의 이 같은 시위를 막기 위해 폭동진압용 특수기동대를 만들라는 지시를 내렸다고 보도했다. 이 매체는 함경북도 소식통의 말을 인용, "이달 초 장군님(김정일) 친필 지시에 따라 각 지역 인민보안국(지방경찰청)마다 100여 명 규모의 '폭동진압 특수기동대'를 조직해 (위험인물) 색출 작업을 진행하고 있다"고 전했다.[424)]

이러한 정보는 최근의 탈북자들이 전하는 북한 사회에 미래가 없다는 정보와 일치하고 있다.[425)] 2011년 1월에 이집트의 독재자 무라바크(Hosni Murabak)정권의 30년 철권 통치와 일가들의 부정부패에 대항하여 이집트 국민들이 반기를 들고 일어난 것처럼[426)] 북한주민들의 마음은 북한 체제로부터 떠나가고 있다는 것이다.

탈북자인 주경배의 증언에 의하면 시난 반세기 이상 북한정권의 거짓 선동에 속아 닫혀 있던 북한주민들의 인식이 깨어나고 있다. 여러 이유들이 복합적으로 작용하면서 상당수 북한주민들이 김정일에 대한 신뢰와 충성심을 헌신짝처럼 던져버리고 있다. 이러한 현상에 결정적인 역할을 해온 것은 다름 아니라 한류(韓流) 열풍이다. 한국 드라마와 노래가 직간접 유통 경로를 통해 끊임없이 북으로 들어가고 있다. 대장금, 겨울연가, 가을동화, 천국의 계단 등 소문난 드라마들은 북한에서 더 유명하다. 한국 배우들의 이름이 북한 사람들 사이에서 회자(膾炙)되고, 한국 탤런트들의 스타일이나 패션 등이 북한 내부에서도 조금씩 유행의 조짐을 보인다. 이러한 한류를 통해 남한은 살만한 부자 나라로 알려지기 시작했고, 그동안 북한정권이 주장해 온 '남한은 거지나라'라는 선전은 거짓이었음이

---

424) 위의 글.

425) "북 청년조직 간부 탈북…북한 사회 미래없다", YTN digital, 2010-12-03.

426) Aufstand in Ägypten, Die vielen Fallen der Revolution, 2011.2.5; Von Tomas Avenarius, Kairo, http://www.sueddeutsche.de/; 김홍수, "무바라크(이집트 대통령), 집권당수직 사임", chosun.com, 2011.2.6; 임민혁, "오바마, 사실상 퇴진 요구 '권력이양 당장 시작돼야'".

분명하게 드러났다.[427)]

북한정권은 한동안 비밀리에 유통되는 DVD와 CD를 단속했지만, 이제는 중국에서 들여온 기기 덕분에 DVD와 CD를 즉시 빼내고 숨김으로써 단속도 흐지부지되고 말았다. 그래서 북한 사회에서도 한류(韓流)의 유행은 막을 수 없는 대세가 됐다. 이에 따른 북한주민들의 인식 변화는 곧 자유에 대한 열망으로 자연스럽게 연결돼 기세등등하던 보위부(保衛部)나 안전부조차 주민의 열망을 막을 수 없는 상황에 처하고 있다. 북한주민들 사이에서는 김정은 3대 세습에 대한 불신이 크며, 화폐개혁이 실패하고 배급시스템이 무너지면서 장마당을 통해 시장경제 수용을 촉구하는 움직임이 있다고 한다.[428)] 장(場)마당은 화폐개혁 실패로 가뜩이나 힘든 북한 경제에 그나마 숨통을 트게 하고 있다. 지역마다 규모가 있는 장마당이 전국적으로 300여 개에 달하고, 조그만 골목시장이나 역전(驛前)시장 등은 곳곳에 산재해 있다. 이 장마당이 북한주민들에게는 희망이요 미래다. 그런데 최근 장마당 활성화를 두려워하는 북한 당국이 장마당의 상(商)행위를 제한하는 조치를 내리자 여자 상인들이 중심이 되어 보위부에 항의 시위를 하는 사태를 야기했고, 결국 북한 당국이 손을 들고 마는 일도 발생했다. 지난 날에는 보위부 대원이라면 위세가 대단했지만, 이제는 주민들의 손에 죽는 일도 생기면서 보위부 사람들도 주민들에 대해 조심하는 기현상이 벌어지고 있다고 한다.[429)]

북한 당국은 말로 정부를 비판하는 소위 '말 반동'을 옛날처럼 잡을 수 없는 처지에 놓였다고 한다. 말 반동이 너무나 많아졌기 때문이다. 김정일과 정권에 대해 부정적인 언사를 늘어놓는다고 해서 일일이 대응하고 취조할 수 없을 만큼 그 수가 많아졌다. 말하자면 사회 기강(紀綱)이 무너지고 있는 것이다. 곳곳에서 김정일 정권에 노골적으로 반기를 드는 격문들이 나붙고, 주요 유적지에 화재가

427) 이대웅, "무너지고 있는 북한, '한류'의 힘으로 종교자유를", 크리스천투데이, 2011.2.2, 손과마음 선교회 제공.

428) 수잔 솔티, "중국은 인권억압 방관 말아야." 계간, 북한 구원, Save North Korea 제8호, 2011.1, 37.

429) 이대웅, 상게서.

발생하기도 한다. 군부대에서 굶주린 군인들이 탈주하는 일이 빈발하고, 도적떼들이 도처에 출몰하고 있다. 중학교 어린 학생들 사이에서 마약이 번지고 있으며, 평양 고위층 자녀들도 상습적인 마약에 빠져 몸을 팔기도 한다.

북한정권은 붕괴돼도 북한동포들은 살아있음을 우리는 잊지 말아야 한다. 북한주민들이 체제 붕괴에 휩쓸리지 않고 생존하도록, 나아가 그들이 북한사회를 변화시키는 주체가 되도록 그들을 지원하고 도와야 한다. 다음은 탈북하여 북한으로 매일 새벽 3시에 한 시간 보내는 극동방송의 「두고온 고향을 그리며」를 진행하는 주경배의 증언이다: "지금 북한 내부는 무너지고 있어요. 겉으로는 미사일도 쏘고 천안함을 폭침시키고 연평도도 공격하지만 다 공갈에 불과합니다. 속으로는 다 썩어 무너지고 있습니다. 백성들의 마음이 김정일과 김정은으로부터 떠나고 있어요. 이제 하나님의 때가 멀지 않았다고 생각합니다. 그래서 이럴 때일수록 북한동포를 응원하는 남한 동포가 있다는 사실을 알려 주어야 합니다."[430] 오늘날 북한 주민들은 인권의 기본적 개념도 누리지 못하고 있다. 기본적 개념이란 정치적으로 자신의 자유를 말할 수 있는 권리 그리고 경제적으로, 사회적으로, 문화적으로 선택과 자유를 누릴 권리인데 이것이 전적으로 말살되어 있다. 2002년 UN 법무관이었던 매리 로빈슨(Mary Roboinson)이 기본적 권리라고 말하는 공정한 재판, 표현, 결사, 종교의 자유, 고문이 없는 것 등 시민의 자유만이 아니라 음식과 교육과 기본적인 보건 같은 경제적, 사회적, 문화적 권리[431]도 북한 주민들에게는 무시되고 있다.

V. 북한의 지하교회를 위하여 기도하고 지원해야 한다

북한정권의 가혹한 박해와 기독교 말살 정책에도 불구하고 지하교회가 존재

---

430) "매일 새벽마다, 고향(북한) 사람들 만납니다", 크리스천투데이, 2011.2.2; 극동방송 '두고 온 고향을 그리며' 진행 주경배 씨, 손과마음선교회 제공.

431) Mary Robinson, "Ethics, Human Rights and Ethical Globalisation", *Second Global Ethics Lecture, The Global Ethic Foundation*, University of Tübingen, Germany, 2002.2.21.

하고 있다는 소식이 최근 다시 모퉁이돌선교회를 통하여 보도되었다.[432] 북한에 믿는 신자가 있다는 사실은 주로 해외교포들의 북한 방문을 통해서 조금씩 알려지기 시작하였다. 혼자 믿음을 지키는 사람들, 가족단위로 해방전부터 가졌던 신앙을 지키고 자녀들에게 물려주는 자들, 식량을 찾아 중국에 갔다가 전도를 받고 예수를 믿는 젊은 이들 중심의 지역 믿음의 공동체(20명), 마을 인근 지역을 넘어 여러 지역에서 네트워크를 형성하는 교회공동체[433] 그리고 1995년을 전후해 탈북자들에 의해 세워진 지하교회가 있다. 1995년 식량대란으로 주민들이 대량으로 탈북하면서 이들은 중국에서 복음을 듣고 예수를 믿게 된다. 이들 가운데는 복음의 능력에 사로 잡혀 북한으로 돌아가 지하교회를 세우는 자들도 있다.[434] 이렇게 시작된 교회는 35명의 신자들이 되어, 한 자리에 모여 예배할 수 없고 2~3명이 교제하는 것처럼 만나 간단하게 예배드린다고 한다.[435] 모퉁이돌선교회가 추정하는 북한 지하교회 신자의 규모는 9만~14만 명이라고 한다.[436] 2011

432) 유석렬, "북한 지하교인, 이들을 어떻게 도울 것인가?", 자유북한인 후원회 제4회 정책 토론회, 기조연설 강의안, 2010.9.14, 북세연 제공, 북한의 감옥에 20만 명의 수용소 복역자들이 있는데 이들의 10~50%는 신자로 알려져 있다 한다. 이들의 숫자가 줄지 않는 것은 계속해서 잡혀가고 있기 때문이다.

433) 카타콤 소식은 2007년 4월 장사를 하면서 함경북도 혜산의 작은 어머니를 찾아가 말씀을 배우고 돌아와 남편에게 복음을 전한 어느 여성도의 간증을 싣고 있다: "내가 믿음이 확고하고 친구들에게 복음을 전해 5가정이나 되었습다. 하루는 작은 어머니가 '정순(가명)아 너와 같이 모이는 사람들이 여러 곳에 있다. 혜산(7명), 길주(숫자 정확히 모름), 청진 A(8명), 청진 B(8명), 함흥(약 15명)에 있어' 라고 했습다" (카타콤 소식, 환란과 핍박 중에 신앙을 지키는 성도들, 통권 제246호, 2011년 2월, 7).

434) 모퉁이돌선교회 카타콤 편집부장인 정은주는 북한동포들에게는 어려운 형편을 극복하게하는 능력의 복음이 전해지고 하나님은 구체적인 사도행전적 임재로서 이들에게 나타나신다: "태어나면서부터 김일성과 김정일을 신봉하는 주체사상이 세포와 뼈 속까지 스며들어 기독교를 철천지 원수로 생각하는 북한 사람이 복음을 듣고 짧은 기간에 하나님의 말씀에 사로 잡히는 것은 마치 한 편의 드라마를 보는 것과 같다. 어떤 이들에게는 하나님이 직접 음성으로 들려주시고, 질병으로 괴로워할 때 치료되는 기적을 체험하게 하시고, 환상으로 살아계신 하나님을 나타내시고, 성령의 강력한 세계를 통해 천국을 경험하게 하시면서 친히 그들에게 복음을 증거할 사명을 부여하신다." (정은주, "살아 움직이는 북한의 지하교회", Jesus Army, 『북한구원 월간 지저스 아미』, 2011.1, 복의 근원, 44).

435) 어느 여 성도는 하나님으로부터 북한에 돌아가 교회를 세우라는 사명을 받았으며, 요한복음4장 14절 "내가 목마르지 아니하는 영생하는 샘물이 교회에서 솟아나게 하리라"는 말씀과 함께 "샘물교회"라는 교회명까지도 받았다고 한다(상게서, 45).

436) 모퉁이돌선교회의 조사에 의하면 1991년 3만 8천 명의 지하성도들이 있었고, 1995년을 기점으로 북한의 식량난이 심각해 지면서 중국으로 넘어와 복음을 듣고 다시 북한으로 돌아가 복음을 전하

년 10월 카타콤소식에 의하면 북한의 지하성도가 15만 명을 넘어서 이제 20만 명에 이른다고 한다.[437] 이러한 소식에 대하여 우리가 세속적인 상식으로는 수긍하기 어렵다고 말하지 않을 수 없다. 그러나 인간적으로 불가능한 상황 속에서 하나님은 항상 가능하도록 하시기 때문에 믿음 안에서 우리는 이러한 지하성도의 존재에 대하여 일단 믿음으로 받아들이고, 이들을 위하여 기도해야 한다.

2011년 2월 11일자 열린북한 방송에 의하면 북한 지하교회 성도들 10여명이 중국 장백교회에 헌금을 보내오고 있다고 한다. 장백교회는 북한 혜산시와 강 하나를 사이에 두고 있는 중국 장백현에 위치하고 있으며, 주민들이 탈북이나 밀수 등을 위해 오가는 길목이다. 이 소식에 의하면 장백교회에는 매월 말일 누군가가 어김없이 헌금함 앞에 10여 개의 봉투를 놓고 가는데, 그 안에 북한 돈이 들어있다고 한다. 장백교회 목사는 헌금 봉투를 놓고 가는 사람이 누구인지는 모르지만 지난해 11월부터 계속해서 헌금을 내고 있다고 밝혔다. 액수는 북한 돈으로 몇천 원에서 몇만 원까지 매번 다르며, 비교적 깨끗한 화폐들이 들어있다고 한다. 이 소식에 의하면 "서로 액수가 다른 것으로 볼 때 10여 개의 봉투는 서로 다른 사람들이, 같은 날 10여개의 봉투가 놓이는 것으로 보아 이를 한 사람이 한꺼번에 갖다놓고 있다고 추정된다"[438]며 "북한 지하교회에서 서로 연결된 사람들인듯 하다"고 전했다. 우리는 열린북한 방송이 전하는 바, 장백교회에 여러 사람이 지속적으로 놓는 헌금봉투의 소식을 접하면서 북한 내에 있는 지하교회의 네트워크(network) 개연성을 인정할 수 있다.

는 사례가 급증하고 있다고 한다. 이러한 일은 15년이 지난 2010년에도 지속되고 있다고 한다(상게서, 45).

437) "북한지하교회에 일어나는 지각변동", 「카타콤소식」, 통권 제254호, 2011.10, 8~9.

438) 이대웅, "북한 지하교회 성도들이 중국 교회에 헌금을?, 매달 말일 헌금함에 북한 화폐 들어있는 봉투 10여 개 놓여", 크리스천투데이, 2011.2.11.

VI. 북한 유사시에 대비한 통일외교가 있어야 한다: 한반도의 통일이 동북아시아의 발전에 기여한다는 정책을 제시

서울대 교수 박세일이 그의 조선일보 칼럼 "통일외교 안 하는 분단국"에서 피력하는 바와 같이 한반도의 통일은 일본의 장래, 러시아의 발전, 중국의 미래, 미국의 이해, 더 나아가 세계의 명운이 걸린 문제이다. 한국 민족의 번영뿐 아니라 동북아의 발전과 세계 평화를 위해 이웃 4강과 협력, 한반도 통일을 주도적으로 이루어내야 한다. 그것은 중국의 성장 지속, 일본의 동아(東亞)공동체 참여, 러시아의 시베리아 개발, 미국의 북핵문제 타결 등 4강 현안에 한반도 통일이 이득이라고 설득해야 한다. 박세일은 다음과 같은 통일외교를 제창하고 있다.

첫째, 중국을 설득해야 한다. 중국의 최대 관심은 경제발전이고 이를 위해 변방의 안정을 원한다. 그러나 변방의 안정은 실패국가를 지원해서 이룰 수 없다. 한반도 분단이 아니라 통일이 진정한 변방 안정의 길임을 강조해야 한다. 또한 오늘날 만주 동북3성의 낙후는 북한의 예측불가능성이 국제물류와 외국인 투자를 막기 때문이다. 그리고 통일 후 한반도와 중국이 힘을 합쳐 만주 · 연해주 · 시베리아 · 몽골 등 동북아 지역에 새로운 번영과 평화의 시대를 열어가자고 설득해야 한다.[439] 그러나 만일 중국이 김정일 이후 군사적 · 비군사적 개입을 통해 북한에 '친중(親中) 정권' 을 세우려 한다면 이는 민족자결에 대한 명백한 도전임을 선언하고, 과거 우리가 AD 668년부터 676년까지 평양에 있었던 안동도호부라는 당(唐)의 식민통치기구를 한반도에서 몰아낼 때처럼 한민족 전체가 결사항전할 것임을 분명히 해야 한다.[440]

둘째, 우방인 미국을 설득해야 한다. 우선 미국의 주 관심사인 북핵문제는 한반도 통일 없이는 해결될 수 없음을 지적해야 한다. 또한 과거 냉전 때는 일본이 미국 동아시아 정책의 주(主) 파트너였으나, 냉전 이후에는 '통일 한반도' 를 주

---

439) 박세일(한반도선진화재단 이사장), "통일외교 안 하는 분단국", 조선일보, 2011.2.25, A30면.

440) 위의 글.

파트너로 삼아야 세계 평화를 이룩할 수 있음을 설득해야 한다. 앞으로 세계의 명운(命運)은 중국의 미래가 평화국가인가 전쟁국가인가에 크게 좌우된다. 그런데 한반도가 통일되어야 비로소 중국의 '평화국가화(化)' 가 확실해진다. 한반도 통일을 계기로 지난 2,000년 이상 동아시아를 지배하던 중화주의적 수직질서가 호혜평등의 수평적 평화질서로 바뀌기 시작할 것이기 때문이다.[441)]

셋째, 일본을 설득해야 한다. 일본은 이미 완숙한 선진 일류국가이지만 고령화와 재정적자로 경제 · 사회의 동력을 빠르게 잃고 있다. 일본이 앞으로 새로운 사회 · 경제적 역동성을 가지려면 길은 하나뿐이다. 런던정경대 교수 모리시마 미치오(森嶋通夫) 등이 주장하듯 '동아시아 경제공동체' 시대를 열고 거기에 주도적으로 참여하는 길이다. 그런데 동아시아 공동체 구상은 한반도 통일 없이는 허구에 불과하다. 따라서 일본은 한반도 통일을 지지해야 하고, 자본과 기술력을 가지고 북한의 건설과 동북아 개발에 적극 참여해야 한다. 그것이 일본의 미래를 여는 길이고 한 · 일 간의 불행한 역사를 바로잡는 길이다.[442)]

넷째, 러시아에게 양해를 구해야 한다. 21세기 세계 발전의 중심은 유럽과 미국을 거쳐 아시아로 이동하고 있다. 21세기 러시아 국가 발전의 핵심과제는 러시아가 '유럽 세력' 으로 머무르지 않고 '아시아 세력' 이 되는 것이다. 러시아가 아시아 세력이 되기 위해선 시베리아와 극동 개발에 성공해야 하다. 그런데 그 전제가 바로 한반도 통일이다. 한반도가 통일되어야 비로소 시베리아 유전 개발, 유라시아를 연결하는 철도와 가스관 등 수송망 개발이 본격화될 수 있다.[443)]

이러한 네 가지 4강 외교는 한반도의 통일 여건에 필요한 사항이다. 한국 정부는 우리와 비슷한 처지에 있었던 독일로부터 배워야 한다. 독일은 제2차세계대전 패전(敗戰) 국가로서 전승국인 미국 · 소련 · 영 · 프랑스 등의 승인 없이는 통일을 추진할 수 없는 상태였다. 부시 당시 미국 대통령만이 4대국 지도자 중 독일 통일에 우호적이었던 인물이었다. 대처 영국 총리와 미테랑 프랑스 대통령

441) 위의 글.

442) 위의 글.

443) 위의 글.

은 독일 통일을 반대했다. 이들은 소련의 고르바초프 서기장을 찾아가 독일 통일을 막아줄 것을 은근히 요구했다. 그러나 베를린 장벽이 무너지고 통일의 기회가 오자 독일의 정부 지도자들은 이 기회를 놓치지 않았다. 콜 총리와 겐셔 외무장관은 부시를 통하거나 또는 직접적으로 집요하게 이들을 설득했다. 콜 총리는 베를린 장벽 붕괴 넉 달을 앞둔 1989년 6월 고르바초프를 독일로 초청해 대규모 경제원조를 약속했다. 콜은 "독일과 소련은 유럽 분단 극복에 이바지한다"는 공동성명을 끌어내는 데 성공했다. 콜 총리는 적극적 후원자인 미국을 붙들고 소극적 반대자인 소련을 변화시켰다. 독일의 외교적 역량이 베를린 장벽 붕괴를 만들어내고 영국 · 프랑스 등의 반대를 넘어 통일의 길을 뚫었다.[444] 하나님은 스스로 준비하고 도우는 자를 도우신다.

2011년 4월 7일에 개최된 한반도 통일 국제콘퍼런스에서 미(美) · 일(日) · 러 한반도 전문가들이 "남북(南北)통일 우리에게도 이득"이 된다고 발언한 것은 매우 의의가 있다. 중국의 현대국제관계연구원 부원장 왕자이방(王在邦)은 이 컨퍼런스에서 "남북이 통일하면 중국으로서는 큰 시장이 생기는 셈이기 때문에 한반도의 통일이 중국에도 이익이 될 수 있다"고 말했다.[445] 중국은 한반도에 지정학적으로 가장 큰 영향을 주며, 특히 북한에 결정적인 영향을 주고 있다. 이러한 중국이 한반도의 통일이 자기 나라에 이익이 된다고 생각할 때 한반도의 통일은 실현될 가능성이 높아지는 것이다.

VII. 통일의 날은 정치인에게 있지 않고 하나님의 작정에 있다

그 누구도 통일의 날을 예견할 수 없다. 인간이 역사를 운영하나 역사의 방향과 진행은 인간의 뜻이 아니라 하나님의 주권적 작정에 달려 있기 때문이다. 이사야는 당시 이스라엘을 멸망시킨 앗수르를 심판하시는 하나님의 섭리를 예언

444) [사설] "20년 전 베를린 장벽 무너지듯 지금 휴전선이 열린다면", Chosun.com, 2009.11.3.

445) 주용중, [한반도 통일 · 동북아 번영 국제 콘퍼런스] "한반도 통일, 중국 경제에도 이익", 조선일보, 2011.4.8, A1면.

하고 있다: "내가 앗수르를 나의 땅에서 파하며 나의 산에서 그것을 짓밟으리니 그 때에 그의 멍에가 이스라엘에게서 떠나고 그의 짐이 그들의 어깨에서 벗어질 것이라. 이것이 온 세계를 향하여 정한 경영이며 이것이 열방을 향하여 편 손이라 하셨나니, 만군의 여호와께서 경영하셨은즉 누가 능히 그것을 폐하며 그의 손을 펴셨은즉 누가 능히 그것을 돌이키랴"(사 14:25-27).

이사야는 70년간 바벨론의 복역을 끝내고 이들을 고토로 돌아오게 하시는 자가 가시적으로는 고레스 왕이나 그 배후에는 하나님의 주권적인 섭리가 있음을 선포하고 있다. "너희는 예루살렘의 마음에 닿도록 말하며 그것에게 외치라 그 노역의 때가 끝났고 그 죄악이 사함을 받았느니라 그의 모든 죄로 말미암아 여호와의 손에서 벌을 배나 받았느니라 할지니라 하시니라"(사 40:2).

그러므로 시편 기자는 가정이나 국가를 세우고 지키는 자는 하나님이신 것을 노래하고 있다: "여호와께서 집을 세우지 아니하시면 세우는 자의 수고가 헛되며 여호와께서 성을 지키지 아니하시면 파수꾼의 깨어 있음이 헛되도다"(시 127:1).

"여호와께서 나라들의 계획을 폐하시며 민족들의 사상을 무효하게 하시도다. 여호와의 계획은 영원히 서고 그의 생각은 대대에 이르리로다"(시 33:10-11).

동서독의 통일이 그 구체적인 예다. 서독이나 동독의 정치인들도 통일이 그처럼 갑작스럽게 다가올 줄을 알지 못했다. 그것은 하나님이 하신 것이다. 그렇다고 서독의 정치인들과 서독인들이 아무 일도 하지 아니한 것이 아니다. 빌리 브란트(Willy Brandt)를 비롯한 정치인들은 동방정책을 통하여 동독과 교역을 하는데 우호적인 관계를 맺고 상호방문과 연결망을 시작하였다. 서독 정부는 고속도로 통행료나 정치범 석방 대가 등의 명목으로 한화 60조 원을 동독에 지불하고, 통행 · 우편협정, TV 시청 등의 양보를 얻어냈다.[446] 베를린 장벽 붕괴 2년 전인 1987년만 해도 동독인 500만 명이 서독을 여행했고, 이 중 20대가 100만 명이었다. 한해 동독 주민 수십만 명이 여권을 받아 해외여행을 했다.[447] 서독은 무엇

---

446) 지해범, "양안(兩岸) 모델과 독일 모델", chosun.com, 2009.4.26.

447) [사설] "20년 전 베를린 장벽 무너지듯 지금 휴전선이 열린다면", Chosun.com, 2009.11.3.

보다도 경제발전과 체제안정을 통하여 동독인들이 심리적으로 동경하고 바라는 사회가 된 것이다. 이것이 바로 1989년 동독의 민주화라는 역사적 격동 속에서 헝가리 민주화라는 변수를 통하여 동독인들의 헝가리를 통한 오스트리아로의 탈출이 계기가 되어 베를린 장벽을 무너뜨린 것이다.

인간이 보기에는 역사의 우연 같이 보이나 그 뒤에는 이 우연한 한 사건의 계기에 숨어 있는 보이지 않는 손인 하나님의 주권적 섭리가 있다. 마찬가지로 한국의 통일도 북한과 한국의 최고 지도자 사이의 협상에 있는 것이 아니라 하나님의 주권에 있다. 우리가 할 수 있는 것은 통일의 조건이 성숙하도록 노력하는 것뿐이다. 통일의 지름길은 북한주민 그리고 북한에 들어가고 오는 11만 명에서 13만 명이나 되는 조선족의 마음을 얻는 것이다.[448] 이들은 오늘날 한국의 경제적 성공과 번영을 북한주민들에게 알려주는 역할을 하기 때문이다. 무엇보다도 한국 교회는 북한주민들의 마음을 얻는 데 역할을 하여야 한다. 이것은 기독교적 박애요, 동포애다. 북한에 비(比)하여 18배나 국력 우위를 지닌 남한이 북한동포에게 사랑의 물자를 보내고 위로문을 보내어 우리가 저들의 어려움에 동참하고 있으며 저들을 위하여 기도하고 있다는 사실을 알려주고, 지속적으로 소통해야 한다.

맺음말

동이 트기 전 흑암은 가장 강력한 것 같이 오늘날 북한의 상황은 동이 트기 전 흑암의 시기와 같다고 생각된다. 오늘날 북한의 경제는 파탄나고 신(新) 부자를 견제하기 위한 화폐 개혁도 실패로 돌아가 오늘날 북한주민들은 3대 세습에 대하여도 비판적인 태도를 표출하고 있다.[449] 북한의 급변사태에 의하여 통일은 갑자기 올 가능성이 있다. 이를 위하여 북한 급변시 예상되는 중국 개입, 남북한 군사 충

448) 김영수, "김정은 시대, 북한 지도부는 무슨 생각하고 있을까" 계간, 북한 구원, Save North Korea, 2011년 1월 제8호, 27~31.

449) "김정은에 대한 북 주민 불만 커져", YTN digital, 2010-12-03.

돌, 북한의 대량살상 무기 확산, 대규모 피난민, 북한주민의 대량 기아, 북한 지역 관리, 통일세 등 통일비용조달 등의 대책이 심도 있게 마련되어야 한다.

오늘날 하나님의 통일 섭리를 지연시키는 장애물은 어느 누구 아닌 우리 자신의 무관심이다. 한반도 통일전문가 수잔 숄티는 "한국 사회의 가장 큰 문제는 북한 인권 문제에 대해서 무관심하고 제대로 모르고 있다는 점이다. 오히려 미국에 살고 있는 교포들이 한국에 살고 있는 사람들 보다 북한 정보에 대하여 더 잘 알고 있다"고 말하고 있다. 그녀는 자신이 한국문제에 헌신하게 된 것에 대하여 다음과 같이 말하고 있다: "몇 년 전에 하나님께 기도했는데 대답하시기를 '내가 가슴이 찢어진다' 고 하셨습니다. 나도 북한을 생각할 때 내 가슴이 찢어지는 걸 느꼈습니다."[450]

한국교회가 해야할 일은 평양에 무너진 예배당이 재건되어 자유로운 예배와 찬양이 퍼지도록 하나님께 기도하며, 굶주린 북한동포를 위한 식량과 우리의 동포애적 마음을 전달하는 민간 차원의 남북나눔, 유대운동과 쌍방소통운동을 지속적으로 펼치는 것이다. 한국교회의 신앙과 사랑과 나눔은 체제를 초월하고 분단을 초월해야 한다. 이것이 바로 서독 교회가 분단된 동독과의 연결고리 역할을 한 것 같이 한국교회의 사명이다.

---

450) 수잔 숄티, "중국은 인권억압 방관 말아야." 계간, 북한 구원, Save North Korea 제8호, 2011.1, 37.

제8장

평화에 대한 기독교적 이념: 아가페에 의한 평화

제8장

평화에 대한 기독교적 이념: 아가페에 의한 평화*

머리말

오늘날 국제사회, 자연, 역사 속에서의 진정한 평화는 힘이 아니라 사랑에 의해 이루어진다. 이것이 바로 신구약 성경이 가르쳐 주는 샬롬(shalom)이다. 샬롬은 바로 공동체의 삶을 지탱하는 평화이다. 샬롬은 에스겔(34장25-29절)과 레위기(26장4-6절)가 시사하는 것처럼 위험의 한 가운데서 존재하는 평안(well-being)이며, 전쟁과 가뭄과 맹수의 위험 가운데서 누리는 평안이다. 이 평안은 행복한 날에 느끼는 목가적(牧歌的) 평안이 아니다. 이 평안은 사람들이 불안에 항상 직면하고, 생존을 위한 투쟁과 시련을 겪는 가운데서 얻는 물질적, 육체적, 역사적 안정의 느낌이다. 이 평안은 초목과 열매와 원수들 가운데서 체험되는 구원이다. 이것은 개인적인 평안에 그치지 않고 공동체의 평안도 배려하는 연대적인 평안이다. 이 평안이란 고립된 개인들을 위한 것이기 보다는 공동체, 가진 자나 못가진 자, 힘있는 자와 힘 없는 자 모두에게 주어지는 편안한 마음의 상태이다. 그리하여 모든 구성원은 샬롬 안에서 하나이다. 샬롬은 한 사람도 소외하지 않도록 하

---

* 본 글은 광주 김대중 평화센터, 제3차 평화학 국제학술대회(2010년 11월5-6일)에 발표한 것으로 필자의 저서 21세기 문화신학 시리즈 제1권, 『21세기 세계관과 개혁신앙』(서울: 예영, 2006, 270~280)그리고 제2권 『21세기 문화변혁과 개혁신앙』(서울: 예영, 2007, 62-67)에 의존하고 있다.

며 모든 사람을 감싸는 공동체에 존재한다.[451)]

샬롬은 성경에 의하면 두 가지 차원을 가진다. 첫째는 창조적 · 우주적 차원이다. 이 차원에서 샬롬은 모든 실재를 포괄한다. 샬롬은 창세기의 이야기처럼 하나님은 땅의 혼돈을 조화롭게 다스리시고 빛, 생명, 기쁨을 주신다(창1:2). 샬롬은 이사야의 증언(사11:6-9)처럼 자연계의 적대되는 것이 서로 조화되는 것을 말한다. 샬롬이란 하나님의 모든 창조가 적대와 파멸을 진정시키고 균형과 조화를 이루는 것이다. 이는 자연과의 조화로운 관계설정이다. 둘째는 역사적 · 정치적 차원이다. 여기서 샬롬은 사회의 조화로운 관계를 말한다. 아모스(5:14-15)와 이사야(1:16-17)의 증언처럼 샬롬이란 경제적 불평등, 공권력의 타락, 정치적 억압 등 사회적 무질서와 윤리적 타락이 해소되고 정의와 인자가 실현되는 것이다. 샬롬은 정의와 인자의 실현을 통해서 생명력 있는 공동체를 수립한다.[452)] 자연과의 조화로운 관계, 사회의 조화로운 관계에서 공동체는 비로소 샬롬의 공동체가 된다.

종교 간의 평화라는 주제는 오늘날 이슬람의 세계적 대두, 그리고 이슬람 근본주의자들의 2001년 미국 맨하턴 쌍둥이 건물의 테러를 계기로 21세기 인류의 생존에 있어서 가장 중요한 이슈가 되고 있다. 본 장에서는 샬롬에 대한 성경적 이념, 평화에 대한 기독교적 개념, 평화에 대한 구체적인 길, 종교의 공존을 위한 관용과 이해에 관하여 논구하고자 한다.

I. 샬롬에 대한 성경적 이념

성경이 말하는 샬롬이란 포괄적인 평화요 하나님이 우리에게 가져다 주는 평

---

451) Walter Brueggemann, *Living Toward A Vision*, United Church Press, 1982, 홍철화 역, 『기독교와 평화』, 대한기독교서회, 1988, 19.

452) 발트 브루지만은 그의 저서 『기독교와 평화』에서 샬롬의 세 가지 차원(창조적-우주적 차원, 역사적 정치적 차원, 공동체적 차원)을 말하고 있으나 내용적으로 보면 두번째 차원인 역사적 · 정치적 차원(Ibid., 22)과 세 번째 차원의 공동체 안에서 평안(Ibid., 23~24)은 중복되고 있다. 그는 이 두 가지를 명료하게 구분하지 못하고 있는 것 같다. 역사적 · 정치적 차원의 샬롬이란 바로 개인적 샬롬이 아니라 모든 구성원이 함께 누리는 공동체적 평안이기 때문이다.

화를 말한다. 샬롬이란 하나님이 창조하신 모든 삶이 그와의 관계에 있어서 갖는 거룩성이다. 샬롬은 삶을 부여하는 하나님과의 사귐과 다른 인간과 다른 창조물과의 사귐에 있어서 축복된 삶이다. 샬롬이란 하나님과 이웃인간과 다른 창조물과의 평화를 말한다. 샬롬은 보편적이고 지속적이다.[453] 이 샬롬은 이 세상에서는 온전히 이루어지지 못한다. 하나님 나라에서만 샬롬은 온전히 이루어진다. 그러므로 "역사 속에서의 평화란 어떤 상태가 아니라 과정이며, 어떤 소유가 아니라 공동의 길"[454]이다. 샬롬이란 폭력의 부재가 아니라 정의의 현존이다. 샬롬이란 정의로운 평화요, 사랑의 평화다. 정의와 사랑이 결여된 평화는 힘에 의한 평화로서 잠정적이나, 샬롬의 평화는 정의와 사랑이 입맞추는 평화로서 지속적이다.

브루지만(Walter Bruggemann)에 의하면 성경에서의 샬롬은 양극성을 지니고 있다.[455] 하나는 모세와 예언자들의 전통에 있는, 가지지 않는 자들의 전통이요, 다른 하나는 노아와 다윗 등 집권자들의 전통에 있는 가진 자들의 전통이다. 전자는 "부르짖고, 들으시고, 구원하신다"는 주제를 중심으로 삶의 어려운 상황 속에서 생존과 구원을 주제로 한다. 여기서 구원의 신학과 묵시록이 나온다.[456] 샬롬을 기다리는 주체는 궁핍한 자들, 무력한 백성들이다. 샬롬은 여기서는 "아직도 아님"에 초점이 맞추어져 있다. 후자는 창조의 지속적 구조에 초점을 맞춘다. 창조물들의 상호관련성을 강조하는 지혜의 문서들은 주어진 창조질서의 근본사건에 만족하고 변화에 반대하는 가진 자들, 상류계층의 산물이다. 가진 자들의 전통에서는 현존하는 것에 대한 인정과 축복을 누리고자 하는 축제의 신학이 나온다.[457]

오늘날 민중신학과 해방신학은 샬롬의 현실 변혁의 차원을 강조하고 있다. 여

453) Walter Bruggemann, 『기독교와 평화』, 27.

454) Moltmann, *Gerechtigkeit schafft Zukunft, Friedenspolitik und Schöpfungsethik in einer bedrohten Welt*, Kaiser/Grünewald, 1989, 58.

455) Walter Bruggemann, 상계서, 41~44.

456) Walter Bruggemann, 상계서, 35.

457) Walter Bruggemann, 상계서, 39.

기서 하나님은 인간 총체적 현실의 변혁자로 오신다. 그러나 성경은 가지지 않은 자의 샬롬만을 말하지 않는다. 성경은 동시에 축제의 신학과 계약의 신학이 강조하는 주어진 현실의 지속과 축복을 말한다. 이것은 가진 자들의 샬롬이다. 여기서 하나님은 삶의 지탱자와 포괄자로 계신다. 성경이 말하는 샬롬은 가진 자나 가지지 않은 자, 어느 한편에 치우치는 편파적인 평화가 아니라 양자를 모두 포괄하는 샬롬이다.

우리는 구체적인 현실 속에서 평화의 소극적인 개념과 적극적인 개념[458]을 구분하여야 한다. 평화의 소극적인 개념이란 전쟁의 부재, 불안과 억압의 부재를 말한다. 평화의 적극적인 개념이란 사회적 정의, 민주적 갈등해결, 모든 자의 지속적 발전에 있어서 균형의 상태이다. 이러한 적극적인 평화개념이란 이상향에서 이루어진다. 이러한 적극적인 평화 개념 없이는 소극적인 평화 개념은 성립되지 않는다.

기독교적 평화개념은 평화의 두 가지 개념을 연결하며 정의의 강조를 통해서 평화의 긍정적인 개념을 우위에 둔다. 정의(justice)는 하나님의 창조적 사랑(creative love)에 기초한다. 창조적 사랑은 죄인을 용서하며, 자격이 되지 않는 자들을 끌어올려 의인의 자격을 부여하는 변혁적 사랑(transforming love)이다.[459] 여기서 역사 속의 평화란 진보와 퇴보가 있는 공동의 길이며 이 길에서 군비와 무력의 해체, 신뢰와 사귐의 정립이 중요하다. 역사 속의 지속적 평화란 결코 현재의 세대들에게만 있는 것이 아니라 세대 간의 정의에 대한 책임으로부터 온다.

낙원의 평화는 하나님의 계명에 대한 인간의 불순종에 의하여 깨뜨려졌다. 그리하여 인간과 인간 사이의 대립과 갈등이 시작되었다.[460] 예수의 산상설교는

---

458) B. Moltmann(Hrg.), *Perspektiven der Friedensforschung*, Baden-Baden, 1988(Schriftenreihe des AG für Friedens-und Konfliktforschung, Band XV).

459) P. Tillich, *Love, Power, and Justice*, Galaxy Book (New York: Oxford University Press, 1960), 66; 김영한, "공정사회를 위한 기독교의 역할", 개혁주의 이론실천학회(샬롬나비), 2011년 봄 학술대회 기조강연 자료집, 한양대 학술정보관, 2011.6.18.

460) 몰트만은 원죄가 낙원의 금단의 열매를 먹은 것에 있지 않고 가인과 아벨의 역사가 보고하듯이 폭력행위(Gewalttat)에 있다고 해석한다.(Moltmann, *Gerechtigkeit schafft Zukunft*, 60) 그러나 폭력이란 하나님에 대한 불순종에 의해 깨뜨려진 낙원의 소외의 결과로서 인간 사이에 나타난 것으로 보아야 한다. 종교개혁적 전통의 해석에 의하면 이 불순종이란 하나님에 대한 불순종이요, 여기에

이러한 지속적 평화의 개념을 제시해준다. 메시야는 평화를 가져오며 폭력을 극복한다. 그리하여 악만이 아니라 악에 대한 악으로의 보복, 폭력만이 아니라 무력적인 저항을 통한 폭력의 제한이 극복된다. 폭력 없는 행위와 악에 대한 선(善)의 대응은 메시야적 세계의 표징이다. 하나님의 창조적인 사랑에 기초하는 정의만이 세상에 지속적인 평화를 가져다 준다. 성육신 하시고 인간의 역사 속에 들어오신 하나님의 아들 예수 그리스도께서 십자가에서 그의 몸을 희생으로 주시고 이룩하신 평화야말로 구약의 예언자들이 약속한 샬롬의 진정한 역사적 실현이다. 그러므로 바울은 "그리스도는 우리의 샬롬"(엡2:14)이라고 증언하고 있다.

샬롬은 예배, 거룩, 그리고 순종을 포함하는 하나님과의 바른 관계로부터 시작한다. 그리고 이것은 인간들 간의 올바른 관계를 포함한다. 샬롬은 자기 자신을 위해서가 아니라 남을 위해 존재하며 상대의 반응에 관계없이 자신을 주는 것이다. 샬롬은 공동체를 세우는 것이다. 샬롬은 사람들을 통제하고 주변 상황을 지배하려는 욕구(힘의 평화)를 포기할 것을 요구하면서 공동체적인 의사결정과 공동체에 대한 책임을 받아들이는 것이다. 궁극적으로 샬롬은 왕, 통치, 왕국과 관련하여 사람들을 주관하는 통치자가 아니라, 사람들의 종이 되어야 할 것을 가르친다.[461] 샬롬은 사랑의 평화로서 원수를 사랑하는 자기 비움과 헌신에 기초한다.

II. 평화에 대한 기독교적 이념

1. 힘 아닌 사랑에 의한 평화

성경과 기독교적 신앙고백은 안보가 아니라 정의로운 사랑만이 지속적인 평화(샬롬)를 가져온다는 것을 명료히 말하고 있다. 평화의 길이란 정의로운 사랑과 세

는 인간의 자기 신격화가 있다.

461) Paul G. Hiebert, *Anthropological Reflections on Missiological Issues*, Grand Rapids: Baker Book House, 1994, 김영동, 안영권 역, 『인류학적 접근을 통한 선교현장의 문화이해』, 서울: 죠이선교회 출판부, 1997, 276~278.

계적인 정의와 사랑에 대한 관심이다. 성경에 의하면 정의란 하나님의 정의에서 출발한다. 그것은 창조적인 정의, 의롭게 하는 정의, 법을 산출하는 정의로서 경험된다. 이는 사랑과 긍휼이 동반되는 정의다. 하나님은 억압당하는 자의 권리를 옹호하시며, 불의한 자를 의롭게 만드시기 때문에 의로우신 분이시다(시31:2, 시146:7). 하나님은 사랑과 긍휼과 인자가 풍성하신 분이시다. 하나님은 정의와 사랑을 통해서 지속적인 평화인 샬롬을 창조하신다. 안정과 질서가 강요된다 하더라도 불의와 폭력이 지배하는 곳에서는 평화가 없다. 이러한 하나님의 정의는 긍휼의 법(das Recht des Erbarmens)이 지배하는 정의로서 정의의 지고한 형태이다. 이것은 과부와 고아를 긍휼히 여기시는 하나님의 정의이다. 이것은 사랑의 정의(die Gerechtigkeit der Liebe)이다.

이러한 사랑의 정의는 헬라사상이 말하는 분배적 정의(justitia distributiva)와 개인적 정의(personale Gerechtigkeit)와 다르다. 분배적 정의는 각인에게 각인의 몫을 배당하는 것이다(suum cuique). 마르크스에 의하면 각인에게 각인의 능력과 필요에 따라서 분배하는 정의이다. 분배적 정의는 우선적으로 능력과 재화에 사실적으로 연관되어 있다. 개인적 정의는 공동체 지향적인 개념이다. 그것은 상호적인 인정과 다른 사람들에 대한 받아들임에 있다. 인간 존엄에 대한 상호적인 인정과 상호적인 수용은 인간적이고 바른 사귐을 창조한다. 분배적 정의와 개인적 정의 개념에는 약자와 수탈자에 대한 관심과 권한인정이 부재하고 있다. 그러나 긍휼의 정의(Gerechtigkeit der Barmherzgkeit)에는 가난하고 약한 자에 대한 고려와 저들의 인권이 고려되어 있다.

민중신학이나 해방신학이 약자와 수탈당한 자의 편에 서고 하나님은 저들의 편이라고 말하는 데는 일면의 진리가 있다. 그렇다고 하나님이 무조건 약자나 수탈당한 자의 편이시고 부자나 권력자에 대항하는 자로 보는 것은 편파적인 사고이다.[462] 하나님이 약자와 수탈당한 자의 편에 서신다는 것은 하나님의 긍휼이 법에 앞서는 것이 아니라 하나님께서 권리를 상실한 자들이 저들의 권리를 찾고

462) 김영한, '민중신학의 위기와 한국신학의 새 방향: 변혁적 문화신학의 착상', 『21c 한국기독교문화와 개혁신앙』, 21세기 문화신학 제4권, 서울: 예영, 2008, 421.

불의한 자가 정의로 돌이키도록 하신다는 것을 의미한다. 하나님의 정의는 인간 법질서 밖에 있는 것이 아니다. 하나님의 정의는 지속적인 평화로 나아가는 모든 법질서를 위해 스스로 법을 창조하는 원천이다. 가난한 자, 약한 자 그리고 병든 자의 권리를 찾아주고 옹호하는 것은 지속적인 인간 평화의 기초가 된다.

2. 자기 절대화 아닌 자기 상대화와 공존 이념

테러와의 전쟁은 테러에 대한 폭력 아닌 방법을 사용해야 한다. 미국이 테러와의 전쟁에서 무력을 사용하여 아프칸과 이라크를 공격한 것은 바람직하지 않다. 9 · 11 테러에 대하여 미국은 무력을 사용하여 이들의 나라를 응징하기보다는 UN을 통하여 테러범을 응징하는 조처를 취했으면 오늘날 미국인들의 안보불안은 한층 경감 되었을 것이다.

오늘날 현실정치에서도 원수 사랑의 정책을 펴나갈 수 있다. 원수 사랑의 정책에서 무력지배에 대한 비폭력의 정책이 나온다. "비폭력(Gewaltfreiheit)"이란 비정치화가 아니며 권력을 포기하는 것도 아니다. 우리는 권력(Macht, power)과 폭력(Gewalt, violence)을 구분한다. 권력이란 폭력의 정의로운 사용이며, 폭력이란 권력의 불의한 행사이다.[463] 이런 의미에서 현대국가는 권력을 독점하고 있다. 기독교는 사회에서 권력의 문화를 없앨 수는 없다. 그러나 권력의 집행을 "합법의무화(rechtfertigungpflichtig)"할 수 있다. 법은 국가적인 권력독점에 한계를 가한다. 법은 국가권력에 대하여는 국내법, 다른 국가권력에 대하여는 국제법이라는 제한을 가한다.

핵무기에 의한 인류의 위협은 결단코 정당화 할 수 없는 무자비한 폭력행위이다. 핵무기와 다른 대량살상무기의 위협과 사용이란 국가의 법을 넘어서는 것이다. 폭력 극복의 첫번째 형식은 "모든 권력사용을 법에 구속(拘束)시키는 것(die Bindung jeder Machtausübung an das Recht)"이다.[464] 여기서 그것이 합법적이든지 불법

---

463) Moltmann, *Gerechtigkeit schafft Zukunft*, 62.

464) Moltmann, *Gerechtigkeit schafft Zukunft*, 63.

적이든지 모든 불의한 권력사용에 대한 저항의 의무가 나온다. 국가가 권력을 사용할 때 법에 규제받아야 하며, 그렇지 않을 때 국가권력에 대한 투쟁이 허용된다. 공적인 권력지배에서 저항하는 자는 단지 그가 법의 회복 내지 압박당한 자의 권리를 위하여 나아갈 때에만 시민으로서 그의 의무를 충족한다.

폭력의 지배에서 고통당하는 시민들의 힘은 테러가 아니라 연대성(Solidarität)이다. 테러는 해방의 목표를 평가절하하며 단지 폭력의 지배를 정당화한다. 시민과 국제시민들의 대규모 연대성은 폭력지배로부터 법의 외양을 빼앗고 모든 공포의 위협을 제거한다. 폭력의 지배가 국내정치적으로 백성에 의하여 거부당하거나 동시에 국제적으로 다른 나라 시민들에 의하여 국제적으로 고립될 때 폭력의 지배는 더 이상 지탱하기 힘들게 된다. 비폭력적인 폭력의 극복은 가능하다. 그것은 순교를 요구할 수도 있다. 예수의 십자가가 그 전형적 예다. 여기서 우리는 그리스도를 모범으로 생각한다. 그리스도의 십자가의 행동의 경우 그의 구속(救贖)적인 행위는 해방하는 힘을 소유할 뿐 아니라 성공했으며 고난 역시 그 자체 해방하는 힘을 가지고 있다는 사실을 알려준다.

3. 자연환경에의 생태학적 평화

샬롬은 자연환경과의 조화로운 관계까지 확대된다. 자연환경과의 조화로운 관계에 있는 것은 생태학적 평화이다. 생태학적 평화를 위하여 인간 문화는 지구 유기체의 우주적 조건과의 균형 속에서만 발전하여야 한다. 인간이 우주적 생태환경을 파괴하면 인간 문화도 파멸되고 만다. 인간 삶의 방식과 기업의 생산방식에 있어서 "포괄적인 돌아섬(umfassende Umkehr)"만이 인류의 생태학적 죽음을 방지할 수 있게 한다. 포괄적인 돌아섬이란 우리 사회, 생산, 소비와 교통의 생태학적인 개혁(eine ökologische Reform)[465]을 말한다. 모든 인간적인 소유, 무엇보다도, 산업적 거대 소유물과 교통시설은 "환경 친숙성(Umweltsverträglichkeit)"에 있어서 음미되어야 한다. 자연환경을 파괴하는 것은 제거되어야 하고 허용되어서

465) Moltmann, *Gerechtigkeit schafft Zukunft*, 25.

는 안 된다. 자연적으로 썩어서 폐기될 수 없는 소모품, 즉 합성제품이나 플라스틱은 더 이상 생산되어서는 안 된다. 생태학적 평화를 위해서는 "생태학적 정의(ökologische Gerechtigkeit)"가 요청된다. 생태학적 정의는 인류와 자연의 생존능력의 공생(eine überlebensfähige Symbiose von Menschheit und Natur)의 기초가 된다. 생태학적 보존운동도 서로 아는 작은 소그룹에서 시작된다. 낯선 자는 자연의 파괴에 관심을 쓰지 않는다. 그러나 그 곳에 살아야만 하는 자는 환경을 보존한다. 그 예가 제주도를 UN(United Nations) 지정 인류자연유산보존지역으로 정한 것이다.

생태학적 평화를 위해서는 자연에 대한 인간의 태도가 중요하다. 그것은 자연에 대한 새로운 관심이요, 다른 피조물의 생명에 대한 외경이다. 여기에 개혁신앙은 중요한 역할을 한다. 현대의 세속주의 종교는 자연의 세속화의 길(der Weg zur Säkularisierung der Natur)을 열었기 때문이다. 몰트만은 근대의 유일신론이 자연을 탈마법화 시키고 자연을 인간의 정복 대상으로 삼았다고 비난하고 있다.[466] 그러면서 자연에 대한 새로운 관심과 다른 창조물의 생명에의 외경(Furcht vor Leben)을 세시한다. 그러나 이러한 자연 외경의 길이 몰트만이 피력하는 바 "자연 속의 신과 신 속의 자연"을 구분 없이 말하는 범재신론이 되어서는 안 된다: "우리는 신과 자연을 분리할 수 없으며 자연 속의 신과 신 속의 자연을 지각한다."[467] 몰트만이 생태학적 관심 속에서 근대 세속주의 종교에 있어서 자연의 세속화에 대한 기독교의 가장 큰 과제를 역설한 것은 옳다고 말할 수 있다.[468] 그러나 몰트만이 오늘날 생태학적 위기 극복의 길로서 전통적인 기독교가 범재신론(panentheismus)의 종교가 되어야 한다고 역설하는 것[469]은 기독교의 정체성에 대한 변질을 초래한 것이며 이에 우리는 동의할 수 없다. 기독교는 범신론이나 범재신론을 거부하기 때문이다. 기독교 하나님은 창조주로서 창조 질서 속에 계시나(내재) 동시에 그의 창조물인 자연과 세계 위에 계시는(초월) 분이시기 때문이다. 창조 질서 속에 초월적

466) Moltmann, *Gerechtigkeit schafft Zukunft*, 26.

467) Moltmann, *Gerechtigkeit schafft Zukunft*, 27.

468) Moltmann, Gerechtigkeit schafft Zukunft, 27.

469) 김영한, 『바르트에서 몰트만까지』, 대한기독교서회, 개정증보판, 2003, 556~559.

으로 내재하시는 하나님은 자연과정과 동일시되거나 또는 자연과정에 의존하시는 분이 아니기 때문이다.

자연과의 조화로운 관계야말로 기독교적인 샬롬의 정신에서만 가능하다. 자연이 인간의 과학기술에 의하여 착취되는 한, 인간은 자연과 평화 속에 있지 못한다. 또한 자연이 재해나 가공적인 힘으로 인간의 삶을 지배할 때 역시 인간은 자연과 조화로운 관계 속에 있지 못한다. 자연과의 균형 잡히고 조화로운 관계는 인간이 창조주 하나님과 바른 관계 속에 있을 때 비로소 가능해진다. 자연환경은 우리 인간 삶의 기반이기 때문에 인간의 진정한 샬롬의 근거는 자연과의 바른 관계, 조화롭고 균형있는 관계 속에서만 이루어진다.

III. 근본주의 사고의 비판: 관용과 다름의 인정

1. 21세기에 들어와 나타난 이슬람 근본주의와 기독교 근본주의

20세기 말에 동구권의 사회주의 정권이 무너지고 소련연방이 해체되면서 냉전시대가 종식되었다. 그런데 21세기에 들어와 이슬람 근본주의자들(the Islam fundamentalists)이 세계평화를 위협하기 시작하였다. 아프카니스탄에서 정권을 잡은 이슬람 근본주의자 탈리반 세력(The Taliban)이 2001년 3월에 우상숭배(idolatry)의 대상을 제거하는 종교적 목적으로 아프카니스탄에 있는 오래된 거대불상을 폭파하였다. 이는 인류가 가진 소중한 불교 건축물의 소실을 의미하였다. 그리하여 이슬람 근본주의자들에 대한 비난이 자유 서구인들과 세계인들로부터 쏟아졌다.

2001년 9월 11일 이슬람의 근본주의자들이 미국으로 향하는 비행기들에 승객으로 탑승하여 비행기들을 납치하여 뉴욕의 맨하턴 쌍둥이 건물과 미국 국방부 건물 펜타곤에 폭파시켜 자살 테러한 사건이 일어났다. 이 사건과 함께 이슬람의 근본주의자들은 세계 역사의 무대에 나타났다. 그리고 이들은 아프카니스탄의 오사마 빈 라덴(Osama Bin Laden)의 명령을 받는 알카에다(Alkaeda) 이슬람 근본주의자들이라는 것이 드러났다. 이후 이슬람 근본주의자들은 오늘날 기독교를 배경으로 하고 있는 미국과 서구에 대하여 증오와 테러를 감행하고 있고, 미국과 서구는 이들 이슬람 근본주의자들과 국경없는 전쟁을 치루고 있다.

그러데 2011년 7월 22일 소위 기독교 근본주의자에 의한 끔직한 학살만행이 평화의 나라라는 북구(北歐) 노르웨이에서 발생했다. 안데르스 베링 브레이빅(32세)이라는 젊은 노르웨이 청년이 노르웨이 오슬로에서 38㎞ 떨어진 우토야 섬에서 열린 노동당 청소년 여름 캠프에 들어가 총기를 난사한 끔찍한 사건이 발생하였다. 브레이빅은 이슬람 무장 단체의 테러와 무슬림 이민자 유입을 촉발한 유럽의 다문화주의가 무슬림의 유럽 일자리 잠식 같은 '유럽의 무슬림 노예화'를 불러왔다고 거사(擧事)의 이유를 밝혔다.[470] 그는 유럽인의 일자리를 잠식하는 무슬림에 대한 분노를 표출하였으며, 중세 십자군 원정을 동경하며 템플 기사단 문장을 사용하였다. 그는 페미니즘을 혐오하면서 "친구 중 나만 여자친구 없어, 한국 · 일본 가부장제가 해답"이라고 적었다. 브레이빅은 '2083 유럽 독립선언문'이라는 제목의 선언문을 낭독했는데 오는 2083년까지 유럽 각국이 극우 보수 정권으로 정권 교체를 이뤄 무슬림 이민자를 내쫓아야 한다는 뜻으로, 중동 이슬람 국가들을 제압할 수 있는 새로운 유럽을 탄생시켜 기독교 문화를 바로 세워야 한다는 내용을 담고 있다.[471] 그는 선언문에서 "만약 당신이 예수 그리스도와 개인적인 관계가 있다면 당신은 종교적 기독교인(religious Christian)이다. 그러나 나 자신과 또한 나와 같은 많은 사람들은 반드시 예수 그리스도나 하나님과 개인적인 관계를 갖고 있지는 않다."[472] 또한 "우리는 기독교를 문화적, 사회적으로, 정체성이자 도덕적 기반으로서 믿고 있다. 이것이 우리를 기독교인으로 만든다."라고 천명하였다. 그는 현재 유럽의 상황을 문화 전쟁이라고 묘사하고, "이 같은 전쟁에서 기독교인이라는 의미는 유럽의 기독교 문화 유산을 지키기 원하

470) 정시행, [노르웨이 테러] "이슬람 · 페미니즘 증오로 똘똘 뭉친 '인간 괴물'" 조선일보, 2011.7.25, A3면.

471) 정시행, [노르웨이 테러] "이슬람 · 페미니즘 증오로 똘똘 뭉친 '인간 괴물'", 조선일보.

472) 손현정, "테러 용의자 브레이빅 '난 예수와 관계 없다'", 크리스천투데이, 2011.7.26.

고 기독교에 기반한 우리의 전통과 정치 체제를 지키기 원한다는 것이 될 수 있다. 이를 지키기 위해서 우리가 반드시 예수 그리스도나 하나님과 개인적인 관계를 맺을 필요는 없다"고 주장했다.[473] 이러한 점에서 브레이빅은 진정한 기독교인은 아니나 기독교 문화와 자신의 극우익 사상을 연결시키는 "기독교 근본주의자(a Christian fundamentalist)"라고 말할 수 있다.

2. 개신교 근본주의

개신교 신학에서 근본주의란 말은 초창기에는 긍정적인 의미로 사용되었다. 개신교 근본주의는 19세기 자유주의 신학에 대하여 기독교 근본진리를 지키자는 보수주의자들의 운동에서 일어났다. 무디(D. L. Moody) 등 복음주의 목사들이 전국적으로 사경회(Bible Conference)를 열었고, 그 중에서 나이아가라(Niagra) 휴양지에서 열린 사경회가 가장 대표적인 사경회였다. 1895년 나이아가라 사경회에 모인 미국 보수주의 목사들은 기독교의 5대 근본교리 – 성경의 무오성, 예수 그리스도의 신성, 예수의 처녀탄생, 대속적 죽음, 육체적 재림 – 를 기독교의 근본 신조(信條)로 보았다. 그리하여 이러한 신앙의 운동에 대하여 "근본주의(fundamentalism)"라는 이름이 부쳐졌다.[474] 이 근본 신조에 대한 신학적 해설은 1909년에는 12권의 시리즈 『근본적인 것: 진리에의 증거(The Fundamentals: A Testimony to the Truth)』가 간행되어 무려 300만 부가 전국교회에 배부되었다. 당시에 집필진은 워필드(Benjamin B. Warfield), 라일(John C. Ryle), 모울(H.C.C. Moule), 카일(M. G. Kyle), 어드만(Charles Edmann) 등 우수한 학자들이었고 이러한 문서운동은 큰 성과를 거두었다.[475]

그러나 초기의 신학적 근본주의는 1930년 이후에 이르러 신근본주의(neo-fundamentlaism)로 변질되면서 진리에 대한 순수한 보전과 헌신에서 떠나서 자기와

473) 위의 글.

474) Steward G. Cole, *The History of Fundamentalism*, 1931, 253.

475) 김의환, 『도전받는 보수신학』, 서울: 서광문화사, 1970, 96~97.

다른 자를 비판하고 배척하는 배타주의와 자기만이 진리를 알고 있다고 자부하는 바리새적 독선과 '부정을 위하여 부정하는' '부정적 사고방식(negative mentality)' 으로 변질하고 말았다. 그리하여 초기의 순수한 신앙적 동기에서 비롯된 교리적 근본주의(doctrinal fundamentalism)는 교리적 축소주의와 방법적 편협주의로 변질되게 되었다.[476)] 그 이후 근본주의는 미국교회에서도 점차 영향력을 상실하게 되었고, 근본주의는 미국사회에 부정적인 인상을 각인시키게 되었다. 이에 대한 대안이 1940년대 후반[477)] 칼 헨리(Carl F. Henry), 카넬(Edward John Carnell), 오켕가(Harold Ockenga) 등이 제시한 신복음주의(neo-evangelcalism)였다.

영국에서는 존 스타트(John Stott)와 제임스 패커(James Packer) 등이 복음주의를 보다 유연하게 종교개혁적 전통과 미국의 초창기 근본주의 이념에 맞게 발전시켰다. 이들에 의하면 근본주의는 본질적으로 성경은 무오하다(inerrant)고 믿는 중요한 특징을 갖는 신앙적 태도이다. 성경의 무오(inerrancy of the Scripture)를 믿는 근본주의 태도는 원본 성경의 축자적 영감(verbal inspiration)과 사용에 있어서 성경의 문자적 해석(literal interpretation)을 믿는 두 가지 다른 특성에 의하여 지지된다.[478)] 이러한 근본주의의 성경이해는 성경을 교회의 전통으로 수용하는 로마 가톨릭 교회와 단지 인간 문서의 작품으로 간주하는 역사비평적 방법과는 대립한다.[479)]

이처럼 개신교 근본주의가 교회사에 남긴 긍정적 유산이 적지 않으나 후기 근본주의가 남겨놓은 배타적이고 독선적이며, 전투적 속성은 교회분열과 다른 신념의 단체들과의 갈등의 뇌관으로 작용한다.[480)] 그래서 복음주의권에서는 근본

---

476) 김의환, 상게서, 100.

477) 1947년 10월에 풀러신학교(Fuller Seminary)가 설립되고, 1949년 12월에는 보스턴의 골든신학교(Gorden Divinity School) 교수들이 주동이 되어, 웨스트민스터 신학교(Westminster Seminary), 커버난트 신학교(Covenant Seminary), 풀러, 트리니티 신학교(Trinity Evangelical School)가 참가하여 복음주의 신학회(Evangelical Theological Society)를 탄생시켰다.

478) James Packer, *Fundamentalsim and The Word of God*, Grand Rapids: Eerdmans, 1958; John Stott, *Basic Christianity*, Leicester: IVP, 2008.

479) Raymond F. Collins, "Fandamentalism", Alan Richardson & John Bowden (eds.), *A New Dictionary of Christian Theology*, London: SCM Prss, 2002, 223~224.

480) 표성중, " '기독교 근본주의' 는 무엇인가? 한국 교회 근본주의는 '반공주의' 와 '종교다원주의' 에서 강하게 표출", 기독교연합신문, 2011.7.26, 3면.

주의 용어보다는 "복음주의"나 "보수주의"라는 용어를 사용하고 있다. 더욱이 이슬람 근본주의, 유대 근본주의, 시크(Sihk) 근본주의, 힌두교 근본주의, 불교 근본주의 등 다양한 근본주의가 등장하면서 근본주의 용어는 "극단주의(radicalism)"라는 함의를 가지기 때문에 피하는 것이 좋다고 생각된다.

3. 근본주의 현상의 9가지 특성

그러므로 "근본주의"라는 단어는 오늘날에는 "비관용적으로 간주되는 사람들에 대한 비관용적인 별명(epithet) 내지 비합법화하는 딱지"로 간주된다.[481] 따라서 이 단어는 경멸적인 내용을 담고 있으며, 편협적이고, 지적인 미성숙, 열광주의 그리고 때로는 폭력에 대한 동의어로 일반적으로 사용되어진다. 스티브 브루스(Steve Bruce)는 다음과 같이 피력한다: "근본주의는 그것의 이데올로기가 종교적이라고 할지라도 반드시 종교적 운동만은 아니다. 근본주의가 종교적 운동이라면 그것이 속한 특정한 종교전통 바깥에 있는 사람들에게는 관심이 거의 없다. 우리 모두의 주목을 끄는 것은 자주 폭력을 동반하여 세상을 재형성하고자하는 그것의 욕망이다."[482]

파트리즈(Christopher H. Partridge)가 그의 편집서『근본주의들(Fundamnetalisms)』에서 피력하는 바와 같이 근본주의를 반드시 종교적 운동에 국한시킬 필요는 없다. 근본주의자들은 그들의 경건한 조상들의 종교적 신념에 상응하지 않는 오늘날의 세상을 거부하는 편협한 마음을 지닌 호전적인 자들이며, 자기 편은 빛의 천사들이며, 그의 적들은 흑암의 악마들이며 중간 영역이 없는 이분법의 사람들이다. 볼프(M. Volf)는 그래서 근본주의자들은 비난(censure)을 받아 마땅하다고 본다.[483] 근본주의 세계관은 종교적으로 각인되어 있으며, 반동적이며, 독단적이며, 비관용적이며, 반-현대적이며, 비-지성적이며, 강박적인 전통주의로 간

481) M. Juergensmeyer, "The Debate over Hindutva", *Religion* 26, 1996, 130.

482) S. Bruce, *Fundamentalism*, Cambridge: Polity, 2000, 8.

483) M. Volf, "The Challenge of Protestant Fundamentalism", in: H. Küng and J. Moltmann(eds.), *Fundamentalism as an Ecumenical Challenge*, London: SCM, 1992, 89.

주된 이념의 집합에 경멸적으로 기인하는 것으로 간주된다.

근본주의는 단지 종교적 신념만이 아니라 정치적, 사회적, 문화적 신념 등 세계관적 신념을 근저에 지니고 있으며, 그것은 다양한 종교나 정치사회적 단체들에 의하여 실천되고 있다. 그러므로 하나의 근본주의가 있는 것이 아니라 "근본주의들(fundamentalisms)"이 있다. 근본주의를 연구할 때 우리는 특별한 전통 속에 있는 신자들의 특별한 근본주의 신념과 실천을 연구해야 한다.[484] 로렌스(B. B. Lawrence)는 다양한 근본주의를 언급하면서 "근본주의들 개념은 각 근본주의의 핵심 – 한 그룹만이 진리의 저장소로서 존재한다, 한 그룹만이 문서적 진리를 반영하고, 하나님을 알고 변호하고 방어한다는 주장 – 을 거부한다."[485] 파트리즈는 본질주의적(essentialist) 접근이 아니라 가족유사성(family resemblances)의 관점에서 다양한 근본주의에 대한 포괄적인 연구를 통해서 근본주의 현상에서 "재현되는 특징(recurring characteristics)"을 9가지로 제시한다.[486]

첫째, 반동(reactivity): 종교의 주변화, 특히 종교를 반대하고 억압하는 세속화에 대한 반동

둘째, 선택성(selectivity): 자기들의 종교 전통의 특별한 측면을 선택하고 형성함 그리고 긍정할 현대성의 어떤 측면, 반대할 다른 측면을 선택함

셋째, 도덕적 이원론(moral dualism): 세상을 빛과 어두움, 선과 악으로 나눔

넷째, 절대주의와 무오(absolutism and inerrancy): 전통의 다양한 근본주의의 절대적 타당성을 긍정하고, 아브라함과 시크교의 경우에는 경전을 무오하다고 여김

다섯째, 천년왕국과 메시야주의(millennialism and messianism): 역사의 절정에 있어서 신자들에게 승리를 약속함

여섯째, 선택 회원권(elect membership): 신실한 남은 자로 간주

일곱째, 예리한 경계(sharp boundaries): 구원받은 자와 타락한 자를 분리

---

484) Christopher H. Partridge(ed.), *Fundamentalism*, Paternoster Press, 2001, Introduction, XVi.

485) B. B. Lawrence, "From Funamentalism to Fundamentalism: A Religious Ideology in Multiple Forms", in P. Heelas and D. Martin(eds.), Religion, Modernity, and Postmodernity, Oxford: Blackwell, 1998, 89.

486) Christopher H. Partridge(ed.), *Fundamentalism*, Paternoster Press, 2001, Introduction, XVii.

여덟째, 권위적 조직(authoritarian organization): 권위적 지도자와 충성된 반대의 비허용

아홉째, 행위적 필수사항(behavioural requirements): 회원의 시간, 공간과 활동을 그룹 원천으로 간주

이상의 9가지는 어떤 형태든 근본주의 성향의 단체가 갖는 가족 유사성으로 보여질 수 있다. 이러한 근본주의 현상이 갖는 9가지 특성은 기독교적 관용과 상호이해와는 거리가 멀다. 바울은 고린도 교회를 향하여 사랑의 덕성을 말하고 있다: "사랑은 오래 참고 사랑은 온유하며 시기하지 아니하며 사랑은 자랑하지 아니하며 교만하지 아니하며, 무례히 행하지 아니하며 자기의 유익을 구하지 아니하며 성내지 아니하며 악한 것을 생각하지 아니하며, 불의를 기뻐하지 아니하며 진리와 함께 기뻐하고, 모든 것을 참으며 모든 것을 믿으며 모든 것을 바라며 모든 것을 견디느니라"(고전 13:4-7).

갈라디아 5장에서 바울은 성령의 열매를 다음과 같이 말한다: "오직 성령의 열매는 사랑과 희락과 화평과 오래 참음과 자비와 양선과 충성과 온유와 절제니 이 같은 것을 금지할 법이 없느니라"(갈 5:22-23). 근본주의 사고를 피하기 위해서는 관용과 다름에 대한 상호이해의 정신을 갖는 것이 필요하다.

IV. 평화의 구체적인 길: 관용과 상호이해

18세기 프랑스의 계몽주의 사상가 볼테르(François-Marie Arouet de Voltaire)는 그의 『관용론(Traité sur la tolérance)』[487]에서 전쟁, 테러는 관용만이 해결한다고 피력했다. 17세기의 관용론은 로크(John Locke)에 의하여 대변되었다. 그것은 그 시대의 전쟁이란 종교적 갈등에서 유래하였다. 교회와 국가가 서로 역할분담을 할 때 갈등은 해소된다. 종교는 개인의 사적 영역을 관할하고 정부는 공적 질서를 책임질

487) François-Marie Arouet de Voltaire, *Traité sur la tolérance*, 1763 - Treatise on Toleration 송기형 · 임미경 옮김, 관용론, 한길사, 2001, 147~150.

때 신앙적 차이가 박해나 전쟁으로 이어지지 않는다는 것이다. 볼테르는 신앙과 양심의 자유를 옹호함으로써 종교적 편견과 싸우는 그의 계몽주의적 신념을 보여주고 있다.[488)]

18세기 프랑스의 가톨릭교회는 종교적 신념이 다른 자들을 박해하였다. 볼테르 자신이 종교적 탄압의 희생자로서 투옥과 망명을 거듭하였다. 그는 이러한 박해의 경험을 통하여 종교적 신념의 차이를 수용하는 관용의 정신을 창안한다. 볼테르는 관용의 정신을 종교관의 수준에서보다 폭넓은 세계관의 수준으로 끌어올리고 있다. 그는 이성적 사유를 통해서만 인류는 차이 속에서 하나가 되는 평화적 질서에 이를 수 있다고 주장한다. 관용이란 상대방의 차이를 무시하고 나의 것으로 강요하지 않고 상대방과 나의 차이를 그대로 인정하는 것이다. 여태까지의 관용론은 권력을 가진 자를 중심으로 하는 권력의 주체로 하여금 자신이 행사하는 강제력을 스스로 제한하도록 유도하는 데 그친 감이 있다. 미래의 관용론은 약자, 특히 낯선자(the Other)의 편에서 그리고 약자들, 즉 다자들이 갖는 차이와 다양성이 적극적인 힘의 원천임을 규명하는 방향에서 이루어져야 한다.

볼테르는 당시 가톨릭교회의 불관용에 대하여 박해를 겪으면서 투쟁해온 나머지 종교적 신앙을 바로 불관용의 태도와 연결하면서 무신론으로 나아갔다. 이것은 그의 관용론의 한계점이다. 우리는 열린 종교와 닫힌 종교를 구분해야 한다. 열린 종교(opened religion)는 타(他)신앙을 존중하나, 닫힌 종교(closed religion)는 타신앙을 인정하지 않는다. 종교적 근본주의는 타신앙에 대하여 정죄하고 탄압한다. 그러나 열린 종교는 타신앙에 대하여 관용하고 타신앙의 양심성과 순수성을 인정한다.

프랑스의 사회학자 에드가 모랭(Edgar Morin)은 2003년 4월 이라크 전쟁의 문명사적 의미에 관한 조선일보 기자와의 인터뷰에서 서양과 이슬람의 문명 충돌을 피할 길로서 "인류 상호 연대감과 지구촌의 운명공동체에 대한 의식을 갖는 것"을 제안하고 있다: "미국과 넓은 의미에서의 서구는, 광기와 지혜의 길 사이에서

---

488) J. v. Stackelberg, "Voltaire", in: *Die Religion in Geschichte und Gegenwart*, dritte Auflage, 1963, Tübingen: J. C. B. Mohr (Paul Siebeck), 1488~1490.

갈팡질팡해 왔다. 광기의 길은 십자군의 전쟁과 이슬람의 악마화, 맹목적 선악 이원론이다."[489] 모랭은 인간의 다양성을 통해 인간 공동체를 이해하는 것이 지구촌 시대에 필수적임을 강조한다. 그는 기술적 경제적 세계화가 일으킨 반대효과의 양면성을 지적한다: "서구화는 비서구세계에서 자기문화와 종교의 뿌리에 대한 자각을 불러 일으켰다. 세계화는 종족적 파편화도 일으켰고, 테러리즘의 세계화도 가능케 했다."[490] 모랭은 이라크 전쟁 이후 사담 후세인 정권의 붕괴를 환영하면서도 문명충돌 가능성을 우려하고 맹목적 평화주의와 반미주의의 문제점을 제기하면서 폭 넓은 시각의 세계연방(confederation mondiale)론을 제창하고 있다: "우리는 세계화가 민족국가를 없애지 못한다는 것을 확인했다. 그러나 세계화가 이대로 가다가는 광신도와 배금주의자들에 의해 종교적 갈등과 남북 빈부격차를 심화시킨채 인류의 자멸을 몰고 올 수 있다."[491] 모랭은 국제사회를 하나의 시민사회로 파악하는 "사회-세계(La Societe-monde)"라는 개념을 통해서 인류의 공동문제를 해결하고자 제안한다: "우리는 세계연방을 수립해, 국가를 없애지 않으면서, 국가가 그 연방과 관련해 상대적으로 존재하는 역사의 단계를 꿈꿀 수 있다. 이를테면, 아랍-이슬람권 전체가 그 연방에서 하나의 거대한 지방이 되는 것이다. 세계연방은 빈국(貧國)에 대한 마셜플랜을 실시하고, 부국의 젊은이들이 빈국에 자원봉사자로 나서고, 치료비를 낼 능력이 없는 주민들을 위해 의약품과 치료 지원을 전담하는 국제기구를 창설할 것이다."[492] 모랭은 이러한 "세계연방"의 수립을 위해 이라크 참전과 반전 논란에 의해 사분오열된 UN을 개혁하는 것이 인류의 지상과제라고 본다.

---

489) 에드가 모랭, "이 · 팔 문제 해결 안되면 서구 · 이슬람 '문명충돌' 못 피해", 조선일보, 2003.4. 23, A6면.

490) 위의 글.

491) 위의 글.

492) 위의 글.

V. 종교의 공존을 위한 관용과 이해

2005년 7월 10일 런던지하철 테러가 있고 난 후 런던의 캔터베리 대주교 관저인 램버스 궁(Lambath palace)에 영국 성공회, 로마 가톨릭, 자유교회, 유대교, 이슬람 지도자들이 모여 런던 테러공격을 규탄하고 테러리즘 극복을 위한 종교 간 협력을 호소하는 공동성명을 발표했다.[493] 그 내용은 아래와 같다: "우리 종교지도자들은 오늘 아침 60년 전 나치즘이라고 하는 악에 맞섰던 용기와 헌신과 희생을 기리기 위해 한 자리에 모였습니다. 그리고 지금 우리는 더 큰 목적을 위해 이 자리에 함께 서 있습니다. 그것은 바로 며칠 전 바로 이곳 런던에서 일어난 테러리즘이라고 하는 악에 맞서, 함께 이를 극복하기로 다짐하는 것입니다. 그것은 결코 정당화 될 수 없는 악이며, 우리는 이를 단호하게 비난하고 거부합니다. 신앙의 지도자들로서 우리는, 우리가 함께 서 있는 공동의 토대를 보여주고자 하며, 그리고 바로 이 슬픔과 고통의 시간에 우리가 높이 들고 있는 가지를 재확인하고자 합니다. 많은 사람들이 분노와 혼란과 상실에 빠져 있는 지금, 무엇보다도 중요한 것은 우리가 가지고 있는 공동의 가치를 더욱 굳게 지키고 우리를 분열시키려고 하는 모든 것들에 맞서는 것입니다. 신앙인으로서 우리가 함께 나누고 있는 중심에는 하나님께서 우리를 사랑하신다는 믿음이 있습니다. 바로 이 사랑이야말로 우리로 하여금 우리의 공통된 인간성을 허물지 않고 소중히 간직하도록 하는 것입니다. 서로 다른 공동체들이- 신앙 공동체들을 포함- 상호 존중과 이해에 기초하여 함께 번영을 누릴 수 있는 영국을 건설하려는 노력을 계속해 나갑시다. 우리는 말과 행동으로 이를 성실히 맹세하며, 이것이 견고한 현실이 되도록 함께 일할 것입니다. 우리 내부의 분열을 극복하려는 노력 가운데서 당신의 모든 자녀와 인류전체 가족들을 위한 하나님의 계획에 따라 우리가 협력하게 될 것이라는 확신이 있기에, 우리는 희망을 가지며 인도합니다."[494]

---

493) "생명 파괴 공격 더 이상 없어야", 기독신문, 2005.7.13, 23면.

494) "종교간 협력으로 테러리즘 극복", 기독신문, 2005.7.13, 23면.

이러한 종교 간의 공존과 사회의 안전과 번영을 위한 협력은 종교다원주의의 허용과는 다르다.[495] 이것은 절실히 필요한 일이다. 기독교는 종교다원주의를 경계하면서도 고등종교로서 타종교를 인정하고 이들과 사회의 안전과 평화와 공존을 위하여 공동선(the common good)을 증진하는 데 같이 협력하고 이를 위한 상호간의 관용과 상호이해를 필요로 한다고 인정한다. 공공의 영역은 이성과 도덕성에서 종교가 서로 만나는 영역이다. 능력의 대결이 여기서는 필요하지 않다. 우리 사회에서도 기독교 근본주의자들이 조계종의 뜰 안에까지 들어가서 정복주의적 '땅밟기' 를 하는 것은 바른 태도가 아니다. 일반 공공의 영역에서 우리는 하나의 동일한 종교로서 다른 종교를 만나야 한다. 그러나 종교 간의 대화가 보다 깊어져 한 개인의 영혼의 구원과 관련되는 경우에서는 영들이 서로 만나는 차원에 이르게 된다. 여기서는 선교학에서 이른바 타종교 신자들, 예컨데, 불교 신자나 이슬람교 신자들과의 "능력대결(Power Encounter)"이 주제화될 수 있다. "능력대결"이란 영적 차원에서 악한 영 및 세속의 영과의 대결에서는 필수적이다. 그러나 이 영적 대결을 인간적 대결의 차원으로 끌어들여서는 안 된다. 하나님이 강한 신이요, 신중에 신이라는 사실을 이슬람교도들에게 알려주어야 한다. 그러나 능력대결이 두 종교 간의 대화의 시작이 되어서는 안 된다. 먼저 인격적으로 서로 용납하고 경청하는 관용의 태도가 중요하다. 영적인 대결을 행하시는 성령의 인격은 사랑과 온유와 겸손과 인애와 낮아짐과 섬김을 실천하는 분이시다. 신자들은 이러한 성령의 성품을 그의 말과 행동을 통해서 보여줌으로써 상대방이 그들의 문을 열도록 하는 것이 중요하다. 이슬람과의 공존에 있어서 성령의 능력을 의지하면서 겸손과 온유, 인내와 낮아짐, 섬김의 실천이 요청된다.[496]

서로 다른 인종과 문화가 상보(相補)적으로 공존할 수 있는 평화적 질서는 관용이다. 관용은 차이를 인정하고 상대방으로 받은 억울한 감정의 상처를 치유할 수 있다. 관용은 신앙 안에서 용서를 동반한다. 그것은 한(恨)과 원한(怨恨)에서 우

495) 김영한, "진정한 종교대화의 전제, 예수 그리스도의 유일성", 「월간 목회」, 2005. 10, 80~88.

496) 함태경, "타종교와의 공존", 국민일보, 2005.8.1, 33면.

리를 자유케 한다. 이는 그리스도께서 가르쳐 주신 자유케 하는 진리를 실천하게 될 때 가능하다. 조상의 유전(遺傳)과 자기의 아집(我執)에 사로잡힌 유대인들은 진리를 바로 보지 못하는 편견에 사로잡힌 자들이었다. 이들은 편견과 독단에 갇힌 자들이었다. 그러나 그리스도께서 가르쳐 주신 진리는 이웃에게 관용하고 이웃의 다름을 인정하는 열린 사고이다. 관용과 사랑이란 자기제한이다. 자기를 제한할 때 비로소 자유는 지어진다. 그리스도는 자기제한의 모범을 보여주셨다. "아들이 너희를 자유케 하면 너희가 참으로 자유하리라."

자기제한의 신학적 근거는 그리스도의 케노시스(kenosis)이다.[497] 그리스도는 하나님의 본체시나 하나님과 동등됨을 취하지 아니하시고 자기를 비어 종의 형상을 입으시고 인간이 되신 것이다. 이것이 바로 하나님의 자기제한이다. 이것은 하나님의 아가페적인 사랑에 입각한 자발적인 자기제한이다. 그리스도를 구주로 모신 그리스도인들은 주님을 본받아 자기제한을 할 수 있어야 한다.

하나님의 왕국은 "올바른 관계의 왕국(the kingdom of right relationship)"[498]이다. 이 나라는 상호성(mutuality)의 성경적 원리가 지배하는 데, 이는 상호봉사(mutual service)와 상호존중(mutual respect)이다.[499] 상호존중과 상호봉사의 욕구가 있는 곳에 최소한 세 가지의 결과가 나온다. 첫째, 차별이 폐지된다. 둘째, 참여가 증가한다. 셋째, 협력이 강조된다.

맺음말

샬롬이란 단지 적대자 사이의 갈등의 부재나 폭력의 부재라는 소극적인 의미를 넘어서서 정의의 실현이요 사랑의 실천이라는 적극적인 의미에서 이해되어

---

497) George Newlands, "Kenosis", in: Alan Richardson & John Bowden, A New Dictionary of Christian Theology, SCM Press, 2002, 316.

498) John V. Taylor, *Enough is Enough*, 102; Michael Schluchter and David Lee, *The R Factor*, Hodder & Stroughton, 1993.

499) John Stott, *New Issues Facing Christians Today*, Fully Revised Edition, Marschall Pickering 1999, 214~233.

야 한다. 그리고 그 영역은 군사적이고 정치적인 영역에서의 권력의 갈등과 무력의 해소만이 아니라 경제적이고 종교적이고 인종적이고 환경적인 영역에 있어서 갈등과 수탈과 대립이 해소되는 것을 말한다. 인간이 자연환경에 대해서도 환경친화적으로 자연을 개발하는 삶을 말한다. 이 샬롬은 인간의 힘으로 실현되는 것이 아니라 궁극적으로는 하나님의 종말론적 개입에 의하여 실현된다. 샬롬에 대한 인간의 참여와 노력은 이러한 하나님의 종말론적 개입하심에 대한 기대요, 선취이다.

21세기의 세계평화를 위해서는 종교의 공존과 협력이 이루어져야 한다. 여기에는 자기의 종교만이 우월하다는 종교우월주의가 아니라 전 인류를 생각하면서 문명의 공존과 협력을 생각하는 태도가 요청된다. 오늘날 인류는 근본주의 사고와 결별해야 한다. 근본주의 사고는 10년 전 2001년 9월 11일 납치 비행기로 뉴욕 맨허턴 쌍둥이 건물에 자살테러한 이슬람 근본주의자들에게만 나타나는 것이 아니라 2011년 7월 22일 노르웨이 오슬로에서 집권 노동당의 다문화주의와 이슬람교도 이민허용정책에 반감을 품고 집권당 청소년들의 캠프에 뛰어들어 무차별 총격을 가한 소위 기독교 근본주의자에게서도 나타나고 있다.[500] 종교가 자신의 교리와 정체성을 주장하는 것은 그 종교의 본성에 속한다고 볼 수 있으나, 사회적 삶에서 타종교 신자들의 신앙과 삶을 폭력적으로 부정하게 될 때 헌팅턴(Samuel Huntington)이 말하는 바와 같이[501] 종교는 문명의 충돌의 이데올로기가 되어 버리고, 인류는 다시 종교전쟁에 휘말리게 될 것이다.

진정한 개혁신앙은 사랑과 관용과 용서와 평화의 사고로서 증오와 살인과 폭력으로 특징지어지는 근본주의 사고와는 결별한다. 이러한 결별에는 포스트모더니즘이 가져다 준 긍정적 측면, 다양성과 차이성을 인정하는 사고가 도움이

500) 김진영, "노르웨이 최악 테러… 용의자는 '극우 민족주의자', 총리 집무실과 노동당 총격 테러로 91명 사망", 크리스천투데이, 2011.7.23; "노르웨이 총기 테러, 기독교 정신과 전혀 무관", 크리스천투데이, 2011.7.24.

501) Samuel P. Huntington, *The Clash of Civilizations and the Remaking of World Order*, 1996, 이희재 역, 『문명의 충돌』, 김영사, 1997; 김영한, "문명의 충돌과 문명의 공존", 『21세기 문화변혁과 개혁신앙』, 서울: 예영, 2007, 46~67.

될 수 있다. 여기에는 관용과 상호이해가 중요하다. 각 문화가 자기 문화가 가진 편견과 아집(我執)에서 나와서 진리와 참 하나님을 바라 볼 수 있어야 한다. 진정한 종교는 자기와 다른 타자를 증오하는 것이 아니라 이들을 포용하고 사랑으로 감동시키는 것이다. 레비나스가 말하는 바와 같이 타자란 더 이상 나의 공감과 연민, 감정이입의 대상이 되는 하이데거적인 상호존재가 아니라 "내가 아니고 나와는 다르다"는 사실만으로 인정하고 수용하는 타자이다: "타인으로서 타인은 단지 나와 다른 자아가 아니다. 그는 내가 아닌 사람이다. … 그는 예컨대 약한 사람, 가난한 사람, 과부와 고아이다."[502] 폭력이 아니라 사랑만이 참된 종교가 무엇인지를 우리에게 알려 준다. 진정한 종교는 무엇을 자기의 소유로 획득하는 소유욕의 종교가 아니라 자기를 남(타자, the Other)을 위하여 주고 비우고 섬기고, 희생하는 종교이다. 그리스도의 케노시스(Kenosis) 사건은 이 타자를 수용하고 자신을 주는 관용 정신의 원형이다.

502) E. Levinas, *Le Temps et l'Autre, 1947*, 강영안 역, 『시간과 타자』, 서울: 문예출판사, 1996, 75; 김영한, "레비나스의 타자철학 - 하이데거에 대한 비판을 중심으로", 「철학논총」 제64집, 새한철학회, 2011년 제2권, 119.

제9장

평화통일신학과 영성:
이데올로기를 너머서 사랑과 정의의 영성

제9장

평화통일신학과 영성:

이데올로기를 너머서 사랑과 정의의 영성

머리말

2011년 접어들어 튀니지에서 발생한 시민혁명은 이집트로 옮겨가 30년 무라바크 정권을 퇴진시키고, 다시 리비아로 옮겨가서 42년 독재자 카다피 정권이 6개월 간 시민전쟁 끝에 나토연합군의 공군지원을 받은 반정부군에 의하여 무너졌다.[503)] 이슬람권의 민주화 운동은 예멘, 시리아, 바레인 등 아랍권으로 파급되고 있다. 오늘날 북한은 너무나도 세계와 고립된 지역이라 이러한 민주화의 열기가 북한에는 아직도 미치지 않고 있다. 북한 정권은 그 고립성, 폐쇄성 그리고 선군정치 정책에서 벗어나 개혁개방을 함으로써 중국과 같은 경제입국의 길을 걸어야 한다. 그럼으로써 비로소 한반도의 평화통일의 길은 가능하게 될 것이다. 북한 정권의 붕괴란 한반도와 동북 아시아의 미래를 위해서도 바람직하지 않다. 북한 스스로의 개혁개방의 길을 걷는 것이 바람직하다. 그래야만 한반도에 상호대화와 협력을 통한 통일의 길이 열릴 수 있다.

2011년 3월에 개최된 한반도선진화재단과 조선일보가 공동 주최한 제1회 통

---

503) 이한수, "42년 독재의 최후. 리비아 반군 트리폴리 장악, 카다피 잠적.. 세 아들 생포", 조선일보, 2011.8.23, A1면; "인어(리비아 반군 트리폴리 작전명)의 기습… 42년 독재, 24시간에 끝냈다", 조선일보, 2011.8.23, A2면.

일포럼에서 전 통일부 차관 김석우는 “분단이 길어지면 동질성 약화로 독일 · 오스트리아처럼 1민족 2국가 체제가 고착화할 수도 있다”며 “통일이 빠를수록 이질화에 따른 비용을 줄일 수 있다”고 했다. 서울대 교수 임현진은 “독일처럼 (통일 전) 상호 마음의 교류가 있는 게 중요하다”고 했다.[504] 한반도가 21세기 아시아에서 통일된 선진 일류국가로 우뚝 설 것인가? 아니면 통일에 실패하여 북에는 친중국 변방정권(제2의 티베트)이 들어서고, 국경선이 3 · 8선으로 이동하는 ‘영토 축소’가 일어날 것인가? 그래서 다시 동북아에 강대국들의 패권 경쟁이 격화되는 ‘신냉전시대’를 열 것인가? 오늘날 아랍국에서도 민주화 바람이 일어나는 변화하는 세계 속에서 한반도의 분단도 70년 이상 가서는 안 된다. 분단이 고착화 되어 북한 동포들이 주체 왕조 체제 속에서 비인간다운 삶을 살도록 버려두는 것은 민족적 비극이다. 한국의 국경선이 오늘날의 3 · 8선이 되어 버린다는 것은 5천년 역사를 지닌 한국이라는 나라의 비극이 아닐 수 없다. 남북의 상호대화와 협력을 통한 통일의 길이 한반도의 평화와 번영의 길이다.

저자는 이러한 기본적인 대전제 속에서 오늘날 핵실험을 하여 핵을 무기화하고 주민의 기본 생존권과 자유권을 말살하는 억압적이고 폐쇄적인 북한의 현실 속에서 한반도의 평화통일에 관하여 비판적 성찰을 하고자 한다.

I. 통일지상주의와 통일무용론의 위험성

이데올로기 시대를 넘어서 인간, 인격, 민족 자체를 중요시해야 한다. 이데올로기는 인간이나 인격이나 민족을 위하여 있는 것이지 이것들이 이데올로기를 위하여 있는 것이 아니다. 무엇보다도 통일에 대한 성찰에 있어서 통일지상주의는 위험한 발상이다. 1950년 북한 공산군들의 남침도 통일지상주의에 입각한 것이었다. 통일지상주의는 통일이 목적이고 수단과 방법을 가리지 않는다. 그럴 때

504) 안용현, [제1회 통일포럼] “통일되면 난민 쏟아진다? 이동허가제 하면 해결”, chosun.com, 2011.3.28, [통일에 관한 10가지 오해와 진실].

전쟁이 일어나고 천안함 폭침이나 연평도 포격 같은 참화(慘禍)가 생기는 것이다. 북한 김일성 정권의 군사적 모험주의에 대하여 이승만 정부는 북진통일이라는 목표를 내세우고 반공 내지 승공 통일을 제일로 내세웠다. 그러나 이것들은 분단을 고착화 시켰고 통일을 위하여 아무런 결실을 가져오지 못했다. 1990년대 이래 통일이란 용어와 세미나가 팽창하였다. 그 이유는 북에서 공산주의의 박해를 피하여 남쪽으로 도주한 실향민들과 이산가족들이 많았기 때문이며, 이들이 늙어감에 따라서 고향을 그리워하는 향수심이 심리적 요인으로 작용하였다고 볼 수 있다.

지난 DJ정부와 MH정부의 10년 간 일방적인 포용정책은 북한에 대한 변화유도보다는 북한에 끌려가면서 일방적으로 퍼주기를 하는 결과를 초래하였다. 두 정부가 추진한 대북포용정책은 사실적으로는 대북유화정책과 다를 것이 없었다. 10년 동안의 포용정책은 북한에 재원을 조달함으로써 핵실험의 성공으로 나타났기 때문이다. 극우주의자들이 내세우는 일방적인 흡수통일정책은 북한과의 관계를 적대관계로 만들 위험성이 있다. 극우파들이 주장하는 봉쇄를 통한 북한의 붕괴유도는 시대착오이며 7천 4백만 한국 민족의 재산과 생명을 위험에 빠뜨릴 수 있다는 점에서 바람직하지 않다. 남북 간의 관계는 상호주의에 입각하면서 북한으로 하여금 중국처럼 개혁개방으로 나오도록 유도하는 방향으로, 상호적 관계로 발전시켜 나가도록 해야 한다.

통일지상주의와는 달리 통일무용론도 한국이라는 나라의 역사적 존재를 망각하는 사고이다. 이러한 주장은 일부 통일회의주의자 그리고 젊은 세대들 사이에 회자(膾炙)되고 있다. 통일무용론은 통일에는 엄청한 비용이 들 것이고 이질화를 극복하기는커녕 사회적 갈등만을 부추길 것이라고 주장한다. 그러나 통일무용론은 한반도를 영구히 분단국가로 만드는 것이며, 분단지속 시에 국경(國境)이 사실상 3·8선 이남으로 줄어들고 국가축소가 일어난다.[505] 독일 통일이 비용에 대한 공포를 가져왔으나 통일과정을 적정수준에서 관리하면 비용도 크지 않고

505) "통일되면 난민 쏟아진다? 이동허가제 하면 해결", 조선일보, 2011.3.28, A8면.

통일이익이 클 수도 있다. 고려대 교수 조영기에 의하면 "현재 북한은 부실기업이지만 값싼 토지와 풍부한 노동력이란 잠재력을 가지고 있다.", "통일을 북한 재개발을 위한 투자 개념으로 접근할 필요가 있다"[506]는 그의 주장은 주목할만하다.

독일의 경우를 보면 동서독은 "통일"이라는 말을 잘 사용하지 않았다. 필자는 서독에서 오랜 기간 유학을 했으나 통일에 대한 세미나나 심지어 통일이라는 용어가 사용되는 것을 자주 들어본 경험이 없다. 이들은 외세에 의한 분단을 인정하고 같은 민족으로서 교류와 상호방문, 물자교환, 서신교환, 상대방 열차 통과 허용, 자동차 고속도로 개통 등 통일에 있어서 필요한 물자적 · 인격적 사항의 교류에 힘썼다.

통일이라는 목표보다는 통일의 과정이 중요하다. 통일이란 갑자기 하루아침에 이루어지는 것이 아니라 끊임없는 상호교류와 상호협력 가운데서 점진적으로 이루어진다. 상호간에 대화와 협력과 이해의 끈을 놓지 않는 것이 중요하다. 교류와 협력을 하다보면 이해가 증진되고 갈등관계가 서서히 해소되면서 갈등적 공존(정전협정) → 경쟁적 공존(남북기본합의서) → 협력적 공존(평화협정) → 남북연합(민족 공동체 헌장) → 통일한국(통일헌법)[507]으로 나아가게 된다. 남북관계는 6 · 25 전쟁을 끝낸 정전협정 이후 남북기본합의서를 채택한 단계에 들어서 있다. 아직도 평화협정의 단계에 들어서 있지 않다. 이런 상황에서 남북한 양쪽에서 통일을 지상주의적으로 내세우거나 통일무용론을 주장하는 것은 옳지 않다. 평화통일에 대한 신학적 반성이란 이러한 특수한 한국적 분단상황을 반성하는 상황신학적 성찰(省察)이며, 남북한이 하나의 민족으로 공동적으로 수행해야 할 과제로서 평화통일을 위한 정치적 · 경제적 · 사회적 · 문화적 심리적 접근을 제시하는 것이다.[508]

---

506) 위의 글.

507) 허문영, "21세기 복음통일을 향한 우리의 인식과 전략방향", 『기독교와 통일』, 기독교통일학회, 제1권, 창간호, 2007, 110.

508) 신옥수, "통일신학의 어제와 오늘", 『한국기독교신학논총』 제61권, 한국기독교학회, 서울: 기독교서회, 2009, 78.

II. 한반도 현실: 한 민족–두 국가–두 체제의 현실에 대한 냉정한 인식과 평화적 극복에 대한 반성

우리는 북한을 하나의 국가요, 실체로 인정해야 한다. 국제사회는 남한과 북한을 독자적인 두 국가로 본다. 이것은 1992년 남한과 북한이 UN에 동시적으로 가입되어 국제관계에서도 남한과 북한이 각기 독립적인 국가로 인정받고 있는 것과 맥을 같이 한다. 한국은 중국, 소련(러시아)과 국교를 맺는 북방정책을 실현하였다. 한국과 북한은 같은 민족이기는 하나 상이한 두 체제를 가지고 있다. 하나의 민족이 두 국가요 그리고 이데올로기가 다른 두 가지 다른 통치체제를 가지고 있다. 두 국가–두 통치체계이다. 한국은 자유민주주의 체제를 지니고 있고, 북한은 공산주의인 주체사상 체제를 지니고 있다. 통일에 대한 신학적 반성이란 한 민족–두 국가–두 체제의 현실에 대한 냉정한 시인(是認)이요 이에 대한 평화적 극복을 향한 신학적 반성이다.

지난 10년 동안 남한의 햇빛정책에 대하여 북한은 핵무기 개발로 응답하였다. 오늘날 남북한의 관계 정황은 동서독의 관계 정황과는 다르다. 동서독 사이에는 서로간의 최소한도의 합리적인 교류가 있었고, 동독의 공산주의는 동구권에서는 가장 잘 살고 대체로 부드러운 공산주의였다. 동독에서는 핵무기 개발이나 군사적 도발은 없었고, 제한되나 교회활동과 예배가 허용되고, 신학교가 허용되고, 우편으로 인한 쌍방연락, 가족 상호방문, 서독에서 동독으로 철도가 연결되고, 자동차 도로가 건설되고, 심지어는 동독지역 내에서 서독 라디오, TV 방영이 허용되는 열린 체제였다. 이와는 대조적으로 남북 간에는 아직도 공식적인 우편교환이나 개인적인 상호방문, 북한으로의 고속도로 진입이나 쌍방으로 열차 운행이나 대중교통 운행 등이 금지된 얼어붙은 관계이다. 북한은 남한만이 아니라 세계 어느 외부에서 볼 때도 동토(凍土)의 땅이다. 오늘날 북한은 세계에서 가장 폐쇄된 국가임에는 틀림없다. 김일성, 김정일, 김정은 등으로 이어지는 왕조체제이다. 이들에게 남한과의 합작사업이란 시장확산, 자본주의 학습을 통한 내정간섭이고, 체제전복 위협으로 받아들여진다.[509] 개성공단은 오늘날 남북한이 경제적으로 연계되는 유일한 창구이기도 하다. 금강산 관광사업은 한국 여성여행객이 북한군에 의하여 피살됨으로써 현재 중단 상태에 있다.

III. 탈 이데올로기 시대의 도래 속에 이념적 대립과 갈등이 지나가고 시민적 정신의 시대 도래

남북 간에는 서로에 대한 개방의 태도가 요청된다. 개방의 태도란 상대방에 대한 바른 이해와 서로의 차이에 대한 인식이다. 그리고 이데올로기의 차이에 대한 인정을 한다. 다니엘 벨이 이미 『이데올로기의 종언』이라는 저서에서 피력했듯이 포스트모던 시대에 이르러 모던 시대의 이데올로기가 상대화 되고 있다.[510] 정신이나 물질이 이 세상을 지배하는 원리라고 주장한 강경한 이데올로기(자유방임자본주의와 유물론, 공산주의와 사회주의 등)가 지구상에서 모습을 감추고 있는 오늘날 포스트모던 시대는 이데올로기 이후의 시대(a post-ideological age)이다. 자유방임자본주의나 프롤레타리아 독재의 공산주의나 사회주의는 허물어지고 있다. 오늘날 미국에서는 자유방임자본주의보다는 사회적 책임을 지는 사회적 자본주의(social capitalism)가 발전하고 있다. 그리고 1989년 동구권에서 사회주의 국가의 민주화와 더불어 사회주의 정권들이 무너지고 자유주의 정권들이 들어섰다. 그리고 1917년 볼셰비키 혁명으로 태동한 소련연방이 1991년에 무너지고 자본주의에 대하여 열린 러시아연방이 설립되었다. 중국은 정치적으로는 공산주의 체제요, 공산당 일당 독재이기는 하나 이미 자본주의적 시장경제를 경제적인 체제에서는 수용하고 헌법상 이를 명기하고 있다.

글로벌 금융위기 이후 서구 선진국에서 자본주의에 대한 회의(懷疑)가 높아지면서 '자본주의 천국' 미국과 공산주의 국가 중국의 자본주의에 대한 지지도가

509) 원희룡, "UN의 대북경제제재에 적극적으로 협력해야", 평화연구총서 06-02, 『북한 핵실험 이후 남북관계의 전망과 대응』, 평화재단, 2006, 123.

510) Daniel Bell, *The End of Ideology: On the Exhaustion of Political Ideas in the Fifties, with "The Resumption of History in the New Century"*, Havard University Press, 2000.

역전되는 일이 벌어졌다. 2011년 글로벌 여론조사업체 글로브스캔이 전 세계 25개국 1만 2,000명을 대상으로 “자유시장경제가 세계의 앞날을 위해 가장 좋은 체제라고 생각하는가”라는 질문을 던진 결과, ‘그렇다’ 고 응답한 미국인의 비율은 2009년 74%에서 2010년 59%로 하락했다. 특히 연소득 2만 달러 이하 미국인의 자본주의 지지도는 같은 기간 76%에서 44%로 급락, 글로벌 금융위기가 중산층 이하 계층에 가장 큰 타격이 되고 있음을 시사했다. 반면 중국인의 자본주의 지지율은 전년도보다 약간 상승한 67%를 기록, 2005년 이후 5년 만에 미국을 앞질렀다.[511] 중국과 함께 브라질(67%), 케냐(61%), 필리핀(65%) 같은 신흥국들이 자본주의 시스템에 높은 신뢰를 나타낸 반면, 영국(55%), 스페인(52%) 등은 상대적으로 지지율이 낮았다. 특히 유럽에서 반(反)자본주의 정서가 높기로 유명한 프랑스는 자본주의를 지지한다는 응답이 31%에 불과했다. 자본주의에 대해 가장 긍정적인 나라는 독일로, 자유시장경제의 우월성을 믿는다는 답변이 68%에 달했다. 세계 25개국 평균 지지율은 54%였나.[512] 이러한 조사는 자본주의와 사회주의라는 이분법적 이데올로기적 국제질서가 무너졌다는 사실을 나타내는 것이다.

2011년 2월 북 아프리카의 튀니지에서 시작한 아랍국가의 민주화 시민혁명도 이러한 권위주의 독재나 군주체제에 대한 시민적 저항으로 나타났다. 이 민주화 불길이 이집트로 퍼져나가 30년 철권 통치자 무라바크가 물러나게 만들었고, 리비아에서는 카다피 정권이 6개월간의 시민항쟁에 의하여 8월 23일 무너졌으며, 시리아, 아랍에미레이트, 바레인, 사우디아라비아, 예멘 등 다른 아랍국가에까지 이 민주화 시민혁명이 그 불길을 이어가고 있다.

이러한 21세기의 새로운 시대정신은 한반도에 영향을 미치고 아무리 폐쇄적인 북한사회라고 할지라도 이 지구상에 존재하는 한 그 영향을 받지 않을 수 없다. 이미 한국은 대원군의 쇄국정책으로 인하여 조선이 멸망했던 역사적 교훈을 체감했기 때문에 지난 반세기 동안 세계화와 자유화 그리고 근대기술의 도입을

511) 최규민, “금융위기 충격 얼마나 컸으면… ‘자본주의 지지’ 미국인 74 → 59%로, 중국인 67% ‘자본주의 좋다’ ”, 2011.4.13.

512) 위의 글.

통하여 세계경제대국 10위권에 진입하였다. 한국은 이제 선진국에 진입하려고 노력을 경주하고 있다. 각종 시민운동이 일어나고 있으며, 남북 나눔운동 등 다양한 대북 NGO 단체들이 다양하게 일어나고 있다. 이러한 민간 부문의 대북지원 단체들은 남북의 교류와 통일에 좋은 영향을 주고 있다.

IV. 차이와 다양성 속의 일치와 연합: 민족 공동체 추구

1. 교류를 통한 점진적인 변화

여태까지 남북한의 교류협력은 비대칭적이었다. 북한은 선군정치 전략을 추구하는 반면, 남한은 교류협력 정책을 추구하여, 피폐한 북한은 물질적인 혜택을 요구하는 반면, 풍요한 남한은 항상 물질적인 지원을 이행하는 비대칭적 상황이었다. 그러나 남북한의 교류협력은 결과적으로 북한으로 하여금 개성공단 및 금강산 관광사업이란 포지티브 섬 게임(positive-sum game)의 학습효과를 주었다. 이러한 남북의 지속적인 경협이 남과 북으로 하여금 포지티브 섬 게임을 관행화하고 정착하는 단계로 나아가게 할 수 있다.[513] 이러한 비대칭적 교류협력이 남한에 주는 유익이란 대외적으로는 북한 위험(risk)을 감소시켜서 한국이 안정적으로 경제적 성장을 해 나갈 수 있는 경제 환경을 조성한다는 것이다. 그리고 북한을 경제적으로 발전하도록 도와줌으로써 통일비용을 절감시키고, 북한이 교역을 하면서 경제적으로 발전하는 만큼 합리적으로 살아가는 방식을 터득하게 한다는 것이다.[514]

---

513) 권영경, "경협정책 8년의 성과, '협력의 게임정착', 폐기 처분 안돼", 「평화연구총서」 06-02, 『북한 핵실험 이후 남북관계의 전망과 대응』, 평화재단, 2006, 127.

514) 대북정책에는 4가지 유형이 있다. 그것은 유화정책(Appeasement policy), 봉쇄정책(Containment policy), 전략적 관여정책(Strategic Engagement policy), 매파적 관여정책(Hwack Engagement policy)이다. 유화정책은 끊임없이 양보에도 불구하고 독일 나치의 히틀러의 제2차 세계대전의 도발을 막지 못한 영국 챔블린 수상의 대독정책에서 나온 말이다. 이것은 DJ정부와 MH정부의 대북정책이다. 북한에 대해 채찍 없이 당근만 사용한 포용정책은 유화정책일 수 밖에 없다(조성렬, "북한 핵실험 이후 대부정책 재 조정 방향", 평화연구총서 06-02, 『북한 핵실험 이후 남북관계의 전망과 대응』, 평화재단,

우리는 일방적인 흡수통일이 남북한의 진정한 통일을 이루는 데 후유증을 초래한다는 사실을 독일의 흡수통일의 사실에서 배워야 한다. 독일의 통일과정에서 보듯이 서독에 의한 일방적인 흡수통일은 그것이 비록 평화적인 방법이었기는 하나 서독적인 삶의 잣대를 규범으로 설정함으로써 동독인들은 2등 내지 3등 시민으로 감등되는 현상을 초래하였다.[515] 정치적 내지 영토적 통일은 이루었으나 동서독 간의 사회적, 심리적 문화적 통일은 20년이 지난 오늘날 아직도 이루지 못하고 있다.

이미 남북한이 상호 합의한 7 · 4 공동성명, 남북기본합의서, 6 · 15 공동선언, 9 · 19 공동성명 등에 기초하여 한국은 우리측이 제시한 남북연합과 북한측이 제시한 연방제의 공통점을 잘 살려 단계적인 접근을 통해서 평화통일의 기반을 구축해나가야 한다. 오늘날 인류가 보편적으로 지향하고 있는 인권과 자유가 보장되는 자유 민주주의 체제 안에서 두 가지 다른 체제, 즉 자본주의 체제와 사회주의 체제가 공존하는 민족 공동체를 이루는 것도 생각해 볼 수 있다.[516]

구약성경이 가르치고 있는 희년(禧年) 사상은 자본주의 체제와 사회주의 체제를 넘어서는 독특한 경제이념을 제시한다. 따라서 하나님의 말씀은 양 체제를 넘

2006, 49). 봉쇄정책은 이승만, 박정희, DH, TW, YS 정부의 대북정책이다. 전략적 관여정책은 채찍의 사용을 배제하지 않으면서 경제난으로 체제 위기에 몰린 북한의 특성을 감안해 당근을 앞세우는 포괄적 상호주의(comprehensive reciprocity)를 강조한다. 전쟁도 반대하지만 북한의 핵 보유를 용납하지 않으며, 북한의 핵포기를 위하여 채찍의 사용을 배제하지 않는다. 군사위기의 고조 등 상황이 악화될 경우에도 대북경협을 중단하지는 않으나 속도를 조절한다. 북한 인권문제를 제기하되 군사적 현안과 연계시키지는 않는다. MB정부의 대북정책이다. 매파적 관여론은 부시행정부 내의 협상파들이 제기하는 접근방식이다. 여기서는 엄격한 상호주의와 검증을 강조하며 기아에 허덕이는 북한 주민들을 위해 에너지 제공, 식량원조, 의료원조 등에 대한 대가로 북한 내 군비통제 협정준수와 사찰 수용을 강력히 요구한다. 인권문제는 핵심문제로 간주한다(조성렬, "북한 핵실험 이후 대부정책 재 조정 방향", 평화연구총서 06-02, 『북한 핵실험 이후 남북관계의 전망과 대응』, 평화재단, 2006, 27~8). 필자의 관점에서는 매파적 관여론이 현재 핵을 보유하고 천안함 폭침, 연평도 포격 등 선군정치를 펼치고 있으며 기아(饑餓) 및 인권의 최고 열악상태에 있는 북한에 대한 바른 정책이라고 본다. 포용정책이란 용어는 "북한을 따뜻이 품어주면 개혁과 개방으로 전환하여 남북관계도 좋아지고 한반도의 전쟁위협도 사라질 것이라는" 정책으로 이해되는 것으로 관여정책의 바른 의미가 왜곡될 수 있다(유호열, 햇빛정책 실패 인정 빠를 수록 좋다, 동아일보, 2006.11.1) 포용정책은 "북한에 대한 대한 관용이나 저자세, 퍼주기"로 이해되는 경향이 있다(조성렬, 상게서, 48~9).

515) 박종화, "교회의 통일", 『기독교와 통일』, 기독교통일학회, 제1권, 창간호, 2007, 43.

516) 허문영, "21세기 복음통일을 향한 우리의 인식과 전략방향", 『기독교와 통일』, 기독교통일학회, 제1권, 창간호, 2007, 108.

어서서 우리들에게 공통점, 즉 화해와 평화의 공존을 제시해주고 있다.

2. 국제 협력의 네트워크 안에서 민족공동체 형성

1) 인도적 지원의 비군사적 전용 가능성 배제 및 투명성 확보

1990년대부터 북한주민의 생존권은 각종 재해와 구조적인 경제난으로부터 위협받아왔다. 1995년~1997년 사이 이른바 "고난의 행군"시기에 수백만명의 북한 주민들이 기아(饑餓)로 목숨을 잃었다. 이에 따라 1995년부터 정부차원의 쌀 15만톤을 시작으로 민간 차원의 대북지원이 시작되었다. 1999년에 비료지원, 2000년 쌀 차관(借款) 개시 등 대북 직접 지원과 세계식량계획(WFP), 세계보건기구(WHO) 등 국제기구를 통한 지원이 정례화되었다.

2006년 10월 9일 북한의 핵실험[517] 이후 국제사회의 대북 제제가 본격화될 조짐이 보이자 북한 내에서는 "제2의 고난의 행군"이야기가 나오고 있다.[518] 제2의 고난의 행군이 시작될 경우 과거보다 훨씬 많은 북한 주민들이 희생될 것으로 보인다. 이런 점에서 북한에 대한 인도적 지원은 지속되어야 한다. 한국 정부와 NGO의 인도적 지원이 군사적으로 전용되거나 일부 특권층이 착복하지 않도록 충분한 대비가 필요하다. 그리고 인도적 지원품들이 북한 주민들에게 골고루 돌아갈 수 있도록 접근성과 투명성이 보장되어야 한다.

---

517) 2006년 10월 9일 북한 당국은 조선중앙통신사 보도를 통해 풍계리 핵실험장에서 핵실험을 성공적으로 진행했다고 발표했다. "온 나라 전체 인민이 사회주의 강성대국 건설에서 일대 비약을 창조해나가는 벅찬 시기에 우리 과학연구부문에서는 주체 95(2006)년 10월 9일 지하핵 시험을 안전하게 성공적으로 진행하였다. 과학적 타산과 면밀한 계산에 의하여 진행된 이번 핵시험은 방사능 류출과 같은 위험이 전혀 없었다는 것이 확인되었다. 핵시험은 100% 우리 지혜와 기술에 의거하여 진행된 것으로서 강위력한 사회적 국방력을 갈망해온 우리 군대와 인민에게 커다란 고무와 기쁨을 안겨준 력사적 사변이다. 핵시험은 조선반도와 주변지역의 평화와 안정을 수호하는데 이바지하게 될 것이다"(조선중앙통신사 보도문 전문 - 서울 신문). 그리고 한국지질자원연구원은 이날 오전 10시35분께 함경북도 화대리 지역에서 진도 3.58에서 3.7 규모의 지진파를 감지했다고 밝혔다.

518) 조성렬, "북한 핵실험 이후 대부정책 재 조정 방향", 평화연구총서 06-02, 『북한 핵실험 이후 남북

2) 인도적 지원을 국제 네트워크를 통해서

북한은 지난 2006년 7월 세계식량계획(WFP)의 식량 지원에 대해서는 예년처럼 현장 감시와 후속방문을 받아들였다. 그러나 한국측 수해방문 의사에 대해서는 이를 거부하였다. 따라서 현장 접근성과 투명성이 보장되지 않는 대북지원 방식은 더 이상 지속되어서는 안 된다. 직접 전달 방식은 남측의 따뜻한 동포애를 북한 주민들에게 직접 전달할 수 있는 좋은 창구라는 점에서 지속될 필요가 있다. 그러나 보다 투명성 있는 방식으로 운영되어야 할 필요가 있다. 앞으로는 대북 인도적 지원을 국제기구 수준의 접근성과 투명성을 확보할 수 있는 방식으로 개선해나가야 한다. 민간 차원의 인도적 지원은 민간의 자율에 맡기고, 정부 차원의 지원은 국제기준을 적용하여 투명성과 접근성을 보장받을 수 있도록 해야 한다. 그래야만 납세자인 국민의 지지를 받을 수 있고, 대북 퍼주기 논란도 잠재울 수 있다.[519)]

그런데 이러한 남북경협이 2006년 10월 9일 북한 1차 핵실험, 2009년 5월 25일 2차 핵(지하)실험으로 인하여 핵의 무기화에 의하여 난관에 봉착하고 있다. 금강산 관광사업도 핵실험에 연이어 한국 여성 관광객 피살, 천안함 피침, 연평도 포격 등에 의하여 심각하게 갈등상황을 초래하면서 중단되고 있다. 남한은 포용정책의 한계를 충분히 인식하면서 필요하고 가능한 부분에서 지원정책을 적절히 구사할 필요가 있다. 다만 남북의 군사적 대치 상태에 비추어 전략물자나 군사적 전용(轉用)의 가능성이 있는 현금 지원에는 신중을 기해야 할 것이다. 대북지원은 북한 주민을 돕는 인도주의적인 목표와 북한 사회에 미치는 긍정적이면서도 간접적인 영향을 동시에 고려해 실시해야 한다. 대북 지원정책은 북한 정권이 아니라 주민과 사회를 대상으로 하는 것으로 생각할 때, 북한의 도발 행위와 관련된 딜레마는 상당 부분 해소될 수 있을 것이다.[520)]

---

519) 상게서, 55.

520) 한승주(고려대 명예교수 · 전 외무부 장관), [한승주 칼럼] "대북 지원의 대상은 북한 주민이다", 조선일보, 2011.8.30, A38면.

북한의 핵개발과 무력 도발을 억제하기 위하여 남북관계를 중국과 일본과 러시아와 미국이라는 보다 큰 국제적 감시의 네트워크 안에서 살려나갈 필요성이 제기된다. 특히 북한을 항상 두둔하기만 하는 중국이 6자 회담 속에서 북한으로 하여금 북한이 한 국제적 약속을 지키도록 만들어가야 한다. 이를 위해서는 우리 정부의 중국정책이 한미관계의 신뢰를 바탕으로 전략적 동반자의 지위로 격상하도록 해야 한다. 북한정권이 경제난이나 군사난에 의하여 갑자기 붕괴하더라도 한국과 아무런 문제가 없도록 중국과의 원만한 관계를 설정하는 것은 통일의 외적 환경을 이루는 중요한 여건이라고 할 수 있다. 6자회담에서 동북아 다자안보협의체를 만들어 거기서 한반도의 평화체제를 논의하도록 발전시켜나가는 것이 바람직하다.[521] 그러면 한반도의 평화체제는 동북아 다자(多者)안보체제의 기초가 될 것이다.

3) 북한 주민의 인권문제: 북한 주민의 마음을 얻는 심리적 통일효과

한국은 오랜 민주화운동과 그 결실로 민주정부가 들어서면서 국제적 위상이 크게 향상되었다. 그런데 DJ정부 및 MH정부는 2003년 제59차 UN인권위원회에서 대북 결의안에 불참하고, 2004년 제60차 때부터는 지속적으로 불참해 왔다. 그리하여 한국정부(DJ정부, MH정부)가 북한주민의 인권을 외면하고 있는 것이 아니냐는 비난을 국내외적으로 들어왔다. 2008년 MB정부 들어 비로소 대북결의안에 찬성표를 던졌다. 북한 사회의 인권 문제란 공개처형, 광범위한 정치범 수용소와 강제노동, 불법 및 자의적 구금, 적법한 절차와 법치의 부재, 강제송환된 탈북자에 대한 비인도적이고 과도한 처벌, 사상, 양심, 종교, 의사표현, 평화적 집회결사, 정보에 대한 평등한 접근 등 제약, 여성의 인권침해, 송환여성 출산 영아 살해, 강제 낙태, 실종 형태의 외국인 납치 관련 미해결 문제, 아동의 신체적, 정

521) 윤여준, “동북아 질서재편을 전망하며 새로운 외교정책과 전략 만들어 나가야”, 평화연구총서 06-02, 『북한 핵실험 이후 남북관계의 전망과 대응』, 평화재단, 2006, 142~146.

신적 발달에 영향을 미치는 아동영양실조의 만연 등이다.[522] 북한 민주화운동 단체들은 북한사회전체를 거대한 정치범 수용소로 보고 있다.[523]

이제 북한 인권에 대한 적극적인 자세전환이 요청된다. 인권을 전략적 선택의 방식이 아니라 인간 안보의 관점에서 다루고,[524] 정부 단독으로 책임지는 것보다는 인권위원회, 시민단체와 국제기구와의 연대 속에서 다루는 것이 필요하다. 북한주민의 인권에 깊은 관심을 가지는 것은 한국정부에 대한 북한 주민들의 신뢰를 얻는 일이며, 장기적인 측면에서 통일의 사회적 · 문화적 · 심리적 과정에 크게 기여할 것이다.

독일 통일 때 동독 주민들의 통일 지지 투표가 독일통일의 중요한 역할을 하였다.[525] 따라서 남북통일 때도 북한주민들의 마음을 얻어야 한다. 그러기 위해서는 북한 주민의 인권과 안보에 맞는 통일정책을 실행해야 한다.

V. 북한 핵은 평화 통일의 큰 장애물: UN을 통하여 제재하여, 폐기하도록 해야

'평화' 의 종류는 두 가지다. 평화를 말로 선언하는 '선언적 평화' 그리고 평화를 행동으로 확인하는 '실질적 평화' 가 그것이다. 수차례의 평화협정 체결에도 불구하고 여전히 평화를 이룩하지 못하고 있는 이스라엘 · 팔레스타인 문제는 선언적 평화보다 실질적 평화가 왜 중요한지를 실재적으로 보여준다.

한반도 평화통일의 가장 큰 걸림돌은 북한의 핵개발이다. 북한은 2002년 10월

---

522) 이금순, "국제사회와 한국정부의 북한인권정책과 그 효과에 대한 평가", 평화연구총서 06-01, 『북한 주민의 인권 개선을 위해 무엇을 할 것인가』, 평화재단, 2006, 21.

523) 북한인권서울국제회의, 2005, 11, 서문.

524) MH정부는 북한 인권문제에 대한 지속적 관심, 국가별대응방식의 전략적 선택, 화해, 협력을 통한 전진적 인권 개선 등 "북한 인권 세 가지 원칙"을 발표(2004년 10월 1일)하였다. 이러한 북한 인권 3원칙에 대하여 인권보다는 대북 화해, 협력에 무게중심이 있고, 인권에 대해 나라마다 사정에 따라 다른 잣대를 적용한다는 비판이 제기되었다.

525) "독 통일 때 동독 주민들 투표가 큰 역할, 우리도 북 주민 마음부터 얻자", 제1회통일 포럼, 조선일보, 2011.3.28, A8면.

"원자탄보다 더한 것이 있다"고 이미 공언했으며, 수차례의 6자회담 끝에 두 차례 핵실험을 했고, 2010년 11월 우라늄 원자탄을 만들 수 있는 1,000여개의 원심분리기를 공개했다. 북한이 지난 10년간 한국의 햇빛정책을 통하여 얻은 물자를 비축하여 이를 핵개발에 사용한 것이 드러났다. 결국 그동안 우리는 북한이 핵무기를 만들 수 있도록 지원한 셈이다. 북한은 사실상 세계 9번째 핵보유국이다. 전문가들은 현재 북한이 핵무기 10기를 보유한 것으로 추정한다. 핵미사일 같은 대량살상 무기는 남북한의 안보균형을 깨뜨리고, 국방 군사정책을 거의 무력화시킨다. 소형화와 경량화한 핵폭탄을 스커드 B 미사일에 탑재하여 황해북도 신계에서 발사할 경우 서울까지 거리는 약 100km이고, 도달 시간은 220초이다. 15kt 위력의 핵폭탄이 삼각지 상공 100m에서 폭발했을 때 125만 명이 사망한다는 시뮬레이션 결과도 있다.[526] 이러한 북한 핵은 북한의 선군정책의 가시화요, 대남용(對南用)이다. 북한의 핵전략은 두 가지이다. 하나는 대미전략이며 다른 하나는 대남전략이다. "통미전략으로 미국과의 협상을 통해 미국과의 수교를 하겠다는 것이고, 다른 하나는 '미국은 전쟁이고, 민족은 평화다' 라는 슬로건으로 남한의 대북지원을 민족적 의무로 만드는 구도로 만들고자 한다."[527] 이러한 북한의 전략에 휘말리지 않고 지혜롭게 대처해나가야 한다.

북한의 핵을 허용하게 될 때 한국이 시행하려는 모든 평화통일의 노력은 물거품이 되고 만다. 여하튼 한국은 한반도의 평화를 위하여 북핵을 UN 안보리에 가져가야 한다. 그리고 UN은 북핵개발을 제지하여 폐기하도록 해야 한다.[528] 아울

526) 송종환(명지대 북한학과 초빙교수), "우리도 핵무기를 직접 만들고 싶지만", 조선일보, 2011.8. 17, A35면.

527) 조민, "북한 핵은 근본적으로 남용", 평화연구총서 06-02, 『북한 핵실험 이후 남북관계의 전망과 대응』, 평화재단, 2006, 112~114.

528) 정치인이나 언론인 가운데는 자위(自衛)적으로 한국도 핵(核)개발을 할 수 밖에 없다고 선언해야 한다는 주장들이 있다. 이는 대중영합적인 인기발언이기도 하며, 기독교적인 관점에서 힘에 대하여 힘으로 맞서는 힘의 논리로서 비성경적인 사고이다. 국제 정치적으로도 한국의 핵개발은 동북아에 핵 도미노현상을 가져오게 된다. 한국이 핵무장하면 일본도 핵무장하고 대만도 핵무장하겠다고 할 것이고, 그러면 중국은 핵 폭격하겠다고 하는 핵 도미노현상이 생기게 될 것이다(박균철, "한국도 핵무장해야 한다고요? 위험한 발상입니다.", 용마(龍馬), 경남중고교 재경동창회보, 제94호, 2011.3.25, 5면). 그리고 우리 경제에 거대한 타격이 올 수도 있다. 그 이유는 핵(核)을 평화적으로 사용하지 않을 경우 원자력을 수출함에 있어서 금융제재 등을 받아 자칫 제2의 IMF를 겪을

러 미국과 중국, 일본과 러시아의 압력을 통해서 북한의 핵폐기를 유도해내어야 한다. 북한의 대외무역의 70%가 중국이고 남한은 약 25%이므로 중국부터 제재를 가하도록 해야 한다.[529] 중국은 북한 핵위기 국면에 있어서 확실한 위치와 역할을 할 수 있기 때문이다. 한국은 UN 안보리에 북한 핵문제를 제기하고 핵폐기에 대한 국제적 조처를 취해야 한다. 핵실험 이전의 북한과 핵실험 이후의 북한을 똑같이 대해서는 안 된다.[530] 이것은 남북한이 합의한 "한반도 비핵화 공동선언"을 위반한 것이며, 핵을 보유하지 않는 한국의 안보와 직결되는 문제이기 때문이다. 국제 관계에서의 진정한 평화란 힘이 수반할 때 가능한 것이다. 약자가 아무리 평화를 외치고 화해와 용서를 외친들 아무런 효력이 없다. 평화를 외칠 만한 내적인 힘이 우리들에게 있어야 한다. 한국의 힘은 핵개발보다는 고도의 경제발전과 정치발전과 이울러 기술축적이며, 국제적으로 평화민족임을 인정받는 국제적 신뢰의 네트워크를 만드는 것이다.

김정일은 2011년 8월 24일 러시아 울린우데에서 열린 북 · 러 정상회담에서 러시아–북한–한국으로 이어지는 천연가스 수송관 건설 방안을 다룰 북 · 러 특별위원회 설치에 합의했다. 북한은 에너지 문제를 해결하기 위해 러시아 · 한국과 프로젝트를 진행할 테니 미국은 속히 6자회담을 재개해 핵물질과 핵실험에 대한 우려를 해소하라는 메시지를 던진 것이다.[531] 미국이 요구하는 6자회담 재개를 위한 사전조치는 우라늄 농축시설 가동 중단, 국제원자력기구(IAEA) 사찰단의 복귀와 핵심시설 접근, 핵과 장거리 미사일 시험 중단 선언, 9 · 19 공동성명 이행

도 있다. 지금 미국이 핵의 재처리조차도 브레이크를 걸고 있는데 자칫하면 "재활용" 요구조차도 못 받을 수도 있다. 한국이 원자력을 수출하는 이유도 평화적으로 사용하니까 가능한 것이다(위의 글). 연세대 교수 문정인은 "한국이 핵무기를 갖는 순간 한 · 미동맹은 끝날 것" 이라며 "미국은 전술핵을 상징적으로 몇 개만 보유하고 있고 오바마 대통령의 '핵 없는 세상' 정책과도 어긋난다" 고 피력한다(문정인 "한국이 전술핵 갖는 순간, 한 · 미 동맹 끝날 것", 중앙일보, 2011.5.2; 전수진, [CSIS 연례 포럼] 6자회담과 북핵문제, 중앙일보).

529) 원희룡, "UN의 대북경제제재에 적극적으로 협력해야", 평화연구총서 06-02, 『북한 핵실험 이후 남북관계의 전망과 대응』, 평화재단, 2006, 123~4.

530) 조성렬, "북한 핵실험 이후 대부정책 재 조정 방향", 평화연구총서 06-02, 『북한 핵실험 이후 남북관계의 전망과 대응』, 평화재단, 2006, 49.

531) 김성한(고려대 국제대학원 교수), [시론] "6자회담, '빨리'보다 '제대로'가 중요하다", 조선일보, 2011.8.30, A39면.

확약 등이다. 북 · 러 정상회담과 중국 방문 시 언급한 내용을 보면 북한의 '조건 없는' 6자회담 복귀가 이러한 사전조치를 6자회담 재개 전에 이행하기 곤란하게 만든다는 데 있다. 미국 조지 W 부시 행정부 시기에 6자회담이 실패한 이유는 6자회담에서 시도된 '폐쇄 → 불능화 → 폐기' 라는 단계적 접근법은 영변 핵시설 불능화에 대한 검증을 북한이 받아들이지 않으면서 폐기라는 말을 꺼내보지도 못한 채 좌초되고 말았다. 따라서 우리가 또 6자회담 재개에만 급급할 경우 과거 실수를 반복할 가능성이 크다. 따라서 6자회담을 조금 늦게 재개하더라도 북핵폐기를 목표로 모든 대화 채널을 동원하여 북한의 비핵화 의지를 확인하고 이에 대한 보상 패키지를 만들어 제대로 된 6자회담을 준비하는 게 중요하다.[532]

한반도 평화체제 구축은 한국전쟁의 유산으로 형성된 불안정한 정전(停戰) 상태와 군사적 대립구도를 청산하고 항구적 평화를 정착시키는 것을 의미하므로 한반도 비핵화(非核化), 남북한 군비 통제, 북 · 미 및 북 · 일관계 정상화, 평화협정체결 및 보장 등의 조치가 필요하다.[533] 무엇보다 우선해야 할 것은 비핵화와 평화체제 간 선후(先後)관계를 정립하는 것이다. 한 · 미간 협의를 통해 평화체제 문제를 세분화하여 북핵 진전 상황과 연계해 나가는 것도 한 방안이 될 수 있다. 평화협정의 당사자 문제 확정, 평화체제 논의, 평화협정 체결, 평화체제 구축 등으로 세분하여 북핵시설 폐쇄, 신고, 검증, 폐기 등의 과정과 연결시킬 수 있을 것이다.[534] 특히 평화협정 문제는 한 · 미동맹의 지속과 강화에 영향을 미치지 않는 방향으로 추진한다는 방안에 대해 한 · 미가 사전에 명시적으로 합의할 필요가 있다. 전 미국 대통령 존 F. 케네디는 "평화는 헌장이나 동맹만으로 유지되지는 않는다. 사람들의 마음속에 뿌리를 내려야 한다"고 말했다. 한반도 비핵화와 평화체제 구축은 평화통일로 가는 길이다.[535]

---

532) 위의 글.

533) 위의 글.

534) 위의 글.

535) 한국통일전략학회(편), 『북한핵실험과 한반도 안보지형』, 이경, 2007.10.27.

VI. 한국전쟁에 대한 진실 규명 및 화해와 용서 지향의 정책

한반도의 상황은 독일보다도 근본적으로 다르다. 동서독은 소련에 의한 동서 베를린 장벽 세우기에 의하여 분단되었으나 양자 사이에 전쟁은 없었고, 상호 교류가 있었다. 그러나 한반도의 상황은 6 · 25 전쟁에 의하여 쌍방이 서로 간의 가해(加害)행위로 인해 가족이나 친척들이 피해를 입는 경우가 많기 때문이다. 몇 년 전의 KBS 드라마 『서울 1945년』은 한국전 당시의 이데올로기에 의한 쌍방의 가해와 피해에 대하여 잘 묘사해주었다. 전쟁 참화에 대한 진실을 규명하는 것은 심리적인 화해를 위하여 필요하다. 이는 보복과 책임자 처벌의 차원이 아니라 미래 지향의 민족 화해와 용서를 위하여 필요하다. 전쟁의 비극과 아픔은 전쟁 체험 당사자 세대가 끌어안고 후세대는 그것을 역동적이고 화해와 평화의 교훈으로 받도록 하는 것이다.[536] 한반도의 통일은 통일과 선진화 개혁이 함께하는 한반도 선진화를 위한 대대적 '국가 개조' 와 '국민정신혁명' 을 수반하는 선진 통일이어야 한다. 단순한 재(再)결합(reunification)이 아니라 신(新)통일(new unification)이어야 한다.[537]

이질적인 두 체제가 앞으로 하나가 됨에 있어서 남아연방의 조용한 혁명에서 그 모델을 배울 수 있다. 넬슨 만델라(Nelson Mandela)는 백인 정권 아래서 박해를 받아 26년간 감옥생활을 하였다. 그러나 그가 대통령이 되고 난 후 "진실과 화해 위원회"를 설립하여 과거의 진실을 밝히되 보복이 아니라 화해와 용서를 목적으로 하였다. 그리하여 흑인들은 자존감을 회복하였고, 백인들은 보복이 아닌 화해를 목표로 함으로써 과거사 진실규명에 적극적으로 협력할 수 있었다. 이러한 남아연방의 경우는 가해와 피해가 많이 쌓여 있는 남북 쌍방 간의 용서와 화해를 위한 모델이 될 수 있다.

---

536) 박종화, "교회의 통일", 『기독교와 통일』, 기독교통일학회, 제1권, 창간호, 2007, 42.

537) 박세일(한반도선진화재단 이사장), [제1회 통일포럼] "우리가 보는 '통일'은… 분단 이전으로 돌아가는 것이 아닌 선진 통일국가를 새로 만드는 것". 조선일보, 2011.3.28, A8면.

VII. 동북아 지역의 평화 정착에 기여하는 한반도 통일정책의 네트워크

한반도의 통일은 단지 남북한 당사자의 문제가 아니다. 한국전에 참가한 중국과 소련, 그리고 이웃 일본과의 관계 속에서 한반도의 통일이 동북아의 평화에 기여하도록 설득하고 이러한 네트워크를 역동적으로 만들어 나가야 한다. 한국전에 참가하여 3만 명의 목숨을 바친 혈맹 미국과의 신뢰구축도 중요하다.

동구권의 붕괴 이후에 나타난 동북 지역의 형체는 전형적인 다극구조이다.[538] 소련은 해체되었으나 러시아가 대신하여 군사적으로 막강한 강국으로 들어섰다. 그리하여 휴전 당시처럼 한반도 주변에는 여전히 4강대국(미국, 일본, 중국, 러시아)과 남북한이라는 4 + 2 의 국제구조를 지니고 있다.

통일한국에 대하여 가장 큰 이해관계를 가진 나라는 중국이다. 국경선이 가장 많이 인접하고 있기 때문이다. 한국은 북한의 내적 갈등에 의하여 붕괴 시 한국이 북한을 접수한다 하더라도 중국이 개의치 않을 만큼 중국과의 신뢰를 정치, 경제, 문화적인 면에서 구축하는 것이 필요하다.

청 · 일전쟁에서 일본에 수모를 겪은지 100여 년 만인 2009년에 중국이 5조 달러의 일본 국내총생산을 드디어 넘어섰다. 국내총생산을 빌려 경제력을 보면 전 세계 62조 달러의 24%인 15조 달러의 미국, 이어 5조 달러의 중국과 일본, 그리고 러시아 1.5조 달러, 한국 1조 달러와 북한 100억 달러다. 여기에 군사비를 덧칠하면 그림은 훨씬 선명해진다. 전 세계 군사비 1.5조 달러의 44%인 6,600억 달러를 미국이 차지하고 있고, 중국의 공식 군사비가 1,000억 달러(비공식 1,500억~2,000억 달러)를 넘어섰으며 러시아와 일본 군사비도 500억 달러 규모다. 한국은 240억 달러, 북한은 60억 달러다.[539] 21세기 국력의 새로운 꽃인 지식력(知識力)

---

538) 백종국, "한반도의 평화적 통일과 한국의 그리스도인", 『기독교와 통일』, 기독교통일학회, 제1권, 창간호, 2007, 53.

539) 하영선(서울대 교수 · 국제정치학), [하영선 칼럼] "21세기 허생의 중국 문제 풀기", chosun.com, 2010.8.19.

을 더해 보기 위해 전 세계 최고 싱크탱크 25개의 순위를 훑어보면 최상위 5개 연구소는 모두 미국이 차지하고 있고, 전체의 60%를 넘는 16개가 미국 연구소인 것에 반해서 나머지 국가들은 하나도 없다. 우선 '인접 그물망' 을 잘 구축해나가야 한다. 냉전 시기에 형성된 한 · 미동맹이나 한 · 일 동반자 관계를 21세기 신시대에 맞게 심화 발전시키고 이에 중국과 러시아와의 동반자 관계를 발전시켜나가는 노력이 요청된다.

VIII. 통일의 한반도: 동북아 평화의 보루

한반도 통일이란 한편으로는 남북한 간의 정치 사회적 심리적 통합을 이루는 것이며, 다른 편으로는 주변 나라들과의 평화정착을 위한 네트워크를 이루는 것이다. 그리하여 한반도의 통일이 단시 국가적 이익에 머물지 않고 동북아적 지역적 차원의 인류공동 이익과 복리를 추진한다는 것을 설득해야 한다.

통일한국은 아시아 지역의 평화의 보루가 되어야 한다. 이를 위하여는 특히 기독교의 역할이 중요하다. 미국 대통령 부시가 이라크 전쟁을 일으킬 수밖에 없게 된 것을 보고 미국의 NCC는 2003년 1월 30일 부시 대통령에게 보내는 공식서한에 다음과 같이 천명하였다: "우리 1,000만 미국인을 대표하는, 즉 미국 정교회와 개신교를 대표하는 NCC는 전쟁을 다만 군사행동으로만 인식해서는 안 되고, 윤리적, 도덕적으로 접근해야 하며, 이라크 문제를 푸는 데는 전쟁보다 평화적인 방법을 총동원하도록 권고한다."[540]

평화는 무력으로 결단코 달성될 수 없다. 이는 인류역사가 우리들에게 교훈해주고 있다. 평화는 정의를 동반하여 대화적이고 평화적인 방법으로 추진될 때 달성되어 진다. 1999년 2월 26일 김영삼 대통령 취임식에 독일을 대표하여 참석한 전 서독 대통령 리처드 폰 바이체커(Richard von Weizäcker)는 신라호텔 모임에서 독

540) 박경서, "동북아 평화정착과 북한 인권문제", 『기독교와 통일』, 기독교통일학회, 제1권, 창간호, 2007, 137.

일의 반전 평화운동이란 반미운동이 아니라 회개운동이라고 천명하였다: "독일의 반전 평화운동은 제2차 세계대전을 일으킨 우리 게르만 민족의 참담한 경험과 그 죄에 대한 회개운동이기 때문에 미국에 대한 반미운동으로 오해되어서는 안 된다"[541]

기독교인이 시도하는 평화운동이란 하나님의 평화를 이 땅위에 이루고자 하는 순수한 신앙적인 운동이지 반미나 반정부지향적인 이념운동이 될 수 없다. 〈제1회 통일 포럼〉에서 박세일은 "통일을 피하면 (중국의 북한에 대한 영향력이 커져) 국경이 사실상 3 · 8선 이남으로 줄어들고 국가 축소가 일어난다"고 말했다. 특히 북한이 체제 내부 위기를 외부 도발을 이용해 넘기려 한다면 한반도 위기지수가 치솟아 우리의 선진경제 진입이 어렵게 될 것이란 얘기가 많이 나왔다. 김진현은 "중국 군함이 북한의 나선시에서 상하이로 이동하는 길이 열린다면 한반도 주변은 중국 안방이 되고 말 것"이라고 말했다.[542]

독일의 소망의 신학자 몰트만은 한국을 방문하여 강연하는 도중 그리스도인이 평화와 통일을 위해서 참여한다고 할 때 어떤 신학적 근거를 가져야 하는가? 라는 질문을 받고 다음과 같이 대답하였다: "그리스도인들이 분단 상황 뿐 아니라 여러 가지 사회문제에 직면했을 때, 참여하고 행동할 수 밖에 없는데, 항상 두 가지 원칙을 가져야 한다. 하나는 복음의 선포(proclamation of Gospel)가 있느냐는 것과, 다른 하나는 사람에 대한 봉사(diakonia for people)를 실천하느냐의 것이다." 이것은 예수 그리스도의 변함없는 입장이었고, 철학이었다.[543] 한국에서 기독교 통일운동이나 NGO 활동이 반평화적 현실 속에서 평화와 정의의 복음을 외치는 평화운동과 곤경에 처한 북한 동포의 궁핍한 사회를 돕는 지원활동의 양면에서 전개된 것은 바람직하다.

---

541) 위의 글.

542) 안용현, [제1회 통일포럼] "통일되면 난민 쏟아진다? 이동허가제 하면 해결", chosun.com, 2011.3. 28, [통일에 관한 10가지 오해와 진실].

543) 이삼열 "기독교 대북 NGO의 활동과 전망", 『기독교와 통일』, 기독교통일학회, 제3권, 2007, 82.

IX. 사랑과 정의의 영성: 다양성, 용서와 화해를 가져오는 정신

통일의 영성으로는 사랑과 정의가 통일을 이끄는 두 가지 바퀴가 되어야 할 것이다. 사랑과 정의의 영성은 이데올로기의 단편성을 지적하고 상대화시키며, 다양성을 허용하고, 서로 적대감을 지니는 쌍방에게 용서와 화해의 마음을 가지도록 한다.

1. 독일 통일과정의 교훈: 합의적 단계적 통일

흡수통일보다는 자유 민주주의를 보장하는 평화로운 합의 통일이 바람직하다.[544] 서독은 본래는 흡수통일을 원치 않았다. 서독의 동방정책이란 동독을 변화시키려는 것보다는 동서의 냉전구도 속에서 적대적인 감정을 버리고 동독과의 평화적이고 안정적 공존을 하는 것이 목표였다.[545] 서독의 대(對)동독 정책의 핵심은 통일 그 자체가 아니라 동독 주민의 인간다운 삶을 돕는 것에 맞추었다. 서독은 세계사회의 보편적 가치 기준에 맞추어 대동독 정책을 펼쳐나갔다. 그러니 독일 통일을 견제하는 이웃 국가들도 어쩌지 못했다. 그 사이에 양독(兩獨) 주민 간에 인적교류가 심화되면서 통일기반도 조성될 수 있었다.[546] 동구권의 사회주의 혁명이 일어나 베를린 장벽이 무너지고 동독의 정권이 더 이상 장벽을 넘어 탈출하는 동독 시민들을 제지할 공권력을 유지할 수 없게 되었다. 그래서 동독 정권은 동독 주민의 요구에 응하여 서독 정권에 정권을 넘겨주는 합의적 흡수통일의 길을 열었던 것이다.

콜 수상은 베를린장벽이 무너짐으로 말미암은 동독의 붕괴를 막기에 전력한다. 그리고 소련, 프랑스, 영국, 미국 강대 4국과의 연속적인 대화와 협의로 완전

544) 백종국, "한반도의 평화적 통일과 한국의 그리스도인", 『기독교와 통일』, 기독교통일학회, 제1권, 창간호, 2007, 51.

545) 조성렬, "북한 핵실험 이후 대부정책 재 조정 방향", 평화연구총서 06-02, 『북한 핵실험 이후 남북관계의 전망과 대응』, 평화재단, 2006, 41.

546) 윤영관(서울대 교수 · 국제정치학), [아침논단] "독도 · 통일, 우리식 논리만으론 남 설득 못해", chosun.com, 2011.4.10.

한 통일환경을 조성한다. 그리고 무너져가는 붕괴 직전의 동독 정부를 329일 동안 계속 지탱시킴으로써 마침내 베를린 장벽이 무너지고 1년이 지난 1990년 10월 2일 소련의 고르바초프 수상과 프랑스의 미테랑 대통령, 영국의 마가렛 대처 수상, 미국의 부시 대통령의 환호를 받으면서 서독 수상 헬무트 콜은 동독 수상 로타르 드 메지에르(Lothar De Maiziere)와 '독일통일조약' 에 서명한다.[547]

독일이 통일된지 9주년이 지난 뒤 전(前) 동서독의 정상은 만나서 기념 대화를 나누었다. 당시 동독 총리 드 메지에르가 피력하는 바, "아직도 마음의 분단이 남아 있다"는 언급은 우리가 주목할만한 사항이다: "독일통일이 독일민족의 영광이었던 건 사실입니다. 하지만 통일의 기쁨이 독일인 전체의 것이 되지는 못했다는 생각을 지워버릴 수 없군요. 물론 지금 동독인 중에 다시 동독으로 돌아가자는 사람은 드물지만 그래도 그들에게는 동독에 대한 향수가 남아 있어요. 통일 후 동독경제는 말 그대로 '파탄전야' 였지요. 대량실업에다 공장의 대규모 폐쇄 조치 등으로 동독사람들은 무기력하게 서독만 쳐다보며 기다려왔어요. 통일의 주역이었던 동독인들은 막상 통일 이후에는 스스로 개혁한 것이 아니라 개혁당하기만 했지요. 또한 사회주의 치하 40년을 살아온 그들이 통일 이후의 불평등을 받아들이는 데는 많은 시간이 필요했어요. 시속 90km도 못 내던 동독제 승용차 트라반트를 타던 시절, 동독인들은 가난했지만 그래도 평등은 누렸고, 교육이나 식량, 고용문제에 대한 고민을 한 적은 없었어요. 그러던 사람들이 통일 이후 어떤 사람은 최고급 벤츠를 몰고 다니고 어떤 사람은 실업자가 되어 생활비를 걱정해야 하는 현실을 받아들이기란 쉽지 않은 겁니다."[548]

합의적 흡수통일을 수행했던 오늘날의 통일 독일은 흡수통일이 가져온 심리적 사회적 갈등에 관하여 언급하고 있다. 이러한 갈등을 방지하기 위하여 한국은 남북 두 지역을 정치적으로는 하나로 묶되 경제적으로 사회적, 문화적으로 현재의 분리상황을 그대로 존속시키고 "일정기간 배급제와 이동허가제를 채택하고

547) 조동진, "화해와 평화선교를 통한 통일환경 조성", 한국복음주의 협의회 평화통일세미나 자료집, 『주여! 한반도의 평화통일을 주시옵소서!』, 강변교회개최, 2011.3.11, 15~19.

548) 최연구(국제관계학 박사), " '마음의 분단' 은 계속된다, '독일통일 9돌, 동 · 서독 통일의 두 주역 헬무트 콜과 로타르 드 메지에르", 한겨레21, 제277호, 1999.10.7.

현 거주지와 관련한 사유재산권을 인정하는 등 인센티브를 제공하여 대형탈북 사태를 막고"(박세일) "북한에 머물러도 잘 살 수 있다는 희망을 주어야 할 것이다"(조영기).[549]

2. 지속적인 지원을 통한 신뢰구축은 통일의 첩경

MB정부 들어와서 대북정책은 매파적 관여 내지 냉정한 상호주의 정책이다. 2008년에는 금강산 관광하던 남한여성이 북한군이 쏜 총에 맞아 죽는 사건이 발생하여 금강산 관광이 중단되고, 2010년에는 천안함 피격과 연평도 포격 사건으로 남북한 관계는 경색국면에 있다. 이럴 때 정부는 북한의 태도 변경을 유발시키기 위하여 북한에 돈과 물자를 보내는 것을 중단할 수 있다. 그러나 기독교 대북 NGO는 북한지원 사업을 지속해야 한다. 대북 NGO는 정부의 허가를 받지 못하면 해외 선교단체나 국제기구를 통해서라도 적은 물자 지원을 지속해야 한다. 교회는 정부의 보복적 정의를 뛰어 넘는 사랑의 정의를 실천해야 한다. 우리는 이것을 독일교회로부터 배울 수 있다. 동서독의 분단시기에 경비병들이 장벽을 넘어 탈출하는 동독인들을 총으로 쏘아 죽이는 일들이 일어났다. 동독에서는 서독의 신문과 TV를 금지시키고 인권 탄압이 자행되었다. 그러한 가운데도 서독의 교회들은 동독의 교회들과 자매 결연을 맺고, 성탄절과 부활절 때에 선물을 실은 열차가 몇 대나 동독으로 넘어가서 인도적 지원을 지속하였다.[550]

독일 통일은 갑자기 온 것이 아니다. 독일 통일은 1950년대부터 1980년대 까지 40년 동안 꾸준히 상호교류와 물자교환과 인도적 방문을 통한 신뢰구축의 결과로 나타난 것이다. 서독 수상 헬무트 슈미트나 헬무트 콜 등 어느 누구도 예견하지 않게 순간적으로 다가왔다. 이러한 순간적 사건 배후에는 두 가지 동서독 간의 지속적인 교류와 동서독 교회라는 연결고리가 있었다.

549) "통일되면 난민 쏟아진다? 이동허가제 하면 해결", 통일에 관한 10가지 오해와 진실," 제1회 통일 포럼, 조선일보, 2011.3.28, A8면.

550) 이삼열, "독일 교회와 통일 문제", 기독교 사회문제 연구원 편, 『분단현실과 통일운동』, 민중사, 256~367.

첫째, 1950년대부터 1989년까지 근 40년간 영구분단의 길이 될 수 있는 냉엄한 분단 현실 속에서도 동서독은 인도적 지원, 동족간의 편지교환, 가족 간의 일시적 방문 등 교류의 맥을 끊지 않았다. 이러한 평화로운 분단체제 속에서 이들은 때가 왔을 때 그 기회를 붙잡았던 것이다. 서독 정부는 고속도로 통행료나 정치범 석방 대가 등의 명목으로 한화 60조 원을 동독에 지불하고, 이를 대가로 동독 정부로부터 통행 · 우편협정, TV 시청 등의 양보를 얻어냈다.[551] 베를린 장벽 붕괴 2년 전인 1987년만 해도 동독인 500만 명이 서독을 여행했고, 이 중 20대가 100만 명이었다. 한 해 동독 주민 수십만 명이 여권을 받아 해외여행을 했다.[552] 서독은 무엇보다도 경제발전과 체제안정을 통하여 동독인들이 심리적으로 동경하고 바라는 사회가 된 것이다.

둘째, 동서독교회는 분단된 국가를 연결하는 고리역할을 하였다. 독일교회는 분단시기에 외세에 의한 정치적인 분단을 감수하더라도 분단 체제 안에서라도 민족의 삶과 평화를 확보하고자 하였다. 이것이야말로 교회의 사명이요 책임이라고 생각하였다. 서독교회는 동독을 비난하거나 모욕을 주는 성명서를 내지 않았다. 오늘날 남북의 긴장과 충돌이 고조되는 가운데 한국교회는 어느 편에 들거나 어느 한 편을 비판하거나 하지 말고 복음의 초연한 입장에 서서 민족의 화해와 용서와 평화의 메시지를 전파해야 한다. 대북 NGO 사업을 지속적으로 해나가야 한다.[553] 한국교회는 이데올로기를 너머서서 사랑과 정의의 영성을 가지고 북한 사람들을 만나고 저들에게 감동을 주어야 한다.

---

551) 지해범, "양안(兩岸) 모델과 독일 모델", chosun.com, 2009.4.26.

552) [사설] 20년 전 베를린 장벽 무너지듯 지금 휴전선이 열린다면, Chosun.com, 2009.11.3.

553) 2007년까지 통일부에 등록된 남북관계 NGO 내지 통일 NGO가 201개나 되며 분포를 보면, 통일운동 NGO가 56개, 학술연구 NGO가 32개, 남북교류협력 NGO가 11개, 사회문화 관련 NGO가 97개, 통일교육 NGO등 기타단체가 5개이다. 이 NGO를 목적과 성격을 중심으로 하여 분류하면 통일운동과 평화운동 NGO, 대북지원사업 NGO, 북한인권 NGO 등이 있다. 그리고 이념적 성향으로는 진보적 성향, 대중적 중도성향, 보수적 성향으로 나누어진다(이우영, "2000년 이후 남북관계 의제에 대한 시민사회의 활동평가", 우리민족 서로돕기운동, 평화나눔센터, 2000년 자료집, 『남북관계와 시민사회』, 2008, 85~113).

X. 인간 역사를 불가항력적으로 움직이고 계시는 하나님의 보이지 않는 섭리의 손

여태까지 우리는 비관과 낙관을 오가면서 오늘날 한반도의 통일에 관하여 논하였다. 독일 통일 기회는 역사의 어느 시점에 독일 수상을 비롯하여 어느 누구에게도 예기치 못하게 숙명적으로 갑자기 들어 닥쳤다. 이와같이 교회와 지도자들은 한반도를 향해 다가오시는 하나님의 보이지 않는 역사 섭리의 손길을 겸허하게 예견할 수 있어야 한다. 이것은 예언자적 통찰이다. 그리고 기독교인들은 이러한 신앙적 통찰을 가지고 한반도를 향해 다가오시는 하나님의 카이로스를 쟁취할 수 있는 준비된 겸허한 신자가 되어야 한다.

시편 기자가 노래하는 것처럼 가정이나 국가를 세우고 지키시는 자는 하나님이시다: "여호와께서 집을 세우지 아니하시면 세우는 자의 수고가 헛되며 여호와께서 성을 지키지 아니하시면 파수꾼의 깨어 있음이 헛되도다"(시127:1). 인간의 수고와 경성함이 결실하기 위해서는 하나님의 지켜주심이 있어야 한다는 것이다. "여호와께서 나라들의 계획을 폐하시며 민족들의 사상을 무효하게 하시도다. 여호와의 계획은 영원히 서고 그의 생각은 대대에 이르리로다"(시33:10-11). 하나님은 국가들의 흥망성쇠(興亡盛衰)를 좌우하시며 하나님의 뜻을 영원히 펼치신다.

예레미야는 당시 유다를 멸망시킨 바벨론의 침략에 대한 하나님의 섭리를 예언하면서 인생의 길이 자기에게 있지 아니함을 선포하고 있다: "들을지어다. 북방에서부터 크게 떠드는 소리가 들리니 유다 성읍들을 황폐하게 하여 승냥이의 거처가 되게 하리로다. 여호와여 내가 알거니와 사람의 길이 자신에게 있지 아니하니 걸음을 지도함이 걷는 자에게 있지 아니하니이다"(렘10:22-23). 이사야는 이스라엘을 바벨론의 포로에서 되돌릴 하나님의 기름부은 자 고레스의 부름에 대하여 다음과 같이 예언하고 있다: "내가 시초부터 종말을 알리며 아직 이루지 아니한 일을 옛적부터 보이고 이르기를 나의 뜻이 설 것이니 내가 나의 모든 기뻐하는 것을 이루리라 하였노라. 내가 동쪽에서 사나운 날짐승을 부르며 먼 나라에서 나의 뜻을 이룰 사람을 부를 것이라. 내가 말하였은즉 반드시 이룰 것이요 계획하였은즉 반드시 시행하리라"(사46:10-11). 이사야의 예언대로 페르시아의 초대 왕 고레스는 북방에서 일어나 바벨론을 침공하여 무너뜨리고 페르시아 제국을 건설하였고, 각 민족 종교과 문화 관용정책에 따라 이스라엘 포로를 본국으로 귀환시키고 예루살렘 성을 재건하도록 허락하였다.

일반 위정자들이나 일반 국민들은 이것을 알지 못하나 기독교 신자들과 교회 지도자들은 한반도 통일에 대한 하나님의 섭리적 간섭과 주권을 믿고, 알고 있으므로 이를 위하여 기도하는 제사장적 기도와 대리적 헌신이 요청된다.

맺음말

다가오는 2015년은 한반도가 분단된지 꼭 70주년이 되는 해이다. 70년이란 기간은 성경적으로는 이스라엘이 바벨론 포로된지 70주년(BC 605~535)만에 되돌아오는 해이기도 하다. 성경을 하나님 말씀으로 믿고, 한반도를 향한 하나님의 섭리를 믿는 우리들은 이 해를 전후로 하나님이 우리 민족에게 바벨론 포로에서 복귀를 허락하도록 간구하고 이에 상응하여 평화통일운동에 정진(精進)하는 것이 바람직하다.

21세기 한반도의 통일은 분단 이전으로의 복귀가 아니다. 새로운 "선진 통일 국가의 창조"이다. 한반도의 통일은 통일과 선진화 개혁이 함께하는 선진화 통일이어야 한다. 한반도 선진화를 위한 대대적 "국가 개조"와 "국민정신혁명"이 수반되어야 한다. 이에 한국교회가 그 선진화 이념을 제시해 줄 수 있다. 그것은 이데올로기를 너머서 "정의가 물같이 공법이 하수같이 흐르는 사회"다. 통일한국은 동북아의 평화에 기여하는 나라, 정의와 사랑이 서로 만나고, 인권과 평등이 구현되는 나라다. 이를 위하여 한국교회는 정의와 사랑으로 집약되는 예수 그리스도의 복음을 선포하고 이를 교회적 그리고 신자 개인의 삶을 통해서 실천해야 한다.

제10장

독일통일에 있어서 독일교회의 역할과 한국교회에의 시사점

제10장

독일통일에 있어서 독일교회의 역할과 한국교회에의 시사점

머리말

독일이 예상을 뒤엎고 급격히 통일될 수 있었던 것은 결코 우연한 일이 아니다. 그것은 30년 가까이 꾸준히 지속된 서독의 동방정책과 동서독 공존체제구축 정책의 결실이다. 그리고 독일 통일에 있어서 독일교회의 역할은 보조적 역할을 넘어서 결정적인 것이었다. 첫째, 독일교회는 민주화와 개혁의 거점이었다. 1989년 동독의 민주화 물결 가운데서 동독민중의 힘을 결집시킨 구심체는 루터파 개신교에 속한 라이프지히의 성 니콜라이 교회였다. 둘째, 분단 벽을 넘는 연결고리였다. 분단된 독일에서 독일교회는 "분단 벽을 넘는 연결고리"의 역할을 했다. 셋째, 서독교회는 동독교회를 재정적으로 지원하였다. 서독교회는 동독교회의 지원을 목적으로 거액의 기부금을 동독으로 송금하였다. 넷째, 정의로운 평화의 사도의 역할을 했다. 1983년 서독과 동독의 주교들은 포괄적인 사목서한 "정의가 평화를 창출한다"를 발표했다. 독일교회는 분단된 체제를 넘어서 양 체제에 정의로운 평화이념을 심어 주었다.

우리는 이 장에서 독일 통일의 역사적 조건을 살피고 독일 통일에 있어서 독일교회의 역할, 통일독일이 주는 한국통일에의 시사점, 그리고 한국교회에의 시사점 등을 살펴보고자 한다.

I. 독일 통일의 역사적 조건 – 흡수 통일은 결코 하루 아침에 온 것 아니다

1. 서독의 동방정책

동서독간 경제교류는 양독간 교류의 촉매역할을 하였다. 동서독은 교역에 관한 베를린협정(1951)을 맺었다. 그리하여 서베를린을 포함하여 양독간의 교역을 국가 간의 교역이 아니라 "지역 간의 교역"으로 취급하여 서로 관세를 부과하지 않았다. 이리하여 양독의 무역은 비교적 수지균형을 이루면서 발전되었다. 그러나 동독의 서독에 대한 무역의존도는 현저히 높았다. 양독의 교역은 1951년 첫 교역이 시작될 때부터 환율을 1:4의 비율로 유지하여 왔다. 첫 교역의 해에 서독은 1천 2백만 마르크의 상품을 팔았고, 1천5백만 마르크의 동독제품을 사들였다. 이 수치는 그 후 점점 불어나 1988년에는 수출 75억 마르크, 수입 71억 마르크 수준까지 되었다.

점차적으로 동독경제의 피폐와 구조적인 취약점이 나타남에 따라 서독은 동독을 경제협력, 저리차관, 합작투자 등으로 지원하여 주었다. 그럼으로써 동독의 대외상환능력을 유지케 하는 등 직간접적인 도움을 주었다. 서독은 매년 8억 마르크 규모를 스윙(swing)형식으로 빌어 동독 중앙은행에 넘겨 동독이 자칫 야기할지도 모르는 지불 불능상태를 사전에 예방해 주는 성의를 보여주었다. 이러한 서독의 도움으로 동독은 동구권 제1의 경제 수준을 유지할 수 있었다.[554)]

1970년 초 서독의 동방정책은 양독관계를 "1민족 2국가 관계"로 규정짓고 양독간 교류증진에 큰 역점을 두었다. "1민족 2국가 체제"의 수용은 현실적으로 통일에 대한 보류요 양독 간 평화공존을 예상케 했다. 1970년 초 서독의 브란트 총

554) "자유로운 TV 시청" (동서독 교류현장을 가다), 동아일보, 1989.3.1일.

리와 동독의 슈프트 총리는 두 차례 회담을 통해 상호 간에 입장을 확인하게 된다. 1972년 동서독 간 기본조약이 조인되고 1973년 UN 동시 가입, 1974년 상주대표부를 설치하게 된다. 이로써 양독은 공존체제의 법적 장치를 통한 상호협력과 교류증진의 기틀을 마련하였다.

서독의 동방정책 시행 후 4대국 베를린 협정(1971.4)과 동시에 동서독간의 베를린 통행협정이 체결됨에 따라 동독 통과 서베를린 여행이 원칙적으로 자유화 되었다(방문과 여행 제외). 1971년 조약은 친족방문에 제한이 있었으나 1972년 「양독간 교통조약」에서 그 방문범위가 많이 확대되었다. 동서독의 인적 교류는 한차례 위기를 겪기도 했다. 동독측이 인적 교류를 제한하고 나온 것이다. 자유롭게 왕래하던 서독 시민의 동독방문 조건과 머리수를 까다롭게 제한하고 1:4의 공정 환율을 1:1로 동등하게 해줄 것을 요구해온 것이다. 그러나 서독은 그 요청을 수락하여 1980년부터는 서독 돈 1마르크를 동독 돈 1마르크로 바꿔주는 아량을 보여 주었다. 1987년에는 150만의 서독인이 동독을 방문하게 된다.

4대국 베를린 협정은 우편의정서(1971.9), 방문합의서(1971.12)에 의해 보완된다. 그 후 우편통신 협정(1976), 우편교류 개선협정(1983)은 양독간 교통통신을 획기적으로 증가시켰다. 1985년에는 1,600만 전화통신에 이르게 된다. 1987년의 경우 서독과 서베를린에서 동독과 동베를린으로 보내는 편지는 7천 5백만 통, 소포는 2천 4백만 건이나 되었다. 또 동독과 동베를린에서 서독과 서베를린으로 전달된 편지는 9천 5백만 통, 소포는 9백만 건에 이르고 있다. 서독은 서독–서베를린간 도로 및 철도통행에 관한 협정으로 서독은 동독의 교통증진에 많은 투자와 원조를 했다.

스포츠 분야에서도 양독은 동서독 정부가 분리 수립된 1949년부터 5년 6개월 동안 2백여 차례의 회담을 거쳐 1955년 초 마침내 올림픽 단일팀 구성 합의에 성공한다. 1956년 멜버른, 1960년 로마, 1964년 동경 등의 세 차례 올림픽에 단일팀을 구성하여 참가하였다. 분단 당시부터 베를린장벽이 설치되던 1961년까지 동서독은 매년 3백 내지 7백여 회에 걸쳐 교환경기를 주고 받았다. 양독은 「스포츠의정서」에 조인하여(1974.5.9) 스포츠교류을 활발히 하였다. 문화부문에서도

1970년에 들어서 문화축제와 예술공연이 상호교류되었다. 1971년 3월 서독정부는 불온서적 수집, 배포 금지와 처벌 조치를 철폐함에 따라 동독의 신문, 도서 등 출판물이 서독에서 자유로이 판매, 배포되었다.

매스미디어 교류에서도 기본조약체결(1973)로 양독 간에 특파원 상주가 허용되었다. 동독은 당초 서독의 TV, 라디오의 시청을 금지하였으나 실효를 거둘 수가 없었다. 1961년 이미 70% 이상의 동독시민이 서독 TV를 시청하고 있음이 밝혀졌다. 그리하여 그 금지조치를 완화할 수 밖에 없게 되었다. 이것은 동서독의 공감대형성과 민족의 동질성 유지 그리고 서독의 실상을 알리는 데 가장 큰 몫을 했다.

양독은 기본조약 체결 후 1972년부터 과학기술 협력에 관한 협정체결을 위하여 약 15년간 34차례의 협상을 하였다. 1987년 동(同)협정체결로서 많은 공동연구가 대학과 연구기관 간에 이루어졌다. 이외에 원자력, 환경 등 구체적인 과학, 기술정보, 문화협력, 환경협력 협정이 많이 이루어졌다.[555)]

1980년대에 들어와 호네커-슈미트 총리회담(1981.12) 및 호네커-콜 총리회담(1983.9)이 이루어져 교류증진을 위한 여러 협정을 맺음으로써 더욱 교류를 증진시켰다. 1984년 4월 서독의회 대표단이 동독을 방문함으로써 국회, 정당 간의 교류도 이루어졌다. 이러한 서독의 동방정책 - "통일"이라는 용어조차 사용하지 않았던 "1국가 2체제 정책"- 은 양독의 교류를 줄기차게 증대함으로써 동독사회 내에 엄청난 변화를 일으키고 민족동질성 유지에 기여했다.[556)]

2. 동구 공산정권의 몰락 속에 야기된 동독인들의 에소더스(exodus)

동독정권의 몰락은 예상 밖에 왔다. 동독은 공산권에서는 가장 잘 사는 나라였기 때문이었다. 동독정권의 몰락은 헝가리의 민주개혁에 따른 동독과의 국경이 개방됨에 따라서 1989년 10월 초 13만 명의 동독인들이 자유를 찾기 위하여 서독행 엑소더스를 감행하는 데서 비롯되었다. 그리고 그 해 10월 16일에는 동독

555) "전후 '꾸준한 교류' 가 통일 밑거름", 동아일보, 1990.3.24, 5면.

공산정권 40년 사상 최대규모인 약 12만 명의 시민들이 라이프지히 번화가에서 정치개혁과 자유신장을 요구하는 반정부 데모를 벌였다. 이러한 민주화물결 속에서 18년 간 동독을 이끌어 오던 호네카 서기장이 사임하고 반체제 인사의 석방을 건의한 최연소 정치국원 에곤 크렌츠가 서기장으로 취임했다. 1989년 11월 초 체코가 서독과의 국경을 사실상 개방한 후 무려 5만 명이 체코국경을 통해 서독으로 탈출했다.

이러한 상황 아래서 동독의 서기장 에곤 크렌츠는 대량 탈출을 막기 위한 비상조치로서 동서독분단 국경의 전면개방과 자유왕래 및 이주자유의 보장이라는 방안을 내놓지 않을 수 없었다.[557] 동독인의 민주화시위와 서독으로의 탈출은 프롤레타리아 독재적 사회주의에 대한 거부라는 점에 있어서 공통점을 가지고 있다. 동독인의 서독으로의 탈출은 반드시 경제적인 이유만이 아니었다. 한 동독의 기계공은 동독에 자동차와 멋진 집을 남겨두고 가족과 함께 국경을 넘었다. 그는 "아이들의 장래를 위해 서독으로 탈출을 결심했다"고 말했다.[558]

당시 동독은 1인당 GNP가 1만 3천 불로서 동구권에서 가장 잘 사는 나라였다. 동독인들은 인간이 인간답게 살 수 있는 자유민주사회 속에서 살기위해 동독사회에서 누리던 모든 기득권을 포기하고 탈출을 시도한 것이다. 주한 독일대사 지메스는 이러한 상황을 다음과 같이 설명하고 있다. "마르크스 레닌주의를 동독주민들이 배척하기 시작하면서 동독은 스스로의 존재이유를 상실하기 시작했다. 동독이 공산주의를 배척하는 마당에 독일이 두 개의 국가로 남아 있어야 할 이유가 없어진 것이다. 체제를 받치고 있는 이념이 무너지면 체제도 무너지는 것이다."[559]

---

556) 윤하정, "독일통일의 궤적", 「계간 외교」 제19호, 1992; 김영한, "동서독의 통일과정과 한반도 평화통일", 「평화통일과 한국기독교」, 1990, 풍만, 279~304.

557) 동아일보, 1989.11.10, 1면, 11.13, 1면, 조선일보 1989.11.11, 1면, 11.12, 3면.

558) 동아일보, 1989.10.4, 17면.

559) "통일비용만 따지는건 '소상인적 사고'", 조선일보, 1993.10.10, 6면.

3. 고르바초프의 신(新)사고의 구체적인 결실

동서독 국경 전면 개방조치를 단행한 동독의 조치는 고르바초프(Gorbachev)의 페레스트로이카의 신사고의 구체적인 결실이다. 이 신사고는 "민주적 사회주의" 내지 "인간의 얼굴을 한 사회주의"를 지향하였다. 고르바초프가 지향하는 "민주적 사회주의"란 레닌-스탈린이 꿈꾸던 사회주의국이 아니라 "인간의 얼굴을 한 자본주의"의 나라 스웨덴을 모델로 설정하고 있다. 신(新)사고는 평화공존을 국제관계의 기본적 규범이며 계급투쟁과는 무관한 것으로 본다. 신사고는 자본주의와 사회주의의 수렴이론을 진지하게 검토하며 60년대 다니엘 벨(Daniel Bell)을 중심으로 한 이데올로기 종언론, 더 나아가 이데올로기 수렴론을 진지하게 수용하였다.

1985년 3월 집권한 고르바초프는 이 새로운 사고로 5년간 개혁정책을 펴와 소련은 물론 동유럽의 민주화, 그리고 동서관계에 극적인 개선을 가져왔다. 그는 1989년 7월 스트라스부르크에서 행한 유럽의회 연설에서 공산국가들의 제한 주권론을 주창했던 "브레즈네프 독트린"의 종언과 더불어 "시나트라 독트린"을 선언했다. "시나트라 독트린"은 "각국은 모두 그 자신의 길을 가야한다"는 소련의 대외정책을 말한다.[560)]

이 선언 후 얼마 되지 않아 동독은 냉전시대의 상징물로 간주되던 베를린 장벽을 허물었으며 이후 동구권에는 대변혁의 물결이 한바탕 휩쓸고 지나갔다. 1968년 두브체크가 내세운 프라하의 봄, 민주화의 바람은 공산권의 맹주인 소련이 군사적으로 진압함으로써 오지 못했다. 20년 후 고르바초프의 신사고는 스스로 경제적 정치적 개혁을 단행하였고 그 영향은 1989년 동구권의 민주화 혁명으로 나타난 것이다. 통독기획을 한 독일 기민당 총무 쇼이블레는 다음과 같이 이 사실을 증언하고 있다. "소련이 장벽개방을 허락하는 순간 동독체제의 종말은 결정됐다."[561)]

---

560) "대통령제 탈바꿈 '집권 2기' 꿈꾼다", 조선일보, 1990.3.11, 4면.

561) "'분단고통' 이 '통일' 보다 비용이 더 든다", 조선일보, 1993.9.28, 6면.

II. 독일 통일에 있어서 독일교회의 역할

1. 민주화와 개혁의 거점

1989년 동독의 민주화 물결 가운데서 동독민중의 힘을 결집시킨 구심체는 루터파 개신교에 속한 라이프지히의 성 니콜라이 교회이었다. 이 교회는 매주 월요일 모인 "평화기도회" 8년 만에 동독개혁의 불을 당긴 것이다. 담임목사 크리스천 퓨에라가 시작한 이 월요 평화기도회는 동서독 땅에 핵이 새로 배치되어 사회적 불안이 컸던 해 1982년 초 사람들에게 마음의 안식과 평화를 기원하기 위하여 매주 월요일 개최되었다. 처음 몇 년 간은 5십 명에서 1~2백 명 참가자로 인권, 환경, 평화 등의 주제로 기도회를 가졌다.

1989년 1월 17일 동독 공산당이 주최한 관제집회 도중 평화기도회 교인들이 "단일 정당이 베푸는 자유는 자유가 아니다"라는 플래카드를 펼쳐들고 시위를 벌이는 우발사태가 발생한다. 이 사태로 연루자 1백 20명이 체포되고 이들은 14일 만에 석방된다. 이 사건을 계기로 월요기도회 참석자는 몇천 명으로 늘어난다. 공안당국은 교회를 포위하고 검문검색을 강화한다. 그러나 9월에 접어들어 몇만 명으로 늘어난다. 9월 11일에는 2만 5천여 명이 모였고 기도회 후에 처음으로 침묵 시가행진을 벌인다.

1989년 10월 9일 월요 기도회 후 10만 명의 개혁요구 촛불 침묵행진은 드레스덴, 동베를린 등 전국으로 번져나갔고 마침내 호네커정권을 무너뜨린 것이다.[562] 월요예배 참가자들은 월요예배가 끝난 오후 5시경부터 "우리는 구체적인 변화를 요구한다. 아니면 우리는 모두 떠날 것이다." "에곤은 물러가라"고 외치면서 시내중심부에서 평화로운 시위를 벌였다.

라이프지히의 성 니콜라이 교회당과 더불어 베를린의 게세마네 교회당은 동독 내 개혁운동의 거점이 되었다. 게세마네 교회당에서는 매주 월요일 6시에 구속자를 위한 기도회가 열렸다. 교회당 건물 앞에는 "깨어나라 그리고 기도하라",

---

562) "동독 개혁의 불 당긴 월요 기도회", 동아일보, 1989.11.27, 3면.

"부당한 구속자들을 위한 기도"라는 현수막이 걸려 있고 출입구 앞에도 당시 동독 유일한 재야단체인 〈신 광장〉(Neues Forum)의 합법화를 요구하는 서명이 있었다. 이 게세마네 교회당은 1980년대 중반부터 정부시책을 비판하는 성명을 발표하거나 월요기도회 후에는 수십 명에서 2백 명에 이르기까지 민주화와 개방화를 위한 평화적 시위를 해왔다. 동독의 구속자 석방을 위한 월요기도회는 동독 공산정권의 어두움을 밝히는 "자유의 빛"이 되었다.[563] 이처럼 동독교회는 동독 내의 반 정부집단인 〈신 광장〉과 더불어 민주화와 개방화를 요구하는 대정부 압력의 중심지이며 동독 내 민주화와 시위의 진원지가 되었다.

2. 분단 벽을 넘는 연결고리

분단된 독일에서 독일교회는 "분단 벽을 넘는 연결고리"의 역할을 했다. 제44치 세계성체대회에 참석하기 위해 내한했던 서독 슐렘바하 주교는 "분단국가의 교회"라는 주제 강연에서 분단된 독일교회는 "분단 벽을 넘는 연결고리"가 된다고 피력하였다. 베를린교구는 가장 상징적으로 연결고리 역할을 했다. 주교관이 동베를린에 있으므로 주교는 서베를린의 28만의 신도들을 방문할 수 있다. 베를린교구는 국경과 체제와 진영을 초월하여 기능하였다. 베를린 주교는 서독 주교단의 일원이기 때문에 양독교회를 묶어주는 기능을 한다.

이러한 가톨릭 교회의 교구제도는 정치적인 분단을 교회적으로는 극복하는 것이었다. 바티칸의 동방정책은 "자유를 빼앗기고, 언제나 타협을 강요당하는 교회라도 아주 없는 것 보다는 낫다"라는 끈질긴 신념 속에서 추진되어 왔다. 동독교회는 공산국가 내에서도 불굴의 의지로써 공산당에 속하는 것을 거부하고 독립성을 견지하였다. 체제를 향한 동독교회의 거부자세는 정치를 외면하는 것이 아니라 정치적으로 적절한 고도의 대응수단을 발휘하고 있다.

서독은 43%가 천주교인이며 42%가 개신교 신자이다. 전쟁 때의 무서운 경험과 이데올로기적인 양대세력의 진영에서 야기하는 전쟁의 위협 때문에 서독교

563) 동아일보, 1989.10.24.

회는 평화에 이바지할 것을 소임으로 하고 있다. 천주교인들은 장벽과 철조망을 넘어 동서독간의 연결관계를 유지하고 기존의 차이점을 심화시키지 않기 위하여 최선을 다하였다.

3. 동독교회에 대한 서독교회의 재정적 지원

서독교회는 신앙의 박해 속에 있는 동독교회를 위해 기도할 뿐 아니라 재정적으로도 꾸준히 지원하였다. 서독교회는 동독교회의 지원을 목적으로 거액의 기부금을 동독으로 송금하였다. 동독교회는 1952년까지는 재정운영을 교회에 속한 교인들이 지불하는 교회세(Kirchensteur)에 의존하였다. 그 후로 동독정권은 제정된 새 헌법에 교회의 유일한 재정수단인 교회세 제도를 폐지하였다. 신자들에게는 보험제도, 연금제도 혜택을 금지하는 등 기독교 신자들에게 불이익을 주었다. 이로 인해 동독교회는 엄청난 재정적인 어려움을 겪게 되어 동독교회 목회자들의 생활비는 전적으로 서독교회가 부담하게 되었다. 이러한 재정적 지원을 하는데 있어서 서독교회는 동독교회의 자존심을 세워주었고 한번도 돈의 사용 용도를 확인하지 않았다. 돈의 사용 용도를 묻게되면 재정지원을 지속적으로 할 수 없기 때문이었다. 매년 동독교회로 가는 물질적 지원이 한화로 약 300억~400억 원에 달하였다.[564)]

서독교회는 1990년 통일될 때까지 동독교회 목회자의 생활비를 부담하였다. 이러한 기부금을 보냄으로써 서독교인들은 공산체제 안에서 어려운 여건 속에 있는 동독교인들에게 정신적이고 신앙적인 유대를 표시한 것이다. 서독교회는 1986년부터 8년 동안 4천 6백 60만 마르크, 우리 돈으로 1백 67억 원을 동독교회로 송금하였다.[565)] 그리하여 이 기부금은 교회당과 교회당 설비들을 건립하고 유지하며 자선사업을 하는 데 쓰여졌다.

이러한 서독교회의 재정지원 프로그램 뒤에는 서독 정부가 있었고 동독정부

---

564) 주도홍, 『통일, 그 이후. 독일 통일 15년의 교훈』, 서울: IVP, 2006, 23.

565) 김영한, "한민족 공동체 통일과 한국교회." 『평화통일과 한국기독교』, 풍만, 1990, 243~245.

는 이를 묵인해주었다. 서독정부는 이러한 서독교회의 재정적 지원을 막후에서 엄청나게 지원하였다. 예컨대, 지원 프로그램에는 동독교회를 위한 지원형(型)과 동독 정치범 석방형(型)이 있었다. 서독 정부는 전자를 위해서는 반액, 후자를 위해서는 전액을 지원하였다.[566] 서독교회의 재정적 지원은 결국 박해 가운데서 재정적으로 쪼들리고 있는 동독교회의 신자들뿐만 아니라 동독의 주민들을 도왔다. 이것은 라이프지히 니콜라이 교회에서 시작한 평화촛불 시위를 촉매로 하여 동독시민들이 베를린 장벽을 허무는 동력을 가져왔다.

4. 정의로운 평화의 사도

1983년 서독과 동독의 천주교 주교들은 포괄적인 사목서한 "정의가 평화를 창출한다"를 발표했다. 제2차 바티칸 공의회의 평화교리를 기본으로 삼아 주교들이 제정한 일곱 가지 원칙은 다음과 같다.

1) 오늘의 세계에서 평화는 가능하다. 그것은 유토피아나 환상이 아니다. 체념하고 두려워하는 것은 그리스도인의 자세가 아니다.
2) 군비경쟁과 세력균형에 의한 전쟁억제가 평화를 보장하지는 못한다.
3) 군비를 중지하고 세력진영의 쌍방이 군비해제를 통제하는 것은 평화유지를 위하여 불가결하며 요청되는 일이다.
4) 모든 전쟁준비와 일체의 화생방 무기사용, 비군사적 목표들에 대한 일체의 재래식 무기사용은 비인도적이다.
5) 양심을 이유로 한 군대복무의 거부는 하나의 기본권이다.
6) 평화훈련은 어릴 때부터 줄곧 우선 순위에 있는 교육목표여야 한다.
7) 천주교인이 아닌 그리스도인들과 함께 바치는 평화를 위한 기도는 평화의 신호이며 평화를 위하여 필요한 봉사자이다.

이처럼 독일교회는 분단된 이데올로기의 대립을 넘어서서 기독교 복음정신에 입각해서 정의로운 평화의 이념을 양체제를 향하여 제시하는 평화의 사도 역할

566) 주도홍, 『통일, 그 이후. 독일 통일 15년의 교훈』, 서울: IVP, 2006, 23.

을 했다.

5. 동독 인권 상황을 위한 교량적 역할

서독교회는 동독의 인권 상황을 개선하기 위하여 동독과 서독 정부를 연결하는 교량적 역할을 하였다. 독일이 동서로 나뉜 뒤 서독 개신교연합회는 동독에 수감돼 있던 성직자 150여 명에 애타는 심정을 가지고, 이들의 석방을 위하여 노력을 기울였다. 서독 개신교 연합회는 동독 교회 쪽에 사람을 넣어 성직자를 억류하는 것은 동독 사회의 인상(印象)을 나쁘게 만들 뿐이라고 설득하였다. 그리하여 서독 개신교연합회는 1962년 트럭 석 대분 비료, 옥수수, 석탄을 넘겨주고 성직자들을 데려왔다. 동 · 서독 사이에 처음으로 '몸값 거래'가 성사되자 이듬해 1963년에는 서독 정부가 나섰다. 부모는 서독에 있는데도 동독에 따로 남겨진 어린이 20명과 정치범 8명이 서독으로 넘어왔고, 현금 32만 마르크(당시 1억 7,000만 원)가 지불됐다.[567)]

이때부터 서독 정부는 세세한 실무를 개신교연합회 간부들에게 맡겼다. 서독 측이 석방 대상자 명단을 내놓으면 동독 측이 심사한 뒤 확정된 명단을 알려왔다. 몸값은 개인에 따라 값을 달리 정하지 않고 총액으로 매겼다. 서독 정부는 동독 교회 · 법원 · 검찰을 통해 모은 정보와 주민 탄원서를 근거로 석방 요구자 목록을 만들었다. 주민 탄원서 및 석방 요구자 목록 작성에 있어서 서독정부는 동독 주민들에게 서독사회가 자신들의 삶과 인권이 보장되는 사회라는 확신을 느끼게 해주었다. 동독 정부는 일반 형사범과 잡범까지 끼워 넣어 돈을 더 많이 받아내려 했지만 서독 정부는 이들을 솎아내 몸값 총액에서 뺐다.

서독 정부는 1962년부터 1989년 베를린장벽이 무너질 때까지 27년 동안 동독 정치범 3만 3,755명과 가족 25만여 명을 데려왔다. 몸값으로 34억 6,400만 마르크가 들었다. 통독 당시 환율로 1조 8,400억 원이다. 이 정치범 석방 거래를 '돈

567) 김광일(논설위원), [만물상] "돈 주고 자유 사기", 조선일보, 2011.10.24, A34면.

주고 자유를 산다' 는 뜻에서 '프라이카우프(Freikauf)' 라고 했다.[568] 동독의 열악한 인권 상황에 대한 서독 정부의 이러한 개선 요구와 실천이 있었기 때문에 동독 주민들은 서독 정부를 신뢰했고, 베를린 장벽이 무너지면서 통일의 상황이 다가왔을 때 주민 투표에서 서슴치 않고 서독과 합병하겠다고 찬성 결정을 하기에 이르렀던 것이다.

III. 한반도 통일에의 시사점

1. 한반도 주변정세의 급격한 변화

독일의 통일은 소련의 신사고에 영향받은 동구권의 민주화 혁명이라는 거대한 시대적 흐름에서 내부적 여건조성에서 실현 가능하였다. 결정적인 역할을 한 것은 공산권의 맹주인 소련의 신사고 개혁이었다. 이러한 외부적 여건에 힘입어 민주화를 지향하는 동독인의 과감한 엑서도스는 동독정권을 하루 아침에 무너뜨린 것이다. 최근 한반도의 주변정세는 예상보다는 훨씬 급격하게 우리의 통일 여건을 조성해 주는 방향으로 변화되었다.

1989년 동구권의 민주화 혁명과 사회주의 붕괴의 여파로 야기된 베를린 장벽의 붕괴, 1990년 서독에 의한 동독의 흡수에 따른 독일 통일, 1990년 6월 미국 샌프란시스코에서 열린 한소 정상회담, 그 뒤 한국과 소련의 국교정상화, 1991년 소련연방 해체와 1992년 이래 독립국연합 탄생과 자유주의 개혁가 옐친이 이끄는 러시아의 등장, 1993년 보수파와 권력투쟁에서 옐친 개혁파의 승리, 옐친 주도하 국민투표에 의한 새로운 민주헌법의 채택, 1989년 천안문 사태 이후 국제적 고립 청산을 위한 그리고 1992년 1월 등소평의 남순(南巡)강화 그리고 최근 천안문사태 후 폐쇄된 지 3년 만에 "국가 경제위원회"의 부활 등을 통한 중공의 경제개혁 및 개방정책 가속화, 1991년 6월 천기심(錢其琛) 중국 외교부장이 일본 방문,

---

568) 위의 글.

8월에 가이후 일본총리의 중국 방문 정상회담을 통한 중국의 국제무대 복귀, 1993년 한국과 중국 사이 국교 정상화, 1993년 중국이 사회주의 체제에 시장경제를 도입, 경제개방 가속화 등은 한반도의 통일에 영향을 끼치는 주요한 외부적 변수가 되고 있다.

독일 통일의 가장 중요한 외부적 변수가 소련의 개혁과 변화였다면 한국의 통일에 있어서 가장 중요한 변수는 소련과 중국이다. 소련이 해체되고 그 지위를 계승한 러시아는 자유주의적 시장경제개혁을 시행하며 한국의 우방이 되었다. 중국도 사회주의 체제 안에서 시장경제를 도입하고 한국과 공식적인 외교채널을 가지고 있다. 이러한 분위기는 한반도의 통일을 위한 외부적 여건이 유리한 방향으로 형성되고 있다는 것이다.

2. 이질적 주체사상의 북한사회 – 일인 신격화 왕국

통일이란 남북당사자의 상호적인 합의사항이지 남쪽이 일방적으로 감상적으로 무조건 화해와 사랑을 북쪽에 제의한다고 하더라도 북쪽이 이에 상응하지 않으면 허사일 뿐 아니라 만일 이것을 저들의 여태까지 정략인 남조선해방에 이용한다면 낭패당하는 일이라는 사실을 알아야만 한다. 북한은 자력갱생과 주체사상을 내세운 유사 사회주의 유사종교국가이다.

북한주민은 3개의 계급, 64개 단위로 구분되어 있다. 김일성을 포함한 2백만 명이 엘리트계급이고 나머지 1천 5백만 명은 제한된 권리만을 행사하며 3백만명은 불순분자로 주민으로서의 권리를 일체 행사하지 못하는 노예상태에 있다.[569] 건물에 들어가더라도 한 방에서 다른 방으로 갈 때는 경비원의 제지를 받으며 한 마을에서 다른 마을로 마음대로 가지 못한다. 북한주민들은 외부세계에 관해 당에 의해서 조작된 왜곡된 정보를 듣고 있다. 예컨대 서울사람들은 AIDS의 만연

569) 미국 헤리티지재단이 1992년 5월 20일 워싱턴에서 개최한 북한세미나에서 발표된 내용이다("미 헤리티지재단 북한세미나", 조선일보, 1992.5.22, 18면), 근 20년 전의 통계나 20년이 지난 후에도 2010년 통계로 인구가 200만 명 늘어나 2,200만 명인 것 외에는 이 구조가 크게 달라진 것이 없는 것으로 보인다.

으로 악수조차 못하고 있다. 남한목사들은 마태-누가복음에 관해 전혀 모르고 있으며, 불교신자들은 석가탄신일조차 모르고 있다고 선전한다.

이렇게 볼 때 북한은 분단 후 아직도 66년 동안 삼대에 걸친 스탈린주의자 김일성과 그의 아들 김정일 그리고 그의 3남 김정은이 조지 오웰의 『1984년』이라는 소설을 현실로 이룩해 놓고 고립과 탄압과 일인 신격화체제를 유지하고 있는 폐쇄사회이다. 이광요 전(前)싱가포르 총리는 1994년 1월 19일 「월간조선」과의 인터뷰에서 김일성은 북한 사회를 "절대 개방하지 못할 인물"로 보았다. 김일성은 "세계관이 고정되어 있는 사람"이기 때문에 "변화를 시도하지 못할 것으로"본다. 그리고 1994년 권좌에 오른 "김정일은 정서적으로 불안정하기 때문에 군부나 행정부의 핵심인물로부터 신뢰를 얻기는 어려울 것으로"본다.[570] 2008년 김정일이 뇌졸증으로 쓰러지고 2010년 김정은이 후계자로 공식 지명된 후에 천안함 피격과 연평도 포격 사건이 일어난 점으로 볼 때 북한의 선군정치는 그대로 지속할 것으로 보여진다.

2011년 12월 김정일이 심장마비로 갑자기 사망했으나, 권력이양이 순조로이 진행되어 후계자 김정은 체제가 들어섰다. 그러나 아직은 김정은이 실권을 장악하지 못했기 때문에 주위 권력엘리트의 집단체제로 갈 가능성이 크다고 보여진다.

우선 시급한 과제는 북한사회의 개방화이다. 북한의 체제변화 없이는 평화통일은 이루어 질 수 없다. 한국정부는 외교채널을 통하여 그리고 한국교회는 국제기독교기관 및 인권기구를 통하여 북한을 국제사회 속으로 끌어들이고 헬싱키인권협약에 서명하도록 해야 한다. 그리고 북한 인권상황을 조명함으로써 국제적 압력을 가해야 한다. 이를 위하여 2011년 6월 '기독교사회책임' 등이 중심이 되어 하고 있는 중국 정부의 탈북난민 강제북송 저지를 위한 제3차 유럽 캠페인은 적절한 행동이다.[571] 이들은 독일 프랑크푸르트의 로마집, 퀼른의 대성당, 네덜란드의 헤이그의 이준열사 묘소, 벨기에 브뤼셀, 룩셈부르크, 프랑스 파리, 스

570) 이광요, 전 싱가포르 총리 인터뷰, 조선일보, 1994.2.20, 6면, 「월간조선」 1994.3.

571) 이대웅, "탈북난민 위한 유럽 캠페인 본격 시작", 크리스천투데이, 2011.6.16.

위스 제네바, 이탈리아 제노바와 로마, 베니스, 스위스 인터라켄, 오스트리아 빈, 체코 프라하 등 9개국 14개 도시를 돌며 "중국은 탈북 난민을 북한으로 송환하지 말라", "북한의 정치범 수용소를 폐쇄하라" 등의 현수막을 들고 거리 캠페인을 벌였다.[572)]

북한에 외부정보가 유입되고 외부사람들이 자유롭게 북한을 방문하게 되면 북한주민들은 비로소 자기들의 기만당한 처지를 깨닫게 될 것이고 체제붕괴 및 변화는 일어나게 된다. 이것은 인간적 노력만으로는 성사시키기 매우 어려운 과제이기 때문에 우리 신자들은 국가와 사회와 민족의 흥망성쇠(興亡盛衰)의 열쇄를 손에 쥐고 계시는 하나님에게 북한주민과 북한개방과 평화통일을 위하여 간절히 기도할 수 있어야 하겠다.

3. 내적 변화 및 개혁으로 강요받는 북한

1992년 4월 북한은 헌법의 경제분야 및 기본권조항을 대폭 개정하였다. 그것은 생산력재고와 경제개방을 위해 부분적으로 개인소유를 인정하고 인센티브제를 도입하고 「반종교선전 자유」를 삭제, 형식상 종교의 자유를 넓힌 것으로 알려졌다.[573)] 이러한 헌법개정은 당면한 경제난국에 돌파구를 마련하기 위해 성공적으로 경제개혁을 시도하고 있는 중국의 헌법을 본뜬 것이다.

북한은 내부적으로 식량과 에너지, 소비재생산 등 경제전반의 침체가 장기화되고 있다. 더구나 김정일 권력승계가 마무리에 접어든 만큼 생활곤란에 따른 주민불만 해소필요성이 어느 때보다 절실한 상태이다. 외부적으로 소련및 동구권의 해외 사회주의 시장까지 갑자기 소멸하므로써 중국처럼 경제체제의 근본수술 없이는 체제 지탱마저 어렵겠다는 압박감에 직면하고 있다.

그래서 북한은 안으로 개인소유를 부분적이나마 인정해 사회주의 경제체제에 활력을 불어넣고 종교자유를 형식상 인정함으로써 서방과의 관계개선에 사용하

572) 이대웅, "탈북난민 강제북송저지를 위한 제3차 유럽 캠페인, 13~25일 9개국 14개 도시 순회", 크리스천투데이, 2011.6.13.

573) 조선일보,1992.5.5, 1면.

고자 하는 것 같다. 밖으로 경제개방을 확대시켜 선진자본과 기술을 끌어들일 수밖에 없게 된 것 같다. 북한이 최근 남북한 관계진전에 기대 이상의 적극성을 나타내고 일본과 미국과의 수교를 위해 열심을 내는 것도 자본주의 국가와의 경제협력이 경제난국 돌파의 유일한 대안이라는 소련 및 중국을 본보기로 한 사실인정에 바탕하고 있다.

그래서 북한은 중국을 본따서 북부국경지대인 청진-나진-선봉 등 3개항구를 경제특구로 개방하고 있다. 그러나 외부세계와 차단된 북한사람들은 대외교역의 기본인 국제무역, 금융, 가격결정 등 일반 국내 상(商)관행을 모르고 있다. 따라서 북한도 한국처럼 유망한 경제학도들을 대거 해외에 보내 연수시키는 방법밖에 없다. 이들 경제학도들은 귀국 후 국민들과 접촉해야만 지식을 보급할 수 있다. 결국 개방물결의 유입은 피할 수 없는 추세가 될 수밖에 없다.

1994년 김일성이 심장마비로 갑자기 사망하고 이미 후계자로 지명되어 수업을 받아왔던 아들 김정일이 수령의 유훈 통치를 하였다. 북한의 경제는 엄청나게 나빠지고 수해와 가뭄으로 인한 농작물 수확의 감소로 인하여 엄청난 기근이 와서 2백만 주민들이 굶어죽는 고난의 행군이 지속되었다. 그러나 김정일은 선군정치로 나아가면서 중국의 등소평, 강택민, 후진타오의 개혁개방과는 다르게 주체의 길을 걸으면서 핵무기 개발에 나서고 경제는 파탄에 직면하였다.

북한에는 2000년대 들어와 중국의 개방으로 인하여 시장경제 요소가 일부 수용되어 장마당이 우후죽순으로 섰다. 북한 당국이 2002년 '7.1경제관리개선조치' 로 모든 상거래가 가능한 대규모 종합시장을 각지에 세운 이후 시장은 어떤 의미에서 국가 공급체계를 능가하는 필수적 시스템으로 뿌리를 내렸다. 북한 내에는 당국의 허가를 받은 종합시장만 300~350개에 달하고 자생적 장터인 '장마당' 과 옮겨다니며 여는 '메뚜기시장' 같은 비인가 시장도 성행하였다.

그러자 북한당국은 느슨해진 사회 통제 속에서 시장 거래로 재산을 쌓은 중소상공인들이 반체제 세력으로 변질될 위험을 차단하고, 경제 부문에서 국가 통제를 재강화하려는 의도로 2009년 화폐개혁을 시도하였다. 화폐개혁은 2010년 1월 후계자로 내정된 김정일 국방위원장의 셋째 아들 정은을 권력 승계자로 공식화하기 위한 정치일정과 맞물려 있었을 가능성이 높은 것으로 전문가들은 보고 있다. 본격적인 권력이양에 앞서 잠재적 장애물인 '시장세력' 을 꺾고, 다수 대중인 노동자들에게는 화폐절상에 따른 '실질임금 인상' 의 당근을 안겨줘 충성심을 유도하려는 포석이었다. 2009년 전격적으로 단행된 화폐개혁(2009년 11월30일부터 구권 100원을 신권 1원으로 교환하는 화폐개혁을 실시)은 물가가 천정부지로 치솟는 등 부작용에 직면하여 실패로 끝났다.[574] 따라서 시장은 북한에서도 막을 수 없는 것으로 드러났다. 실패로 끝난 화폐개혁을 통해 북한에서 시장은 더 이상 국가공급체계의 보조 시스템이 아니라 주민들의 '생명선' 이라는 사실이 명백히 드러났다. 주민들의 '삶의 터전' 으로 자리잡은 시장을, 기초식량도 제대로 공급하지 못하는 국가가 건드리기는 어렵게 된 것이다.

그리고 김정일은 건강이 나빠져 2008년에는 뇌졸중으로 쓰러져 2010년 그의 3남 김정은을 공식 후계자로 지명하기에 이르렀다. 김정은이 공식적으로 후계자로 지명된 후 2010년 천암함 폭침과 연평도 포격 사건이 일어나면서 남북관계는 2000년 들어온 이래 가장 긴장적인 관계로 접어 들었다.

북한은 천안함 격침, 연평도 포격 등 잇단 도발로 한국의 돈줄이 끊기자 중국에 밀착하고 있다. 2010년 무역의 83%가 중국과의 교역이었다. 2011년 6월 황금평과 나선지구에서 북-중 공동개발 착공식이 열렸다. 북한이 '강성대국의 문을 열겠다' 고 공언한 2012년이 되었다. 북한대학원대 교수 양문수는 "북한 학자들에 따르면 경제에서 강성대국의 의미는 전력 금속 석탄 시멘트 양곡 등의 생산이 북한 경제가 최고조였던 1987년 수준을 돌파하는 것"이라고 전했다.[575] 북한은 1987년 1인당 국민소득을 2,500달러로 친다. 한국은행이 추정한 2009년 북의 1인당 소득이 1,000달러였는데 중국 베트남 같은 개혁개방도 없이 자본과 자원이 부족한 채로 몇 년 사이에 '어게인(again) 1987' 이란 불가능하다.

미국 민간연구기관인 전략국제문제연구소(CSIS)에 따르면 조지타운대 교수 빅터 차는 최근 발간한 '국제전망 2011, 아시아의 새로운 냉전' 보고서에서 "오는

574) "北 화폐개혁 후 8개월간 52명 공개 처형", 연합뉴스, 2011.2.15.

575) 홍권희(논설위원), "김정은 'CNC 마법' 이 통할까", donga.com, 2011.6.16.

2012년 등장할 한국, 미국, 중국의 새 지도자들이 직면할 가장 큰 위기는 북한의 불안정"이라고 진단했다. 빅터 차는 "지난 2008년 뇌졸중으로 쓰러졌던 김 위원장의 사망과 그 후의 권력 승계 실패, 또는 북한의 도발 등으로 북한의 불안정이 초래될 가능성이 크다"며 "북한 문제의 파국을 막으려면 미국과 한국, 중국 3국이 긴밀히 협력해야 한다"고 강조했다. 그러나 "핵실험, 천안함 침몰, 연평도 포격 등 북한의 잇단 도발에 대응하는 중국의 태도로 미뤄 3개국 공조는 이루어지기 힘들 것"이라고 내다봤다.[576] 빅터 차는 중국에 대해 "지난 1992년 한국과 관계를 정상화한 이후 남 · 북한과 등거리 정책을 구사하고 있다"면서 "북한과는 오랜 공산주의 동맹을 유지하면서 한국과는 경제협력을 강화하는 모습"이라고 지적했다. 또 "중국은 김 위원장이 막내 아들 김정은에게 권력을 승계하는 것을 지지하고 있다"며 "이는 미국, 일본과 동맹 관계를 맺을 '통일한국'이 중국으로서는 이롭지 않고 경제를 위해 당분간 안정이 필수적이기 때문"이라고 분석했다. 빅터 차 등 전문가들의 예측보다 훨씬 빨리 김정일이 2011년 12월에 사망하고 김정은 체제가 들어섰다. 북한에서는 지금 정중동(靜中動)의 상황 속에서 새로운 권력체제의 편성과정이 진행되고 있다.[577] 따라서 한국교회는 앞으로 발생할지도 모르는 급변사태에 대하여 기도하고 정부는 이에 대한 빈틈없는 대책을 세워야 할 것이다.

4. 핵무기로 무장하고 선군(先軍)정책으로 나아가는 북한

2006년 10월 9일 북한은 지하핵실험에 성공하였다.[578] 이것은 1992년까지 남북화해와 협력을 위한 합의서를 채택한 북한이 1993년 북한은 NPT(핵확산 금지조약)로부터 탈퇴하겠다고 선언한 후 불거진 핵개발 의혹이 비로소 사실로 판명된

576) 조은주, "한 · 미 · 중 새 지도자들의 최대 위기는 북한", '글로벌 석간 종합일간지' 아시아투데이, 2011.6.16.

577) 안용현, [김정일 사망] "김(金)씨 왕조 권력. 세자 김정은보다 인척 장성택(김정은 고모부)에 쏠릴 듯", 조선일보, 2011.12.20, A4면.

578) 외신들, '북 핵실험 성공' 긴급뉴스로 타전, chosun.com, 2006.10.9.

것이다. 이것은 2000년 평양 남북 정상회담 이후에 북한은 한국과의 화해와 협력을 위한 합의를 지키려는 것보다는 핵무기 개발에만 몰두했다는 증거가 가시화된 것이다.

북한이 지난 10년 간 한국의 햇빛정책을 통하여 얻은 물자를 비축하여 이를 핵개발에 사용한 것이 드러났다. 핵개발은 남북한이 합의한 "한반도 비핵화 공동선언"을 위반한 것이다. 북한의 핵무장은 핵을 보유하지 않는 한국의 안보와 직결되는 문제이기 때문이다. 핵미사일 같은 대량살상무기는 남북한의 안보균형을 깨뜨리고, 국방 군사정책을 거의 무력화 시킨다. 이러한 북한 핵은 북한의 선군정책의 가시화요 체제 보장용이다. 북학은 재래식 무기로는 더 이상 체제를 유지할 수 없으니까 미국과 한국 등 주변국가를 누르기 위하여 핵개발에 나선 것이다. 북한은 핵무기 개발을 통해서 미국과의 협상을 통해서 수교하려고 하고, 남한과는 위협을 통해서 경제적 지원을 받겠다는 것이다.[579)]

그러나 중국은 이를 달가워하지 않는다. 1978년 이후 중국이 문호를 개방한 후 비약적으로 경제를 개방한 후 30년이 지난 오늘날 일본을 제치고 세계 2위 경제대국이 되었다. 앞으로 이런 추세로 가면 2020년대에는 중국이 경제대국인 미국의 1위 지위를 넘어설 것으로 전문가들은 내다 보고 있다. 그동안 북한은 너무나 대외적으로 고립되고 핵개발 등 선군정치로 나가는 것을 중국은 바라지 않을 것이다. 북한이 내수 경제의 70%를 의존하고 있는 중국은 북한의 이러한 무모한 정책을 그대로 봐주지 않을 것이다. 중국은 지속적인 경제 발전을 위하여 안정된 한반도를 원할 것이다. 이에 우리는 미국과의 긴밀한 관계에 기반하여 중국과의 관계를 더욱 친밀하게 세워나가야 하며 중국을 통해서 북한 핵무기를 폐기하도록 외교적 노력을 해야 할 것이다.

북한이 더 이상 개방하지 않고 폐쇄된 나라로 머물면 이미 가동이 중단된 경제는 더욱더 어렵게 되어 오늘날 개방된 국제사회에서 외톨박이가 될 것이며 완전히 낙후되고 말 것이다. 따라서 북한은 한반도의 평화를 위하여 빠른 시일 안

579) 조민, "북한 핵은 근본적으로 남용", 평화연구총서 06-02, 『북한 핵실험 이후 남북관계의 전망과 대응』, 평화재단, 2006, 112~114.

에 핵무기의 폐기를 선언하고 IAEA의 사찰에 성실히 응하여 핵무기 폐기를 객관적인 절차로 진행하여 국제적 핵의혹을 풀어야 한다. 그리고 국제사회의 당당한 일원이 되고 남북대화에도 성실히 임하고 남북간 핵위원회에서 제기된 상호특별사찰에도 당당히 응하여 남한의 핵의혹을 깨끗이 씻어야 할 것이다. 그러면 남북간 진정한 경협과 상호공존의 길을 열 수 있을 것이다.

2011년 6월 16일 미국의소리(VOA) 방송이 보도한 바에 의하면 미 전략국제문제연구소(CSIS)의 선임연구원 래리 닉시는 워싱턴의 한미경제연구소(KEI)가 15일 주최한 북한 문제 세미나에서 "북한은 내년에 미사일 탑재가 가능한 핵탄두의 소형화와 미국 본토를 타격할 수 있는 대륙간 탄도 미사일 시험에 성공할 것"이라고 말했다.[580] 닉시는 "북한이 일단 그와 같은 능력을 보유하게 되면 결코 핵을 포기하지 않을 것이고 따라서 북한 비핵화를 목표로 하는 6자회담은 무용지물이 될 것"이라며 "북한의 핵문제에 대한 미국의 정책에 근본적인 변화가 필요하다"고 주장했다. 이어 닉스는 "북한의 비핵화와 미북 외교관계 수립을 맞비꾸려는 미국의 전략은 효용 가치를 잃을 것"이라며 "북한을 사실상의 핵보유국으로 인정한 가운데 한반도의 핵위기 관리를 위해서라도 미국이 평양 주재 대사를 파견해야 하는 상황이 발생할 수도 있다"[581]고 했다. 만일 닉시의 예측대로 만일 북한이 2012년에 미사일 탑재가 가능한 핵탄두의 소형화와 미국 본토를 타격할 수 있는 대륙간 탄도 미사일 시험에 성공한다면, 이는 앞으로 한반도의 앞길과 통일의 길에 심각한 문제가 발생하는 것이다. 이에 대한 빈틈없는 대비책과 준비가 요청된다.

5. 예기치 않게 다가올 수 있는 통일에 대한 준비

북한에서 망명한 '구국전선' 상임의장 박갑동은 1993년 "김일성의 최대의 적은 북한 군부이며 만일 북한이 핵제재를 받으면 1년 내 쿠데타가 날 것"으로 보

580) 이용수, "美 전문가 '북, 2012년 핵탄두 소형화할 것'", 조선일보, 2011.6.16.

581) 위의 글.

았다.[582] 그러나 1994년 김일성의 갑작스런 심장마비 사망이 있었으나 정권은 아들 김정일에게로 안정적으로 이양되었다. 그 후 20여 년 간 김정일은 핵무기까지 개발하여 체제의 안전화를 시도하고 있다. 2011년 김정일이 사망하고 김정은이 곧바로 권력을 승계하였다.[583] 북한에서는 공산주의 체제에서는 있을 수 없는 봉건주의 왕조체제가 3대(代)에 걸쳐서 세습적으로 이어지고 있다.

전 조선로동당 중앙위원회 비서 황장엽이 "김정일이 사망하더라도 김정일의 측근들이 이미 다 구축되어 있고 한 배를 타고 있는 상황이기 때문에 내란 또는 무정부 상태로는 절대 가지 않을 것"이며, "북한에는 김정일을 대신할 사람이 100명도 넘는다"라고 주장한 것[584]은 바로 현재 북한 지도부에 체제붕괴를 이끌어낼 급진적 개혁파 세력이 없다는 사실을 직시한 결과이다. 북한은 스탈린식 당 · 국가체제의 성격뿐만 아니라 군주제적 스탈린주의체제의 성격도 가지고 있다. 1974년에 김일성의 장남 김정일이 후계자로 결정된 이후 1994년 김일성 사망까지 그리고 2011년 김정일 사망 이후 곧 바로 3남 김정은이 3대에 이어 통치하게 된 것은 군주제적인 요소가 북한체제에서 하나의 중요한 특성으로 자리 잡았음을 의미한다. 그런데 권력의 왕조적 이양에만 주목한 나머지 북한을 단순히 왕조체제로 간주하는 것도 권력의 최상층만 보고 그 밑의 권력체계 및 시민층의 구조는 보지 못하는 협소한 시각이라고 평가할 수 있다. 2010년 12월과 2011년 1월에 일어난 북아프리카의 튀니지, 리비아와 중동 지역의 아랍국, 이집트, 예멘, 시리아 등 나라에서 일어난 민주화 시민혁명은 전혀 예측하지 못한 일이었다.[585] 북한 체제의 개방, 북한의 경제적 수준 향상, 주체사상의 퇴조, 남북 연합, 점진적 통일은 가장 바람직한 통일의 길일 것이다. 그런데 20대 김정은이 집권한 현상황에서 북한은 개혁 · 개방을 위한 중대한 기로에 서 있다. 만일 북한이

---

582) "김일성의 최대의 적은 북한 군부, 핵제재 받으면 1년 내 쿠데타", 주간 조선, 제1281호, 1993.12.2, 32~34.

583) [사설] "김일성 · 김정일 왕조의 몰락과 우리의 자세", 조선일보, 2011.12.20, A35면.

584) 정성장, [정보보고] "北 김정일 사후 혼란 발생 없다", CBS노컷뉴스, 2011.6.15.

585) KBS 스페셜, 이집트 시민혁명, 카이로의 봄은 오는가?, 조선일보, 2011.2.13; 김홍수, [무바라크 하야] "이겼다, 뉴 이집트 만세" 軍도 시위대도 뜨거운 환호, chosun.com, 2011.2.12.

이 절호의 기회를 놓치고 여태까지의 군사 모험주의에 머문다면, 북한은 체제 붕괴의 비극에 직면하게 될 것이다. 그러나 만일 북한이 중국식 개방으로 나온다면, 북한은 남한의 경제지원에 힘입어 경제개발과 체제 유지의 길로 들어 설 수 있을 것이다.

독일의 흡수 통일에서 보는 바와 같이 역사는 합리적이지 않다. 예기치 않은 돌발 사태가 항상 수반되기 마련이다. 독일 통일 전 동독의 마지막 총리를 지낸 로타 드 메지에르(Rothar De Meizier)가 1994년 1월 25일 아태평화재단 창립행사에 참석하기 위해 서울에 와서 다음과 같이 말한 것도 주목할 만하다. "통일은 분단된 정부의 대화만으로는 이루어지지 않는다." "남북한이 통일이 되기 전에 더 많은 교류를 갖는 등 점진적으로 통일에 대비하는 것이 바람직하다." "먼저 40년간 다른 체제에 있다가 통일 후 3, 4년 내 완전히 하나로 통합할 수 있다는 환상을 버려야 한다. 적어도 한 세대가 흘러야 한다." "이제 공산주의가 무너지는 것은 시간문제이다. 그것은 북한도 마찬가지다. 한가지 충고하고 싶는 것은 약자는 지게 마련이지만 약자에게 새로 출발할 수 있는 어떤 계기를 마련해주지 않는 한 진정한 의미의 통일을 하기 어렵다."[586] 독일 통일 당시 서독 연방 내무장관으로서 통일의 마스터 플랜을 짜고 실현시킨 독일 기민당의 총무 쇼이블레(Wolfgang Schauble)는 독일 통일 3주년을 앞둔 조선일보와의 인터뷰에서 다음과 같이 말한 것도 우리에게 교훈이 된다. "통일은 기회가 왔을 때 단호하게 이루어져야 하며 주저하다가는 기차를 놓치게 된다." "통일 비용이 많이 든다고 하지만 분단의 고통에 비하면 적은 것이다."[587] 2010년 10월 3일로 독일은 통일 20주년을 맞았다. 통일과정이 시작된 지 20년이 됐다. 갑작스러운 흡수통일의 후유증은 오랫동안 지속되고 있다. 물리적 통일은 쉬웠지만, 화학적 통합은 더딘 과정이기 때문이다. 하지만 독일은 숱한 모순과 어긋남을 조금씩 아우르면서 통일의 상처를 치유해나가고 있는 것으로 평가됐다. 2010년 8월 옛 동독지역인 브란덴부르크주의 마티아스 플라체크 주지사는 「슈피겔」과 회견에서 "서독이 동독을 '병합

586) "공산주의 무너지는건 시간 문제", 동아일보, 1994.1.26, 4면.

587) "'분단고통' 이 '통일' 보다 비용이 더 든다", 조선일보, 1993.9.28, 6면.

(Anschluss)' 했다. 독일 통일이 모든 사람에게 즐거운 생각을 떠올리게 하는 것은 아니다"라고 말해 독일 사회에 큰 충격을 던졌다.[588] 20년간 진행된 사회문화적 통합의 과정이 만만치 않았음을 보여주는 발언이었다. 서독인 68%는 "동독 여행 안하며" 동독인은 "2등 시민 취급"으로 불평하고 있다. 그럼에도 독일 내에서 나오는 평가는 '대체로 성공적'이라는 말로 요약된다.

독일 [디 차이트](Die Zeit)의 주필 테오 좀머(Theo Sommer)는 독일 통일에 대해 "우리가 통일을 이룬 것이 아니다. 통일이 우리에게 닥쳐왔다"고 썼다. 독일 통일에서 배우는 교훈은 통일은 기회로 주어지는 것이지 인위적으로 늦출 수 없는 것이라는 사실이다. 만일 독일이 그 때의 통일기회를 쟁취하지 않았더라면 고르바초프의 몰락과 더불어 그 기회를 다시 찾지 못했을 가능성이 크다. 통일은 "빨리 하겠다" 또는 "늦게 하겠다"가 아니라 언제든지 기회가 주어지면 통일을 쟁취해야 한다. 주한 독일대사 디터 지메스(Dieter Siemes)는 "통일비용만을 따지는 것은 소(小)상인적 사고"라고 말하면서 이념이 무너지면 체제도 급속와해되기 때문에 단계적 통일론은 현실성이 없다[589]고 하는 견해는 우리에게 시사하는 점이 크다. 북한체제가 무너지게 될 때 우리 한국사회가 이를 어떻게 수용할 것인가에 대한 예비책이 미리 연구되어야 할 것이다.

IV. 한국교회에의 시사점

1. 한국교회의 자기정체성 확립

동서독의 정치적 이데올로기적 분단 속에서도 독일교회는 정치적으로 어느 체제의 어용이 되지 아니했다. 동독교회는 어려운 정치적 박해 속에서도 공산정권의 시녀가 되지 않고 순수 복음선포의 교회가 되기를 힘썼다. 서독교회도 반공이

588) 설원태, "독일 통일 20주년… '대체로 성공적' 평가 속 주민통합은 진행형", kyunghyang.com, 2010.10.1.

589) "통일비용만 따지는 건 소상인적 사고", 조선일보, 1993.10.10, 6면

데올로기보다는 사랑과 정의와 평화의 복음을 선포했다. 그리하여 동서독의 교회는 민족의 십자가를 걸머지는 교회가 되었다. 이러한 태도는 한국교회를 향하여 시사하는 점이 크다. 남북한교회는 어느 체제에 예속하지 않는 자기 정체성을 확립해야 한다.

한국교회는 자기정체성을 확립하기 위하여 첫째, 십자가 아래 있는 교회가 되어야 하겠다. 한국교회는 양적 팽창 속에서 교권 왕국화를 지향하는 데서 사고를 전향시켜 민족 분단의 십자가 아래서 자기의 처소를 발견할 수 있어야 하겠다. 그리스도의 교회로서 한국교회는 이 민족의 분단 상황에서 민족 분단의 아픔에 동참하는 민족교회가 될 수 있어야 하겠다. 그것은 교회의 양적 팽창을 교회의 존재이유로 삼고 종교적 왕국 속에서 안주하므로 성공의 지표를 삼는 영광의 교회가 아니다. 그것은 분단이 가져온 동족상잔, 불신, 증오, 소격, 헤어짐의 십자가를 지는 것이다. 그리스도께서 하나님으로부터 분리된 인간의 죄짐을 대신 지시고 화해하신 것처럼 한국교회는 그리스도의 심징을 가지고 아직도 서로 질시하고 반목하고 있는 남북 사이에 화해의 중개자가 될 수 있어야 하겠다.

둘째, 하나되는 교회가 되어야 하겠다. 한국교회는 이 화해의 숭고한 과제를 성취하기 위해 다양성 속에서 하나가 될 수 있어야 하겠다. 이 통일에 관한 접근에 있어서 진보적 교회와 보수적 교회 사이에 불협화음이 있다. 통일논의의 물꼬를 튼 한국기독교교회협의회는 선언문에서 남한교회의 "반공반북 정서"를 비판하고 미국의 패권주의를 배격하고 미군철수와 UN사해체, 제반 핵무기 철거를 주장함으로써 보수성향을 지닌 한국교회의 정서를 거슬렀다. 이에 非KNCC 교회들은 KNCC 주장의 일면성과 친북성향을 지적하고 KNCC 통일선언의 편파성을 지적함으로써 한국교회의 통일론은 일치를 이루지 못하고 있다. 복음주의 성향을 지닌 교단의 의견을 대변하는 한국기독교총연합회(The Christian Council of Korea) 산하 남북교회협력위원회는 북한교회 재건 및 선교에 정향된 통일논의를 하고 있다. 한국교회는 분단된 남북이 하나 되라고 하기 전에 먼저 이 통일논의에 있어서만은 진보교회와 보수교회가 서로 협력하고 하나의 일치된 목소리를 낼 수 있어야 하겠다.

2. 북한의 주체사상 종교에 대한 바른 기독교적 비신화론화

기독교 신학은 북한의 김일성 종교가 내세우는 인간의 신격화 교리를 빈신격화해야 한다.[590] 북한의 인간 김일성을 신격화한 데 대하여 이를 비신격화 하여야 한다. 한국학중앙연구원 객원연구원 정대일이 2010년 6월 한국종교학회 학술대회에서 "북한의 종교정책연구–북한 국가종교의 성립 과정을 중심으로" 라는 제목의 발표에서 북한 주체사상을 기독교, 유대교, 러시아정교, 유교, 천도교의 요소를 두루 혼합한 '배타적 유일신교' 의 일종이자 북한의 '국교(國敎)' 로 규정하였다.[591]

정대일에 따르면 주체사상의 근본 특징이라는 '사람 중심' 개념은 천도교 교리를 베낀 것이다. 김일성은 자서전 '세기와 더불어' 에서 소위 항일무장투쟁 시기 천도교 지도자의 입을 빌려 자신의 좌우명 '이민위천(以民爲天 · 백성을 하늘처럼 섬김)' 이 "천도교 '인내천(人乃天 · 사람이 곧 하늘)' 사상과 상통한다"고 언급한다. 또 주체사상의 '수령 숭배' 는 러시아의 '황제교황주의' 와 그 영향을 받은 '스탈린주의' 의 부산물이다. 러시아 정교회의 신학수업을 체계적으로 받은 신학생 출신인 스탈린이 이를 자기 우상화에 활용했고, 김일성은 이를 다시 본떴다는 분석이다.[592]

주체사상이 강조하는 '수령 · 당 · 인민, 삼위일체' 는 명백히 기독교적 개념이다. 또 '영생(永生)' 개념을 정치신학화 시킨다: "수령의 사상을 믿고 수령이 이끄는 조직의 구성원이 돼 임무에 충실하면 수령으로부터 영원한 사회정치적 생명을 부여받는다." 이러한 정치신학화 된 영생개념이란 "수령을 거룩한 존재로 숭배하는 주체사상이 제공하는 가장 극적인 종교경험" 이 된다. '영생' 개념은 또 "혁명의 대를 계속 이어가야만 수령으로부터 받은 정치적 생명도 영생할 수 있

---

590) 이규영, "한반도의 통일과 기독교", 특집: 2011 기독교 한반도 통일 포럼, 「신앙세계」 통권 508호, 2011.10, 171.

591) 이태훈, "인내천+영생+삼위일체… '짬뽕 교리' 주체사상 북한만의 종교로", 조선일보, 2011.6.10, A23면.

592) 위의 글.

다"는 식으로 수령 세습 문제에 종교적 해답을 제시하는 데도 이용된다.

유대교적 선민(選民)사상도 발견된다. 북한 정권은 혈연적으로 단일하고, 역사적으로 유구하며, 문화적으로도 우수한 '민족'을 객관적 실체로 증명하기 위해 주체사상을 '단군 담론'과 연결시킨다. 단군릉을 지은 평양은 "혁명수도일 뿐 아니라 단군의 태(胎)가 묻힌 조선민족의 원고향"이다.[593] '태양'과 '밝음'으로 상징되는 단군을 '민족의 태양' 김일성과 동일시하면서 '김일성, 민족의 시조'라는 표현도 등장한다. 정대일은 "이를 유대 선민사상에 대입하면 단군은 아브라함, 평양은 예루살렘, 김일성은 메시아에 해당하는 것으로도 볼 수 있다"고 했다.

김일성 사후 김정일은 자신의 정치를 "인덕(仁德)정치"라며, 북한사회를 "수령은 인민에게 사랑과 믿음을 베풀고, 인민은 어버이 수령에게 충성과 효성을 다하는" 대가정(大家庭)으로 묘사한다. 유교적 개념을 적극적으로 도입하기 시작한 것이다. 그래서 "북한 주체사상은 공산주의라는 병 속에 담긴 성리학, 혹은 모택동의 옷을 입은 주희(朱熹)"(브루스 커밍스)라는 평도 나온다.

주체사상은 종교적 의례 형식도 갖췄다. 수령의 신화와 관련한 모든 장소는 '혁명 전적지' 등으로 거룩하게 구별해 순례의 대상이 되며, 모든 직장과 가정에는 예배의 장소인 '김일성혁명사상연구실'이 꾸려져 주기적으로 주체사상 교리와 신화를 학습한다. 북한 평양 만수대 기념궁전에는 태양상'으로 불리는 초대형 김일성 동상이 서 있고 참배객들은 이에 경배를 하도록 되어 있다.

"북한은 주체사상의 민족주의적 특성을 강조하며 북한뿐 아니라 남한의 구성원까지 잠재적 '신도'로 파악한다." 따라서 남한의 종교인들 역시 북한의 국가종교인 주체사상의 도전에 진지하게 응전할 수 있는 근거와 전략을 갖춰야 한다. 이러한 주체사상교는 천도교의 인내천 교리, 기독교의 영생, 삼위일체 교리, 유교의 인덕 사상을 혼합한 "짬뽕교리"요, 종교적 혼합주의다.

기독교 신학을 아는 자들은 이러한 김일성교로서 주체사상교가 천도교, 유교, 기독교 등에서 개념만 가져와 주체종교에 갖다 붙인 너무나 허무맹랑한 혼합교리라는 것을 쉽게 알 수 있다. 그리고 어느 정도의 기독교 교리를 아는 신자들도

---

593) 위의 글

이러한 주체사상 종교가 김일성을 신격화하고 교주화 하는 사이비 정치신학이요 종교라는 사실은 쉽사리 알 수 있다.

3. 남북교회 간 대화의 질과 폭 확대와 지하교회의 지원

서독교회가 동독교회를 재정적으로 지원한 것처럼 한국교회는 인내를 갖고 북한에 봉수, 칠곡 교회당 외에 또 다른 교회당 재건을 지원하고 북한의 각종 종교활동을 지속적으로 도와줌으로써 남북 간 교류를 트는 역할을 해야한다. 북한 측을 대화로 끌어내기 위해서는 한국교회는 조선기독교연맹과 대화하지 않을 수 없다. 한국교회는 북한당국의 시녀 노릇을 하고 있는 조선기독교연맹이 앞으로는 기독교적 정체성을 갖도록 격려하고 도와주어야 하겠다. 그것을 위한 구체적 방안으로서는 근 20년 전 1992년 3월에 이어 1994년 2월 평양에 빌리 글레이함 목사가 초청되어 전도강연회를 연 것처럼 남북신자의 상호만남과 화해의 선교대회를 개최하는 것이 절실히 요청된다. 2009년 이후 한국복음주의협의회에서는 남한의 KNCC와 한기총과 연합하여 평양이나 금강산에서 북한 교회지도자들과 사경회를 여는 일을 몇 차례 시도했으나 MB정부들어 북한과의 관계가 좋지 못하게 되고 거기다 2009년 금강산 관광객 피격사건, 2010년 천안함 피침사건, 그리고 연평도 포격사건 등으로 실현되지 못하였다. 앞으로 실현되도록 하기 위하여 노력하고 있다. 2011년 9월 남한 개신교, 천주교 등 7개 종단 대표들이 평양을 방문하여 북한의 종교계인사들과 대화를 나누고 돌아 온 것은 다시 경색된 남북관계를 푸는 새로운 길이라고 생각된다.[594)]

교회지도자 몇 사람끼리만 만나 선언문만 발표하는 것보다는 이제는 대화의 질을 순수 종교적인 차원(피차간에 불신과 증오의 해소, 그리스도의 화해 안에서 서로의 용납, 분단된 민족 화해의 중재자가 됨)으로 내실화하며, 대화의 폭도 각 교단의 일반 목회자들, 평신도 지도자들, 일반 평신도들, 기독교 청년들, 기독교 학생들, 각 선

594) 김필국, "7대 종교계 대표 '남북 간 화해와 평화 · 인도적 지원 위해 방북' ", YTN, 2011,09,20; "천주교 · 불교 등 7개 종단 대표, 내일부터 방북", MBC, 2011.9.20.

교회의 교류 등으로 심화, 확대 해야 할 것이다. 남북간 평신도들의 교류야 말로 참으로 중대하다고 생각된다.

1989년 9월 23일 프레스센터에서 북한선교 심포지엄에서 모퉁이돌선교회 재미교포 李이삭 목사는 "김일성 사후 북한의 변화와 선교전망"이란 연설에서 북한에 "비밀교회"가 있다고 밝히고 있다. 북한당국의 종교말살정책에도 불구하고 당국의 눈을 피해 가정교회가 유지되어 왔으며, 그 존재를 입증할 증거를 갖고 있다. "모퉁이돌선교회는 1985년부터 1만 2천여 권의 성경과 신앙서적을 在중국 동포신자를 통해 북한 가정교회에 보내어 왔고 이들편을 통해 보내준 감사편지를 통해 가정교회의 존재를 확인하였다고 한다. 모퉁이돌 선교회가 확인한 북한의 가정교회는 모두 62곳, 적게는 7~8명에서 많게는 20여 명의 신자들이 산속이나 다락방에서 비밀예배를 드린다고 한다." 이들 가운데는 공산정권 수립 이전 신자인 나이 많은 여성들도 있지만 젊은 여성, 군인, 당원도 있다고 한다.[595]

북한에 있는 소위 공식교회라고 알려진 칠곡교회, 봉수교회는 공산당원에 의하여 운영되고 기독교 신자들을 감시하고 여기에 들어오는 외국의 헌금을 관리하고 있다고 한다. 이들 봉수교회, 칠골교회는 남한의 방문자가 있을 때에만 문을 여는 가짜 교회라는 점도 확인되었다.[596] 더구나 북한에서는 기독교인임이 드러나면 주동자는 사형당하고 나머지 사람들은 전부 정치범 수용소에 갇힌다. 그러나 북한에는 진정하게 믿는 지하교회도 있다고 한다. 탈북자 단체인 NK지식인연대가 2010년 8월 4일 보도에 의하면 북한에서 비밀 지하교회를 운영하던 기독교인 수십명이 체포돼 주동자 3명이 처형당한 사실이 뒤늦게 알려졌다. 지식인연대는 내부 통신원을 통해 "지난 5월 중순 평안남도 평성시 구월동에서 비밀 지하교회를 운영하던 북한주민 23여 명이 보위부에 적발, 체포됐다"면서 "조사과정에서 주동자로 판명된 3명은 사형에 처해지고 나머지 20명은 요덕정치범 수용소로 보내졌다"고 폭로했다. 미국의 독립적 정부기구인 국제종교자유위원회(USCIRF)는 지난 4월 '2010년 국제종교자유 연례 보고서'를 발표하면서 북한을 세

595) 동아일보, 1992.10.3, 11면.

596) 서경석, [서경석 칼럼] "북한 인권 침묵하는 WCC 총회는 의미 없다", 크리스천투데이, 2011.6. 16.

계 최악의 종교탄압국으로 지목했다. 북한의 지하교회에 대한 객관적인 실체는 아직도 베일 속에 있는 것 같다. 모퉁이돌 선교회가 이 분야에서는 유일한 활동을 하는 단체이다.

북한에 있는 지하교회 신자야말로 이사야 선지가 말한대로 신앙의 그루터기요 남한신자들과 동질성을 보유하고 있는 북한 기독교 재건의 초석들이다. 북한에는 이미 조선기독교연맹이 이데올로기의 승리를 위해 편집한 우리말 성경이 있다고 한다. 하나님께서는 성경을 북한에 있는 그의 백성을 위하여 사용하실 것이다. 북한 복음화는 非이데올로기화 작업으로 수행되어야 한다. 그것은 김정일 일인(一人)신격화 체제에 의하여 세뇌된 북한주민들로 하여금 김정일 일인 우상화 및 당의 절대화에 대한 비판의식을 각성시키는 것이요, 참 하나님에게로 경배와 찬양을 돌리게 하는 것이다. 북한의 복음화는 이데올로기 비판으로 수행되어야 한다. 그러나 이데올로기 비판은 단지 철학적 논리의 차원에 그치지 않고 왜곡과 어두움을 밝히고 진리와 생명을 드러내는 하나님의 말씀의 선포를 통하여 수행되어야 한다.

4. 공존공영하는 민족공동체 형성

독일 통일 전(前) 전(前)외무부장관 한승주가 독일 전(前)총리 빌리 브란트 등 서독 인사들에게 동방정책(Ostpolitik)의 목표가 무엇인지 문의했더니 그들은 다음의 네 가지를 열거했다. 첫째, 동독을 소련의 지배에서 벗어나게 하는 것, 둘째, 동독 주민의 자유를 신장시키는 것, 셋째, 동서독 간의 인적교류와 주거 이전 및 통신을 확대시키는 것, 넷째, 궁극적으로 통일을 이루는 것이었다. 서독은 이러한 목표를 달성하기 위하여 동독에 차관을 주고 인적교류를 위한 재정적 지원을 제공하며, 정치적 구금자 석방에 10억 마르크 상당을 보상하고 동독의 교통시설 등 인프라 건설을 도와주었다.[597)]

597) 한승주(고려대 명예교수 · 전 외무부 장관), [한승주 칼럼] "대북 지원의 대상은 북한 주민이다",조선일보, 2011.8.29, A38면.

동서독교회가 서로 교류하고 지원함으로써 동서독 민족 공동체의 동질화 형성에 기여한 것처럼 남한교회가 함께 해야할 가장 중요한 과제는 그동안 66년간 대립적 이데올로기와 사회체제 속에서 그리고 동족상쟁으로 이질화된 남과 북을 동질화시켜 민족공동체로 다시 묶는 것이다.

이를 위한 시급한 과제는 물적 · 인적 교류이다. 남북간 상호방문, 교통 통신교류, 경제교류, 문화, 예술, 종교, 학술, 체육교류는 민족공동체 형성에 불가결한 것들이다. 남북당국자들은 공존공영하는 민족공동체 형성을 위하여 동서독간의 교류의 역사에서 겸허하게 배우고 이를 단계적으로 실천해 나갈 수 있어야 하겠다.

1990년 경제적으로 파산된 동독을 기업합병식으로 흡수한 서독에 의한 독일통일이란 분단 후 45년간 줄기찬 경제교류와 상호방문과 교류의 결실이라는 사실을 명심해야 하겠다. 한국교회는 정의와 박애와 복지정신의 구현으로 남북격차를 극복하는 데 이바지해야 한다. 통일한국은 결단코 이상향이 아니다. 그것은 오히려 엄청난 사회적 갈등과 진통을 통과해야 하는 사회이다. 이런 가운데 동구권이나 구동독의 붕괴 같은 사태가 돌발하여 흡수식 통일이 된다면 엄청난 진통이 야기될 것이고 점진적 통일이 된다 하더라도 남북사회와 주민들 사이의 격차는 심히 클 것으로 사료 된다.

통독 후 서독은 경제적 격차를 극복하기 위해 매년 1천 5백억(약 75조) 마르크가량 동독에 투자하고 있다. 이 막대한 경제투자 때문에 독일은 유전공학, 핵발전 등 첨단 산업의 연구에 지장을 초래하고 있다. 그리고 통일 후 서독 자체의 경쟁력 약화가 야기되었다. 그것은 임금수준은 높고 노동시간은 짧아져서 신(新)상품에 대한 사이클이 길어진 데 있다. 그리하여 독일은 이러한 산업분야에 경쟁력 강화를 위하여 국가개조 작업을 하고 있다. 그러나 이보다 동서독인들이 정신적 · 심리적 차이를 극복하는 것이 중요하다고 독일 기민당 총무 쇼이블레(Wolfgang Schauble)는 경험담을 말하고 있다.[598]

598) "'분단고통' 이 '통일' 보다 비용이 더 든다", 조선일보, 1994.9.28, 6면.

한국 기독교는 이 민족적 전환기와 진통기를 통과하면서 진통에서 터져나오는 상호간의 적대감과 괴리감을 치유하는 데 정신적 상담자의 역할을 다해야 한다. 갈등과 분열에 대하여 조정자의 역할을 할 수 있게 하는 한국 기독교의 유일한 힘은 사랑과 화해의 복음의 말씀의 선포요 사랑과 복음 정신의 선구적인 실천이다. 이를 위한 첫 단계는 북한 겨레에게 물자를 제공하든 기술을 가르쳐주든 어떤 형식으로든지 우리의 사랑과 관심을 전달해야 한다. 이 사명을 감당하기 위해서는 한국 기독교는 이 세상에서의 인정과 영예에 집착하는 영광의 신앙이 아닌 이 세상의 특권과 영광을 포기하는 십자가의 신앙으로 무장되고 이를 매일의 삶속에서 생활화해야 한다.

5. 현실주의적 화해 및 구체적이고 실질적인 교류 실천 – 양 당국자의 사고 및 발상전환의 요청

우리도 독일처럼 "통일"이라는 단어 대신에 실질적인 남북교류와 협력을 추구해야 한다. 이러한 교류 실천의 당위성은 북한이 2006년 10월 지하 핵실험에 성공함으로써 무력화된다. 북한은 핵을 무기화 하고 핵을 담보로 체제의 안전을 보장받고자 하는 것이다.

2000년 6 · 15 공동선언 그리고 2007년 10월 4일 남북정상 선언이 있었으나 오늘날 남북관계는 어느 하나 진전된 것이 없다. 북한은 2009년 금강산 여행객인 남한 여행객을 총격 살해했는가 하면, 그동안 몇 차례 서해교전에서 참패를 갚기 위하여 은밀히 수중 미사일을 발사하여 백령도 부근을 순찰하고 있던 천암함을 피침시켜 46명이나 되는 우리의 병사들의 목숨을 희생시켰다.[599] 거기다 전쟁시에도 금지되고 있는 연평도 민간거주 지역에 미사일을 발사하여 주민들의 목숨을 빼앗아 갔다. 이런 국제법 위반 사건에 대하여 북한은 전혀 반성하기는커녕 한국정부의 날조극으로 몰아가고 있다.[600] 따라서 남북은 1992년 남북고위회담

599) 천안함 침몰 희생자 46명, 대전현충원 합동안장식 거행, CMB대전방송, 2010.4.29.

600) 이현정, "玄통일, 6 · 15기념식 올해도 불참 이유는?", 뉴시스, 2011.6.15.

을 통해 화해와 불가침 및 교류, 협력에 관한 남북합의서를 채택했고 2000년대는 두 차례 남북 정상회담과 미국, 중국, 소련, 일본 이 참여하는 수차례 6자회담에도 불구하고 북한이 이를 통해서 기존의 무력적 대남 적화정책을 포기하도록 하지 못했다. 북한에게는 소련의 해체라는 충격과 중국의 개혁정책으로 "체제수호"와 "경제개발"이 현안이다. 이를 위해 김정일 중심체제 강화와 함께 미국과 일본 등 선진 자본주의 국가들과의 실질적인 관계개선을 적극적으로 추진하고 있다. 2011년에 들어와 김정일은 김정은을 대동하여 세 차례 중국을 방문하면서 후계자 세습 인준과 중국 단둥 쪽에 바짝 붙은 압록강의 하중도(河中島) 황금평을 경제 특구로 지정해 중국과의 합작개발을 하는 등[601] 지나치게 중국에 의존도를 높이고 있다. 그러나 북한이 선군(先軍)정책을 버리고 진정하게 개혁개방으로 나오지 않는 한 북한의 내적 붕괴는 시간문제일 것이다.

북한 김정일 그리고 김정은 체제는 가중되는 식량부족과 경제적인 위기를 타개하기 위하여 장기적으로 자신의 체제유지를 위하여 불가피하게 대남 태도의 변화와 아울러 중국 모델에 따른 개혁 개방을 시도할 수 밖에 없을 것이다. 우리는 여태까지 나타난 북한의 이중적인 대남전략을 경시한 지나친 낙관론이나 앞으로 예상되는 북한의 대남정책의 변화가능성을 간과하는 지나친 비관론도 삼가야한다. 여기에는 지속적이고 일관된 정책과 끈기와 인내가 요청된다. 북한에 대한 물자(식량 등 생필품)공급[602]은 정부가 하기 보다는 민간 차원에서 지속적으로 하도록 하고, 특히 이산가족상봉은 인도적인 차원과 민족동질성 회복 차원에서 이루어지도록 제도적 장치마련에 정부가 노력해야 할 것이다. 서독이 동독에게 경제적인 선물을 반대급부로 주면서 했던 것처럼 이산가족들이 판문점에서 만나지 말고 자기들의 고향과 친지들을 쌍방 자유롭게 방문할 수 있도록 해야 할 것이다.

---

601) 김윤희, "北 · 中경협 핵심은 황금평 아닌 신의주?", heraldm.com, 2011.6.15; 北, 황평금 · 위화도 개발 … 중국과 개발합의 불리 논란, 노컷뉴스, 2011.4.18.

602) 쌀이나 밀가루는 군사용 내지 배급제도에 이용되는 등 체제 유지용으로 사용될 수 있기 때문에 라면, 과자, 비료, 의약품 등 주민들의 생활 필수품을 중심으로 구호품을 보내는 것이 바람직하다.

6. 통일한국의 사회이념 제시 - 사회적 자유민주주의

지난 1989년과 1990년 초 동구권에서 일어났던 세기적인 사회주의국가와 이념의 붕괴 그리고 공산국의 종주국인 소련연방의 해체는 지난 70여 년간 역사적인 이데올로기 실험을 통하여 일당독재적 사회주의 체제와 이념이 비현실적이며 환상이라는 사실을 명명백백히 드러내었다. 서독에 의한 동독의 흡수방식의 독일통일도 공산주의 이데올로기에 대한 자유주의 이데올로기의 우월성을 증명해주고 있다.

그럼에도 불구하고 자유주의 이데올로기의 승리라고 말할 수는 없다. 자유주의 이데올로기가 수용하고 있는 자유방임자본주의 경제체제는 빈부의 격차를 크게 하고 인간의 기본권과 사회적 기회균등권을 부의 소유에 따라서 제공하기 때문에 사회적 불평등과 불균등을 초래하기 때문이다.

통일한국은 여기서 사회적 정의와 평등을 강조하는 인도적 사회주의 이데올로기로부터 배울 수 있어야 한다. 따라서 양 이데올로기의 장점만을 취한 사회적 자유주의는 통일한국의 지도이념이 되어야 할 것이다. 사회적 자유주의는 이데올로기의 대립과 갈등을 초극하는 길이다. 이 초극의 길에 있어서 한국 기독교는 하나님의 말씀을 선포할 수 있어야 한다. 하나님의 말씀은 인간존재의 천부적 존엄성과 권리와 자유를 가르침으로써 자유주의 이념의 기초가 될 뿐 아니라 동시에 사회적 정의와 기회의 평등을 역설함으로써 사회주의 이념의 기초가 되고 있기 때문이다. 기독교는 복음을 전파함으로써 좌파이념과 우파이념의 대립과 갈등을 초연한 복음의 입장에서 조정할 수 있어야 한다.

한국교회는 북한교회와 함께 통일시대의 사회이념을 개발하고 양측 정부를 향하여 제시할 수 있어야 하겠다. 미국의 경제학자 갈브레이스(John K. Galbraith)가 지적한 바와 같이 "후기 산업시대의 세계 공동체"에서는 성숙한 사회주의와 고도의 자본주의가 서로 폭넓게 수렴하는 현상에서 우리는 지혜를 배울 수 있어야 한다.

통일한국의 사회이념은 사회적 자유민주주의가 되어야 하지 않을까 생각한다. 사회적 자유민주주의란 자유민주주의와 인도적 사회주의의 장단점을 보완하고 수렴한 이념이다. 이 이념은 민족적으로는 모든 외세의 패권주의 영향에서 독립된 자주독립국가를 지향하고, 정치적으로는 다당제, 의회제도, 자유선거제도, 정치비판, 기본권 보장을 허용하고, 경제적으로는 부의 배분에 있어서 사회적 통제와 고도의 공익성과 균형을 이루는 시장경제 체제, 말하자면, 요즈음 논의되는 자본주 4.0[603]을 수용하고, 사회적으로는 자유경쟁과 기회의 균등이 보장되고, 사회복지가 실시되고, 문화적으로는 민족문화와 공동체의식이 강조되고, 다양한 사상 문학 예술이 꽃피고, 종교적으로는 양심과 신앙과 전도와 선교의 자유가 보장되고, 도덕성이 존중되는 체제를 지향한다.

7. 분단된 민족의 마음을 연결시키는 화합의 고리

독일교회가 분단된 독일을 연결하는 고리 역할을 한 것처럼 한국 기독교는 사랑과 화해의 복음정신으로 분단상처를 치유하고 화합하는 고리가 되어야한다. 한국 기독교는 이러한 두 가지 이질적 사회의 물리적 결합 속에서 야기되는 갈등과 분열과 증오를 사랑과 인내로써 치유할 수 있는 중재자가 되어야 하겠다. 통일한국은 6 · 25 동족상잔의 비극과 남북사회의 정치적, 이념적, 문화적, 심리적 소격을 극복해야 하며 이와 동시에 남북간의 경제적 격차를 극복할 수 있어야 한다.

동서독의 경우 우리와 같은 동족끼리의 전쟁이라는 과거도 없었고 분단 이후 줄기차게 경제 및 인적 교류가 오갔으며 동독인들이 모두가 서독의 텔레비전을 시청함으로써 서독의 자유와 경제적 풍요함을 익히 알고 있었다. 또한 서독의 경우 많은 동독에 관한 연구소와 동독에 정통한 학자들이 있었다. 서독 연방정부,

603) 2011년 8월 초부터 17회에 걸쳐 조선일보가 연재한 '자본주의 4.0' 시리즈는 엄청난 반향을 일으켰다. '따뜻한 자본주의' 로 요약되는 '자본주의 4.0' 에 대하여 "구성원 모두가 제 역할을 하는 공생(共生)의 자본주의와 '다 같이 행복한 성장' 이 필요하고, 기업이 그 중심 역할을 해야 한다"는 주장은 큰 공감을 얻었다. 이명박 대통령은 2011년 광복절 경축사에서 "'자본의 자유' 에서 '자본의 책임' 으로, '부익부 빈익빈' 에서 '상생번영' 으로 진화하는 시장경제의 모델이 요구되고 있다"고 말했다. 범(汎)현대 일가들이 5,000억 원을 출연하여 '아산나눔재단' 을 만들기로 하는 등 재계와 대기업들도 깊은 관심을 보이고 있다(이선민, "'한국자본주의 4.0', 본격논쟁이 필요하다", 조선일보, 2011.9.20).

주정부 차원에서는 물론이고 동독에 관한 정보를 수집하고 연구하는 체제를 갖추고 있었다. 베를린 자유대학에도 권위 있는 동독연구소가 있었다. 그리고 동서독기본조약 체결 후에는 수많은 사람들이 동독을 직접 다녀 왔고 학생들은 견학여행을 했다.

그러나 막상 통일된 후 서독측의 문제는 동독의 실상을 몰랐고 동독 경제를 과대평가하여 혼선을 거듭하였다. 주한 독일 대사 디터 지메스(Dieter Siemes)는 "서독은 동독을 연애의 대상으로만 생각했지 막상 결혼까지 가능하다고 생각지 않았다. 정부나 학자들의 동독 연구는 구체적이고 현실적인 것이 아니었다. 특히 동독의 경제를 과대평가했다"고하는 경험담은 우리에게 많은 것을 시사해준다.[604)]

북한은 동독과 경우가 다르다. 북한사회는 관제적인 라디오와 텔레비전에 의해 철저히 통제되고 있는 폐쇄사회이기 때문에 북한주민들은 남한사회의 경제적인 발전과 자유에 관해 더욱 구체적으로 알지 못한다. 현재의 상황에 있어서 통일의 구체적 과정을 주도하는 자는 양측 당국자이다. 남한교회는 이 과정을 면밀하게 주시하면서 남북대화가 남북의 실질적인 교류와 협력, 그리하여 평화로운 통일로 나아가도록 하는 동반자와 조정자와 후견자의 역할을 다 할 수 있어야 하겠다. 한국교회는 조선기독교연맹이 동독교회처럼 자생력과 신앙적 정체성을 갖도록 기도와 물질과 국제적 기구를 통한 지원으로 도와주어야 할 것이다. 한국교회도 내부적으로 복음정신에 걸맞는 사회적 자유민주주의 이념의 틀 안에서 6 · 25시절 가졌던 반공정서를 화해와 공존공영 정서로 승화시켜 나아가야 할 것이다.

8. 북한 주민의 인권개선에 힘쓰는 한국교회

한국교회는 굶주리고 있는 북한 동포들의 생존을 위하여 양식을 전달해주어야 할 뿐 아니라 이들의 인권 유린에 대하여 고발하고 인권개선을 위하여 노력을 경주해야 한다. 2000년 들어와 남북은 두 차례 정상회담을 했지만 한국정부는 전

604) "통일비용만 따지는 것은 '소상인 사고'", 조선일보, 1994.10.10, 6면.

혀 북한 주민의 인권문제를 거론하지 않았다. 지금 북한의 수용소는 예전보다 더 커지고 있다. 그만큼 정치적이고 사회적인 불만을 가진 자들에 대한 체포구금이 더 심해졌다는 것이다. 미국이나 일본의회가 만장일치로 북한인권법을 통과시키고 이를 위한 구체적인 실천을 하고 있는 즈음 아직도 당사자인 한국은 민주당이 중심이 된 야당의 저지로 인권법을 상정하고서도 통과시키지 못하고 있는 실정이다. 통일은 남북한 당국자와 하는 것이 아니고 남북한주민들이 하는 것이다. 당국자들은 국민들의 심부름꾼에 불과하며 이들은 기한이 지나면 시민의 지위로 물러가야 할 사람들이다.

한국교회는 중국 등지에서 어렵게 도피해 있는 탈북자들을 돕는 일에 각별한 관심과 행동을 보여야 한다. 기독교사회책임이 인권단체와 제휴하여 행하고 있는 "탈북난민 강제송환 저지" 운동을 펼치는 것은 적절하다. 중국 정부의 탈북난민 강제북송 저지를 위한 제3차 유럽 캠페인이 2011년 6월에도 진행되었다. 캠페인은 탈북자들을 단순 불법체류자로 간주해 체포 및 구금하여 북한으로 강제송환할 뿐 아니라, 현상금을 내걸고 탈북자들을 색출하면서 이들을 도운 사람들까지 중형을 선고하는 중국에 대한 인권 개선을 촉구하기 위해 베이징올림픽이 개최되던 지난 2008년 시작돼 매년 이어지고 있다.[605] 탈북자들은 신분증이 없는 데다 중국말을 못해 쉽게 발각되는데, 이들은 강제송환되면 민족의 반역자나 첩자로 낙인찍혀 상상할 수 없는 구타와 고문, 구금과 강제노역, 심지어 정치범 수용소행과 공개처형을 당한다. 중국은 탈북자들의 심각한 인권문제를 인식하고 국제법을 준수해야 한다.

지금 WCC는 북한주민의 절규를 외면하고 있다. 전 세계가 북한의 참혹한 인권유린에 대해 경악하고 문제제기를 하고 있음에도 불구하고 WCC는 이를 외면하고 있다. 이러한 태도는 지난 1970, 80년대에 남한 인권을 적극 지원했던 점과 상반된다. WCC는 1980년대에 남과 북이 만나지 못할 때 글리온 회의를 주선해서 남과 북의 기독교인들을 만나게 하는 등 한반도의 평화와 남북대화에 공헌했

---

605) 이대웅, "탈북난민 강제북송저지를 위한 제3차 유럽 캠페인, 13~25일 9개국 14개 도시 순회", 크리스천투데이, 2011.6.13.

다. 그렇기 때문에 WCC는 지금도 그 연장선상에서 북한과의 대화를 모색하고 있다. 서경석이 비판하는 바와 같이 지금의 한반도가 1980년대와 전혀 다름에도 불구하고 WCC가 아직도 지난날의 글리온회의(會議) 사고에서 벗어나지 못하는 것은 대단히 유감스럽다. 1980년대에 우리는 북한의 실상에 대해 무지(無知)했고 당시 남한이 군사독재 하에 있었기 때문에 남한의 반공적 입장이 평화와 통일을 가로막는 주된 장애물인 줄 알았었다.[606] 1987년 민주화 이래 한국에서는 대통령만 5분이나 바뀌었고, 여당에서 야당으로, 야당에서 여당으로 정권교체도 이루어졌다. 문제는 북한의 3대에 걸친 세습독재체제이며, 북한주민들은 굶주리고 있으며, 정치범들이 수용소에서 박해당하고 있고, 탈북자들이 증가하고 있으며, 일반 시민들은 인간다운 대우를 받지 못하고 살고 있다. 공산당원을 제외한 북한주민들에게는 식량도 없으며 인권도 없는 북한 전체가 하나의 강제 수용소이다. 북한주민에게 식량과 인권은 필수불가결한 두 가지 생존여건이다: "굶는 사람을 먹이고 인권유린을 막는 일은 조건 없는 무상명령이고, 만약 어떤 이념이 둘 중 하나라도 무시하게 한다면 아무 소용없는 쓰레기일 뿐 아니라 심각한 독극물"이다. "그러므로 인권과 기아 문제를 통일, 핵무기, 무력도발, 북한 정권과 연계해 볼 것이 아니라 다른 모든 문제들을 인권과 기아의 관점에서 이해하고 평가해야 한다."[607]

맺음말

남한교회는 예수 그리스도의 교회가 되어야 한다. 그것은 남한교회가 어떤 이념이나 체제의 종이 아니라 예수 그리스도의 종이라는 사실을 자각하고 행동하는 것을 말한다. 남한교회는 복음의 빛 아래서 남쪽의 자본주의사상과 북쪽의 주

---

606) 서경석, [서경석 칼럼] "북한 인권 침묵하는 WCC 총회는 의미 없다", 크리스천투데이, 2011.6.16.

607) 이대웅, "'북한 대하는 자세, 인권개선과 식량지원 모두 중요', 기독교통일학회서 손봉호 박사 주장" 크리스천투데이, 2011.6.10.

체사상을 상대화하고 양측의 경험들이 창조적으로 재결합하는 데 새로운 한국적 길, 이념들의 대립을 지양하고 초극하는 길, 복음에 상응하는 길을 닦아 가야 한다. 이 길을 닦아감에 있어서 남한교회는 이념과 체제의 짐에 눌려 신음하고 있는 민족과 겨레의 고통에 동참하고 이들을 구원하는 십자가 아래 있는 교회가 되어야 한다.

분단과 갈등과 증오가 현재하는 역사의 현장에서 그리스도의 교회는 종교적 왕국의 영광을 누릴 수 없다. 역사의 구속이 아직도 완성되지 않았기 때문이다. 그리스도의 교회는 역사의 분단과 갈등과 증오를 치유하기 위해 일하시는 하나님의 선교에 고난의 종으로서 쓰임을 받아야 한다. 남한교회의 존재이유는 이 민족분단의 고난에 동참하고 민족화해의 제사장이 되기 위해서이다. 남한교회는 이 존재이유를 자각해야 한다. 동구가 그렇게 빨리 붕괴되며 소련연방이 그렇게 하루 아침에 해체될 줄은 아무도 예견하지 못했다. 이에 반해 북한붕괴에 대한 예견은 많은 전문가들에 의해 표명되고 있다. 머지않은 시기에 북한 체제에 이변이 생기거나 붕괴된다면 우리는 독일의 흡수통일이 가져온 진통을 반복하지 않도록 통일에 대한 견실한 준비를 해야 하겠다. 양 체제의 격차를 줄이는 것이 통일의 지름길이며 통일 후에도 사회문화 통합의 지름길이라는 사실을 명심해야 한다.

제11장

독일통일과정에서 독일정부와 교회의 역할이 한국정부와 교회에 주는 교훈

제11장

독일통일과정에서 독일정부와 교회의 역할이 한국정부와 교회에 주는 교훈

머리말

통일 이전(以前) 서독교회의 역할, 통일 이후(以後) 독일 사회의 현황 그리고 독일교회의 현 상황을 고찰하는 것은 한반도의 통일을 염원하는 한국교회가 배워야 할 지침들을 찾는 것이다. 오늘날 통일 이후의 독일의 상황에 관하여 최신자료 연구는 우리들에게 오늘날의 독일사회와 독일교회의 모습을 잘 알려줌으로써 한국교회의 통일정책을 세우는데 좋은 길잡이가 된다.

I. 갑자기 다가온 통일: 예기치 않은 사건에서 결정적 기회를 붙잡은 서독 정부

독일의 통일은 서독 정부나 국민 누구도 전혀 예기치 않게 다가왔다. 독일 통일을 향한 극적 전환이 이루어진 시점은 동독 경찰이 민주화 시민운동에 더 이상 제재를 가하지 못하게 된 시점인 1989년 11월 9일로 본다.[608] 그것은 1961년 8월

608) 주도홍, "통일 후 독일 교회의 통합화 노력", 『북한선교』, 기독교북한선교회, 2004.11~12, 8.

에 설치된 베를린 장벽이 28년만에 무너지게된 시점이다. 여기에는 두 가지 수수께기가 남아 있다. 하나는 1989년 9월에 동독 라이프지히 니콜라이교회에서 시작된 민주화 촛불시위가 10월 9일 동독의 정권 교체를 요구하는 시위로 변했을 때 중국식 해결법을 결정한 호네커가 내린 발포명령이 시행되지 않은 것이다. 다른 하나는 11월 9일 동독 베를린에서 아무런 상부의 명령을 받지 않은 채 동독의 장교들이 밤에 물밀듯 밀어닥쳐 서베를린으로 탈출하려는 시위군중들이 장벽을 넘어가도록 국경을 열어주자는 합의를 본 것이다.[609] 그 전환 후 만 1년 만에 공식적으로 통일은 1990년 10월 3일 이루어졌다. 시민혁명으로 촉발된 동독의 변화에 서독 정부는 민첩하고 지혜롭게 대처함으로써 1년이라는 짧은 기간 동안에 통일이라는 기적을 이루어내었다.

1989년 11월 9일 폴란드 총리와 44년만의 정상회담을 하기 위해 바르샤바에 도착한 헬무트 콜(Helmut Kohl)은 호네커(E. Honecker)가 불과 몇 달전까지도 자본주의의 불합리가 사라지지 않는 한 백 년은 갈 것이라고 호언장담하던 베를린장벽의 개방소식을 전해 듣는다.

그는 비상각료회의 소집을 명령한 뒤 모든 일정을 취소하고 급거 귀국한다. 그렇게 갑자기 몰아닥친 '통일의 기회' 였다. 기회가 그렇게 우연히 찾아오리라고 전혀 생각도 못했던 서독은 당황했다. 통일의 각본 하나 없었다. 베를린은 예나 지금이나 전승 4개국의 통제 하에 있으며 동베를린 부근에 소련군 3만 5천 명과 동독 전 지역에 35만 명의 바르샤바 조약군이 주둔하고 있다. 정상적인 상태로는 통일이란 불가능한 상황이다. 콜은 재빨리 바르샤바를 떠나면서 "독일인의 생존에 대한 전승국의 어떠한 형태의 간섭도 거부한다"는 불간섭 원칙을 천명한다. 바로 다음날 열린 비상각료회의는 중구난방 갑론을박이 벌어진다. 참모들은 소요기간이 5년, 10년씩 걸리는 장황한 통일절차를 늘어놓는다. 대동독 긴급조치 → 조약공동체 → 국가연합 → 연방 대충 이런 식이다. 콜이 큰 사람의 진가를 발휘한다. 그는 참모들에게 "통일이란 열차는 기다려주지 않는다"고 강조하면서

609) 정일웅, 『독일교회를 통해 배우는 한국교회의 통일노력』, 서울: 왕성도서출판, 2000, 145~146

미련없이 검토안을 팽개친다. 천부적인 낙천성에 추진력과 결단력을 겸비한 콜은 "생각은 나중에 하고 우선 행동을 하자"며 통일열차를 잡는 쪽으로 가닥을 잡는다. 그리곤 베를린으로 날아가 "우리는 한민족(Wir sind ein Volk)"이라고 선언한다. 당시 국내외 통일환경은 결코 좋은 편이 아니었다. 동독서기장 에곤 크렌츠(Egon Krenz)는 "통일은 협의의 대상이 아니다"라면서 미리 쐐기를 박고 나섰다. 고르바초프도 "두 개의 독일은 현실이며 역사의 결정"이라고 바람을 뺐다. 그 쪽은 원래 그렇다고 치고 다른 서방국가들도 하나같이 독일의 재부상을 우려했다. 프랑스의 대통령 미테랑, 영국 수상 대처도 하나같이 독일의 통일을 원하지 않는 인물들이었다. 콜은 제일 먼저 독일 통일에 가장 호의적이었던 미국 대통령 조지 부시를 설득하여 긍정적 확약을 받고 장벽 붕괴 20일 만에 통일조약 10개항의 발표를 강행했다. 통일의 또 한명의 주역인 외무장관 디트리히 겐셔(Dietrich Genscher)도 콜을 도와 부지런히 주변국 설득에 나섰다. 콜과 겐셔는 "독일은 통일돼도 유럽공동체와 나토 안에 존재할 것"이라며 프랑스와 영국을 설득했다. 폴란드에 대해서도 과감하게 오데르—나이세 국경선을 통일 후에도 준수할 것이라고 선언했다.

겐셔는 "나토의 새로운 전략은 유럽의 변화된 안보환경에 적응하고 소련(蘇聯)의 합법적인 안보이익을 고려해야 한다"고 주장하고 나토와 바르샤바조약국간의 관계는 소련(蘇聯)과의 관계발전에 새로운 가능성을 열기 위해 발전돼야 한다고 말했다. 콜은 3차례나 모스크바를 방문, 고르바초프와 담판을 벌인다. 그는 이러한 일련의 담판을 통해 고르바초프로부터 "독일통일은 스스로 결정할 문제"라는 답변을 얻어냈을 뿐 아니라, 마침내 2+4 회담의 최대의 걸림돌이었던 통일 독일의 나토잔류에 대한 허락을 얻어내고 만다. 그 대가로 독일은 소련군 철군을 비롯한 각종 경제지원 명목으로 무려 150억 마르크를 지불해야 했다. 혹자는 이를 두고 통일을 돈으로 샀다는 비난을 하기도 한다. 고르바초프에게는 그것이 권좌에서 물러나는 한 원인이 되었다. 1991년 소련군부의 쿠테타, 그리고 소련의 해체로 이어지는 흐름을 보면 소련군부가 독일통일을 얼마나 받아들이기 힘들어 했던가, 그리고 그 통일의 기회란 것이 얼마나 일시적인 것이었던가가 분명해진다.

II. 통일 전(前) 독일교회

분단된 동서독은 정치적으로 공동의 헌법을 가져본 일이 없었다. 이에 반해서 동서독의 개신교회는 20년 이상 외부의 힘에 의하여 분단되었으나 근본적으로 하나의 조직과 하나의 교회법을 가지고 있었다. 동서독 교회는 정치적인 분단 속에서도 교회의 하나됨을 위하여 노력하였다. 이들은 총회의 장소는 달랐지만 같은 날짜와 시간에 모여 서로 왕래가 가능한 대리인들의 도움으로 공동의제에 대한 의결과 임원선거 등을 언제나 공동으로 진행하였다. 1961년 8월 베를린 장벽이 동독 공산당에 의하여 설치되면서 동서독의 관계는 더욱 냉전의 긴장관계가 고조되는 방향으로 나아갔다. 장벽 설치 이유는 많은 동독의 지식인들과 기술자들이 서베를린으로 탈출해감으로써 동독은 노동력의 부족과 국가 정체성의 위기를 느꼈기 때문이다.[610] 1968년 동독정부는 (SED)사회주의 국가로서 새로운 헌법을 발표한다. 1969년에 동독정부의 강압에 의해서 독일개신교협의회(EKD)로부터 분리되어 8개 지역교회를 중심으로 동독개신교연맹(BEK)이 창설되었다.[611] 동독공산당에 의한 조직상의 분리작업에도 불구하고 비록 제도적으로는 분리되었으나 동서독교회는 그리스도의 신앙공동체로서는 나누어지지 않았다. 동독개신교연맹은 그들의 교회법에 서독교회를 "특별한 공동체(die besondere Gemeinschaft)"로 불렀고,[612] 독일개신교협의회도 동독교회를 "특별한 공동체"라고 불렀다. 이러한 두 교회의 입장과 태도는 두 교회가 특수한 정치적 상황을 고려하여 일시적으로 분리한 것이지 서로가 그리스도 안에서 하나된 형제의 공동체로 머물러 있음을 확인시켜주는 것이다.

이처럼 동서독 교회는 동서독의 정치적인 분단에도 불구하고 이에 종속되지 않았다. 동서독교회는 예수 그리스도의 교회로서 "특별한 유대관계"를 설정함으

---

610) Christoph Kleßmann, *Zwei Staaten, eine Nation: Deutsche Geschichte 1955~1970.*

611) 정일웅, 『독일교회를 통해 배우는 한국교회의 통일노력』, 서울: 왕성도서출판, 2000, 109.

612) Erwin Wilkens, "Die Evangelische Kirche in Deutschland", in: Weinfeld Werner, u. a. (hrsg.), *Deutschland Handbuch*, Bonn, 1992.

로써 분단을 극복하고자 하였다. 동독 정권이 동독의 교회와 신자들을 핍박하였음에도 불구하고 서독교회는 정치적 분단을 넘어서 형제애로써 지속적으로 동독교회를 지원하였다. 서독교회는 "디아코니아 재단"(동독에 상주)을 설립함으로써 동독을 지원하고 동독교회를 도왔다. 단지 대화만 아니라 실천하는 "실천적 대화(praktisches Dialog)" 그리고 어려운 형제를 도운다는 "섬김의 신학(diakonische Theologie)"이 서독교회가 가진 기본 태도였다. 서독교회는 동독교회를 돕는 데 일관된 두 가지 원칙을 견지하였다: 첫째, 재정적 지원을 하면서 명목 있는 도움으로 동독교회의 자존심을 지켜준다. 둘째, 지원한 돈의 사용처를 확인하지 않는다. 서독교회는 이 원칙을 실천하여 받는 동독교회의 자존심을 훼손하지 않았고, 지원한 돈의 사용처를 단 한번도 추궁하지 않았다.

1968년 동독정권이 사회주의 새 헌법을 제정하여 동독교회를 교사(絞死)시키고자 했을 때 동독교회는 이에 맞서 자기를 지켰다. 1971년 동독교회는 처음으로 아이제나하(Eizenach)에서 총회를 개최하고 그들의 교회를 "사회주의 속의 교회(Kirche in Sozialismus)"로[613] 규정하였다. "사회주의 속의 교회"란 동독 속의 교회, 더 나은 사회주의를 위한 교회, 그리고 현존하는 사회주의를 위한 교회를 의미한다.[614] 동독교회는 한편으로는 동독정부가 지향하는 사회주의를 받아 들이면서도, 다른 한편으로는 사회주의 안의 교회의 정체성을 확립하고자 했다. 동독교회는 사회주의 체제 안에서도 국민과 함께 있기를 원했고, 사회주의 이념과 기독교의 공통점을 추구하며 대화하며, 사회주의의 잘못된 부분을 비판하였다. 동독교회는 하나님의 말씀을 선포하고, 의회주의적 회의와 내적 민주주의 실현에 노력하였고, 끝까지 국가에 의하여 통제되지 않는 유일한 동독 내 기관으로 동독국민의 가장 신뢰를 받는 기관으로 머물렀다. 1978년 동독교회는 마침내 호네커 정부와의 회담을 통해서 국가로부터 많은 종교의 자유를 확보하여 국제협의회와의

---

613) Wolfgang Thumser, *Kirche im Soziaismus. Geschichte, Bedeutung und Funktion einer ekklesiologischen Formel*, Tübingen 1996.

614) 정일웅, 『독일교회를 통해 배우는 한국교회의 통일노력』, 서울: 왕성도서출판, 2000, 112~113.

교류와 WCC의 회원교회로 참여하였고[615], 1980년대부터는 동독 내에 일어났던 평화운동, 군비축소와 핵무기 반대, 인권문제와 환경파괴 등 사회적인 문제에 적극적인 의견개진과 활동을 전개하였다.[616] 그리고 동독정권이 입교식 대신에 "청소년 축복식(Jugendweihe/Jugendfeier)"을 도입했을 때 동독교회는 이에 반대하면서 교회의 정체성을 지키고자 하였다. 동독정권은 제정된 새 헌법에 교회의 유일한 재정수단인 교회세 제도 폐지, 신자들에게는 보험제도, 연금제도 혜택 금지, 신앙활동을 범죄행위로 규정하여 신자들을 감옥에 가두는 등 철저한 종교 탄압을 하였고 기독교 신자들에게 불이익을 주었다. 서독교회는 이러한 어려움에 처한 동독교회를 위하여 실천적으로 대화하며 기도하고 철저히 재정적으로 지원하였다. 동독교회는 1952년까지는 재정운영을 교회에 속한 교인들이 지불하는 교회세(Kirchensteur)에 의존하였다. 그 후로 동독정부의 거부로 교회세가 징수되지 않았다. 이로 인해 동독교회는 엄청난 재정적인 어려움을 겪게 되어 동독교회 목회자들의 생활비는 전적으로 서독교회가 부담하게 되었다. 서독교회는 1990년 통일될 때까지 그 일을 감당하였다.

III. 통일 후(後) 독일교회

1. 로쿰 총회에서 공동 위원회 구성

통일 후 동서독 교회, 즉 독일교회연합과 동독개신교연맹은 1990년 1월 15일

615) 동독교회(동독개신교회연맹, BEK)는 1983년 WCC 밴쿠버 총회의 다룬 주제 "정의, 평화, 그리고 창조세계의 보전(Gerechtigkeit, Friede und die Bewahrung der Schöpfung)" 에 대한 답을 찾기 위한 대회를 동독에서 개최할 것을 수용했고, 1988년 2월에 드레스텐(Dresden), 10월 막데부르그(Magdeburg), 1989년 4월에 다시 드레스덴에서 세 번째 회합을 개최하였다. 이 모임은 1990년 서울에서 개최된 정의, 평화, 창조세계의 보전을 위한 세계성직자회합(Weltkonvokation)의 준비작업이 되었다. 그리고 이 평화운동은 동독에서는 교회조직보다는 교회의 사회윤리적 책임을 강하게 의식한 기초그룹(die sozialethisch engagierten Basisgruppen)에 의하여 이루어졌다(B. Alsmeier, *Wegbereiter der Wende, Die Rolle der Evangelischen Kirche in der Ausgangsphase der DDR*, Centarurus, 1994).

616) 권오성, "독일통일과 교회의 역할", 『기독교사상』 39권 7호, 고려글방, 1995, 149~150.

~17일까지 회합을 갖고 로쿰선언(Loccum Erklärung)을 발표하였다.[617] 이 선언을 통해서 법적 근거를 마련하고 하나가 되는 중요한 합의(동서독교회가 9명씩 통합을 위한 공동위원회 구성에 합의)를 마련하였다. "공동위원회(die Gemeinsame Kommission)"에서는 서독 중심의 독일교회연합으로의 통합을 구상하였다.[618] 공동위원회는 튀빙엔 대학의 교회법 교수인 마틴 헤켈(Martin Heckel)에게 두 교회의 통합을 위한 법적 절차를 연구하여 그 연구결과를 총회에 보고하도록 하였다. 헤켈의 연구보고는 다음 두가지이다. 첫째, 과거 동독교회의 독일교회연합으로부터의 탈퇴는 동독개신교연맹의 법에 의거한 것이며, 독일교회연합의 교회법에 의거할 때 어떤 효력을 발휘하지 않는다. 둘째, 동부의 지체 교회의 독일교회 연합회원 자격은 상실된 적이 없다. 그러므로 회원으로의 활동은 당사자 교회가 자기 편에서 법적 행위를 정당하게 재개함으로써 시작된다. 총회는 여러 가지 토론을 거쳐 헤켈의 견해를 수용하는 지혜로운 결정을 하였다. 헤켈의 연구는 동부의 지체교회의 손에 교회통합의 결정적 열쇠가 주어지도록 하였다.[619] 어쩔수 없이 나누어졌던 형제의 마음에 조금이라도 아픔을 주지 않기 위해서 서독교회는 부단한 노력을 한 것이 주목된다.[620] 1991년 2월 24일 베를린 슈판다우(Berlin-Spandau)에서 두 교회가 통합을 위한 총회로 모였다. 독일교회 연합과 동독 개신교 연맹은 각기 교회통합을 위한 투표를 실시하였다. 독일교회연합은 100% 통합에 찬성하였고, 동독 개신교 연맹은 8표 반대, 4표 기권이 나왔다. 그리고 1991년 6월 27일부터 새 교회통합법이 효력을 발휘하게 되어 독일교회는 반세기 반에 온전히 하나가 되었다. 1991년 6월 28일부터 30일까지 독일교회연합총회가 코부르그(Coburg)에서 감격스럽게 개최되었다.[621]

---

617) 정일웅, 『독일교회를 통해 배우는 한국교회의 통일노력』, 서울: 왕성도서출판, 2000, 154.

618) Uwe-Peter Heldingsfeldm "Die evangelischen Kirchen in Deutschland un die epochalen Veränderungen seit 1989", 9-10: *Evangelische Pressedienst-Dokumentation(이하 EPD)* 18a/91, 14.

619) Uwe-Peter Heldingsfeldm "Die evangelischen Kirchen in Deutschland un die epochalen Veränderungen seit 1989", 11~12.

620) 주도홍, 『통일, 그 이후. 독일 통일 15년의 교훈』, 서울: IVP, 2006, 48.

621) 주도홍, 상게서, 42.

2. 교회연합에 따른 새로운 제도 도입

그리고 독일교회는 동독지역에 "교회기본법", "학교 신앙교육(Religionsunterricht)", "군목제도(Militärseelsorge)" 등을 도입하기에 이르렀다.[622] 1948년 형성된 교회기본법을 새로운 법으로 대치하는 데 합의했다. 1984년 독일 연합총회에서 새로운 기본법을 절대다수의 찬성으로 통과시켰으나 경건주의 성향이 강한 뷔르템베르그 지역 총회가 합의하지 않아 좌초되었다. 그래서 교회법 제2조에 "독일 개신교 통합 형성(Herstellung der Einheit der Evangelischen Kirche in Deutschland)"이라는 조항을 삽입하는 선에서 종결되었다. 학교 신앙교육은 동독학교 사회주의 정권의 교과과정에서 없어진 기독교 신앙교육이 독일헌법 7조 3항에 따라 필수과목으로 복구하게 되었다. 그러나 오래동안 사회주의 사상에 의하여 불신 상태에 젖어 있는 동독지역 학부모들이 이에 대해 환영하지 않았고 잡음이 발생했다. 그리하여 학교에서는 정식과목으로 신앙교육에 참여하되 기독교 신앙고백 없이 참여하는 예외조항을 마련했다.[623] 군목제도에 관하여 2002년 11월 3일 독일교회연합은 총회로 모여서 새로운 군목제도에 관한 합의를 이루었다. 새로운 법의 내용은 군목 사역을 반드시 국가 공무원의 자격으로 하지 않고 군인의 영혼을 돌보는 목회의 겸업 수준으로 하자는 것이다.[624]

IV. 통일 후의 독일사회와 교회의 문제상황

1. 사회의 일반적 상황

순식간에 찾아온 통일의 기회를 잡아서 동독을 흡수하고 서독 마르크와 동독 마르크를 1:1로 교환하는 경제통합과 정치통합과 사회통합을 일시에 수행하려

622) 주도홍, 상게서, 42~47.

623) 주도홍, 상게서, 44.

624) EPD 26/2002, 1-42: "Protokollnotiz zum Militärseelsorgevertrag".

던 통일 독일은 많은 후유증을 빚어내었다.[625]

첫째, 동독 주민의 실업문제이다. 경제 · 사회통합 이후 서독 상품의 유입으로 동독 기업이 대거 파산하였다. 200만 명에 가까운 실업자들이 생겼다. 이들 실업자들에 대한 취업대책이 마련되어야 한다.

둘째, 서독인에게 부가되는 통일비용으로서 세금의 증가다. 동부 독일경제의 재건과 실업구제는 서독인들의 부담이 되어 세금 부담률이 늘어났다. 그리고 동독인들이 서독으로 취업을 위하여 몰려오기 때문에 취업의 문이 좁아지는 등 서독인들의 권리가 축소되었다.

셋째, 동서독 주민간의 동질성 회복이 쉬운 과제가 아니다. 이는 이념과 체제의 차이에서 오는 이질적 요소를 극복하는 과제다. 사회주의 체제와 자본주의 체제, 균등한 분배체제와 자유경쟁체제의 차이를 어떻게 극복하는냐는 것이다.

넷째, 사회의 급격한 체제 변화에 따른 사회적 불안과 정체성 상실에 대한 심리적 허탈감 등의 문제다. 50년 동안 서로 다른 체세 속에서 살아온 서독인과 동독인에 대한 동등한 처우 문제, 동독인들이 누려왔던 사회보장의 요구를 통일정부가 어떻게 만족시켜주는가 하는 것이다. 자본주의와 자유주의 체제로의 전환 이후 사회적 · 이념적 정체성을 상실한 동독인의 범죄 증가 및 외국인에 대한 증오가 사회적 문제로 제기되고 있다.

다섯째, 심리적 · 정신적 공백의 문제다. 순식간에 동서 베를린의 장벽이 무너지고, 동서독의 국경이 열리고, 구사회주의체제가 무너지고 자유주의, 그리고 자본주의라는 경쟁사회가 물밀듯 밀어닥치는 사회적 전환 속에서 한 동독 지식인은 정체성의 혼란 내지 적응의 어려움을 다음과 같이 피력한다: "통일로 인한 전환의 순간에 서서 동독지식인의 한 사람으로서 본인은 자아 정체성을 잃어버렸다. 전환의 순간을 맞이한 첫 달 자동차 들이 모든 길거리에 빽빽이 늘어선 접경지대에서 느낀 것은 한마디로 항복 그 자체였다…. 이때 나는 스스로에게 물었다. '나는 지금 이 세상에서 무엇을 해야 하는가?'"[626] "현재 우리를 가로 막

625) 주도홍, 『통일, 그 이후. 독일 통일 15년의 교훈』, 서울: IVP, 2006, 50~52.

626) Roland Hoffmann, "Der geistliche Aufbruch ist das aktuell Notwendige", Udo Hahn (hg.),

고 있던 눈에 보이는 장벽은 허물어졌다. 그러하지만 우리는 깨달았다. 자유에는 담이 허물어지는 것 이상의 것이 함께 하고 있다는 것을. 그것은 다름아닌 서구 자본주의 세계에서 가치를 두는 돈과 소유에 따라 자유가 종속되고 있다는 것이다."[627] 통일 후 자본주의의 환상에 젖어 약 450만 명의 동독인들이 서독의 번영을 그리워하여 무작정 서부로 이주하였다. 그러나 경쟁 사회에서 이룰 수 없는 꿈에 대한 절망감, 몰인정과 개인주의와 실용주의, 능력위주의 시장경제, 부익부 빈익빈의 자본주의 사회구조는 저들로 하여금 오스탈지어(Ostalgia), 구동독에 대한 향수를 느끼게 하고 있다.

2. 제조업으로 경제적으로 다시 일어서는 통일 20년 후의 독일

통일 20년이 지난 2010년 독일 경제가 초호황을 누리며 유럽 경제의 성장 엔진 역할을 톡톡히 하고 있다. 2010년부터 눈에 띄기 시작한 독일 경제의 성과는 눈부실 정도다. 지난해 국내총생산(GDP) 성장률이 1990년 통일 후 최고치인 3.6%를 기록, 프랑스 · 영국의 두 배를 웃돌았다.[628] 독일 경제의 고성장은 막강한 제조업 경쟁력에 바탕을 둔 수출 호조세 덕분이다. 독일의 수출은 2010년에는 전년 대비 19%나 급증했다. 독일은 전체 국민소득 중 수출에서 얻는 소득이 47%에 달한다. 독일의 수출 성장은 국제 경제 분업 구조 내에서 중국 · 인도 등 고성장 국가들과 동반성장하는 '한 배'를 탔기 때문이다. 독일 전체 수출품 중 자본재 및 중간재 수출 비중이 76%에 달한다. 중국 · 인도 기업들이 늘어나는 수출 주문량을 대기 위해 설비투자를 더 할 경우 독일산 기계 · 부품 · 재료 수출량이 자동적으로 늘어난다. 수출상대국 중 아시아 비중이 1971년엔 6.5%에 불과했으나, 현재는 12%에 이른다. 이머징 마켓(신흥시장, 특히 자본부문에서 급성장하는 시장)의

Protestantismus-wohin? (Neukirchen, 2001), 139; 주도홍, 『통일, 그 이후. 독일 통일 15년의 교훈』, 서울: IVP, 2006, 52 재인용.

627) Roland Hoffmann, "Der geistliche Aufbruch ist das aktuell Notwendige", 145.

628) 김홍수, 이혜운, "獨 경제 초호황… 굴뚝산업의 힘! 車 · 기계 호조… 수출 19% 급증, 5월 실업률 7% 통일 후 최저, 성장률 작년 3.6% 유럽 최고", 조선일보, 2011.6.3, A18면.

하나인 동유럽의 수출 비중도 1990년 2.2%에서 2008년 10.1%로 급증했다.[629] 신흥 부국 아시아와 동반성장의 한 배를 탄 것은 제조업 강국 독일의 상징인 고급 자동차의 판매 신장세에서도 엿볼 수 있다. BMW의 2010년 1분기(1~3월) 매출은 전년대비 29% 늘어났고, 순이익은 274% 폭증했다. 2011년 5월 실업률은 7%로, 1990년 통독(統獨)한 이듬해 실업률을 집계한 이래 최저지다. 함부르크 세계경제연구소(HWWI) 소장 토마스 슈트라우바르는 "독일은 조만간 완전 고용 상태도 가능하다"고 전망했다. 완전 고용이란 통상 경제이론에서 실업률이 3~4% 수준이면 완전 고용 상태로 본다.

독일 경제는 통일 후 20년 동안 천문학적 통일비용 탓에 한때 큰 어려움을 겪었다. 하지만 당시 정부와 기업의 뼈를 깎는 구조조정 노력은 현재 호황의 자양분이 됐다. 독일 노사는 임금인상 자제와 해고 회피라는 정책 공조로 수출경쟁력을 높였다. 2002년 사회당 정부는 실업수당을 받는 기간을 32개월에서 12개월로 줄이고, 퇴식언금을 받는 나이를 65세에서 67세로 높여 일자리 창출에 기여했다. 우파 출신 후임 총리 앙겔라 메르켈은 전임자의 정책을 이어갔다. 현재 독일 내 상당수 기업은 '해고하지 않는 대신 2012년까지 임금을 동결하는' 내용의 노사협정을 맺고 있다. 독일 정부는 근로자의 희생에 보답하기 위해 물가관리를 철저히 했다. 독일 물가상승률은 연 1.2%(작년)로, 유럽 주요국 중 가장 낮은 수준이다.[630]

3. 독일 교회의 상황

1) 무관심과 무신앙

통일 이후의 독일교회는 제도적으로 하나가 되었음에도 불구하고 여러가지 문제에 직면하고 있다. 통일 후 동독에서 기대되었던 주민들의 "교회로의 복귀

629) 위의 글.

630) 위의 글.

의 붐(Rückkehrboom)"은 일어나지 않았다. 통일 후 독일교회의 문제는 개신교 대표인 만프레드 코크(Manfred Kock)의 지적처럼 "무관심(Distanz)"과 "무신앙(Konfessionslosigkeit)"으로 특징지워진다.[631] 무관심이란 교회에 나오면서 전혀 교회 일에 관심을 갖고 있지 않음을 가르키며, 무신앙이란 종교와 신앙에 대하여 관심이 없다는 것이다. 이러한 현상은 서부 독일보다는 동부 독일이 더욱 심하다. 75% 정도가 동부 독일에서는 교회와는 상관없는 무신앙 상태에 있다.[632]

서부 독일의 인구가 80%는 교회에 등록이 되어 있으나 대부분 제도교회와 유기적 연관 속에서 신앙생활을 하고 있지 않다. 이들은 교회출석도 제대로 하지 않는다. 현재 독일교회의 문제는 교인들에 비해 필요 이상의 넘치는 부속건물을 소유하고 있다는 것이다. 많은 부속건물이란 그에 따른 운영경비를 요구하기 때문이다. 현재 작센의 경우 한 교회 당 등록 교인 수가 평균 100명이 못 미치는 경우가 적지 않다. 작센 주는 예배당 건물이 가장 많은 지역인데 교인 탈퇴율이 가장 높으며, 가장 적은 교인들이 있다는 역설이 있다. 신문잡지 기자인 헨키스(Reinhard Henkys)는 직접 베를린-브란덴부르크 지역의 변두리에 위치하고 있는 교회의 현실을 보고 다음과 같이 느낀 체험을 피력한다: "신앙의 선조들의 유산으로 아름다운 종탑을 지닌 예배당들이 거의 모든 동네에 있다. 그럼에도 모든 예배당이 사용되고 있는 것은 아니다. … 일곱 개의 예배당 중 여섯 예배당이 전통적 주일 오전 예배 시간에 문이 닫혀 있다. 언제 다시 문을 열고 예배를 드리게 될 지 아무도 말해 주지 않는다 … 이러한 현실에서는 새로 교인이 등록을 하려고 해도 별 의미가 없다."[633]

631) Manfred Kock, Vorsitzender des Rates der Evangelischen Kirche in Deutshcland (EKD), "Gedanken über die Zukunft der Evangelischen Kirche", Vortrag, Universität Marburg, 30. Apri, 1999, 1-10, EPD 21a/99.

632) 주도홍, 『통일, 그 이후. 독일 통일 15년의 교훈』, 서울: IVP, 2006, 55.

633) Reinhard Henkys, "Die Evangelische Kirche in Berlin-Brandenburg aus der Sicht eines Journalisten", EPD 35/98, 26~29.

2) 전환기에 서 있는 교회

서독지역은 80%가 여전히 기독교인으로 등록되어 있으나, 동독지역은 20%가 기독교인으로 교세의 상황은 심각하다. 교회사적으로도 기독교 이후 시대를 맞이하고 종교사회적으로도 종교다원화시대를 맞이하여 기독교가 2천년 누려왔던 유일종교요 국민종교라는 지위는 더 이상 허용되지 않는다. 통일 이후 세속주의의 풍조에 의하여 독일교회는 "민족교회(Kirche des Volkes)"의 명성이 희미해지고 "민족 속의 교회(Kirche im Volk)"로 존재하며 "전환기에 서 있는 교회(Kirche im Übergang)"로서 위상을 재정립하고 있다. 팔케(Heino Falcke)는 독일교회의 당면하는 위기를 "소수화 위기, 재정 위기, 타당성과 기능위기, 습관적 무신론과 동독시절 비교회화 위기, 종교다원주의의 침투와 다원화 사회로의 진입 위기, 정치적 사회적 책임을 감당해야 하는 교회"[634]로 제시하고 있다. 이러한 가운데 교회의 구조적, 재정적 변화가 초래될 수 밖에 없다. 교인들이 줄어가고 있는 현실에서 교회사역자의 경우에 있어서 유급사역에서 자원봉사로서의 참여에 대한 요청이 증가되고 있다.

3) 입교식에 대항하는 반기독교적인 성인식 청소년 축복식

동독정권 하에서 기독교박해 정책으로 "입교식(Konfirmationsfeier)" 대안으로 실시되어 온 "청소년 축복식(Jugendweihe)"은 통일 후에도 사회주의 정권의 잔재물로 남아있다. 이것은 19세기 중엽 자유주의 교회가 도입한 의식이었고, 후에 무신론적이고 반(反)교회적 단체들이 교회 입교식에 대적할 의식(儀式)으로 이를 역으로 활용하였다.[635] 동독지역에서는 청소년의 50%가 청소년 축복식, 14%가 교회입

---

634) Heino Falcke, "Die Sendung dr Kirche in säkulariesierte Gesellschaften. Ostdeutsche Kirchen im Umbruch", *EPD* 21/ 1998, 5~9.

635) "Der Rat der EKD: Jugendliche begleiten un gewinnen 12 Thesen zur Jugenddfeier und ihrem Verhältnis zur Konfirmation", *EPD* 51/99; 주도홍, 『통일, 그 이후. 독일 통일 15년의 교훈』, 서울: IVP, 2006, 81.

교식에 참가하고 있다. 통일 이후에도 공산주의 잔재인 청소년 축복식이 여전히 동독주민들 사이에 애호되고 있다는 사실은 놀라운 일이 아닐 수 없다.[636] 사회주의 교육을 받은 40대 부모들이 교회입교식을 반대하는데 이는 자녀들이 나중에 교회세를 내지 않도록 하기 위해서이다. 반 기독교단체들은 청소년 축복식을 성인식을 염두에 둔 축제로 성격 규정하려고 한다. 청소년 축복식은 반교회적이고 반(反)신앙적 행위이므로 독일 교회는 이 문제를 정리해야 하며 대안을 내놓아야 한다. 이에 반해서 입교식은 수찬권을 부여하는 교회적 의식이며 규례이기도 하지만 사회성을 전혀 갖고 있지 않아 단지 가정의 축제로 끝나고 있다.[637]

4) 거세지는 저항 속의 학교신앙 교육

동독 지역에서는 "학교신앙 교육"에 대한 거세지는 저항과 더불어 서독에서는 세속화 및 종교다원주의 물결 속에서 "공립학교 종교교육"이 기독교과목 외에 다른 종교과목 수강을 허용하는 등 위협을 받고 있다. 이는 청소년 축복식과 상관관계가 있다. 동부 독일지역에서는 종교교육 출석 학생의 20%가 교회에 등록되어 있으며, 80%는 교회와 관계가 없다.

세속화와 종교다원주의 추세 속에서 타종교도 종교교육의 기회를 달라고 요청하는가 하면, 국비로 운영되는 국립대학교에서 기독교만을 위한 신학과(16개 개신교 신학과, 12개의 가톨릭 신학과)의 존재가 타당한가에 대한 논란이 지속되고 있다. 통일 후 동부 독일의 역할이 증대함에 따라 이 논란은 구체화 되고 있다.[638] 학교 신앙교육제도는 1994년부터 강한 이의가 제기되고 있다.[639] 그리하여 대안(代案)으로 신앙교육 대신에 대체교육을 할 수 있도록 제시되고 있다. 통일 후 동부의 브란덴부르크 주(州)의 경우 대체과목은 세 가지 약자(LER)로 표기된다: 생의

636) Andreas Fincke, "Evangelische Zentralstelle für Weltanschaungsfragen, Berlin: Konfirmation, Jugendweihe, Kirchliches Jugendfest, ein schweriges Verhältnis", 6: *EPD* 51/99, 6-14.

637) 주도홍, 『통일, 그 이후. 독일 통일 15년의 교훈』, 서울: IVP, 2006, 79.

638) Peter Glotz, *"Theologische Fakultäten im Fadenkreuz", 1-4: EPD 8a/1996.*

639) Wolfgang Huber, "Welche Zukunft hat der Religionsunterricht", *EPD 32/ 1997, 9~10.*

형성(Lebensgestaltung), 윤리(Ethik), 종교 개론(Religionskunde)이다.[640] 동부의 작센-안할트주(州)의 경우 구교, 신교를 막론하고 단지 10.4%, 서부의 니더작센 주(州)의 경우 94%의 학생들이 신앙교육에 참석하고 있다. 평균 잡아 동부의 경우 초등학교는 20~30%의 참석률, 서부의 경우 거의 90%에 육박한다. 인문계 고등학교의 경우 동부 튀링엔(Thüringen) 주(州)는 32%[641], 서부의 라인란트-팔츠 주(州)는 87.5%로 최고의 참석률을 보인다. 이에 상응하여 신앙교육 대신에 이루어지는 대체수업, 윤리와 철학 수업에 참여하는 데도 차이가 있다. 동부 작센주(州)의 경우 인문계 고교학생의 67%가 윤리수업에 참석하며, 서부의 라인란드-팔츠 주(州)의 경우는 단지 10%만 윤리수업을 선택하고 있다.[642]

5) 네오-나치주의

동독지역에서 "네오 나치주의(Neo-Nazismus)에 의한 외국인 증오"가 일어나고 있다. 독일에는 외국인이 터키인을 비롯하여 유고, 폴란드, 이태리, 그리스인 등 전 인구의 10%에 이르는 733만 명이 있다. 극우파의 90%가 15세~24세에 이르는 가난하거나 실업자인 청소년이다. 이들은 통일 후 서독에 대한 상대적 박탈감의 심리적 탈출구로서 이들의 증오를 약자인 외국인에게로 표출하고 있다. 이들은 외국인들이 자기들의 일자리를 빼앗아 갔다고 생각하여 화풀이를 하고 있다. 폭력적 극우파는 과거 나치의 민족주의와 인종주의의 뿌리를 두고 있다. 2000년을 기준으로 극우파 성격을 띤 120개 단체에 속한 독일인은 5만 3천여 명에 이른 것으로 통계되고 있다. 그리고 이들의 50% 이상이 동부에 거주하고 있다. 이들의 90%가 15세에서 24세로 청소년들이다. 이들 대부분은 실업자이거나 경제적으로

---

640) 주도홍, 『통일, 그 이후. 독일 통일 15년의 교훈』, 서울: IVP, 2006, 95.

641) 튀링엔(Thüringen) 주(州)는 1991년 3월 25일 교육법을 개정하고 종교과목을 필수과목으로 도입하였다. 교육법 18조(Schulgesetz Artikel 18)에 의하면 "종교수업은 모든 공적인 학교의 정규과목으로 한다. 국가의 장학권과 관계없이 종교수업은 종교적인 공동체의 기본규정들에 따라서 시행한다… 종교수업에 참여하지 않는 학생들은 세계관에 있어서 중립적인 형태를 취한 윤리과목을 들어야 한다",(정일웅, 『독일교회를 통해 배우는 한국교회의 통일노력』, 162, 221~222)

642) "Karlsruhe berät über Klagen gegen Brandenburgs Schulgesetz" 2-3: *EPD 29/ 2001.*

가난한 형편에 있다 이들의 행동패턴은 다음 세 가지로 특징화된다: 첫째, 노골적으로 외국인을 증오한다. 둘째, 과거 나치상징을 걸치고 있다. 셋째, 오른쪽에 집중적으로 장식을 한다.[643)]

독일교회는 성경에 근거하여 극우파의 왜곡된 가치관: 인간차별, 종족주의, 미움의 감정, 폭력성 등을 분석하여 이에 대처하고 있다. 사회를 향하여 바른 입장을 제시하고 화해자의 역할을 하고자 한다. 2000년 7월 1일 동부 지역의 코트부스에 만 명이 넘는 군중들이 모여 거대한 평화시위를 하였다. 이것은 극우파의 폭력적 행위, 인간의 존엄성을 짓밟는 반유대주의, 반외국인 감정 등은 용납될 수 없다는 것을 보여주는 선언적 행동이었다.[644)]

6) 영적 운동

통일 후 독일교회 안에서 영적 운동이 일어나고 있다. 그 대표적 예가 리페(Lippe) 지역의 교회지도자 25명이 1995년부터 집중적으로 1년 6개월 동안 머리를 맞대고 지금까지 독일에서 금기시되어 왔던 주제중 하나인 "회개"를 다루면서 1998년에 발표한 "민족교회의 회개와 중생을 주제로 한 6가지 명제(Sechs Thesen zum Thema Bekehrung und Wiedergeburt in der Volkskirche)"이다: 여기서 이 명제는 교회갱신(kirchliche Erneuerung), 각성(Erweckung), 전도(Evangelisation)를 주제로 하고 있다. 이 명제의 신학적 근거는 "교회를 바로 세우고, 유지하며, 새롭게 하시는 이는 사람이 아니라 하나님 자신이다"라고 선언한다. 교회갱신의 6가지 명제는 다음과 같다: 1. 하나님 나라의 지평 안에서 회개하라(Umkehr im Horizont des Reiches Gottes). 2. 성례전의 지평에서 회개하라(Umkehr im Horizont des Sakramentes). 3. 인간의지의 지평에서 회개하라(Umkehr im Horizont des menschlichen Willens). 4. 그리스도의 제자도의 지평에서 회개하라(Umkehr im Horizont des Nachfolge Christi). 5. 복음전파의 지평에서 회개하라(Umkehr im Horizont des Verkündigung). 6. 기도의 지평에서 회

643) Sabine Kriechhammer-Yagmur, "Friedenfeindlichkeit und Rassismus", *EPD*, 15/1999, 38-51.

644) "Konflikte in Deutschland - Zehn Jahre nach dem Fall der Mauer", 1-67, *EPD*, 15/1999.

개하라(Umkehr im Horizont des Gebetes).[645] 이러한 6가지의 회개 명제는 독일교회가 긍정적으로 전환의 역사에 있음을 보여준다. 독일교회가 민족교회로서의 특권, 부흥을 외치지 않는 타부를 깨뜨리고 회개와 중생을 주제화하는 것은 독일교회의 새로운 모습이다.

오늘날 세속화 과정 속에서 자기 갱신을 위하여 노력하는 독일교회를 위하여 한국교회가 행하고 있는 제자훈련 프로그램과 대각성 전도집회, 전도 축발, 경배와 찬양, 새벽기도 등을 소개할 것을 제안하고 있다. 이러한 프로그램들에 신학적 반성을 깃들려 2천 년 역사를 지닌 독일 기독교 문화에 적용될 수 있는 보다 세련되고 신학적으로 다듬어진 한국의 영성 프로그램(독일교회의 유산인 경건주의 운동과 개혁신학 정신의 재창출)을 개발하여 이들에게 다시 보내주는 것이 요청된다.

V. 한국정부와 교회가 배워야 할 교훈

우리는 예측하지 못한 순간에 들어닥친 통일의 기회를 놓치지 않았던 독일 정부의 민첩한 대처과정 그리고 이러한 통일 전후 독일교회와 사회의 모습을 기술하였다. 이러한 기술에서 다음과 같이 한반도의 통일과 관련하여 한국교회가 이상 독일교회로부터 배워야 할 교훈을 다음과 같이 제시하고자 한다.

1. 서독 정부로부터 배워야할 교훈

독일 통일은 고르바초프의 등장과 더불어 일어난 냉전의 종식 과정에서 일어난 동독의 민주화 시위에 의한 동독 사회주의 정권의 붕괴와 정치적 안정화와 경제적 번영에 기반한 서독 정부의 기민한 대응이 맞아 떨어진 역사적 산물이다.[646] 독일 통일은 전쟁패전국으로 4개국의 승인을 받아야 하는 정상적 상황에

---

645) *EPD*, 11/00, 7-10; 주도홍, 『통일, 그 이후. 독일 통일 15년의 교훈』, 서울: IVP, 2006, 122~124.

646) 양창석, "우리가 하나 되는 통일을 선택하려면", June 2011, *Christianity Today*, 22.

서는 불가능한 상황에서 이루어진 역사적 사건이었다. 한국이 독일정부로부터 배워야 할 통일을 이룬 여러 가지 요인을 열거해 본다.

1) 안정적 국가 경영

한국은 서독의 정치적 안정과 경제적 부흥에 대한 국가경영을 배워야 한다. 서독은 라인강의 기적을 이룩함으로써 자유민주제도의 정치적 · 사회적 안정과 경제적 번영을 이룩함으로써 자유통일의 기반을 마련하였다. 서독은 통일보다는 동독과의 교역과 서로간의 신뢰성 회복과 동독주민의 인권과 생활향상, 인간 존엄성 견지에 양독관계의 초점을 두었다. 이것이 빌리 브란트의 동방정책으로 독일이 통일로 나가는데 결정적 역할을 하였다. 그리고 동독정권은 서독정권과 정치적으로 달랐으나 인적 · 물질적 교류에는 응했으며, 주민으로 하여금, 서독의 TV방송을 청취하는 것을 허용하는 유연한 공산정권이었다. 그리고 동독교회 역시 서독과의 연결고리 역할을 하였다. 이러한 지속적인 교류 가운데서 개혁개방을 내세운 소련의 고르바초프의 등장으로 동구권의 공산정권이 붕괴하자 서독은 경제력을 바탕으로 소련 고르바초프가 요구한 소련군 철수 비용과 이들의 생계에 대한 재정지원을 제공함으로써 통일을 위한 빅딜에 성공할 수 있었다.

2) 인권중시의 동방정책

한국은 서독의 인권 중시의 동방정책을 한반도의 남북관계에 활용해야 한다. 서독정부는 동독을 맹목적으로 도운 것이 아니라 동독의 개방과 인권을 우선하는 정책 안에서 동독을 지원하였다. 서독정부는 직접 나서지 않고 항상 서독교회 배후에 있었다. 서독교회가 동독교회를 재정적으로 지원하는 프로그램 배후에 서독정부가 있었다. 서독정부는 실제적으로 엄청난 지원을 하였다. 서독교회는 사상범(思想犯)으로 갇혀있는 많은 기독교 신자들을 상당한 돈을 지불하고 서독으로 데려왔다. 이러한 프로그램은 실제는 서독정부가 재정적 지원을 하였으나 정부는 전혀 생색을 내거나 드러내지 않았다. 정부는 항상 배후에 머물고 민간단체가 이러한 인도적 일을 하도록 하였다. 서독정부는 함부르크에서 베를린에 이르는 고속도로를 자체부담하고서 뚫었다. 이러한 도로연결은 동독 주민들을 폐쇄사회에서 자유사회로 숨쉬게 하는데 공헌을 하였다. 콜 수상이 이끄는 기민당, 기사당 연립정부는 대동독 경제지원과 호네커의 서독 방문 등을 지렛대로 삼아 동독 주민의 인권과 여행조건 개선을 얻어냈다. 여행제한이 완화되자 1980년대 중반부터 동독주민의 서독 방문이 급증하여 1989년까지 동독주민의 4명 중 1명이 서독이나 서베를린을 방문하게 된다. 그 결과 동독 주민들은 서독의 자유와 풍요를 동경하게 되었으며 동독 정권에 "속고 살았다"는 배신감을 갖게 되었다. 동독정권은 1972년에 맺은 동서독 기본조약에 근거해 동독의 별개 시민권을 인정하고, 동독인에 대한 서독 시민권의 발급 중지를 서독에게 강력하게 요구했다. 서독의 사민당은 동독의 요구를 수용할 것을 요구했으나 기민당과 기사당 연립정권은 서독 정부가 독일 전체 국민에 대한 유일대표권 원칙을 고수하였다.[647] 그리하여 이들이 탈출하여 서독으로 오면 서독의 시민권을 주며 생활을 보장하여 주었다.

3) 유연한 대화와 교류의 정책

한국도 북한과의 관계를 유연하게 가지고 대화채널을 통하여 서로의 극단한 행동을 자제하며 체제 붕괴시에는 중국에 의존하기 보다는 남한에 의존하도록 만드는 지혜가 필요하다. 동서독은 분단 초창기부터 내부교역과 서독의 동방정책에 의하여 중단 없는 인적 물적 교류를 하였다. 제2차 세계대전을 일으켰던 독일은 패전국이 되면서 베를린이 미국, 영국, 프랑스, 소련이 관할하는 4개지역으로 분할되었다. 그러나 특이한 것은 독일의 수도인 베를린이 동독지역에 위치해 있기 때문에 매일 왕래가 활발하게 이루어졌다. 동독정부는 서독인이 왕래하는 것으로 엄청난 통행세를 받았다. 그리고 동독은 서베를린을 고립시켜 동독영토로 만들려는 목적으로 동독에서 서독인들이 오가지 못하도록 세관을 전면적으

647) 양창석, "우리가 하나 되는 통일을 선택하려면", June 2011, *Christianity Today*, 25.

로 폐쇄하였다. 동독은 서독이 이렇게 되면 서베를린이 완전히 고립되어 몇 날이 지나지 않아 서베를린을 포기하도록 유도하는 전략을 취하였다. 이에 대하여 서독 정부는 서베를린 봉쇄정책에 순응하지 않았다. 미국의 협조를 얻어 서독과 서베를린 사이에 "에어 블릿지(Luft Brücke, air bridge)"를 건설한 것이다. 미군은 헬기를 동원하여 서베를린에 물자 공급을 시작하였고, 하루에도 물자공급을 위하여 수백대의 헬기가 서베를린으로 오갔다. 끊이지 않고 헬기들이 오가는 모습이 마치 하늘에 다리가 놓여 있는 것 같다고 하여 "에어 블릿지"라 불려진 것이다. 결국 동독은 서베를린을 고립시켜 동독 영토로 만들려던 목적을 이루지 못하고 폐쇄시켰던 세관을 다시 열어야 하는 굴욕을 당하기도 하였다.[648)]

서독은 꾸준하게 동독과의 교류를 통해서 육상 및 공중 교통, 라디오, 텔레비전 송수신, 동독인권 개선, 정치범 인도 등을 시행함으로써 동독주민의 시민정신을 향상시켰다. 그리하여 동독에서 자발적으로 일어난 민주화 시민혁명에 의하여 동독정권의 붕괴가 초래된 것이다. 서독 정부는 동독 정부에게 주민들이 미래에 대한 희망을 가지고 동독에 머물 수 있도록 민주화와 근본 개혁을 촉구했다. 1989년 11월 20일 월요시위에서 동독주민들은 통일을 요구하기 시작했다. 1990년 2월 12일 월요시위에서는 "마르크가 우리에게 오지 않으면 우리가 거기로 간다"는 구호가 등장했다. 서독 수상 콜은 처음에서 "동독 주민의 자결권"을 강조했다. 콜은 동독 지도부에는 민주화 개혁을 요구하였고, 1990년 3월 총선거에서는 기민당을 중심으로 한 연합정당이 승리하도록 지원하였다. 조기통일을 공약으로 내세운 "독일 연맹"이 총선에서 승리하자 독일 통일은 기정사실화되면서 그 결과 소련은 동독정부를 통해서 통일의 속도를 늦추어 보려는 시도는 좌절될 수밖에 없었다. 이처럼 한반도 남북관계에 있어서도 한국 정부는 북한 정부에 대하여 보다 높은 차원에서 북한의 요구를 들어주면서 북한을 민족 내부로 끌어오는 실리가 필요하다.

남북한은 1945년 분단 이후 적대국이 되어 1950년 6 · 25전쟁으로 인해 동족상잔의 비극을 겪은 아픔이 오늘날까지 분단의 아픔으로 이어지고 있다. 그동안

648) 이범성, "독일통일과정에서 교회의 역할", 「카타콤소식」, 통권 234호, 2010.2, 5.

두 차례 남북 정상회담과 수차례 적십자사를 통한 남북한 이산가족 상봉이 있었으나 그것은 정치적 이벤트였지 북한의 폐쇄성으로 말미암아 남북한의 관계를 실질적으로 개선하는데 크게 기여했다고 보기는 어렵다. 아직도 남북한 사이에는 언어와 문화, 경제, 정치, 사회, 교육, 종교 등이 이질화된 타문화를 형성하고 있다. 그나마 교회가 북한주민들의 굶주림의 고통을 도와주기 위하여 국내외석으로 인도적 물자지원을 지속적으로 보내고 있는 것은 남북관계에 숨통을 트이게 하는 것이다.

4) 4강대국을 설득시키는 외교적 약량

한국정부는 서독 정부의 외교적 역량을 배우고 이를 한반도에 이해관계를 가지고 있는 미국, 일본, 중국, 러시아에 적용하여 이들과 원만한 관계를 수립해야 한다. 서독정부는 평상시에는 통일정책이라고 말하지 않고 동방정책과 동독과의 교역과 우호적 관계증진에만 힘썼다. 그러나 고르바초프의 개혁개방 사고에 힘입어 동구권의 공산정권이 무너지고 동서 베를린 장벽이 시민의 힘에 의하여 무너지게 되었을 때 콜 수상이 이끄는 서독 정부는 기민하게 대처하였다. 서독정부는 동독 탈출민 전원을 수용하여 정착을 적극적으로 지원하는 한편 동독의 상황을 안정시키는데 정책의 목표를 두었다. 이 결정적 기회를 통일로 이끌고 갔다. 독일정부는 통일독일이 나토(NATO, 북대서양조약기구)에 머문다는 서구체제에 속하는 정책을 확고히 했다. 그리고 통일 독일의 수상 콜은 미국의 대통령 조지 부시의 강력한 지지를 바탕으로 영국의 수상 대처와 프랑스 대통령 미테랑이 제기하는 통일에 대한 의혹을 잠재웠다. 그리고 부시와의 개인적 친분과 신뢰를 바탕으로 긴밀하게 통일독일과정의 전략을 조정 · 협의함으로써 고르바초프의 협조를 이끌어내는 데 성공했다. 특히, 1990년 7월 나토의 런던 선언을 통해 소련의 안보 우려를 해소해줌으로써 통일 독일의 나토 잔류에 대한 고르바초프의 동의를 얻어냈다.[649]

---

649) 양창석, "우리가 하나 되는 통일을 선택하려면", June 2011, *Christianity Today*, 24.

5) 흡수통일의 문제와 후유증 연구

한국정부는 동서독의 흡수통일이 가져온 문제점을 잘 연구하여 한반도의 통일과정에서 이러한 부작용이 생기지 않도록 세밀한 연구와 시나리오를 준비해야 한다. 한국정부는 다가오는 남북한 통일 비용을 마련하기 위하여 북한 경제를 일으키며, 남한 경제의 기반을 더욱더 견실하게 다져야 한다. 그리고 북한 정권 붕괴 시(時) 양체제를 곧바로 통합하지 말고 정치적으로 통합하되 일정기간 양체제를 현재 그대로 존속시켜 사회 및 경제 통합을 위한 과도기 과정을 거치는 것이 요청된다. 그렇게 함으로써 오늘날 독일에서 보는 통일 후 나타나는 사회적 혼란과 경제적 어려움을 최소화 할 수 있다고 보여진다. 한국교회는 통일의 과정을 긴 안목 속에서 유연하게 대처해 나가야 한다. 통일 전(前) 서독경제는 동독을 흡수할만한 경제적 여건과 자신을 가졌음에도 불구하고 통일 후 동독의 사회간접자본에 들어가는 비용 때문에 20년이 지난 오늘날에도 그 후유증이 가시지 않고 있다.

주간지 '벨트 암 존탁'이 2010년 9월 26일 '인포(Info) GmbH 베를린'의 조사를 인용해 보도한 바에 의하면 68%의 옛 서독지역 사람들은 통일 뒤 옛 동독지역을 한 번도 여행하지 않았거나 거의 여행하지 않았다. 옛 서독지역을 한 번도 여행하지 않았거나 거의 여행하지 않은 옛 동독인들도 29%에 달했다. 여전히 많은 동독인은 "2등 시민으로 취급받는다"는 불평을 갖고 있다. 실제로 동독지역 5개주의 실업률은 11~13%로 독일 전체 실업률보다 3%포인트나 높다. 그동안 총 1조 3,000억 유로(약 2,011조 원)의 연방예산이 동독지역으로 흘러 들어갔지만 경제적 격차는 여전하다. 독일 이포(Ifo) 경제 연구소의 전(前) 대표 한스베르너는 이 현상에 대해 "서독과 동독의 '융합'은 아직 일어나지 않고 있다"고 진단했다. 동독지역 주민들의 국민총생산(GDP)은 서독지역 주민의 65.8%에 머물고 있다. 독일 30대 기업들 가운데 옛 동독지역에 본사를 가진 기업은 하나도 없으며, 독일의 하위권 7개주 가운데 옛 동독지역의 6개주가 포함돼 있다. 게다가 통일 이후 동독지역 주민 300만 명이 일자리를 찾아 서독지역으로 이동한 탓에 동독지역은

노동력 공동화 현상마저 보이고 있다.[650]

그리하여 독일정부는 국민의 세금을 올리고 서독인들의 연금, 건강보험 등 모든 복지혜택을 줄이고 있다. 하루 아침에 동독을 서독에 흡수 통일함으로써 서로 다른 정치 사회 경제체제를 하나로 만들어 후유증에 시달리는 독일의 시행착오 경험에서 우리 한국은 배워야 할 것이 많다.

한스 울리히 자이트 주한 독일 대사는 2010년 9월 29일 서울 한남동 대사관에서 통독 20주년을 맞이하여 가진 기자간담회에서 사견을 전제로 "독일 통일 시 서독이 동독 경제를 너무 높게 평가해서 서독 수준의 질 높은 사회보장체제를 그대로 동독에 적용하는 바람에 많은 문제가 발생했다"고 지적했다. "남북한의 통일 시에는 북한의 경제상황 등을 정확히 파악한 다음 점진적인 통일을 하는 게 합리적일 것"이라는 충고도 잊지 않았다.[651] 우리는 정상회담으로 하루아침에 남북통일이 이루어진다고 기대하는 막연한 환상에 사로잡힌 감상적 통일론에서 나와야 한다. 오늘날 파탄 속에 있는 북한의 경제실정은 동독보다 훨씬 어렵다. 동독은 당시에도 동유럽에서는 가장 잘 사는 나라였다. 그럼에도 불구하고 통독의 후유증은 서독이 감당하기 어려울 만큼 통일 후 20년이 지난 오늘날 독일인의 삶의 질은 떨어지고 있다. 서독이 가진 풍부한 엄청난 물자가 옛 동독지역의 복구와 동독인의 복지로 투자되기 때문이다.

한국은행 프랑크푸르트 사무소가 2011년 11월에 발표한 자체 조사 보고서 '동 · 서독 통일 21주년 경제 성과 및 평가' 에 따르면 동독지역 생산성은 제조업 분야에서 1991년 서독지역 대비 45%에서 2010년 90%까지 따라잡은 것으로 집계됐다.[652] 서독지역 대비 동독지역 생산성의 조사 분야 전체 평균은 80.1%였다. 서비스업은 80.2%, 건설업은 70%대로 정체된 것으로 나타났다. 보고서는 동독지역 생산성 향상 원인으로 '현대적인 생산 설비 확충 등 자본 투입이 크게 증가

---

650) 설원태, 독일 통일 20주년…" 대체로 성공적" 평가 속 주민통합은 '진행형' , 2010.10.1, 서독인 68% "동독 여행 안해" 동독인 "2등 시민 취급" 불평.

651) 위의 글.

652) 이혜운, [한국은행 統獨21주년 보고서] "동독 제조업 생산성, 20년만에 서독의 90%", 조선일보, 2011.11.3, A10.

하고 근로자 교육도 꾸준히 진행됐기 때문' 으로 분석했다. 옛 동독지역 주(州)들의 1인당 국내총생산(GDP) 역시 2만 3,500유로(ECB · VGRdL 통계)로 독일 전체 평균 2만 9,000유로(서독지역 평균 3만 2,300유로)를 상당 수준 따라잡은 것으로 나타났다. 이는 유로존 일부 국가보다 높은 수준이다. 보고서는 "동독 경제가 서독 경제를 상당 부분 따라잡은 것은 재정 균등화제도에 따라 막대한 금액이 서독에서 동독으로 이전되고 있기 때문"이라고 밝혔다.[653]

2. 한국교회가 배워야할 교훈

한국교회는 라이프치히 니콜라이교회의 평화의 기도회에서 시작하여 동독 민주화로 퍼져나가 기적과 같이 순식간 찾아온 통일의 물꼬를 트게 한 독일교회로부터 다음과 같은 교훈을 배워야 한다.

1) 정치적 분단을 뛰어 넘는 신앙적 유대

한국교회는 정치적 단절 속에서도 신앙적으로 유대를 갖는 태도를 배워야 한다. 분단 속에서도 동서독교회는 "하나의 신앙적 유대"를 가졌다. 1969년 동서독의 개신교 교회를 분리시키려고 동독 정권은 압력을 가해 동독지역에 "독일민주공화국 개신교 연맹"이 조직되도록 하였다. 이는 행정적 처리를 통해서 이루었을 뿐이다.[654] 그러나 그 후에도 동독 개신교교회는 공개적인 설교와 의회주의적 총회회의를 통해서 내적인 민주주의를 실행했다. 동독교회는 동독 정부의 통제에 따라 좌우되지 않고 신앙고백을 하였다. 독립적인 것은 물론 동독 교회지도자들은 서독 교회지도자들과 만나 협의하고 함께 예배를 드렸다. 동서독 교회는 물질적 교류를 활발히 하였다. 서독교회는 동독교회의 필요를 채워주며 어려움을 견디도록 격려하였다. 서독교회는 1년 예산의 40%를 동독교회에 지원했다.

---

653) 위의 글.

654) 이범성, "독일통일과정에서 교회의 역할", 「카타콤소식」, 통권 234호, 2010.2, 5.

이러한 동서독교회는 사회로부터 신뢰와 존경을 받았으며, 존경받는 공동체로 많은 영향을 끼칠 수 있었다.

이에 반하여 남북한의 교회는 국가 단절과 동시에 교회 또한 단절되어 오늘에 이르고 있다. 한국교회는 독일교회로부터 정치적 분단에 초연히 대처하는 "신앙적 초월성"을 배워야 한다. 한반도에서는 북한의 기독교 박해, 남조선 해방전선을 골자로 하는 북한 노동당 강령, 한국전쟁, 남한정부의 군부독재 (1980년때까지), 한국교회의 반공사상 등이 남북 분단을 고착화하는 데 기여하였다고 볼 수 있다. 그리고 한국과 북한은 1960년대 7 · 4공동선언부터 이러한 통일문제를 양쪽이 서로의 체제를 유지하는데 이용하였다. 북한 공산정권의 심한 박해를 받은 한국교회는 반공정신을 강조함으로써 남한을 공산주의 세력으로부터 구출하는데 기여하였으나 남북한의 연결고리를 하는데 이르지는 못하였다. 오늘날 북한에는 두 가지 형태의 교회가 존재한다. 하나는 조선기독교연맹이라는 어용단체이며, 다른 하나는 지하교회다. 전자는 조선공산당의 꼭두가시며, 어용단체이며, 후자는 지하교회로서 성도들이 지하에서 숨죽이며 신앙생활을 하는 공동체다.[655]

2) 동서독의 연결고리

한국교회는 정치적 분단에서 연결고리가 되는 역할을 배워야 한다. 서독교회는 동독교회와의 "특별한 유대관계"를 강조함으로써 동독에 대한 "연결고리" 역할을 하였다. 이러한 교회의 중개자 역할은 동서독 정부와 민간단체가 서로 교역하고 대화하고 서로를 이해하는데 중요한 기반을 제공하였다. 독일교회의 신앙적 초월성은 하루아침에 생긴 것이 아니라 2천 년 기독교 역사를 통해서 십자군전쟁, 종교개혁, 신구교 간 30년 종교전쟁 등을 통해서 역사적으로 형성된 교회의 지혜라고 볼 수 있다. 동서독의 정치적 사회적 분리에도 불구하고 동서독 교회는 서로를 "특별한 공동체(die besondere Gemeinschaft)"로서 부르고 연학과 일치를 추구한 태도와 행동은 동서독 국민간의 적대감을 해소하고 민족의 동질성과 연

655) 위의 글.

대감을 형성하는데 크게 기여하였다. 그뿐 아니라 동서독 두 정부의 상호관계에 많은 영향을 미치게 된다. 특히 1968년에 발표한 "독일개신교협의회"의 성명서는 독일 통일의 원칙을 제시한 것으로 높이 평가되고 있다. 이 성명서는 첫째, 과거 독일민족주의는 두 세계대전의 원인이 되었음을 지적하며 정치적 공동체로서 독일의 재건은 유럽의 평화 속에서 재건될 수 있다. 둘째, 이를 위하여 동서독은 냉전의 적대관계를 해소해야 하며, 통제된 평행관계가 아니라 생산적인 협력관계를 만들어내야 한다고 천명하였다.[656]

한국교회는 분단된 남북을 연결하는 연결고리의 역할을 하여야 한다. 한국교회는 정치적 분단이나 세속적 다툼을 넘어서서 그것을 조정하고 화해자의 역할을 하는 "신앙의 초월성"을 배울 수 있어야 한다.

3) 디아코니아 정신

한국교회는 독일교회로부터 나누며 섬기는 디아코니아 정신을 배워야 한다. 서독교회는 "섬김의 신학(diakonische Theologie)"을 바탕으로 중단 없는 인내로써 동독형제들의 아픔에 동참하여 물질적으로 이들의 필요를 채워주었다. 그리하여 동독사회에서 기독교는 사랑과 봉사의 종교로 수용되었고, 마르크스가 말한 "민중의 아편"으로 간주 될 수 없었다. 이러한 여건 하에서 1983년 독일의 종교개혁자인 "루터 탄생 500주년 기념 국제 기념대회"가 동독에서 개최될 수 있었다. 루터 500주년 탄생 기념대회는 동독주민들에게 사회주의 정권의 유물론적 세계관과 전혀 다른 기독교적 가치관과 세계관을 제시하였다. 이것은 나중에 1989년 동유럽의 공산주의 정권 붕괴에 이은 베를린 장벽 붕괴, 1990년 10월 3일 서독에 의한 동독흡수 통일로 이어진다. 서독교회의 "디아코니아 재단(diakonische Werke)"이 행한 동독 재정지원 활동은 동서독의 인간관계를 견고히 묶어주는 사랑의 띠였다. "한국에 들어온 탈북자들 90% 이상이 2년 안에 교회를 떠나고 있다"는 북한 선교기관의 통계는 한국교회가 소외자와 낯선자들을 섬기는 실천을

---

656) 정일웅, 『독일교회를 통해 배우는 한국교회의 통일노력』, 서울: 왕성도서출판, 2000, 111.

아직도 잘 못하지나 않는지 반성해야 하는 계기를 마련해 준다.

4) 심리적 통일에 중점

한국교회는 통일 이후에 수반되는 심리적 통일에 중점을 두어야 한다. 오늘날 통일 후의 독일사회는 첫째, 실업문제(동독 기업이 파산하여 생긴 200만 명의 실업자), 둘째, 세금증가(낙후된 동독건설 투자로 인한 서독인들의 통일분담금 증가), 셋째, 이념과 체제의 동질성 회복 문제(사회주의 체제가 자본주의 체제로 전환되는 어려움), 넷째, 사회적 문제(동독인에 대한 동등한 대우와 사회보장욕구 충족문제)등이 야기되고 있다. 한국교회는 이러한 문제를 잘 연구하여 한반도 통일에 대비하여야 한다. 어느 동독인은 통일 후 "보이는 장벽이 허물어 졌으나 보이지 않는 다른 장벽을 느꼈는데 돈과 소유에 따라 자유가 종속된다"는 사실을 느꼈다고 한다.

만일 한국교회가 통일 후에 교회만 재건하면 된다는 사고를 가진다면, 이것이야말로 북한 주민들의 상처받은 심리를 고려하지 않은 소박한 발상이다. 통일 이전인 지금 남한교회는 다가올 통일을 위하여 열심히 북한 주민을 돕는 물자를 나누는 운동을 펼쳐야 한다. 이것이 바로 북한 선교의 기초석을 놓는 날이다. 물질이 있는 곳에 마음이 있기 때문이다. 훗날 북한 동포가 저들이 옛날 그 어려운 시절 "김정일 하사품"이라고 받았던 그 물자가 남한 교인들이 보낸 것이라고 알게 되는 순간 저들의 마음은 복음을 향하여 열리게 되는 것이다. 그리고 이것은 남북의 심리적 통일을 이루는 기반을 조성하는 것이다. 한국교회의 순교자이면서 일본제국주의의 희생자인 주기철 목사의 기념대회를 평양에서 개최하자는 사업은 심리적 통일을 위한 기반을 조성하는 좋은 착상이라고 볼 수 있다.

5) 서독교회가 동독교회에 보여준 겸손과 인내를 배워야

정치사회적으로 동독이 서독에 흡수통합되는 일방성의 형식이었으나 동서독의 교회는 그렇지 않았다. 양 교회는 서로 존중하면서 신중함이 돋보이는 통합을 이루었다. 독일교회연합의 기본법은 동부의 교회를 탈퇴로 인정하지도 언급하지도 않았으며, 회원 자격이 끝난 적이 없기에 이제 동부의 교회는 독일교회 연합의 법에 규정한 정당한 회원으로서 자격과 권리를 행사하면 된다는 법적 해석을 내렸다. 동부의 교회가 자기 편에서 법적 권한을 정당하게 재개함만을 요구하였다. 이로써 양 지역의 교회는 통합을 위한 근거를 마련하였다.[657] 그리하여 정치사회적인 흡수통일은 교회의 제도에서는 해당하지 않고 양편의 실체가 인정되면서 서로 상대방을 인정하는 절차적으로 공정한 통합이었다.

한국교회는 앞으로 북한교회와의 통합에 있어서도 이러한 성숙하고 신중한 절차로서 공정한 통합을 이루어야 하겠다. 이를 위하여는 동서독 교회의 통합과정의 자료들을 연구분석하면서 우리가 배워야 할 것을 찾아야 한다.

맺음말

남북한이 모두 “우리의 소원은 통일”이라고 통일을 염원하고 합창하고 통일의 단어가 한반도에 난무함에도 불구하고, 한반도에 통일은 오지 않았다. 그런데 통일보다는 오히려 민족 교역에 힘을 쏟았던 독일에는 전혀 예기치 않게 통일이 왔다. 그 이유는 무엇인가? 독일은 내실적으로 통일을 이루는 정치사회적 · 경제적 안정망을 구축하고 있었기 때문에 객관적인 역사가 여건을 만들어 줄 때 그것을 쟁취할 수 있는 능력을 함양하고 있었던 것이다.

신학적으로 볼 때 통일은 하나님의 선물이다. 그러나 통독으로 나타난 이 선물은 독일교회와 독일정부가 협력하여 지난 반세기 동안 뿌려 놓은 통일 씨앗의 열매를 거둔 결실이라고도 말할 수 있다. 독일통일은 서독교회가 보여준 기독교 사랑의 실천, 즉 대가를 바라지 않는 지속적인 나눔운동이 이룬 산물이었다고 말할 수 있다. 그리고 독일에서도 통일 이후의 현실은 환희의 날은 잠깐 있다가 지나가고, 다시 사회, 경제, 문화, 심리, 종교적으로 가로막힌 장벽과 갈등을 해소해야 할 문제들에 직면해 있다. 60년 전 독일이 한국전쟁에 교훈을 받아 동서독

657) 주도홍, “통일후 독일 교회의 통합화 노력”, 『북한선교』, 기독교북한선교회, 2004.11~12, 8~9.

이 냉전의 분위기 속에서 서로에 대한 도발을 자제한 것처럼, 오늘날 한국은 독일의 통일에서 많은 교훈을 받아야 한다.

한국사회는 "통일 이후 한국의 사회적 경제적 심리적 갈등해소 연구소"를 만들어 사전에 충분한 연구를 하여 다가오는 통일에 대비하여야 한다. 통일 이전 그리고 통일 이후에 다시 한번 자기 정체성을 확립하는 독일교회처럼 한국교회도 "선포하는 교회(Verkündigungskirche)", "돌보는 교회(Betreuungskirche)"로 끝나지 않고, 침묵하는 다수의 입이 되며, 사회속의 약자들의 목소리를 대변하고 이들의 문제와 아픔에 참여하고 봉사하는 "참여하는 교회(Beteiligungskirche)", 증거공동체(Zeugnisgemeinschaft)와 더불어 "봉사공동체(Dienstgemeinschaft)"로서 자신의 위상을 재정립해야 할 것이다. 한국교회는 통일의 시대를 준비하면서 교회의 사회봉사(diakonischer Angebot)를 복음선포와 더불어 교회의 본질적 과제로서 활성화하여야 한다.

독일교회는 동서독의 부단한 냉전 시대 속에서 탈냉전적이고 민족화해의 표상으로서 정신적 지주의 역할을 하였다. 이제 냉전시대와 이데올로기시대는 끝났다. 이러한 포스트모던시대는 이데올로기적으로는 한반도의 통일에 좋은 분위기를 조성하고 있다. 한국교회는 이제 이러한 포스트모던시대 속에서 한반도 통일을 향한 민족 화해의 표상이며 정신적 지주의 역할을 감당하여야 할 것이다.

제12장

통일을 대비한 중국 정책과 한국교회의 역할

제12장

통일을 대비한 중국 정책과 한국교회의 역할

머리말

한반도선진화재단과 「조선일보」가 2011년 5월 27일 '통일과정에서의 안보 전략' 을 주제로 개최한 제2차 통일포럼에서는 북한 급변사태 시(時) 중국의 개입 가능성과 그 대처 방법이 논의되었다.[658] 북한의 경제가 실패하고 북한이 국제적으로 더욱더 고립에 빠지면서 북한의 붕괴는 예기치 않게 다가올 수 있다. 이러한 북한 정권의 갑작스런 붕괴 시에 일어날 수 있는 시나리오는 다음 다섯 가지 가능성으로 예기해 볼 수 있다. 그리고 특히 6 · 25 한국전쟁 시에 일어난 중국개입은 앞으로 북한에서의 급변사태에도 나타날 가능성이 큰 것이다. 북한이 미국에 영향을 받는 한국에 의하여 지배받을 때 중국은 이를 위협적으로 여기고 사전에 이를 차단하기 위하여 이 급변사태에 개입하게 될 것이다. 그러므로 이 글은 북한의 예기치 않은 체제 붕괴와 이에 대한 중국의 개입 가능성에 대한 대처방안을 기독교적 관점에서 논한다.

658) 본 글은 한반도선진화재단과 「조선일보」가 2011년 5월 27일 '통일과정에서의 안보 전략' 을 주제로 개최한 제2차 통일포럼의 논의에 의존하고 있다.

I. 北급변시 외부개입 다섯 가지 시나리오

김정은 체제가 내부적인 권력투쟁에 휘말리거나 경제적 난국을 헤치고 나가지 못 해 북한이 김정일 생전 또는 사망 이후 후계자 김정은의 집권 과정에서 유혈 쿠데타나 주민 봉기 등으로 인해 통제 불능의 상태에 빠질 경우, 외부에서 다양한 형태로 개입할 가능성이 크다. 이에 대하여 다섯 가지 시나리오를 예측할 수 있다.[659)]

1. 중국 개입

중국은 유사시 중국군 자동 개입 조항이 있는 북 · 중 우호조약이나 탈북 사태 방지 등을 내세워 군사적 개입을 시도할 수 있다. 현재 압록강 · 두만강 근처에는 중국군 10만~15만 명이 주둔 중이다. 중국은 은밀히 병력을 이동할 가능성이 있고, 한 · 미가 이를 파악해 대책을 마련할 때는 중국은 이미 북한을 통제하고 있을 것이란 관측이 나온다.

1950년에 일어난 한국전쟁 시에도 맥아더의 인천상륙 작전으로 전세를 뒤엎어 두만강과 압록강까지 연합군이 진격했을 시에 중공군이 개입하였다. 한국전쟁은 그때부터 3년간 소강상태를 보이다가 휴전으로 끝난 것을 상기하면 이런 개연성은 크다고 할 수 있다.

중국군 총참모장 천빙더는 2011년 7월 14일 중국을 방문한 국방장관 김관진과 만나자마자 느닷없이 미국을 강력 비판하는 발언을 꺼내 15분 동안이나 쏟아부었다. 미국이 2011년 남중국해에서 필리핀 · 베트남과 군사훈련을 함께 한 데 대해 문제를 제기하며, 남중국해에 대한 개입 자제를 촉구했다. 그러나 미국 의장 멀린은 "미국은 오래전부터 남중국해에 미군을 배치해 왔고 앞으로도 남중국해를 떠나지 않을 것"이라는 입장을 분명히 했다. 천 빙더는 미국의 패권(覇權)주

659) 박국희, [제2차 통일포럼] "北급변시 외부개입 다섯가지 시나리오", 조선일보, 2011.5.30, A18면.

의적 행동을 공개적으로 비난한 것이다.[660] 이러한 중국의 행동은 강대국을 상대한다고 미국과의 동맹관계에 있는 주변국의 입장을 무시한 오만한 태도이다.[661]

시카고대 정치학과 교수 존 미어샤이머(Mearsheimer)는 미국에서도 '중국위협론'을 강하게 제기해온 학자로 꼽힌다. 외교안보연구원 주최 학술회의 참석차 방한한 미어샤이머 교수는 2011년 10월 6일 조선일보와의 인터뷰에서 중국은 미국에 버금가는 경제력, 민족주의 성향, 군사전략의 중심이 동북아라는 점 때문에 한국에 위협이 될 가능성이 있다고 주장했다: "중국의 국력이 더 커지면 아시아에서 미국을 몰아내고 이 지역 패권(覇權)을 장악하려 할 것이다. 한국 입장에서 볼 때 중국은 과거 동서(東西) 냉전 시절의 소련보다 더 위협적이다."[662] 미어샤이머는 "구소련은 전성기 때 GDP(국내총생산)가 미국의 3분의 1 수준이고 인구도 미국보다 조금 더 많았을 뿐인데도 위협적이었는데, 현재 중국은 GDP가 미국을 곧 추월할 기세이고 인구는 4배가 넘는다"고 피력했다. 중국은 현재 미국 정부가 발행한 8천 500억 달러의 채권을 사서 보유하고 있다.[663] 중국은 미국의 채권국이 되었다는 사실이다. 또 "소련 군사 전략의 무게 중심이 유럽 쪽이었던 반면 중국은 전략의 중심을 동북아시아에 두고 있다"는 점도 중국이 한국에 위협적인 이유라고 보았다. 미어샤이머는 "중국은 사회주의를 사실상 포기했으므로 중국과 아시아 지역의 갈등에는 민족주의가 크게 작용할 것"이라면서, "최근 중국이 영토 문제에 대해 강경한 태도인 것은 민족주의의 영향이 크다"고 보았다.[664]

---

660) 이하원 · 이용수, "오만한 中 군부… 강대국 상대한다고 주변국은 경시", 조선일보, 2011.7.16, A2면.

661) [사설] 천 총참모장의 無禮와 '中國시대' 에 대한 警告, 조선일보, 2011.7.15. A27면.

662) 김승범, "경제력 커진 중국, 민족주의 성향 강해 전성기 소련보다 동북아에 더 위협적", 조선일보, 2011.10.10, A8면.

663) 윤영관(서울대 교수 · 국제정치학), "국제정치 변화와 한반도 통일", 특집: 2010 기독교 한반도 통일 포럼, 「신앙세계」 통권 508호, 2010.11, 152.

664) 김승범, "경제력 커진 중국, 민족주의 성향 강해 전성기 소련보다 동북아에 더 위협적", 조선일보, 2011.10.10, A8면.

2. UN 개입

북한 주민들의 생명이 위협당하고 특정 국가가 군사적으로 개입해선 안 된다는 국제 여론이 조성되면 반기문이 사무총장으로 재직 중인 UN은 북한에 평화유지군(PKO) 파견을 검토할 가능성이 있다. PKO는 식량 · 약품 등 인도적 지원을 제공하면서 북한 상황을 관리하게 된다. 이때 우리는 대규모 병력을 PKO에 참가시켜 대북(對北) 영향력을 강화할 수 있다. 그러나 안보리 상임이사국인 중국이나 러시아가 UN 개입에 딴죽을 걸 수 있다.

3. 한 · 미 · 중 · 일 · 러 개입

북한 혼란으로 직접적인 영향을 받는 한 · 미 · 중 · 일 · 러 등 동북아 5개국이 북한에 공동 개입하는 방식이다. 북핵 6자회담 참가국 중 북한을 제외한 5개국이 안보 협력을 하는 모양새다.[665] 5개국은 각각 군대를 파병할 수 있고, 이들 군대는 하나의 사령부를 형성해 북한 안정화 작전을 수행하게 된다. 이 과정에서 미 · 중 간의 의견 충돌이 예상된다.

4. 한 · 미 개입

미국은 핵무기 등 북한의 대량살상무기(WMD) 통제를 위해, 한국은 통일을 위해 군사동맹인 한 · 미동맹을 근거로 한 · 미 연합군이 신속하게 북한에 전개하는 상황이다. 그러나 중국과의 충돌을 각오해야 할 가능성이 크다. 미어샤이머는 중국이 급부상하는 상황에선 "한국이 미국과 동맹을 강화하는 게 중장기적 국익에 맞는다"고 주장했다. "아시아에서 미 · 중(美中) 사이에 패권 싸움이 벌어져 둘 중 하나를 한국이 선택해야 한다면 답은 미국일 수밖에 없다"는 것이다. 그는 중

665) 김국진은 벌써 14년전 그의 논문에서 아세안 지역 포럼(Asean regional forum) 등을 통한 아태지역 다자간 안보협력 증진에 관하여 언급하였다(김국진, "아 · 태의 안정과 세계평화를 도모하는 통일한국", 『평화통일과 북한 복음화』, 한국교회통일정책 총서 I, 쿰란출판사, 1997, 146~175.

국의 성장은 "한국의 통일을 어렵게 만들 수 있다"고도 했다. "중국의 해군 · 공군력이 강해지면 미군이 한국 부근까지 진출하는 데 한계가 있을 수 있고, 이 경우 북한이 중국을 등에 업고 호전적으로 나올 수 있다"는 것이다.[666)]

5. 한국 단독 개입

북한의 개입 요청이 있거나 한국 대통령이 북한 혼란을 통일로 연결시키겠다는 결단을 내린 경우다. 북한의 급변사태는 전시(戰時) 상황이 아니기 때문에 한국군의 작전통제권은 한 · 미 연합사가 아니라 우리 합동참모본부에 있다. 그러나 중국의 반발과 미국의 반대 가능성이 예상된다.

II. 북한에 대한 중국의 개입: 최소화 또는 협력 유발

북한 급변사태 시 중국의 개입 가능성과 그 대처 방법은 한반도 통일을 준비하는 데 아주 중요한 이슈이다. 북한 국방위원장 김정일은 2011년 5월 27일 7박 8일간의 중국 방문을 마치고 돌아갔다. 1년 사이 세 번째 방중이다. 갈수록 밀착하는 북 · 중 관계를 파고들지 않으면 통일의 빗장을 열기가 어렵다.

1. 중국의 불안감을 덜고 안심시켜야

인하대 교수 남창희는 "인민해방군 매파와 일부 공산당 지도자들이 중국 내 정치적 입지를 굳히기 위해 의도적으로 대외 긴장과 강경 드라이브를 선호할 수 있다"며 "중국이 한 · 미연합군의 북한 수복작전에 어떤 형태로든 개입할 가능성을 배제할 수 없다"고 본다. 남창희는 중국의 개입을 차단하기 위해서는 중국의 불안감을 덜어주는 '약'을 써야 한다고 본다. 약이란 '통일 후 주한 미 지상군이

---

666) 김승범, "경제력 커진 중국, 민족주의 성향 강해 전성기 소련보다 동북아에 더 위협적", 조선일보, 2011.10.10, A8면.

현 휴전선 이북으로 전개되지 않는다' '서해를 지향한 공세적 미군전력을 한반도와 부속 도서에 사전배치(preposition)하지 않는다' 등의 원칙이다.[667]

명지대 초빙교수 송종환도 "(북한 급변시) 중국이 걱정하는 것은 대량 탈북 사태와 압록 · 두만강에 미군이 오는지 여부"라며 "통일 이후 미군은 북한 지역에 주둔하지 않는다는 것, 북한 난민은 UN 등을 통해 관리한다는 것을 중국에 전해야 한다"고 주장한다.

국방대 명예교수 김태준은 "유사시 국군이 미군과 함께 휴전선에 들어가면 중국의 반발이 심할 것"이라며 "미군의 지원을 받더라도 (북한 지역에) 들어가는 것은 우리 군 단독으로 하는 게 좋다"고 본다. 한국국방연구원 안보전략연구센터장 백승주는 "설사 중국이 개입하더라도 이성을 잃어선 안 된다"며 "중국 개입 시 우리 국민들이 국내 중국인이나 중국 자산에 대해 극단적 반중(反中) 행동을 취하는 것을 철저하게 막아야 한다"고 본다.[668]

2. 전략적 외교안보 협약을 체결하여 중국과의 신뢰 구축

한국과 중국이 수교가 되어 그동안 크게 증가된 교역량을 근거로 하여 중국과의 관계를 선린우호관계로 바꾸고 양국가의 관계 안보와 전략적인 협력 관계로 격상시키는 것이 필요하다.

산업자원부장관을 지낸 정덕구는 2011년 4월 14일 아침 국제외교안보포럼에서 강사로 나서 중국의 한반도 통일과 관련한 지식인 사회의 의견들을 집약했다. 정덕구에 의하면 "지식인 사회 내부에서는 북한으로 인해 왜 우리가 희생되어야 하느냐"는 의견이 있다. 중국은 "현실적으로 급변사태가 크게 대두되지 않으면 그대로 북한을 존속시키려 할 것이고 그게 또한 중국의 이익에 부합되는 것으로 본다." 남한에 주한 미군의 존속과 더불어 "남한만의 통일이 이루어지게 될 경우 중국과의 관계는 무엇이냐"는 의견도 제기되는 상황이다. 이어 중국주

667) 이용수, [제2차 통일포럼] "'통일 후 미군 휴전선 안 넘을 것' 中에 미리 알려 안심시켜야", 조선일보, 2011.5.29, A18면.

668) 위의 글.

석 후진타오 등 중국 지도부에 대해서는 정치적 영향력이 크지 않다면서 "(남북통일에 대해) 기성세대의 지도부는 '남한을 믿을 수 없다'는 말을 하고 있지만 지식인과 일부 젊은 정치국원들은 변화된 생각을 갖고 있다."[669] 따라서 양국 정부나 국민들이 신뢰를 바탕으로 관계를 축적하면 중국 정부의 지도급 인사들도 남북통일을 지지하는 방향으로 움직일 것이다. "이런 것을 보면 통일의 길이 멀지는 않다고 본다. 그래서 중국과 외교를 원활히 해야한다." 따라서 한-중 관계는 중요하게 취급되어야 한다. 국제외교안보포럼 이사장 김현욱에 의하면 "한미동맹은 그 자체가 중요한 것이 아니라 대한민국의 자유민주주의를 지키기 위해서 중요하다." "이제는 한미동맹을 기초로 자유민주 통일을 위해 미국뿐만이 아니라 중국과도 지속적인 신뢰와 협력을 바탕으로 관계를 증진하는 두 마리 토끼를 다 잡아야 한다."[670]

중국과의 관계를 증진시키기 위해서는 평소 중국과 비군사 분야에서 신뢰를 구축하는 것이 필요하나. 가톨릭대 교수 정경영은 "백두산 화산 폭발이나 영변 핵시설의 방사능 유출 등에 대비하기 위해 중국과 협력하면 (유사시 중국 개입과 같은) 분쟁 가능성을 사전에 막을 수 있다"면서 "2015년 주한미군 재배치로 미군이 빠지는 동두천의 캠프 케이시의 지휘통제시설, 훈련장, 숙소를 동북아 자연재해 센터로 쓰면 북한 급변사태 시 요긴할 것"이라고 본다.[671]

3. 중국을 외교적으로 압박해야

미 국방대학 산하 국가전략연구소는 2011년 10월 17일 '북한 정권의 붕괴'와 관련한 보고서에서 김정일 일가의 축출과 북한 엘리트계층의 새 지도부 구성을

---

669) 이현오, "'中, 한반도 통일시각 변하고 있다,' 정덕구 前 산자부자부장관, '지식인, 젊은층 정치국원 등 의식변화.' .. '독자생존력' 강화해야", 코나스, 2011.4.14.

670) 위의 글.

671) 이용수, [제2차 통일포럼] "'통일 후 미군 휴전선 안 넘을 것' 中에 미리 알려 안심시켜야", 조선일보, 2011.5.29.

가상 시나리오로 제시했다.[672] 그러면서 김정일 정권이 무너지더라도 짧은 시간 안에 국가 붕괴로 이어질 가능성은 낮다고 분석했다. 보고서는 우선 북한 엘리트 계층이 생존과 직결된 국가 붕괴를 막기 위해 모든 수단을 동원할 것이며 한국과 일본, 중국, 러시아도 북한의 위기가 국제적인 위기로 번지는 것을 막으려 할 것이라고 내다봤다. 특히 북한 정권의 붕괴 위기를 가장 먼저 감지할 가능성이 높은 중국은 남북통일이나 북한의 대량살상무기 제거에 반대할 것이라는 설명이다. 북한 난민의 대량 유입 가능성도 중국이 북한의 국가 붕괴를 꺼리는 이유 가운데 하나이다.[673]

2011년 5월 27일 '통일과정에서의 안보 전략'을 주제로 개최한 제2차 통일포럼에서는 선제적 압박으로 중국의 개입을 미연에 막아야 한다는 견해도 있었다. 정경영은 "중국군의 개입을 차단하기 위해 동중국해에 미 7함대 전력을 미리 전개해야 한다"고 본다. 그는 "북·중 간의 경제협력이 가속화해 나진항이 중국 품에 안길 경우 북·중 간 해상 물동량이 늘면서 중국 인민해방군 해군이 동해와 남해로 진출할 수 있다"며 "이런 상황에서 제해권(制海權)을 장악하지 못하면 재앙"이라고 본다.[674] 한나라당 의원 정옥임은 "유사시 휴전선 위로 올라가야 한다면 미군과 함께 올라가는 것이 좋다"고 피력한다. 정옥임에 의하면 "그래야 중국이 개입하려 할 때 '미군을 내려 보낼 테니 중국은 개입하지 말라'는 식의 협상 카드로 활용할 수 있다." 북한의 핵무기 등 대량살상무기(WMD)를 처리하는 데 있어서도 미군의 도움이 필수적이다. 국민대 초빙교수 박휘락에 의하면 "1981년 이스라엘의 이라크 오시라크 원전(原電) 폭파, 올해 다국적군의 리비아 폭격과 미군의 오사마 빈 라덴 사살 등은 모두 국제법을 무시한 것이지만 비난 몇 번 듣고 흐지부지됐다"며 "국제법도 어길 수 있다는 의지를 가져야 통일이 가능하다."[675]고 했다.

672) 유석현, "북한 정권 무너져도 국가 붕괴 가능성 낮아", YTN & Digital YTN, 2011.10.17.

673) 위의 글.

674) 이용수, [제2차 통일포럼] "'통일 후 미군 휴전선 안 넘을 것' 中에 미리 알려 안심시켜야", 조선일보, 2011.5.29.

675) 위의 글.

4. 북한의 중국화 경계해야

1) 북중 우호조약

한반도 통일이나 북한 급변 과정에서 중국이 개입할 가능성이 큰 근거는 1961년 체결된 북 · 중 우호조약이다.[676] 이 조약 2조는 "일방이 무력 침공을 당해 전쟁 상태에 처하게 되면 상대방은 모든 힘을 다해 지체 없이 군사적 및 기타 원조를 제공한다"고 돼 있다. 유사시 중국군 자동 개입 조항인 셈이다.

김정일은 2011년 방중 때 중국 주석 후진타오(胡錦濤)에게 "올해는 북 · 중 우호조약 체결 50주년"이라며 "이 조약은 양국 선대 지도자들이 물려준 중요한 유산으로 매우 중요한 의의를 갖는다"고 말했다. 북한은 입만 열면 '주체'를 강조하면서도 체제 보장을 위해 중국과의 우호조약에 갈수록 기대는 모습을 보이고 있다. 북한이 2011년 7월 11일 조약 체결 50주년을 맞아 북 · 중 군사 협력을 강화하는 방향으로 우호조약을 개정하려 한다는 관측도 있다. 전 한미연합사 부사령관 김병관은 "중국이 우호조약을 근거로 북한에 개입할 경우, 미국이 개입하지 않으면 북한은 중국화가 될 가능성이 크고 미국이나 UN이 개입하면 중국과 충돌하는 상황이 발생할 수 있다"[677]고 말했다.

2) 중국의 북한에 대한 적극적인 개입

중국 사회과학원 일본정책연구소 객원연구원 왕충(王沖)은 관영 영자지 글로벌 타임스의 2009년 6월 24일자 포럼난에 기고한 글에서 북한의 2차 핵실험 이후 중국의 기존 대북정책과 핵실험의 후유증에 대한 논란이 많았지만 중국은 북한을 포기해서는 안된다고 주장했다. 북한은 중국의 반대에도 핵무기 개발을 강행하고 있지만 중국은 결코 친북한 노선을 버리고 중립적인 입장을 취해서는 안

676) 안용현, "中, 개입 근거로 '北 · 中우호조약' 활용할 듯", 조선일보, 2011.5.29, A18면.

677) 이용수, [제2차 통일포럼] "'통일 후 미군 휴전선 안 넘을 것' 中에 미리 알려 안심시켜야", 조선일보, 2011.5.29, A18면.

된다는 것이다. 왕충은 이 같은 주장의 근거로 북-중 우호조약의 존속, 북한에 대한 중국의 신뢰 유지 필요성. 미국과의 완충지대로서의 북한의 전략적 중요성 등을 제시했다.[678)]

첫 번째 근거는 중국은 국제법적으로 북한을 지원해야 할 의무가 있다는 것이다. 중국이 지난 1961년 북한과 체결한 북-중우호조약은 상대방이 군사적 침략을 받을 때 자동 개입을 의무화하고 있고 이 조약은 일방의 폐기가 없는 한 20년마다 자동 연장되기 때문에 오는 2021년까지 유효하다는 것이다.

두 번째 근거는 중국이 북한을 포기하면 중국에 대한 신뢰에 금이 간다는 점이다. 왕충은 중국이 북한과 결별하면 파키스탄이 중국을 어떻게 볼 것이냐고 반문하고 미국도 중국을 우습게 볼 것이라고 말했다. 중국이 미국으로부터 존중을 받고 있는 것은 중국이 6 · 25때 미국 군사력에 크게 뒤졌는데도 개입했기 때문이라는 분석이다.

세 번째 근거는 북한 정권이 무너지면 중국이 완충지대를 잃고 미국과 정면대결을 해야한다는 것이다. 왕충은 미국 항공기가 압록강을 넘어 중국 국경지방을 정찰 비행하는 것을 바라는 중국인은 없을 것이라고 단언했다. 중국은 최근 UN 안전보장이사회에서 종전에 비해 강경한 내용의 대북제재 결의에 합의했지만 제재 결의 문안에서 상당한 신축성을 보였다고 왕 연구원은 분석했다.

왕충은 북한이 김정은 후계체제가 확정되고 나서 새로운 틀의 회담에 나서면 북한을 둘러싼 외교가 다시 정상궤도에 돌아올 것을 명심해야 한다고 강조했다. 왕충에 의하면 외교란 결국 전쟁에 돌입하지 않은 채 전쟁의 벼랑 끝을 걸어가는 기술인데 북한은 이에 매우 능해 보인다.

3) 중국과 북한 사이 관계의 실용적 변천

북한과 중국이 과거 혈맹이나 동맹관계에서 새로운 전략적 협력관계로 전환하고 있다는 분석이 이미 2001년 1월 8일 제기됐다. 외교안보연구원 교수 유석

---

678) 中 전문가 "中, 北 포기말아야", 연합뉴스, 2009.6.24.

렬(柳錫烈)은 '북 · 중관계 발전과 우리의 정책방향' 이라는 정책보고서에서 '북 · 중관계는 중국을 체제생존의 마지막 안전판으로 여기는 북한의 이해와 북한의 동요를 막고 미국 견제의 필요성이 있는 중국의 이해가 맞아 떨어지고 있다' 는 점을 근거로 이같이 분석했다.[679]

유석렬은 이같은 사실이 '북 · 중간에 여전히 과소평가할 수 없는 정치 · 군사적인 실리관계가 존재함을 의미한다' 며 '북 · 중은 북 · 러와는 달리 아직 군사자동개입 조항을 갖고 있는 우호협조 및 상호원조조약을 유지하고 있다' 고 지적했다. 그는 '향후 북 · 중관계는 체제의 상이성이 증대되고 입장충돌이 있을지라도 북한의 전략적 중요성과 실용주의 노선 추구로 중국의 북한 중시 정책은 지속될 것' 이라고 말했다.

특히 동북아와 아태지역에서 미 · 일 · 러의 패권추구를 견제하고 이 지역의 중심국가로 부상하려는 중국의 장기전략 구상에서 보면 중국은 동북아 지역에서 유일한 사회주의 동맹국가인 북한을 중시할 것이라는 설명이다. 유석렬은 또한 '북 · 중 간의 신세대' 인맥은 혈맹을 강조해온 구세대와는 달리 각자 자국이익을 우선시하는 실용주의적 성격을 띨 것' 이라고 진단한다. 그는 '따라서 중국은 북한의 체제유지에 도덕적, 상징적 지지만을 제공함으로써 북한과의 유대를 존속시키려 할 것' 이라고 전망한다.

성신여대 교수 김흥규도 같은 견해를 피력하고 있다: "최근 북 · 중 관계를 독해하기 위해서는 중국의 총서기 후진타오가 지난 2002년 대외정책을 조정하는 과정에서 북 · 중 관계를 기존의 혈맹관계에서 정상적인 국가관계로 전환시키기로 한 결정을 주목할 필요가 있다. 이는 이데올로기보다는 국가이익에 입각하여 양자관계를 풀어가겠다는 방침으로, 1992년 한 · 중 수교에 버금가는 대북정책의 전환이었다. 따라서 오늘날 북 · 중 관계를 동맹관계와 동일시하여 지나치게 정적(靜的)으로 해석하기보다는 각자의 전략적 이해에 따라 불편한 동거를 하고 있다고 이해하는 편이 실체에 접근하는 것으로 보인다."[680]

679) 권경복, "북-중, 전략적 협력관계로", 연합뉴스, 2001.11.8.

680) 김흥규(성신여대 교수 · 중국정치), [시론] "중국과 북한의 불편한 同居", 조선일보, 2011.7.14, A30면.

앞으로 북중 관계는 기존의 혈맹관계에서 정상적인 국가관계로 전환시키기로 하겠다는 후진타오의 2002년 발언을 중심으로 해서 해석하는 것이 바람직하다고 본다. 이러한 견해는 2011년 나타난 중국과 북한의 황금평 및 나선지역 개발 합작사업에서 증명되고 있다. 중국의 대북정책은 2009년 7월 국가주석 후진타오(胡錦濤)가 조장(組長)인 외사(外事)영도소조의 한반도 관련회의를 계기로 '북한의 안정'과 이를 위한 적극적인 '대북 포용'으로 선회하였다. 2000년 10월 초 중국 총리 원자바오(溫家寶)가 방북해 마오쩌둥의 맏아들인 마오안잉(毛岸英)의 묘를 참배한 것도 그 일환이다.[681] 중국은 천안함 · 연평도 사건에서 북한 편을 들므로써 북 · 중 관계가 한 · 중 관계에 우선한다는 것을 보여주었고, 올 들어 대북 관광상품을 통해 돈이 북한으로 흘러들어 가게 하고 있다. 나진은 이미 중국인들로 북적댄다.

이런 흐름 위에서 중국은 황금평과 나선지역 착공식을 통해 북한으로 들어가는 양대 통로를 확보했다. 하나는 압록강 하류의 단둥과 신의주를 잇는 서북축이고, 다른 하나는 두만강 하류 훈춘과 나선–청진으로 연결되는 동북축이다. 이 양대 축을 통해 중국의 돈과 물자 · 사람이 북한으로 밀려 들어가고, 각종 대형 건설프로젝트도 탄력을 받게 됐다. 2013년 말쯤 신압록강대교가 완공되면 중국의 자가용과 관광버스, 군용트럭도 쉽게 북한을 드나들 수 있다. 통일교육원 교수 권영경은 "그동안 미국과의 관계개선을 통해 경제와 안보를 해결하려던 북한이 경제난과 3대 세습 등으로 다급해지자 중국 쪽으로 방향을 튼 것으로 보인다"고 말했다. 권영경은 이 같은 전망이 수교 10주년을 맞은 한 · 중관계가 발전하고, 김일성(金日成) 전 주석과 덩샤오핑(鄧小平) 전 중국공산당 총서기 등 혁명 1세대의 퇴진으로 쌍방관계에서 불편한 매듭을 풀어줄 장치가 없어졌기 때문이라고 덧붙였다.[682]

---

681) 지해범(동북아연구소장), [전문기자 칼럼] "훈춘市가 돌변한 까닭", 조선일보, 2011.6.15, A34면.

682) 권경복, "북-중, 전략적 협력관계로", 연합뉴스, 2001.11.8.

4) 중국의 현실적인 한반도 정책

2010년 일어난 천암함 사건과 연평도 사건에 대한 책임규명에서 중국이 북한의 편들기를 한 것은 현상유지를 우선으로 하는 중국의 한반도 정책에 기인한다. 이는 중국 지도부와 정책결정 과정의 보수성에서 주된 원인을 찾을 수 있다. 미 · 중 간 전략적 경쟁과 한 · 중 간 신뢰의 부족도 원인의 일부다. 중국은 북한의 불안정성과 급변상황에 따른 현상변경이 중국의 전략적 이해에 부정적 결과를 초래할 것이라고 믿고 있다. 이러한 상황은 쉽사리 변하지 않을 것이므로 중국의 한반도 정책은 당분간 보수성을 유지할 것이다.[683] 중국의 한반도 정책이 이념적 성격에서 탈피하여 실용적 성격을 띠는 방향으로 나아가는 것이다.

미 · 중은 동북아 지역안정과 북핵문제에 대해 협력을 강화하고 있으며, 앞으로 북한 문제에 대해서도 협의와 타협을 바탕으로 관리하려 할 개연성이 커 보인다. 동북아 지역에서 미 · 중은 상호 전략적 균형을 유지하면서 상대방을 일방적으로 강요할 수 없는 시대에 들어서 있다. 중국이 미국에 상응하여 세계 경제력과 군사력의 초강대국으로 점차 부상하면서 일변도 외교로 한반도 문제를 푸는 시대가 지나가고 있다. 따라서 복합적인 이해관계를 동시에 고려하면서 주변 모든 국가와 긍정적 이해관계를 확인 · 축적해 나가는 노력이 필요하다. 미국과 동맹(聯美)하면서도, 중국과 화합의 영역을 확대(和中)하는 전략이 필요하고, 일본과도 협력(協日)하고, 러시아와 교감(交俄)을 넓혀나가는 외교가 필요하다.

북한이 핵무기 개발을 생존전략으로 채택하면서 미 · 중 간의 불필요한 갈등을 초래하고, '중국 바라기' 정책을 지속한다면 중국의 전략적 셈법도 달라지고 고민도 깊어갈 것이다. 미 · 중 간 전략적 협력의 강화는 북 · 중 관계를 유지하는 이익의 감소 및 비용의 증가를 의미하며, 한 · 중 관계의 진전 역시 북 · 중 관계의 유지비용을 크게 증가시킨다. 이제 창조적이고 지혜로운 외교를 통해 미 · 중과 공감대를 확인하면서 북핵 및 북한 문제를 풀어나갈 수 있는 돌파구를 찾아야 한다.

---

683) 김흥규(성신여대 교수 · 중국정치), [시론] "중국과 북한의 불편한 同居", 조선일보, 2011.7.14, A30면.

중국은 북한의 황금평 · 나선 지역 개발을 추진하면서 북한의 모험적 행동은 제지하고자 한다. 중국 국방부장 량광례는 2011년 6월 아시아 안보대화에 참석하여 중국이 북한의 핵개발이나 긴장 조성을 반대하고 있으며 북한에 모험적인 행동을 하지 말도록 촉구하고 있다고 강조했다. 그러므로 북한과 중국은 긴밀한 동맹이라기보다 전략적 이해에 따라 관계가 변화할 것으로 예상된다. 미국과 협력 강화로 북한과의 동맹유지 비용이 늘어날수록 중국의 고민은 더 커져가고 있다. 중국 지도부는 한반도 정책과 관련해 2개의 원칙을 밀어붙이고 있다. 하나는 남북한 등거리 외교, 하나는 한 · 미 · 일 삼각동맹의 약화다. 차기 지도자 시진핑(習近平 · 습근평) 시대에 북 · 중 혈맹은 강화될 가능성이 크다. 2010년 10월 시진핑이 6 · 25전쟁에 대해 "평화를 지키고 침략에 맞선 정의로운 전쟁"이라고 말한 건 치밀한 계산 끝에 나온 발언일 것이다. 압박과 회유의 양면책을 구사할 것으로 보인다.[684]

5. 중국의 경제적 부상은 한국에 유리할 수도 있다

1) 5백년 서방우위 시대의 종언과 중국의 경제적 부상: 새로운 전략

하버드대 경제사 교수 니얼 퍼거슨은 「월스트리트저널(Wall Street Journal)」에 장문의 기고문을 실었다. 그는 2010년 11월 20일 '중국의 궤도 안에서' 란 제목의 글에서 지난 수백 년 서방이 어떻게 세계를 지배할 수 있었는지, 지금은 어떻게 그 지위를 중국 나아가 아시아에 넘겨주게 되었는지를 분석했다.

그는 "500년 서방 우위의 시대는 막을 내리고 있다. 세계는 이제 중국 중심의 시대를 맞을 때가 됐다"고 말한다. 이것을 퍼거슨은 6가지 '압도적인 소프트웨어' 로 요약했다. ①경쟁 ②과학혁명 ③법치와 대의제(代議制) ④근대 의학 ⑤소비사회와 산업혁명 ⑥근로 윤리와 자본 축적이다. 이것은 500년 서방 우위의 6대 비결이다. 아시아의 발전도 서구의 경로를 채택했기 때문에 가능했다. 하지만 아

684) 이양수, [이양수의 세상탐사] "중국이 한국을 우습게 보는 이유", 중앙선데이, 2011.7.17.

시아는 무엇이 핵심 비결인지 헷갈려했다. 일본은 수명이 다한 제국주의까지 모방했고, 인도는 소련식 사회주의 제도에 국운을 걸었다. 1950년대 이후 후발주자들은 보다 선택적이었다. ①경쟁과 ③대의제는 놔두고 과학 · 의학 · 소비사회 · 근로윤리에 집중했다. 지금 싱가포르 · 대만 · 한국 · 중국이 보이는 발전상이 그 결과다.[685)]

특히 중국의 일취월장은 두드러진다. 중국은 더이상 견습생이 아니다. 산업혁명을 거친 나라 중에서 경제 규모가 가장 크고 속도도 가장 빠르다. 세계 제조업 비중에서 이미 일본 · 독일을 제치고 미국 추월 직전이다. 골드만삭스는 중국이 GDP(국내총생산) 기준으로 2027년 미국을 따라잡을 걸로 예상한다. 미국은 중국과의 환율전쟁을 경고하면서 '공동운명체'를 강조하지만 더 유리한 것은 중국이다. 중국의 현재 국가생산이 금융위기 전보다 플러스 20%를 상회한다. 미국은 아직도 2%를 밑돈다. 미국은 여전히 세계 최대 경제대국이지만, 미국 국내 총생산(GDP)이 선세계 GDP에서 치지하는 비율은 1999년 23%에서 2009년 20%로 떨어졌다. 반면 같은 시기 중국 GDP가 차지하는 비율은 7%에서 13%로 증가했다.

중국의 새로운 전략은 '4가지 더(four more)'로 요약된다. 더 소비하고, 더 수입하고, 더 해외에 투자하고, 더 혁신한다. 중국은 오늘날 최고의 무역 파트너이자 가장 역동적인 신흥시장이다. 친구가 많을 수밖에 없다. 중국은 원자재의 안정적 확보를 위해 전방위로 해외투자를 늘리고 있다. 그리고 해상 수송로 보호를 위해서 해외로 해군력 팽창을 정당화한다. 중국을 값싼 제조공장으로만 보는 것은 시대착오다. 2007년 중국은 신규 특허신청 건수에서 독일을 따라잡았다. 퍼거슨에 의하면 "미국을 비롯한 서방은 원력 교체기를 맞아 당혹해하고 있지만 경제적으로나 지정학적으로나 동방의 도전은 엄연한 현실"이라면서 "어떤 면에서는 이미 아시아 세기가 도래했다."[686)] 이러한 진단은 퍼거슨 혼자만이 아니다. 스탠퍼드대 교수 이안 모리스는 새 책에서 "지정학적으로 볼 때 중국이 세계경제 중심으

685) 전병근(하버드대 퍼거슨 교수), "500년 서방 우위 끝, 이젠 중국 시대", chosun.com, 2010.11.22.
686) 위의 글.

로 복귀하는 것은 시간문제"라고 말했다. 그는 지리적 요인에 초점을 맞췄다

하버드대 교수 조지프 나이는 「포린 어페어스(Foreign Affairs)」(2010년 11~12월호)에서 "21세기를 미국의 세기라고 말하는 것이나 미국이 곧 망할 것이라고 말하는 것은 둘 다 옳지 않다"면서 "세계 최고 교육수준과 인구구성의 건전성, 첨단기술력 등을 감안하면 정치적으로 불안한 중국이 수십 년 내 미국을 따라잡기는 어렵다"고 말했다.[687] 중국은 노동집약형에 따른 경제적인 수출증대 외에 아직도 과학기술, 군사력, 문화, 시민의식, 인권과 사회적 다양성, 정치 민주화와 자유정신, 빈부의 격차, 중산층의 크기 면에서는 아직도 미국과는 엄청난 차이를 보이고 있다. 단지 중국은 인구면에서 미국보다 4배의 크기를 가졌다는 것 이외에 소수 민족들의 갈등, 도시 소외계층, 도시와 농촌의 격차 등은 아직도 신흥국가의 수준에 머물고 있다.[688] 중국은 자국으로 도피한 탈북자들을 북한으로 송환하도록 하고, 북한의 핵개발을 두둔하고, 명백한 과학적 증거가 드러난 북한에 의한 천암함 폭침이나 연평도 민간인 지역에의 미사일 공격 등에 대하여 일방적인 북한을 편들고 있다. 중국은 무력으로 점령한 티벳의 정신적 지도자 달라이

---

687) 전병근(하버드대 퍼거슨 교수), "500년 서방 우위 끝, 이젠 중국 시대", chosun.com, 2010.11.22.

688) 2010년 중국은 GDP가 40조 위안(元)에 이르러 일본을 제치고 세계 2위에 올라섰고, 1인당 GDP는 약 4천 4백 달러로서 이미 중등 소득 국가 대열에 합류했다. 하지만 지난 30여 년에 걸친 고속 성장으로 '빈곤의 함정'을 벗어난 중국은 이제 '중진국 함정'이라는 새로운 도전에 직면해 있다. '중진국 함정'의 정확한 말은 원래 '중등 소득 함정(Middle Income Trap)'이다. 2006년에 국제통화기금(IMF)이 제기한 개념이다. 한 경제체(經濟體)의 1인당 평균 소득이 세계 중등 수준에 도달한 뒤 발전 전략과 발전 방식의 순조로운 전환에 실패하면서 성장 동력이 부족해지고 경제가 장기적으로 침체된 상황을 일컫는다. 중국은 지난 30여 년 동안 외연적 성장 일변도의 길을 걸으면서 고속 성장을 추구한 결과 자원 고갈, 과잉 설비, 생태 환경의 극심한 악화 등 많은 문제를 노출했다. 구체적인 예가 2011년 7월24일 중국 제지앙 성 원저우 시에서 일어난 고속철 충돌 사고다. 고속철 참화(慘禍) 역시 이러한 경제대형 프로젝트의 하나로 무리한 성과주의가 빚어낸 구체적인 결과물이다. 2010년 중국 GDP는 전세계 GDP의 9.5%를 차지했는데, 일회성 자원 소모율이 미국의 세 배, 일본의 다섯 배에 달한다. 전력과 강철 그리고 유색경결속 등 여덟 개 업종 단위 상품의 평균 에너지 소모 비율은 세계 선진국 수준의 47%에 머무르고 있다. 중국은 중국공산당 창당 100주년이 될 향후 10년까지를 중소득 국가의 경계선상에서 완전하게 성숙된 중소득 국가로의 이행기로 삼고 있다. 이 기간 중 1인당 소득은 1만 3천 달러로 세 배 넘게 상승할 것으로 예측되고 있다. 캐나다의 프레이저연구소(Fraser Institute)는 세계 1백41개 국가들 가운데 중국의 제도적 질의 순위를 87위로 평가했다. 중국은 정부 규모와 효율성 분야에서 좋은 점수를 받았지만, 법치주의와 중립적 법률 제도를 비롯한 여타 분야에서 취약하다(소준섭(국제관계학 박사), "중국, '중진국 함정'에 빠져들까", 시사저널, 2011.8.8).

689) 임민혁, "오바마, 중(中) 반발 속 달라이 라마 만나", 조선일보, 2011.7.18, A21면.

라마를 만나는 미국 대통령 오바마[689]에 대해 "이런 행위는 중국 내정에 대한 엄중간섭으로 중국인 감정을 해치고 중 · 미 관계를 손상시켰다"고 내정간섭이라고 비난하는 외교정책[690] 등은 중국이 아직도 경제력에 걸맞지 않은, 국제사회의 규범의식에 제대로 도달하지 못한 변방이라는 사실을 드러내준다.

2) 중국 발전과 한반도의 영향

고려대 명예교수 한승주는 2011년 공산당 창당 90주년을 맞이하는 중국의 경제적 부상이 한반도 통일에 대하여 갖는 낙관적 근거를 다음 세 가지로 제시한다.[691]

첫째, 중국은 강대국으로 세계 질서에 진입하는 과정에서 독일 · 소련 등 과거의 현상 타파적 국가들과는 달리 현 질서를 기본적으로 유지하고 존중한다. 그래서 중국은 점진적이고 평화적인 개선에 역점을 두고 있다. 일컬이 '도광양회(韜光養晦 · 빛을 가리고 칼을 간다)' 정책은 미국이라는 패권 국가를 대체하기 위한 것이라기보다 차분히 실력을 기르며 다극적인(multi-polar) 세계 질서로 옮겨간다는 것이다.

둘째, 중국은 북한을 경제적으로 지배하고 남한에 대해서는 경제적 의존 관계를 기화로 외교적 영향력을 행사할 가능성이 있다. 그러나 이에 대해 크게 우려할 일은 아니다. 북한의 경우 최근 황금평 개발의 어려움에서 보듯이 중국이 경제적으로 이득을 볼 수 없는 사업에 지배력 확대를 위해 크게 투자할 가능성은 많지 않다. 한국과 북한은 중국의 경제적 성장을 경제적인 발전의 발판으로 잘 이용해야 한다. 중국, 대만, 홍콩에 외화가 넘치고 있기 때문이다.[692] 북한은 개혁과 개방을 통해서 노동 집약적인 산업에 집중하여 높은 경제 성장을 할 수 있

690) 위의 글.

691) 한승주(고려대 명예교수 · 전 외무부장관), [한승주 칼럼] "중국의 부상은 한국에 유리할 수 있다", 조선일보, 2011.7.4, A38면.

692) 양운철, "한반도에서의 통일", 특집: 2010 기독교 한반도 통일 포럼, 「신앙세계」 통권 508호, 2010.11.

는 절호의 기회를 놓치지 않아야 한다. 그런데 북한은 사회의 폐쇄적 구조로 인하여 전혀 중국 특수를 살리지 못하고 있으며, 오히려 남한이 이익을 보고 있는 것이다.

셋째, 북한의 천안함 폭침, 연평도 무력 도발 등에 대해 중국이 우리가 기대하는 만큼 단호한 태도를 보이지 않은 것은 사실이다. 그러나 중국으로서는 그 나름대로 북한을 자제시키는 노력을 경주하고 있다. 중국과 미국은 아직도 대만 문제, 인권 문제, 남중국해 문제 등 갈등의 소지를 많이 갖고 있다. 그러나 양국이 좋은 관계를 갖는 것이 공동 이익에 부합한다는 인식 아래 갈등을 넘어 협력의 필요성에 무게를 두고 있다. 북핵 문제에 관련해서도 미 · 중 간 이해와 협조의 폭이 제3자가 인식하는 것보다 상당히 클 가능성이 있다. 통일과 관련하여 한국은 미국과 중국 사이에서 택일한다는 것은 잘못된 생각이다. 한국은 미국과 동맹 관계이다. 이것은 중국과의 관계와는 질적으로 다른 관계이다. 미국은 미국대로 동맹으로서의 관계를 유지하고 중국은 중국대로 무역 파트너로서의 관계를 유지시켜 나가야 한다.[693)]

6. 주민인권 개선 명분으로 한국의 개입: 북한 주민의 자결권 강조, 중국화 경계

1) 한국의 독자적 개입

전 한미연합사 부사령관(예비역 대장) 김병관은 "북한이 중국 땅이 된다는 건 북한 땅에 중국 인민해방군 해 · 공군이 주둔해 사방으로 뻗어나가는 상황"이라며 "이것이 미국 · 일본 · 러시아에 미치는 영향에 대해 미 · 일 · 러 국민들에게 알려야 한다"[694)]고 제안한다. '북한의 중국화(化)' 에 대한 주변국들의 경계심을 촉

693) 윤영관(서울대 교수 · 국제정치학), "국제정치 변화와 한반도 통일", 특집: 2010 기독교 한반도 통일 포럼, 「신앙세계」 통권 508호, 2010.11, 153.

694) 이용수, [제2차 통일포럼] " '통일 후 미군 휴전선 안 넘을 것' 中에 미리 알려 안심시켜야", 조선일보, 2011.5.29, A18면.

발시켜야 한다는 것이다. 그는 또 "통일 후 북한 지역을 이끌어 나갈 인재들을 우리가 미리 육성해둬야 한다"며 "탈북자들에게 석사 이상의 교육을 받게 해 기업 경영인, 정치인, 정부 관료의 경험을 갖게 해야 한다"고 주장한다.

서울대 교수 조동준은 "급변사태 시 우리가 개입하게 된다면 민족자결의 이름이 아니라, 북한 주민 인권개선 같은 인류보편적인 명분으로 이뤄져야 한다"고 피력한다. 그래야 중국 등의 반발을 최소화하고 국제적 지지를 얻을 수 있다는 것이다.

한국안보문제연구소 이사장 김희상은 "어찌하든 북한이 중국의 배타적 영향권 하에 들어가는 일은 없도록 해야 한다"며 "만에 하나 그렇게 되면 민족적 재난이 될 것"이라고 본다. 한반도선진화재단 이사장 박세일은 "무엇보다 우리의 입장을 정하는 것이 급선무"라면서 "우리가 분명한 입장을 가지고 주도하면 미·중도 행동에 나설 것"[695]이라고 본다.

2) 북한 주민의 자결권 강조

북한사회의 진로결정은 오늘날처럼 국제화되고 세계인들이 TV와 휴대폰과 스마트폰을 통하여 세계의 모든 사건을 시시각각으로 알고 있는 때에 강대국이 힘으로 몰아 부치는 시대는 지났다. 동독을 서독에 합병하도록 동의했던 구 동독 총리 드메지어는 독일 통일은 동독 주민이 원하는 것이었다고 말했다. 그러면서 그는 "남북한의 통일도 북한 주민이 통일을 스스로 원할 때만이 완전하게 이룰 수 있다고 본다."[696]고 말했다. 중국의 개입을 막기 위해서는 미국의 압력이나 한국의 중국과의 외교적 친근 등이 필요하나 결정적인 것은 북한 주민의 자결권이다. 독일 통일시 동독정부는 동독의 서독으로 합병통일에 관하여 국민투표를 실시하였고, 압도적으로 통과되었다. 북한주민이 한국과의 합병통일을 원하는 것으로 드러나면 주변국가로서는 중국이나 일본이나 러시아나 미국도 이에 대

695) 위의 글.

696) 양창석, "우리가 하나 되는 통일을 선택하려면", June 2011, *Christianity Today*, 25.

하여 더 이상 개입할 근거를 상실하게 된다.

미국 자유아시아방송(RFA)은 북한에 투자한 중국 국적의 동포사업가들의 증언을 인용해 2011년 5월 30일 남한 주도의 통일을 선호하는 북한주민의 태도에 관하여 보도하였다. 재중 사업가 오(吳)씨에 의하면 "날이 갈수록 살기 힘들어지면서 북한 주민들은 하루빨리 통일이 돼야 살기 좋아질 것이라고 말한다." "북한주민들이 원하는 통일은 조선 노동당이 지배하는 통일이 아닌 남한 주도의 통일, 더 나아가서 남한으로의 흡수통일을 의미한다."[697]

통일에 대한 북한 주민의 변화된 인식은 최상위 지배계층을 제외한 북한의 중간 간부들도 마찬가지라고 한다. 그래서 북한당국은 전보다 더 엄격하게 사상 단속을 하고 있다. 오씨는 "요즘 북한에서 함부로 '통일' 을 입에 담았다가는 큰 곤욕을 치를 수 있고, 심하면 정치범으로 몰릴 수 있다"고 전했다. '통일' 이라는 말이 '북한이 빨리 망하라' 는 말로 이해될 수 있는 분위기라는 것이다. 함경남도에 거주하는 구씨도 "삶에 지친 주민들이 '한국이든 미국이든 빨리 조선을 점령해 버렸으면 좋겠다' 고 막말하는 사람도 있다"며 "남한에 대한 호칭도 예전 같으면 '남조선' 이라고 했지만 이제는 무의식적으로 '한국' 이라고 하는 사람들이 많아졌다"고 전했다. 그는 "청년대장 김정은이 올라오자 주민들 사이에서는 '앞으로 50년을 또 어떻게 버티고 살아야 하나 '내 생전에 좋은 세상 구경하기는 틀렸다' 는 자조 섞인 말도 돌고 있다"고 덧붙였다.[698] 북한 주민들이 식량난 등 어려운 경제 사정으로 지쳐가면서 최근 통일에 대한 인식도 변화한 것으로 알려졌다. 북한에서 내세우는 '조선노동당이 지배하는 통일' 이 아니라 남한 주도의 흡수통일을 원한다. 또 무의식적으로 '남조선' 대신 '한국' 이란 이름을 사용한다.

2011년 9월 러시아 국책연구기관인 '세계 경제 · 국제관계 연구소(IMEMO)' 가 2030년까지의 세계정세를 전망함에 있어서 북한은 지금 붕괴 추세가 빨라지고 있으며 10년 뒤인 2021년부터 2030년 사이 한국에 흡수돼 한반도 통일이 실질적

697) 김진희, "北 주민들, '한국' 에 흡수통일 원해", 중앙일보, 2011.5.31.

698) 위의 글.

인 단계에 들어설 것이라고 전망했다. 러시아보다 훨씬 북한 사정에 훤한 중국이 러시아도 내다보고 있는 북한 정권의 수명을 예측하지 못할 리 없다. 그런데도 중국이 계속 북한 정권을 두둔하고 가는 것은 미국과 중국의 세력이 직접 부딪치고 있는 동북아 정세 속에서 북한이 완충지대로 남음이 중국에 대한 전략적 가치가 있다고 보기 때문이다.[699] 그러나 핵무기와 미사일에 기대서 정권의 수명을 연장하려는 북한의 선군 정책은 오히려 미 · 중 간의 서로 의도하지 않은 대결을 촉발시킬지도 모르는 지뢰(地雷)가 될 수 있다. 이는 중국이 지속적인 경제발전과 안보를 유지하기 위하여 충분히 고려해야 할 중요한 문제다. 한반도가 평화지대로 바뀌는 통일한국의 탄생에 대한 중국의 판단이 러시아와 달라야 할 이유가 없다. 한국의 대중(對中)외교의 핵심은 이 자명(自明)한 사실을 중국에 설득하는 일이다.

III. 한국교회의 역할

1. 중국 연변 지역에 교회설립: 북한 피난민들의 도피처와 마음의 위로처가 되도록

한국교회는 조선족들이 살고 있는 연변 지역에 정책적으로 선교교회를 개척하여 앞으로 통일을 대비하여 북한의 난민들이 중국지역으로 피난하거나 탈북하게 될 때 이들을 수용할 수 있는 피난처를 마련하는 것이 요청된다. 이러한 연변이나 중국 속의 선교교회나 선교회를 통해서 북한과의 소통을 연결하고, 이들을 통해서 북한의 내부 소식을 알고 외부소식을 알리는 것이 요청된다. 한국교회는 북한정권의 붕괴 시(時)에 북한에서 도피하는 피난민들을 수용하고 저들에게 안식처를 제공해주어야 한다. 북한 붕괴 시에 동서 베를린 장벽 붕괴처럼 남북의 장벽을 하루아침에 허물어 뜨리는 것은 지혜로운 길이 아니다. 나중에 독일은 양쪽 시민들의 사고와 가치관과 노동력의 차이 때문에 많은 후유증을 낳았다. 일단

699) [사설] "'20년 내 한국 주도 통일' 露 보고서와 중국 외교 입력", 조선일보, 2011.11.4, A35면.

북한 지역을 특별구로 지정하고 가급적이면 이들이 한국으로 들어오는 것을 억제하나 불가피하게 입국을 시도하는 자들을 돌려보내기보다는 이들에게 안식처를 제공해서 심리적으로 안정을 하도록 해야 한다. 독일의 경우 1989년 말까지 35만 명의 동독인들이 서독으로 탈출하였고,[700] 이들은 서독 국민이 될 수 있도록, 주민등록증을 교부받도록 간단한 입국 절차만 거치도록 했다. 정부는 북한 주민들이 간단한 절차만으로 한국인이 되도록 절차를 간소화시켜야 한다.

2. 북한 주민의 마음을 감동시킴: 중국 등 제3자 개입 차단의 최선의 길

한국이 북한 주민들을 감동시키는 일에는 역사적으로는 남북갈등 구조가 제거되어야 할 심리적 장애물로 남아있다. 이 갈등구조는 60여 년 전에 있었던 동족상잔의 전쟁이다. 그 때문에 서로간의 적대의식과 불신과 피해가 남아 있다. 한국교회는 남북겨레 사이에 남아 있는 이러한 장벽을 허무는 역할을 해야 한다. 허무는 매체 중 하나는 식량 때문에 어려운 가운데 있는 북한 주민들에 사랑의 쌀 등 사랑의 마음을 전달하는 구체적인 행동이다. 한국교회는 여태까지 해 오던 것 같이 지속적으로 북한 주민들의 어려운 생존 유지를 위하여 필요한 쌀 등 생필품을 조달함으로써 한국교회 신자들의 따뜻한 동포의 마음을 전해주어야 한다. 주는 자는 줌으로써 사랑을 전달하고, 받는 자는 받음으로써 고마움을 느낄 때 서로 간에 놓여있는 장벽은 서서히 무너지는 것이다. 2011년 5월 18일 한국기독교 교회협의회(KNCC)가 해외단체인 "중국 애덕기금회(Amity Foundation)"를 통해서 중국 단동에서 북한에 밀가루 172톤(약 1억 원)을 보낸 것도 이러한 맥락이다. KNCC가 정부의 허가 없이 인도주의적 동기에서 북한의 어려운 동포들에게 구호물자를 보냈다. 이것은 굶주리고 있는 북한 주민을 향하여 교회가 가진 사랑을 표시하는 것이다.

700) 양창석, "우리가 하나 되는 통일을 선택하려면", June 2011, *Christianity Today*, 25.

무엇보다도 한국의 정치적 · 경제적 발전과 안정은 북한 동포들에게 잘 사는 희망이 될 수 있다. 서독이 라인강의 기적을 통해서 경제대국으로 성장하여 동독을 흡수통일한 것 같이 한강의 기적을 이룬 한국은 세계적인 브랜드가 된 삼성, SK, LG, 현대 등 글로벌 기업의 경제적 능력과 역량을 통해서 북한 주민들의 선망의 대상이 될 수 있다. 그러나 한국의 경제적인 성공은 북한 주민들에게 실제적인 혜택을 주어야 하고 이들에게 도움을 주어야 감동으로 나타날 수 있다. 그 구체적인 예가 故정주영 현대그룹 명예회장이 1999년 6월 16일 북한에 제공할 소 1천 마리 중 1차분인 500마리를 실은 트럭과 함께 판문점을 통해 방북하여 북한 주민들에게 나누어주는 감동적인 사건을 말하는 것이다.

3. 중국의 삼자 교회 및 기독교 지도자들과 협력하여 중국이 한반도의 자결권을 존중하도록

독일의 통일은 고르바초프의 등장과 냉전체제의 붕괴, 동구 사회주의 정권의 붕괴, 베를린 장벽의 붕괴, 동독정권의 붕괴, 서독정부의 과감한 대응이라는 외적이고 내적인 조건이 기막히게 맞아 떨어진 결과였다. 당시 동독에 35만 군대를 주둔시키고 있던 소련의 승인 없이 독일 통일은 불가능한 것이었다. 당시 독일 수상 헬무트 콜은 고르바초프에게 독일 통일의 대가로 차관을 약속하였다. 실제로 통일 협상 과정에서 소련에 지불된 총액은 5백 50억 마르크에 달했다.[701] 마찬가지로 한반도의 통일에 있어서 북한 주민의 동의를 전제하더라도 미국의 승인과 일본, 소련의 양해와 중국의 승인이 있어야 한다. 이를 위하여 한국 지도자들은 중국의 정치 지도자들과 긴밀한 관계를 갖는 것이 요청된다. 그리고 교회 지도자 역시 국제적인 네트워크를 통해서 연결되는 중국의 교회 지도자 및 중국의 정치 · 사회 · 문화 지도자들과의 긴밀한 친분관계를 통해서 "한반도의 통일은 중국이 간섭할 문제가 아니라 한국민족의 자결에 일임한다"는 정치적 · 외교

701) 조명진(유럽연합집행이사회 안보자문역), "독일 통일과 유럽 통화 통합은 '한통속' 이었다", 시사저널, 2010.10.22.

적 · 도덕적 선언을 하도록 합의를 형성하는 것이 요청된다.

2011년 6월 7일 출범한 한중국제교류재단은 중국과의 교류와 이해를 증진하기 위하여 민간 외교적으로 좋은 역할을 하게 될 것으로 기대된다. 교류재단의 모태는 지난 2003년부터 이어져온 '한중 기독교 교류회' 다. 한국세계선교협의회(KWMA)와 사랑의교회 등이 주축을 이뤄오던 양국 교회 간 협력체였다. 양국 교회는 선교와 신학, 이단 문제 등 교회와 관련한 다양한 주제들을 서로 나누며 다방면에 걸쳐 양국 교회의 협력을 모색했다. 양국 교회는 이 교류회를 보다 공식화하고, 전문화하기 위해 이번 재단 발족에 힘을 합쳤다.[702]

한국세계선교협의회장 강승삼에 의하면 "중국이 이제까지 교회를 아편으로 생각하고 핍박했지만 교회가 국가 경제 발전에 이바지할 수 있다는 사실을 한국교회를 통해 알아가고 있는 것 같다." "출범한 재단은 양국 교회간 신학과 선교 등 다양한 분야에서 보다 활발한 교류가 가능하고, 경제와 문화 등 사회 전반에 걸쳐 협력할 수 있을 것"이다. 이 재단은 통일시대를 앞두고 북한 선교에 있어 중국교회와의 협력을 중요하게 보고 준비하고 있다.

이 교류재단은 "중국은 역사적으로 기독교에 대한 인식이 나쁘다. 이러한 중국의 인식을 불식시키기 위해서는 무엇보다 양국 교회 간 신뢰구축이 중요하다"며 "서로 믿을만한 동역자가 될 수 있다는 걸 이해시키기 위해서는 만남의 장이 필요하고, 교류재단이 바로 그런 역할을 할 수 있을 것"으로 피력한다. 이 교류재단은 외교통상부 산하에 등록된 외교창구로서 "직접적인 선교단체로 나서지 않고 한국과 중국 간 외교창구의 역할을 감당할 것"이며 "양국 교류에 있어 중국의 체제와 현실을 존중하며 공식적 방법을 통해 활동을 이어갈 것"이다. 교류재단은 "중국 개방의 흐름을 직시하면서 양국 교회의 관계를 지혜롭게 풀어가고자 하며" "중국에서는 여전히 사회주의적 요소가 남아있고 종교 또한 당국의 통제 아래 있지만, 머지 않아 양국 교회가 사회 문화적으로 중요하게 인식될 날이 올 것"을 기대한다.

---

702) 김진영, "중국, 한국 보면서 교회 새롭게 인식하기 시작", 크리스천투데이, 2011.6.4, 사랑의교회 등 주축 된 '한중국제교류재단', 오는 7일 출범.

재단 이름에 기독교 관련 용어를 넣지 않은 것에 대해 총무 목사 정병화에 의하면 기독교적 색채가 강하면 사역에 제한을 받지 않기 위해서이다. "교류재단은 선교는 물론 경제와 정치, 문화 등 사회 모든 방면에 있어 양국 간 교류를 목적으로 한다. 물론 가장 핵심 사역은 중국 선교를 비롯한 양국 교회와 목회자간 협력이지만, 활동의 폭을 이에만 국한시키지 않으려 한다." 또한 "단순 선교가 아닌 외교창구인만큼, 선교는 물론 정치, 경제, 문화 등에 있어 중국 전문가들이 재단에 참여할 예정"이다. 교류재단은 삼자교회를 비롯한 중국의 공식적 교회와의 협력체다. 그러나 중국엔 이보다 더 많은 비공식 가정교회들이 있다. 이에 대해 강승삼에 의하면 "중국 당국이 가정교회를 수면 위로 끌어올리기 위해 상당히 노력하고 있다. 이런 교회들이 비록 정책에 위배되지만 실제 국가에 해를 끼치지 않는다고 판단하고 있다." "교류재단은 중국과의 교류에 있어 공식적 채널만을 통한다. 그러나 이것이 가정교회의 발전에도 도움을 줄 수 있을 것"이다.[703] 이러한 중국 기독교와의 채널이 여러 가지 형태로 더 많이 생겨나 정치사회면에까지 한국교회는 신자들이나 후원자들을 통하여 중국과의 관계를 개선시키도록 노력해야 한다.

4. 국제 인권기구와 협력하여 중국이 탈북자들의 인권을 임의로 침해하지 못하도록

2011년 10월 11일 중국 선양(20명), 웨이하이(10명), 엔지(5명) 등지에서 중국 공안당국에 체포되어 투먼에 유치해온 탈북자 35명 중 20여 명을 북한으로 넘길 것으로 한국대사관에 통보해왔다. 중국은 "동북 3성에서 체포된 탈북자들의 처지가 제각각이다. 어떤 사람은 정치범 수용소에 갈 위험이 있을지도 모르지만 단순 경제사범 정도인 사람도 있다"면서 "탈북자들이 한국대사관이나 총영사관, 한국학교 같은 곳이 아니라 다른 장소들에서 불법적으로 머무르다가 잡혔는데 어떻게 모두 석방할 수 있느냐", "탈북자들이 공안에 체포되도 한국에 갈 수 있게 되

703) 위의 글.

면 한국으로 가려고 중국 내 탈북자들이 모두 자수하는 사태가 벌어진다"는 입장을 밝힌 것으로 알려졌다. 이어 "공안에 체포된 후에도 한국으로 갈 수 있다면 중국 내에서 생활 중인 탈북자들이 모두 자수하지 않겠느냐"며 난색을 표했다고 한다.[704] 중국은 이들이 북한에 송환되면 고문 내지 처형되는 것을 알면서도 1998년 북 · 중 간 체결한 조약인 "국경지역 업무협정"에 따라 강제추방하려는 것이다. 그러나 중국은 1982년 "UN난민협약"에 가입했다. 난민 협약은 어떠한 방법으로도 난민의 생명이나 자유가 위협받을 우려가 있는 영토로 추방하거나 송환하는 것을 금지하고 있다. 난민협약 1조는 "인종, 종교, 정치적 의견을 이유로 박해받을 우려가 있다는 공포 때문에 이전의 상주(常住)국으로 돌아가는 것을 원하지 않는 사람"을 "난민"으로 규정하고 있다. 난민협약 33조 1항은 "협약 가입국은 난민을 생명이 위협받을 우려가 있는 곳으로 추방하거나 송환해서는 안 된다"며 "강제송환 금지 원칙"도 규정하고 있다.[705] 국제사회는 이는 "난민협약 위배"라고 비난하고 있다. 중국이 난민 협약 당사국으로 북한 당국의 박해를 받아 탈출한 탈북자를 북한에 돌려보내는 것은 협약 위반이다. 중국은 이러한 탈북자를 체포한 후 국제사회 여론이 잠잠해지기를 기다려 북송하는 관행을 10여 년간 되풀이 하고 있다.[706] 탈북자들이 계속 북송되는 배경엔 중국 정부의 완고한 탈북자정책이 자리 잡고 있다. 중국이 대외적으로 밝히는 탈북자 처리의 3대 원칙은 국내법, 국제법, 인도주의 원칙에 따른다는 것이다. 그러나 실제로 이 세 가지 원칙은 상황에 따라 다르게 적용되고 있다. 인공위성을 쏘아 올리고 항공모함을 띄우고 교역량이 몇조 달러라고 해서 대국(大國)이라고 할 수 없다.[707] 대국으로 가는 첫 걸음은 국제법과 국제협약을 지키는데 다른 나라의 모범이 되는 데 있다. 이에 손 못쓰는 한국정부에게는 외교적 무능함과 탈북자들의 인권에 대한 국제적 여론을 환기시키지 못한 책임이 있다.

---

704) 김진명, "中, '탈북자 20여명 北送 불가피'", 조선일보, 2011.10.12, A1면.

705) [사설], "탈북자 북송금지 UN 협약 어긴 중국을 대국이라 하겠나", 조선일보, 2011.10. 13, A39면.

706) 김진명, "中, 말로만 '인도적 처리' … 이번에도 北送 뒤통수 때리나", 조선일보, 2011.10.12, A4면.

707) [사설], "탈북자 북송금지 UN 협약 어긴 중국을 대국이라 하겠나", 조선일보, 2011.10.13. A39면.

중국정부의 '북한 감싸기'는 그 도를 넘어서고 있다. 북한의 3대 세습 체제를 적극적으로 옹호하고 도와주기 위해서 김정은 국방위부위원장을 중국으로 초청하여 그의 후계구도에 많은 정당성을 부여하고 있다. 참으로 시대착오(時代錯誤)적인 중국공산당의 발상이 아닐 수 없다. 중국은 연평도 군사 도발건을 UN의 안보리에서 다루는 것도 방해하여 무위로 끝내었다.

보편적인 서구민주주의 가치와 민주주의제도의 작동원리를 애써 거부하면서 중국식 이기적인 민족주의에 기반한 중국공산당(CCP) 1당 독재체제를 계속 유지하겠다는 발상이 국제사회 이목에서는 큰 난관에 봉착하고 있다. 지난 2009년에 중국은 군사비지출부분에서 미국에 이어서 2등을 차지하고 있지만, 그 규모를 살펴보면 미국이 6,630억 달러로, 중국의 988억 달러를 7배는 앞지르는 세력판도의 의미도 알아야 할 것이다.

중동에서 재스민혁명으로 촉발된 민주화를 향한 험난한 여정을 보면서, 더군다나 리비아의 철권 통치자 카다피의 살벌한 국민학살현장을 보면서도 이성을 잃은 북한의 독재권력을 계속 중국이 옹호해 가면서 국제무대에서 G-2의 한 일원이 된다는 것은 어불성설(語不成說)일 것이다. 이미 류샤보의 노벨평화상 수상에서 보았고, 지금의 중동의 민주화열기가 중국으로 전이되는 현상을 본다.[708] 당분간 미국의 헤게모니가 수십 년간 지속된다는 엄정한 현실에서 중국이 무리한 '북한독재정권감싸기'를 계속한다는 것이 얼마나 큰 지금의 리비아식 시한폭탄이 될 것인지를 미리 헤아려 보아야 한다.

2011년 황금평 경제특구 합작 그리고 나선 건설프로젝트 등 북·중 경협은 북한의 개혁개방을 촉진한다는 점에서 한국도 반대할 일은 아니다. 하지만 세계로부터 고립된 북한에서 중국 기업들이 거의 독점적으로 지하자원을 싹쓸이하고 자연환경을 파괴한다면 그 후유증은 통일 후까지 미친다. 또 이런 상태가 장기간 지속되면 북한 경제의 중국 종속은 심화되고 한국의 개입 여지는 줄어든다.[709]

---

708) 박태우(교수), "제2의 리비아사태를 조장하고 있는 중국의 한반도정책", 푸른정치경제연구, 2011.3.6.

709) 지해범(동북아연구소장), [전문기자 칼럼] "훈춘市가 돌변한 까닭", 조선일보, 2011.6.15, A34면.

그래서 접경지역의 한국 기업인들은 "우리 정부의 대응전략은 무엇이냐"고 묻고 있다. 바라건데 북한의 순수한 주민들을 감싸는 중국이 되어야 할 것이다.[710] 시민적 차원에서는 '기독교사회책임' 등이 중심이 되어 '중국탈북난민북송저지' 캠페인을 독일 프랑크푸르트, 퀼른, 네덜란드의 헤이그, 벨기에 브뤼셀, 룩셈부르크, 프랑스 파리, 스위스 제네바, 이탈리아 제노바와 로마, 베니스, 스위스 인터라켄, 오스트리아 빈, 체코 프라하 등 9개국 14개 도시를 돌며 3차례 실시하고 있는 것은 민간차원의 시민운동으로 중국에 대한 하나의 경고를 보내고 중국에 대하여 항상 저자세를 가지고 제 목소리를 못내고 있는 정부를 대신하여 국제사회에 이 사실을 알리는 계기를 마련하는 것이다.[711]

한국교회는 '기독교사회책임', '북한 정의연대', '피난처' 등 북한 인권 NGO들이 2008년부터 서울 중국대사관 앞에서 매주 수요일 정기적으로 갖고 있으며, 현재 150차를 넘어서고 있는 '탈북난민 강제북송 중지 호소집회' 등 '탈북난민 강제북송중지운동'에 적극 동참해야 한다.[712]

5. 회복적 정의운동에 기반한 남북주민 화해와 평화운동

동독 민주화의 근거지였던 라이프지히교회의 평화예배와 침묵시위는 중거리 미사일의 유럽배치 반대를 계기로 하여 1982년부터 시작되었다. 1989년 동독의 시민혁명은 라이프지히교회의 주도 하에 촉발되었으며, 결국 동독 정권을 무너뜨리는데 결정적 역할을 하였다.

라이프지히 시(市) 공보관 보제는 1989년 라이프지히 월요 시위에 대하여 다음과 같이 기독교회의 역할에 대하여 다음과 같이 증언한다: "시위 주도세력들은 기독교 신자들로서 평화주의를 신봉하였으며, 니콜라이교회에서 찬송가를 부르

710) 박태우(교수), "제2의 리비아사태를 조장하고 있는 중국의 한반도정책", 푸른정치경제연구, 2011.3.6.

711) 이대웅, "탈북난민 강제북송저지를 위한 제3차 유럽 캠페인, 13~25일 9개국 14개 도시 순회", 크리스천투데이, 2011.6.13.

712) 김규호, "북한 인권을 외면한 평화, 진정한 우리의 기쁨이 될까?", 「신앙세계」 통권 517호, 2011. 8,

고 평화예배를 마친 후 평화로운 마음으로 거리로 나갔기 때문에 평화적 시위에 대한 의지가 강했다. 이들은 진압경찰에게 장미꽃을 갖다 주는가 하면, 양손에 촛불을 들고 침묵을 지키면서 질서정연하게 시위를 벌임으로써 폭력사용의 구실을 주지 않으려고 노력했다."[713] 통일의 결정적 전환은 국경이 열리기 시작한 1989년 11월 9일이 아니라 라이프지히를 위시한 다른 도시에서 동독 경찰이 시민운동을 더 이상 제재할 수 없게된 시점인 1989년 1월 9일에 있었던 것으로 본다.[714] 동독교회연합의 부총재를 역임한 바 있는 당시 동독총리였던 드메지어는 동독 교회의 역할에 대하여 다음과 같이 피력한다: "동독교회는 동독 주민의 권리를 보호하는 데 앞장섰으며, 다른 사람의 생각을 서로 전해들을 수 있는 매개체 역할을 하였다. 동독 공산당은 교회를 쳐 부수려 했지만 교회가 가진 전통을 파괴하지 못했다. 그 후 동독 공산당이 오히려 교회와의 협력을 모색하려 했지만 이제는 교회가 이를 받아들이지 않았다."[715]

오늘날 한국교회는 동독교회처럼 종교개혁의 발상지(루터가 대학을 다니고, 수도원 생활을 했던 에르푸르트, 95개조 반대문을 내걸었던 비텐베르그, 성서를 번역했던 아이제나흐, 종교개혁 설교를 했던 바이마르 등)라는 유구한 역사를 가지고 있지는 않다. 그러나 1907년 평양 대부흥운동과 선천 105인 사건 등 북한이야말로 초창기 한국 기독교의 성지(聖地)가 있는 곳이다. 한국교회는 북한에 남아있는 지하교회를 중국의 가정교회를 통해서 지원하고 NGO를 통해서 북한 동포를 위한 주택, 병원 설치, 국수공장, 영유아 분유사업 등 다양한 대북지원 사업을 지속적으로 해야 한다.

---

713) 양창석, "우리가 하나 되는 통일을 선택하려면", June 2011, *Christianity Today*, 26.

714) eped-Dokumentation 15/00: Uwe-Peter Heldingsfeld, "Die evangelischen Kirchen in Deutschland und die epochalen Veränderungen set 1989", 1; 주도홍, 『통일, 그 이후. 독일 통일 15년의 교훈』, 서울: IVP, 2006, 35.

715) 양창석, "우리가 하나 되는 통일을 선택하려면", June 2011, *Christianity Today*, 26.

맺음말

북한 유사 시 중국의 개입을 막으려면 소극적으로는 중국이 동해 · 남해로 진출 땐 미국의 개입으로 견제해야 한다. 중국이 대국(大國)이라는 체구에 맞지 않는 오만한 태도를 보일수록 '중국 시대'에 대한 경계심과 대비가 필요하다. 적극적으로는 한국이 중국과의 관계를 개선하여 중국이 북한보다 남한이 더욱더 교류하기 편하며 자기 나라의 경제발전과 안정을 위하여 필요하다고 여기게 하는 것이다. 한국교회와 정부는 중국에 있는 탈북자들과 지속적인 네트워크를 가지고 저들을 돌보면서 저들이 그곳에서 정착하거나 한국으로 입국하는 것을 도와주어야 한다. 통일 후 북한사회를 이끌 수 있게 탈북자 교육수준을 높여야 한다. 이들의 말과 글이 북한에 있는 친지들에게 전달되기 때문에 북한 주민들의 지지를 얻기 위해서는 이들이 한국사회에 정착하여 어려움이 없도록 정부가 돌보아 주어야 한다. 북한 주민의 마음을 감동시켜 민족의 자결권을 강조하여 중국의 북한 진출을 막아야 한다. 한국의 헌법이 규정하는 "자유민주적 기본질서에 입각한 평화적 통일"을 북한 주민이 스스로 선택할 수 있도록 자유민주사회와 시장경제 체제의 우월성을 보여주어야 한다. 여기에 동독의 경우 라이프지히의 니콜라이교회가 한 것처럼 교회의 역할은 매우 중요하다.

제13장

한반도 평화통일과 주변 4강대국과의 협력 과제

- 기독교적 관점 -

제13장

한반도 평화통일과 주변 4강대국과의 협력 과제

- 기독교적 관점 -

머리말

한반도선진화재단과 조선일보가 2011년 7월 15일 개최한 '제3차 통일포럼:적극적 통일외교 전략'에선 주변 4강대국을 아우를 수 있는 한국의 통일 외교 방안이 논의됐다.[716] 이 포럼에서 "통일을 앞당기기 위해선 미국 · 중국 · 러시아 · 일본에 통일한국에 대한 명확한 비전과 함께 각국별 실리를 제시해야 한다"는 합의가 이루어졌다. 한국은 한반도 통일의 당위성을 제시하기 위하여 "남북통일 땐 동북아에 새 시장이 생긴다고 4강〈미국 · 일본 · 중국 · 러시아〉에 나라별 실리를 제시해야"한다.[717] 통일외교와 관련하여 4대 강대국에 접근하는 데 있어서 선입견을 버리고 "사태 자체로(zu den Sachen selbst)" 나아가는 현상학적 태도가 요청된다.

서울대 교수 윤영관의 말처럼 "중국은 무조건 통일에 반대하고, 미국은 반드시 지지할 것이라는 생각부터 버리자. 통일외교는 2차 방정식이 아니라 4차, 5차

716) 본 글은 통일외교에 관련하여 제3차 통일포럼에서 참가한 학자들의 논의와 합의에 의존하고 있다.

717) 선정민, "남북통일땐 동북아에 새 시장… 4강〈미국 · 일본 · 중국 · 러시아〉에 나라별 실리 제시해야", 조선일보, 2011.7.18, A10면.

방정식이다.” 한반도의 통일이란 단순히 남북한 간의 관계만이 아니라 이에 이해관계를 가지고 있는 미국, 중국, 일본, 러시아의 국제적 이해관계에 의하여 규정되어진다. 독일 통일이란 독일 자신의 통일요구에 의해 이루어지기 이전에 먼저 동구권 사회주의 정권이 무너지는 가운데 일어난 베를린 장벽의 붕괴와 더불어 동서독 베를린 시민의 자유왕래가 가져온 시대적 필연성이었다. 독일 통일이란 예기치 않았던 동구권 사회주의 정권 붕괴 사건에 상응하여 독일 정부가 유능한 리더십으로 기민하게 움직여 미국의 강력한 지원을 토대로 소련을 실리적으로 설득하고 본래는 독일의 통일을 반대했던 영국과 프랑스의 양해를 얻어낸 외교적인 성과였다.[718)]

한반도의 통일에는 이웃 세 나라와 미국, 4강대국의 동의가 있어야 한다. 한반도의 통일이란 단지 남북한의 통일에 그치지 않고 통일 한반도 시대를 열어 ‘세계 공헌국가’로 거듭나는 것이다. 한국은 이러한 비전을 4대 강대국과 세계를 향하여 선언해야 한다. 한국이 세계공헌국가로 거듭나는 데 한반도 통일이 중요한 것은, 통일로 가는 과정에서 북한이 좀 더 정상국가에 가깝게 변하고 근대화될 가능성이 높기 때문이다. 북한의 정상(正常) 국가화는 북한이 국제사회의 일원이 되어 국제규범을 준수하는 것이다. 당위적 차원이긴 하지만, 그렇게 된다면 북핵(核) 문제는 당연히 해결될 수 있을 것이고 동북아와 국제사회는 북핵(北核)으로 인한 안보부담을 덜 수 있을 것이다.[719)] 이것 자체가 이미 커다란 세계공헌이다.

I. 한반도에 있어서 한국과 북한의 국제법적 지위

1. UN 감시 하에서 자유 선거로 탄생한 자유주의 국가: 한국

한국헌법은 ‘한반도와 그 부속도서’를 영토로 규정한다. 이에 따르면 북한은

718) 박성조, 『독일통일의 과정과 교훈』, 통일연수원, 1992; 양창석, “우리가 하나 되는 통일을 선택하려면”, June 2011, *Christianity Today*, 22~26.

719) 선정민, “상계서.

국가가 될 수 없다. 그럼에도 불구하고 1991년 한국과 북한은 별개의 회원국으로 UN에 가입했다. 이는 한국의 헌법과 국제사회의 국제법이 상충(相衝)하는 지점이다.[720] 이는 헌법이라는 이상(理想)의 차원과 분단이라는 현실의 차원의 괴리다. 북한도 한국같이 UN에서는 하나의 국가로 인정받고 있으며, 대표를 파견하고 있으며, 투표권과 발언권을 지니고 있다. 남북한 동시 UN 가입은 1948년 UN이 한국을 승인할 당시, '코리아의 유일 합법정부' 라 하지 않고 '코리아에서 UN 임시위원회의 선거감시가 가능했던 지역에서의 유일 합법정부' 라고 한정했던 것에 근거한다. 1950년 북한 공산당의 6 · 25 남침에 대한 반격으로 한국군과 UN군이 평양을 수복했을 때, 북한지역에 대해 UN이 최고행정권을 가졌던 것도 같은 맥락이다. 2014년까지 존속하게 될 한미연합사령부에서 지휘권은 미군사령관이 가지고 있다. 북한에 급변사태가 발생하더라도 6 · 25 한국전쟁에서 보는 바와 같이 중국[721] 혹은 UN이 개입할 가능성이 큰 것이다.

2. 소련과 중국 등 공산주의 국가들의 비호(庇護) 속에 탄생한 공산주의 정권: 북한

북한은 공산주의 정권이다. 북한은 냉전시대에 당시 북한에 진주한 소련연방이 김일성을 내세워 만든 공산당 정권이었다. 북한정권은 스탈린, 모택동, 그리고 김일성에 의해 처음부터 잘못 설계된 체제였다. 강철환의 『수용소의 노래』[722]나 북한 인권보고서[723]를 읽어보면 공산주의 '독립운동가' 들이었던 크메르루주

720) 김명섭(연세대 통일연구소장 · 정치외교학과 교수), [아침논단] "비스마르크의 독일 통일에서 배워야 할 것", 조선일보, 2011.7.17, A34면.

721) 조동진은 한반도 통일에 대한 중국의 영향의 역사적 근거로 6 · 25 한국 전쟁 시에 연합군이 압록강까지 도달하여 거의 통일을 이루었다고 했을 때 중공군의 개입으로 인하여 후퇴하면서 통일의 목적을 이루지 못한 사실을 제시한다.(조동진, "화해와 평화선교를 통한 통일환경 조성", 한국복음주의협의회 평화통일세미나 자료집, 『주여! 한반도의 평화통일을 주시옵소서!』 강변교회개최, 2011.3.11, 15~19).

722) 강철환, 『수용소의 노래, 평야의 어항』, 북한 정치범 수용소 체험수기, 서울: 시대정신, 2005, 개정판.

723) 북한 정치범수용소에 대한 최초의 증언은 1979년 귀순한 강형순(국가정치보위부원)과 1982년에 귀순한 김용준에 의해서 시작되었다. 이들의 증언은 관련 교육이나 수용소 방문 경험으로 얻은 간

수뇌부가 자행한 '킬링 필드(killing field)'는 결코 남의 일이 아니다. 악(惡)한 정권이 반드시 약(弱)한 정권은 아니지만, 동구권 사회주의 정권, 동독정권, 소련 공산정권의 최후에서 보았듯이 결국 허구의 모래성은 무너지게 된다. 1989년 동구권의 사회주의 정권의 몰락, 1990년 동독정권의 서독에 의한 흡수통합, 이에 영향을 받아 소련 고르바초프 정권의 붕괴와 더불어 1991년에는 소련연방이 해체되었다. 옐친이 정권을 잡은 러시아 연방은 소련연방과는 달리 시장경제와 서구지향적인 민주적 자유주의를 근간으로 하는 새로운 정권이 되었다. 이제 북한을 공식적으로 지지하는 큰 나라는 공산당 국가인 중국뿐이다.

북한도 UN의 규제를 받고 있다. 그러므로 UN에서 미국과 프랑스를 중심으로 한 북한의 인권 침해를 문제시한 나라들은 북한인권에 대한 결의안을 채택하였다. 여기에 역설적으로 한국의 DJ정부와 MH정부가 대북 인권 결의에 대하여 기권한 것은 북한정권의 눈치를 보고 행동하는 원칙없는 포용정책에 얽매였기 때문이다.

3. 체제 위기 속에 있는 북한: 김정일 건강 악화 그리고 경제적인 파탄 속의 북한

1) 인권의 사각지대 속의 북한

북한은 동독이나 소련연방처럼 언제 사라질지 모르는 정통성이 없는 나라이다. 지금 북한은 사상 유래없는 경제적인 위기 속에 있으며 인권의 사각지대 속에 있다. 오늘날 북한은 강철환이 정치범 수용소 체험수기에 밝히고 있듯이 나라 전체가 거대한 수용소 군도다. 그래서 1990년대 후반에는 2백만 정도가 아사(餓死)할 정도로, 지도자는 호화호식하고 인민들은 먹을 것이 없어서 굶어 죽고, 정

접 정보였지만, 세상에 북한 정치범수용소의 존재를 명확하게 알리는 계기가 되었다. 그리고 1992년에 입국한 강철환과 안혁이 낸 단행본과 수용소 경비병 출신이었던 안명철의 증언으로 15호 요덕수용소와 13호, 22호 수용소의 실태가 구체적으로 공개 되었다("'꼬리 없는 짐승' 북한 정치범 수용소 실태 (1)", 크리스천투데이, 2011.6.16).

치범들은 국가의 압력에 의하여 강제로 이혼을 당하는 나라다.[724]

북한은 스탈린의 수용소 체제를 계승하여 정치범 수용소와 노동단련대를 비롯해 적어도 480곳의 감옥과 구금시설을 운영하고 있다. 그중 교화소(敎化所)는 우리 교도소처럼 재판받은 기결수를 수용하는 곳이다. 북한 당국이 UN에 보고한 교화소는 단 3곳이지만 탈북자들은 23곳에 이른다고 증언하고 있다.[725]

2011년 6월 북한인권단체인 '북한인권개선모임'이 탈북자 500명의 증언을 토대로 교화소 실태에 대한 보고서를 냈다. 교화소에서는 수감자를 상대로 생체실험이 이뤄지고, 먹을 게 없는 수감자들이 쥐와 뱀을 잡아 연명하고, 여성 수감자들은 형기 단축을 미끼로 내건 교도관들에게 성폭행을 당하고 있다고 한다. 함북(咸北) 전거리 교화소에서만 해마다 500명 넘게 죽고 이들의 시신은 뒷산 불망산의 '불도가니'에서 태워 비료로 쓴다고 한다.[726] 요덕 정치범 수용소도 지옥의 현장이지만 이보다 더 한 곳이 용평 정치범 수용소인데 이곳에는 한번 들어가면 죽을 때까지 강제노역을 하다가, 죽어서야 나오는 곳이라고 한다. 강철환은 요덕 수용소 체험수기인 『수용소의 노래』에서 용평 수용소에 관하여 다음과 같이 쓰고 있다: "용평수용소는 1960년 이후 치안대, 지주, 반혁명, 반동 등을 잡아들이고, 그 가족들까지 잡아 수용한 것이 그 시초였다고 한다. 우리가 요덕으로 들어가기 3년 전인 1974년 용평수용소에서 폭동이 한 번 일어났다고 한다…. 사살, 인민재판, 죄인들 서로 간의 구타와 살해 등 여러 가지 방법으로 반란자들은 결국 한 사람도 남지 않고 모두 처형되었다. … 용평은 완전 죽음의 수용소였다. 한 번 들어가면 영원히 나올 수 없는 곳, 그곳에서의 삶은 죽을 날을 기다리는 곳이고, 작업은 죽이기 위해 시키는 것이었다. 그야말로 반동분자들의 씨를 없애는 곳이었다. 수용소 사람들은 소모품에 지나지 않았다.… 그곳은 사람을 완전히 생매장시키는 것이고, 그냥 죽이기엔 아까워 실컷 노동이나 시켜서 반혁명의 죄값

---

724) 강철환, 『수용소의 노래, 평야의 어항』, 북한 정치범 수용소 체험수기, 서울: 시대정신, 2005, 개정판, 254~260.

725) 정우상(조선일보 논설위원), [만물상] "북한 교화소", 조선일보, 2011.6.20, A34면.

726) 위의 글.

을 치르게 하고 죽이는 곳이다."[727)]

이러한 북한의 인권유린 실태에 대하여 한국에서 북한인권기록보존소를 설치하는 것은 아주 시급하다. 북한인권기록보존소 설치는 탈북자들의 피맺힌 증언을 기록으로 남기기 위한 것이다. 그리하여 "반인륜 범죄는 언젠가 처벌된다"는 사실을 김정일 정권에 경고하기 위해서다. 그러나 한국의 정치권은 법무부 산하에 북한인권기록보존소를 둬 북의 인권침해 사례를 기록 · 보존하도록 규정한 북한인권법 처리를 미루고 있다. '불도가니' 에서 한 줌 재로 사라진 북 주민들의 절규가 "북한인권법은 북을 자극할 것"이라는 민주당과 민노당 등 종북(從北)주의 정치인들의 궤변적 수사학(修辭學)에 묻히고 있다.[728)]

2) 통일을 위한 내적 과제와 외적 과제

2012년 김씨 왕조가 인민에게 한 약속을 지키지 못할 경우 북한 주민들의 마음은 한국으로 돌아설 수밖에 없다. 1988년 서울 올림픽 개최의 의미를 상쇄하느라고 북한은 자기 비용을 들여 평양에서 세계청년학생축전을 개최하였다. 그리하여 북한은 주민들에게 서울 올림픽을 지우는데 어느 정도 성공하였다. 그러나 이제는 트위터, 스마트폰, 페이스북, 휴대폰 등 첨단 모바일이 북한에도 보급되고 있는 상황에서 동남아 및 유럽으로 한류(韓流)의 확산 등에 이어 앞으로 2018년 평창 동계올림픽개최 사실은 북한주민들의 마음을 정치적 · 사회적으로 안정적이며, 경제적으로 풍요로운 한국으로 돌려놓을 것으로 보여진다.[729)] 이것은

727) 강철환, 『수용소의 노래, 평야의 어항』, 북한 정치범 수용소 체험수기, 서울: 시대정신, 2005, 개정판, 181~183.

728) 탈북자단체, 국회의사당 앞에서 '북한인권법 제정' 촉구 기자회견, 2011.7.21, 출처 : 青崗閑談(http://blog.chosun.com/nkfreehope)

729) 한국의 종북인사들은 2018년 평창 동계올림픽을 남북 공동개최하자고 제안하고 있으나 이는 북한주민의 입장을 전혀 고려하지 않고 북한정권의 입지만을 고려하는 견해이다. 이것은 유치신청을 하여 IOC총회에서 선정된 도시가 대회를 개최하는 올림픽의 규정에도 맞지 않는다. 이는 아직도 북한의 사고를 알지못하는 태도이다. 북한은 서울올림픽을 막기 위해 KAL기를 폭파시켰고, 막대한 돈을 들여서 세계청년학생축전을 벌였다. 그리하여 북한 주민들의 마음에 서울올림픽을 지우는데 성공했다고 한다. 북한의 의도를 타진하는 것 없이 일방적으로 공동개최 일부종목 금강산 분산개최를 제안하는 것은 사태의 본질을 흐리는 것이다. "진정으로 남 · 북한이 평창동계올림픽을 함

평화통일을 위하여 사회적으로 심리적인 효과를 유발할 것으로 보아진다. 한국은 체제 경쟁에 있어서 북한을 능가하고 있다. 그러나 북한에 대하여 오만한 태도로 임하지 말고 철저한 상호주의 태도를 견지하면서 중국처럼 북한이 세계화 개방으로 나오도록 유도해야 한다. 이러한 체제 위기 속에 있는 북한에 대하여 우리는 만일에 일어 날 수 있는 북한의 급변사태에 대하여 준비하는 것은 올바른 자세라고 말할 수 있다.

여기 내적인 과제와 더불어 외적인 과제가 중요하다. 내적 과제는 남한 내의 종북(從北)세력을 견제하고 척결하는 것이다. 이를 위해서는 다시금 미국산 쇠고기 거부에 따른 촛불운동, 단순한 여학생 교통사고사건을 반미운동으로 왜곡, 평택미군기지 이전 반대, 맥아더 동상 철수 사건, 제주도 강정마을 해군기지 건립 반대 등 우리의 국력 분열과 사회적 에너지를 소모하는 일이 없도록 해야 한다. 이러한 내적 과제의 성실한 이행 속에서 북한 및 주변 강대국과의 원만한 관계설정이라는 외적 과제는 제대로 수행될 수 있다. 이러한 남한 사회의 안정과 자유민주주의적 이념의 확신 위에서 우리는 북한과 열리고 관용적 태도로 협상과 관계개선을 시도할 수 있다. 이미 남북 사이 통일논의에는 1972년 7월 4일에 이후락과 김영주의 명의로 발표한 「남북공동성명」의 '조국통일' 3대원칙, 곧 자주, 평화, 민족 대단결' 이 있다. 그리고 3대 원칙은 1992년 2월 19일 남북총리(정원식-연형묵)가 서명한 「남북 사이의 화해와 불가침 및 교류, 협력에 관한 합의서」(약칭, 남북기본합의서)에 의하여 계승되었다. 그리고 2000년 6월 15일 남북정상(김대중-김정일)이 서명한 「6 · 15 남북 공동선언」, 2007년 10월 4월 남북정상(노무현-김정일)이 서명한 「남북관계 발전과 평화번영을 위한 선언」등이 있다. 그러나 이런 것들은 북한의 핵실험에 의하여 거의 사문화(死文化)되다시피 하고 있다. 1차적 과제로는 북한의 비핵화 이행, 남북의 평화협정 체결 및 불가침 협정, 2차적 관계로는 북한과 미국의 관계 정상화, 북한의 국제사회편입 및 개혁개방, 4대 강국과 연계한

최를 제안하는 것은 사태의 본질을 흐리는 것이다. "진정으로 남 · 북한이 평창동계올림픽을 함께 하려면 김정일 정권이 사라지고 북한이 민주화되는 길밖에는 없다"(강철환(동북아연구소연구위원), [조선데스크] 남북이 평창을 함께하는 길, 조선일보, 2011.7.21, A30면).

동북아 집단안보체제 형성 등이다.[730)]

II. 4대 강대국의 이해(利害)관계

1. 미국과의 관계: 통일의 지렛대의 역할–"한미관계 잘못되면 큰일"

한국외대 교수 오승렬은 미국과 중국에 대한 관계설정에 있어서 "우리 사회에서 보수는 친미, 진보는 친중이라고 하는데, 국익 확보에 대단히 큰 저해 요인"이라고 본다. 한국외대 교수 남궁영은 "미국은 민족 감정 때문에 한국이 중국 쪽으로 기울 것이라고 우려하고 있다"며 미국의 동북아 내 영향력 축소에 대한 "미국의 우려가 지금은 외형적으로 나타나지 않지만 통일을 가장 방해하는 요소가 될 수도 있다"고 본다.[731)] 남궁영은 "미국에 대해서 분명한 신뢰 관계를 구축하지 않으면 한국이 가장 먼저 미국으로부터 버림받을 수 있다"고 본다.

이명박 대통령은 2011년 10월 미국을 국빈(國賓)방문하여 미국의 상하원에서 한미 FTA 법령이 통과된 후 의회 연설을 하였다. 그는 오바마 미국대통령과 2011년 10월 13일 정상회담에서 두 정상은 "한미동맹이 한국에게는 '안보의 제1의 축' 이며 미국에게는 '태평양 지역 안보를 위한 초석' 임을 재확인하고 앞으로 평화와 번영을 위한 '태평양 파트너십' 을 더욱 공고히 해나가기로 했다"고 밝혔다. 두 정상은 "한미동맹을 테러리즘, 대량살상무기 확산, 경제위기 등 국제사회가 당면한 도전에 적극 대처하고 협력하는 다원적 전략동맹으로 발전시켜 나가기로 했다"고 덧붙였다. 이 대통령의 방미(訪美)를 맞아 양국은 미국 의회의 한미 FTA 비준을 계기로 정치 · 군사 중심이던 양국 동맹은 경제로까지 넓히고 양국의 협력 무대를 한반도를 넘어 국제사회로 더욱 키워가게 됐다.[732)] 이러한 한미

---

730) 강원돈, "한반도 평화와 통일에 대한 평화윤리적 접근", 「한국기독교신학논총」 제61권, 2009, 116~122.

731) 선정민, "남북통일땐 동북아에 새 시장… 4강 〈미국 · 일본 · 중국 · 러시아〉에 나라별 실리 제시해야", 조선일보, 2011.7.18, A10면.

732) [사설] "안보 경제 동맹으로 한 계단 더 올라선 韓美동맹", 조선일보, 2011.10.14, A39면.

관계의 심화는 한반도 통일전략에 있어서 절실하게 필요한 것이다.

따라서 통일을 위한 한국의 외교적 전략이란 한미 FTA를 성사시키고 한미동맹을 더욱 강화하여 미국을 중국, 러시아, 일본을 설득하는 지렛대로 삼아야 한다. 독일 통일이 성공한 것은 독일 수상 콜이 미국 대통령 부시를 지렛대로 삼아 소련 대통령 고르바초프를 설득하여, 소련 군대를 통일독일에서 떠나게 하면서 그 모든 비용과 차관을 제공하고, 영국 수상 대처와 프랑스 대통령 미테랑의 반대를 잠재운 것이다.

2. 중국과의 관계: 통일의 결정적 계기

2011년 7월 15일 북중 우호조약 50주년을 맞아 방북한 중국 외교 관리들과 함께 김정일이 그의 3남 김정은과 같이 중국 간쑤성 가무극원의 무용극 '비단길 위의 꽃보라'를 관람하였다. 이 창작무용극은 실크로드를 무대로 중국인과 여러 민족이 우정을 쌓는 것이 주요 내용인데, 베이징 외교가에선 북한의 개혁 · 개방을 유도하려는 중국의 의도가 담긴 것이란 해석이 나왔다.[733] 지정학적으로 북한은 중국과 국경을 접하고 있으며, 경제적으로 군사적으로 가장 큰 영향을 받고 있다. 지난 6 · 25 한국전쟁도 중국의 개입으로 말미암아 압록강까지 진격한 연합군이 후퇴할 수밖에 없었고, 당시에 이룰 수 있었던 한반도의 통일이 무산된 역사적으로 쓰라린 경험을 가지고 있다.

2011년 8월 10일 중국 랴오닝(遼寧)성 다롄(大連)조선소에서 2002년 3월부터 개조 작업을 위해 9년 5개월을 정박해 있던 중국의 첫 항공모함이 예인선에 이끌려 앞바다로 나가 해상에서 엔진을 켜고 시험 항해에 들어갔다. 중국이 국민당 정권 시절부터 70여년을 꿈꿔온 항모 시대를 열고 있는 것이다.[734] 2011년 8월 동북아 안보 지형의 변화를 놓고 중국의 부상과 미국의 쇠락이란 말이 나온다. 2011년 8

733) 조선중앙통신 연합뉴스, 2011.7.15.

734) 이하원, "中 항모 진수(첫 시험 항해)… 美 · 대만은 미사일 시위", 동북아 안보 새 국면 - 美 괌서 토마호크 발사 실험, 대만은 순항 미사일 공개", 조선일보, 2011.8.11, A1면.

월 미국이 재정 적자를 줄이기 위해 앞으로 10년 동안 국방비를 최소한 4,000억 달러 감축하겠다고 나선 반면, 중국은 매년 10% 이상씩 국방비를 증액해 왔다. 머지않은 장래에 미 · 중이 아태 지역의 제해권을 놓고 각축하는 상황이 발생함에 따라 한국의 안보에도 큰 영향을 미칠 수 있다는 것이다.[735]

통일당시 서독이 소련을 설득한 것 같이 21세기 새로운 초강대국(superpower)으로 떠오른 중국을 설득하지 않고는 한반도의 통일은 어렵다. 한국외대 교수 오승렬은 "중국 합참의장이 김관진 국방부 장관을 만나 15분 동안 미국을 비난한 것은 '한국은 미국의 대리자' 라는 편견이 있기 때문"이다. "중국 일각에선 우리가 한-EU FTA를 추진하는 것을 보고 '한국이 한중 FTA는 등한시하는 것 아니냐' 는 시각이 있다."[736] 중국의 우려는 한반도에서 한국을 통해서 미국의 영향력이 확대되고, 탈북난민이 중국으로 대규모로 유입하고, 동북3성에 조선족들의 민족주의가 고조되는 것이다. 한국외대 교수 강준영은 "중국이 최근 북한을 반대하는 모습을 보이는 것은 핵에 대한 반대이지 북한 정권에 대한 반대는 아니다"며 "중국에 북한과 관계를 끊으라는 식으로 설득하는 것은 중국에 먹히지 않는다"고 본다. 이에 대하여 서울대 교수 윤영관은 "통일이 되면 동북아 철도 등으로 중국의 물류망과 새로운 시장이 열린다는 것을 적극 어필할 필요가 있다"고 본다.[737] 한국이 균형외교로 중국의 우려를 불식시키고, 한중 FTA 등 경제교류 협력을 강화하는 것은 한반도 통일의 첩경이다. 따라서 한중 FTA는 즉각 추진되는 것이 바람직하다.

3. 일본과의 관계: 통일의 협력자

한반도 통일에 대한 일본의 우려는 통일이 가져올 안보 경제의 불확실성과 동

735) 이하원 · 임민혁, [中 항모시대] "국방비 확 줄이는 미국… 한반도 군사균형 깨뜨릴까", 조선일보, 2011.8.11, A5면.

736) 선정민, "남북통일땐 동북아에 새 시장… 4강 〈미국 · 일본 · 중국 · 러시아〉에 나라별 실리 제시해야", 조선일보, 2011.7.18, A10면.

737) 위의 글.

북아에서 자국의 영향력 축소이다. 통일연구원 선임연구위원 박영호는 "일본의 주된 관심은 한반도 상황이 자국의 안보와 번영에 부정적인 영향을 미치지 않기를 바라는 것"이라고 본다. 부산외대 교수 손기섭은 "일본은 1990년대까지는 남북 분단을 다소 즐기는 측면이 있었으나 2000년대 들어서는 북한을 잠재적 위협을 넘어서 현실적인 위협으로 인식하고 있다"고 본다. 손기섭은 "일본은 통일 문제에 대해서 구체적으로 한국과 협력하길 원하고 있다"며 "북한의 급변사태에 따른 '위기 대처방안(contingency plan)'을 일본과 공유하면서 일본을 완전히 한국 편으로 만들 필요가 있다"고 본다.[738] 이에 대한 대안으로서 한국은 한일-해저터널을 제시하고, 일본과 북한 붕괴 시나리오를 공유해야 할 필요성이 있다. 민주적이고 자유정신으로 이루어진 통일한국이 일본에게 한반도로 뚫린 해저 터널을 통하여 중국 및 시베리아와 유럽으로 연결되는 교통망을 갖는 여건을 제공하는 것은 일본으로 하여금 매우 매력적인 실리를 느끼게 하는 것이다.

4. 러시아와의 관계: 통일의 협력자

한반도 통일에 대한 러시아의 우려는 동북아에서 미국의 영향력 확대와 통일 후 경협에서 소외되는 상황이다. 윤영관은 "통일 한국이 새로운 투자 시장을 열어주고 안보에서 핵의 위협이 사라진다는 점을 적극 강조할 필요가 있다"고 본다.[739] 구체적인 외교전략으로서는 시베리아 개발과 관련해 남한과 북한, 러시아를 연결하는 러시아-한반도 종단 철도사업이나 에너지 파이프라인 등 경제사업의 비전을 제시해서 러시아의 지지를 이끌어 내는 것이다.

시베리아 극동가스는 전 세계 천연가스 매장량의 23%를 차지하고 있다. 2011년 8월 8일 외무부 장관 김성한이 러시아를 방문하여 러시아 외무장관 라브로프과 남북한 및 러시아 사이의 3각 경제협력 관계에 대해 논의하였다. 라브로프는 "3국 가스 당국 전문가들이 북한 경유 가스관 건설에 대해 논의하고 있으며 만일

738) 위의 글.

739) 위의 글.

전문가들이 구체적 합의에 이르면 3국 정부는 이 프로젝트를 적극 지원할 것으로 생각한다"고 말했다.[740] "가스관 건설 프로젝트 외에 역시 북한을 경유해 한국으로 송전선을 건설해 러시아의 잉여전력을 한국으로 공급하는 프로젝트와 시베리아횡단철도(TSR)와 한반도종단철도(TKR) 연결 사업 등에 대해서도 논의가 진행 중"이다. 라브로프는 "이 프로젝트들에 대해서는 전문가들의 추가적 검토가 필요하다"고 설명했다.[741] 러시아는 낙후된 극동 개발을 위해서 한국의 도움이 절실하다. 중국과는 숙명적인 신경전을 벌이고, 일본과는 북방 열도 영토분쟁으로 긴장이 계속되고 있다. 이런 상황에서 러시아는 시베리아-극동 가스관 프로젝트를 통해 한 · 러 관계를 증진시키는 데 관심이 많다.[742] 러시아가 한국과의 경제협력을 넓히기 위해 북한 설득에 적극적으로 나설 경우 6자회담 판도도 달라질 수 있다. 전문가 이희일은 가스관 북한 경유는 북한의 무력증강을 돕는 것이기 때문에 이에 대하여 완강히 반대하며, 러시아의 블라디보스토크에서 액화하여 동해를 거쳐 배로 수송하거나 또는 중국을 경유하여 서해를 통해서 해저 파이프로 수송하는 방법을 제시하고 있다.[743]

이러한 남 · 북 · 러 가스관 연결사업 추진은 2011년 11월 2일 러시아 상트페테르부르크에서 열린 이명박, 메드베데프(Dmitry Medvedev) 정상회담 및 오찬회동에서 합의되었다. 한 · 러 정상회담 오찬 회동에서 이명박은 남 · 북 · 러 가스관 사업에 대해 "가스관이 한반도 평화에 기여하고, 상업적 조건이 맞아야 한다"고 표명했다. 이에 대해 메드베데프은 "북한을 통과하는 데 따른 위협은 전적으로 러시아가 진다. 가스가 끊기면 러시아가 책임지겠다"고 응답했다.[744] 한국의 러

---

740) 유철종, "남북러,북한 경유 가스관 건설 사업 논의 중", 연합뉴스, 2011.8.8.

741) 위의 글.

742) 이하원, [조선데스크] "'러시아 활용' 전략", 조선일보, 2011.9.1. A38면.

743) 이희일(전 동력자원부 장관), [기고] "가스관 북한 경유는 북 무력증강 돕는 것", 조선일보, 2011. 10.27. A39면.

744) 최현묵, [한 · 러 정상회담] "李대통령 '北통과 가스관 안전성 걱정된다' … 메드베데프 '가스 끊기면 우리가 책임질 것'", 조선일보, 2011.11.3, A3: 러시아 국영 가스회사 가스프롬의 니콜라이 두빅(Nikolai Dubik) 법무실장은 1일 한 · 러 대화 포럼에서 "한국가스공사(KOGAS)와 가스프롬(Gazprom) 은 2013년부터 가스관을 건설, 2017년부터 한국에 가스를 공급키로 하는 내용의 일정을 지난 9월 체결했다" 고 밝혔다(상게서).

시아와의 경협추진은 한반도의 통일을 위한 주변환경을 원만하게 조성하는 데 도움이 될 것이다. 이러한 북한 통과 가스관이나 한반도 종단 철도 사업은 대륙에 진출하려는 일본도 관심이 있으니 만큼 러시아와 일본이 참여하는 컨소시엄을 만들어 추진하는 것이 바람직하다.[745] 금강산에 있는 현대아산의 시설물과 독점권을 북한이 정치적으로 몰수 선언한 것에 비추어 북한의 돌발적인 가스관 차단을 방지하려면 가스관 건설 비용을 우리가 모두 부담해서는 안 되고, 러시아도 상당 부분을 부담해야 한다. 유럽에서도 발틱해저를 지나 러시아와 독일을 연결하는 노드스트림 가스관 프로젝트는 러시아와 독일 · 프랑스 · 네덜란드 등이 공동투자하고 있다. 유사시 러시아가 투자하는 만큼 북한에 의한 가스관 차단의 가능성은 줄어들게 된다.

러시아 최고 권위의 국책 연구기관인 '세계경제 · 국제관계연구소(IMEMO)' 는 최근 펴낸 특별 보고서 '2030년 전략적 세계 전망' 에서 북한의 붕괴를 기정사실화하며 2020년대에는 북한은 더 이상 존재하지 않는다고 전망하면서 한국 주도의 한반도 통일이 러시아의 국익에 부합한다는 결론을 내렸다.[746] IMEMO 보고서는 북한이 2020년도에 사실상 한국에 흡수통일될 것이라는 내용의 특별 보고서를 펴내었다.[747] IMEMO 보고서는 남한 주도의 한반도 통일이 이뤄지면, "러시아 기업과 정부가 한반도의 대규모 교통 · 에너지 · 산업 프로젝트에 참여할 수 있는 유리한 여건이 조성된다"며 "연료 · 목재 · 금속 · 석유화학제품 등 러시아의 전통적 수출품과 기계제품에 대한 새로운 수요가 발생할 것"으로 내다봤다. IMEMO 보고서는 러시아가 남한주도의 통일을 지지한다는 사실을 뒷받침해주고 있다. 외교 소식통에 의하면 러시아 등 한반도 주변 강국들은 한반도 통일

---

745) 백훈, "북한 통과 가스관, 여러 나라가 함께 추진해야",, 조선일보, 2011.8.27. A31면: 가스 공급의 25%를 러시아에 의존하고 있는 유럽연합은 2000년 이후 두 차례나 가스관 통과국인 우크라이나에 의해 야기된 가스공급 중단으로 심각한 에너지 위기를 겪었다. 그 결과 러시아는 우크라이나를 우회하여 유럽으로 연결하는 남 · 북 두 개의 천연가스관 건설을 미국의 반대를 무릅쓰고 추진 중이며, 독일과 프랑스 등이 이에 적극 동참하고 있다.

746) 이용수, [오늘의 세상] 러 보고서 "北 이미 붕괴 중… 2020년대엔 南에 흡수통일 될 것", 조선일보, 2011.11.4, A2면.

747) 박주연, "러 보고서 '北, 2020년대 한국에 흡수통일'", 뉴시스, 2011.11.4.

보다는 현상 유지를 내심 선호한다는 게 정설이었는데 러시아에서 최고 권위를 가진 국책연구기관(IMEMO)이 한국 주도의 통일을 반긴다는 입장을 공개적으로 밝혔다는 것은 의미가 크다.[748)]

III. 주변국 협력을 이끌어내는 방안

1. 북한, 중국의 동북3성, 러시아 극동지역의 개발

한국은 한반도 통일이 세계공헌국가로 거듭나는 데 얼마만큼 중요한가를 인식해야 한다. 무엇보다도 통일로 가는 과정에서 북한이 좀 더 정상국가에 가깝게 변하고 근대화될 가능성이 높기 때문이다. 북한의 정상국가화는 북한이 국제사회의 일원이 되어 국제규범을 준수하는 것이다. 당위적 차원이긴 하지만, 그렇게 된다면 북핵문제는 당연히 해결될 수 있을 섯이고 동북아와 국제사회는 북핵으로 인한 안보부담을 덜 수 있을 것이다. 이 자체가 통일한국이 수행할 수 있는 커다란 세계공헌이다.[749)]

북한이 민주화되고 산업화되는 것을 의미하는 '북한 근대화' 역시 지역과 국제사회에 기여한다. 북한의 민주화는 주민들에게 '폭압과 독재로부터의 자유'를 제공함으로써 공개총살, 강제수용 등과 같은 인권유린 행위를 방지하고 자유와 창의를 통한 인간디운 삶의 발판을 마련해 줄 것이다. 또한 북한사회의 산업화는 식량과 자원부족의 문제를 해결하여 기아와 결핍의 공포를 근원적으로 치유할 것이다. 결과적으로 세계 최악의 인권 사각지대를 없애는 '공헌'을 하게 되는 것이다.

한반도의 분단된 상황 때문에 개발기회를 잡기 어려웠던 주변 지역의 상황도 더 나아질 것이다. 한반도와 그 주변에서 한국을 제외하고, 북한과 중국의 동북3

---

748) 이용수, 상게서.

749) 조영기(고려대 북한학과 교수), "'한반도 통일'은 세계평화에 공헌… 북한 근대화 · 인권문제도 해결", 2010.4.4.

성, 러시아의 극동지역은 저개발된 상태로 방치되어왔다.[750] 이 지역은 여태까지 평화와 발전을 기약할 수 없는 '불임의 지역'이었던 것이다. 1990년대 초반 UN개발계획(UNDP)이 추진했던 두만강개발계획은 시작 당시 국제사회의 기대와 주목을 받았던 것과 달리 큰 성과를 거두지는 못한 것이 그 사례다. 여기엔 여러 가지 이유가 있었지만 역시 가장 중요한 요인은 한반도 분단상황이 가져온 안보 불안정이었다. 한반도 분단을 방치하고는 동북아의 평화와 발전을 기약하기는 어려운 것이다. 이 지역은 지리적으로 가까운 통일한국이 개발을 촉진시킬 수 있는 곳이다. 이를 위하여는 통일한국은 네덜란드처럼 통상, 물류, 금융의 중심지 그리고 K-POP 등 한류를 세계적으로 수출하는 문화의 거점으로 발전해 나갈 수 있어야 한다.[751] 이것은 주변국을 설득해 나감으로써 한반도의 통일이 주변국들에게 유익을 준다는 것을 알려주어야 한다.

2. 다자(多者) 간(間) 신(新)안보협력기구 창설

'제3차 통일포럼'에서는 한반도 통일에 대한 주변국들의 협력을 이끌어내기 위한 방안으로 한국 주도로 다자간 신(新)안보협력기구의 창설이 필요하다고 의견을 모았다.[752] 이는 한반도 평화통일 여건을 만드는 데 매우 중요한 것으로 보았다. 북핵문제 해결을 위한 6자회담과 별개로 다양한 정치 · 경제 공동체의 틀 속에서 주변국들을 설득해 나가야 한다는 것이다. 건국대 교수 김상규는 한국 주도의 '동북아안보협력기구' 창설을 제안한다. 김상규는 "우선 '한 · 미 · 일'에 더해 러시아까지 총 4개국으로 동북아안보협력기구를 결성하고, 이후 단계적으로 중국 그리고 북한까지 참여시키면 남북문제 해결에서 주변 이해국들이 대타

750) 위의 글.

751) 윤영관(서울대 교수 · 국제정치학), "국제정치 변화와 한반도 통일", 특집: 2010 기독교 한반도 통일 포럼, 「신앙세계」 통권 508호, 2010.11, 153.

752) 김국진은 벌써 14년 전 그의 논문에서 아세안 지역 포럼(Asean regional forum) 등을 통한 아태지역 다자간 안보협력 증진에 관하여 언급하였다(김국진, "아 · 태의 안정과 세계평화를 도모하는 통일한국", 『평화통일과 북한 복음화』, 한국교회통일정책 총서 I, 쿰란출판사, 1997, 146~175.

협을 볼 수 있다"고 본다.[753] 대북(對北) 경제개발 체제를 구축하여 통일 비용도 줄여야 한다. 한국의 국제적인 의무와 이미지 강화도 중요하다. 통일연구원 선임 연구위원 박영호는 "영국은 1990년대 국가의 쇠퇴를 막으려고 '쿨 브리튼' 이미지를 만들었고, 일본도 국가 홍보에 적극 나섰었다"며 "한국도 통일 한반도의 이미지와 비전을 세계 각국에 전파할 필요가 있나"고 제시한다.[754] 고려대 국제대학원 교수 김성한은 "냉전시대가 끝났음에도 '한 · 미 · 일' 대 '북 · 중 · 러'의 대결구도는 그대로 남아 통일에 심각한 부담으로 작용하고 있다"며 "이런 양극화를 뛰어넘는 방법으로 '소(小) 다자주의' 협의체를 활성화할 필요가 있다"고 제안한다.[755] 한국이 미국 · 일본과만 대화할 것이 아니라 사안에 따라 중국 · 일본, 미국 · 중국 등 여러 파트너와 활발한 대화를 함으로써 냉전(冷戰)식 대결구도를 다자간 협력 관계로 발전시킬 수 있다는 것이다. 통일비용 부담을 줄이기 위한 국제적 차원의 경제 · 문화 협력 활성화도 시급한 과제이다.

외교안보연구원 교수 윤덕민은 "북한의 국민소득을 연간 3,000달러 수준으로 끌어올리기 위해서는 400억 달러가 필요하다"며 "통일 이전이라도 세계은행, IMF(국제통화기금), ADB(아시아개발은행) 등과 함께 '북한 경제개발 협력체제'를 구축해 국제 사회의 대북 개발사업을 유도할 수 있다"고 본다. 서울대 국제대학원 교수 신성호는 "주변국들과의 관계에서 정부와 기업뿐 아니라 학계와 문화계, 개인들이 인적 네트워크를 구축하고 통일에 대한 공감대를 끌어내는 노력을 함께해야 한다"고 말한다. 그리고 신성호는 "한반도 통일이 지역의 번영과 세계 평화에 기여하고 인권을 증진시킬 수 있다는 관점에서 사회 각 부문이 스스로 '공공 외교'에 동참해야 한다"고 제안한다.[756]

753) 선정민, "통일 위한 주변국 협력 이끌어내려면", 조선일보, 2011.7.18, A10면.

754) 위의 글.

755) 위의 글.

756) 위의 글.

Ⅳ. 독일의 통일외교 교훈

독일 수상 헬무트 콜은 동구권의 사회주의 정권의 붕괴와 더불어 베를린 장벽이 무너지면서 예기치 않게 독일의 통일여건이 주어졌을 때 미국 대통령 부시의 전폭적 지원을 끌어내 영국의 수상 대처와 프랑스 대통령 미테랑의 반대를 잠재웠다. 서독이 통일 과정에서 취한 외교전략에서 한국이 배울 점이 많다. 당시 독일과 현재 한국이 처한 환경은 차이가 크지만 통일외교전략의 기본은 크게 다르지 않다.[757)]

첫째, 한국은 서독이 미국을 지렛대 삼아 주변국들의 협력을 이끌어냈던 '친서방정책'을 계승해 발전시킬 필요가 있다. 노무현 정권에서 외교부 장관을 지낸 서울대 교수 윤영관에 의하면 "독일 통일 과정에서 미국의 (아버지)부시 대통령과 서독의 헬무트 콜 총리는 긴밀하고 끈끈한 협력 관계를 유지했다." "서독이 영국과 프랑스의 통일 반대를 잠재우고 소련으로부터 협조를 이끌어낼 수 있었던 핵심 원동력은 미국의 힘이었다."[758)] 건국대 교수 김상규도 "당시 미국의 전폭적 지원이 없었다면 동독과 소련을 설득하는 '신동방정책' 역시 존재할 수 없었을 것"이라고 했다. 김상규는 "한국의 지난 정권은 이념적 성향에 따라 한미동맹이라는 기본축을 '북방 관계의 강화'로 대체하려고 했었다"고 분석한다. 그는 "그러나 중국과 러시아로부터도 협조를 이끌어 내지 못하는 모순적 상황에 처했다"고 본다.

둘째, 한국은 서독이 통일을 위해 동독주민의 마음을 얻은 것처럼 북한주민의 마음을 얻어야 한다. 동서독 시민의 합의가 통일외교의 밑바탕이 된다는 점을 서독의 경험이 실증하고 있다. 서울대 국제대학원 교수 신성호는 "외교 못지않게 내교(內交)가 중요하다"며 "한국 내부의 이념 대립과 통일에 대한 회의론을 불식시키고 큰 합의를 이뤄야 비로소 외교가 힘을 얻을 수 있다"고 피력한다. 경희대 교수 주재우는 "통일을 위해 더 큰 경제 발전이 필요하다"고 주장하며, 서울대

757) 김진명, "한국, 독일의 통일외교서 배울 점은", 조선일보, 2011.7.18, A10면.

758) 위의 글.

국제문제연구소 객원연구원 김동명은 “세계 3위의 경제대국으로서 자연스럽게 동독 주민의 지지를 이끌어낸 서독처럼 한국도 지금보다 막강한 경제력을 키우는 데 전력을 쏟아야 한다”고 본다.[759)]

V. 북한 주민의 마음을 얻는 통일정책

1. 철저한 상호주의에 입각한 포용정책

한반도의 평화통일을 위하여 한국정부는 북한정부와 할 수 있는 한 대화를 하고 평화를 유지하는 방향으로 나아가야 한다. 그러나 조건없는 퍼주기 포용정책이 아니라, 철저한 상호주의의 입장에서 한국사회가 지닌 체제와 경제적 안정의 기반 위에서 북한 주민의 삶과 인권을 개선한다는 원칙 안에서 북한과 대화해 나가야 한다.[760)]

1921년 러시아령 자유시(알렉세예프스크) 사변(自由市事變), 스탈린의 한인(韓人) 대학살, 6 · 25 남침, 그리고 최근 천안함 폭침까지 한국인들을 엄습했던 공산주의의 권력논리는 허위로 가득 차 있다. “거짓말도 백번 하면 진실이 된다”는 것이 공산주의의 권력논리다. 북한정권은 스탈린, 모택동, 그리고 김일성에 의해 처음부터 잘못 설계된 “허위 이데올로기 국가”요, 모래시계였다. 오늘날 북한주민들은 하나의 거대한 국가라는 이름을 지닌 거대한 집단 수용소에서 살고 있다. 강철환의 『수용소의 노래』 개정판 머릿말에서 다음과 같이 쓰고 있다: “수용소란 본인뿐 아니라 가족까지 모두 수감해 평생을 노예처럼 살다가 사라져야 하는 끔직한 곳이기에 북한주민들은 그 말만 들어도 부들부들 떨게 됩니다. 이렇듯 수령독재는 공포에 의해 유지되고 있습니다.”[761)] 공산주의 ‘독립운동가’ 들이었던

---

759) 위의 글.

760) 송영대, “남한의 국론 통일과 북한의 존엄성 회복 유도”, 『평화통일과 북한 복음화』, 한국교회통일정책 총서 I, 쿰란출판사, 1997, 367~374.

761) 강철환, 『수용소의 노래, 평야의 어항』, 북한 정치범 수용소 체험수기, 서울: 시대정신, 2005, 개정판, 5.

크메르루주 수뇌부가 자행한 '킬링 필드'는 오늘날 우리의 북쪽에서 자행되고 있다.

한국은 20세기 독일의 재(再)통일과 더불어 19세기 비스마르크의 독일 통일에서 교훈을 얻어야 한다. 통일은 거저 오는 것이 아니다. 독일 통일이라는 지정학적 변화를 원하지 않았던 주변 강대국들의 틈바구니에서 프러시아 주도의 통일을 이룩해냈던 지도자 비스마르크가 보여준 철혈(鐵血)의 통일의지가 있어야 한다.[762] 20세기에 들어와 외세에 의항 분단된 동서독을 통일한 헬무트 콜은 이러한 비스마르크가 보여준 통일의지를 20세기에 관철한 지도자라고 평가할 수 있다. 한국도 이러한 평화통일 지도자를 필요로 한다. 우리 한국도 19세기 비스마르크, 20세기 콜(Kohl) 같은 경륜을 갖춘 정치지도자가 요청된다. 21세기 민주화된 한국에서는 지도자의 통일의지만으로는 부족하다. 통일비용(세)을 기꺼이 부담하고자 하는 국민들의 희생이 필요하다. 독일 수상 콜과 정치지도자들은 자기들의 통일론을 정책적으로 실현한 것이 아니라 베를린 장벽의 붕괴로 이어진 동서독 국민들의 통일의지를 정치적으로, 외교적으로, 사회적으로, 경제적으로 통합시킨 것에 불과하였다. 그와 동료들은 동독 정책에 있어서 동독주민의 인권개선에 일차적인 관심을 보였다. 그리하여 서독은 동독 주민의 마음을 얻었다. 평화통일을 향한 국민의 염원이 결집될 수 있는 새로운 통일론, 북한 주민의 인권을 중심으로 하는 통일정책이 구체적으로 실천되어야 한다.

2. 북한 주민 중심의 대북인권정책

8,000만 중국 공산당에 의지해서 수백만 조선노동당과 백만군대를 호령하고 있는 북한정권을 상대로 한국 주도의 평화통일을 이룩하려면 열린 보수와 합리적 진보진영이 힘을 합쳐야 한다. 민주화의 도정에서 한국의 진보는 서구 진보의 관심에 적지 않은 빚을 졌다. 이제 북한동포에게 그 빚을 갚아야 한다. 한국의 인

762) 김명섭(연세대 통일연구소장 · 정치외교학과 교수), [아침논단] "비스마르크의 독일 통일에서 배워야 할 것", 조선일보, 2011.7.17, A34면.

권이 높아진 최고치에도 불구하고, 북한의 인권현실은 여전히 한국의 최저치(最低値)다. 앞으로의 대북정책은 북한주민의 인권 개선을 위하는 방향으로 재조정되어야 한다. 철저한 상호주의는 북한주민과 탈북자의 인권을 개선하는 방향으로 수행되어야 한다.

독일 통일 당시 동독 총리였던 로타어 데 메지에르(Lothar de Maiziere) 전 총리는 2006년 10월 25일(현지시각) 이명박 전 서울시장과의 면담에서 "현금보다는 현물로 북한을 도와야 한다는 견해가 아마도 옳은 길일 것"이라며 "서독이 은밀히 동독에 현금을 지원한 경우도 있었지만 확실한 목표가 있었다. 예컨대 서독은 동독 내 양심수를 석방하는 대가로 현금을 지원해 4만명의 양심수를 돈 주고 샀고 20여만 명의 이산가족을 상봉시켰다"고 했다.[763] 메지에르 전 총리는 "동독은 서독의 경제 원조를 받기 위해 인민의 여행 자유를 보장해야 했다"고 했다. 메지에르 전 총리는 이어 "북한에 대한 경제적 협력이나 지원은 그에 상응하는 대가를 받아야 한다고 본다"고 말했다. 서독은 동독과의 대화에 있어서 동독주민의 인권침해를 거론하였으나 양독의 관계는 어려운 지경으로 빠지지 않았다. 오늘날 북한 인권을 거론하면 남북관계가 나빠지고 북한주민들이 더 어려움에 직면하게 된다는 한국 내의 종북 좌파들의 주장은 북한주민의 어려운 형편을 고려하지 않고 한국의 입장에서 생각하지 않는 편파적 생각이라는 것이 동서독의 경우에서 보면 명확히 드러난다. 오히려 인권정책으로 말미암아 서독은 동독주민으로부터 신뢰받는 사회가 되었고, 동독주민의 마음을 얻었다. 이 점에서 우리는 서독의 인권중시의 동방정책을 배워야 한다.

---

763) 권대열, "서독 우리에게 현금 줄 때 조건없이 준 적 한번도 없어, 메지에르 前동독 총리 이명박 전 시장에 밝혀", chosun.com, 2006.10.27.

VI. 한국교회의 역할

1. 열방을 움직이는 하나님의 주권적 간섭위해 기도

1991년 지구상에서 갑자기 사라진 것은 동구권의 사회주의 정권과 더불어 소련(蘇聯)연방이었다. 이 체제는 오늘날 지구상에서 사라졌다. '한밤중의 도둑처럼' 닥친 소련의 종말을 미처 예측하지 못한 서방의 소련학(Soviet Studies) 연구자들도 운명을 같이했다. 이들은 냉전시기 소련이라는 '주적(主敵)'을 알기 위해 제공된 막대한 연구비의 혜택을 누렸지만, 소련의 갑작스러운 붕괴를 예측하지 못했다.[764] 이들은 소련의 총서기 고르바초프의 신(新)사고, 공산주의를 개혁하는 새로운 사고가 가져올 엄청난 파장에 대하여 전혀 예측하지 못했던 것이다. 독일 정치인들도 동구권 공산주의 권역에서는 가장 잘 살았던 동독이 하룻밤에 서독에 의하여 합병되어 지구상에서 소멸하게 될지 전혀 예측하지 못했다. 이러한 현상은 한반도에도 일어날 가능성이 크다. 동구권이나 동독이나 소련과는 달리 오늘날의 3대 세습과 함께 사회적으로 폐쇄된 국가인 북한은 엄청난 식량난과 경제적인 파탄으로 인하여 국가적인 체제위기에 직면하고 있다. 북한이 중국처럼 정치적으로는 공산주의 독재를 하더라도 경제적으로 사회적으로 개혁과 개방으로 나오면 살 길이 있다. 그런데 북한은 전혀 중국식 개방을 하려고 하지 않는다. 체제의 속성이 주체주의 우상화와 김일성 · 김정일 신격화에 의하여 지탱되기 때문이다. 이러한 위기의 근저에는 신적 섭리가 있다.

구약 성경은 한 나라의 흥망성쇠(興亡盛衰)에는 하나님의 주권적 섭리가 있다고 말하고 있다. 구약의 예언자 예레미아는 남왕국 유다의 멸망을 다음과 같이 선언하고 있다: "들을지어다. 북방에서부터 크게 떠드는 소리가 들리니 유다 성읍들을 황폐하게 하여 승냥이의 거처가 되게 하리로다. 여호와여 내가 알거니와 사람의 길이 자신에게 있지 아니하니 걸음을 지도함이 걷는 자에게 있지 아니하

---

764) 김명섭(연세대 통일연구소장 · 정치외교학과 교수), [아침논단] "비스마르크의 독일 통일에서 배워야 할 것", 조선일보, 2011.7.17, A34면.

니이다"(렘10:22-23). 예레미아는 여기서 유다라는 나라의 미래를 인생의 길에 비유하고 있다. 길을 걷는 것은 사람이나 그 길의 나아감이 인간에게 있지 않고 역사를 섭리하시는 하나님께 있다고 선언하고 있다. 그러므로 교회에게는 나라의 번영과 통일을 위하여 이를 섭리하시는 하나님께 기도해야 할 사명이 주어진 것이다.

2. 기독교적 국제적 네트워크를 최대 활용

북한주민의 인권을 향상시키고, 중국으로 하여금 탈북자들을 자신들의 의사에 반하여 북한으로 송환하는 것을 막기 위해서 한국교회는 세계의 기독교적 인권단체들과 국제적인 인권네트워크와 협력해야 한다. 동구권의 사회주의 정권이 몰락하는데 있어서는 폴란드 출신인 교황 요한 바울 2세가 이끈 천주교를 비롯한 국제적인 기독교단체들의 영향력이 컸다. 2013년에 세계교회협의회(WCC)가 부산 벡세코에서 총회를 개최하고 2014년에는 세계복음주의연맹(WEA)이 서울에서 총회를 개최하게 된다. 한국교회는 보수와 진보가 연합하여 이들 세계적인 단체들이 탈북자와 북한주민들의 인권 침해사례에 대하여 구체적으로 보고서를 작성하고 이들의 인권침해 사례를 드러내면서 이들의 인권을 개선하도록 노력을 경주해야 한다. 한국교회는 국제정의 선교회(International Justice Mission)의 협력을 구하는 것이 절대로 필요하다.[765] 중국이 탈북자들을 체포하여 북한으로 송환하는 일, 북한당국이 탈북자들을 체포하여 수용소에 보내고 주민들의 인권을 유린하는 일에 대하여 한국교회는 국제정의선교회 그리고 국제사면위원회(Amnesty International)를 통하여 어필하는 것이 필요하다.

한국교회는 이와 더불어 보다 큰 세계적인 기독교 단체인 WCC와 WEA가 북한인권문제에 개입하도록 다방면으로 노력해야 한다. WCC는 1970년대 한국이

765) 국제정의선교회(IJM)는 아시아의 아동 성 착취, 남미의 토지수용, 아프리카의 기소나 재판 없는 구금들에 주의를 기울인다. 그런 경제들에 대해 학대와 착취를 입증하고, 희생자들을 적절히 구제하기 위해 직업적인 전문지식과 의견을 동원한다(John Stott, 『현대사회 문제와 그리스도인의 책임』, 244).

군사독재 치하에서 신음할 때 민주화운동을 끝까지 돕고 재정 지원을 해준 단체다. 당시 한국 민주화운동 세력에게는 WCC는 결코 잊을 수 없는 해외의 지원세력이었다. WCC가 있었기에 오늘의 민주한국이 가능할 수 있었다. WCC는 1980년대 남과 북이 만나지 못할 때 글리온(Glion) 회의를 주선해서 남과 북의 기독교인들을 만나게 하는 등 한반도의 평화와 남북대화에 공헌했다. 그렇기 때문에 WCC는 지금도 그 연장선상에서 북한과의 대화를 모색하고 있다. 그런데 이미 탈북하여 자유를 찾아 남한으로 온 북한주민이 2만 명을 넘어서면서 이들에 의해 북의 모든 인권유린 참상이 낱낱이 밝혀지고 있다. 현재 조선일보 기자로 있는 강철환이 펴낸 『수용소의 노래』가 대표적인 체험수기다.[766] 북한의 봉수교회, 칠골교회는 남한의 방문자가 있을 때에만 문을 여는 어용교회라는 점도 확인되었다. 더구나 북한에서는 기독교인임이 드러나면 주동자는 사형당하고 나머지 사람들은 전부 정치범 수용소에 갇힌다.[767] 모퉁이돌선교회의 증언에 의하면 북한에는 순교를 각오하고 모이는 지하교회 신자들이 있다고 한다. 이러한 북한주민들과 북한기독교인들의 박해의 사실에 대하여 오늘날 WCC와 WEA는 침묵하고 있다. 기독교사회책임공동대표 서경석이 WCC에 대하여 비판하는 바와 같이 최근 WCC의 예언자적 정신 상실은 중국을 대하는 태도에서도 극명하게 나타나고 있다. WCC는 중국의 노벨평화상 수상자인 류샤오보의 석방을 촉구하는 성명도 내지 못했다. 지금 중국은 천안문사태, 티베트사태, 위그르사태, 몽골사태, 탈북난민의 강제 북한송환, 파룬궁 사태 등 말할 수 없는 인권유린을 자행하고 있다. 더 심각한 점은 중국이 북한의 3대 세습을 지지하고 김정일 정권을 뒷받침함으로써 동북아의 평화를 위협하고 한반도의 미래를 가로막고 있다는 점이다. 그럼에도 불구하고 WCC는 인권을 유린하는 이러한 중국에 대해 침묵하고 있다.[768] WCC와 WEA가 단지 한국에서 종교적인 모임에만 그치지 않고 북한의 인권문제와 기독교인의 박해에 대하여 예언자적 소리를 발하도록 한국교회는 국

---

766) 강철환, 『수용소의 노래, 평야의 어항』, 북한 정치범 수용소 체험수기, 서울: 시대정신, 2005, 개정판.

767) 정우상(조선일보 논설위원), [만물상] "북한 교화소", 조선일보, 2011.6.20, A34면.

768) 서경석, [서경석 칼럼] "북한 인권 침묵하는 WCC 총회는 의미 없다", 크리스천투데이, 2011.6. 16.

제적인 네트워크에 호소해야 한다.

WCC와 WEA 지도자들은 이사야를 통한 하나님의 음성을 들어야 한다: "너희 소돔의 관원들아 여호와의 말씀을 들을지어다. 너희 고모라의 백성아 우리 하나님의 법에 귀를 기울일지어다. 여호와께서 말씀하시되 너희의 무수한 제물이 내게 무엇이 유익하뇨 나는 숫양의 번제와 살진 짐승의 기름에 배불렀고 나는 수송아지나 어린 양이나 숫염소의 피를 기뻐하지 아니하노라. 너희가 내 앞에 보이러 오니 이것을 누가 너희에게 요구하였느냐 내 마당만 밟을 뿐이니라. 헛된 제물을 다시 가져오지 말라 분향은 내가 가증히 여기는 바요 월삭과 안식일과 대회로 모이는 것도 그러하니 성회와 아울러 악을 행하는 것을 내가 견디지 못하겠노라. 내 마음이 너희의 월삭과 정한 절기를 싫어하나니 그것이 내게 무거운 짐이라 내가 지기에 곤비하였느니라. 너희가 손을 펼 때에 내가 내 눈을 너희에게서 가리고 너희가 많이 기도할지라도 내가 듣지 아니하리니 이는 너희의 손에 피가 가득함이라. 너희는 스스로 씻으며 스스로 깨끗하게 하여 내 목전에서 너희 악한 행실을 버리며 행악을 그치고, 선행을 배우며 정의를 구하며 학대 받는 자를 도와주며 고아를 위하여 신원하며 과부를 위하여 변호하라 하셨느니라"(사1:10-17). 하나님은 당시 공의를 외면하고, 종교적인 행위에만 치중한 타락한 종교 모임과 총회에 대하여 그러한 모임은 하나님이 가증히 여기는 것이라고 말씀하신다. 영국의 복음주의 신학자 존 스타트는 그의 저서 『현대사회 문제와 그리스도인의 책임(New Issues Facing Christians Today)』에서 강력하게 천명한다: "하나님이 모든 곳에서 불의와 억압을 미워하시며, 모든 곳에서 정의를 사랑하시고 증진하신다는 것을 분명하게 알 수 있다."[769] 사회적 정의를 도외시한 종교적인 모임은 이 세상을 구속하시는 하나님을 진정하게 기쁘게 하는 모임이 될 수 없다. 종교와 윤리, 경건함과 선함은 진정한 인간됨과 사회적 삶의 기본이다.[770]

---

769) John Stott, *New Issues Facing Christians Today*, London: HarperCollins Publishers, 1999, 정옥배 옮김, 『현대사회 문제와 그리스도인의 책임』, IVP, 2005, 44.

770) John Stott, 상게서, 71.

3. 북한주민의 마음을 얻도록 인도주의적 나눔과 교류 지속

교회가 통일을 위해 할 수 있는 일 가운데 가장 중요한 것은 북한주민의 마음을 얻는 일이다. 통일의 주체는 남북한 주민이지 정권을 잡은 자가 아니다. 이들은 언젠가는 물러갈 수 밖에 없다. 그러나 주민들은 통일의 당사자로서 실제적으로 비용을 부담하고 서로의 삶의 현장 속에서 만날 수밖에 없기 때문이다. 서로의 신뢰와 마음이 연합될 때 비록 체제에 의하여 떨어져 있어도 통일과 연합은 가능한 것이다. 서독이 동독을 흡수통일할 수 있었던 것도 동독주민들이 투표를 통해서 자기들의 의사표시를 했기 때문에 가능한 것이었다. 한국 사람들이 북한주민들의 마음을 얻기 위해서 한국교회는 물자의 결핍 속에 있는 북한 주민들을 위한 나눔운동을 해야 한다. 이를 위한 구체적인 방법은 다음과 같다.

첫째, 탈북동포들을 형제의 겸허한 마음으로 만나주는 것이다. 탈북자들은 하나님께서 통일 예행연습을 위해 우리에게 보내주신 천사들이다. 그들과의 소통은 통일 이후의 북한 동포들과 교제하는 중요한 가늠쇠가 될 것이고, 통일 이후 양측의 통합을 위한 훌륭한 리더십을 준비하는 계기가 될 것이다. 한국교회는 북한주민들의 마음을 얻기 위하여 무엇보다도 이미 탈북하여 한국에 와 있는 탈북자들에 대하여 세심한 관심을 표하고 저들이 우리 사회에 잘 적응하여 살 수 있도록 도와주어야 한다. 이들이 한국사회에서 성공적으로 정착하고 삶의 의미를 발견할 때 이들은 북한 동포들을 향하여 자유 민주주의에 입각한 통일의 전도자들이 될 것이다.

둘째, 어떤 통로로든지 북한의 주민들에게 필요한 물자를 공급하고, 특히 영양 실조에 있는 어린이들에게 영양을 공급하는 일을 하는 것이다. 어린이들을 위한 대북지원은 인도적인 문제인지라 남북 당국자들의 긴장관계에 영향을 받지 않는 영역이다. 2011년 독일구호기관에 북한사회 아이들을 찍은 사진을 보면 평양 아이들과 지방의 아이들의 모습에 너무 차이가 나 있다. 평양의 아이들은 한국 아이들처럼 포도포동 살쪄 보이는데, 지방의 아이들은 심각한 영양실조에 걸려있어 앙상한 뼈만 남있는 모습을 보이고 있다. 한국교회는 어떤 손해를 감내하더라도 북한 아이들은 위한 영양공급은 멈추지 말아야 한다. 그리고 식량지원이 지방의 아이들에게 제대로 전달되는지 반드시 모니터링을 해야 한다.

셋째, 교회와 NGO는 북한 동포들을 만나 우리가 한 동족임을 끊임없이 확인시켜 주어야 한다.[771] 북한은 UN 가입국이라, 만일 북한이 붕괴된다고 해도 즉시 통일될 수는 없다. 남한의 군대가 들어가면 무단침입이 될 것이고, 우리가 그곳에서 영향력을 행사할 수 있는 어떤 권리도 주어지지 않을 것이다. 단지 북한 동포들이 반드시 남한과 통일해야 한다는 의지를 보여주어야만 양측 간에 합의가 이루어지고 통일을 향한 발걸음을 내딛게 된다. 우리가 한 민족이라는 사실과 우리와 함께 사는 것이 얼마나 큰 유익이 될 것인지를 확인시켜 주어야 한다. 그뿐 아니라 한국교회가 진정 그들을 사랑한다는 메시지가 그들의 마음 속에 각인되도록 해야만 한다.

넷째, 통일 이후 북에서 살 수 없는 사람들을 위한 도피성을 준비해야 한다. 사실, 남과 북의 분단은 우리의 선택이 아니었다. 한반도는 이씨 왕조 시대를 거쳐 36년간 일제 강점기를 보낸 후 해방을 맞았다. 한반도는 공산주의 진영과 자유주의 진영 사이의 냉전의 틀 안에서 남과 북으로 나뉘었다. 어느 것이 옳고 그른지 가늠할 틈도 없이 각각의 체제가 성립되고 분단이 시작되었다. 남북분단에 가담한 기득권자들의 악행은 나쁘지만, 어찌 보면 그들 역시 역사의 피해자일 수 있다. 소수의 원흉은 역사의 심판을 받는 것이 당연하다. 그러나 수동적으로 가담할 수밖에 없었던 사람들에게는 도피성이 필요하다. 만일 도피성이 마련되지 않는다면 엄청난 피의 대가를 치르고 만신창이가 되어서야 통일이 이루어질 수도 있다. 이를 막기 위한 구체적인 공간이 주어져야 한다. 이것이 성경에서 말하는 도피성의 개념이다.[772]

다섯째, 통일을 이룩한 후 남북이 서로 심리적으로 사회적으로 하나가 되는

771) 홍정길(목사 · 평통기연 상임공동대표), [칼럼] "지금은 통일을 실제적으로 준비해야 할 때", 크리스천투데이, 2011.2.14.

772) 홍정길(목사 · 평통기연 상임공동대표), [칼럼] "지금은 통일을 실제적으로 준비해야 할 때", 크리스천투데이, 2011.2.14.

과정에서 서로 간에 주었던 옛 상처와 문제에 대한 해결이 필요하다. 프랑스의 개신교 철학자 폴 리꾀르(Paul Ricoeur)가 제시한 용서의 종말론이라는 착상은 6·25 한국전쟁, 그리고 서해교전, 천암함 폭침 등 그동안 남북관계에 있어서 쌍방 간에 입었던 상처에 대한 용서와 화해과정을 준비하고 이행하는 데 도움을 준다.[773] 폴 리꾀르에 의하면 역사 속에서 벌어진 죄악과의 화해, 용서의 문제는 난제다. 그는 이스라엘과 팔레스타인의 관계를 그 예로 든다. 여기서는 어느 편에서든 잃어버림, 상처가 있게 마련이다. 잊어버림, 화해와 용서는 서로 연결되어 다루어야 한다.

① 경청의 윤리학은 용서와 회해의 길을 제시한다. 용서는 "쉬운 것은 아니지만 불가능한 것도 아니다. 리꾀르는 레비나스(Emmanuel Levinas)로부터 경청의 윤리학을 수용한다. 레비나스는 유대인 대학살 사건 가운데서 가족의 잃어버림을 경험하면서 타자, 즉 이웃을 위해 책임지는 윤리적 주체성[774]을 제안하였다. 이 윤리적 주체는 타자를 위하여 대리하고 볼모가 되는 책임적 주체이다. 이러한 주체는 타자의 얼굴 현현에 직면하여 '살인하지 말라'는 목소리를 듣는다. 이 목소리는 하나님의 목소리다. 그리고 나의 존재와 인격을 훼손한 상대방을 용서하라는 소리를 듣는다. 이것은 하나님의 선물인 위로부터의 목소리다. 리꾀르는 이러한 용서란 종말론적 차원에서 가능하다고 본다. 용서와 화해는 국제법, 외교, 군사력 등 인간의 논리에서 이루어지지 않는다. 인간의 논리는 증오, 원한 그리고 탐욕과 권력욕에서 지배받으며, 거기서 전쟁, 내전, 기아, 학살 등 역사적 참화가 나왔기 때문이다. 하나님의 논리는 용서와 화해와 희망의 논리다. 그 구체적인 예가 자기를 십자가에 못박는 사람들을 향하여 "아버지여 저들을 용서하소서" 라고 기도하면서 십자가에서 죽으신 예수 그리스도의 인격과 삶에서 일어났다.

② 용서는 무조건적으로 이루어져야 한다. 용서는 용서해달라는 요청을 전제

---

773) P. Ricoeur, *La mèmoire, l' histoire, l' oubli*, Epilogue, Paris, 2000. 리꾀르의 용서 종말론은 정기철의 논문에서 큰 도움을 받았다; 정기철, "한국의 통일신학을 위한 해석학적 단초", 「한국개혁신학」 제20집, 한국개혁신학회, 2006, 204~211.

774) 김영한, "임마누엘 레비나스의 타자 해석학", 「해석학 연구」 제18집, 2006년 가을, 1~26.

하지 않는다. 리쾨르는 그의 저서 『기억, 역사, 망각』의 "어려운 용서"라는 제목의 글에서 우리는 용서할 수 없는 곳, 용서하기 싫은 곳에서만, 용서할 수 있고 용서해야만 한다고 피력한다. 여기서 그는 인간의 사랑과 하나님의 사랑을 구별한다. 인간의 사랑은 조건적이지만 하나님의 사랑은 조건이 없다. 그리고 사람의 용서가 아니라 하나님의 용서가 이 땅에서 실현된 곳이 바로 예수 그리스도의 십자가 사건이다.

③ 용서는 종교적 차원에서뿐만 아니라 역사적, 정치적, 사회적, 그리고 법적 차원에서 이루어져야 한다. 성경적 가르침에 따르면 종교적 과오, 개인적 죄과, 역사적 과오, 경제적 과오, 법적 과오 등 모든 죄는 용서 받을 수 있다.

이러한 리쾨르의 용서의 윤리학은 남북통일의 구체적인 화해과정에서 적용될 수 있다. 1996년 남아프리카공화국의 '진실과 화해위원회(The Truth and Reconciliation Commission, 1996)'는 흑백분리 인종정책에 따른 여러 가지 차원의 허물과 죄과를 청산하기 위하여 처벌이 아니라 진상규명 위주의 용서와 화해론을 실행한 것으로 유명하다. 과거의 죄과를 고백하되 처벌하기 위한 것이 아니라 그 불행한 죄과가 잊혀지지 않도록 그 진상을 밝히는 것 위주로 사건에 접근한 것이다. 진실이 밝혀지기 전에는 사면(赦免)과 용서와 화해가 있을 수 없다.

맺음말

통일은 단지 한반도 안에서 갈라진 남북한 사이의 하나됨에 끝나는 고립된 사건이 아니라 국제화 시대에 한반도 주변 국가들에게 영향을 미치는 사건이다. 이제 우리 한국은 통일 한반도 시대를 열어 '동북아 평화와 번영에 공헌하는 국가'로 거듭나야 한다. 남북통일 땐 동북아에 새 시장이 창설된다는 비전을 가지고 한반도 주변의 4대 강대국 미국 · 일본 · 중국 · 러시아에 나라별로 통일이 가져다 줄 유익을 제시해야 한다. 그동안 4년 반이나 끌어왔던 한미 FTA 체결되어 한미관계가 안보 경제 동맹으로 한 계단 올라서고 깊어질수록 중국을 비롯한 다른 주변국에 우리의 균형잡힌 통일정책 의지를 전달하는데 더 신경을 써야 한다. 한반도 통일의 의미는 분단된 한반도가 하나 되어 민족사적 불행을 치유한다는 데서 머물지 않는다. 전근대적 북한이 국제사회에 주는 부담(핵무기, 휴전선 도발과 긴장야기, 탈북자들 방출)이 사라지게 되면, 그 자체가 동북아와 국제사회의 평화와 발전에 기여한다는 시대적 의미도 갖게 된다. 즉 한반도 평화통일은 단순히 내부적인 민족차원의 문제 해결을 넘어 '동북아 평화와 발전에 공헌하는 한국'의 출발점이다.

제14장

선진사회적 자유민주통일론: 개혁주의적 평화통일신학

제14장

선진사회적 자유민주통일론: 개혁주의적 평화통일신학

머리말

2011년 12월 17일 김정일이 급성 심장마비로 사망하고 그의 3남 김정은이 북한의 권력을 세습하였다. 이제 한반도의 통일과정은 시작되었다고 볼 수 있다. 경제적으로 파탄한 북한은 정치권력 메카니즘에 있어서도 앞 길을 예측하기 어려운 길에 들어섰기 때문이다. 한국은 성급하게 북한을 흡수 통일하려고 하지 말고, 북한을 자극하지 않으면서 유연성 있게 포용력을 가지고 북한이 중국의 영향권으로 들어가지 않도록 냉철하게 총제적 통일전략을 펼쳐야 할 것이다.

1990년대부터 한국 사회에서는 통일논의가 무르익어 왔다. 그런데 그동안의 통일론은 당국자 중심의 통일론이었다. KNCC의 통일론은 북한 당국자들을 이해하자는 통일론이었고, 한기총의 통일론은 반공적 통일론이었다. 그리고 정부의 통일론도 주로 북한 당국자와 협상하는 통일론이었다. 이에 중대한 것이 빠졌다. 그것은 통일의 당사자인 북한주민과 남한시민이었다. 이에 저자는 다가오는 새로운 시대에 걸맞게 선진자유민주사회 통일론을 제창하고자 한다. 선진자유민주사회 통일론이란 이념적으로는 자유주의 이념이 주도가 되고, 정치체제적으로 민주주의가 시행되고, 경제 제도적으로 시장경제를 기본으로 하되 사회적 자본주의의 장점을 도입한다. 이것은 대기업 중심으로 중소기업이 약화되는 것을 막기 위하여 기업의 사회적 균형적 발전에 이바지 하도록 하는 장치를 말한다. 공정거래위원회를 통한 정부의 균형역할을 강조하는 제도이다. 그리고 "선진 사회"란 모두가 골고루 잘 사는 사회를 이루는 시민들의 민주사회의식이 발전된 사회다. 약육강식 적자생존의 사회가 아니라 약자와 가난한 자를 끌어 올려주며, 빈부격차를 줄이기 위하여 부의 균형적 배분에 정부가 조정의 역할을 하고 사회적 약자와 소외자를 위한 사다리 역할을 하는 것이다.[775]

I. 통일론의 방향 전환: 당국자 위주에서 주민 위주로

이제 세계는 정부주도에서 시민주도의 방향으로 나아가는 시민사회(civic society)의 형태로 나가고 있다. 이것이 21세기 세계의 방향이다. 이것은 근대적 중앙집권적 정부의 집중화와 통일화가 이제는 국제화를 통한 기업의 발달, 다국적 기업들의 출현과 영향력, 각종 시민운동그룹에 의한 네트워크 형성 등에 의하여 시민들의 목소리가 높아지고 있다는 것을 말해 준다.

자유주의적 이념으로의 통일의 길이다.

1. 여태까지 당국자만 주도한 통일 정책: 주민들과는 동떨어진 통일논의

여태까지 남북관계는 1970년 7 · 4 공동성명, 2000년 6 · 15 공동선언, 2007년 10 · 9 공동선언, 그리고 당국자들의 회담 등으로 일방적으로 이루어졌다. 여기에는 통일의 당사자인 남북주민의 의견은 철저히 무시되었다. 자유사회인 한국에서는 KNCC와 한기총 등의 민간기구가 통일에 대한 의견을 표명했으나 이들의 통일논의도 북한 당국자들의 눈치를 보면서 이루어졌다. 그리하여 억압 속에서 탈북자들이 늘어나고 있는 북한 주민들의 입장은 전혀 배제되었다.

---

775) 조형래, "대기업과 中企가 共生… '정글' 에서 '숲' 의 생태계로", [자본주의 4.0] [1] 다같이 행복한 성장, 조선일보, 2011.8.2, A5면.

2011년 6월 20일 대북 소식통에 따르면 북한은 랴오닝성 선양(瀋陽) 등지에서 중국 상인들을 통해 시위 진압용 부대가 사용할 최루탄, 헬멧, 방패 등을 대량으로 사들였다. 북한은 기본 장비 외에도 방탄조끼를 비롯한 방호복, 시위대를 막을 때 쓰는 장애물 등의 구입도 타진하는 것으로 알려졌다. 2010년부터 존재가 알려지기 시작한 북한의 특별 기동대는 역광장, 시장, 학교, 공원 등 소요가 발생할 가능성이 있는 특정 지역을 가정한 상황별 시위 진압 훈련을 받는 것으로 알려졌다.[776] 북한이 이처럼 폭동진압 경찰 조직을 만든 것은 화폐개혁 이후 주민들의 '생계형 저항' 이 점점 노골적이고 집단적인 경향을 띠는 것과 무관치 않다는 지적이다. 작년부터 시장을 단속하던 보안원이 상인들로부터 폭행을 당해 숨졌다거나 배급이 끊긴 주민 수백 명이 식량을 요구하면서 시위를 벌였다는 등의 소식이 심심치 않게 전해진다. 아울러 이웃 중국까지 한 때 긴장시킨 중동발 '재스민 혁명' 의 여파를 우려했기 때문이라는 분석도 나온다. 이처럼 북한당국은 주민들의 생계, 인권이나 통일에 대한 바람에 대하여 관심이 없고 사회를 조지 오웰(Jeorge Owell)의 통제사회로 이끌고 나가고 있다.

2. 통일의 당사자인 남북시민들에게 통일 논의를 되돌려 주는 정책

이제 통일논의는 남북시민들이 중심이 되어야 한다. 정부당국은 시민들의 참여를 주도해야 한다. 1990년 이래 한국에서는 시민사회가 형성되어 많은 시민들이 통일 세미나에 참여하여 이들의 의견을 개진하였다. 그러나 북한에서는 전혀 시민 중심의 통일논의가 논의가 이루어지지 않았다.

1988년 KNCC의 "민족의 통일과 평화에 대한 한국기독교 선언"은 민간 차원에서 최초로 발표된 통일정책의 선언이었다. 이 선언은 정부가 독점하던 통일선언을 민간 차원에서 한국기독교교회협의회가 시도하였다는 점에서 의의가 있다. 그러나 이 선언은 남북 분단을 원죄로 규정하고 이 분단이 남한정부와 남한

776) "北, 시위진압 장비 中서 대량 구입", 연합뉴스, 2011.6.21; 최루탄, 헬멧, 방패, 방탄조끼 등 망라, 조선일보, 2011.6.22, A8면.

교회가 갖고 있는 반공 이데올로기에 기인하는 것처럼 질타하고 있다. 더욱이 한반도 평화 유지를 위하여 미군철수를 선언하고 있다.[777] KNCC 통일선언과 이에 동의하는 진보주의적 통일신학은 한반도의 분단과 반공 이데올로기의 해체에 관심을 쏟았으나 북한 주민의 인권에 관하여는 아무런 언급을 하지 않았다.[778] 박순경, 안병무, 서광선, 주재용 등은 통일신학을 "민족 분열의 아픔을 경험한 민중의 호소이며, 분열의 한에서 울부짖는 민중의 피의 절규"라고 규정하면서 민중신학으로 특징지운다.[779] 그럼에도 불구하고 이들은 북한체제 안에서 짓눌리고 박해당하는 민중의 구체적인 인권의 현실에 대한 보고와 이에 대한 문제제기와 개선에 관하여서는 침묵하고 있다.

박순경은 역사의 주체로서의 민족, 민중, 여성은 민족 통일의 과제로 통합될 수밖에 없으며, 동시에 통일신학의 주체로서 설정되어야 한다고 주장하였으나,[780] 북한의 억눌린 민중의 인권과 여성이 근 70%인 탈북자의 인권에 대하여는 침묵하였다. 2011년 6월 낭시 정지권조차도 야당 민주당의 반대에 발이 묶여 북한인권법을 아직도 국회에서 계류시키고 있다.

II. 북한 당국자 중심에서 북한 주민 중심으로: 통일 정책

한국정부의 통일정책의 근간은 변화되어야 한다. 북한 당국자 중심에서 북한 주민 중심으로 그 근간이 변화되어야 한다. 여태까지 북한주민들의 인권과 생존

777) 김영한, "민족 통일과 평화에 대한 한국 기독교의 과제", 『평화 통일과 기독교: 복음주의적 통일신학을 향하여』, 서울: 풍만, 1990, 11.

778) 홍근수, 『통일과 민족교회의 신학』, 통일신학 동지회편, 서울:도서출판 한울, 1990; 박순경, 『통일신학의 여정』, 서울: 도서출판 한울, 1992; 김용복, "민족 분단과 기독교의 대응", 『분단 현실과 통일 운동』, 한국기독교사회문제연구원 편, 서울: 민중사, 1984, 201~255; 박종화, "민족 통일의 성취와 통일신학의 정립", 「한국기독교신학논총」 3, 1988.5, 114~154.

779) 주재용, "한국교회의 통일론", 205; 서광선, "한국 기독교 통일신학 운동의 사회전기", 『기독교와 주체사상: 조국 통일을 위한 남북 해외 기독인과 주체사상가의 대화』, 서울: 신앙과 지성사, 1995, 289; 서창원, "평화신학: 민중신학적 전망에서", 「한국기독교신학논총」, 6, 1989.10, 171~185.

780) 박순경, "통일신학의 정초를 위하여", 『기독교사상』 374, 1990.2, 103.

과 관련한 통일의 정책은 이루어지지 않았다. 그러나 이제는 북한 주민 인권을 중시하는 통일정책이 입안되고 시행되어야 한다. 이것이야말로 민주주의적 이념에 입각한 통일의 길이다.

1. 북한 주민의 인권에 대하여 무관심했던 정부, 그리고 인권법 통과를 저지하는 종북(從北) 정치인들

우리 정부는 북한 시민들의 인권에 너무나도 무관심하였다. 여태까지 통일논의에 있어서 정부 당국은 북한 주민들의 인권문제(수용소 실태, 탈북자의 어려운 처지 등)를 제기하지 않았다. 그리하여 당국자들의 집권에 유리한 방향으로 통일논의는 개진되었다.

2011년 기준으로 북한에는 정치범수용소와 노동단련대를 비롯해 적어도 480곳의 감옥과 구금시설이 있다. 그중 교화소(敎化所)는 우리 교도소처럼 재판받은 기결수를 수용하는 곳이다. 북한 당국이 UN에 보고한 교화소는 단 3곳이지만 탈북자들은 23곳에 이른다고 증언하고 있다. 2011년 북한인권단체인 '북한인권개선모임' 이 탈북자 500명의 증언을 토대로 교화소 실태에 대한 보고서를 냈다.[781] 수용소 현황은 신설과 이전, 폐쇄와 통합 과정을 거쳐서 현재는 6곳이 운영 중이며, 약 20만 명이 수용된 것으로 추정된다. 수감자를 상대로 생체실험이 이뤄지고, 먹을 게 없는 수감자들이 쥐와 뱀을 잡아 연명하고, 여성 수감자들은 형기 단축을 미끼로 내건 교도관들에게 성폭행을 당하고 있다고 한다. 함북 전거리 교화소에서만 해마다 500명 넘게 죽고 이들의 시신은 뒷산 불망산의 '불도가니' 에서 태워 비료로 쓴다고 한다.[782] 교화소 탈출자들의 피맺힌 증언을 기록으로 남겨야 하는 이유는 "반인륜 범죄는 언젠가 처벌된다"는 사실을 김정일 정권에 경고하기 위해서다.

2011년 6월 독일 베를린의 슈타지 감옥에서 독일 최초로 북한의 정치범수용

781) 정우상(조선일보 논설위원), [만물상] "북한 교화소", 조선일보, 2011.6.20, A34면.

782) 위의 글.

소 고발 전시회 및 토론회가 열렸다. 이 모임에서 동독측 참석자들은 국제사회가 북한 감옥과 수용소의 인권 현실에 더 적극적인 관심을 보인다면 북한에서도 슈타지 감옥에서 일어난 변화가 가능하다고 입을 모았다. 1960년대 초반에 독일 베를린의 슈타지 지하감옥이 폐쇄되고 새 감옥이 만들어졌다. '현대식 감옥' 으로 불린 새 감옥은 폐쇄된 과거 지하감옥보다 훨씬 환경이 좋았다. 당시 슈타지 감옥의 환경개선 이유는 바로 서독의 슈타지 감옥 정치범에 대한 관심 때문이었다. 서독 정부는 동독 정치범을 석방시키기 위해 열성적으로 노력했고 동독 정부에 돈을 주고 정치범을 서독으로 데려오는 일도 흔히 있었다. 서독에 간 정치범들은 자신이 지하감옥에서 겪은 일을 자세히 증언했다. 이 증언 과정에서 슈타지 지하감옥의 열악한 현실과 고문 등이 공개되자 동독은 국가 이미지를 생각해 감옥 환경을 개선한 것이다.[783] 실제로 한국에 와 있는 북한 정치범수용소 생존자들은 북한이 국제사회의 목소리에 신경을 많이 쓴다고 증언하고 있다. 과거 10여 개에 이르렀던 정치범수용소는 앰네스티 등 국제인권단체의 압력으로 6개로 줄었다. 또 최근에는 정치범수용소의 연좌제가 약화됐다는 증언도 나온다. 과거에는 정치범수용소에 잡혀가면 가족이 몽땅 함께 수감됐는데 최근에는 본인만 수감되고 있다는 것이다. 이러한 변화에는 국제사회의 관심과 압력이 작용했다는 분석이다. 국내에는 북한인권을 거론하면 북한 정부만 자극하지 실효가 없다는 회의론자가 꽤 있다. 그러나 슈타지 감옥의 사례에서 보듯이 국제사회의 적극적인 관심과 노력은 공산주의 사회 내부를 변화시키는 힘이 된다. 정도의 차이는 있겠지만 이는 북한에도 마찬가지이다.[784]

그런데 한국의 국회는 2011년에도 법무부 산하에 북한인권기록보존소를 둬 북의 인권침해 사례를 기록 · 보존하도록 규정한 북한인권법 처리를 미루고 있다. '불도가니' 에서 한 줌 재로 사라진 북 주민들의 절규가 "북한인권법은 북을 자극할 것"이라는 민주당과 민노당 종북(從北)주의자들의 궤변에 묻히고 있다.

783) 하태경(열린북한방송 대표), [기고] "슈타지 지하감옥이 폐쇄된 이유", 조선일보, 2011.6.2, A31면.
784) 위의 글.

2. 탈북자들에 대하여 무관심한 정부

한국정부는 탈북자들에 대하여 무관심한 정책을 시행하여 왔다. 중국 정부는 탈북하여 중국사회 내에 숨어 있는 북한 사람들을 난민으로 인정하지 않고 이들을 체포하여 북한으로 되돌려 보내는 정책을 써왔다. 2011년을 기준으로 한국으로 들어온 2만 명이 넘어서는 탈북자들 가운데 69%가 여성이며 20~30대가 가장 많다.[785] 이들의 대부분은 북한에 자기의 아들, 딸들을 두고 있는 자들이다. 이들은 북한에 있는 주민들에게 남한사회를 알리는 전령사들이다. 이들이 목숨을 걸고 탈북하여 자유 남한에 온 보람을 느끼게 이들의 삶을 보장해 주어야 한다. 탈북여성 상담사인 이희숙은 북한에서 학생들을 가르치는 교사였는데 중국에 가 있던 아들의 인도로 기독교 신앙을 받아들였고, 한국으로 들어오게 되었다. 그녀는 아직도 북한에 남아 있는 둘째 아들에게 중국에 있는 선교사를 통해서 복음을 전하고 있다. 그녀는 둘째 아들이 북한에서 한 알의 밀알이 되어 북한 복음화에 이바지할 것을 늘 소망하고 있다.[786] 탈북자들의 대부분이 주로 선교단체의 도움을 받아 한국으로 오고 있다. 이들은 중국공안당국에게 붙잡히면 중국으로 강제 송환되어 강제수용소에 수감당하게 된다. 이에 대하여 우리 정부의 태도는 너무 미온적이며, 중국의 눈치만을 살피고 있다.

우리의 통일정책은 탈북자들을 돕고 그들에게 투자하는 것부터 시작해야 한다. 자유로운 한국에 살면서 북한 인권을 위해 노력하는 탈북자들은 그 자체만으로 북한 주민들에게 강력한 메시지가 된다. 자유북한방송의 김성민, 자유북한운동연합의 박상학 등은 살아있는 증거다. 탈북자들이 직접 진행하는 자유북한방송은 북한에서 최고로 인기 있는 라디오 프로그램이다. 북한으로 전단을 살포하는 박상학은 김정일에게는 골칫거리이지만 북한 주민들에게는 희망이 될 것이다. 미국 디펜스포럼 대표 수잔 숄티는 북한 인민군 출신으로 구성된 탈북자 단

785) 이희숙, "두만강을 넘게하신 하나님의 사랑과 구원", 『신앙세계』 2010.11, 98; 전병근, "살아남으려면 돈 있어야... 탈북자, 배금주의 포로가 되기도", 조선일보, 2011.6.15, A25면.

786) 위의 글.

체 북한인민해방전선도 주목하고 있다. 숄티는 북한에서 군이 갖는 특별한 의미 때문에 이 단체를 한국이 보유한 가장 효과적인 대북 압박용 무기라고 본다.[787] 한국정부는 숄티의 다음 주장을 겸허하게 수용해야 한다고 생각한다: "천안함 폭침과 연평도 포격으로 인한 한국 국민의 희생은, 햇빛정책으로 북한 지도부를 달래면서 2,000만 북한 주민은 고통 속에 방치한 대가"이며, "세계의 이목이 핵과 같은 정치 · 외교적 문제만이 아니라 북한 주민의 고난에도 모아졌다면 북한 정권이 이렇게 쉽게 도발하지는 못했을 것이라고 생각"한다.[788]

3. 납북자 송환을 촉구하는 범시민운동이 필요

2011년 신숙자 모녀송환을 촉구하는 통영시민들의 서명운동이 신문지상에 알려져 국가인권위원회가 2011년 10월 24일 국무총리에게 범정부 차원의 납북자 송환기구를 구성해 신숙자 모녀의 송환을 위한 종합적인 방안을 마련할 것을 권고했다. 이는 이례적인 일이다. 지금 통영에서 불고 있는 오길남씨 가족들, 신숙자 모녀 구출운동도 정부와 민간단체가 참여하는 범국민운동으로 확산되기 직전 단계에 있다. 지금 신숙자 모녀 말고도 북한에 의해 납치돼 생사불명인 사람들이 6 · 25 전쟁 중 납북된 8만여 명[789] 과 휴전 이후 납북된 517명이나 있어 그

---

787) 수잔 숄티(미국 디펜스포럼 대표), "인민군 출신 탈북자단체를 주목하는 이유", chosun.com, 2011.1.16.

788) 위의 글.

789) 대한민국은 1953년이 아닌 1948년에 건국되었다. 그 해에 헌법이 제정되고 정부가 수립되었다. 건국 후 불과 2년도 안 돼 전쟁을 겪게 되었지만 전쟁 당시에도 우리 헌법은 국가의 국민 보호의 의무를 적시하고 있을 뿐 아니라 우리 정부도 의당 그러한 의무를 갖고 있었다. 당시 대한민국 정부가 민간인들을 제대로 보호하지 못해 미처 대피 하기도 전에 한강 다리를 끊고 수많은 민간인들이 적 치하에 노출된 것이 사실이며, 이리하여 납북되어 간 수많은 납북자들에 대해 대한민국 정부가 그 책임에서 자유롭다고 말할 수는 없는 것이다. 전시 납북자들 중에는 국회의원 및 정치인 169명, 법조인 190명, 경찰 1613명, 행정 공무원 2919명, 교수 및 교원 863명, 기술자 2836명, 의료인 582명, 예술가 107명. 등이 있다. (이미일(6 · 25전쟁납북인사가족협 이사장), [오피니언] 전시(戰時)납북자는 대한민국 국민이 아닌가, 조선일보, 2007.6.22) 우리 정부가 작성한 명부만 분석해 보아도 이렇게 소중한 인적자원이 강제로 피랍되어 갔지만, 이분들은 군인이 아닌 순수한 민간인 피해자였던 까닭에 아무런 관심의 대상이 못 되었던 것이다.

가족들이 고통을 겪고 있다.[790] 사랑하는 가족과 강제로 떨어져 수십년간 살아 온 사람들의 고통은 겪어 본 사람만 알 것이다. 북한은 그동안 '납북자는 없다'며 논의 자체를 거부해 왔다. 그러나 최근 휴전 이후 납북자 중 21명이 평양에 살고 있다는 사실이 확인됐다.[791]

일본은 납북자 수가 17명에 불과한데도 2002년 고이즈미 총리가 직접 북한을 방문하여 납북자 일부를 송환받았고 총리가 대책본부장을 맡아 납북자들의 생사확인과 송환을 위해 모든 힘을 쏟고 있다.[792] 우리 정부도 지금이라도 납북자 전담부서를 만들고 UN 등과 긴밀한 국제공조하에 납북자들의 생사확인과 송환에 적극 노력해야 한다.[793]

---

790) 6·25전쟁 납북인사가족협의회 이사장 이미일은 전시(戰時)납북자 55명이 정부의 인정을 받은 지난 2011년 8월 2일, 김황식 총리가 주재한 회의에서 정부에 감사하다는 말부터 꺼냈다. 그에 의하면 10년간의 노력 끝에 8만 2,959명으로 추산되는 납북자 중에서 겨우 55명이 정부의 인정을 받았을 뿐이라고 한다.(이하원, [인터뷰] '정부 6·25 납북자 첫 인정' 숨은 주역 이미일 납북인사가족協 이사장, 조선일보, 2011.8.15, A29면)

791) 김태훈(국가인권위 북한인권특별위원장·변호사), [시론] "납북자 송환, 범국민운동으로 확산시켜야", 조선일보, 2011.10.27, A39면.

792) 일본 정부가 납북자 문제에 적극 나서게 된 것은 1977년 니가타 해변에서 북한 공작원에 의해 납치됐던 요코타 메구미의 송환을 위한 시민운동이 큰 압력이 됐다. 요코타 메구미의 부모는 딸을 찾으려는 노력을 20년 이상 꾸준히 벌인 결과 '북한에 납치된 일본인을 구출하는 모임'이 일본 각지에서 결성됐고, 1999년부터 매년 국민집회가 개최되어 2003년에는 도쿄 히비야 공원에서 1만명이 참여하는 대규모 집회가 열렸다. 정치인들도 이 문제에 제대로 대처하지 않으면 당선이 불가능할 정도로 일본 사회에서 가장 큰 이슈가 됐고, 납치문제를 열성적으로 끌고 간 아베 신조는 일본 총리가 되었다.

793) 2011년 1월호 주간조선은 표제 기사는 "군, 정보 기관 베트남 전 국군 포로 월북자로 조작"("군, 정보 기관 베트남 전 국군 포로 월북자로 조작", 주간조선, 2011.1, 14~23)이었다. 내용은 베트남 전에 파병된 안학수 하사(안용수 목사의 형)의 납북 이야기다. 그는 2년의 복무기간을 마치고 귀국하기 일주일 전인 1966년 9월 9일, 마지막 공무출장을 나갔다가 베트콩들에게 포로가 된 후 비밀활동 중이던 북한 군사 고문단원들에 의하여 납북되었다. 1967년 3월 20일 안학수 하사가 평양의 대남 방송에 나와 그들이 써 준 것을 읽게 되자, 국방부와 국정원은 형님을 '탈영자, 수배자, 월북자'로 규정하였다. 그리하여 그의 가족들은 하루아침에 '월북자 가족', '잠재적 간첩'이 되었다. 사찰, 감시, 미행, 우편 검열, 잠복 수사, 강제 가택 수사, 강제소환, 구금, 협박, 구타, 고문을 당했다. 그렇게 43년이 흘렀다. 안용수 목사의 끈질긴 노력 끝에 베트남전 국군포로에 관한 정부내부 회신문서에는 안학수 하사는 월북자가 아니라 포로 및 납북자로 규정되었으나 행정처리는 '탈영자, 수배자, 월북자'로 했던 것이 밝혀졌다. 그리고 나중에 알고보니 안학수 하사는 이미 1975년에 북한 탈출을 시도하다 총살당한 상태였다. 그러나 그동안 국가에서는 이 사실을 가족들에게 알리지 않고 한국에 남아있는 가족들은 월북자 가족이란 누명을 쓰고 갖은 고통을 겪여야만 했다. 2009년 12월 1일 안학수 하사의 가족들은 43년만에 안학수 하사의 전사통지서를 받았다(안용수(목사·고 안학수 하사 동생), [Essay] "전사통지서 받고 기뻐한 가족 이야기", 조선일보, 2010.4.13. 37면), 그런데 한국 국방부는 포로구출은 커녕 '베트남 전 국군 포로는 없다"는 허위사

지금 북한에는 신숙자 모녀같이 연좌제에 의하여 아무 죄 없이 정치범수용소에 갇혀 신음하고 있는 사람이 너무나 많다. 북한은 세계에서 가장 억압적인 통치체제를 유지하고 최악의 인권상황을 만들고 있는데, 그것을 가능케 하는 것이 정치범수용소에 의한 공포정치이다.[794] 그런데도 우리 정부나 국민은 여태까지 북한 정치범수용소 문제의 심각성에 대해 침묵해 왔다. 북한인권의 개선은 국경을 초월한 인류의 보편적 가치 실현이자 대한민국에 부여된 엄숙한 의무이다. 우리는 신숙자 모녀 구출운동을 납북자 문제의 당위성과 중요성을 인식하는 계기로 삼아 이를 국민운동 차원으로 승화시키고, 나아가 북한인권 개선의 전환점으로 발전시켜야 할 것이다.

4. 정부는 민간 주도의 순수 인도주의적 대북 사업이 지속되도록, 간섭하지 말아야

2012년까지 강성대국을 선언했던 3대째 세습으로 정권 수명 연장에만 매달린 북한은 5세 미만 어린이의 32%가 발육부진, 저체중이 19%에 달하며 1세 미만 영아 1,000명 당 19.3명이 사망하고, 2세 미만 어린이를 둔 15~49세 어머니 26%가 영양실조 상태(2009년 UNICEF)에 있다고 한다. 아프리카만도 못한 수준이다. 노인들은 전력부족으로 고층아파트 승강기 운행이 중단돼 집안에서 굶주림과 추위로 죽어가기도 한다. 북한의 결핵 발병률은 10만명당 370명으로 세계 7위다.[795]

한국정부는 모든 통일 논의에서 정부가 할 수 없는 것까지 통제하여 민간이

실을 유지하기 위해 43년간이나 온갖 범죄행위들을 서슴치 않았다. 박정희 정부시절은 말할 것 없고 그 이후 들어선 민주정부도 마찬가지였다("베트남전 국군포로 두 번 죽인 대한민국", 월간조선, 14~17면; "대한민국 정부는 안 하사 가족과 국민을 이렇게 속였다. 조작, 은폐, 위변조 문건 최초 공개", 월간조선, 18~23면). 미국정부는 베트남 전쟁이 끝난 후에도 미군 포로 및 미군 유해 송환을 위해 끊임없는 노력을 기울여 왔다. 미국 정부는 국가의 부름을 받고 전장에 나가 희생된 병사들이 집으로 돌아 올 때까지 결코 잊지 않았다. 이제 한국 정부는 6 · 25 납북자의 진상조사, 이들의 송환, 신숙자 모녀의 송환, 탈북자 및 북한 주민의 인권 등에 대하여 이제와는 다른 전혀 새로운 접근을 해야 할 것이다.

794) 김태훈(국가인권위 북한인권특별위원장 · 변호사), [시론] "납북자 송환, 범국민운동으로 확산시켜야", 조선일보, 2011.10.27, A39면.

795) [사설] 對北 원칙론의 도덕적 근거 확장하려면, 조선일보, 2011.6.26, A35면.

착안하여 시도하는 모든 선한 일들까지 일일이 간섭함으로써 남북나눔사업까지도 제약하고 있다. 정부는 서독의 모델을 따라서 민간 단체가 북한에 물자를 가져다 주는 등 자선적 교역 행위를 하는 것을 제지해서는 안 된다. 정부는 뒤에 있고 앞에는 민간 기업이나 단체를 내세워야 한다. 정부는 이러한 남북나눔사업들이 잘 진행되도록 도와주어야 한다. 이적행위 등이 섞인 것은 규제할 수 있으나 그 사업 자체가 순수한 인도주의적 행위인 것은 정권 차원을 초월하여 지속되도록 간섭하지 않는 것이 보다 대범한 대북정책이다. 이것은 자유민주주의 제도의 강점을 드러내는 것이 된다.

2011년 6월 중앙일보가 개최한 '제2회 한반도 포럼' 학술회의에서 남북관계 개선을 위해선 정부가 지난해 천안함 폭침사건 이후 북한에 내렸던 '5 · 24 대북제재조치' 의 출구전략을 논의할 때가 됐다는 주장이 제기됐다. 이 학술회의 말미에 열린 종합토론에서는 '5 · 24 조치' 를 둘러싼 토론이 활발했다. '5 · 24 조치' 시행 결과에 대한 평가는 대체로 부정적이었다. 남북 관계를 풀어 나가기 위해선 어떻게든 변화를 모색해야 한다는 지적이 많았다. 정파와 이념, 계층, 세대를 뛰어넘는 의제와 정책을 만들어야 한다"며 "남남갈등을 줄이고 예측 가능성을 높이려면 대북정책도 백년대계(百年大計)가 필요하다"[796] 인도주의적 관점에서 대북 식량 · 비료 지원과 민간 교류의 영역은 국민적 합의를 통해 정권교체와는 관계없이 지속돼야 한다. 식량 지원의 경우 투명성만 확보되고 전쟁 상황이 일어나지 않는 이상 50만t이든 30만t이든, 그것이 많다면 10만t이라도 지속적으로 지원하는 합의된 '상수 정책' 이 필요하다.

796) "정권마다 시계추처럼 바뀐 대북정책 … 이젠 백년대계 세워야", 중앙일보, 2011.7.1, 토론회 참석자들, 정책 일관성 강조.

III. 한국 시민들의 여론을 수렴하는 통일정책

1. 민간끼리의 인적 물적 교류를 장려하는 정책

통일의 길은 분단된 쌍방의 교류요 소통에서 시작된다. 남북 주민 사이에 물적인 교환이 있어야 하고, 물자의 교류가 있는 곳에 사람의 교류가 있다. 그동안 남북 사이에는 분단이 67년 이상 장기화됨으로서 이산가족들 가운데 사별하는 경우가 많아지고 있는 안타까운 현실이다. 한국에서는 수많은 NGO기구를 통해서 북한을 도우며, 물자교류를 하는 것이 시민들이 참여하는 통일의 길이다. 남북소통의 가교로서는 대북 NGO로는 다음 기구들이 있다. 1989년 최초 해외원조 NGO로 설립된 한국국제 기아 대책기구(www.kfhi.or.kr, 회장 정정섭)는 1994년 평양 제3병원에 의료기기를 지원하는 것으로 시작하여 기아대책의 대북지원사업을 해오고 있다. 1991년 설립된 굿네이버스(www.goodneighbors.kr, 회장 이일하)는 농축산 개발사업을 하고 있으며, 남포시 등에 보건의료지원 사업을 하고 있다. 1997년 설립된 샘복지재단(www.lovebag.org, 대표 박세록)은 2000년 주국 단도에 세운 단동복지병원을 통해서 사랑의 왕진가방을 운영하고 있다. 1998년 설립된 국제 옥수수재단(www.icf.or.kr, 김순권 이사장)이 북한정부로부터 옥수수 종자 개발의 요청을 받아 지난 10년 동안 북한 식량난 해소를 위한 '수퍼 옥수수' 개발을 하고 있다. 한국대학생선교회(대표 박성민)는 2000년부터 북한 주민의 생존과 자립을 위하여 젖염소 보내기 운동을 펼치고 있다. 2004년 출범한 등대복지회(www.lighthousekorea.org, 이사장 장창안 목사)는 콩 · 우유 · 빵공장을 가동하면서 소외된 북한 어린이를 돕고, 장애인 자립자활센터를 운영하여 북한의 소외된 장애인을 돕고 있다. 한국월드비전(회장 박종삼)은 1996년 평양남도 평안에 북한 최초의 국수공장을 세우고 협동농장과 보건의료사업 등 북한식량난 해결을 위한 지역사회개발을 하고 있다.[797)]

---

797) 이희숙, "한국교회가 해온 남북소통의 가교, 대북지원 NGO 이야기", 『신앙세계』 2010.12, 54~69.

2. 주민들의 의사를 존중하는 통일 정책

물적 교환도 있어야 하지만 인적 교류는 더 중요하다. 물자는 사람이 보내는 것이기 때문에 사람의 교류가 있는 곳에 물자는 따라온다. 한국은 자유주의 사회라는 체제의 우위성을 통일정책에 적극적으로 사용하여 동독처럼 북한에 경제적인 이득을 주는 만큼 북한 주민들을 남한 시민들과 교류시키는 정책을 펴야 한다. 이를 위하여 북한에 파격적인 경제적인 지원을 해주어야 한다.

자유아시아방송(RFA)은 2011년 6월 29일 열린북한방송대표 하태경을 인용하여, "김정일 국방위원장의 생일 직전인 지난 2월, 함경북도 종성의 장마당에서 시장 상인 30~40명이 단속 · 뇌물 문제로 보안원들에 항의하는 시위를 벌였다" 고 전했다. '재스민 혁명' 으로 불리는 중동의 민주화 시위가 한창일 때 북한 장마당에서도 보안원 단속에 항의하는 시위가 벌어졌지만, 그 자리에서 5~6명이 사살된 것으로 알려졌다. 대북 소식통 등은 "화폐개혁 실패 이후 주민들의 '생계형 저항' 이 점점 집단적인 경향을 띠고 있다"며 "주민들이 경찰서 등 관공서에 몰려가 시위하다가 폭력적으로 변하는 경우를 대비하기 위해 북한 당국은 특수기동대를 만들고 시위 진압 장비를 사들이는 것 같다"고 전했다.[798] 생계형 시위조차도 총살로 진압하는 북한사회에 대하여 인권법의 제정이 절실하다. 북한인권법을 통과시켜 북한주민들에 대한 잔혹행위에 대해서는 국내법 내지 국제법에 따라 처벌받는 규정을 마련하는 것은 북한의 공무원들이 경비들이 탈북 주민들의 인권을 임의로 유린하지 못하도록 사전 예방하는 장치가 된다.

한국정부는 이러한 북한의 내부 문제에 대하여 발언권을 갖기 위해서 무엇보다도 정치적 사회적 안정과 경제적 번영이 뒷받침되어야 한다. 분단 후 자유민주사회인 남한이 북한에 대하여 인권과 주민중심의 통일정책을 펴지 못한 것은 1986년까지는 남한 사회도 박정희, 전두환 등의 군부독재체제를 가졌기 때문이었다. 그 후 남한은 근 25년 동안 5년에 한번씩 통치자가 바뀌는 정치적 안정을

798) 김성모, "北 재스민혁명 때 상인시위 일어났지만 그 자리에서 5~6명 사살", chosun.com, 2011.6.30.

가져왔고, 경제적인 번영을 이루면서 이제는 북한에 대하여 체제의 우월성을 보여주기 시작하게 된 것이다. 그럼에도 불구하고 아직도 남한 사회의 진보주의자들은 북한주민의 인권유린과 중국에서의 탈북자들의 박해와 체포구금 압송에 대하여는 침묵을 지키고 있다. MB정부 들어와 비로소 북한주민의 인권에 대하여 언급하기 시작했으나 아직도 북한인권법이 국회에 계류되어 있고 본회의에서 통과되지 못하고 이는 것은 바로 오늘날 한국정부의 북한주민의 인권정책과 주민 위주의 통일정책의 부재에 기인하는 것이다.

3. 대중문화를 통한 남북 교류: 10년 햇빛정책을 능가하는 한류(韓流)

2011년 한국의 대중문화인 한류(韓流)가 북한까지 침투하고 있다. 그리고 한류의 확산은 북한 곳곳에서 열리는 장마당이 한몫을 하는 것으로 나타났다. '한류(韓流)' 가 쓰나미처럼 농남아에서 K-POP이 상륙한 프랑스까지 전 세계로 흘러가고 있다. 그리고 가장 높은 옹벽에 둘러싸인 또 하나의 우리 '북한' 에도 속도는 늦지만 그 물결이 침투하고 있다. 북한 전문매체들은 현지 소식통을 인용해 북한 내 한류 소식을 전하고 있다: "평양에서는 지금 한국 드라마 '아이리스', '아테네' 가 선풍적인 인기입니다."(자유북한방송 소식통). "드라마 '올인' 에 나오는 송혜교 머리 스타일이 평양에서 유행하는 데 북한 당국에선 '남조선 날라리풍' 이라며 단속을 강화하고 있습니다."(데일리NK 소식통). 2011년 2월 동아대 정치외교학 교수 강동완과 서울대 통일평화연구소 박정란은 『한류, 북한을 흔들다』(늘품플러스)라는 책을 통해 "한류로 북한 주민들이 '아랫동네(북한에서 남한을 지칭하는 말)' 에 대한 환상과 동경을 품고 있다"고 분석했다.[799]

1) 33명 탈북자 심층면접: "남한 드라마 · 영화 매일 봤어요"

『한류, 북한을 흔들다』는 북한 9개 도에서 골고루 뽑은 33명의 탈북자를 상대

799) 김성모, "韓流 북한을 흔들다", chosun.com, 2011.6.22.

로 심층면접 조사를 시행해 연구 결과물을 기술한 책이다. 이 책에서 저자 강동완은 첫째, 중국과 접경지역인 함경도는 물론 평양 · 황해도를 포함한 9개도 전역에서 남한 영상물이 시청 · 유통되고 있으며, 둘째, 당 간부들까지 조직적으로 남한 영상매체 유통에 개입하고 있다고 전했다.[800)]

특히 이번 연구에 의하면 북한에서 부는 '한류 열풍' 이 절대 부풀려져 알려진 게 아니라는 것이다. '남한 영상매체를 얼마나 자주 보았는지' 에 대해 34%가 '매일 보았다' 고 응답했고, '일주일에 1~2번 본다' 는 응답자는 16%, '한 달에 1~2번 본다' 는 응답자도 41%에 이르렀다. 응답자의 91%가 한 달에 적어도 한 번 이상 남한 영상매체를 접한 셈이다. 응답자들이 소유했던 영상기기 중 일반 TV가 가장 많았고, CD플레이어와 라디오, 오디오 플레이어, 소형TV 순이었다. 남한TV를 전혀 수신할 수 없다고 알려진 것과는 달리 청진, 함흥과 황해도 바닷가 지역에서는 대부분 남한 방송이 수신되는 것으로 이번 심층면접 조사에서 드러나기도 했다.[801)]

2) 한국 연예인에 대한 높은 인지도: "강호동, 이효리가 기억에 남아요"

남한 영화 · 드라마 등이 인기를 끌면서 남한 연예인들에 대한 북한 주민들의 인지도도 크게 높아진 것으로 조사되었다. 실제로 2011년 3월 대북전문매체 데일리NK는 평양과 신의주 소식통을 통해 "강호동과 유재석이 북한에서 인기를 누리고 있다" 며 "엑스맨, 1박2일과 무한도전 등 예능 프로그램들도 인기가 많다" 고 전했다. 강호동 · 유재석이 '국민MC' 를 넘어 '한반도MC' 가 된다는 말까지 나왔다. 실제로 이번 심층 설문조사에서도, 탈북자들에게 '(북한에 있었을 때 남한 영상매체 시청을 통해) 가장 기억에 남는 배우나 가수는 누구였느냐' 고 질문했더니, 가수 중에선 김연자 · 태진아 · 송대관 등 중견가수에서부터 H · O · T, 이효리 등 비교적 신세대 가수들까지 다양한 이름이 나왔다. 배우 중에선 배용준 · 이병헌 · 송혜교 · 장

800) 위의 글.

801) 위의 글.

동건 · 권상우 등 한류 대표 배우들이 모두 망라됐다. 물론 이러한 인지도는 탈북자들 사이에 조사된 것으로 실제로 일반 북한 주민들의 인지도와는 차이가 있을 수 있다.[802)]

3) 영상물을 통한 남한 문화의 침투: "평양 주민, 2002년 월드컵 시청했다"

이번 조사에선 한국 영상물이 거의 실시간으로 북한에 전달되고 있다는 점도 확인됐다. 일본 조총련계 학교를 다니다가 북송됐다는 탈북자는 컴퓨터 외장 하드로 남한 영상물 동영상을 받는 방법으로 "2002년 한일 월드컵을 거의 실시간으로 봤다"고 증언했다.

이 같이 한류가 북한에 점차 빠르게 침투하는 것은 중국 접경지역 보따리상의 역할이 상당했기 때문으로 알려졌다. 『한류, 북한을 흔들다』 연구에 따르면, 1990년대 '고난의 행군' 시절 북한 주민들은 식량을 구하기 위해 중국 접경지역을 왕래하는 빈도가 높아졌는데, 이때 남한 소식도 이들에 의해 함께 전해졌다고 한다. 이를 시발점으로 중국에서 쉽게 구할 수 있는 한국 DVD · CD 등이 전해지며 한국 문화가 북한에 침투한 것이다.[803)] 북한 시장에서 상인들이 좌판에 상품들을 잔뜩 쌓아놓고 장사를 하고 있다.

4) 남한에 대한 동경과 탈북의 동기부여

2011년에는 장사꾼들 사이에서 "한국 CD · DVD 장사가 수지(收支)가 남는다"는 이유로 크게 활성화돼, 당 간부들까지 참여해 장사에 나서면서 북한 내부까지 한류가 빠르게 침투되는 것으로 나타났다.[804)] 한류는 북한 주민들에게 남한에 대한 환상과 동경을 심어줄 뿐 아니라 실제 탈북의 동기로 작용하는 것으로 나타났다. 남한에 대한 환상과 동경에 강을 넘는다.

---

802) 위의 글.

803) 위의 글.

804) 위의 글.

이번 설문조사에서 북한 주민들은 남한 영상매체를 보고 “흰 쌀밥에 대여섯 가지 반찬이 오르는 밥상이나, 부모방 · 아이들방이 따로 있는 집, 외출할 때와 집안에서 다른 옷을 입는 사람들, 여성 운전자 등을 보고 큰 문화적 충격을 받았다”고 전했다.[805] 이 같은 문화적 충격이 결국 북한 내부 통제에 대한 의구심으로 이어져 탈북의 동기가 됐다는 것이다.

『한류, 북한을 흔들다』의 저자 강동완에 의하면 “북한에서 남한 영상매체는 외부세계를 보는 또 다른 창”이다. “이를 통해 북한 주민들은 자연스레 정권에 대한 불만이 쌓이고, 결국 탈북으로까지 이어지고 있다.”[806]

북한 왕래가 잦은 베이징의 한 대북 소식통은 2011년 7월 4일 “지난해부터 올 상반기에 걸쳐 북한군 내에서 한국 영화와 TV 시청 사례가 잇달아 발생해 북한 군부가 전군(全軍)을 대상으로 제국주의 문화 침투 방지를 위한 대대적인 사상 교육을 실시하고 있다”라고 말했다.[807] 북한군 장교와 사병들이 군부대 내에서 한국 영화와 TV 드라마를 시청하다 적발되는 사례가 최근 속출하고 있는 것으로 알려졌다. 한류(韓流) 영화와 드라마가 북한 군대의 내무반을 점령하고 있다는 것이다.[808] 북한군의 군기문란 현상은 2009년 말 화폐 개혁 이후 경제난이 주요인으로 지적되고 있다. 화폐 개혁이 실패로 돌아간 이후 민간으로부터 식량 공출이 어려워지면서 북한 군부대 내 식량난이 점점 악화되고 있다는 것이다. 베이징의 한 중국측 북한 전문가에 의하면 “북한이 지난해 당대표자대회를 거치며 선군(先軍)정치에서 당 중심으로 권력구조를 전환하면서 군의 자원 배분권이 약해졌을 가능성도 있다.”[809]

---

805) 위의 글.

806) 위의 글.

807) 최유식, “한류에 반한 북한군”, 조선일보, 2011.7.5, A8면.

808) 한 북한군 장교는 집에서 한국 영화와 드라마를 시청하다 이를 녹화해 같은 부대 병사들이 막사 내에서 돌려보도록 했다가 북한군 당국에 체포됐다고 북한 왕래가 잦은 베이징의 한 대북 소식통은 전했다. 또 휴전선에 가까운 한 일선 부대에서는 장교와 사병들이 집단으로 한국 TV를 시청하고 소형 라디오로 대북 방송을 듣다가 적발되기도 했다. 대북 방송을 듣고 한국의 대북정책과 민주주의 선거 등을 동료들에게 설명했다가 체포된 장교도 있었다고 한다. 이는 한류(韓流)가 물리적 무기아닌 문화적 사상적 무기의 구실을 하는 것이다.

809) 최유식, “한류에 반한 북한군”, 조선일보, 2011.7.5, A8면.

이러한 북한 사회의 안방에 침투해 들어가는 한류의 열풍은 대중문화가 가지는 가장 자연스러운 문화적 교류다. 동독이 서독에 합병된 것도 동독인들이 자유스럽게 서독의 TV 등 각종 언론매체를 마음대로 시청하게 되어 문화적으로 이미 상당한 공감을 이루었기 때문이다. 통일사회란 시민들이 서로 교류하고 연합하여 하나가 되는 사회를 이루기 때문에 이러한 한국대중문화의 확산은 이질적인 남북한 사회를 연결시키는 큰 연결고리의 역할을 하는 것이다. 한국사회와 교회, 및 정부는 이러한 인터넷을 통한 북한 사회와의 소통을 전략적으로 잘 사용할 수 있어야 하겠다.

Ⅳ. 선진사회 자유민주의 이념: 중립화 통일론이나 공산화 통일의 망상

통일 이념과 체제에 있어서 그동안 70년간의 이데올로기 실험에 있어서 공산주의와 자유주의 사이의 경쟁은 1989년 동구권 사회주의 국가의 붕괴와 베를린 장벽의 붕괴, 그리고 소련연방의 해체와 더불어 공산주의가 무너짐으로써 끝이 났다.

1. 근(近) 70년 역사과정 실험에서 이미 망(亡)한 북한식 사회주의

남북간의 통일이념과 체제도 그동안의 역사적 실험을 통하여 입증되었다. 2012년 오늘날 북한은 일인당 GNP가 1천불인 데 반해서 남한은 2만불이다. 20배가 되었다. 북한이 1960년대에서 1970년대 초중반까지 남한에 대하여 우세를 점하다가 1970년대 후반에 들어 역전되어 북한은 근대화에 실패하고 1995년 전후에는 3백만 명이 기아로 굶어죽는 고난의 행군을 거듭하였다. 오늘날 북한식의 사회주의는 이미 동구권이나 구 소련연방에서 보는 바 같이 한계에 직면하였다. 개인적 인센티브 없는 수학적 평등적 배분은 경제의 활력을 상실한 것이다. 모두가 못사는 경제적 후진의 평균화를 이룩한 것이다. 세습을 통한 권력교체기에 들어선 김정일 정권이 이상(異常) 징후를 보이는 것과 만성적인 북한 식량난이 있다는 것은 분명한 사실이다. 화폐개혁 실패가 사회경제 부문에서 북한체제의 실패를 한층 선명하게 부각시키고 있다. 체제이완이라는 도전에 전대미문의 공포정치로 응전하는 김씨 정권의 시대착오성도 악화되고 있다. 튀니지, 이집트, 리비아 등 북아프리카의 독재국가들이 시민들의 민주화 시위에 의하여 붕괴되는 즈음 북한은 주민들의 동요와 시위를 방지하기 위하여 각종 시위 무기와 군대를 도심지에 배치하고 있다.[810) 오늘날 북한과 남한 사이의 체제 경쟁이란 "끝났다"는 사실을 이미 수용소 군도로 변한 북한사회와 중국 등지로 탈북한 난민들, 2만 명 넘게 한국으로 들어온 탈북자들이 말해주고 있다. 시대사적으로는 1989년의 동국권의 사회주의 국가의 붕괴, 동독 사회주의 정권의 붕괴, 소련사회주의 연방의 해체, 중국의 시장경제 수용 등이 사회주의 체제의 종말을 말해주는 것이다.

2. 중립화 통일론은 공중누각

다니엘 벨(Daniel Bell)이 이미 이데올로기의 종언이라는 저서를 낸지 30년만에 동구권 사회주의국가의 민주화로 사회주의가 붕괴되고 베를린 장벽이 무너지고 그 이듬해에 소련연방이 해체되면서 냉전체제는 무너졌다. 후쿠야마(F. Fukuyama)는 역사의 종언이라는 저서에서 자유주의가 승리했다고 천명하였다. 소련연방이 해체된 후 오늘날 공산주의 국가는 쿠바와 북한이 유일하게 사회주의 경제 체제를 지니고 있는 나라들이다. 북한정권은 선군정치를 펴면서 남조선혁명사회주의 건설을 목표로 하고 있다. 이런 시점에서 중립화 통일론이란 허상이다. 2011년 7월 샤프 사령관은 천안함 폭침과 연평도 포격에 대해 "이명박 정부의 대북정책에 대한 한국 내 여론을 분열시켜 대북 지원을 이끌어내기 위한 것"이라고 했다. 그는 또 "북한이 제한된 돈을 특수부대 양성, 핵무기와 탄도미사일 개

810) "北, 시위진압 장비 中서 대량 구입", 연합뉴스, 2011.6.21; 최루탄, 헬멧, 방패, 방탄조끼 등 망라, 조선일보, 2011.6.22, A8면.

발에 쏟아 부으면서 주민의 복지 · 교육 · 자유는 돌아보지 않는다"고 말했다.[811]

심지어는 2011년 들어와 아랍국가 튀니지의 민주화에 여향을 받아 오랜 아랍 국가인 이집트가 민주화되고, 민주화 불길은 리비아, 시리아, 바레인, 예멘 등지로 확산되고 있다. 오늘날 세계화가 지구촌으로 개방되어 가는 가운데 더 이상 이념적으로 중립화란 없다. 시민들이 중심이 된 사회가 형성되어 가는 가운데, 세계는 헤겔이 말하는 바와 같이 역사의 진행에 있어서는 시민정신에 있어서 자유의식의 자기 진보의 방향으로 나아가는 것임은 틀림없다.

3. 임박한 통일과 지속적 통일노력의 역설

MB는 2011년 6월 21일 청와대에서 "통일은 도둑같이 올 것이다"고 단언했다. 민주평화통일자문회의 15기 간부위원들에게 임명장을 주는 자리에서 통일까지 "그렇게 오래 걸리지 않을 것"이라고 언명한 것이다. 통일이 임박했다는 생각을 대통령만 하는 건 아니다. 한국 경세가(經世家)인 선진통일연합 의장 박세일은 우리가 이미 "통일의 시대에 살고 있다"고 확언한다. "북한에는 미래가 없을 뿐 아니라 분단의 평화적 관리가 가능한 시대도 아니므로 현상타파의 통일정책을 추진해야 한다"는 주장이다. 남 · 북의 국력경쟁에서 우위에 선 쪽이 공세적 통일론을 펴 왔다. 1970년대 초 · 중반까지 북한이 통일담론을 주도하고 한국이 수세적 태도를 취한 데 비해, 1980년대 들어서는 오히려 한국이 공세적으로 바뀌었다고 할 수 있다. 북이 체제 존망(存亡)의 위기를 겪은 1990년대 이후에는 더욱 그렇다. MB와 박세일의 통일임박론은 그 최신 버전인 셈이다.[812] 그럼에도 불구하고 지나치게 북한 종말론에 사로 잡히는 것은 나이브하다. 첫째, 북한의 세습정권이 흔들리는 경우에도 변형된 형태로 사회주의 체제가 지속될 수 있고, 체제가 바뀐다 해도 북한이라는 국가는 존속할 수 있다. 둘째, 세계경영을 미국과 다투게 된

---

811) 김진명, "샤프 주한미군사령관 "북한군이 능한 건 소규모 병력 운용작전… 그 이상의 전력은 없다", chosun.com, 2011.7.2.

812) 윤평중(한신대 교수 · 정치철학), [아침논단] "통일임박론은 허상이다", 조선일보, 2011.6.22, A34면.

G2 중국은 '사회주의 북한' 의 붕괴를 수수방관하지 않겠다는 강력한 '중화제국의 의지' 를 분명히 하고 있다. 천안함 폭침과 연평도 포격 사태 때 거듭 드러난 중국의 북한 거들기는 그 단적인 증거다.[813] 독일통일을 아무도 예측하지 못한 것처럼 남 · 북통일이 '도둑처럼 올' 가능성도 배제할 수는 없다. 또한 남 · 북통일은 지루한 힘겨루기와 일진일퇴의 도정이 될 개연성도 부인할 수 없다. 우리는 이 두가지 사이의 가정(假定)의 역설을 동시에 시인하면서 통일을 준비해야 한다. 이를 위해서는 한국 사회의 정치사회적 안정화, 경제적 번영과 복지사회로의 심화, 중국 등 한반도 주변강국들과의 원만한 외교 등이 수반되어야 한다. 순간적 통일을 이룬 독일은 전혀 통일의 임박성을 배려하지 않고 서독이 정치, 경제 사회의 안정화를 바탕으로 편 꾸준한 동방정책의 결실이다. 임박한 통일은 하나님의 주권에 있다. 통일의 쟁취는 우리의 몫이다. 한반도의 평화를 뿌리내리고 시민적 자유와 복지와 통합을 구체적으로 실천하는 게 통일로 가는 지름길이다.

4. 자유 민주주의와 사회적 차등주의와 기회균등주의

1) 정치적으로 자유 민주주의

통일된 사회는 정치적으로 자유 민주주의여야 한다. 남한이 6 · 25전쟁 이후에 경제적 황폐에서 오늘날 이만큼 한강의 기적을 이룩한 것에는 자유 민주주의였기 때문에 가능하였다. 아시아의 네 마리의 작은 용들, 한국, 대만, 홍콩, 싱가포르는 정치적으로 자유민주주의 체제였기 때문에 경제적으로 발전이 가능할 수 있었다. 자유 민주주의란 사회가 통제된 사회가 아니라 개방된 사회라는 것이다. 이에 비하여 공산주의 체제였던 동구권 사회주의 국가와 소련연방은 통제된 사회 속에서 노동에 대한 경제적 인센티브가 없었기 때문에 역사과정의 이데올로기 실험 가운데서 폐기된 것이다. 한반도의 북한은 더 비참하다. 북한은 정치적으로 철저히 통제된 조지 오엘(George Owell)의 전체주의 사회이기 때문에 경제의

813) 위의 글.

활력이 되는 자유와 시민적 행동이 통제되어 경제적 생산력이 증대될 수 없었다. 오늘날 북한의 사회체제는 세계에서도 가장 악명높은 수용소 군도라는 별명을 가지고 있다. 북한 정치범수용소에 대한 최초의 증언은 1979년 귀순한 강형순(국가정치보위부원)과 1982년에 귀순한 김용준에 의해서 시작되어, 이는 세상에 북한 정치범수용소의 존재를 명확하게 알리는 계기가 되었다. 그리고 1992년에 입국한 강철환과 안혁이 낸 단행본과 수용소 경비병 출신이었던 안명철의 증언으로 15호 요덕수용소와 13호, 22호 수용소의 실태가 구체적으로 공개 되었다.[814] 이러한 북한의 정치사회체제는 자유민주주의의 체제로 바뀌어야 한다.

2) 사회적으로 차등주의와 기회 균등주의

통일된 한반도는 무차별적으로 균등한 사회가 아니라 각자의 능력과 기술에 따라서 일자리와 보수의 차등이 허용되는 사회다. 이는 존 롤스(John Rawls)가 말하는 자유 민주주의 사회에서의 정의의 개념과 연결된다. 첫째, 정의의 제1원칙은 평등의 원칙이다. 사람들이 기본적 자유를 평등하게 나누어 가져야 한다는 것이다. 타인들이 갖게 될 보다 큰 선을 위하여 소수의 자유를 뺏는 것은 정당화될 수 없다고 본다. 둘째, 정의의 제2원칙은 차등 원칙(the difference principle)과 기회 균등의 원칙이다. 분배적 정의의 단점을 보완하기 위하여 차등을 인정한다. 단지 불평등이 허용되는 경우 사회적으로 최소수혜를 받는 사람에게 최대 이익을 가져다줄 수 있어야 한다. 이것이 차등(差等)의 원리다. 정의원칙은 우선 사회적 지위나 직책은 모든 사람에게 개방되고, 사회경제적 불평등은 최소 수혜자(the least advantaged)의 입장을 개선시키는 한도 내에서 정당화될 수 있다는 것이다.[815] 소수자(강자)가 더 큰 이익을 취한다 해도 그로 인해 불운한 사람(약자)의 처지가 더 향상된다면 정의에 반(反)한 것은 아니다. 부정의(injustice)는 그보다 더 큰 부정의를 피하기 위해 필요한 경우에만 참을 수 있는 것이다. 이러한 불평등은 공정한

---

814) "'꼬리 없는 짐승' 북한 정치범수용소 실태 (1)", 크리스천투데이, 2011.6.16.

815) John Rawls, *A Theory of Justice* , Cambridge, Mass.: Belknap, 1971.

기회의 균등에 따라 모든 사람에게 개방된 직위, 직책과 결합되어야만 한다. 이것이 기회균등의 원리다. 이는 우대 받을 수 있는 직책이나 지위는 기회 균등의 원칙에 따라 모든 사람에게 공개 되어야 한다는 것이다. 교육을 받을 기회가 평등하게 주어진다면 재능의 차이에 따른 불평등은 인정되어야 한다.

V. 선진사회로 나아가는 통일정책

1. 자유 기업과 경제적인 부를 창출하는 사회

통일한국은 자유기업과 경제적인 부를 창출하는 사회가 되어야 한다. 이것은 남한 사회의 경제모델이 북한지역에 이식되는 방향으로 나아가야 하는 것을 말한다. 여태까지 북한에는 자유로운 기업이 없었고, 기업을 통한 경제적인 부가 창출되지 않았다. 국가가 주도한 사회주의 경제는 효율성이 떨어졌고, 기업조차도 일인숭배 수령체제에 의하여 운영됨으로써 자본과 기술에 의하여 움직이는 경제의 논리와는 빗나갔던 것이다. 한국은 독일이 흡수통일과정에서 경험한 여러 가지의 어려움을 교훈으로 삼아서 북한을 하루아침에 정치사회문화적으로 한국에 통합시키는 정책에서 벗어나야 한다. 이를 위하여는 중국이 시장경제를 받아들이고 개방정책을 한 것처럼 북한지역을 경제 특구로 만들어야 할 필요가 있다. 북한에 남한과 합작할 수 있는 비핵 · 개혁 · 개방정권이 등장한다면, 남한은 대동단결하여 분단시대의 과거 잘못을 묻지 않고 이 정권과 협력하여야 한다. 또 일정 기간 북에 행정 · 경제특별구역을 설치하여 남과는 별도로 운영해야 한다. 통일은 첫째, 북한 경제의 체제 전환, 둘째, 경제 · 사회 · 문화 통합, 셋째, 정치 · 법률제도 통합의 3단계를 거쳐 이뤄지는 것이 바람직하다. 정치 통합을 경제 통합보다 뒤에 두는 이유는 남북 통합 과정에서 정치인들의 인기영합적 포퓰리즘 경쟁을 막기 위해서다.[816]

---

816) 박세일(한선재단 이사장), [한반도 통일 국제 콘퍼런스] "일정기간 北에 행정 · 경제특구 설치해

한국의 자유경제의 기업방식을 수십 년 동안 북한지역에 적용시키며 북한 주민들로 하여금 자유경제의 삶의 방식에 적응을 시켜나가야 한다. 북한을 경제적으로 개발하면 남한이나 주변 다른 나라들도 혜택을 볼 수 있다.[817] 서울대 교수 김병연은 경제 통합이 순조롭게 진행하려면 ① 북한 주민들의 '엑소더스(대탈출)'를 차단 하고, ② 남북 경제를 당분간 분리해야 한다고 강조한다. "대이동과 갑작스러운 통합은 북한의 발전 잠재력을 해치기 때문"이라는 것이다. 김병연의 남북한 통합과정 분석에 의하면 "북한은 통합 과정에서 60~70년대 한국처럼 저임금을 이용한 수출주도형 성장 전략이 필요하다." "섬유 · 광업 · 수산업 등에서 수출경쟁력이 있다." "통합이 시작되면 북한 경제는 GDP(국내총생산)가 일시적으로 30%쯤 줄어드는 등 고통을 겪을 수 있으나 통합이 순조롭게 되면 북한 경제는 연간 8% 이상 성장할 것이고 10년 뒤 북한의 1인당 GDP는 3,000달러에 이를 것"으로 본다.[818]

2011년 6월 한국경제의 주력제품은 반도체, 전기전자제품 등 IT 제품과 더불어 차와 조선이 쌍두마차로 올라섰다. 이것은 한국기업의 국제경쟁력의 종목이는 것이다. 20년 가까이 국내 산업과 증시 성장을 주도해 온 반도체와 휴대폰이 자동차와 선박에 왕좌(王座)를 내준 것이다.[819] 2011년 6월 30일 월스트리트저널(WSJ)는 현대차가 "도요타 · 혼다보다 싸고 연비 좋아"라고 보도했다. 1990년대 말까지만 해도 현대차는 세계 자동차 업체 중 13위에 머물렀다. 그런데 불과 10여 년 만에 품질과 디자인을 개선하고 비용이 적게 드는 곳으로 생산기지를 옮기는 발 빠른 대응으로 세계 5위 자동차회사로 발돋움했다.[820]

야", 2011.4.8, A4면.

817) 김진명, ['한반도 통일 전략' 국제콘퍼런스] "北 경제개혁 폴란드 · 헝가리 모델 바람직", chosun.com, 2011.4.9, 마지막 날 라운드테이블 토론.

818) 주용중 · 이하원 · 안용현 · 김봉기 · 김진명 · 김시현, [한반도 통일 국제 콘퍼런스] "통일 후 당분간은 남북경제 분리해야", 조선일보, 2011.4.8, A4면.

819) 국가대표=車 · 造船, 조선경제, 2011.6.22, B1면.

820) 2011년 초 현대자동차가 미국시장에 신형 엘란트라(사진)를 선보이자 제너럴모터스(GM) 기술진은 깜짝 놀랐다. 무게나 연비 및 유지비가 예상을 뛰어넘었기 때문이다. 더욱이 현대차가 구형 엘란트라를 내놓은 지 불과 4년 만에 성능은 물론 디자인까지 한 단계 업그레이드한 데 GM 기술진은 더 놀랐다. GM의 기술담당 부회장을 지낸 미국 자동차업계의 산증인 밥 러츠는 "현대차는 이

한국은 2011년 상반기 무역규모 5,334억 달러로 2011년 11월에는 1兆 달러 돌파하게 된다. 2008년 글로벌 금융위기 이후 우리나라의 가파른 수출 증가율을 감안하면 2~3년 이내에 영국 · 프랑스 등을 제치고 세계 5대 무역대국에 올라설 수 있을 것으로 예상된다.[821] 한국은 英 · 佛 · 日 등 선진국보다 7년 빨리 무역 1조 달러 클럽에 가입하게 되었으며, 막강한 제조업 경쟁력에 조선 · 중공업 세계점유율 1위, 반도체 · 휴대폰 세계 2위, 자동차 5위, 철강 6위이며, 브랜드 파워까지 갖추어, 명함도 못내밀던 한국 휴대폰이 현재는 매년 4억대 넘게 팔리고, 현대차는 미국에서 벤츠 · BMW를 제쳐 수출 대국으로 자리매김하고 있다. 수출액은 이미 英 · 伊 제쳐, 신흥국 시장이 50% 이상 급증하고 있다.[822] 이러한 한국의 비약적 경제적 발전은 국제사회에서 한국의 위상을 높임으로써 경제적으로 거의 파산상태에 다다른 북한의 사회주의 체제와 비교되면서 한국이 주도하는 평화통일의 기반이 된다.

2. 시민의 인권과 복지가 무르익는 사회

통일한국은 시민의 인권과 복지가 향유되는 사회여야 한다. 먼저 북한의 주민들이 여태까지 느껴보지 못한 인간 존엄과 자유를 보장받는 것을 느끼는 사회가 되어야 한다. '꼬리 없는 짐승' 이란 정치범 수용소의 수감자들을 부르는 별칭이다. 이 말에는 이들의 참혹한 인권유린실태가 담겨있다. 이들의 죄목은 얼굴도 알지 못하는 조부모나 친척의 '죄' 때문이거나 김 부자에 대한 가벼운 '말반동',

---

제 다른 어느 메이커보다 더 위협적"이라고 말했다고 월스트리트 저널이 보도했다. (현대차 뜯어본 GM 기술진 "놀랍고 두렵다", 중앙일보, 2011.7.2, 월스트리트저널 보도, "도요타 · 혼다보다 싸고 연비 좋아").

821) 한국의 무역규모는 1946년 수출 350만달러, 수입 4,950만달러로 5,000만달러에 불과했다. 이후 1967년 10억달러, 1974년 100억달러, 1988년 1,000억달러를 돌파했다. 지경부도 상반기 수출 호조를 감안해 2011년 무역규모를 1조 850억달러(수출 5,570억달러, 수입 5,280억달러), 무역수지 흑자규모를 290억달러로 올려 잡았다(전수용, 한국, 3천억달성 佛 · 英 · 이탈리아 따라잡고 세계 5위로 88년 상반기 무역규모 5,334억 달러… 11월 1兆달러 돌파, 조선일보, 2011.7.2, A1면).

822) 조형래, 전수용, "힘세진 코리아 브랜드, 中 제치고 수출증가율(27.9%) 세계 1위", 조선일보, 2011.7.2, A3면.

아니면 굶주림을 견디다 못해 국경을 넘은 월경 사실일 뿐이다.[823] 데일리NK에 따르면 중국 단둥(丹東)을 오가는 평양의 한 소식통은 지난달 평양 만경대의 김일성 생가 대문 한쪽이 분실된 데 이어 지난 2011년 6월 24일에는 평양철도대학 담장에 김정일을 비난하는 낙서까지 등장해 보안당국에 비상이 걸렸고 주민들 사이에도 소문이 금방 퍼졌다고 전했다. 이 담장에는 '박정희 · 김정일 독재자, 박정희 나라경제 발전시킨 독재자, 김정일 사람들 굶겨 죽인 독재자' 라는 낙서도 있는데 글자당 B4(257×364mm)용지 크기 정도의 큰 글씨인 데다 빨간 벽돌에 흰색 분필로 쓴 것이어서 눈에 더욱 잘 띄었다고 소식통은 전했다.[824] 이렇게 생존권마저 유린된 북한 주민의 인권을 회복하기 위하여 남한 주도의 통일이 이루어져야 한다. 남한주도의 통일이란 남한권력이 북한사회를 지배한다는 의미가 아니라 유린당한 북한주민의 인권과 복지를 위하여 남한사회의 선진사회 자유민주체제의 시스템이 가동되어야 한다는 뜻이다. 선진사회란 권력자가 주인인 사회가 아니라 시민들이 주인이며, 정치지도자는 복합적인 사회적 네트워크를 단지 행정적으로 조정하고 연결시키는 봉사자와 조정자이기 때문이다. 통일한국에서는 시민들이 기본적으로 의식주를 해결하는 생존의 기본권을 누릴 뿐 아니라 사회적으로 문화적으로 인간다운 여가를 즐기는 복지적 권리가 향유되어야 한다.

3. 기초 질서를 지키는 사회

이질적인 남북이 하나가 되는 데는 앞으로 다가올 엄청난 사회적 혼란과 고통을 감내해야 한다. 이를 위하여는 먼저 남한 사회가 기초질서부터 지키는 사회의 안정화를 이루어야 한다. 그럴 때 전혀 이질적인 북한 사회와의 연합이나 흡수가 안정적으로 수행될 수 있다. 이에 뉴욕의 강력범죄를 줄이는데 기여한 "깨진 유리창의 법칙"이라는 것을 적용해 볼 수 있다. 깨진 유리창이 있으면 그걸 그냥

823) " '꼬리 없는 짐승' 북한 정치범수용소 실태 (1)", 크리스천투데이, 2011.6.16, 정치범수용소의 뜻, 위치와 현황.

824) "김정일 사람 굶겨 죽인 독재자" 비방낙서…北보안당국 발칵", dongA.com, 2011-06-30.

방치하는 것이 아니라 바로 갈아 끼운다. 그걸 그대로 놔두면 더 무서운 것이 깨지기 때문이다. 이것이 깨진 유리창의 법칙이다. 줄리어드 뉴욕시장은 강력 범죄를 줄이기 위해서 범죄인을 잡으러 다니는 전쟁을 선포한 것이 아니라 교통법규를 어기는 사람, 지하철에서 낙서하는 사람, 작은 기초질서를 어기는 사람들을 법규에 따라서 엄격하게 처벌하였다. 낙서하면 지우고, 유리창이 깨지면 갖다 끼우고, 무단횡단하면 벌금을 물리면서 기초질서 준수를 지속적으로 강조했더니 기본질서만 확립되는 것이 아니라 강력범죄도 줄더라는 것이다.[825] 기초적인 법과 질서가 무너진 상태에서 정의는 살아 남지 못한다는 것이다. 삶의 질에 있어서 싱가포르가 국가 경쟁력 2위인데 반하여 한국은 15위다. 그 차이란 싱가포르인들은 기초질서를 한국인들보다 훨씬 잘 지킨다는 것이다.

VI. 선진 자유 민주 통일의 한국

영국의 역사학자 로빈 콜링우드(Robin G. Coolingwood)가 "역사는 죽은 과거가 아니라 현재 속에 살아 있는 과거다. 역사란 과거 지나간 것이 아니라 살아 있는 과거다."

지난 근(近) 70년간의 북한의 역사를 반성해 볼 때 우리는 앞으로 통일 한국의 사회모델이 어떠한 모델이 되어야 하는가를 알 수 있다.

1. 북한식 사회주의 모델의 수정

1945년에서 1960년대까지 분단 초기에는 북한이 남한보다 모든 면에서 유리했다. 북한은 자본, 공업시설, 천연자원 등을 다 가지고 있었고, 인구는 남한의 2배로 훨씬 유리했다.[826] 그러나 1970년대 후반부터 서서히 역전되면서 지금은

825) 송자, [시사 대담] "G20 서울 정상회의, 한국의 위상과 역할", 『신앙세계』 2010.11, 40.

826) 김충남 · 유호열, [시사 대담] "현대사로 본 통일지표 및 미래과제", 『신앙세계』 통권 515호, 2011.6, 32.

역(逆)으로 되었다. 남한의 인구(4,800만 명)는 북한(2,200만 명)의 2배가 되었고, GNP는 20배(북한 천불, 남한 2만불) 차이가 났다. 지금 북한은 세계에서 가장 실패한 나라, 주민들은 굶주리고 자유롭지 못한 수용소 군도의 나라가 되었다. 이것은 북한의 왕조적 사회주의가 가져다 준 필연적인 결과였다.

1996년에 식량 배급 체제가 무너지고 대량 기아 사태가 터져 200만~300만 명이 아사(餓死)하자 주민들이 물건을 들고 나가 식량을 구하는 농민 시장이 형성되었다. 이것을 시작으로 장마당이 생겨나 북한에 실질적인 시장 기능이 활성화되어 왔다. 지금은 북한 주민의 경제 생활 중 70~80%가 장마당에 의존하고 있다고 한다. 그런데 북한 당국은 그러한 장마당을 억제하기 위해 안간힘을 쓰고 있다. 2009년 실패한 화폐개혁이 대표적인 사례다. 그들은 장 마당을 억제하고 정부의 배급 체제를 부활시키고 싶어한다.[827)]

북한 정부의 식량 배급 체제는 단순히 주민들에게 식량을 나눠주는 시스템이 아니다. 그것은 사회주의 시스템을 유지하기 위한 고도의 정치 · 사회적 통제 기구다. 북한의 식량 배급은 철저하게 성분을 구분해서 성분이 좋은 사람들에게는 더 주고 나쁜 사람들에게는 덜 주는 시스템이다. 다시 말해 북한 당국에 대한 주민들의 충성을 유도해내는 핵심 기제다. 또한 북한 주민들의 거주 이전 자유를 막는 시스템이다. 자기가 사는 지역에서 다른 지역으로 이전하는 경우에 식량 배급이 안 나오기 때문이다. 이런 배급을 체제 유지와 연결시키는 배급제도는 더 이상 통용될 수 없기에 이르렀다.

2011년 6월 14일 한국학중앙연구원 현대한국연구소가 "평화통일의 전망과 대비방안 제시"를 주제로 연 학술대회에서 탈북자들은 "1990년대 접어들어 북한은 극심한 경제난을 겪으면서 '겉으로만 사회주의지, 뱃속은 모두 자본주의'라는 생각을 하게됐고, 돈만 있으면 다 된다는 사고방식이 퍼졌다"[828)]고 증언하고 있다.

---

827) 윤영관(서울대 교수 · 국제정치학), [아침논단] "식량 지원, 北 배급 체제 부활 이용 막아야", 조선일보, 2011.7.3, A30면.

828) 전병근, "살아남으려면 돈 있어야, 탈북자, 배금주의 포로가 되기도", 조선일보, 2011.6.15, A25면.

볼가강변에 위치한 울리야놉스크(구명 심비르스크)는 러시아에서는 '레닌의 고향' 으로 유명하다. 볼가강이 내려다보이는 생가 옆 언덕에는 레닌박물관이 조성돼 있다. 냉전시대에는 '사회주의의 성지(聖地)' 로 불리며 전 세계에서 매일 수만 명씩 몰려들던 곳이다. 지금은 하루 100명 정도만 찾는다고 한다.[829] 이곳을 방문하여 취재한 조선일보 중국전문기자 지해범에 의하면 울리야놉스크주(州)의 모로조프 주지사는 외국손님들과의 만찬(晩餐)자리 대화에서 이념가가 아니라 비즈니스맨으로 주지사 말의 요점은 "우리 주는 러시아 항공산업의 중심지이며 교육과 연구개발(R&D)에 많은 투자를 하고 있다. 외국기업에는 8년간 토지세 · 수송세 · 기업재산세를 면제해주고 기업소득세도 깎아준다. 우리는 외국기업에 최대한 편의를 제공하며, 오늘 낮에도 외국기업 2곳과 중요한 계약을 했다."[830] 볼가 · 드네프르 그룹의 판매담당 이사 슬라바 샤크호프는 "내가 초등학교를 다니던 구소련 시절과 지금은 완전히 다른 세상"이라며 "요즘 젊은이들은 레닌에 전혀 관심이 없다"고 말했다.[831] 주지사 모로조프는 취임 초기인 2006년에 중요한 '레닌 관광단지' 를 조성해 관광객을 끌어모으는 이른바 '레닌 마케팅' 을 펼쳤던 인물이지만, 이제는 과거 대신 기업를 선택한 듯 그의 입에서 주로 나온 단어는 '교육' '경제' '한국과의 협력' 이었다. 사회주의 종주국이면서도 그것을 버리고 정치 민주화와 경제를 추구하는 '러시아의 길' 을 보면서, 기형적 사회주의 독재체제와 폐쇄경제에 집착해 몰락하는 북한의 모습을 연상시킨다.

한국은 1988년에 서울 올림픽을 성공적으로 개최하고, 2002년 월드컵을 개최하고, 2010년에는 주요 신흥 경제개발 국가들이 포함한 G20 서울 정상회의를 성공적으로 개최함으로써 변두리 국가에서 세계의 중심국가로 그 두각을 드러내고 있다.[832] 북한식 사회주의 모델은 실패형이기 때문에 폐기되어야 한다. 한국

---

829) 인구 130만의 이 도시에는 러시아혁명의 주역인 레닌(1870~1924)이 태어난 생가, 17세까지 부모형제와 살았던 텃밭 딸린 저택이 보존돼 있다. 과학자를 꿈꾸던 형 알렉산드르가 황제 암살계획에 연루돼 처형되자, 레닌은 마르크스주의에 심취했고 1917년 볼셰비키 혁명을 주도해 공산국가를 세웠다. (지해범, [전문기자 칼럼] "레닌을 잊은 레닌 고향", 조선일보, 2011.8.3, A34면)

830) 지해범, [전문기자 칼럼] "레닌을 잊은 레닌 고향", 조선일보, 2011.8.3, A34면.

831) 위의 글.

832) 송자, [시사 대담] "G20 서울 정상회의, 한국의 위상과 역할", 『신앙세계』 2010.11, 32.

의 역동적인 선진사회 자유 민주주의적 시장경제의 모델이 대안이 될 수 있다.

2. 한국식 자유주의 모델의 사회적 성숙화

해방후 남한에서는 대통령 이승만이 리더십를 가지고 자유 민주주의의 기치 아래 시장경제, 농지개혁, 의무교육을 실시하였다. 그의 리더십에는 기독교 정신과 인권 개념, 개인의 존엄성 등의 자유주의 가치개념이 있었다. 유영익은 근대화를 위한 이승만의 7대업적을 "미국식 대통령제 확립, 한 · 미 상호방위조약 체결, 70만 대군 육성, 농지 개혁, 교육기적, 양반제도 근절 및 남녀평등 구현, 기독교 확산"[833]으로 열거하고 있다. 농지개혁은 북한의 국가 사회주의보다 더 실질적인 개혁이었다. 해방 후 남한인구는 70% 이상이 농민이었고, 그 가운데 절대다수인 83%가 소작농이었다. 이승만은 농지개혁으로 지주와 양반계층을 해체했고, 농노같은 소작농을 해방시켰다.[834] 모든 국민에게 의무교육을 실시함으로써 누구든지 교육을 통해서 사회적인 신분상승을 할 수 있는 기회의 나라를 만들었다. 1960년대와 1970년대 박정희의 권위주의적 통치 아래 근대화와 경제개발을 시작하였고, 1980년대에 광주 민주화 의거(義擧)를 거쳐 정치적 민주화를 이룩하여 경제발전과 정치발전을 동시에 이룩하였다.

통일 한국은 자유민주주의 국가가 되어야 한다. 이런 의미에서 이승만의 선택은 옳았다.

분단초기에 미국과 소련이 좌우 합작하여 정부를 세우고자 하였다. 김구 등 일부 지도자들이 김일성과 타협하여 통일정부를 수립하고자 하였다. 만일 그때 좌우 합작하였다면 아마도 한반도는 공산화되었을 것이다. 그 예가 동구권의 여러 나라들이 좌우 합작하여 모두 공산화되었고, 중국도 국공합작하여 다음에 공산당이 본토를 차지하였다. 오늘날 북한을 체제적으로 능가한 한국은 이승만이 뿌린 씨앗 자유 민주주의와 시장경제, 농지개혁 등이 자라나 번영의 열매를 맺은

833) 상게서, 33.

834) 상게서, 33.

것이다. 1948년에 건국된 대한민국은 그 다음해에 중국이 공산화되고, 소련이 북한에 진주하여, 한반도에 식민통치를 하고자 하였고, 미국은 당시에는 한반도에 관심이 없어 미군을 철수하고자 하였다. 이러한 혼란스러운 시기에 미국 프린스턴대학에서 정치학을 전공하고 국제적인 독립활동을 통해서 탁월한 정치 감각을 소유했던 이승만은 자유민주주의를 선택하고 한반도에서 철수하려는 미국을 설득해 한미상호방위조약을 체결한 것은 그의 큰 공적이다. 미국의 펜실베니아대 명예교수 로버트 올리버(Robert T. Oliver)가 그의 저서 제목에서 말하는 바와 같이 "이승만 없었다면 대한민국 없다"[835]는 명제는 타당하다. 당시 김구는 대한민국의 건국을 강력 반대하였고, 김일성은 폭력을 사용하면서 반대하였다. 이승만은 이러한 상황 속에서 남한만의 자유 민주 선거에 의한 단독 정부를 수립한 것이다. 자유 민주주의에 대한 그의 신념과 헌신이 없었다면 오늘날 한국은 없다고 말할 수 있다.[836] 이승만은 자유민주주의와 시장경제를 도입하고 모든 국민에게 초등학교 의무교육을 실시하여 누구든지 열심히 일하고 공부하면 신분상승할 수 있는 기회의 나라의 초석을 닦았다.[837] 한반도에서 미군이 철수하자 소련과 중공은 한반도를 공산화하기 위하여 김일성을 앞세워 한국전을 일으킨 것이다. 기습당한 남한은 낙동강까지 밀려서 맥아더의 인천상륙작전이 아니었으면 공산화되었을 것이다. 그후 휴전협정이 맺어지고 분단은 오늘날까지 지속되고 있다. 그런데 우리사회에 대한민국의 건국에 대한 비판, 이승만의 업적에 대한 평가절하, 미군철수와 인천 맥아더 동상 철거, 평택미군 기지 이전 반대, 제주 강정에 해군기지 건립반대, 천안함 폭침의 남한 정부 조작설을 퍼뜨리면서 한국사회를 혼란과 난동으로 몰아가려는 세력은 종북 좌파세력이다. 이들은 합리적이고 건전한 좌파와는 달리 우리 사회를 건강하게 하는 것이 아니라 시대착오에 빠져 있는 북한 주체사상을 찬양하고, 온갖 거짓 선동과 루머로 민족 내부의 갈

835) 로버트 올리버, 박일영 옮김, 『이승만이 없었다면 대한민국 없다』, 서울: 동서문화사, 2008.

836) 김충남 · 유호열, [시사 대담] "현대사로 본 통일지표 및 미래과제", 『신앙세계』 통권 515호, 2011. 6, 33.

837) 김충남 · 유호열, 상게서, 32.

등을 부추기고 있다. 전 북한 외교관 고영환이 지적하듯이 이들, 남한 종북(從北) 세력은 "평화통일의 최대의 적"이다.[838]

VII. 사회적 자본주의와 복지적, 투명한 사회

1. 사회적 자본주의

공산주의와 자본주의의 경제 체제 경쟁에서 공산주의는 1989년 동구권 공산주의 정권들의 몰락과 더불어 역사에서 사라지고 자본주의 경제는 살아남았다. 그러나 자본주의도 역사의 이데올로기 실험 과정에서 자본가의 탐욕과 이기주의를 규제해야만 자본주의는 인류를 위하여 좋은 제도가 될 수 있다. 2011년 6월 14일 현대한국연구소기 행힌 탈북자 종합진단에 의하면 남한에 온 탈북자들은 주된 관심사는 "여전히 북에 두고 온 가족 그리고 돈이었다. 북한의 집단주의와 빈곤의 수렁에서 탈출한 이들이 남한 현실에 직면해 체득한 삶의 신조는 자유 민주주의가 권장하는 '건전한 개인주의' 보다는 '나와 가족이 살기 위한 극단한 이기주의'에 가까운 것으로 나타났다. 자본주의를 급격히 체득하는 과정에서 왜곡된 '배금주의' 의 포로가 되는 경향도 있는 것으로 지적됐다"[839] 탈북자들에게는 "자본주의에서 살아남기 위해서는 무슨 수를 써서라도 돈을 벌어야 한다는 강박관념에 사로 잡히게되고, 이런 금전관이 새로운 사회에서의 인간관계 형성에 장애요인으로 작용한다."[840]

역사적 과정에서 자유방임 자본주의는 수정되어야 했고, 이윤을 사회에 환원해야 하는 사회적 자본주의가 태동되었다. 사회적 자본주의는 끊임없이 이윤만을 추구하는 기업이 아니라 기업의 이윤을 사회적 자선과 연결시키는 "완성된

838) 고영환, "평화통일의 최대 적(敵)은 남한 종북(從北)세력", 조선일보, 2011.9.20, A39면.
839) 전병근, "살아남으려면 돈 있어야… 탈북자, 배금주의 포로가 되기도", 조선일보, 2011.6.15, A25면.
840) 위의 글.

자본주의"의 형태이다.[841] 오늘날 미국의 초대부호 기업가 빌 게이츠나 워런 버핏 등은 탐욕에 가득찬 기업가가 아니라 가난하고 소외된 자들에 대하여 재단을 세우고 이들의 복지를 위하여 자선활동을 하는 자선 기업가들이다. 한반도의 통일을 위하여 한국의 경제구조는 삼성, 현대, LG, SK 등의 재벌기업이 일방적으로 중소기업을 납품단가에서 쥐어짜는 불공정구조를 시정하고, 대기업이 이윤를 내는 만큼 중소기업도 이에 참여할 수 있는 공정거래의 구조를 만드는 것이다. 이에는 먼저 기업주들의 사회적 자본에 대한 의식이 있어야 하고, 그리고 정부가 경제운영에 있어서 공정성의 원리가 적용될 수 있도록 간섭해야 한다.

미국의 경제평론가 아나톨 칼레츠키(Anatole Kaletsky)는 저서 『자본주의 4.0: 위기 이후 새 경제의 탄생(Capitalism 4.0. The Birth of A New Economy in the Aftermath of Crisis)』에서 서구자본주의의 진화 과정을 네 단계(자유방임 자본주의, 1930년대 대공황을 유발시킨 후 케인스가 내세운 수정 자본주의, 1970년대 스태그플레이션을 겪으면서 정부 개입을 거부하고 시장지상주의를 주창한 자유시장 자본주의, 사회적 자본주의)로 설명하면서 2008년 세계 금융위기 이후 자본주의 4.0 시대의 시작[842]을 예고했다. 한국자본주의 역시 네 단계의 진화 과정을 밟아왔다.[843] 1945년~1950년대, 한국자본주의 1.0은 자유민주주의와 시장경제를 표방했으나 이를 구현하지는 못했다. 1960년대 '빈곤으로부터의 탈출'을 목표로 했던 한국자본주의 2.0에서는 정부의 역할이 강조되었고, 강한 정부와 시장경제를 기반으로 '한강의 기적'을 이루는 데 성공했다. 1980년대 후반 정치 민주화로 시작된 한국자본주의 3.0은 한국에서 처음으로 자유민주주의와 시장경제의 기반을 닦는 계기가 됐으며 IT 강국은 물론 G20 의장국이라는 성과를 거두었다. 하지만 이 과정에서 국민소득 2만불을 달성했으나 양극화 현상이 심화됐다. 2010년대 들어와 한국자본주의 4.0의 새 틀을 짜는 시대적 과제를 안고 있다. 앞으로 국민소득 3만불 시대를 열어야 하면서 소득 분배

841) 김영한, "교회재산의 공익성", 『21세기 한국 기독교문화와 개혁신앙』, 서울: 예영, 2008, 322.

842) Anatole Kaletsky, Capitalism 4.0. The Birth of A New Economy in the Aftermath of Crisis. New York: Public Affairs, 2010, 자본주의 4.0, 새로운 경제 탄생하다.

843) 서상목(경기복지재단 이사장), [시론] "'한국자본주의 4.0'의 실천전략", 조선일보, 2011.8.3, A35

의 양극화를 해소하는 것이 중요한 과제이다. 2011년 8월 들어와 우리 사회에 무상 복지 이슈에 더불어 "자본주의 4.0"에 대한 논의가 시작되고 있다.[844] 한국자본주의 4.0의 핵심은 보수적 가치관인 '자유주의와 시장경제원리'에 진보 성향의 '사회적 연대의식'을 접목시키는 것이다. 자본주의 4.0에서는 기업의 역할이 부각되는 것도 큰 차이점이다. 한국자본주의 4.0의 실천전략은 '지속 가능 경제', '지속 가능 경영', '지속 가능 복지'의 동시 추진이다. '지속 가능 경제'의 요체는 수출과 내수의 균형 유지이다.[845] 지속 가능 경영'의 핵심은 기업과 사회 간 상생(相生)체제의 구축이다. 이를 위해서는 경영의 투명성 제고, 이사회의 감시기능 강화, 의사 소통구조의 개선과 자유경쟁적 경영권 승계 과정의 정착 등이 이루어져야 한다. '지속 가능 복지'를 위해서는 복지 사각지대 해소와 더불어 일자리 복지의 기반을 다지는 전달체계가 구축돼야 한다.[846]

이명박 대통령은 2011년 8월 15일 제66주년 광복절 경축사에서 "시장경제가 새로운 단계로서 공생발전"을 강조한 것은 자본주의 4.0을 제시한 것이다. 그는 "'탐욕경영'에서 '윤리경영'으로, '자본의 자유'에서 '자본의 책임'으로, '부익부 빈익빈'에서 '상생번영'으로 진화하는 시장경제의 모델이 요구되고 있다"며, '서로가 서로를 보살피는 따뜻한 사회를 만들기 위한 공생발전(Ecosystemic development)'을 제시했다.[847] 이러한 자본주의의 발전 제시는 남북을 아우러는 통일시대를 준비하는 데 요청되는 사회적 자본주의 모델이다.

2. 복지적 사회

자유 민주주의가 공고히 뿌리내리기 위해서는 사회의 갈등과 균열을 조정하고 통합하는 공동체주의나, 정치적으로 사상적으로 공동체의 유익을 먼저 앞세우는

---

844) 김덕한, " 이젠 '자본주의 4.0' 이다", 조선일보, 2011.8.2, A1면; 조형래, [자본주의 4.0] "한국, 이대로는 행복할 수 없다… 비정규직 800만 명 불행하기에", 조선일보, 2011.8.3, A1면; 김덕한, "비정규직 '4대 보험' 이라도 사회가 책임지자", 조선일보, 2011.8.3, A3면.

845) 서상목, [시론] " '한국자본주의 4.0' 의 실천전략", 조선일보, 2011.8.4, A35면.

846) 위의 글.

847) 권대열, "시장경제의 새 단계, 共生발전", 李명박 대통령 광복절 경축사, 조선일보, 2011.8.16, A1면.

공화주의가 우리 사회에서 정립되어야 한다. 이러한 공동체 의식에서 복지적 사회가 정립된다. 개인의 유익과 편의가 우선이 아니라 이웃과 공동체의 유익을 함께 생각하는 공동체 의식이 있을 때 비로소 복지적 사회이념이 자리잡게 된다. 개인주의(individulism) 보다는 인격주의(personalism), 집합주의(collectivism) 보다는 공동체 주의(communalism)를 지향하는 것[848]이 복지사회에 비전에 걸맞다

복지사회란 공산주의나 사회주의처럼 무차별적인 무상급식이나 무상교육을 시행하는 것이 아니다. 이것은 대중영합주의요, 오늘날 서구의 복지제도(그리스, 스페인 등)에서 보는 것 처럼 국가의 재정을 파탄에 이르게 하는 것이다. 오늘날 미국에서 보수 정당인 공화당은 자기의 정치적 뿌리로 아브라함 링컨을 내세우고, 진보정당인 민주당은 프랭크린과 트루만을 내세운다. 우리 한국도 통일한국을 위하여 이승만, 김구 등 민족의 지도자를 내세워야 한다.

영국은 '요람에서 무덤까지' 로 압축되는 복지국가의 태동지다. 하지만 GDP의 10%가 넘는 대규모 재정 적자로 나라 살림이 거덜나자 기존의 복지 슬로건을 포기하고 지난 2월 선별적으로 복지 혜택을 주는 방향으로 복지 개혁안을 발표했다.[849] '英 복지개혁' 이 준 힌트는 빈곤층의 참여를 유도하는 '일하는 복지'다. 일을 많이 할수록 수당이 늘고 구직활동 안하면 지원이 끊어진다. 그리하여 영국은 GDP의 0.8% 감축을 기대하는 이른바 '일하는 복지' 를 지향하며 개혁에 나선 것이다. 일자리를 열심히 찾는 사람에게 복지 혜택을 많이 주고, 구직활동을 하지 않은 실업자에겐 수당을 줄이는 게 골자다. 이 안은 2013년부터 시행된다.[850] 영국 복지 개혁의 7대 원칙은 다음과 같다:

1. 일자리를 가진 사람이 더 많은 혜택을 받는다는 인식을 심어준다.
2. 근로에 대한 보상과 인센티브를 개선시켜 빈곤층을 노동시장에 참여시킨다.

---

848) 허문영, "21세기 복음통일을 향한 기독인의 실천과제", 산정현교회창립 100주년 기념 학술세미나, 주제: "한국교회여, 통일시대를 열어라", 2006.10.16, 6.

849) 김영진, 정원석, "재정부, 영국에서 찾았다… '무상복지' 맞설 무기", 조선일보, 2011.6.17 , B3면.

850) 저소득층 근로 의욕을 높이는 게 핵심이다. 영국은 일도 하지 않으면서 정부 돈으로 먹고사는 실업자가 너무 많다고 보고 있다. 실업급여를 받는 영국인 500만 명 가운데 9년 이상 장기 실업자가 140만 명에 이른다(김영진, 정원석, "재정부, 영국에서 찾았다… '무상복지' 맞설 무기", 조선일보, 2011.6.17 , B3면).

3. 복지 수혜자들에 대한 수당 지급을 공정하게 해야 한다.

4. 빈곤 아동과 무직가구수를 줄인다.

5. 복지수당 수급 자격을 강화하고 저소득층의 저축 증대를 이끌어낸다.

6. 복지수당 수급 시스템을 개선해 과다 급여 폐해를 막는다.

7. 복지 지출을 재정이 감당할 수 있는 범위 내에서 제한한다.

동독을 흡수통합하는 통일과정에서 일하지 않고 국가로부터 무상으로 받는 것에 익숙해 있는 동독인들 때문에 20년 동안 서독인들이 엄청난 통일비용을 부담하게되는 어려운 경제적 문제에 직면하였다. 통일한국은 이러한 독일의 예를 타산지석으로 삼아야 한다. 영국을 비롯하여 북유럽국가들이 저소득층에 대하여 일방적으로 국가가 베푼 복지정책은 거의 무상적이었음으로 빈곤층의 나태를 가져왔고, 국가 재정을 바닥나게 만들었다. 그러므로 영국은 무상 복지로 인해 국가 재정의 기반이 흔들리게 되자 복지개혁을 하게 된 것이다. 통일 한국은 영국의 복지개혁에서 교훈을 받으면서 오랜 사회주의 체제 안에서 일하지 않고 국가로부터 받고자만 하는 무상복지의 관습을 타파하고 건강이 있는 한 일하면 더욱더 인센티브를 받는 복지 체제를 만드는 것이 필요하다.

3. 투명한 사회

국제투명성본부가 해마다 발표하는 부패인식지수(CPI) 순위에서 한국은 2010년 5.4로 조사대상국 178개국 중 39위였고, 경제협력개발기구(OECD) 30개국 평균치(6.97)에 크게 못 미쳤다. 한국 CPI는 2009년 · 2010년 2년 연속 하락했다.[851] 성장 동력을 유지하는 일, 복지의 틀을 다시 짜는 일, 남북 통일에 대비하는 일도 다 중요하다. 그러나 최우선 과제는 부패로부터의 탈출이다. 복지만 해도 부패의 사슬을 끊지 못하면 복지에 쏟아 붓는 돈은 약하고 어려운 사람들 대신 힘깨나 쓰는 사람들에게 흘러가고 말 것이다. 뇌물 받는 비리(非理)의 형태도 시늉만 하는 감사, 정보유출, 정책왜곡, 가족의 인사청탁 등 갖가지다. 검찰과 법원 역시

851) [사설] "나라가 썩었다", 조선일보, 2011.6.19, A35면.

전관예우라는 형태로 내 식구 봐주기, 퇴임 후 자신의 앞날 보장이란 비리에 젖어 있다. 국세청과 공정거래위원회의 고위 직급 퇴직자는 물론이고 중간급 퇴직자까지 로펌과 민간기업의 고문을 맡고 있다. 이들이 연봉 수억원을 받는 이유는 전 근무처와 관련된 사건을 끌어와 옛 후배들에게 청탁하는 것이다. 공직자들의 부패 감시 감독 기관들이 이 지경이면 일선 공무원들은 더 말할 것도 없다.[852) 통일로 가는 선진사회를 만들기 위해서는 먼저 이러한 부패의 관행과 틀에서 벗어나는 일이 필요하다. 그래야만 서독처럼 안정된 사회를 기반으로 하여 북한사회를 끌어 앉을 수 있고 통일국가로 나갈 수 있다.

VIII. 선진사회적 자유민주통일과 한국교회의 역할

1. 인권과 사회복지 강조

통일 한국은 선진사회여야 한다. 이를 위하여 지난 60년 동안 경제 발전과 압축 성장 과정에서 나타나는 풍요 속의 빈곤, 극단한 이기주의, 빈부의 양극화 현상, 공동체 의식의 결여라는 역기능을 잘 대처해 나가야 한다. 선진사회는 소유의 사회가 아니라 존재의 사회이다. 많이 가진 자가 잘 살고 존중받는 사회가 아니라, 인간다운 삶을 사는 자가 존중받는 사회이다. 그러므로 선진사회에서는 인간의 존재가치가 존엄시된다. 인권이 존중되는 사회는 자유 민주주의가 기반된 사회요, 북한의 수령중심의 독재사회가 대체될 수 있는 사회다. 통일 한국사회는 인권이 존중되는 사회요, 부의 편중이나 빈의 편중이 해소하는 부의 배분의 양극화가 균형 잡힌 사회로 나아가야 한다. 그리고 워킹푸어(working poor)에 대하여 제도적으로 대책이 마련되어야 한다.

한국개발연구원(KDI)은 2009년 7월 13일 내놓은 '빈곤변화 추이와 요인분석' 보고서에서 우리나라 도시가구의 상대 빈곤율이 1982년 11%에서 1992년 7.7%

852) 위의 글.

까지 떨어졌다가 1993년부터 상승세를 타면서 2008년엔 14.3%까지 뛰어올랐다고 밝혔다. 상대 빈곤율은 도시가구 중위소득의 50% 이하에 해당하는 가구의 비율이다. 같은 기간 도시가구 중위소득의 50~150%에 해당하는 중간층 비율은 1982년 66.7%에서 1992년 75.2%로 높아졌다가 이후 하락세로 돌아서 2008년 63.3%로 떨어졌다. 반면 도시가구 중위소득의 150%를 넘는 상류층은 1982년 22.3%에서 1992년 17.1%로 줄었다가 2008년엔 22.4%로 늘었다.[853] 특히 외환위기 이후 2000년대 들어서는 상대 빈곤율 증가 속도가 소득불평등 증가속도보다 더 빨랐다. 외환위기 전까지만 해도 양극화 현상이 벌어지는 가운데서도 소득분배가 개선돼 빈곤층이 줄어든 해가 있었지만 2000년대 들어선 줄곧 빈곤층이 늘어나기만 했다. 빈곤층이 늘어나고 중간층이 몰락하면 언제 터질지 알 수 없는 화약고를 끌어안고 있는 것처럼 사회가 불안해질 수밖에 없다. 새로운 성장동력을 찾아내 성장률을 끌어올리고 선진국으로 진입하는 것도 어려워진다.

양극화와 빈곤 문제를 해결하는 가장 좋은 방법은 성장을 통해 서민들에게 안정적이고 좋은 일자리를 제공하는 것이다. 동시에 분배구조를 개선하기 위한 정책적 노력이 있어야 한다. 그러나 세금을 걷어 무조건 복지 지출을 늘리는 식으로는 양극화 문제를 풀기 어렵다. 늘어난 빈곤층의 대부분을 차지하는 비정규직과 영세자영업자들이 실직(失職)의 충격을 이겨낼 수 있도록 일정한 사회안전망을 제공하면서 이들을 위한 새로운 일자리를 만들어내는 식의 맞춤형 복지정책이 나와야 한다. 한국형 복지모델이 나와야 한다는 얘기다.[854] 이것이 선진사회로 나아가는 통일한국사회의 방향이다.

2. 사회적 민주주의: 사회적 약자와 경제적인 소외자들이 사회의 보호대상이 되는 사회

소외된 계층에게 상승할 수 있는 기회를 제공하고, 약자들에게 의사소통의 장

853) [사설] "지난 15년간 빈곤층 비율 2배 늘었다", 100자평(7), chosun.com, 2009.7.13.

854) 위의 글.

을 만들어주고 사회적인 복지 혜택이 골고루 돌아가는 사회가 건강한 사회며, 더 이상 공산주의나 종북좌파들이 틈을 보지 못하게 하는 것이다.

1987년 민주화 이후 봇물처럼 터져 나온 사적 이익집단의 무분별한 권리주장은 선진사회를 지향하는 민주주의의 성숙한 발전을 저해하고 있다. 자유민주주의는 공동체의 가치를 우선하는 공화주의와 균형을 이루어야 한다. 오늘날 공화주의의 적(敵)은 사회연대를 갉아먹는 극심한 양극화와 그 대물림이다. 동네 구멍가게까지 파고드는 대기업의 횡포, 철밥통 물려주자고 서민을 울리는 노조, 북한 주민의 인권을 외면하고 자기당의 수구적 이념에 집착하는 정치인들 때문에 시민적 연대감은 깨뜨려진다. 대학등록금 논란의 밑바닥에는 계층이동의 사다리 역할을 걷어찬 대학과 이를 방조한 국가에 대한 배신감, 미래를 저당 잡힌 젊은이들이 느끼는 절망감이 짙게 배어 있다. 선진 공화국은 사(私)를 버리고 공(公)을 위해 공화(共和)하는 시민의식의 생성에 기인한다. 선진 민주화의 요체는 시민적 미덕의 함양이다. "지속가능한 민주주의를 위해 민주주의를 자제해야 한다"는 토크빌(Tocqueville)의 역설은 통일을 지향하는 선진한국에 적용되어야 한다.[855] 건강한 시민공동체는 자유, 법치, 평등, 참여, 시민적 미덕이라는 공화주의의 핵심가치를 지키고 실현하는 것이다. 공공선(公共善)의 이름으로 우리의 이웃과 타협하거나 경쟁자와 공정한 경쟁을 하는 사회다. 법치질서, 공적 참여 그리고 시민적 덕성이 선(善)순환하는 공화주의는 사회적 연대의식을 먹고 자란다. 민족이나 국민으로서의 일체감보다는 다문화가 중요시되는 다원화 시대에 공동체적 가치가 사회를 통합으로 이끌어 갈 수 있다. 미덕은 제도가 낳고 시민은 공화국이 만든다. 공화국은 민주정의가 강물같이 흐르는 나라다. 그래서 1919년 임시정부 수립 이래 헌법 1조는 한결같이 선언한다. "대한민국은 '민주' 공화국이다."[856] 우리는 이 문장을 보다 명료화해야 한다. 민주주의는 인민 민주주의나 사회 민주주의가 아니라 자유 민주주의이다. 성숙한 자유 민주주의는 자본주의의 성숙한 형태인 사회적 자본주의를 경제 형태로 하고 있다. 사회적 자본주의에

---

855) 김성호(연세대 교수), [시론] "우리 시대 공화주의의 敵", 조선일보, 2011.6.21, A39면.

856) 위의 글.

서 사회적 자본이란 단지 재화만이 아니다. 신뢰성(trust), 진실성(integrity), 단결성(solidarity), 개방성(openness)이 사회적 자본의 4대 구성요소다.[857] 이 4가지 요소 가운데 가장 중요한 것은 약속을 지킬 수 있는 신뢰성과 원칙을 준수하는 진실성이다.

3. 감사하고 나누고 섬기는 샬롬공동체

2007년 미국의 퓨리서치센터에서 47개국 국민들을 대상으로 국가만족도를 조사했다. 꼴찌가 이스라엘과 갈등 속에서 자살 테러하는 팔레스타인, 다음 2위가 30년간 내전 상태에 있는 나라인 레바논인데 그 다음이 우크라이나에 이어 한국이었다.[858] 오늘날 한국의 지하철, 고속철도, 고속도로, 통신시설 등의 수준은 미국이나 프랑스 보다 앞서가고 있다. 그런데 한국인들은 삶에 만족을 느끼지 못하고 있다.

삶의 만족감은 외면적 소득의 높음에 있는 것이 아니라 마음으로 느끼는 태도에 달려 있다. 행복이란 물질이나 재화에 있는 것이 아니라 그것을 누리고 느끼는 인간의 마음 속에 있다. 그러므로 통일된 사회를 이루기 위하여 남과 북의 주민들은 모두 삶에 대하여 보다 성숙한 태도와 느낌을 가져야 한다. 통일이란 남북이 정치사회적으로 연합한다고 하여 즉시 이루어지는 것이 아니다. 통일이란 참여하고 이루는 주민들의 사회적, 문화적 심리적 삶이 교류되는 지평융합의 사건이다. 서독에 의한 동독의 흡수통일 이후 20년이 지난 후에도 독일 통일이 아직도 과정 속에 있는 것처럼 한반도의 남북 통일도 끊임없는 상호이해와 느낌의 공동체적 성장과정이다. 통일한국사회가 서로 간에 행복하고 지탱가능한 행복한 사회가 되도록 하기 위해서는 외부의 여건이 충족되기를 바라기보다는 내면적으로 수반되는 여러 가지 어려움에 대하여 대처할 수 있는 자세가 필요하다.

---

857) 최윤식 · 배동철, 『2020 부의 전쟁 in Asia』, 서울: 지식노마드, 2010, 390~395.

858) 김충남 · 유호열, [시사 대담] "현대사로 본 통일지표 및 미래과제", 『신앙세계』 통권 515호, 2011. 6, 35.

서구의 청교도들은 자신들에게 일과를 주신 창조주에게 감사하고 불평없이 서로 물자를 나누고 서로 섬기는 태도 때문에 시련과 고통과 박해를 견디고 승리한 것이다.[859] "감사하고 나누고 섬기는 샬롬공동체"는 남북이 하나 되고 보다 나은 통일사회를 이루어가는 데 하나의 모형을 제시해줄 것이다.

4. 심리적 통일을 이루는 위로자의 역할

한국교회는 우리 사회를 향하여 자기와 다른 사람이 갖는 문화적 차이에 대하여 관용하는 태도를 보여줄 수 있어야 한다. 예일대 법과대학에 있는 중국계 미국인 교수 추아(Amy Chua)는 『제국의 미래』라는 저서에서 세계 제국의 흥망성쇠에 대해 분석하기를 독일이나 일본이 군사강국이었는데 왜 세계를 제패하지 못했는가 하는 답을 순혈주의에서 찾았다.[860] 세계역사에서 순혈주의, 단일민족을 주장하는 사람들은 세계를 이끌어 갈 수 없다는 것이다. 그러면서 미국이 성공한 이유는 미국은 용광로(melting pot)로서 온 세상 사람들이 다 와서 녹아 내려서 하나가 되는 합중국이기 때문이다. 자기 같은 중국사람도 미국에 와서 법과대학 교수까지 됐으니 미국은 포용력(tolerance)이 있다는 것이다. 그러나 중국은 아직도 그렇지 않다는 것이다. 중국은 위구르나 티벳 같은 소수민족 문제를 해결하지 못 그러나 중국포용력은 이질적인 민족들의 차이와 긴장을 해결하는 데도 도움이 된다.

2000년 이후 한국사회도 동남아 등지에서 온 이주 노동자, 이주 여성, 이들에게서 태어난 다문화 2세들에 의하여 순혈주의 사회에서 혼혈, 다문화사회로 나아가고 있다. 북한동포들은 같은 민족이라고는 하나 오랜 기간 다른 이념과 생활방식에 의하여 문화적으로, 사회적으로, 심리적으로 전혀 다른 사고방식에서 근

---

859) 샬롬을 꿈꾸는 나비행동, Shalom-Dreaming Nabi Action, 개혁주의 이론실천학회, Society of Reformed Theory and Practice, 2010년-2011년 전단지. http://www.shalomnabi.com.

860) Amy Chua, Day of Empire: How Superpowers rise to Global Dominance-and They Fall., New York, London, Toronto, Sydney, Aukland: Doubleday, 2007; 송자, [시사 대담] "G20 서울 정상회의, 한국의 위상과 역할", 『신앙세계』 2010.11, 40.

70년 가까이 살아왔다. 이제 남한주민들은 북한주민들에 대하여 경제적으로, 문화적으로, 체제적인 면에서 우위에 있다. 그러므로 남한주민들은 관용의 태도를 가지고 이들을 향하여 열린 마음을 가지고 이들의 다름을 받아들이는 자세가 요청된다. 그러는 가운데 남과 북 주민들 사이에 놓여 있는 심리적 장벽이 무너져야 한다. 이를 위하여는 한국교회가 화해자의 역할을 다해야 한다. "화평하게 하는 자는 복이 있나니 그들이 하나님의 아들이라 일컬음을 받을 것임이요"(마5:9).

IX. 평화통일의 이념

통일신학의 틀은 평화신학의 틀로 전환되어야 한다. 그러므로 통일신학은 반드시 평화통일신학이 되어야 한다.[861] 평화통일신학은 성경적 평화에 기초하여야 하며, 평화는 정의로운 평화여야 한다. 한반도의 평화통일은 단지 한반도에만 유익을 주는 것이 아니라 동북아의 평화와 번영에 기여할 수 있어야 한다.

1. 성경적 평화

구약에서의 평화는 '샬롬(shalom)' 이라는 단어로 나타나는 데, 이는 모든 영역들 사이에 사람의 삶을 풍요케 하는 조화로운 질서가 존재하는 것을 말한다.[862] 이러한 조화로운 질서를 나타내는 샬롬은 공의(mishepat)와 의(zedaqa) 개념과 함께 사용된다. 공의와 의가 없는 곳에는 샬롬이 없기 때문이다. 소외당하고 가난하고 짓밟히는 자들이 많은 곳에는 갈등만 있고 샬롬은 없다. 오늘날 북한에는 굶주림과 폭악과 독재만 있고, 샬롬이 없다. 시편기자는 샬롬과 의가 서로 입맞춘다고 노래한다(시85:10). 의가 만들어내는 것이 샬롬이다. 이스라엘이 하나님의 계명을 바로 지켰다면 샬롬이 강같이 흐르고, 의가 바다의 파도같이 넘쳤을 것이다(사48:18).

---

861) 박종화, "통일신학의 평화신학적 틀로의 발전적 전환", 「기독교 사상」, 399, 1992.3, 27~36; 박종화, "평화 통일신학의 향후 과제", 「기독교 사상」 392, 1991.8, 42.

862) 이태훈, "구약에 나타난 평화", 「장로교회와 신학」 제7호, 한국장로교신학회, 2010, 8.

신약에서의 평화는 '에이레네(eirene)' 라는 단어로 나타낸다. 고전 헬라어에서 '에이레네' 는 전쟁상태의 중단 또는 경쟁 집단 사이의 적대감이 중단된 상태를 가리킨다.[863] 신약에서의 평화는 항상 하나님과의 관계에서 이해되며, 그리스도가 평화의 근거로 제시된다. 그리스도는 '화평하게 하시는 자' (마5:9)로서 십자가에서 죽으심으로 평화를 값비싼 대가를 치루고 사신 평화의 창시자시다. 예수께서 주시는 평화는 세상의 평화가 아닌 영적 평화다. 그리스도께서 자기를 화목제물로 주신 그 사랑(agape)은 이 세상의 평화를 이루는 기반이 된다.

남북 간의 평화는 이미 60년 전 남북 간 6 · 25 한국전쟁이 있었기 때문에 중요하다. 아직도 증오와 갈등의 골은 남아있다. 평화통일의 길은 더욱더 험난하다. 구약과 신약이 제시하는 샬롬과 에이레네는 한반도의 평화에 하나의 지침을 준다. 구약의 샬롬이 제시하는 바와 같이 남북의 평화는 사회적 정의가 동반될 때 이루어 지며, 신약의 에이레네가 제시하는 바와 같이 예수 그리스도의 평화, 즉 아가페의 사랑이 양 체제의 평화가 된다. 주체 이데올로기나 자본주의가 아니라 아가페 사랑이 평화의 기반이 된다.

2. 정의로운 평화

한반도의 평화는 성경이 제시하는 바와 같이 정의로운 평화여야 한다. 정의로운 평화란 허위와 불의가 은폐된 위장 평화가 아니다. 언어와 행동이 상대방을 향하여 투명해야하며 공명정대해야 한다. 북한은 서해상에서 한국의 해군과 수차례 대결한 결과 화력(火力)면에서 번번히 패전하였다. 이것을 보복하기 위하여 일어난 것이 누구도 검증할 수 없도록 바다 밑에서 공격하여 침몰시키는 천암함 피격사건이다. 북한은 겉으로는 평화라고 하지만 그것은 위장에 불과하다. 1950년에 일어난 6 · 25 한국전쟁도 북한이 새벽에 기습적으로 3 · 8선을 넘어 한달만에 적화통일하겠다고 은밀하게 계획을 세운 침략이었다.[864] 그 전에 북한은

863) 조석민, "신약성서에 나타난 평화의 의미", 장로교회와 신학」 제7호, 한국장로교신학회, 2010, 29.

864) A.V 토르쿠노프(에디터), 『한국전쟁의 진실과 수수께끼』, 구종서 옮김, 2003; 이영훈(경제사) · 박

남북합작 등 위장평화공세를 펼쳤던 것이다. 북한이 주장하는 남한의 북침이라는 것이 언어도단인 것은 북침을 한 한국이 3일만에 수도를 함락당하였다는 사실이다. 이것이야 말로 기습공격을 받지 않고는 일어날 수 없는 사건인 것이다.

진정한 평화란 그것을 추구하는 사회자체가 투명하고 자유롭고 민주적이어야 한다. 로마의 평화란 피지배계층들이 반란을 일으킬 때 무력에 의해 진압하는 안보 위주의 평화였다. 이런 평화는 진정한 평화가 아니다. 로마의 평화는 노예나 비지배민족들의 반란을 진압의 토대 위에 세워진 무력에 의한 평화였다. 이러한 평화는 위장된 평화다. 안보의 평화란 지배권력의 힘이 약화되면 다시 반란과 소요가 일어나는 불안정한 평화였다. 이에 반하여 그리스도는 로마의 평화가 아닌 십자가의 사랑에 의한 평화, 영적 평화를 믿는 신자들에게 가져다 주었다. 이러한 평화는 정의로운 평화(shalom)다. 그리스도는 인류의 죄를 대속하기 위하여 십자가에 달려 죽으심으로 자신의 생명을 기꺼이 주셨다. 그리스도의 평화는 그가 인류의 죄를 대신하여 드리는 하나님의 공의를 만족하기 위하여 드린 정의에 기반하고 있다. 마찬가지로 한반도의 평화도 북한에서나 남한에서도 정의로운 평화가 수행됨으로써 이루어지는 것이다. 모든 포악과 불의와 폭정과 압제가 무너지고 정의와 자유와 민주와 공공선이 이루어지는 사회에서 바로 정의로운 평화가 실현된다.

3. 한반도의 평화: 동북아의 평화에 이바지하는 평화

평화통일은 단지 남북한의 하나됨에 그 목적이 있는 것이 아니라 남북한이 하나되어 동북아시아의 평화에 이바지하는 데 있다. 두 차례나 전범국인 독일이 통일된다는 것은 거의 불가능했다. 그러나 이러한 현실적인 불가능은 독일의 정치지도자의 겸허한 태도에 의하여 가능성으로 바뀌었고, 현실로 나타났다. 서독 수상 헬무트 콜은 당시 4개 전승국(영국, 미국, 프랑스, 소련)의 지도자들에게 통일독일

지향(서양사) · 김철(국문학), 『해방전후사의 재인식』 전2권, 책세상, 2006; 한국국제정치학회(편), 『청소년을 위한 우리 역사 바로 보기』, 성신여대 출판부, 2006.

이 나토의 회원국으로 남으며, 유럽연합에 확고히 이바지 하겠다는 약속을 함으로써 2차대전시 직접적인 교전국이었던 프랑스와 영국, 소련과 미국에 신뢰를 심어 주었다. 이러한 독일의 선언이 수용된 것은 전후 독일 수상들이 명료하게 나치의 전범행위를 규탄하고 이와 결별하는 사죄행위가 지속적으로 있어왔기 때문이다.

그 구체적인 예가 빌리 브란트 수상은 폴란드를 방문했을 때 나치에 의하여 학살당한 폴란드 유대인들의 묘소 앞에 무릎을 꿇고 사죄를 비는 등 진지한 참회의 행위를 보여주었다.

약소국인 한국은 이런 점에서는 독일 보다는 유리한 입장에 있다. 그러나 한국의 이웃인 일본이나 중국은 내심으로는 한반도의 통일을 지지하지 않는다. 특히 중국은 미국의 우방국인 남한이 주도된 통일한국과 국경을 접하는 것을 꺼려하고 있다. 2010년에 북의 어뢰에 의해 발생한 천암한 피침사건과 북한군의 연평도 포격사건에 있어서 중국이 객관적인 사실의 증거에도 불구하고 일방적으로 북한을 편들기 한 것은 이러한 심증을 짙게하는 것이다. 한국은 여태까지 어느 나라도 침략해본 적이 없는 평화나라라는 것을 보여 주면서 한반도의 통일이 동북아의 평화와 번영에 이바지한다는 비전을 이들 나라에 보여주어야 한다.

X. 하나님의 역사주권과 통일섭리

1. 한반도 역사에 대한 하나님의 주권적 섭리

통일이란 하나의 정치적 사회적 사건이지마는 이에는 역사를 섭리하시는 하나님 섭리의 손길이 있다. 독일의 통일은 정치 지도자의 예측대로 일어난 것이 아니라 전혀 예기치 않게 일어났다. 1989년 10월 9일 베를린 장벽을 무너뜨렸던 동독 시민혁명은 1982년 11월부터 시작된 매주 월요일 기도회라는 작은 모임에서 시작된 것이다. 700명이 점차 늘어나 곧 12만 명으로 증가되어 반 폭압의 봇물이 터지자 누구도 막지못한 것이다. 호네커의 정권은 경찰에게 시위대가 해산하도록 발포명령을 내렸으나 이행되지 않았으며, 베를린 장벽도 상부의 지시없이 자유통행이 허용되었고, 이러한 과정이 신비하게 무력적인 충돌이나 사상자 없이 순간적으로 이루어졌다.[865] 여기에 보이지 않는 하나님의 역사섭리가 있다.

한국은 2009년 OECD 국가 가운데 유일하게 원조를 받는 나라에서 원조를 주는 나라가 되었다.[866] 한국은 이제 세계를 향하여 베풀어 주는 나라가 되어야 한다.

2. 한국시민과 북한주민의 통일을 위한 책임과 노력

하나님의 주권적 섭리는 우리 사람의 노력을 요청한다. 독일의 통일은 그냥 오지 않았다. 정치적으로는 서독사회의 정치적 안정과 라인강 기적이라는 경제성장과 빌리 브란트 수상에서 시작된 동독과의 화해와 교류를 목적으로 하는 동방정책이 있었다. 그리고 서독의 끊임없는 동독주민의 인권을 개선시키는 노력이 있었다. 서독은 이러한 통일의 기초를 닦았으나, 통일이라는 구호나 정치적 협상을 하고자 시도하지 않았다.

동독에서는 라이프지히 니콜라이교회의 담임목사 퓌러를 중심으로 젊은이들을 모아서 월요평화기도회를 열면서 공산정권의 폭압에 억눌렸던 시민들의 울분을 대변해주었다. 퓌러 목사는 청년들에게 "인간의 불안과 고통, 죽음의 공포까지 이겨내는 예수의 십자가의 힘"에 관해 얘기했다. 자줏빛 대리석 계단 위에 거칠게 깎은 나무 십자가를 세우고, 그 아래 촛불을 켜게 했다. "아, 교회 안에서라면, 우리도 뭐든 자유롭게 얘기할 수 있구나." 이런 생각들이 라이프치히 젊은이들 사이에 퍼져 나갔다. 신자, 비(非)신자 구분 없이 교회 제단 앞 대리석 바닥에 앉은 젊은이들은 공산정권의 폭압에 억눌렸던 울분을 토해냈다. 기폭제가 된 것은 1988년 2월 '여행의 자유' 운동 지도자들을 초대한 것이다. 당시 동독인들은 여행과 언론, 선거의 자유가 없다는 데 불만이 많았다. 2,000명을 수용할 수

865) 정일웅, 『독일교회를 통해 배우는 한국교회의 통일노력』, 서울: 왕성도서출판, 2000, 143~148; 김영종 역, 『독일통일의 배경』, Erwin Ka Sscheuch u. Ute Sscheuch, 종로서적, 1992, 187~188.

866) 송자, [시사 대담] "G20 서울 정상회의, 한국의 위상과 역할", 『신앙세계』 2010.11, 41.

있는 교회의 자리가 모자라 벽에 기대 서고 바닥에 앉아야 했다. 동독 정권은 교회 앞 광장에 경찰을 배치하고 교통을 차단하고 검문소를 세웠다. "비밀경찰 슈타지가 건너편 건물에서 출입하는 사람들의 사진을 찍었고, 쥐도 새도 모르게 연행해 갔습니다. 하지만 월요평화기도회에 참석하려는 사람들의 물결을 막을 수는 없었습니다."[867] 그리하여 동독 라이프지히 성 니콜라이교회는 베를린 장벽 붕괴를 이끈 역사적 사건을 만들어 낸 주역이 되었다.

3. 한국교회의 과제, 화해와 평화와 기도의 사명

2011년 6월 30일 독일 라이프지히 성 니콜라이 교회 담임 목사 퓌러는 한국 개신교 인사들과 대학생, 탈북자 등 30여 명의 한국 손님의 방문을 맞아 다음과 같이 증언하였다: "교회가 할 수 있는 일은 작습니다. 그 일은 한여름 태양에 뜨겁게 달궈진 바위 위에 떨어진 물 한 방울처럼 덧없는 것일지도 모릅니다. 하지만 누군가는 희망의 증거를 보여주어야 합니다. 교회가 해야 할 일이 바로 그것입니다."[868] 1989년 9월 4일 월요기도회를 마친 사람들이 처음으로 교회 앞 광장으로 나섰다. 인원은 700여 명 정도였다. 동독의 거리에서 "우리가 국민이다(We Are the People)"를 외치는 시위대의 수는 7만 명으로 불어났다. 시위대는 중무장한 경찰들에게 넘게 무자비하게 폭행을 당하고, 결박당한채 트럭에 던져져 실려갔다. 그다음 월요일에는 12만명으로 불었다. 시위는 동베를린 등 동독 전역으로 확산됐다. 1989년 11월 9일, 마침내 베를린 장벽이 무너졌고 이듬해 동독 정권이 붕괴됐다.[869]

마찬가지로 남북통일을 위하여 한국교회가 해야 할 과제는 사회의 갈등을 풀어 화해하도록 하고, 계층 간의 협력과 양보를 통하여 평화로운 관계를 만들어 내는 것이다, 한국교회는 이것이 인간 개인이나 제도의 힘으로 되지 않는다는 것

867) 이태훈, "700명이 곧 12만 명으로… 反폭압 봇물 터지자 누구도 못 막아", 조선일보, 2011.7.1, A4면.
868) 위의 글.
869) 위의 글.

을 알기에 기도를 통해서 하나님의 전능하신 섭리와 경륜의 간섭을 요청하는 것이다. 한국교회는 통일의 계기를 마련하였던 독일 라이프지히 성 니콜라이 교회처럼 기도회를 통해서 국민들에게 하나됨과 희망을 보여주어야 한다.

맺음말

통일논의는 북한 주민들에게 맞추어야 한다. 탈북자들은 진정한 통일 논의의 참가자들이다.

통일의 체제 논의는 이미 67년 동안의 실험으로 끝났다. 선진자유민주사회통일이 그 해답이다. 자유민주주의는 선진 민주주의로 나가야 한다. 그것은 인간 존엄, 사회적 복지가 존중되는 사회이다. 한국사회가 북한보다는 이러한 이념에 더 가까이 있다는 것뿐이다. 소외자와 사회적 약자들이 사회적 보호를 받는 사회가 선진사회이다. 사회적으로 억울함을 당하여 한을 품고 사는 자들이 적은 사회, 실패를 하여도 몰락하지 않고 다시 재기의 기회가 주어지는 사회가 선진사회다. 신자유주의에 의하여 적자생존의 원리가 지배하는 경제제체를 넘어서서 자본주의의 성숙한 차원인 사회적 자본주의로 나아가는 사회가 선진사회다. 이러한 사회적 자본주의는 많이 가진 자들이 독식하는 것이 아니라 적게 가진 자들의 몫을 배려하고 이들도 같이 사회의 발전에 이바지 할 수 있는 기회를 부여하는 사회다.

참고문헌

강동완, "대북지원 보건의료협회의 현안과 과제",「한반도 평화와 통일미래」, 민화협, 북민협 공동 주최 국제학술회의 발표문, 2008.10.22.

______, "대북지원정책 거버넌스 평가 및 개선방안",「통일문제 연구」제20권 1호, 2008.

강원돈, "한반도 평화와 통일에 대한 평화윤리적 접근",「한국기독교신학논총」제61권, 2009.

강철환,『수용소의 노래, 평야의 어항』, 북한 정치범 수용소 체험수기, 서울: 시대정신, 2005, 개정판.

______, "탈북자 2만 시대", '하나원', chosun.com, 2010.11.16.

______, "北 신의주 상인 수백명 시위… 진압軍 투입, 김정일 '폭동진압 특수기동대 만들라' 지시", chosun.com, 2011.02.24, "위험인물 색출작업 진행".

강호철 · 권대열, 평창, 위대한 승리더반, 조선일보, 2011.07.07.

강현진, "북에 외부정보를 보내는 자유나눔운동을", 조선일보, 2011.2.24.

고범서, "기독교의 정의관",『개인윤리와 사회윤리』, 한국신학연구소, 1978.

______,『사회윤리학』, 서울: 나남, 1993.

권경복, "북-중, 전략적 협력관계로", 연합뉴스, 2001.11.08.

권대열, "서독 우리에게 현금 줄 때 조건없이 준 적 한번도 없어, 메지에르 前동독 총리 이명박 전 시장에 밝혀", chosun.com, 2006.10.27.

______, "軍 대북전단 살포, 지금 방식은 곤란", chosun.com, 2011.03.01.

______ · 유용원, "[대북 전단 논란] '전단 살포, 민간단체가 앞장서야' ", chosun.com, 2011.03.01.

______ · 김정훈, [평창, 위대한 승리] 코리아, 유럽과 견줄 세계적 브랜드 됐다, 조선일보, 2011.07.08.

______, "시장경제의 새 단계, 共生발전", 李명박 대통령 광복절 경축사, 조선일보, 2011.08.16.

______, "'김정일 사람 = 北붕괴' 정말 그렇게 될까", 조선일보, 2011.12.20.

권영경, "경협정책 8년의 성과, '협력의 게임정착', 폐기 처분 안돼",「평화연구총서」06-02,『북한 핵실험 이후 남북관계의 전망과 대응』, 평화재단, 2006.

권오성, "독일통일과 교회의 역할",『기독교사상』39권 7호, 고려글방, 1995.

권호덕, "세분화한 구원의 서정에 대한 비판적 고찰",「한국개혁신학」제20권, 서울 불과 구름, 2006.

길성남, "그리스도 안에서 실현되는 만물의 통일과 민족의 통일", 「한국개혁신학」, 제20권, 서울: 불과 구름, 2006.

김광일, [만물상] "돈 주고 자유 사기", 조선일보, 2011.10.24.

김국진, "아 · 태의 안정과 세계평화를 도모하는 통일한국", 『평화통일과 북한 복음화』, 한국교회통일정책 총서 I, 쿰란출판사, 1997.

김규호, "북한 인권을 외면한 평화, 진정한 우리의 기쁨이 될까?", 「신앙세계」 통권 517호, 2011.8.

김대중, [김대중 칼럼] "후쿠시마 原電에서 北核을 본다", 조선일보, 2011.03.21.

______, [김대중 칼럼] "MB의 '對北', 일관되게 가야", chosun.com, 2011.05.30.

김명섭, [아침논단] "비스마르크의 독일 통일에서 배워야 할 것", 조선일보, 2011.07.17, A34.

김석우 · 이정훈, "'원칙있는 대화'가 남북관계의 해법이다", 「신앙세계」 통권 518호, 2011년 9월.

김성모, "韓流 북한을 흔들다", chosun.com, 2011.06.22.

______, "北 재스민혁명 때 상인시위 일어났지만 그 자리에서 5~6명 사살", chosun.com, 2011.06.30.

김성호, [시론] "우리 시대 공화주의의 敵", 조선일보, 2011.06.21.

김영종 역, 『독일통일의 배경』, Erwin Ka Sscheuch u. Ute Sscheuch, 종로서적, 1992.

김필국, "7대 종교계 대표 '남북 간 화해와 평화 · 인도적 지원 위해 방북'", YTN, 2011,09,20; "천주교 · 불교 등 7개 종단 대표, 내일부터 방북", MBC, 2011.09.20.

김영한, "민족 동일과 평화에 대한 한국 기독교의 과제", 『평화 통일과 기독교: 복음주의적 통일신학을 향하여』, 서울: 풍만, 1990.

______, "동서독의 통일과정과 한반도 평화통일", 『평화통일과 한국기독교』, 풍만, 1990.

______, "복음주의적 통일신학, 분단과 통일에 대한 신학적 접근", 『평화 통일과 기독교: 복음주의적 통일신학을 향하여』, 서울: 풍만, 1990.

______, "한민족 공동체 통일과 한국교회", 『평화통일과 한국기독교』, 풍만, 1990.

______, "개혁주의적 평화통일신학", 『21세기와 개혁신학』, 제3권, 한국장로교 출판사』, 1998.

______, 『하이데거에서 리꾀르까지』, 서울: 박영사, 2003, 전정판.

______, 『바르트에서 몰트만까지』, 대한기독교서회, 개정증보판, 2003.
______, "임마누엘 레비나스의 타자 해석학", 「해석학 연구」 제18집, 2006년 가을.
______, "문명의 충돌과 문명의 공존", 『21세기 문화변혁과 개혁신앙』, 서울: 예영, 2007.
______, "민중신학의 위기와 한국신학의 새 방향: 변혁적 문화신학의 착상", 21세기 문화신학 시리즈 제4권, 『한국기독교문화와 개혁신앙』, 서울 예영, 2008.
______, "레비나스의 홋설 현상학 이해", 「해석학 연구」, 제24집, 한국해석학회, 2009.
______, "레비나스의 타자철학 - 하이데거에 대한 비판을 중심으로", 「철학논총」 제64집, 새한철학회, 2011년 제2권.
______, "교회재산의 공익성", 『21세기 한국 기독교문화와 개혁신앙』, 서울: 예영, 2008.
______, "평화에 대한 기독교적 이념: 아가페에 의한 평화", 광주 김대중 평화센터, 제3차 평화학 국제학술대회 (2010년 11월5~6일) 강연.
______, "기독교 영성이란 무엇인가?", 『안토니우스에서 베네딕트까지』, 정통기독교 영성가 제1권, 서울: 기독교학술원출판부, 2011.
______, "공정사회를 위한 기독교의 역할", 개혁주의 이론실천학회(샬롬나비), 2011년 봄 학술대회 기조강연 자료집, 한양대 학술정보관, 2011.6.18.
______, "한반도의 걸음을 인도하시는 하나님", 한국복음주의 협의회 월례기도회 및 발표회 자료실, 화평교회당, 2011.11.11.
김용복, "민족 분단과 기독교의 대응", 『분단 현실과 통일 운동』, 한국기독교사회문제연구원 편, 서울: 민중사, 1984.
김윤희, "北 · 中경협 핵심은 황금평 아닌 신의주?", heraldm.com, 2011.06.
김중석, 『북한교회 재건론』, 서울: 진리와 자유, 1998.
______, 『북한교회 재건방안』, 1992.
______, 『한국교회의 통일방안』, 1992.
김진영, "중국, 한국 보면서 교회 새롭게 인식하기 시작", 크리스천투데이, 2011.06.04.
______, "공정한 사회 만들기 위해 '성경적 정의관' 필요", 크리스천투데이.
______, "노르웨이 최악 테러… 용의자는 '극우 민족주의자', 총리 집무실과 노동당 총격 테러로 91명 사망", 크리스천투데이, 2011.07.23.
김진희, "北 주민들, '한국' 에 흡수통일 원해", 중앙일보, 2011.05.31.
김철영. 『기독교 관점에서 본 정의와 공동체 생활』, 서울: 장로회신학대학교출판부,

2000.
김충남, "이념적 차원에서 본 통일", 『신앙세계』 통권 508호, 2011.10.
______ · 유호열, "현대사로 본 통일지표 및 미래과제", 『신앙세계』 통권 515호, 2011.6.
김형덕, "美 망명 탈북자 부부 '비극의 드라마'", 주간동아, 2011.07.11.
김홍수, "무바라크(이집트 대통령), 집권당수직 사임", chosun.com, 2011.02.06.
______, [무바라크 하야] "이겼다, 뉴 이집트 만세" 軍도 시위대도 뜨거운 환호, chosun.com, 2011.02.12.
______, "이집트 '18일 시민혁명'의 승리" 무바라크 下野, 30년 독재 끝나… 모든 권력은 군사최고委에 넘겨, '홍해 휴양지로 떠나', chosun.com, 2011.02.12.
______, [오늘의 세상] "英 음반제작자 '비틀스 공연처럼 팬들 열광'", 조선일보, 2011.06.13.
김홍규, [시론] "중국과 북한의 불편한 同居", 조선일보, 2011.07.14.
노인수, "탈북자의 효과적인 교회정착 지원 메뉴얼", 「북한선교」 2011.5~10, 기독교북한선교회.
동용승, "경제적 측면에서 본 통일", 특집: 2010 기독교 한반도 통일포럼, 「신앙세계」 통권 508호, 2010.11.
마커스 놀랜드의 "김정일 이후의 한국", "북 대외교역 봉쇄 땐 정권교체 가능해져", 2004.1.14.
박경서, "동북아 평화정착과 북한 인권문제", 『기독교와 통일』, 기독교통일학회, 제1권, 창간호, 2007.
박국희, "北급변시 외부개입 다섯가지 시나리오", 조선일보, 2011.05.30.
박두식, [박두식 칼럼] "남 · 북 정상회담 하지 않는 것도 '업적'", chosun.com, 2011.06.07.
______, [박두식 칼럼] "김정일 對 '장마당'의 10년 전쟁", chosun.com, 2011.03.01.
______, [박두식 칼럼] "대지진 일본을 보며 천안함을 생각한다", chosun.com, 2011.03.15.
박봉배, "Reinhold Niebuhr's Understanding of Man an Its Relation to His Ethical Theory", 『기독교윤리와 한국문화』, 서울: 성광문화사, 1988.
박성조, 『독일통일의 과정과 교훈』, 통일연수원, 1992.
______, "한반도 '햇볕'과 독일 '햇볕'의 차이", chosun.com, 2006.10.15.
박세일, "막대한 독일 통일비용 포퓰리즘 산물", chosun.com, 2011.01.27.
______, "통일외교 안 하는 분단국", 조선일보, 2011.2.25.

______, [박세일 칼럼] “대한민국에서 버려진 북한인권법”, 조선일보, 2011.3.19.

______, [제1회 통일포럼] “우리가 보는 ‘통일’은… 분단 이전으로 돌아가는 것이 아닌 선진 통일국가를 새로 만드는 것”. 조선일보, 2011.3.28.

______, [한반도 통일 국제 콘퍼런스] “일정기간 北에 행정 · 경제특구 설치해야”, 2011.04.08.

박순경, 『민족통일과 기독교』, 서울: 한길사, 1986.

______, “통일신학의 정초를 위하여”, 『기독교사상』 374, 1990.2.

______, 『통일신학의 여정』, 서울: 도서출판 한울, 1992.

박정란 · 강동완, “한반도 정세변화와 북한선교”, 「한국기독교신학논총」 제61권, 한국기독교학회, 2009.

박종화, “민족 통일의 성취와 통일신학의 정립”, 「한국기독교신학논총」 3, 1988.5.

______, “민족통일의 성취와 통일신학의 정립”, 「전환기에 선 한국교회와 신학」, 양서각, 1988.

______, “평화 통일신학의 향후 과제”, 「기독교 사상」 392, 1991.8.

______, “통일신학의 평화신학적 틀로의 발전적 전환”, 「기독교 사상」, 399, 1992.3.

______, “평화통일신학의 쟁점과 전망”, 「목회와 신학」 43, 1993.1.

______, “통일을 향한 우리의 비전”, 「통일을 향한 우리의 비젼」, 한국복음주의협의회, 발표회자료집, 2006.1.

______, “교회의 통일”, 『기독교와 통일』, 기독교통일학회, 제1권, 창간호, 2007.

박태우(교수), “제2의 리비아사태를 조장하고 있는 중국의 한반도정책”, 푸른정치경제연구, 2011.03.06.

박해현, [만물상] “베를린 장벽 50년”, 조선일보, 2011.08.14.

백종국, “한반도의 평화적 통일과 한국의 그리스도인”, 『기독교와 통일』, 기독교통일학회, 제1권, 창간호, 2007.

서경석, [서경석 칼럼] “북한 인권 침묵하는 WCC 총회는 의미 없다”, 크리스천투데이, 2011.06.16.

서광선, “한국 기독교 통일신학 운동의 사회전기”, 「기독교와 주체사상: 조국 통을위한 남북 해외 기독교인과 주체 사상가의 대화」, 서울: 신앙과 지성사, 1993.

______, “한국 기독교 통일신학 운동의 사회전기”, 『기독교와 주체사상: 조국 통일을 위한 남북 해외 기독인과 주체사상가의 대화』, 서울: 신앙과 지성사, 1995.

서창원, “평화신학: 민중신학적 전망에서”, 「한국기독교신학논총」, 6, 1989.10.

선정민, “남북통일땐 동북아에 새 시장… 4강〈미국 · 일본 · 중국 · 러시아〉에 나라별 실리 제시해야", 조선일보, 2011.07.18.

______, "통일 위한 주변국 협력 이끌어내려면", 조선일보, 2011.07.18.

설원태, "독일 통일 20주년… '대체로 성공적' 평가 속 주민통합은 진행형", kyunghyang.com, 2010.10.01.

세계개혁교회연맹 편, 『정의, 평화, 창조질서의 보전』, WARC서울대회보고서, 대한기독교서회, 1989.

손봉호, "종교개혁과 정치, 사회, 문화, 통일", 〈종교개혁 Refo 500 Asia 211 국제학술 컨퍼런스〉, 2011.10.31. 주최: Refoe500 Asia(Coordinator: 총신대학교).

송자, [시사 대담] "G20 서울 정상회의, 한국의 위상과 역할", 『신앙세계』 2010.11.

수잔 숄티, "중국은 인권억압 방관 말아야", 계간, 북한 구원, Save North Korea 제8호, 2011.1.

신옥수, "통일신학의 어제와 오늘", 『한국기독교신학논총』 제61권, 한국기독교학회, 서울: 기독교서회, 2009.

안드레이 란코프, "북한 기득권층의 저항을 누그러뜨리려면", chosun.com, 2011.03.22.

안용현, [70세 김정일] "북한 급변사태 '발등의 불'로 다가오고 있다", chosun.com, 2011.02.14.

______, "北 '시위 상륙 막아라' … 외국인 휴대폰 대여 중단", chosun.com, 2011.02.23.

______, "北 정주 · 용천 주민 '불(전기)과 쌀 달라' 시위", chosun.com, 2011.02.23.

______ · 유용원, "北 "심리전 계속하면, 임진각 조준 타격"… 정부內 대북전단 異見", chosun.com, 2011.02.28.

______, [제1회 통일포럼] "통일되면 난민 쏟아진다? 이동허가제 하면 해결", chosun.com, 2011.03.28, [통일에 관한 10가지 오해와 진실].

______, "中, 개입 근거로 '北 · 中우호조약' 활용할 듯", 조선일보, 2011.05.29

______, [김정일 사망] "김(金)씨 왕조 권력. 세자 김정은보다 인척 장성택(김정은 고모부)에 쏠릴 듯", 조선일보, 2011.12.20.

양무진, [경남대 극동문제연구소 '한반도포커스'] "제2차 남북 비핵화 회담 이후 북핵문제 어디로 가나", Pressian, 2011.11.02.

양영식 · 허문영, 제6회 기독교북한선교회 학술세미나(학술진흥기금 제6기 연구자 논문발표), 2003.12.9, 기독교북한선교회 북한선교연구소.

양운철, "한반도에서의 통일", 특집: 2010 기독교 한반도 통일 포럼, 「신앙세계」 통권 508호, 2010.11.

양창석, "우리가 하나 되는 통일을 선택하려면", June 2011, Christianity Today.

염돈재, 『독일 통일의 과정과 교훈』, 평화문제연구소.

원희룡, "UN의 대북경제제재에 적극적으로 협력해야", 평화연구총서 06-02, 『북한 핵실험 이후 남북관계의 전망과 대응』, 평화재단, 2006.

유동희, "남국방송교류의 전망과 통일방송의 기능", 문화방송, 1996.1.

유석렬, "북한 지하교인, 이들을 어떻게 도울 것인가?", 자유북한인 후원회 제4회 정책토론회, 기조연설 강의안, 2010.9.14, 북세연 제공.

유재천, 남북한의 통일언론정책, 서강대학교 언론문화연구소, 1990.

윤여준, "동북아 질서재편을 전망하며 새로운 외교정책과 전략 만들어 나가야", 평화연구총서 06-02, 『북한 핵실험 이후 남북관계의 전망과 대응』, 평화재단, 2006.

윤영관(서울대 교수 · 국제정치학), "국제정치 변화와 한반도 통일", 특집: 2010 기독교 한반도 통일 포럼, 「신앙세계」 통권 508호, 2010.11.

윤영관(서울대 교수 · 국제정치학), [아침논단] "식량 지원, 北 배급 체제 부활 이용 막아야", 조선일보, 2011.07.03.

윤영관(서울대 교수 · 국제정치학), [아침논단] "독도 · 통일, 우리식 논리만으론 남 설득 못해", chosun.com, 2011.04.10.

윤하정, "독일통일의 궤적", 「계간 외교」 제19호, 1992.

이광요, 전 싱가포르 총리 인터뷰, 조선일보, 1994.2.20, 6면, 「월간조선」 1994.3.

이규영, "한반도의 통일과 기독교", 특집: 2011 기독교 한반도 통일 포럼, 「신앙세계」 통권 508호, 2011.10.

이금순, "국제사회와 한국정부의 북한인권정책과 그 효과에 대한 평가", 평화연구총서 06-01, 『북한 주민의 인권 개선을 위해 무엇을 할 것인가』, 평화재단, 2006.

이기범, "라이스 'DJ는 이상주의자, 노 전 대통령은 예측 불가능' ", 2011.11.02.

이대웅, "황우여, 북한주민들 인권 · 지원 위한 '북한인권재단' 필요성 제기", 제1회 행복한 통일 포럼 기조강연, 크리스천투데이, 2011.01.26.

______, "무너지고 있는 북한, '한류' 의 힘으로 종교자유를", 크리스천투데이, 2011.02.02, 손과마음선교회 제공.

______, "북한 지하교회 성도들이 중국 교회에 헌금을?, 매달 말일 헌금함에 북한 화폐 들어있는 봉투 10여 개 놓여", 크리스천투데이, 2011.02.11.

______, " '북한 대하는 자세, 인권개선과 식량지원 모두 중요' , 기독교통일학회서 손봉호 박사 주장" 크리스천투데이, 2011.06.10.

______, “탈북난민 강제북송저지를 위한 제3차 유럽 캠페인, 13~25일 9개국 14개 도시 순회”, 크리스천투데이, 2011.06.13.

______, “탈북난민 위한 유럽 캠페인 본격 시작”, 크리스천투데이, 2011.06.16.

이범성, “독일통일과정에서 교회의 역할”, 「카타콤소식」, 통권 234호, 2010.2

이삼열, “분단의 극복과 기독교”, 「기독교 사상」 319, 1985.1.

이삼열, “동서독의 교류와 이질성의 회복”, 『평화의 철학과 통일의 실천』, 햇빛, 1991.

이삼열, “남북한 사회문화교류방안”, 『통일의식재고 및 교류방안』, 숭실대학교통일문제연구소, 1992.11.5.

이삼열 “기독교 대북 NGO의 활동과 전망”, 『기독교와 통일』, 기독교통일학회, 제3권, 2007.

이삼열, “독일 교회와 통일 문제”, 기독교 사회문제 연구원 편, 『분단현실과 통일운동』, 민중사.

이선민, “‘한국자본주의 4.0’, 본격논쟁이 필요하다”, 조선일보, 2011.9.20.

이승구, “통일문제에 대한 그리스도인의 태도와 기독교적 준비”, 「성경과 신학」 37, 2005.

이양수, [이양수의 세상탐사] “중국이 한국을 우습게 보는 이유”, 중앙선데이, 2011.07.17.

이영훈·박지향·김철, 『해방전후사의 재인식』 전2권, 책세상, 2006.

이용필 외, “남북한 통합론 - 이론적 및 경험적 연구”, 서울:인간사랑, 1992.

이용수, [제2차 통일포럼] “‘통일 후 미군 휴전선 안 넘을 것’ 中에 미리 알려 안심시켜야”, 조선일보, 2011.05.29.

______, [오늘의 세상] “김일성大 교수였던 내가 탈북자 첫 고위공무원… 탈북자 성공 보며 北주민들도 희망… 그게 통일”, 조선일보, 2011.06.08.

______, “美 전문가 ‘북, 2012년 핵탄두 소형화할 것’”, 조선일보, 2011.06.16.

______, “北 침략받으면 中 자동개입 조약 50년… 김정일 ‘잔치 열자’”, 조선일보, 2011.07.09.

______, “북(北)급변 대비, 10년간 통일비용 50조(兆) 쌓는다”, 조선일보, 2011.07.18.

______, “통일비용 年 55조(2031년 통일시 초반 1년간)… 포퓰리즘 남발 땐 감당못해”, 조선일보, 2011.08.12.

______, [단독] “북한에 노동자 고용해 월급주는 사업가 등장”, 조선일보, 2011.09.21.

______, “통일 비용이 이익보다 큰 ‘전환의 계곡’ 기간 단축해야”, 조선일보, 2011.09.26.

______, “통일 후에도 北 협동농장 일정기간 유지 필요”, 조선일보, 2011.9.26.
______, “英 이어 유럽의회 의원들도 ‘북한인권법 제정하라’ 촉구”, 조선일보, 2011. 10.17.
______, [북한도 동독처럼 될 수 있나] “남북 경제규모 차이 커 獨보다 시간 더 걸릴 듯… 일부선 급속성장 가능”, 조선일보, 2011.11.03.
______, [오늘의 세상] 러 보고서 “北 이미 붕괴 중… 2020년대엔 南에 흡수통일 될 것”, 조선일보, 2011.11.04.
이우영, “2000년 이후 남북관계 의제에 대한 시민사회의 활동평가”, 우리민족 서로돕기운동, 평화나눔센터, 2000년 자료집, 『남북관계와 시민사회』, 2008.
이장호, “남북 통일의 문화심리적 장애요인”, 『남북의 장벽을 넘어서-통일과 심리적 화합』, 서울: 한국심리학회, 1993.
이태훈, “구약에 나타난 평화”, 「장로교회와 신학」 제7호, 한국장로교신학회, 2010.
______, “인내천+영생+삼위일체… ‘짬뽕 교리’ 주체사상 북한만의 종교로”, 조선일보, 2011.06.10.
______, “700명이 곧 12만 명으로… 反폭압 봇물 터지자 누구도 못 막아”, 조선일보, 2011.07.01.
______, “脫北, 그 숨막히는 취재 현장을 담다”, 조선일보, 2011.07.29.
이하원, [핵안보 정상회의] “한국, 2012 회의 유치한 배경은”, 조선일보, 2010.4.14.
______, “北 주민 2,000만 명 지하경제로 연명” “평양외엔 배급망 붕괴” 정부 고위관계자 밝혀, chosun.com, 2011.02.08.
______, 탈북고아법, 미국이 먼저 만든다, chosun.com, 2011.03.10, “탈북 어린이에 가족을”… 美의회 2년 연속 발의, 우리국회는 소극적 태도… 北인권법 발의 후 ‘낮잠’.
______ · 이용수, “오만한 中 군부… 강대국 상대한다고 주변국은 경시”, 조선일보, 2011.07.16.
______, “中 항모 진수(첫 시험 항해)… 美 · 대만은 미사일 시위”, 동북아 안보 새 국면 - 美 괌서 토마호크 발사 실험, 대만은 순항 미사일 공개”, 조선일보, 2011.08.11.
______ · 임민혁, [中 항모시대] “국방비 확 줄이는 미국… 한반도 군사균형 깨뜨릴까”, 조선일보, 2011.08.11.
______, [인터뷰] ‘정부 6 · 25 납북자 첫 인정’ 숨은 주역 이미일 납북인사가족協 이사장, 조선일보, 2011.08.15.

______, [조선데스크] "'러시아 활용' 전략", 조선일보, 2011.9.1.

이학준, 『천국의 국경을 넘다』, 청년정신 , 2011.

이한우, "독일 통일의 원동력은 '햇빛정책' 이 아니라 '힘의 우위' 정책이었다", chosun.com, 2010.12.11.

이현오, "'中, 한반도 통일시각 변하고 있다,' 정덕구 前 산자부지부장관, '지식인, 젊은층 정치국원 등 의식변화.' .. '독자생존력' 강화해야", 코나스, 2011.04.14.

이현정, "玄통일, 6 · 15기념식 올해도 불참 이유는?", 뉴시스, 2011.06.15.

이희숙, "두만강을 넘게하신 하나님의 사랑과 구원", 『신앙세계』 2010.11.

______, "한국교회가 해온 남북소통의 가교, 대북지원 NGO 이야기", 『신앙세계』 2010. 12.

이희일, [기고] "가스관 북한 경유는 북 무력증강 돕는 것", 조선일보, 2011. 10.27.

임경묵, [편집자에게] "탈북 여성이 낳은 무국적 아동, 한 · 중 함께 보살펴야", 조선일보, 2011.11.03.

임민혁, "오바마, 사실상 퇴진 요구 '권력이양 당장 시작돼야' ".

______, "오바마, 중(中) 반발 속 달라이 라마 만나", 조선일보, 2011.7.18.

전병근, "'500년 서방 우위 끝, 이젠 중국 시대", chosun.com, 2010.11.22.

______, "살아남으려면 돈 있어야... 탈북자, 배금주의 포로가 되기도", 조선일보, 2011.6.15.

전병선, "세상에서 실천하자", 기독 리더들 뭉쳤다… '샬롬을 꿈꾸는 나비행동' 의 새로운 도전, 쿠기뉴스, 2011.08.11, 국민일보, 2011.8.22.

정 베드로, [기고] "'북한민생인권법' 은 제정 취지에 안 맞아", 조선일보, 2011.6.2.

정규남, 『구약신학의 맥』, 서울: 두라노, 1996.

정기철, "한국의 통일신학을 위한 해석학적 단초", 「한국개혁신학」 제20집, 한국개혁신학회, 2006.

정우상, [만물상] "북한 교화소", 조선일보, 2011.06.20.

정은주, "살아 움직이는 북한의 지하교회", Jesus Army, 『북한구원 월간 지저스 아미』, 2011.1, 복의 근원.

정일웅, 『독일교회를 통해 배우는 한국교회의 통일노력』, 서울: 왕성도서출판, 2000.

조동진, "화해와 평화선교를 통한 통일환경 조성", 한국복음주의 협의회 평화통일세미나 자료집, 『주여! 한반도의 평화통일을 주시옵소서!』 강변교회개최, 2011.3.11.

조명진, "독일 통일과 유럽 통화 통합은 '한통속' 이었다", 시사저널, 2010.10.22.

조명철, "북한 경제난이 한국과 국제사회 탓이라고?", 조선일보, 2011.3.17.
조민, "북한 핵은 근본적으로 남용", 평화연구총서 06-02, 『북한 핵실험 이후 남북관계의 전망과 대응』, 평화재단, 2006.
조봉근, "하나님의 절대주권과 남북 통일", 「성경과 신학」 37, 2005.
조석민, "신약성서에 나타난 평화의 의미", 장로교회와 신학」 제7호, 한국장로교신학회, 2010.
조선일보, [사설] 北, "기어이 한반도에 美 전술핵 다시 불러들일 건가", 조선일보, 2011.3.1.
조성렬, "북한 핵실험 이후 대부정책 재 조정 방향", 평화연구총서 06-02, 『북한 핵실험 이후 남북관계의 전망과 대응』, 평화재단, 2006.
조은식, "평화통일 선교에 대한 통전적 접근", 『통일선교, 화해와 평화의 길』, 선교신학연구 제6권, 서울: 미션아카데미, 2007.
______, "통일을 향한 남북한 기독교인의 교류", 『삶에서 찾는 문화선교』, 서울: 숭실대 출판부, 2009.
조은주, "한 · 미 · 중 새 지도자들의 최대 위기는 북한", '글로벌 석간 종합일간지' 아시아투데이, 2011.06.16.
좋은 벗들, 『오늘의 북한, 북한의 내일』, 서울: 정토출판, 2006.
주도홍, "통일후 독일 교회의 통합화 노력", 『북한선교』, 기독교북한선교회, 2004.11~12.
______, 『통일, 그 이후. 독일 통일 15년의 교훈』, 서울: IVP, 2006.
주용중, [한반도 통일 · 동북아 번영 국제 콘퍼런스] "한반도 통일, 중국 경제에도 이익", 조선일보, 2011.04.08.
지해범, "양안(兩岸) 모델과 독일 모델", chosun.com, 2009.04.26.
______, [전문기자 칼럼] "훈춘市가 돌변한 까닭", 조선일보, 2011.06.15.
______, [전문기자 칼럼] "레닌을 잊은 레닌 고향", 조선일보, 2011.8.3.
최보식, [최보식이 만난 사람] "NHK 출신 후지모토 도시카즈 경희대 초빙교수, '순응은 몸에 전해온 DNA… 일본인이 갑자기 진화한 것 아니다'", chosun.com, 2011.3.21.
______, [최보식이 만난 사람], "KAL機 폭파범 김현희[上]", 조선일보, 2011.8.16.
______, "생명 위협 느껴 한밤 아이 업고 집 떠나… 9년째 피신생활" KAL機 폭파범 김현희, 조선일보, 2011.08.16.
최연구, '마음의 분단' 은 계속된다,' 독일통일 9돌, 동 · 서독 통일의 두 주역 헬무트 콜과 로타르 드 메지에르, choiyg@netsgo.com, 한겨레21 1999년 10월 07일 제277호.
최유식, “황금평에 나타난 왕치산(中 부총리 · 경제 사령탑), 중국의 북한 달래기”, 조선일보, 2011.6.9.
최유식, “한류에 반한 북한군”, 조선일보, 2011.07.05.
최윤식 · 배동철, 『2020 부의 전쟁 in Asia』, 서울: 지식노마드, 2010.
최정호, “통일 앞당긴 독일의 비(非)통일정책, 비(非)통일 조장하는 한국의 통일정책”, 신동아, 동아일보사, 2006.6.
최진욱, “통일담론의 새로운 패러다임: 분단관리에서 통일대비로”, 「신앙세계」 통권 508호, 2011.10.
최현묵, [한 · 러 정상회담] “李대통령 ‘北통과 가스관 안전성 걱정된다’ … 메드베데프 ‘가스 끊기면 우리가 책임질 것’”, 조선일보, 2011.11.03.
폴러첸씨 단독 인터뷰, “우리 행사는 북한 정부 ‘도발’ 목적, 비밀송금은 범죄, 인권 고려 않는 정책 반대”, 조선일보, 2003.8.27.
한국국제정치학회(편), 『청소년을 위한 우리 역사 바로 보기』, 성신여대 출판부, 2006.
한국통일전략학회(편), 『북한핵실험과 한반도 안보지형』, 이경, 2007.10.27.
한승주, [한승주 칼럼] “중국의 부상은 한국에 유리할 수 있다”, 조선일보, 2011.07.04.
______, [한승주 칼럼] “대북 지원의 대상은 북한 주민이다”, 조선일보, 2011.8.30.
______, “리더십 空白에 빠진 북한”, 조선일보, 2011.12.20.
허문영, “21세기 복음통일을 향한 기독인의 실천과제”, 산정현교회창립 100주년 기념 학술세미나, 주제: “한국교회여, 통일시대를 열어라”, 2006.10.16.
______, “21세기 복음통일을 향한 우리의 인식과 전략방향”, 『기독교와 통일』, 기독교통일학회, 제1권, 창간호, 2007.
허호익, “민족 통일에 대한 신학적 이해”, 「연세신학회지」 1, 1984.4.
헨리 키신저, “북한, 개혁 안하면 붕괴된다. 6자 회담은 변화시간 주는 것”, 조선일보, 2003.8.18.
홍권희, “김정은 ‘CNC 마법’ 이 통할까”, donga.com, 2011.06.16.
홍근수, 『통일과 민족교회의 신학』, 통일신학 동지회편, 서울:도서출판 한울, 1990.
홍정길(목사 · 평통기연 상임공동대표), [칼럼] “지금은 통일을 실제적으로 준비해야 할 때”, 크리스천투데이, 2011.02.14.
황우여, “북한 주민들 인권 · 지원 위한 ‘북한인권재단’ 필요성 제기”, 크리스천투데이, 2011.01. 26, 제1회 행복한 통일 포럼 기조강연.

황현조, 「성육신적 북한선교」, 서울: 도서출판 영문, 1998.

KBS 스페셜, 이집트 시민혁명, 카이로의 봄은 오는가?, 조선일보, 2011.2.13.

KBS 통일 대토론회, 통일, 어떻게 준비할 것인가? 2011년 8월 3일~6일, 마지막 날 토론, 저녁 10시 40분~12시 20분(참가자들: 박세일, 윤영관, 조동호, 옥호열, 김근식, 김영수).

[사설] 탈북자 조명철씨의 통일교육원장 임명을 환영한다, 조선일보, 2011.06.08.

"'꼬리 없는 짐승' 북한 정치범수용소 실태 (1)", 크리스천투데이, 2011.06.16.

"군, 정보 기관 베트남 전 국군 포로 월북자로 조작", 주간조선, 2011.1.

"북 인권상황, 더 이상 참혹할 수 없어요", 북한 수용소 인권상황보고서 발간, 미 데이비드 호크 방한, 조선일보, 2004.1.20.

〈참고자료1〉

"6 · 15 남북공동선언과 북한의 통일전략", 『(한국)기독교 학술원 포럼』, 2011.5.20.

「정세와 선교」, 통권 제84호, 2011.5, 제85호 6월, 평양에서 예루살렘까지, 모퉁이돌선교회.

「카타콤 소식(Catacomb Connection)」, 평양에서 예루살렘까지, 통권 제249호, 2011.5~6.

"Der Rat der EKD: Jugendliche begleiten un gewinnen 12 Thesen zur Jugenddfeier und ihrem Verhältnis zur Konfirmation", *EPD* 51/99.

"Karlsruhe berät über Klagen gegen Brandnenburgs Schulgesetz" 2-3: *EPD 29/ 2001.*

"Konflikte in Deutschland - Zehn Jahre nach dem Fall der Mauer", 1-67, *EPD*, 15/1999.

Ali, Tariq. *The Clash of Fundamentalisms*, 정철수 역, 『근본주의의 충돌』, 미토, 2003.

Alsmeier, B.. *Wegbereiter der Wende, Die Rolle der Evangelischen Kirche in der Ausgangsphase der DDR*, Centarurus, 1994.

Aufstand in Ägypten, Die vielen Fallen der Revolution, 2011.02.05.

Daniel Bell, *The End of Ideology: On the Exhaustion of Political Ideas in the Fifties, with "The Resumption of History in the New Century"*, Havard University Press, 2000.

Bright, John, *The Kingdom of God.* Abingdon Press, 1953, 김철손 역, 『하나님의 나라』, 컨콜디아사, 1981.

Bruce, S., *Fundamentalism*, Cambridge: Polity, 2000.

Brueggemann, Walter, *Living Toward A Vision*, United Church Press, 1982, 홍철화 역, 『기독교와 평화』, 대한기독교서회, 1988.

Castro, Emilio, An editorial article, July 1977, in: *International Review of Mission*, vol. LXVI, no. 263.

Collins, Raymond F., "Fandamentalism", Alan Richardson & John Bowden (eds.), *A New Dictionary of Christian Theology*. Lonon: SCM Prss, 2002, 223-4.

de Voltaire, François-Marie Arouet, *Traité sur la tolérance*. 1763 - Treatise on Toleration, 송기형 · 임미경 옮김, 『관용론』, 한길사, 2001.

eped-Dokumentation 15/00: Uwe-Peter Heldingsfeld, "Die evangelischen Kirchen in Deutschland und die epochalen Veränderungen set 1989".

Falcke, Heino, "Die Senung dr Kirche in säkulariesierte Gesellschaften. Ostdeutsche Kirchen im Umbruch", *EPD* 21/ 1998.

Fincke, Andreas, "Evangelische Zentralstelle für Weltanschaungsfragen, Berlin: Konfirmation, Jugendweihe, Kirchliches Jugendfest, ein schweriges Verhältnis", 6 : *EPD 51/99*.

Frum, David & Perle, Richard, *An End to Evil. How to Win the War on Terror*, 2004, 이에 대한 요약: 리처드 펄의 "악의 종식".

Glotz, Peter, *"Theologische Fakultäten im Fadenkreuz", 1-4: EPD 8a/1996*.

Heldingsfeldm, Uwe-Peter, "Die evangelischen Kirchen in Deutschland un die epochalen Veränderungen seit 1989"

Hiebert, Paul G., *Anthropological Reflections on Missiological Issues*, Grand Rapids: Baker Book House, 1994, 김영동, 안영권 역, 『인류학적 접근을 통한 선교현장의 문화이해』, 서울: 죠이선교회 출판부, 1997.

Hoffmann, Roland, "Der geistliche Aufbruch ist das aktuell Notwendige", Udo Hahn (hg.), *Protestantismus-wohin?* (Neukirchen, 2001), 139.

Huber, Wolfgang. "Welche Zukunft hat der Religionsunterricht", *EPD 32/ 1997*.

Huntington, Samuel P., *The Clash of Civilizations and the Remaking of World Order*. 1996, 이희재 역, 『문명의 충돌』, 김영사, 1997.

James F. Childress, "Pacifism", John Macquarrie & James Childress(ed.), *A New Dictionary of Christian Ethics*, London: SCMPress, 1997.

John Rawls, *A Theory of Justice* , Cambridge, Mass.: Belknap, 1971.

John Stott, *New Issues Facing Christian Tdoay*, London: HarperCollins, 1999, 정옥배 역, 『현대사회 문제와 그리스도인의 책임』, 서울: IVP, 2005.

John Stott, *Issues Facing Christians Today*, IVP, U.S.A. 2006, 정옥배 역, 『현대사회문제와 그리스도인의 책임』, 2011.

John Stott, *Basic Christianity*, Leicester: IVP, 2008.

Juergensmeyer, M., "The Debate over Hindutva", *Religion* 26,1996.

Kleßmann, Christoph, *Zwei Staaten, eine Nation: Deutsche Geschichte 1955-1970.*

Knight, George A. F., *Theology as Narration. A Commentary on the Book of Exodus.* Grand Rapids: Eerdmanns, 1976.

Kock, Manfred, Vorsitzender des Rates der Evangelischen Kirche in Deutshcland (EKD), "Gedanken über die Zukunft der Evangelischen Kirche", Vortrag, Universität Marburg, 30. April, 1999, 1-10, *EPD* 21a/99.

Kraybill, Donald B., Facing *Nuclear War*, Herald Press, 1982, *Common Security*, The Palme Commission Report, 1982.

Kriechhammer-Yagmur, Sabine. "Friedenfeindlichkeit und Rassismus", *EPD*, 15/1999.

Lawrence, B. B., "From Funamentalism to Fundamentalism: A Religious Ideology in Multiple Forms", in P. Heelas and D. Martin(eds.), Religion, Modernity, and Postmodernity, Oxford: Blackwell, 1998

Levinas, Emmanuel, *Le Temps et l'Autre, 1947*, 강영안 역, 『시간과 타자』, 서울: 문예출판사, 1996.

Markus Noland, Policy Analysis in International Economics. Korea after Kim Jongil. 2004.

Moltmann, Jürgen, *Politische Theologie*, 정경연 역, 『정치신학』, 1974.

Moltmann, Jürgen, *Gerechtigkeit schafft Zukunft. Friedenspolitik und Schöphungsethik in einer bedrohten Welt*, Forum Politische Theologie, Kaiser, 1989.

Moltmann, Jürgen, *Gerechtigkeit schafft Zukunft. Friedenspolitik und Schoepfungsethik in einer bedrohten Welt.* München: Kaiser, 1989.

Moltmann, B.(Hrg.), *Perspektiven der Friedensforschung*, Baden-Baden, 1988(Schriftenreihe des AG für Friedens-und Konfliktforschung, Band XV).

Natsios, Andrew S., *The Great North Korean Famine: Famine, Politics, and Foreign Policy*, United States Institute of Peace Press, 2001.

Nienuhr, Reinhold, *Christianity and Power Politics*, New York: Charles Scriber' s Sons, 1940.

O' hanlon, Michael & Mochizuki, Mike, Crisis on the Korean Peninsula. How to Deal with A Nuclear North Korea, 2003.

Packer, James, *Fundamentalsim and The Word of God*. Grand Rapids; Eerdmans, 1958.

Partridge, Christopher H.(ed.). *Fundamentalism*. Paternoster Press, 2001.

Ramsey, Paul, *War and the Christian Conscience*, Duke University Press, 1961.

Ramsey, Paul, *The Just War*, Scriber' s 1968.

Ricoeur, P., *La mèmoire, l' histoire, l' oubli*, Epilogue, Paris, 2000.

Robinson, Mary, "Ethics, Human Rights and Ethical Globalisation", *Second Global Ethics Lecture, The Global Ethic Foundation*, University of Tübingen, Germany, 2002.2.21.

Schluchter, Michael & Lee, David, *The R Factor*, Hodder & Stroughton, 1993.

Sider, Ronald J., *Christ and Violence*. Herald Press, Canada, 1979.

Sider, Ronald J. & Richard K. Taylor, *Nuclear Holocaust and Christian Hope*, InterVarsity Press, US, 1982.

Sommer, Theo, "탈북 수용과 대화의 병행", 조선일보, 2002.7.10.

Thumser, Wolfgang, *Kirche im Sozialismus. Geschichte, Bedeutung und Funktion einer ekklesiologischen Formel*, Tübingen 1996.

Tillich, Paul, *My Search for Absolutes*, ed. by Ruth Nanda Anstlen, New York: Simon and Schuster, 1969.

Volf, M., "The Challenge of Protestant Fundamentalism", in: H. Küng and J. Moltmann(eds.), *Fundamentalism as an Ecumenical Challenge*, London: SCM, 1992.

Von Tomas Avenarius, Kairo, http://www.sueddeutsche.de/

Wiesel, E., "Der Mitleidende", in: R.Walter(Hg.), *Die hundert Namen Gottes. Tore zum letzten Geheimnis*, Freiburg 1985.

Wolterstorff, Nicholas, *Until Justice and Peace Embrace*, Grand Rapids: Eerdmans, 1987.